검토 위원들의 추천사

이은희(문원중 교사)

국어를 공부하는 학생들이 문법을 어렵고 말과 글이 가진 문법적인 원리를 새롭게 알아가는 기쁨을 느낄 수 있길 바라는 선생님의 마음이 고스란히 담긴 교재입니다. 마치 선생님 옆에서 함께 공부하는 것 같은 느낌이 들 정도로 친절하고 자세한 설명으로 학생들이 우리 국어 문법을 쉽게 이해할 수 있도록 도와줄 것입니다.

박지선(경주중 교사)

'언어와 매체'를 선택한 뒤 '언어' 파트가 힘들어서 흔들리는 학생들이 많은 때에 입문부터 마스터까지 샐 틈 없이 다룬 책이 나와서 반갑습니다. 현직 교사가 교사와 학생들의 요구를 반영해 집필한 교재, 그리고 활용도 높은 강의까지... 찰떡궁합이네요. 추천합니다!

김현아(충현고 교사)

문법이 막막하게 느껴졌던 친구들, 특별히 '마지막으로 딱 한 번만 해 보자!' 하는 생각을 갖고 있는 친구들에게 추천합니다. 부담스럽지 않은 분량으로 매일 공부할 수 있게 되어 있습니다. 천 리 길도 한 걸음부터이고, 가랑비에 옷 젖는 줄 모른다고 하잖아요! 우리도 꾸준히 공부하다 보면, 어느새 그토록 바라던 문법 고수가 되어 있을지 모릅니다.

이소영(상암고 교사)

국어 문법은 기본 개념의 반복 학습을 통해 확실하게 기초를 잡아야 합니다. 오마국 교재는 많지 않은 강의 한 개 분량에 학생들이 이해하기 쉬운 눈높이의 예시와 설명이 덧붙어 있습니다. 무엇보다도 오마국은 개념의 반복적인 노출이 자연스럽게 이루어집니다. 문법이 어려운 학생, 문법을 확실하게 정리하고 싶은 학생 모두에게 도움이 되는 책이기에 이렇게 주저 없이 추천합니다.

손우택(영동고 교사)

문법 때문에 골치가 아팠다면, 수많은 개념과 용어들 때문에 문법을 포기하고 싶었던 적이 있다면, 반드시 이 책에 주목해 주세요. 혼자서 공부할 수 있도록 개념 설명이 충실하게 되어 있고, 연습 문제의 퀄리티도 남다릅니다. 혼자 공부하는 습관이 없어서 독학이 부담된다면? 그래도 이 책을 추천합니다. 문법의 모든 개념이 짧은 영상 강의(심지어 무료!)로 설명되어 있어서 필요한 부분에 집중하여 공부할 수 있습니다. 선생님들이 더 많이 듣는 오마국 강의! 모두 수강 신청하세요!

유우주(구미여고 교사)

설명의 흐름이 꼼꼼하고 자연스러워서, 학생들이 공부하면서 생기는 궁금증을 작은 것 하나까지도 조곤조곤 해결해 주는 다정한 문법서라는 생각이 듭니다. 저희 학생들에게 꼭 추천하고 싶고 저도 옆에 가까이 두며 참고하고 싶은 책이네요.

김태준(양현고 교사)

국어 문법은 벽돌을 쌓아가듯 기초부터 탄탄하고 정교하게 학습해야 합니다. 오마국 국어는 한 개의 강의 분량이 많지 않아 문법이라는 벽돌을 정교하게 하나씩 쌓아 갈 수 있도록 구성되어 있습니다. 문법에 두려움을 느끼는 학생들뿐만 아니라 무엇부터 공부해야 하는지 방향을 잡지 못하는 학생들에게 큰 도움이 될 것입니다.

이승우(포항제철고 교사)

'언어와 매체'를 해야 할까요, '화법과 작문'을 해야 할까요? 수능 국어에 선택 과목이 도입되면서 학생들에게 가장 많이 받은 질문입니다. 독서(비문학)를 해결할 시간을 확보하기 위해서, 또는 표준 점수를 높게 받기 위해서, 또 다른 이유로 '언어와 매체'를 선택했다면 학생이 스스로 학습하고, 학습한 내용을 스스로 점검할 수 있는 바로 이 책도 선택해야 합니다.

오마국 문법편 검토에 참여해 주신 선생님들

곽선아(창원여고)
권도현(나전중)
김노을(봉림중)
김민정(청학고)
김소라(봉담중)
김연주(성안고)
김태준(양현고)
김현아(충현고)
류은진(수도여고)
민경재(백영고)
박영미(前 한국교육과정 평가원)
박은희(조치원중)
박지선(경주중)
손우택(영동고)
송은경(계림중)
유우주(구미여고)
유혜원(세종고)
이동훈(금천고)
이소영(상암고)
이승우(포항제철고)
이영주(백운고)
이은희(문원중)
이재호(경북사대부고)
이현진(부천북고)
조민애(경북고)
최수환(백영고)
허진수(장덕고)

오마국

오분만에 마스터하는 국어

문법편

1판 1쇄 2024년 1월 2일

지은이 김환
펴낸이 유인생
편집인 우정아 · 김명진
마케팅 박성하 · 심혜영
디자인 NAMIJIN DESIGN
편집 · 조판 김미수
펴낸곳 (주) 쏠티북스
주소 (04037) 서울시 마포구 양화로 7길 20 (서교동, 남경빌딩 2층)
대표전화 070-8615-7800
팩스 02-322-7732
홈페이지 www.saltybooks.com
이메일 saltybooks@naver.com
출판등록 제313-2009-140호

ISBN 979-11-92967-08-0

{수능/내신 완벽 대비}
중학교, 고등학교, 홈스쿨 학생들의
완벽한 국어문법 바이블

전 강좌 무료 제공

오마국

5 min

오마국

오분만에 마스터하는 국어

문법편

김환 | 지음

쏠티북스

머리말

| 왜 한국인이 국어 문법을 어려워할까?

오마국은 바로 이 질문에서 출발하였습니다. 가르치는 교사도 어렵고, 배우는 학생도 어려운 이 지긋지긋한 상황을 끝내기 위해서는 기존의 수업 방법과 관습에서 완전히 벗어나야만 했습니다.

| 가르치고 배워야 할 문법 내용만 빼고 모든 것을 바꿨습니다.

- ☑ 꼭 배워야 할 핵심 중의 핵심만 담아낸 마이크로 강의
- ☑ 언제, 어디서나, 누구라도 시청할 수 있는 유튜브 플랫폼 강의
- ☑ 눈에 확 들어오는 디지털 판서와 이미지를 활용한 미래형 버추얼 강의
- ☑ 진도와 분량을 스스로 조절하여 완전 학습이 가능한 강의
- ☑ 가장 쉽고 재미있게 배울 수 있는 최적의 순서로 재구성한 강의

이 정도면 문법 공부가 훨씬 수월해질 것이라고 생각했습니다. 하지만 칼이 있으면 칼집도 필요한 법이지요. 학습자의 입장에서는 교재가 있어야 보다 더 효율적인 학습이 이루어질 수 있다는 요청이 있었습니다.

| 유튜브 채널과 완벽하게 연동된 오마국 교재가 출간되었습니다!

- ☑ 유튜브 채널과 동기화되어 있는 교재
- ☑ 제대로 된 개념 잡기에 올인한 교재
- ☑ 최대 7번의 반복 학습이 이루어지는 교재
- ☑ 저자에게 언제라도 질문을 할 수 있는 교재
- ☑ 수능 시험장까지 가져가서 활용할 수 있는 교재

| 문법은 이미 우리 안에 있습니다.

우리가 한국어를 너무나도 자연스럽게 구사할 수 있다는 것이 바로 그 증거입니다. 문법 공부는 이미 체화되어 있는 문법 지식을 꺼내어 정리하는 것에 불과합니다. 오마국 채널과 교재는 문법 공부를 필요로 하는 여러분들의 가장 유용한 학습 도구가 될 것입니다.

| 이제 국어 문법은 오마국입니다.

오마국은 학교 내신 시험, 수능 시험, 공무원 시험, 한국어 능력 시험 등 문법이 필요한 모든 시험에 활용될 수 있습니다. 국어 문법을 완벽하게 정복하셔서, 소중한 꿈과 목표를 반드시 이룰 수 있게 되기를 응원하겠습니다. 감사합니다.

오마국 저자
김환

이 책의 활용법

개념 상자
반드시 이해하고 있어야 할 문법 개념들을 별도의 상자에 담아서 정리하였습니다.

QR 코드
모바일 기기로 QR 코드를 촬영하면 연동된 유튜브 강의로 연결됩니다. 해당 차시 본문을 먼저 공부한 뒤에 강의를 시청해도 되고, 강의를 먼저 시청한 후에 해당 차시 본문으로 정리해도 됩니다.

강의 노트
강의 노트는 해당 차시의 강의 내용을 체계적으로 정리해 놓은 페이지입니다.

알쓸문법
본문의 내용과 직접적인 관련성은 적지만, 그래도 알아 두면 쓸데 있는 문법 지식들을 정리해 놓은 부분입니다. 알쓸문법의 내용들은 국어 문법을 보다 재미있게 공부할 수 있는 힘이 되어 줄 것입니다.

개념 시냅스
본문의 내용 중에서 추가적으로 설명이 필요한 부분이나 좀 더 심화된 내용을 다루고 있는 부분입니다. 우리의 뇌 신경이 시냅스로 연결이 되어 있듯이, 개념의 시냅스들이 서로 이어져 더욱 확고한 문법 개념을 갖게 될 것입니다.

레인보우 리뷰
앞에서 언급하였거나 다루었던 내용을 복습할 수 있는 부분입니다. 핵심 내용을 요약해서 제시하거나, 짤막한 문제로 제시하였습니다. 메모지의 배경 색깔은 학습자에게 해당 내용이 노출된 횟수를 의미하며, 무지개 색깔에 비유하였습니다. 즉 강의 노트의 본문 배경은 빨간색이며, 두 번째 노출부터 주황색, 노란색 순으로 표시를 하였습니다.

형광펜
특히 중요한 내용들은 형광펜으로 표시해 두었습니다.

5min 오분만에 마스터하는 국어 32강

강의노트

학습일 년 월 일

부사의 개념과 종류

유튜브 강의

Youtube Player
단어 | 문장 | 음운 | 국어사
◂◂ 이전 강의 ⏸ 다음 강의 ▸▸
관형사 총정리 | 감탄사

알쓸문법

음성 상징어

성상 부사 중에는 사물의 소리를 흉내 낸 의성 부사(의성어), 모양이나 행동을 흉내 낸 의태 부사(의태어)가 있는데, 소리와 모양을 명확히 구분하기 어려운 사례들이 많아서 요즘에는 이 둘을 합친 '음성 상징어'라는 말을 사용하는 추세야.

의성어 + 의태어 = 음성 상징어

개념 시냅스

부사의 수식 범위

체언만을 수식하는 관형사와는 달리 부사는 수식의 범주가 좀 더 넓어. 그래서 부사의 수식 범위를 설명할 때는 '주로'라는 말을 사용해. 부사는 주로 용언을 수식하지만 종종 다른 부사, 관형사, 명사, 문장 전체까지도 수식해. 하지만 이는 소수의 사례니까 대체로 용언을 수식한다고 이해하면 될 거야.

레인보우 리뷰

품사의 통용 – 시간 부사

'그저께(그제), 어제, 오늘, 내일, 모레' 등과 같이 시간의 의미를 나타내는 부사를 시간 부사라고 하기도 하는데, 이들은 사전에 명사로도 등재가 되어 있어. 따라서 품사를 구분할 때 헷갈리지 않도록 각별히 유의해야 돼.

- 나는 어제 도착했어. → 부사
- 내가 도착한 날은 어제야. → 명사

1 부사(副詞)의 개념

(부사: 버금(둘째) 말)

주로 용언을 수식하면서 용언의 의미를 한정하는 단어들을 묶어 놓은 갈래이다.

2 부사의 종류

1) 성분 부사: 문장 속에서 특정한 문장 성분을 수식하는 부사이다.

① 성상 부사: 성질이나 상태의 의미를 가지고 수식하는 부사. 주로 용언을 수식하지만 때로는 관형사나 다른 부사 등을 수식하기도 한다.

잘, 높이, 매우, 빨리, 퍽, 바로, 슬피, 구슬피, 겨우, 아주

철썩철썩, 깡충깡충, 사뿐사뿐, 엉금엉금, 야옹야옹, 까옥까옥, 꼬르륵, 달그락, 딸랑딸랑, 꼬질꼬질, 나풀나풀, 느릿느릿, 덜컹, 꿀꺽, 도란도란, 벌컥벌컥 등

○ 음성 상징어들도 성상 부사에 포함된다.

② 지시 부사: 특정한 장소나 시간을 직접 가리키거나, 앞에서 언급된 특정 내용을 다시 가리키는 부사이다.

이(요)리, 그(고)리, 저(조)리, 어찌, 아무리, 어제, 오늘, 내일

③ 부정 부사: 용언이 지닌 긍정의 의미를 부정하는 의미로 꾸며 주는 부사이다.

못 [능력을 부정하는 의미]	안(아니) [의지나 상태를 부정하는 의미]
• 나는 학교에 못 갔어. ○ 능력 부정	• 나는 학교에 안 갔어. ○ 의지 부정 • 그 고양이 안 무섭던데? ○ 상태 부정

2) 문장 부사: 문장 전체를 수식하거나 문장 또는 단어를 연결하는 부사이다.

① 양태(樣態) 부사: 화자의 심리적 태도나 주관적인 판단을 나타내는 부사이다. (양태: 모양 모습)

과연, 다행히, 분명히, 결코, 만일, 비록, 아마, 물론, 부디, 제발

- 물론 우리는 너를 끝까지 도울 거야. ○ 단정
- 아마 이번 시험은 쉽게 출제될 거야. ○ 추정
- 부디 제 소원을 들어주십시오. ○ 소망

88 오분만에 마스터하는 국어

복습 노트

복습 노트는 해당 차시에 배운 내용들을 정교하게 복습할 수 있도록 설계한 페이지입니다.

레인보우 리뷰

본문 날개에 삽입된 레인보우 리뷰와 연동되어 있으며, 특히 복습 노트에서는 빈칸을 채워 가며, 배운 내용들을 상세하게 복기할 수 있도록 구성하였습니다. 메모지의 배경 색깔은 해당 내용이 노출된 횟수를 의미합니다.

개념 마스터

정확한 개념을 알고 있어야 해결할 수 있는 다양한 유형의 문제들로 구성하였습니다. 얼핏 보기에는 단순해 보이지만, 이 문제들을 통해서 문법 개념이 더욱 정교하게 자리 잡을 수 있게 될 것입니다.

복습노트

43강 • 어미와 파생 접미사의 구별

정답 ▶ 27쪽

레인보우 리뷰

① 명사형 어미는 용언을 마치 □□처럼 쓰이게 만들어 주는 어미이다.
② 전성 어미는 용언의 □□를 바꾸지 못한다. 즉 전성 어미가 결합되어도 여전히 품사는 □□ 또는 □□□이다.
③ 명사형 어미에는 ______(이)가 있다.

④ 어말 어미는 □□ 어미, □□ 어미, □□ 어미로 나눌 수 있다.
⑤ 전성 어미는 □언이 가진 □□의 기능을 그대로 유지하면서 용언으로 하여금 □사, □□사, □사 등의 기능을 발휘할 수 있도록 □□을 바꿔 주는 어미이다.

⑥ 한정적 접사는 어근의 □□를 바꾸거나 문장의 □□를 바꾸지는 못한다.
⑦ □□사의 대부분과 □□사의 일부가 한정적 접사에 속한다.

⑧ □□형 □□ 어미는 명사 □□ □□사와 형태가 똑같다.
⑨ □□형 어미가 결합된 □언은 여전히 □□어이므로 □□을 할 수 있다.
⑩ 명사 파생 접미사는 용언의 □□에 결합한다.
⑪ 명사 파생 접미사는 □□적 접사이므로 품사를 바꿀 수 □다.
⑫ 용언에 명사 파생 접미사가 결합하면 품사가 □사로 바뀐 것이므로 □□어이다.
⑬ 용언이 서술성을 유지하고 있으면 용언에 □□가 결합한 것이고, 서술성이 없어졌다면 용언에 □□가 결합한 것이다.
⑭ 대체적으로 부사어의 수식을 받으면 □□가, 관형어의 수식을 받으면 □□가 결합한 것이다.

개념 마스터

1 다음 제시된 문장을 〈보기〉와 같이 어근, 접사, 어간, 어미로 분석한 뒤 각각의 품사를 밝히시오.

〈보기〉

㉠꿈을 ㉡꿈은 젊음의 특권이다.

유형	어근	접사	어간	어미	품사
㉠	꾸-	-ㅁ			명사
㉡			꾸-	-ㅁ	동사

① ㉠기쁨이 찾아와서 나는 지금 매우 ㉡기쁨.

유형	어근	접사	어간	어미	품사
㉠					
㉡					

② 철수야, 문제 풀 때 ㉠보기 꼭 ㉡보기! 잊지 마!

유형	어근	접사	어간	어미	품사
㉠					
㉡					

③ ㉠뽑기를 할 때는 집중해서 ㉡뽑기.

유형	어근	접사	어간	어미	품사
㉠					
㉡					

④ ㉠걸음을 ㉡걸음은 건강하다는 증표이다.

유형	어근	접사	어간	어미	품사
㉠					
㉡					

⑤ ㉠춤을 ㉡춤에 있어 가장 필요한 것은 열정이다.

유형	어근	접사	어간	어미	품사
㉠					
㉡					

⑥ ㉠얼음이 ㉡얼음을 보니 이제야 겨울이라는 확신이 든다.

유형	어근	접사	어간	어미	품사
㉠					
㉡					

⑦ ㉠달리기는 건강에 좋아. 오늘부터 나랑 같이 매일 ㉡달리기야.

유형	어근	접사	어간	어미	품사
㉠					
㉡					

⑧ ㉠믿음이란 먼저 그를 ㉡믿음으로 시작하는 거야.

유형	어근	접사	어간	어미	품사
㉠					
㉡					

⑨ ㉠앎을 얻기 위해서는 먼저 자신의 무지를 ㉡앎이 중요하다.

유형	어근	접사	어간	어미	품사
㉠					
㉡					

오늘은 여기까지. 하산해. 끝!

118 오분만에 마스터하는 국어

차례

Part I 단어

Part Ⅱ 문장

차례

Part Ⅲ 음운

Part IV 국어사 / 국어 규범 / 담화

국어사

국어 규범

담화

정답

찾아보기

5min
오마국
오분만에 마스터하는 국어

찾아보기

5 min
오마국
오분만에 마스터하는 국어

PART I

단어

5 min
오마국
오분만에 마스터하는 국어

단어의 개념

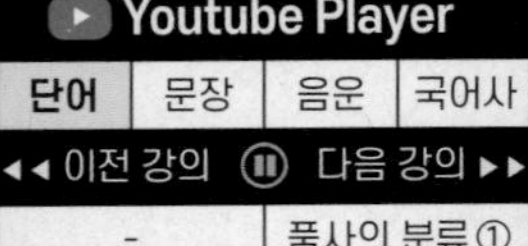
유튜브 강의

Youtube Player

단어	문장	음운	국어사
◀◀ 이전 강의		다음 강의 ▶▶	
-		품사의 분류 ①	

1 단어(單語)의 개념과 관련된 2가지 특성

(단: 하나, 어: 말씀)

1) 자립성: 뜻을 가지고 있으면서 홀로 자립하여 사용될 수 있는 속성이다.

딸기가 빨갛다. → 딸기, 빨갛다

◎ 다른 말과 결합 없이 홀로 있어도 자립이 가능하며 쓰임에 있어서 어색하지 않다.

2) 분리성: 자립할 수 있는 말, 즉 단어에 붙어서 사용되지만, 쉽게 분리가 가능한 속성이다.

딸기가 빨갛다. → 가

◎ 조사는 자립성이 없지만 결합되어 있던 말에서 쉽게 분리될 수 있다.

2 단어의 개념

❶ 뜻을 가지고 있으면서 홀로 자립하여 사용될 수 있거나, ❷ 자립할 수 있는 말에 붙어서 사용되지만, 쉽게 분리가 가능한 말들을 의미한다.

3 단어의 특징

- 단어는 자립하므로 띄어쓰기의 기준이 된다. 즉 단어는 띄어서 표기한다.
- 조사는 개수와 상관없이 무조건 붙여서 표기한다.
  - 앞말에 붙여서 표기한다. 예 철수가(○), 철수 가(×)
  - 조사끼리도 붙여서 표기한다. 예 철수에게까지만은(에게+까지+만+은)
- 단어는 완벽하게 결합된 말이기에 다른 말이 끼어들 틈인 휴지(休止)가 없다. (휴: 쉴, 지: 그칠)

큰아버지 → 큰 ✓(우리) 아버지 → 큰우리아버지(×)

◎ '큰아버지'는 '큰'과 '아버지'가 결합하여 합성이 완료된 한 개의 단어이므로 '큰'과 '아버지' 사이에는 다른 말이 들어갈 틈이 없다고 간주한다. 만약 그 틈 사이에 '우리'를 억지로 끼워 넣어 '큰우리아버지'를 만든다면 결국 '백부(伯父)'라는 원래의 의미가 사라져 버리게 된다.

큰 아버지 → 큰 ✓(우리) 아버지 → 큰 우리 아버지(○)

◎ '큰 아버지'는 '큰'과 '아버지'가 별개의 단어이므로 띄어서 썼고, 당연히 그 사이에는 다른 말이 들어갈 수 있는 틈이 있다고 간주한다. 따라서 그 틈 사이로 '우리'라는 말이 들어갈 수가 있으며, '체구가 큰 아버지'라는 원래의 의미도 여전히 유지될 수 있다.

개념 시냅스

어미도 쉽게 분리될 수 있지 않나요?

문법적 지식이 좀 있는 친구는 이렇게 질문할 수 있는데, 어미가 어간에서 분리되면 어간도 자립할 수 없고, 어미도 자립할 수 없어. '먹다'의 경우 단어에 해당하는데, 이를 어간 '먹-'과 어미 '-다'로 분리하는 순간 자립성이 사라지게 되는 거지. 그래서 단어의 분리성을 다룰 때에는 조사만 언급하는 거야.

개념 시냅스

단어의 개념이 두 개인 이유

성질이 완전히 다른 두 부류를 하나의 범주로 묶으려다 보니 필연적으로 단어의 개념이 두 개로 나눠질 수밖에 없게 된 거야.

개념 시냅스

한글 맞춤법 띄어쓰기 관련 조항

제41항 조사는 그 앞말에 붙여 쓴다.
제46항 단음절로 된 단어가 연이어 나타날 적에는 붙여 쓸 수 있다.

- 네 것 내 것(원칙)
  → 네것 내것(허용)
- 한 잎 두 잎(원칙)
  → 한잎 두잎(허용)

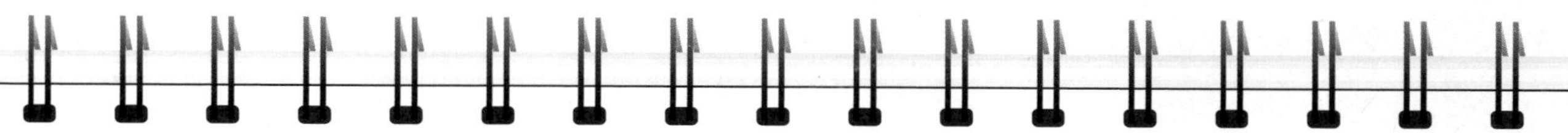

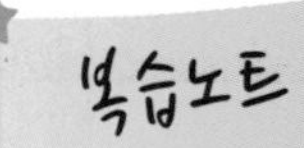

1강 • 단어의 개념

레인보우 리뷰

① 단어의 개념과 관련된 특성은 □□성과 □□성이다.
② 단어는 □□□기의 기준이 된다.
③ □□는 개수와 상관없이 붙여서 표기한다.
④ 단어는 완벽하게 결합된 말이기에 다른 말이 끼어들 □(□□)이 없다.
⑤ 자립성은 □을 가지고 있으면서 홀로 □□하여 사용될 수 있는 속성이다.
⑥ 단□□로 된 단어가 연이어 나타날 때에는 붙여서 쓸 수 있다.
⑦ 분리성은 단어에 붙어서 사용되지만, 쉽게 □□가 가능한 속성이다.
⑧ 조사는 □□성이 강하지만 □□성은 부족하다.
⑨ 단어란 □을 가지고 있으면서 홀로 □□하여 사용될 수 있거나, □□할 수 있는 말에 붙어서 사용되지만, 쉽게 □□가 가능한 말들을 의미한다.

개념 마스터

1 〈보기〉와 같이 제시된 문장들을 단어로 분리하시오.

〈보기〉
아빠가 저녁을 드신다. → 아빠/가/저녁/을/드신다.

① 큰아버지 댁을 찾아갔다.
② 우리의 큰아빠도 후덕하시다.
③ 키가 가장 큰 작은아버지께서 오셨다.
④ 아기가 잔다.
⑤ 바람이 분다.
⑥ 그해 여름은 아름다웠다.
⑦ 철수가 늦게까지 공부를 한다.
⑧ 나의 인생은 결국 내가 만드는 것이다.
⑨ 아빠에게까지만은 제발 말하지 말아 줘.
⑩ 큰 집에 사시는 체구가 큰 작은아버지께서 큰집에 가셨다.

2 다음 빈칸에 들어갈 말을 채우시오.

단어란 □을 가지고 있으면서 홀로 □□하여 사용될 수 있거나, □□할 수 있는 말에 붙어서 사용되지만, 쉽게 □□가 가능한 말들을 의미한다.

3 〈보기〉에 제시된 문장을 보고 단어의 개념을 떠올린 뒤, 빈칸에 들어갈 말을 채우시오.

〈보기〉
철수는 막 밥을 먹던 참이다.

① '철수는'의 '는'이 단어인 이유 → □□□이 강하기 때문이다.
② '막'이 단어인 이유 → □□□이 있기 때문이다.
③ '먹던'의 '먹'이 단어가 아닌 이유 → □□□이 부족하기 때문이다.
④ '먹던'의 '던'이 단어가 아닌 이유 → □□□이 부족하기 때문이다.
⑤ '참이다'의 '이다'가 단어인 이유 → □□□이 강하기 때문이다.

4 〈보기〉에 제시된 문장을 보고 단어의 개념을 떠올린 뒤, 빈칸에 들어갈 말을 채우시오.

〈보기〉
영희도 열심히 밤을 까는 중이다.

① '영희도'의 '도'가 단어인 이유 → □□□이 강하기 때문이다.
② '밤'이 단어인 이유 → □□□이 있기 때문이다.
③ '까는'이 단어인 이유 → □□□이 있기 때문이다.
④ '까는'의 '는'이 단어가 아닌 이유 → □□□이 부족하기 때문이다.
⑤ '중이다'의 '이다'가 단어인 이유 → □□□이 강하기 때문이다.

I 단어

품사의 개념과 분류 ①

유튜브 강의

Youtube Player
단어 | 문장 | 음운 | 국어사
◀◀ 이전 강의 ⏸ 다음 강의 ▶▶
단어의 개념 | 품사의 분류 ②

1 단어를 품사로 분류하는 이유

어떤 문법 현상을 연구하거나 설명할 때 모든 단어들을 그 연구 대상으로 삼는 것은 불가능할 뿐만 아니라 상당히 비효율적이다. 따라서 성질들이 제각각인 단어들을 미리 비슷한 것끼리 품사로 설정해 놓으면 이들 중 일부만을 표본으로 삼아 연구나 설명에 사용할 수 있게 되어 효율성을 더 높일 수 있다.

2 품사(品詞)의 개념

(품 사: 품별할 말)

단어를 형태, 기능, 의미라는 기준을 두고 성질이 유사한 단어들끼리 분류해 놓은 체계나 갈래를 말한다.

3 단어를 품사로 분류하는 기준

1) 형태: 단어는 상황과 쓰임에 따라 형태가 변하지 않고 고정되어 있는 불변어(不變語)와 형태가 변하는 가변어(可變語)로 나눌 수 있다.

(불 변 어: 아니 변할 말씀 / 가 변 어: 옳을 변할 말씀)

불변어	
딸기	딸기가 딸기를 딸기는 딸기로

가변어	
먹다	먹고 먹어 먹지 먹는

2) 기능: 단어는 문장 속에서 특정한 기능을 담당하게 되는데 이를 기준으로 하면 독립언, 수식언, 체언, 관계언, 용언으로 나눌 수 있다.

종류	기능	예시
독립언	문장에서 다른 말들과 문법적 관계를 맺지 않고 홀로 떨어져서 사용되는 말	아뿔싸, 내가 이런 실수를 하다니. ○ 문장에서 독립어로 쓰임
수식언	문장에서 체언이나 용언 등의 다른 말들을 꾸며 주는 말	철수가 새 옷을 많이 샀다. ○ 관형어 ○ 부사어
체언	문장에서 주어, 목적어, 보어 등을 구성하는 데 꼭 필요한 역할을 수행하는 말	철수가 밥을 먹는다. ○ 주어나 목적어의 자리에 놓임
관계언	문장 속에서 체언 등에 결합하여 다른 말과의 다양한 문법적 관계를 나타내거나 특별한 의미를 부여하는 말	철수가 밥을 먹는다. ○ '철수', '밥'에 각각 결합하여 주어, 목적어임을 드러냄
용언	주어를 서술해 줄 뿐만 아니라 형태 변화(활용)를 통해 다양한 역할을 수행할 수 있는 말	예 아까 남긴 밥을 먹는다. ○ 관형어 ○ 서술어

3) 의미: 각각의 단어들이 지니고 있는 공통의 의미 요소를 기준으로 감탄사, 관형사, 부사, 명사, 대명사, 수사, 조사, 동사, 형용사로 나눌 수 있다.

알쓸문법

품사의 유래

품사의 분류는 고대 그리스에서 문법 연구를 할 때부터 고안되었다고 하는데, 오늘날에는 모든 언어의 문법 연구에 있어서 품사를 먼저 분류하는 것이 가장 기본적이고 기초적인 작업이 되었어. 왜냐하면 만약에 품사라는 개념을 먼저 설정하지 않는다면 복잡한 문법 체계나 문법 현상을 명료하게 설명하기가 매우 어려워지기 때문이야.

개념 시냅스

용언의 활용과 문장 성분의 기능

흔히들 '용언=서술어'라는 등식이 머릿속에 있어서 용언은 문장에서 서술어만으로 사용된다는 고정 관념을 갖고 있는데, 실제로는 그렇지 않아. 가변어는 다양한 어미가 결합하여 형태가 변하는 말이라는 뜻인데, 어미의 역할 중 하나가 바로 단어의 성질을 바꾸는 것이거든. 즉 특정 어미들은 용언으로 하여금 수식언이나 체언처럼 사용되게 만들어 줘. 결론적으로 용언은 어미의 도움을 받아 문장에서 서술어 외에도 다양한 문장 성분의 역할을 수행할 수 있다는 거야.

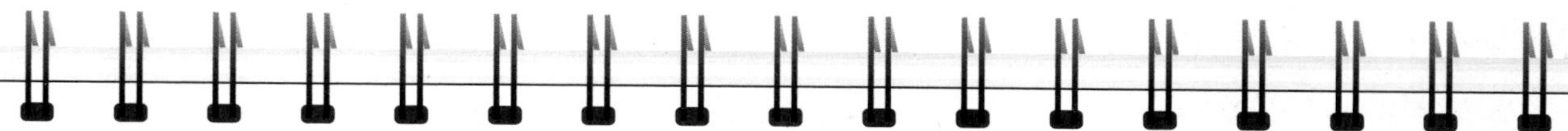

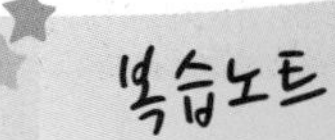

2강 • 품사의 개념과 분류 ①

정답 ▶ 2쪽

① □□를 설정해 놓으면 다양한 문법 현상에 대한 설명이 수월해질 수 있다.

② 단어는 형태가 변하지 않고 고정되어 있는 □□어와 형태가 변하는 □□어로 나눌 수 있다.

③ 문장에서 □언이나 □언 등의 다른 말들을 꾸며 주는 단어들을 □□언이라고 한다.

④ 주어를 서술해 줄 뿐만 아니라 형태 변화(□□)를 통해 다양한 역할을 수행할 수 있는 단어들을 □언이라고 한다.

⑤ 문장 속에서 체언 등에 결합하여 다른 말과의 다양한 문법적 □□를 나타내거나 특별한 □□를 부여하는 말을 □□언이라고 한다.

⑥ 단어는 문장에서 담당하는 기능을 기준으로 □□□, □□□, □□, □□□, □□으로 나눌 수 있다.

⑦ 문장에서 주어, 목적어, 보어 등을 구성하는 데 꼭 필요한 역할을 수행하는 말을 □언이라고 한다.

⑧ 문장에서 다른 말들과 문법적 □□를 맺지 않고 홀로 떨어져서 사용되는 말을 □□언이라고 한다.

⑨ 품사는 단어를 □태, □능, □미라는 기준을 두고 성□이 유사한 단어들끼리 □류해 놓은 □계나 □래를 말한다.

개념 마스터

1 다음 문장들의 밑줄 친 부분에 해당하는 품사를 〈보기〉와 같이 채우시오.

〈보기〉

철수가 <u>새</u> 옷을 샀다.
→ 체언을 수식하므로 수 식 언이다.

① 철수가 영희<u>를</u> 불렀다.
→ '영희'를 목적어로 만들어 주고 있으므로 □□□이다.

② 철수<u>가</u> 영희를 불렀다.
→ '철수'를 주어로 만들어 주고 있으므로 □□□이다.

③ <u>야호!</u> 크게 외치고 나니 기분이 좋아.
→ 다른 말들과 문법적 관계를 맺지 않고 홀로 떨어져서 사용되므로 □□□이다.

④ 고추가 <u>많이</u> 맵다.
→ 용언을 꾸미고 있으므로 □□□이다.

⑤ 라면에는 <u>매운</u> 고추를 넣어야 해.
→ 활용을 하고 있으므로 □□이다.

⑥ <u>고추</u>가 많이 맵다.
→ 주어의 자리에 놓여 주어를 구성하고 있으므로 □□이다.

⑦ 라면<u>에</u> 매운 고추를 꼭 넣어 줘.
→ '라면'을 부사어로 만들어 주고 있으므로 □□□이다.

⑧ <u>그</u> 집은 얼마 전에 완성되었다.
→ 체언을 꾸미고 있으므로 □□□이다.

⑨ 야호! 크게 외치고 나니 기분이 <u>좋아</u>.
→ 주어를 서술해 주고 있으므로 □□이다.

⑩ 그런데, <u>음</u>, 문법은 혼자 공부해도 되나요?
→ 다른 말들과 문법적 관계를 맺지 않고 홀로 사용되므로 □□□이다.

2 다음 문장들에서 불변어를 모두 골라 〈보기〉와 같이 표시하시오.

〈보기〉

(철수)(의) (성적)(이) 올랐다.

① 방이 건조하다.

② 아들아, 사랑한다.

③ 선생님께서 우리에게 꿈을 심어 주셨다.

④ 나는 건조한 방이 싫어.

⑤ 사랑하는 딸아, 공부 좀 하렴.

⑥ 선생님께서 학교를 그만두셨다.

⑦ 가습기가 있으니 참 좋다.

⑧ 우리 아들이 이번에 수석을 했어.

⑨ 선생님은 노래 경연 프로그램에 출연하셨다.

⑩ 작은 방에서 자던 예쁜 고양이가 깜짝 놀라 잠에서 깼다.

오늘은 여기까지. 하산해. 끝!

I 단어

품사의 개념과 분류 ②

유튜브 강의

Youtube Player
단어 | 문장 | 음운 | 국어사
◂◂ 이전 강의 | 다음 강의 ▸▸
품사의 분류 ① | 틈새강의 ①

개념 시냅스

품사와 단어의 관계

모든 단어는 품사로 분류할 수 있어. 다시 말해 품사로 분류된 것들은 전부 다 단어들이야. 즉 단어가 아니면 품사로 분류할 수 없어. 나중에 배우게 될 어간, 어미, 접사는 단어가 아니고 품사로 분류도 못 하는 거지.

개념 시냅스

품사의 통용(通用) 통할 통 쓸 용

단어는 기본적으로 한 개의 품사로 분류되지만, 특정 단어의 경우에는 두 개 이상의 품사로도 분류될 수 있어. '밝다'의 경우에는 동사로도 쓰이고, 형용사로도 쓰여. 이를 품사의 통용(경계를 넘나들어 두루 쓰임)이라고 해. 품사의 통용은 시험에서 자주 출제되는 단골손님인 만큼 자주 언급될 거야.

- 날이 벌써 밝았다. → 동사
- 전구 불빛이 매우 밝다. → 형용사

알쓸문법

국어와 외국어의 품사 개수 비교

국어는 중국어에 비하면 품사의 개수가 적은 편이야. 긍정적인 마음으로 국어 문법을 받아들이는 것도 좋겠지?

- 국어: 9품사
- 영어: 8품사
- 중국어: 13품사
- 일본어: 10품사

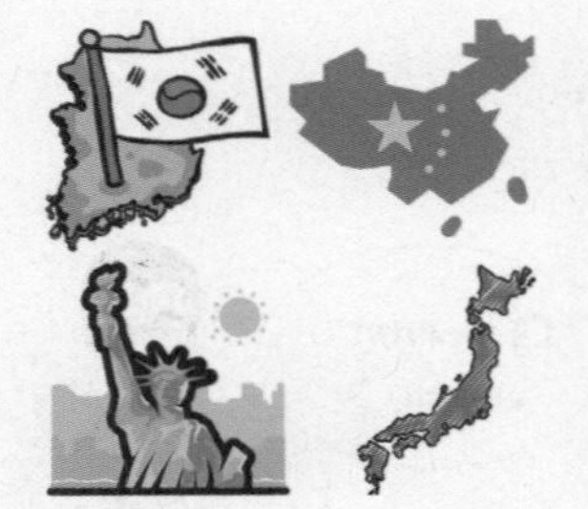

1 단어를 품사로 분류하는 기준 3가지

1) 형태: 가변어, 불변어

2) 기능: 독립언, 수식언, 체언, 관계언, 용언

3) 의미: 각각의 단어들이 지니고 있는 공통의 의미 요소, 해당 단어들을 묶을 수 있는 상위의 의미 요소를 기준으로 9개의 항목으로 나눌 수가 있다.

2 품사의 개념

단어를 형태, 기능, 의미라는 기준을 두고 성질이 유사한 단어들끼리 분류해 놓은 체계나 갈래를 말한다.

3 의미를 기준으로 분류한 9품사

종류	의미	예시
감탄사	화자의 느낌, 부름, 응답, 놀람 등의 의미	저기, 이쪽입니다.
관형사	체언을 꾸며 준다는 의미	새 책, 그 사람
부사	주로 용언을 꾸며 준다는 의미	빨리 달린다. 너무 느리다.
명사	대상의 이름을 나타낸다는 의미	딸기, 백두산, 손흥민
대명사	대상의 이름을 대신 나타낸다는 의미	이것, 여기, 나, 너
수사	수량이나 순서라는 의미	하나, 둘, 첫째, 둘째
조사	앞말에 붙어서 일정한 자격을 부여하고, 뜻을 첨가해 주며, 단어들을 연결한다는 의미	철수가 잔다. 철수만 잔다. 사과와 딸기
동사	동작이나 작용이라는 의미	철수가 잔다. 날이 밝는다.
형용사	상태나 성질이라는 의미	꽃이 예쁘다. 그는 피곤하다.

4 품사 분류의 특징

품사의 분류는 체계적이고 유기적이다. 이는 단어들을 세 가지 기준으로 분류하는 과정이 순차적이며, 분류한 품사의 체계가 서로 관련성을 가지고 있다는 것을 의미한다.

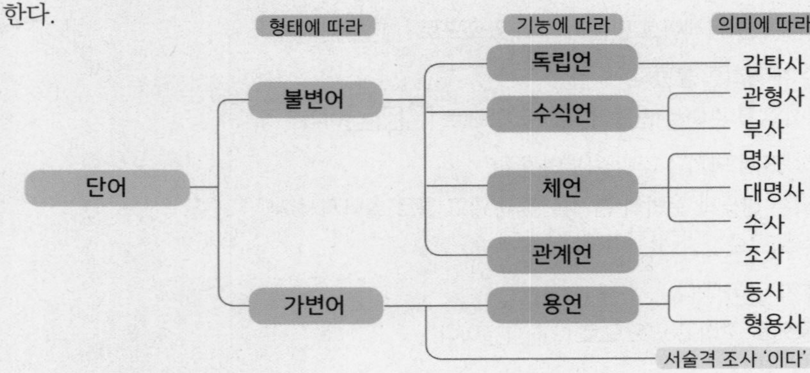

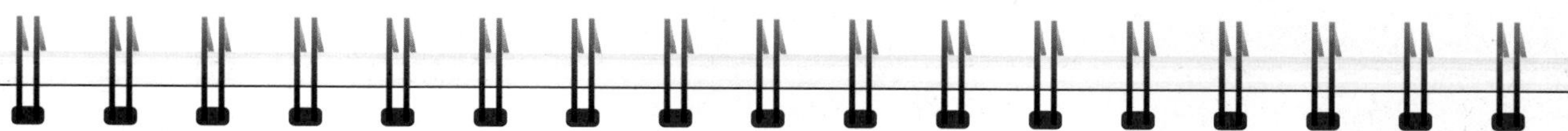

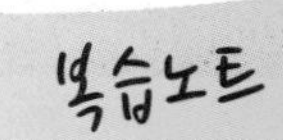

3강 • 품사의 개념과 분류 ②

정답 2쪽

레인보우 리뷰

① 단어는 형태 변화 유무를 기준으로 □□□와 □□□로 나눌 수 있다.
② 단어는 문장에서 담당하는 기능을 기준으로 □□□, □□□, □□, □□□, □□으로 나눌 수 있다.
③ 품사는 단어를 □□, □□, □□라는 기준을 두고 □□이 유사한 단어들끼리 □□해 놓은 체계나 갈래를 말한다.

④ 화자의 느낌, 부름, 응답, 놀람 등의 의미를 가진 품사는 □□□이다.
⑤ 체언을 꾸며 준다는 의미를 가진 품사는 □□□이다.
⑥ 주로 용언을 꾸며 준다는 의미를 가진 품사는 □□이다.
⑦ 대상의 이름을 나타낸다는 의미를 가진 품사는 □□이다.
⑧ 대상의 이름을 대신 나타낸다는 의미를 가진 품사는 □□□이다.
⑨ 수량이나 순서라는 의미를 가진 품사는 □□이다.
⑩ 앞말에 붙어서 일정한 자격을 부여하고, 뜻을 첨가해 주며, 단어들을 연결한다는 의미를 가진 품사는 □□이다.
⑪ 동작이나 작용이라는 의미를 가진 품사는 □□이다.
⑫ 상태나 성질이라는 의미를 가진 품사는 □□□이다.

개념 마스터

1 제시한 문장을 〈보기〉와 같이 단어로 분석한 뒤, 각 단어들의 품사를 밝히시오.

〈보기〉

철수가 공부를 한다.

단어	철수	가	공부	를	한다
품사	명사	조사	명사	조사	동사

① 방이 건조하다.

단어			
품사			

② 아들아, 사랑한다.

단어			
품사			

③ 선생님께서 우리에게 꿈을 심어 주셨다.

단어								
품사								

④ 나는 건조한 방이 싫어.

단어						
품사						

⑤ 사랑하는 아들아, 공부 좀 하렴.

단어						
품사						

⑥ 선생님께서 학교를 그만두셨다.

단어					
품사					

⑦ 가습기가 있으니 호흡이 편하다.

단어						
품사						

⑧ 우리 아들이 이번에 수석을 했어.

단어								
품사								

⑨ 선생님은 노래 경연 프로그램에 출연하셨다.

단어							
품사							

⑩ 작은 방에서 자던 예쁜 고양이가 깨어났다.

단어								
품사								

2 다음 설명이 맞으면 O, 틀리면 X를 표시하시오.

① 국어의 품사의 개수는 8개이다. ( )
② 명사는 대상의 의미를 대신 나타낸다. ( )
③ 품사로 분류되는 것들은 모두 단어이다. ( )
④ 하나의 단어는 하나의 품사에만 분류된다. ( )
⑤ 품사의 세 가지 분류 기준은 서로 관련성이 없다. ( )
⑥ 품사의 분류 기준인 '의미'는 단어 고유의 의미이다. ( )
⑦ 모든 단어는 품사로 분류할 수 있다. ( )
⑧ 동사, 형용사 이외에 활용하는 품사는 없다. ( )
⑨ '기능'을 기준으로 품사를 분류하면 5개이다. ( )
⑩ 조사는 반드시 앞말에 붙어서 사용된다. ( )

강의노트

학습일 년 월 일

품사와 문장 성분의 관계 ①

유튜브 강의

Youtube Player
단어 | 문장 | 음운 | 국어사
◂◂ 이전 강의 | 다음 강의 ▸▸
품사의 분류② | 틈새강의②

개념 시냅스

문법의 첫 관문: 품사와 문장 성분

학생들이 문법 공부를 시작해서 처음으로 맞닥뜨리게 되는 관문이 바로 품사와 문장 성분이야. 품사와 문장 성분은 체계와 층위가 다른 용어임에도 불구하고, 그 둘의 명칭이 유사한 데다가, 영문법에서는 이 둘을 섞어서 사용하기 때문에 학생들이 쉽게 패닉에 빠져 버리게 되지. 그래서 본격적인 문법 강의를 시작하기에 앞서 이 두 개념을 명확하게 구분하기 위해 만든 강좌가 바로 '틈새강의'야. 이 강의의 목적은 단 하나! 품사와 문장 성분을 명확하게 구분하는 것. 이것만 해결되면 앞으로의 문법 수업은 탄탄대로가 펼쳐지게 될 거야.

1 품사가 문장 성분이 되는 양상

품사 단독(불변어)			품사 + 품사(격 조사)	품사의 활용형(가변어)
감탄사	관형사	부사	명사 + 주격 조사	용언의 어간 + 관형사형 어미
⬇	⬇	⬇	⬇	⬇
독립어	관형어	부사어	주어	관형어

2 문장 성분의 종류

1) 주어: 동작, 상태, 성질의 주인공(주체)이 놓이는 문장 성분이다.

> 명사 + 주격 조사 / 명사 + 주격 조사
> **아기가 웃는다. 고양이가 귀엽다.**
> ◎ 주어 (아기가) ◎ 주어 (고양이가)

2) 서술어: 주어의 동작, 상태, 성질을 풀어서 설명하는 문장 성분이다.

> 동사(어간 + 어미) / 형용사(어간 + 어미)
> **아기가 웃는다. 고양이가 귀엽다.**
> ◎ 서술어 (웃는다) ◎ 서술어 (귀엽다)

3) 목적어: 서술어에 담긴 동작의 대상이 되는 문장 성분이다.

> 명사 + 목적격 조사
> **철수가 밥을 먹는다. 기린이 잔다.**
> ◎ 목적어 (밥을) ◎ 목적어가 없음

4) 보어: 주어와 서술어만으로는 의미가 완전하지 못한 문장에서 그 의미를 보충해 주는 문장 성분이다.

> 명사 + 보격 조사 / 명사 + 보격 조사
> **철수가 교사가 되었다. 손흥민이 주인공이 아니야.**
> ◎ 보어 (교사가) ◎ 보어 (주인공이)

5) 관형어: 체언의 의미를 보다 상세하고 구체적으로 꾸며 주는 문장 성분이다.

> 관형사 체언
> **그 아기가 생글생글 웃는다.**
> ◎ 많고 많은 아기 중에서 하필 '그'(관형어) 아기

6) 부사어: 용언의 의미를 보다 상세하고 구체적으로 꾸며 주는 문장 성분이다.

> 부사 용언
> **그 아기가 생글생글 웃는다.**
> ◎ 많고 많은 웃는 모습 중에서 하필 '생글생글'(부사어)

7) 독립어: 다른 문장 성분과 직접적인 관계를 맺지 않는 문장 성분이다.

> 감탄사
> **앗! 나는 고기를 싫어해.**
> ◎ 독립어 (앗)

강의노트

학습일 년 월 일

품사와 문장 성분의 관계 ②

유튜브 강의

Youtube Player
단어 | 문장 | 음운 | 국어사
◂◂ 이전 강의 다음 강의 ▸▸
틈새강의① 틈새강의③

1 용언

문장에서 서술어의 기능을 하는 동사, 형용사를 통틀어 이르는 말이다.

동사(어간 + 어미) 형용사(어간 + 어미)
아기가 웃는다. 고양이가 귀엽다.
서술어 서술어

1) 동사의 개념

사람이나 사물의 동작이나 작용 등의 의미를 지닌 단어들을 묶어 놓은 갈래이다.

2) 형용사의 개념

사람이나 사물의 성질이나 상태 등의 의미를 지닌 단어들을 묶어 놓은 갈래이다.

2 활용(活用)

살다 活 쓸 用

1) 활용의 개념

동사와 형용사는 문장에서 쓰이는 상황에 따라 형태가 조금씩 변한다. 원래의 형태에서 완전히 새롭게 바뀌는 게 아니라 형태의 일부만이 변하게 되는데, 이때 변하지 않는 부분을 어간(語幹)이라고 하고, 변하는 부분을 어미(語尾)라고 한다. 이러한 동사와 형용사의 어간이 다양한 종류의 어미들과 결합하는 양상을 활용이라고 한다.

용언이나 서술격 조사의 어간에 다양한 종류의 어미들이 결합하여 용언의 문법적 의미나 기능을 변화시키는 양상을 말한다.

2) 어간과 어미

용언은 어간과 어미가 마치 짝꿍처럼 언제나 붙어 있다. 어미의 종류는 매우 다양하지만 기본형 어미는 '-다'이다. 모든 용언은 어간에 '-다'만 결합한 형태로 사전에 등재되어 있다. 어미는 다양하고도 중요한 문법적 기능을 담당한다. 그렇기 때문에 앞으로 우리가 중점적으로 공부하게 될 것은 어미가 될 것이다.

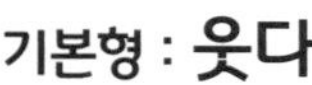

기본형 : 웃다

어간	어미	문법적 기능
웃	-다	문장을 종결
	-고	단어, 문장을 연결
	-어	단어, 문장을 연결
	-는	체언 수식, 현재 시제
	-지	문장을 종결
	-을	체언 수식, 미래 시제
	-게	용언 수식

개념 시냅스

어미의 체계

웰컴 투 어미! 자, 이것들이 바로 우리가 앞으로 배우게 될 어미들이야. 어미는 용언으로 하여금 서술어뿐만 아니라 다른 문장 성분들의 기능을 하게 만들어 주는 마법 같은 요소이기도 해. 강의와 복습이 거듭될수록 어미 체계는 머릿속에 아주 자연스럽게 자리를 잡게 될 것이고, 심지어 저절로 외워지게 될 거야. 반드시 그렇게 될 거고, 그렇게 되어 가는 과정 속에서 스스로 깜짝 놀라게 될 거야. 자신을 믿는 마음으로 자신 있게 시작해 보자고!

1. 어말 어미
 ① 종결 어미
  • 평서형 종결 어미
  • 의문형 종결 어미
  • 명령형 종결 어미
  • 청유형 종결 어미
  • 감탄형 종결 어미
 ② 연결 어미
  • 대등적 연결 어미
  • 종속적 연결 어미
  • 보조적 연결 어미
 ③ 전성 어미
  • 명사형 전성 어미
  • 관형사형 전성 어미
  • 부사형 전성 어미

2. 선어말 어미
 ① 주체 높임 선어말 어미
 ② 시제 선어말 어미
  • 과거 시제 선어말 어미
  • 현재 시제 선어말 어미
  • 미래 시제 선어말 어미
 ③ 공손 선어말 어미
 ④ 서법 선어말 어미
 ⑤ 강조 선어말 어미

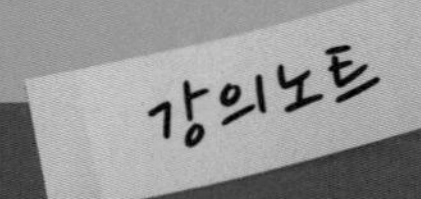

학습일 년 월 일

품사와 문장 성분의 관계 ③

유튜브 강의

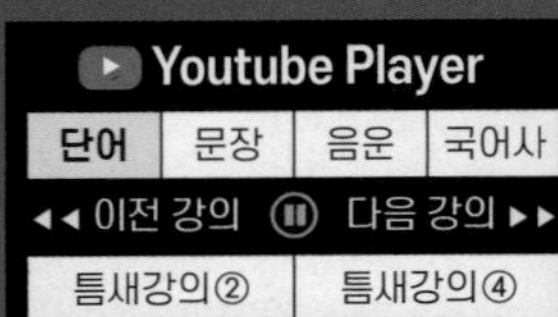

개념 시냅스

조사의 체계

웰컴 투 조사! 자, 이것들이 바로 우리가 앞으로 배우게 될 조사들이야. 일단 이번 강의에서는 격 조사를 중점적으로 다뤘어. 왜냐하면 품사와 문장 성분을 구분하기 위해서는 격 조사에 대한 이해가 필수적이거든. 강의가 거듭될수록 조사의 체계 역시 아주 자연스럽게 너희들 머릿속에 통째로 자리잡게 될 거야.

1. 격 조사: 체언으로 하여금 특정한 문장 성분의 자격을 부여한다.
   ① 주격 조사
   ② 서술격 조사
   ③ 목적격 조사
   ④ 보격 조사
   ⑤ 관형격 조사
   ⑥ 부사격 조사
   ⑦ 호격 조사

2. 보조사: 결합된 앞말에 좀 더 구체적인 뜻을 첨가해 준다.
   ① 성분 보조사
   ② 종결 보조사
   ③ 통용 보조사

3. 접속 조사: 단어와 단어를 같은 자격으로 연결해 준다.

1 조사의 개념

자립성이 있는 앞말에 붙어서 일정한 자격을 부여함으로써 ❶ 다른 말과의 문법적 관계를 나타내거나, ❷ 결합한 말에 특별한 의미를 첨가해 주며, ❸ 단어와 단어를 연결해 주는 단어들을 묶어 놓은 갈래이다.

2 조사의 종류

1) 격 조사: 문장에서 체언으로 하여금 특정한 문장 성분이 될 수 있도록 자격을 부여해 주는 조사이다.

① 주격 조사: 체언에 결합하여 주어의 자격을 부여한다.

② 서술격 조사: 체언에 결합하여 서술어의 자격을 부여한다.

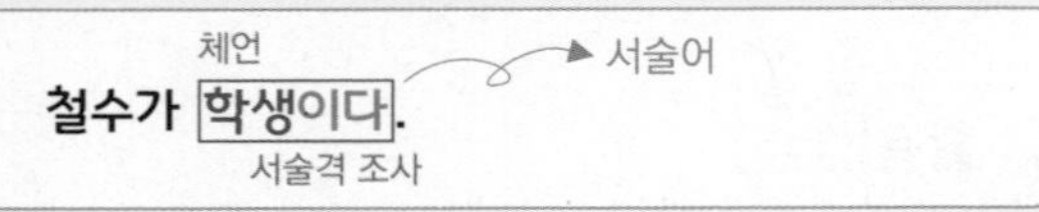

③ 목적격 조사: 체언에 결합하여 목적어의 자격을 부여한다.

④ 보격 조사: 체언에 결합하여 보어의 자격을 부여한다.

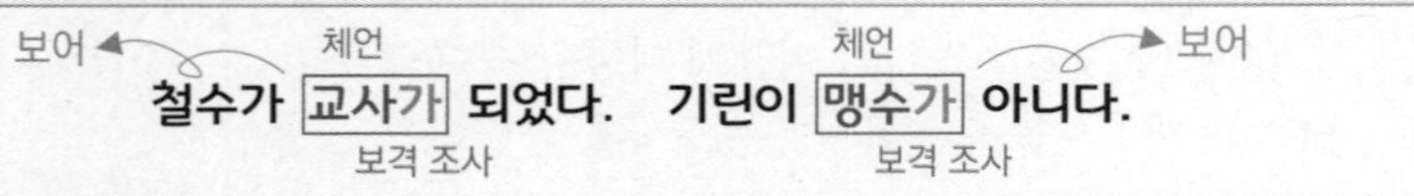

⑤ 관형격 조사: 체언에 결합하여 관형어의 자격을 부여한다.

⑥ 부사격 조사: 체언에 결합하여 부사어의 자격을 부여한다.

⑦ 호격 조사: 체언에 결합하여 독립어의 자격을 부여한다.

학습일 ____ 년 ____ 월 ____ 일

강의노트

품사와 문장 성분의 관계 ④

유튜브 강의

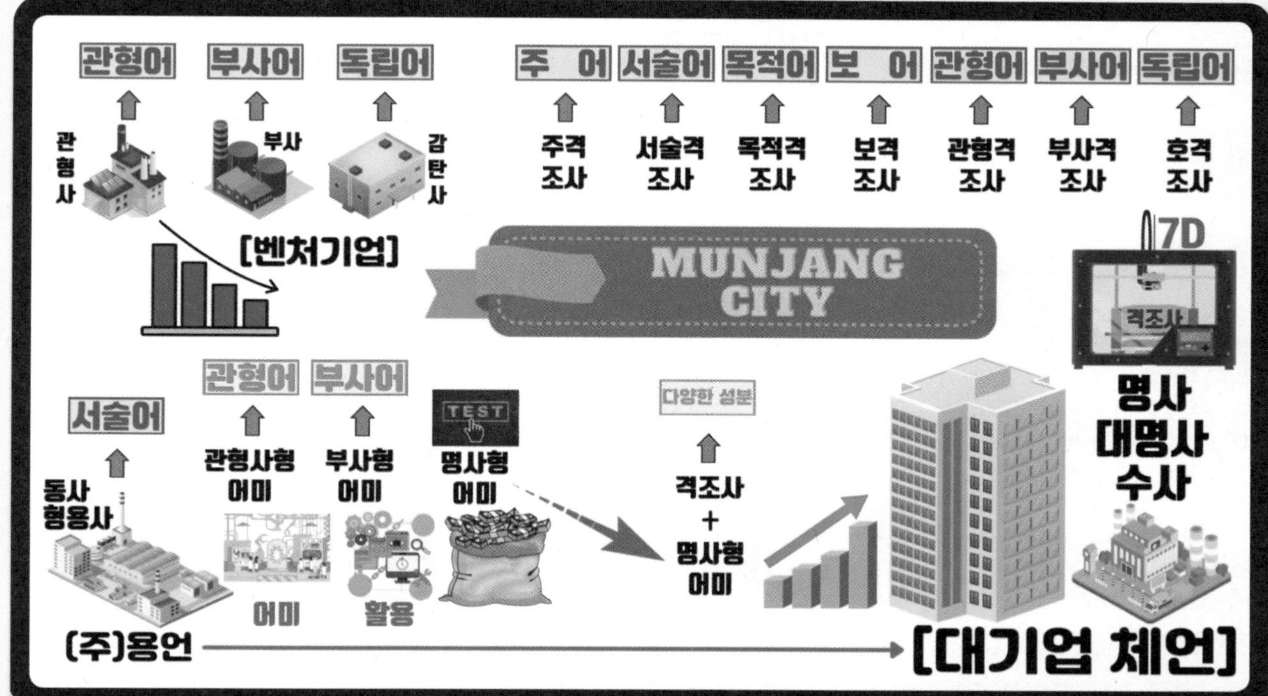

※ 강의 영상을 보고 다음 물음에 답하거나 빈칸을 채우시오.

① 9개의 품사를 서술하시오. → ______________________________

② 7개의 문장 성분을 서술하시오. → ______________________________

③ 동사와 형용사를 합쳐서 ______ 이라고 한다. ______ 은 문장에서 ______ 과 ______ 가 결합하여 쓰이는데, ______ 에 다양한 ______ 가 결합하는 양상을 ______ 이라고 한다. 이때 용언의 어간에 관형사형 어미가 결합하면 문장에서 ______ 로 사용될 수 있고, 부사형 어미가 결합하면 문장에서 ______ 로 사용될 수 있다.

④ 용언의 어간에 ______ 어미가 결합한 뒤, 다시 ______ 조사가 결합하면 문장에서 다양한 문장 성분으로 사용될 수 있다.

⑤ 체언(또는 용언의 명사형) + 주격 조사 → ______________________________

⑥ 체언(또는 용언의 명사형) + 서술격 조사 → ______________________________

⑦ 체언(또는 용언의 명사형) + 목적격 조사 → ______________________________

⑧ 체언(또는 용언의 명사형) + 보격 조사 → ______________________________

⑨ 체언(또는 용언의 명사형) + 관형격 조사 → ______________________________

⑩ 체언(또는 용언의 명사형) + 부사격 조사 → ______________________________

⑪ 체언(또는 용언의 명사형) + 호격 조사 → ______________________________

정답 ① 감탄사, 관형사, 부사, 명사, 대명사, 수사, 조사, 동사, 형용사 ② 주어, 서술어, 목적어, 보어, 관형어, 부사어, 독립어 ③ 용언, 용언, 어간, 어미, 어간, 어미, 활용, 관형어, 부사어 ④ 명사형, 격 ⑤ 주어 ⑥ 서술어 ⑦ 목적어 ⑧ 보어 ⑨ 관형어 ⑩ 부사어 ⑪ 독립어

강의노트

학습일 년 월 일

보통 명사와 고유 명사

유튜브 강의

Youtube Player
단어 | 문장 | 음운 | 국어사
◂◂ 이전 강의 다음 강의 ▸▸
틈새강의④ | 자립·의존 명사

1 명사(名詞)의 개념

(名 이름, 詞 말)

명사는 단어들 중에서 이름을 드러내고 있는 것들을 묶어서 품사로 지정한 것이다. 명사는 사람과 사물 같은 구체적인 대상일 수도 있고, 감정이나 개념 등의 추상적인 대상일 수도 있다.

구체적 대상	추상적 대상
이순신, 손흥민, 김연아 → 사람 사과, 딸기, 학교 → 사물	사랑, 행복, 기쁨 → 감정 민주주의, 자유, 평등 → 개념

구체적인 사람이나 사물 또는 추상적인 감정이나 개념 등의 이름을 드러내고 있는 단어들을 묶어 놓은 갈래를 말한다.

2 명사의 종류

1) 사용 범위에 따른 분류

명사는 해당하는 이름이 여러 대상에게 두루 적용될 수 있느냐, 아니면 특정한 대상에게만 적용될 수 있느냐에 따라 보통 명사와 고유 명사로 나뉜다.

① 보통 명사: 같은 종류의 사물들에 두루 쓰이는 명사

② 고유 명사: 낱낱의 특정한 사물이나 사람을 다른 것들과 구별하여 부르기 위하여 고유하게 쓰이는 명사

산 → **백두산, 한라산, 지리산, 북한산** ◎ '산'이 다른 것들을 두루 포괄함
강 → **한강, 낙동강, 임진강, 두만강** ◎ '강'이 다른 것들을 두루 포괄함
사람 → **이순신, 손흥민** ◎ '사람'이 다른 이들을 두루 포괄함

2) 자립성 유무에 따른 분류 → 5강

3 고유 명사의 특징

- 수와 관련된 말과 결합하기가 어렵다.

  예 백두산들(×), 이순신들(×), 모든 백두산(×), 두 백두산(×), 손흥민마다(×)

  올해도 해군 사관 학교에서 수많은 이순신들이 배출되었다.
  ◎ 비유적인 표현에서는 복수로 사용이 가능하다. (이순신=해군 장교)

- 고유 명사는 지시하는 말들인 '이, 그, 저' 등과 함께 사용하면 어색해질 수 있다.

  예 그 수건을 가져와.(○)
  그 손흥민은 내가 좋아하는 축구 선수야.(×)

- 고유 명사는 종종 보통 명사로 바뀌기도 한다.

  예 고유한 상표로 사용되었던 모 회사의 상품명 초코파이 → 현재는 보통 명사로 간주

알쓸문법

'해, 달'은 고유 명사? 보통 명사?

유일하다고 해서 다 고유 명사는 아니야. '이순신, 한강, 백두산'은 각기 다른 사람들, 다른 산들, 다른 강들과 구별하기 위해 붙인 이름이지만, '해, 달'은 다른 해, 다른 달과 구별하기 위해 붙인 이름이 아니거든. 따라서 다른 대상과 구별할 필요가 없는 '해, 달'은 보통 명사로 분류해. 만약 다른 해나 다른 달이 출현한다면 이들을 구별하기 위해 별도의 이름을 붙이겠지? 그때 붙이게 될 이름이 바로 고유 명사가 되는 거야.

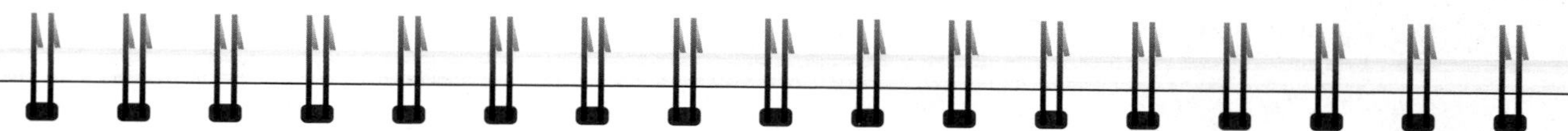

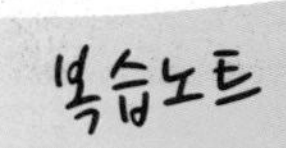

4강 • 보통 명사와 고유 명사

정답 3쪽

레인보우 리뷰

① 명사는 단어들 중에서 □□을 드러내고 있는 것들을 묶어서 □□로 지정한 것이다.

② □□ 명사는 수와 관련된 말과 결합하기가 어렵다.
③ 명사는 사용 □□에 따라 □□ 명사와 □□ 명사로 나눌 수 있다.
④ 같은 종류의 사물들에 □□ 쓰이는 명사를 □□ 명사라고 한다.
⑤ 다른 사물이나 사람과 구별하기 위해 □□하게 쓰이는 명사를 □□ 명사라고 한다.
⑥ 명사가 가리키는 대상은 사람과 사물 같은 □□적인 대상일 수도 있고, 감정이나 개념 등의 □□적인 대상일 수도 있다.
⑦ 고유 명사는 □□하는 말들인 '이, 그, 저' 등과 함께 사용하면 어색해질 수 있다.
⑧ 고유 명사는 종종 □□ 명사로 바뀌기도 한다.
⑨ □□적인 표현에서는 고유 명사도 □□의 표현이 가능하다.
⑩ □□적인 사람이나 사물 또는 □□적인 감정이나 개념 등의 □□을 드러내고 있는 □□들을 묶어 놓은 □□를 명사라고 한다.

개념 마스터

1 다음 문장에서 고유 명사를 있는 대로 찾아 쓰시오. (단, 없을 경우에는 비워 둘 것.)

① 나는 부산에서 왔어. → ____________
② 철수야, 저기 밝은 달 좀 봐. → ____________
③ 이순신 장군은 정말 위대해. → ____________
④ 남대문이 많은 관광객을 반기고 있어. → ____________
⑤ 이번 수학여행 장소는 강원도 속초래. → ____________
⑥ 가자, 저 바다를 향해! → ____________
⑦ 몰디브 해변을 함께 거닐고 싶어. → ____________
⑧ 세종은 정말 위대해. → ____________
⑨ 저 산맥은 세계의 지붕이라고도 불려. → ____________
⑩ 손흥민이 영국 전역을 뒤흔들고 있다. → ____________

2 다음 문장에서 보통 명사를 찾아 쓰시오. (단, 없을 경우에는 비워 둘 것.)

① 나는 부산에서 왔어. → ____________
② 철수야, 저기 밝은 달 좀 봐. → ____________
③ 이순신 장군은 정말 위대해. → ____________
④ 남대문이 많은 관광객을 반기고 있어. → ____________
⑤ 이번 수학여행 장소는 강원도 속초래. → ____________
⑥ 가자, 저 바다를 향해! → ____________
⑦ 몰디브 해변을 함께 거닐고 싶어. → ____________
⑧ 세종은 정말 위대해. → ____________
⑨ 저 산맥은 세계의 지붕이라고도 불려. → ____________
⑩ 손흥민이 영국 전역을 뒤흔들고 있다. → ____________

3 제시한 문장들이 어색하게 된 원인을 찾아서 〈보기〉와 같이 표시하고, 빈칸에 들어갈 적절한 말을 채우시오. (단, 어색하지 않을 경우에는 ○를 표시하지 말고, 빈칸만 채울 것.)

〈보기〉

영수는 (두) 윤봉길 의사를 존경한다.
→ 고유 명사는 [수]와 관련된 말과 함께 쓰이기가 어렵다.

① 그 김연아는 참으로 성실한 선수였어.
→ 고유 명사는 □□하는 말과 함께 쓰이기가 어렵다.

② 미래의 장영실들이 바로 너희들이구나.
→ □□적인 표현이므로 □□의 표현이 가능하다.

③ 철수는 독도마다 상징적인 의미가 있다고 생각한다.
→ 고유 명사는 □와 관련된 말과 함께 쓰이기가 어렵다.

④ 전하, 지방 곳곳에서 홍길동들이 들쑤시고 있나이다.
→ □□적인 표현이므로 □□의 표현이 가능하다.

⑤ 내가 이 김태희를 만나게 되다니!
→ 고유 명사는 □□하는 말과 함께 쓰이기가 어렵다.

⑥ 나는 다른 강원도를 방문하려고 한다.
→ 고유 명사는 □□하는 말과 함께 쓰이기가 어렵다.

강의노트

학습일 년 월 일

자립 명사와 의존 명사

유튜브 강의

Youtube Player
단어	문장	음운	국어사

◂◂ 이전 강의 ⏸ 다음 강의 ▸▸

보통·고유 명사 | 형식성 의존 명사

개념 시냅스

수식(修飾)의 의미

'수식하다'는 '꾸미다, 장식하다'는 의미로 봐도 무방해. 수식하는 말이 어떤 말을 꾸미게 되면 수식을 받는 말의 의미가 더 분명해지는데, 그로 인해 '범주의 한정'이라는 결과가 발생하게 되는 거야. 예를 들어 '사과' 하면 모든 사과를 의미하잖아. 그런데 '빨간 사과'라고 해 버리면 색깔이라는 의미가 분명해지고, 그 결과 모든 사과가 아닌 빨간 사과로 대상의 범주가 한정되는 거지.

레인보우 리뷰

체언을 수식하는 관형어

나중에 배우게 되겠지만 문장에서 체언을 수식하는 문장 성분을 관형어라고 하고, 모든 관형사들이 문장에서는 관형어로 사용돼. 관형사 말고도 용언의 관형사형(어간+관형사형 어미 '-(으)ㄴ, -는, -(으)ㄹ, -던'이 결합된 형태) 등도 관형어로 사용될 수가 있어.

개념 시냅스

의존 명사와 조사의 비교

'것, 수, 리'와 같은 의존 명사들은 자립성이 부족해. 그렇다고 이들을 조사와 똑같이 취급하기에는 성질이 달라도 너무 달라. 즉 꾸미는 말의 수식을 받을 수가 있고, 조사와 결합하여 쓰일 수도 있는데 이는 체언의 성질과 일치해. 따라서 '것, 수, 리'와 같은 단어들은 조사가 아닌 명사로 분류하는 거야.

단어	
자립성 있음	분리성 강함
조사를 제외한 품사	조사

1 명사의 종류

1) 사용 범위에 따른 분류: 보통 명사, 고유 명사

2) 자립성 유무에 따른 분류

명사는 자립하여 홀로 사용될 수 있는지 여부에 따라 자립 명사와 의존 명사로 나눌 수 있다.

① 자립 명사: 실질적인 의미를 갖고 있기 때문에 다른 말의 도움을 받지 않고서도 단독으로 쓰일 수 있는 명사 예 사과, 백두산, 손흥민

② 의존 명사: 실질적인 의미가 부족하여 자립성이 없기 때문에 꾸며 주는 말에 기대어 쓰이는 명사 예 것, 수, 리, 바, 따름

자립 명사	의존 명사
(수식어) 자립 명사 ○ 수식어가 필수적이지 않음	수식어 → 의존 명사 ○ 수식어가 필수적으로 와야 함

2 의존 명사의 특징

● 자립성이 부족하기 때문에 문장에서 사용될 때 그 앞에 반드시 수식(修飾)하는 말(관형어)이 놓여야 한다.
(수식: 닦을 수, 꾸밀 식)

철수가 [것]을 좀 보렴.(×)
철수가 [공부하는] [것]을 좀 보렴.(○)
관형어 의존 명사
○ 의존 명사가 문장에서 사용될 때는 앞에 꾸미는 말이 놓여야 자연스럽다.

● 문장의 맨 앞에서는 사용될 수 없다.

[것]이 많다.(×)
[예쁜] [것]이 많다.(○)
관형어 의존 명사
○ 의존 명사가 관형어 없이 문장의 맨 앞에 놓이면 어색해진다.

● 형태가 변하지 않는 불변어이다. → 체언의 일반적 특징

● 다양한 조사들이 결합할 수 있다. → 체언의 일반적 특징

너는 매운 고추를 [먹을] [[수][가]/[수][는]/[수][도]] 있니?
(주격 조사 / 보조사 / 보조사)
○ 다양한 조사와 결합하는 것은 체언이 가진 일반적인 특성이기도 하다.

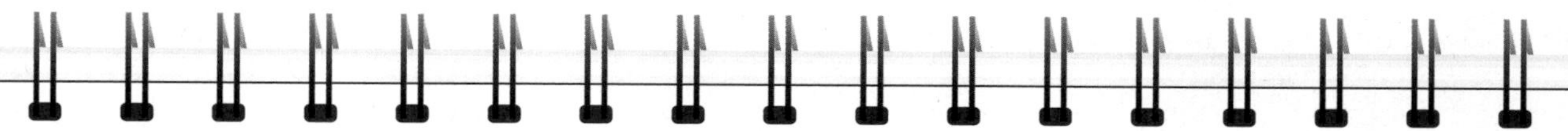

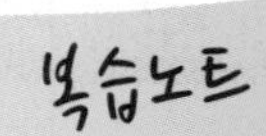

5강 • 자립 명사와 의존 명사

정답 3쪽

레인보우 리뷰

① 명사는 사용 범위에 따라 □□ 명사와 □□ 명사로 나눌 수 있다.

② 명사는 □□성 유무에 따라 □□ 명사와 □□ 명사로 나눌 수 있다.
③ 자립 명사는 □□적인 □□를 갖고 있기 때문에 다른 말의 도움을 받지 않고서도 □□으로 쓰일 수 있는 명사이다.
④ 의존 명사는 □□성이 부족하다.
⑤ 의존 명사는 문장의 맨 □에서는 사용될 수가 없다.
⑥ 의존 명사는 □언이기 때문에 다양한 □사가 결합할 수 있다.
⑦ 의존 명사는 □□성이 부족하기 때문에 문장에서 반드시 □□하는 말인 □□어가 그 앞에 놓여야 한다.
⑧ 조사는 의존 명사와 달리 □□을 받을 수 없다.
⑨ 의존 명사는 형태가 변하지 않는 □□어이다.
⑩ 의존 명사는 □□적인 의미가 부족하여 □□성이 없기 때문에 □□ 주는 말에 기대어 쓰이는 명사이다.

개념 마스터

1 다음 문장들에서 의존 명사를 찾아 ○를 표시하시오. (단, 없을 경우에는 표시하지 말 것.)

① 철수는 먹을 것을 찾았다.
② 맛있게 먹고 있는데 치우면 어떡해.
③ 철수는 조용히 공부할 따름이었다.
④ 사람이 떡으로만 살 수가 없느니라.
⑤ 나는 세수도 못한 채로 등교했다.
⑥ 서울에 올라온 지 벌써 삼 년이 지났다.
⑦ 철수가 절대 마피아일 리가 없다.
⑧ 내가 계속 공부를 하고 싶어 하는지 물어봐 줄래?
⑨ 철수는 일찍 일어난 김에 산책을 하러 나갔다.
⑩ 철수가 화낼 만도 하네.

2 다음 문장들에서 의존 명사를 수식하고 있는 말에 ○를 표시하시오. (단, 없을 경우에는 표시하지 말 것.)

① 철수는 먹을 것을 찾았다.
② 맛있게 먹고 있는데 치우면 어떡해.
③ 철수는 조용히 공부할 따름이었다.
④ 사람이 떡으로만 살 수가 없느니라.
⑤ 나는 세수도 못한 채로 등교했다.
⑥ 서울에 올라온 지 벌써 삼 년이 지났다.
⑦ 철수가 절대 마피아일 리가 없다.
⑧ 내가 계속 공부를 하고 싶어 하는지 물어봐 줄래?
⑨ 철수는 일찍 일어난 김에 산책을 하러 나갔다.
⑩ 철수가 화낼 만도 하네.

3 〈보기〉와 같이 제시어를 활용하여 문장 속 괄호 안에 들어갈 적절한 형태의 단어를 쓰시오.

〈보기〉
(먹을) 것이 많다. 제시어: 먹다

① 내가 ( ) 수 있을까? 제시어: 하다
② 철수가 ( ) 턱이 있나? 제시어: 알다
③ 왼손은 ( ) 뿐. 제시어: 거들다
④ 너 도대체 어떻게 ( ) 셈이야? 제시어: 하다
⑤ 제발 식판에 ( ) 만큼만 담으렴. 제시어: 먹다
⑥ 나 어제 ( ) 번 했다니까. 제시어: 죽다
⑦ 너희들을 위해 ( ) 분을 모셨어. 제시어: 유명하다
⑧ 쥐구멍에도 볕 ( ) 날이 있다. 제시어: 들다
⑨ 내가 해야 ( ) 바를 알려 다오. 제시어: 하다
⑩ 내일 가져와야 ( ) 게 뭐니? 제시어: 하다

4 위 2번과 3번에서처럼 뒤에 있는 의존 명사(체언)를 수식하는 역할을 하는 성분을 문장에서는 무엇이라고 지칭하는지 쓰시오.

강의노트

학습일 년 월 일

형식성 의존 명사

유튜브 강의

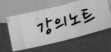

Youtube Player
단어 | 문장 | 음운 | 국어사
◂◂ 이전 강의 ⏸ 다음 강의 ▸▸
자립·의존 명사 | 단위성 의존 명사

레인보우 리뷰

형식성 의존 명사의 앞과 뒤

형식성 의존 명사는 자립성이 부족하기 때문에 앞에는 반드시 꾸며 주는 말이 놓이게 돼. 그리고 의존 명사 뒤에는 다양한 격 조사들이 결합하게 되는데, 이때 어떤 격 조사와 결합하느냐에 따라 문장에서의 쓰임이 결정되는 거야. 왜냐하면 격 조사에는 일정한 자격을 줄 수 있는 힘이 있거든. 의존 명사가 주격 조사와 결합하면 주어, 서술격 조사와 결합하면 서술어, 목적격 조사와 결합하면 목적어, 부사격 조사와 결합하면 부사어가 될 수 있다는 거야. 이처럼 격 조사는 체언으로 하여금 특정한 문장 성분의 자격을 갖게끔 하는 기능을 담당하고 있어.

개념 시냅스

의존 명사 '지' VS 어미 '-지'

의존 명사 '지'와 어미 '-지'를 구분하는 방법은 아주 간단해. 문장의 내용이 시간과 관련된 것이라면 무조건 의존 명사 '지'야. 그 이외에는 전부 어미 '-지'라고 보면 돼. 의존 명사 '지'는 반드시 앞말과 띄어서 쓰고, 어미 '-지'는 반드시 앞말에 붙여서 써야 해.

- 우리가 결혼한 지 벌써 8년이 지났어. → 의존 명사
- 내가 너랑 결혼하지를 말았어야 했는데. → 어미
- 우리가 결혼하지 않기를 바란 녀석이 누구지? → 어미
- 내가 너랑 결혼하지 누구랑 결혼하겠냐? → 어미

1 명사의 종류

1) 사용 범위에 따른 분류: 보통 명사, 고유 명사

2) 자립성 유무에 따른 분류: 자립 명사, 의존 명사

2 의존 명사의 종류

자립성이 부족한 의존 명사는 다시 의미적 특성에 따라 형식성 의존 명사와 단위성 의존 명사로 구분할 수 있다.

1) 형식성 의존 명사: 실질적인 뜻이 부족하여 의미하고 있는 바가 구체적이지 않은 의존 명사이다. 의미가 선명하지 않기에 형식적인 의미를 가졌다고 간주한다. 예 것, 수, 리

① 주어성 의존 명사: 주로 주격 조사와 결합하여 문장에서 주어의 기능을 한다.

수, 지, 리, 턱, 나위	
수가 있다.(×)	먹을 [수가](주어) 있다. 주격 조사 '가'

② 서술성 의존 명사: 주로 서술격 조사와 결합하여 문장에서 서술어의 기능을 한다.

따름, 뿐, 터, 때문, 마련	
나는 오마국을 뿐이다.(×)	나는 오마국을 공부할 [뿐이다.](서술어) 서술격 조사 '이다'

③ 목적성 의존 명사: 주로 목적격 조사와 결합하여 문장에서 목적어의 기능을 한다.

줄	
설마 내가 줄을 모르겠냐?(×)	설마 내가 수영할 [줄을](목적어) 모르겠냐? 목적격 조사 '을'

④ 부사성 의존 명사: 주로 부사격 조사와 결합하여 문장에서 부사어의 기능을 한다.

채, 만큼, 듯(이), 김, 번, 척	
김에 문법을 공부했다.(×)	일어난 [김에](부사어) 문법을 공부했다. 부사격 조사 '에' 밥도 굶은 [채](부사어) 오마국을 공부했다. 부사격 조사가 결합하지 않기도 함

⑤ 보편성 의존 명사: 다양한 격 조사와 결합하여 문장에서 다양한 문장 성분의 기능을 할 수 있다.

것, 분, 데, 바, 이, 따위, 셈, 만	
공부를 것이 최선이다.(×) 것을 최선이라고 할 수 있을까?(×)	공부를 하는 [것이](주어) 최선이다. 주격 조사 '이' 공부하는 [것을](목적어) 최선이라고 할 수 있을까? 목적격 조사 '을'

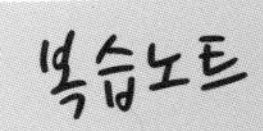

6강 • 형식성 의존 명사

정답 ▶ 4쪽

레인보우 리뷰

① 명사는 □□성 유무에 따라 □□ 명사와 □□ 명사로 나눌 수 있다.

② 의존 명사는 □□성이 부족하기 때문에 반드시 그 앞에 □□하는 말인 □□어가 놓여야 한다.

③ 자립 명사는 □□적인 □□를 갖고 있기 때문에 다른 말의 도움을 받지 않고서도 □□으로 쓰일 수 있는 명사이다.

④ 명사는 사용 범위에 따라 □□ 명사와 □□ 명사로 나눌 수 있다.

⑤ 자립성이 부족한 의존 명사는 다시 의미적 특성에 따라 □□성 의존 명사와 □□성 의존 명사로 구분할 수 있다.

⑥ 문장에서 주어의 기능을 하는 의존 명사를 □□성 의존 명사라고 한다.

⑦ 문장에서 서술어의 기능을 하는 의존 명사를 □□성 의존 명사라고 한다.

⑧ 문장에서 목적어의 기능을 하는 의존 명사를 □□성 의존 명사라고 한다.

⑨ 문장에서 부사어의 기능을 하는 의존 명사를 □□성 의존 명사라고 한다.

⑩ 문장에서 다양한 문장 성분의 기능을 담당할 수 있는 의존 명사를 □□성 의존 명사라고 한다.

⑪ □ □□는 □□성 의존 명사로 하여금 특정한 문장 성분이 될 수 있게끔 문장 성분의 □□을 부여한다.

개념 마스터

1 제시된 문장에서 〈보기〉와 같이 의존 명사를 모두 찾은 뒤, 문장 속에서 어떤 문장 성분의 기능을 하고 있는지를 밝히시오.

〈보기〉

그가 나를 속일 ㉠터이 없다.			
주어	서술어	목적어	부사어
○			

① 살다 보면 그럴 수가 있지.			
주어	서술어	목적어	부사어

② 그럴 리가 없다.			
주어	서술어	목적어	부사어

③ 그를 만난 지가 꽤 오래되었네.			
주어	서술어	목적어	부사어

④ 그 정도면 잘한 셈이다.			
주어	서술어	목적어	부사어

⑤ 겨울이 아무리 추워도 봄은 오기 마련이다.			
주어	서술어	목적어	부사어

⑥ 내일 갈 터이니 그리 알아라.			
주어	서술어	목적어	부사어

⑦ 그가 범인이라는 사실은 두말할 나위가 없었다.			
주어	서술어	목적어	부사어

⑧ 난 풍문으로만 들었을 뿐이네.			
주어	서술어	목적어	부사어

⑨ 도대체 이게 얼마 만이니?			
주어	서술어	목적어	부사어

⑩ 그저 당신을 만나러 왔을 따름입니다.			
주어	서술어	목적어	부사어

⑪ 그가 나를 속일 줄을 꿈에도 생각하지 못했다.			
주어	서술어	목적어	부사어

⑫ 철수는 뛸 듯이 기뻐했다.			
주어	서술어	목적어	부사어

⑬ 철수는 급여를 받은 만큼 일했다.			
주어	서술어	목적어	부사어

⑭ 그는 못 이기는 척 자리에 앉았다.			
주어	서술어	목적어	부사어

⑮ 호랑이를 산 채로 잡았다.			
주어	서술어	목적어	부사어

⑯ 일을 하기로 마음을 먹은 김에 당장 시작합시다.			
주어	서술어	목적어	부사어

⑰ 그가 힘든 이유는 빚 때문이다.			
주어	서술어	목적어	부사어

⑱ 아기는 아버지를 빼다 박은 듯 닮았다.			
주어	서술어	목적어	부사어

⑲ 기절할 뻔도 하고 죽을 뻔도 했다.			
주어	서술어	목적어	부사어

⑳ 오늘 너희들을 위해 아주 유명한 분을 모셨어.			
주어	서술어	목적어	부사어

㉑ 어떤 분이 선생님을 찾아오셨습니다.			
주어	서술어	목적어	부사어

㉒ 지금 가져온 것이 뭡니까?			
주어	서술어	목적어	부사어

㉓ 지금 가져온 것을 다시 가져가세요.			
주어	서술어	목적어	부사어

㉔ 밭에 상추 따위를 심었다.			
주어	서술어	목적어	부사어

㉕ 어디 너 따위가 감히 나한테 대들어?			
주어	서술어	목적어	부사어

㉖ 평소 나에게서 느낀 바를 말해 봐.			
주어	서술어	목적어	부사어

㉗ 그건 내가 느낀 바와 다른데?			
주어	서술어	목적어	부사어

㉘ 끝까지 포기하지 않는 이가 성공하는 법이지.			
주어	서술어	목적어	부사어

㉙ 난 그렇게 게으른 이를 본 적이 없어.			
주어	서술어	목적어	부사어

㉚ 지금 가는 데가 어디야?			
주어	서술어	목적어	부사어

㉛ 그가 숨어 있는 데를 빨리 말해라.			
주어	서술어	목적어	부사어

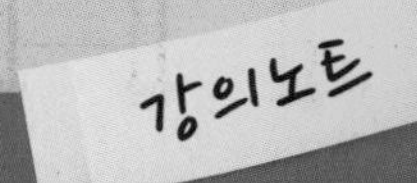

학습일 년 월 일

단위성 의존 명사

Youtube Player
단어 | 문장 | 음운 | 국어사
◂◂ 이전 강의 | 다음 강의 ▸▸
형식성 의존 명사 | 인칭·지시 대명사

1 명사의 종류

1) 사용 범위에 따른 분류: 보통 명사, 고유 명사

2) 자립성 유무에 따른 분류: 자립 명사, 의존 명사

2 의존 명사의 분류

1) 형식성 의존 명사: 의미하고 있는 바가 구체적이지 않은 의존 명사.

2) 단위성 의존 명사: 수나 양의 구체적인 단위를 나타내는 의존 명사. 앞에는 수나 양과 관련된 수식어가 놓이게 된다. 예 세 살, 열 개, 다섯 권

3 단위성 의존 명사의 예시

의존 명사	관련 내용	의존 명사	관련 내용
원	돈	명	사람
살	나이	분	사람
개	물건	문	신발 크기(2.4cm)
시, 분, 초	시간	벌	옷
톨	밤, 곡식의 낱알	채	집, 이불
대	자동차, 기계	장	종이, 유리
척	배	마리	짐승, 물고기, 벌레
켤레	신발, 양말, 버선	모금	액체, 기체
센티	길이	킬로	길이, 무게
권	책	근	무게

4 단위성 의존 명사로 쓰이는 자립 명사들

자립 명사가 단위성 의존 명사의 자리에 놓여서 단위의 의미를 드러내는 사례들이 종종 있다. 그렇다고 자립 명사가 의존 명사로 바뀐 것은 아니며, 다만 단위 의존 명사의 역할을 수행하고 있다고 이해하면 된다.

관련 내용	자립 명사	관련 내용	자립 명사
사람	한 사람	꽃이나 열매 따위	한 송이
음식 따위	한 그릇	걸음	한 발자국
뭉쳐진 것	한 덩어리	식물 따위의 뿌리	한 뿌리
밥이나 국물	한 숟가락	액체 따위	한 병
면이나 음식 따위	한 젓가락	주머니 따위	한 자루
음식 따위	한 사발		

개념 시냅스

수 관형사 VS 수사

관형사의 한 종류인 수 관형사와 수사는 둘 다 수나 양을 의미하는 품사들이어서 진짜 많이 헷갈릴 수가 있어. 이를 제대로 이해하려면 먼저 관형사와 수사의 개념을 정확하게 알아야 되기 때문에 구체적인 설명은 다음으로 미룰게. 일단 여기서 핵심만 간단하게 말하자면 수 관형사는 수사와 달리 수식을 한다는 점이야. 지금 다루고 있는 단위 의존 명사의 앞에 나오는 수와 관련된 말들은 전부 수식을 하고 있기 때문에 수사가 아니라 수 관형사로 간주해야 한다는 거야. 일단 이것만 먼저 기억해 두자.

알쓸문법

명사의 또 다른 분류들

- **추상 명사:** 추상적 개념을 언어로 써 말하여 나타내는 명사.
  예 사랑, 우정, 행복 등
- **유정 명사:** 감정을 나타내는, 사람이나 동물을 가리키는 명사.
  예 사람, 개, 고양이 등
- **무정 명사:** 감정을 나타내지 못하는, 식물이나 무생물을 가리키는 명사.
  예 꽃, 나무, 의자 등
- **가산 명사:** 일정한 형상이나 한계를 가지고 있어서 셀 수 있는 명사.
  예 사람, 꽃, 책상 등
- **질량 명사:** 수나 양을 구체적으로 세기가 어려운 명사.
  예 공기, 물, 하늘 등

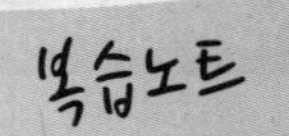

7강 • 단위성 의존 명사

정답 4쪽

레인보우 리뷰

① 명사는 사용 범위에 따라 □□ 명사와 □□ 명사로 나눌 수 있다.

② 자립 명사는 □□적인 □□를 갖고 있기 때문에 다른 말의 도움을 받지 않고서도 □□으로 쓰일 수 있는 명사이다.
③ 의존 명사는 □□성이 부족하기 때문에 반드시 그 앞에 □□하는 말인 □□□가 놓여야 한다.

④ 자립성이 부족한 의존 명사는 다시 의미적 특성에 따라 □□성 의존 명사와 □□성 의존 명사로 구분할 수 있다.

⑤ 단위성 의존 명사는 □나 □의 구체적인 □□를 나타내는 의존 명사이다.
⑥ 단위성 의존 명사 자리에 놓이는 □□ 명사들이 있다.
⑦ 단위성 의존 명사 앞에 놓여 수나 양과 관련된 의미로 수식하는 품사는 □사가 아니라 □ □□사이다.
⑧ 수 관형사는 수사와 달리 뒤에 놓이는 단위 의존 명사를 □□한다.
⑨ 감정을 나타내는, 사람이나 동물을 가리키는 명사를 □□ 명사라고 한다.
⑩ 감정을 나타내지 못하는, 식물이나 무생물을 가리키는 명사를 □□ 명사라고 한다.

개념 마스터

1 다음 문장들의 밑줄 친 부분에 들어갈 적절한 단위성 의존 명사를 쓰시오.

① 신에게는 아직 열두 ____의 배가 남아 있습니다.
② 벌써 내가 마흔 ____이라니.
③ 어서 오세요, 몇 ____이세요?
④ 이번 기회에 따뜻한 옷 한 ____ 사 주마.
⑤ 쌀 한 ____도 함부로 버리지 말거라.
⑥ 이번에 자동차 한 ____ 사려고 해.
⑦ 나 천 ____만 빌려줄래?
⑧ 삼겹살 한 ____에 얼마예요?
⑨ 삼십 ____ 자 좀 다오.
⑩ 한 달에 몇 ____ 정도 책을 읽니?
⑪ 호빵 세 ____만 주세요.
⑫ 두 ____의 선생님을 모시고 가는 중이에요.
⑬ 너는 신발 몇 ____을 신니?
⑭ 현재 시각은 열두 ____ 삼십일 ____ 오십 ____입니다.
⑮ 그 사람은 강남에만 집이 수십 ____야.
⑯ 양말 세 ____는 꼭 챙겨라.
⑰ 오늘 저녁엔 고등어 두 ____만 굽거라.
⑱ 하루 종일 물 한 ____도 못 마시고 일을 했다.
⑲ 나의 적정 체중은 육십팔 ____야.
⑳ A4 용지 열 ____만 주세요.

2 〈보기〉는 단위 의존 명사를 대신해 쓰이는 자립 명사들이다. 다음 문장의 밑줄 친 부분에 들어갈 알맞은 말을 〈보기〉에서 한 번씩만 골라 쓰시오.

〈보기〉
사람, 그릇, 덩어리, 숟가락, 젓가락,
사발, 송이, 발자국, 뿌리, 병, 자루

① 나도 라면 한 ____만 먹어 보자.
② 국수 세 ____ 더 주세요.
③ 어버이날에 부모님께 카네이션 한 ____를 꽂아 드렸다.
④ 그거 한 ____에 다 담을 수 있겠어?
⑤ 주모, 여기 시원한 막걸리 한 ____ 갖다 줘요.
⑥ 세 ____만 뒤로 물러나.
⑦ 산삼 한 ____만 먹으면 기운이 날 텐데.
⑧ 국물 한 ____만 맛 좀 볼게.
⑨ 일단 밀가루 반죽 한 ____를 만들어 봅시다.
⑩ 어느덧 대여섯 ____이 모였다.
⑪ 소주 만 ____만 주소.

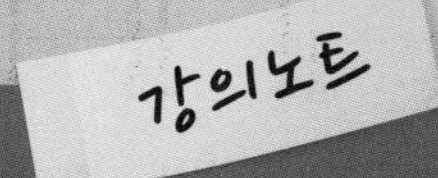

인칭 대명사와 지시 대명사

Youtube Player
단어 | 문장 | 음운 | 국어사
◂◂ 이전 강의 ⏸ 다음 강의 ▸▸
단위성 의존 명사 | 미지칭 대명사 외

1 대명사(代名詞)의 개념

(대신할 이름 말 / 대 명 사)

구체적인 사람이나 사물 또는 추상적인 감정, 개념 등의 이름을 나타내는 말들인 명사를 대신해서 가리키는 단어들을 묶어 놓은 갈래이다.

2 대명사의 종류

대명사는 가리키는 대상이 무엇이냐에 따라 5가지 정도로 나누어진다.

1) 인칭 대명사: 사람을 대신해서 가리키는 대명사
2) 지시 대명사: 사물이나 장소를 대신해서 가리키는 대명사
3) 미지칭 대명사: 알지 못하는 사람이나 대상을 대신해서 가리키는 대명사
4) 부정칭 대명사: 정해지지 않은 사람이나 대상을 대신해서 가리키는 대명사
5) 재귀칭 대명사: 앞서 언급된 사람이나 대상을 다시 가리키는 대명사

3 인칭 대명사

사람을 대신해서 가리킬 때 사용되며, 가리키는 사람이 누구냐에 따라 일인칭 대명사, 이인칭 대명사, 삼인칭 대명사로 나눌 수 있다.

인칭	단수		복수	
일인칭	낮춤	저, 소생, 소인, 소자, 과인	낮춤	저희
	평서	나, 본인, 짐	평서	우리
	높임		높임	
이인칭	낮춤	너, 자네, 당신 	낮춤	너희
	평서		평서	
	높임	당신, 임자, 그대	높임	여러분
삼인칭	낮춤	이자, 그자, 저자	낮춤	
	평서	이, 그, 저 , 그녀	평서	
	높임	이이, 그이, 저이 이분, 그분, 저분	높임	

4 지시 대명사

사물이나 장소를 대신해서 가리킬 때 사용되며, 화자, 청자, 대상 사이의 거리를 기준으로 나눌 수 있다.

근칭(近稱) (가까울 근 일컬을 칭) 화자와 대상이 가까움	중칭(中稱) (가운데 중 일컬을 칭) 청자와 대상이 가까움	원칭(遠稱) (멀 원 일컬을 칭) 화자, 청자 모두 대상과 멂
이	그	저
이것	그것	저것
이곳	그곳	저곳
여기	거기	저기

알쓸문법

사전에는 없는 이인칭 대명사 '자기'

요즘에는 부부나 연인들 사이에서 '자기'라는 말이 상대방을 호칭하는 이인칭 대명사로 널리 사용되고 있어. 또한 직장 등에서 윗사람이 아랫사람을 호칭하거나 동년배들끼리 서로를 호칭하는 말로 확장되어 쓰이기도 해. 언중(같은 언어를 사용하면서 공동생활을 하는 언어 사회 안의 대중)들 다수가 그 말을 사용하게 되면 결국 그 말은 생명력을 얻게 될 수밖에 없어. 이는 '짜장면'이 표준어가 된 것만 봐도 알 수 있지. 머지않아 '자기'도 공식적인 이인칭 대명사로 인정받게 되지 않을까?

개념 시냅스

낮춤말 '당신'

보통 '당신'은 상대방을 높이는 표현으로 사용되지만, 두 사람이 맞서 싸우는 경우에 상대편을 낮잡아 이르는 말로 사용되기도 해. 이때의 '당신'은 낮춤말로 간주해.

예 뭐? 당신? 누구한테 당신이야.

개념 시냅스

이, 그, 저

'이, 그, 저'는 사람을 가리키는 인칭 대명사로도 쓰이고, 사물을 가리키는 지시 대명사로도 쓰여. 특히 '이, 그, 저'가 인칭 대명사로 쓰일 때에는 접미사 '-들'과 결합하여 복수의 의미를 나타낼 수도 있어.

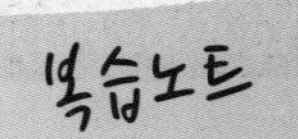

8강 • 인칭 대명사와 지시 대명사

정답 4쪽

레인보우 리뷰

① 사람을 대신해서 가리키는 대명사를 □□ 대명사라고 한다.

② 사물이나 장소를 대신해서 가리키는 대명사를 □□ 대명사라고 한다.

③ 알지 못하는 사람이나 대상을 대신해서 가리키는 대명사를 □□칭 대명사라고 한다.

④ 정해지지 않은 사람이나 대상을 대신해서 가리키는 대명사를 □□칭 대명사라고 한다.

⑤ 앞서 언급된 사람이나 대상을 다시 가리키는 대명사를 □□칭 대명사라고 한다.

⑥ 인칭 대명사는 □□을 대신해서 가리킬 때 사용되며, 가리키는 □□이 누구냐에 따라 □□칭 대명사, □□칭 대명사, □□칭 대명사로 나눌 수 있다.

⑦ 지시 대명사는 사물이나 장소를 대신해서 가리킬 때 사용되며, 화자, 청자, 대상 사이의 □□를 기준으로 나눌 수 있다.

⑧ 대명사는 구체적인 사람이나 사물 또는 추상적인 감정, 개념 등의 이름을 나타내는 말들인 □□를 대신해서 가리키는 □□들을 묶어 놓은 □□이다.

개념 마스터

1 제시된 문장에서 〈보기〉와 같이 대명사를 찾은 뒤, 대명사의 인칭과 높임의 정도를 밝히시오.

〈보기〉

저희는 이제 그만 가 볼게요.

일인칭	이인칭	삼인칭	낮춤	평서	높임
○			○		

① 소인은 이만 물러가 보겠나이다.

일인칭	이인칭	삼인칭	낮춤	평서	높임

② 이 모든 성과는 다 여러분들 덕분입니다.

일인칭	이인칭	삼인칭	낮춤	평서	높임

③ 그자가 범인임이 확실합니다.

일인칭	이인칭	삼인칭	낮춤	평서	높임

④ 여기서 삼 년째 그녀를 기다리고 있소.

일인칭	이인칭	삼인칭	낮춤	평서	높임

⑤ 그분은 학생들에게 가장 존경받는 선생님이십니다.

일인칭	이인칭	삼인칭	낮춤	평서	높임

⑥ 너는 게으른 게 문제야.

일인칭	이인칭	삼인칭	낮춤	평서	높임

⑦ 그들이 몰려오고 있다.

일인칭	이인칭	삼인칭	낮춤	평서	높임

⑧ 우리가 반드시 승리할 거야!

일인칭	이인칭	삼인칭	낮춤	평서	높임

⑨ 나는 오늘도 열심히 노력할 뿐이다.

일인칭	이인칭	삼인칭	낮춤	평서	높임

2 〈보기〉와 같이 제시된 문장에서 대명사를 찾은 뒤, 화자 및 청자와 떨어진 거리의 정도를 찾아서 표시하시오.

〈보기〉

그것 좀 갖다줄래?

근칭	중칭	원칭
	○	

① 나 지금 서울역 근처야. 여기로 나와.

근칭	중칭	원칭

② 거기 말고 다른 데는 없어?

근칭	중칭	원칭

③ 저곳으로 가 보자.

근칭	중칭	원칭

강의노트

학습일 년 월 일

미지칭·부정칭·재귀칭 대명사

유튜브 강의

Youtube Player
단어 | 문장 | 음운 | 국어사
◀◀ 이전 강의 | 다음 강의 ▶▶
인칭·지시 대명사 | 대명사 총정리

I 단어

1 대명사의 종류

1) 인칭 대명사: 사람을 대신해서 가리키는 대명사
2) 지시 대명사: 사물이나 장소를 대신해서 가리키는 대명사
3) 미지칭 대명사: 알지 못하는 사람이나 대상을 대신해서 가리키는 대명사
4) 부정칭 대명사: 정해지지 않은 사람이나 대상을 대신해서 가리키는 대명사
5) 재귀칭 대명사: 앞서 언급된 사람이나 대상을 다시 가리키는 대명사

알쓸문법

대명사의 분류 방법

학자들마다 대명사를 분류하는 방법이 조금씩 달라. 미지칭, 부정칭, 재귀칭을 모두 인칭 대명사의 범주에 넣는 관점도 있어. 그런데 이들 대명사들이 무조건 사람만 가리키는 것은 아니거든. 그래서 여기서는 인칭 대명사와 구별된 범주로 분류했어.

2 미지칭(未知稱) 대명사(= 의문 대명사)

(미 아닐, 지 알, 칭 일컬을)

미지의 대상, 즉 화자가 알지 못하는 사람이나 대상을 대신 가리키는 대명사이다.

누구, 무엇, 어디, 언제

- 그 가방을 가져간 사람이 도대체 누구니?
- 너는 어디에서 왔니?
- 난 그게 무엇인지 도무지 모르겠어.
- 개학이 언제인지 잊어버렸어.

알쓸문법

미지칭 대명사 = 의문 대명사

가리킴을 받는 대상의 이름이나 신분 등을 몰라서 물을 때에 쓰는 대명사이기 때문에 '의문 대명사'라고 부르기도 해.

3 부정칭(不定稱) 대명사

(부 아닐, 정 정할, 칭 일컬을)

특별하게 정해지지 않은 사람이나 대상을 대신 가리키는 대명사이다. 불특정한 다수를 가리키므로 '모든'이라는 의미가 간접적으로 드러난다. 따라서 '아무'라는 말과 의미가 서로 통한다.

누구, 무엇, 어디, 언제, 아무

- 누구든지 질문하러 와도 좋아. ➜ 아무든지 질문하러 와도 좋아.
- 무엇이든 물어보세요. ➜ 아무것이든 물어보세요.
- 너와 함께라면 어디라도 좋아. ➜ 너와 함께라면 아무 데라도 좋아.
- 방문하신다면 언제라도 환영합니다. ➜ 방문하신다면 아무 때라도 환영합니다.
- 도와주세요! 아무도 없어요?

개념 시냅스

부정칭 대명사와 '아무'

'아무'에는 '특별히 정하지 않은'이라는 의미가 담겨 있어. 따라서 부정칭 대명사 '누구, 무엇, 어디, 언제'는 '아무'라는 말로 바꾸어 보면 의미가 서로 통한다는 걸 알 수 있게 되지. 미지칭 대명사와 부정칭 대명사는 형태가 똑같기 때문에 헷갈리는 경우가 많은데 이처럼 '아무'를 활용하면 쉽게 부정칭 대명사를 가려낼 수가 있어.

4 재귀칭(再歸稱) 대명사

(재 다시, 귀 돌아갈, 칭 일컬을)

삼인칭 주어로 사용된 명사가 문장에서 거듭 나타날 때, 이를 회피하기 위해 대신 사용하는 대명사이다.

저, 저희, 자기, 당신

- 고슴도치도 고슴도치의 새끼는 귀여워한다. ➜ 고슴도치도 저의(제) 새끼는 귀여워한다.
- 3반은 3반밖에 몰라. ➜ 3반은 저희밖에 몰라. (복수일 경우)
- 철수는 철수 생각만 해. ➜ 철수는 자기 생각만 해.
- 돌아가신 어머님은 어머님께서 그리신 그림을 좋아하셨지.
  ➜ 돌아가신 어머님은 당신께서 그리신 그림을 좋아하셨지. (높임의 대상일 경우)

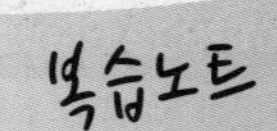

9강 • 미지칭 · 부정칭 · 재귀칭 대명사

정답 5쪽

레인보우 리뷰

① 사람을 대신해서 가리키는 대명사를 □□ 대명사라고 한다.
② 사물이나 장소를 대신해서 가리키는 대명사를 □□ 대명사라고 한다.
③ □지의 대상, 즉 화자가 알지 못하는 사람이나 대상을 가리키는 대명사를 □□칭 대명사라고 한다.
④ 특별하게 정해지지 않은 사람이나 대상을 가리키는 대명사를 □□칭 대명사라고 한다.
⑤ 삼인칭 주어로 사용된 명사가 문장에서 거듭 나타날 때, 이를 회□하기 위해 대신 사용하는 대명사를 □□칭 대명사라고 한다.

⑥ 부정칭 대명사에는 '특별히 □하지 않은'이라는 의미가 담겨 있으므로 '□□'라는 말로 바꾸어 보면 의미가 비슷하게 통한다.
⑦ 미지칭 대명사는 다른 말로 □□ 대명사라고도 한다.
⑧ 부정칭 대명사는 불특정한 대상을 가리키므로 '□□' 이라는 의미가 간접적으로 드러난다.
⑨ 재귀칭 대명사의 용례들 중에서 재귀칭 대상이 복수일 경우에는 '□□'를 사용한다.
⑩ 재귀칭 대명사의 용례들 중에서 재귀칭 대상을 높일 경우에는 '□□'을 사용한다.

개념 마스터

1 제시된 문장에서 〈보기〉와 같이 미지칭, 부정칭, 재귀칭 대명사를 찾은 뒤, 대명사의 종류를 밝히시오.

〈보기〉

도와주세요! (아무)도 없어요?

미지칭	부정칭	재귀칭
	○	

① 거기 밖에 누구세요?

미지칭	부정칭	재귀칭

② 괜찮으니까 아무나 대답해 봐요.

미지칭	부정칭	재귀칭

③ 아직 애들이 어려서 저희밖에 몰라요.

미지칭	부정칭	재귀칭

④ 언제라도 내가 네 편이 되어 줄게.

미지칭	부정칭	재귀칭

⑤ 도대체 내 서랍 뒤진 사람이 누구야?

미지칭	부정칭	재귀칭

⑥ 택시! 아저씨, 어디든 좋으니까 빨리 출발해 주세요.

미지칭	부정칭	재귀칭

⑦ 저 상자 안에는 무엇이 있을까?

미지칭	부정칭	재귀칭

⑧ 철수는 자기 자랑이 너무 심하다.

미지칭	부정칭	재귀칭

⑨ 무엇이라도 좋으니까 제발 대답 좀 해.

미지칭	부정칭	재귀칭

⑩ 아버님은 당신께서 직접 농사짓기를 바라셨다.

미지칭	부정칭	재귀칭

⑪ 철수는 생일이 언제인지도 기억하지 못한다.

미지칭	부정칭	재귀칭

⑫ 철수는 누구를 만나더라도 친절하게 대한다.

미지칭	부정칭	재귀칭

⑬ 도대체 이 열차는 어디를 향하고 있는 걸까?

미지칭	부정칭	재귀칭

오늘은 여기까지. 하산해. 끝!

강의노트

학습일 년 월 일

대명사 총정리

유튜브 강의

Youtube Player
단어 | 문장 | 음운 | 국어사
◂◂ 이전 강의 | 다음 강의 ▸▸
미지칭 대명사 외 | 수사

1 대명사의 분류

1) 인칭 대명사: 사람을 대신해서 가리키는 대명사
2) 지시 대명사: 사물이나 장소를 대신해서 가리키는 대명사
3) 미지칭 대명사: 미지의 대상, 즉 화자가 알지 못하는 사람이나 대상을 가리키는 대명사
4) 부정칭 대명사: 특별하게 정해지지 않은 사람이나 대상을 가리키는 대명사
5) 재귀칭 대명사: 문장에서 삼인칭 주어로 사용된 명사가 반복해서 나타날 때, 이를 회피하기 위해 대신 사용하는 대명사

2 대명사의 출제 포인트

1) 일인칭 대명사 VS 재귀칭 대명사

저, 저희	
일인칭	재귀칭
• 저는 학생입니다. • 저희는 학생입니다.	• 철수는 항상 저밖에 몰라. ➜ 철수=저(단수) • 3반은 항상 저희밖에 몰라. ➜ 3반=저희(복수)

2) 이인칭 대명사 VS 재귀칭 대명사

당신	
이인칭	재귀칭
• 당신은 도대체 어디서 왔소?	• 선생님께서는 늘 당신보다 제자들을 소중히 여기셨지. ➜ 선생님=당신(높임)

3) 부정칭 대명사 VS 미지칭 대명사

누구, 무엇, 언제, 어디	
부정칭	미지칭
• 거기 누구 없어요? • 무엇이든 물어봐. • 방학하면 언제라도 와. • 널 사랑하게 된 이상 어디든지 따라갈 테야.	• 당신은 누구세요? • 손에 든 게 무엇인가요? • 방학이 언제야? • 난 당신이 어디에서 왔는지 모르겠어.

알쓸문법

'누'의 정체

흔히 쓰이는 '누가'는 '누구가'가 줄어든 형태라고 이해하면 돼.

예 이번 시합에서 누가 이겼어?

알쓸문법

'뭐'의 정체

대명사 '무어'의 줄임말이야.

• 무어(뭐)라고 대답할 말이 없다.
• 시장에서 반찬거리로 무얼(뭘) 사 올까?

개념 시냅스

부사 '언제'

예 언제 한번 만나자!

'언제'는 부정칭 대명사, 미지칭 대명사로 쓰이기도 하지만 부사로 사용되기도 해. 부사 '언제'는 '정해지지 않은 막연한 때'를 의미하면서 용언을 수식하므로 대명사 '언제'와 구분할 수 있어.

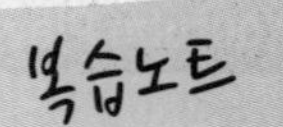

10강 • 대명사 총정리

정답 5쪽

레인보우 리뷰

① 사람을 대신해서 가리키는 대명사를 □□ 대명사라고 한다.

② 사물이나 장소를 대신해서 가리키는 대명사를 □□ 대명사라고 한다.

③ □□의 대상, 즉 화자가 알지 못하는 사람이나 대상을 가리키는 대명사를 □□칭 대명사라고 한다.

④ 특별하게 정해지지 않은 사람이나 대상을 가리키는 대명사를 □□칭 대명사라고 한다.

⑤ 삼인칭 주어로 사용된 명사가 문장에서 거듭 나타날 때, 이를 □□하기 위해 대신 사용하는 대명사를 □□칭 대명사라고 한다.

개념 마스터

1 제시된 문장에서 〈보기〉와 같이 대명사를 있는 대로 모두 찾은 뒤, 대명사의 종류를 밝히시오. (단, 대명사가 없을 경우에는 표시하지 말 것.)

〈보기〉

도와주세요! (아무)도 없어요?

일인칭	이인칭	미지칭	부정칭	재귀칭
			○	

① 중이 제 머리 못 깎는다.

일인칭	이인칭	미지칭	부정칭	재귀칭

② 철수는 도서관에 가면 언제나 같은 자리에 앉는다.

일인칭	이인칭	미지칭	부정칭	재귀칭

③ 그 회사 직원들은 저희밖에 모르더라고.

일인칭	이인칭	미지칭	부정칭	재귀칭

④ 당신 누구요? 왜 자꾸 전화하는 거요?

일인칭	이인칭	미지칭	부정칭	재귀칭

⑤ 어디나 정들면 다 고향인 거지.

일인칭	이인칭	미지칭	부정칭	재귀칭

⑥ 이 꽃 이름은 무엇일까?

일인칭	이인칭	미지칭	부정칭	재귀칭

⑦ 형님, 요즘 들어 어머니께서 자꾸 당신 탓을 하시네요.

일인칭	이인칭	미지칭	부정칭	재귀칭

⑧ 내가 도울 일이 있으면 언제라도 전화해.

일인칭	이인칭	미지칭	부정칭	재귀칭

⑨ 어디선가 누구에게 무슨 일이 생기면...

일인칭	이인칭	미지칭	부정칭	재귀칭

⑩ 내가 휴대폰을 어디에 뒀더라?

일인칭	이인칭	미지칭	부정칭	재귀칭

⑪ 시간 나실 때 저희 가게에 놀러 오세요.

일인칭	이인칭	미지칭	부정칭	재귀칭

⑫ 자네는 무엇 하나도 제대로 하는 게 없군.

일인칭	이인칭	미지칭	부정칭	재귀칭

⑬ 우리가 회의하기로 한 날이 언제였지?

일인칭	이인칭	미지칭	부정칭	재귀칭

⑭ 철수는 자기가 제일 잘 나가는 줄 알더라고.

일인칭	이인칭	미지칭	부정칭	재귀칭

⑮ 당신 인성에 문제 있어?

일인칭	이인칭	미지칭	부정칭	재귀칭

학습일 년 월 일

유튜브 강의

Youtube Player
단어 | 문장 | 음운 | 국어사
◀◀ 이전 강의 | 다음 강의 ▶▶
대명사 총정리 | 조사의 개념

수사

1 수사(數詞)의 개념

(셈 말)

수, 양, 순서, 차례 등 사물의 수량이나 순서를 나타내는 단어들을 묶어 놓은 갈래이다.

2 수사의 종류

1) 양수사: 사물의 수나 양을 나타내는 단어

2) 서수사: 사물의 순서나 차례를 나타내는 단어

종류	구분	계열	예시
양수사(수량)	정수(정확한 수량)	고유어	하나, 둘, 셋, 넷…, 아흔아홉
		한자어	일, 이, 삼, 사, 오…
	부정수(대략적 수량)	고유어	한둘, 서넛, 네다섯, 대여섯, 예닐곱…
		한자어	일이, 삼사, 육칠…
서수사(순서)	정수(정확한 순서)	고유어	첫째, 둘째, 셋째
		한자어	제일, 제이, 제삼
	부정수(대략적 순서)	고유어	한두째, 서너째, 너덧째
		한자어	없음

3 수사의 특징

- 대체로 관형사의 수식을 받기가 어렵다.

철수는 열아홉이야.

이 열아홉(×), 저 열아홉(×), 그 열아홉(×), 새 열아홉(×)

이 둘이 단짝이야. 저 셋이 한편이야. ◎ 예외적으로 관형사의 수식을 받음

- 용언의 관형사형의 수식을 받기가 어렵다. 예 작은 하나(×), 큰 둘(×)
- 특정한 접사가 결합한다.
  - 접사 '제(第)-'가 결합 예 제일, 제이, 제삼
  - 접사 '-째'가 결합 예 둘째, 셋째, 넷째
- 복수의 의미를 지닌 접사 '-들'은 결합할 수 없다. 예 하나들(×), 일들(×)
- 다른 품사와 형태가 같은 경우가 있다. (품사의 통용)

내 바람은 첫째, 우리 첫째가 첫째 권을 완독했으면 좋겠다는 거야.
◎ 수사 ◎ 명사 ◎ 관형사

[수사]	[명사]	[관형사]
첫째: 순서가 가장 먼저인 차례	첫째: 첫째 자식	첫째: 순서가 가장 먼저인 차례의
둘째: 순서가 두 번째가 되는 차례	둘째: 둘째 자식	둘째: 순서가 두 번째가 되는 차례의
셋째: 순서가 세 번째가 되는 차례	셋째: 셋째 자식	셋째: 순서가 세 번째가 되는 차례의

알쓸문법

백을 의미하는 고유어 '온'

관형사 '온갖'의 어원이 바로 고유어 '온'과 '가지'야. '온'은 백이라는 뜻인데, 15세기에는 '온가지'의 형태로 쓰이다가 현재는 '온갖'의 형태가 된 거지.

개념 시냅스

접사(接詞) 이을 접 말 사

접사는 '붙는 말'이라는 뜻인데, 단어의 중심인 어근에 붙어서 일정한 의미를 더하거나 한정하여 새로운 말을 만들어 내는 부분을 가리키는 말이야. 접사는 품사, 즉 단어가 아니기 때문에 혼자 자립할 수 없으며 반드시 어근에 붙어서 사용된다는 특징이 있어. → 'I. 단어' 34강

- 제-: '그 숫자에 해당되는 차례'의 의미
- -째: '차례'나 '등급'의 의미
- -들: '복수(複數)'의 의미

레인보우 리뷰

품사의 통용(通用)

단어는 기본적으로 한 개의 품사로 분류되지만, '첫째'와 같은 특정 단어의 경우에는 두 개 이상의 품사로도 분류될 수 있어. 이를 품사의 통용(경계를 넘나들어 두루 쓰임)이라고 해. 내신 시험에서 자주 출제되는 내용이기 때문에 다양한 사례들을 알고 있어야 돼.

레인보우 리뷰

수 관형사 VS 수사

관형사 중에 수량의 의미를 가진 수 관형사가 있는데, 수사랑 헷갈릴 수 있어. 분명한 기준은 수 관형사는 뒤에 오는 체언을 수식한다는 거야. 또한 관형사에는 조사가 결합할 수 없다는 것도 꼭 기억하길 바랄게!

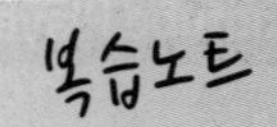

복습노트

11강 • 수사

정답 5쪽

레인보우 리뷰

① 사물의 수나 양을 나타내는 단어를 □□사라고 한다.
② 사물의 순서를 나타내는 단어를 □□사라고 한다.
③ 수사는 대체적으로 □□사의 수식을 받지 못한다.
④ 수사는 '제-'나 '-째' 따위의 특정한 □□와 결합할 수 있다.
⑤ 수사는 대체적으로 용언의 □□□형의 수식을 받기 어렵다.
⑥ 수사에는 복수의 의미를 지닌 접사 '-□'이 결합할 수 □다.
⑦ 수사는 수, 양, 순서, 차례 등 사물의 □□이나 □□를 나타내는 단어들을 묶어 놓은 갈래이다.

개념 마스터

1 다음 문장들에서 수사를 찾아 ○를 표시하시오. (단, 수사가 없을 경우에는 표시하지 말 것.)

① 졸업생 다섯이 찾아와서 편지 다섯 장을 내밀었다.
② 첫째인 철수는 가족들 중에서 키가 셋째로 크다.
③ 엄마는 시장에서 수박 하나와 순대 한 봉지를 사 오셨다.
④ 돈 봉투를 한 개 이상 받은 사람이 모두 다섯이었다.
⑤ 야자 시간에 그 두 명은 몰래 도망쳤다. 그것도 둘이서 손을 꼭 잡고...
⑥ 열에서 다섯을 빼면 다섯이 남는다.
⑦ 귀가 둘인 것은 많이 들으라는 뜻이다.
⑧ 사장님, 사과 서너 개 담아 주시고, 딸기도 한 상자 주세요.
⑨ 나의 첫 목표는 첫 시험에서 백 점을 받는 것이다.
⑩ 첫째 조건은 충족시켰고, 과연 두 번째 조건은 어떻게 될까?

2 다음 문장에서 수 관형사를 찾아 ○를 표시하시오. (단, 수 관형사가 없을 경우에는 표시하지 말 것.)

① 졸업생 다섯이 찾아와서 편지 다섯 장을 내밀었다.
② 첫째인 철수는 가족들 중에서 키가 셋째로 크다.
③ 엄마는 시장에서 수박 하나와 순대 한 봉지를 사 오셨다.
④ 돈 봉투를 한 개 이상 받은 사람이 모두 다섯이었다.
⑤ 야자 시간에 그 두 명은 몰래 도망쳤다. 그것도 둘이서 손을 꼭 잡고...
⑥ 열에서 다섯을 빼면 다섯이 남는다.
⑦ 귀가 둘인 것은 많이 들으라는 뜻이다.
⑧ 사장님, 사과 서너 개 담아 주시고, 딸기도 한 상자 주세요.
⑨ 나의 첫 목표는 첫 시험에서 백 점을 받는 것이다.
⑩ 첫째 조건은 충족시켰고, 과연 두 번째 조건은 어떻게 될까?

3 다음 제시문의 밑줄 친 부분의 품사를 쓰시오.

①첫째가 태어난 지 근 ②이십 년이 지났다. ③둘째는 ④첫째와 연년생이니 올해로 ⑤열아홉이다. 이번에 ⑥첫째는 입시 결과가 좋지 않아서 수능을 ⑦한 번 더 보게 되었는데, 결국 ⑧한 지붕 아래 수험생이 ⑨둘이나 생겨 버린 꼴이 되었다. 아이들 뒷바라지를 잘해야 할 텐데 걱정이 크다. 올해 나의 목표는 ⑩첫째가 ⑪첫째의 진학이요, ⑫둘째가 ⑬둘째의 진학이다. 이 ⑭둘만 이루어진다면 더 이상의 소원은 없을 것만 같다.

① ________ ② ________
③ ________ ④ ________
⑤ ________ ⑥ ________
⑦ ________ ⑧ ________
⑨ ________ ⑩ ________
⑪ ________ ⑫ ________
⑬ ________ ⑭ ________

강의노트

학습일 년 월 일

유튜브 강의

Youtube Player
단어 | 문장 | 음운 | 국어사
◂◂ 이전 강의 | 다음 강의 ▸▸
수사 | 격 조사

조사의 개념과 종류

1 조사(助詞)의 개념

자립성이 없는 조사는 체언 등의 앞말에 붙어서 사용되며 세 가지의 기능을 담당한다. 첫째는 결합한 말에 일정한 자격을 부여하는 것이고, 둘째는 특정한 의미를 첨가하는 것이며, 셋째는 단어와 단어를 연결하는 것이다.

자립성이 있는 앞말에 결합하여 ❶ 결합한 말에 일정한 자격을 부여함으로써 다른 말과의 문법적 관계를 나타내는 단어, ❷ 결합한 말에 특별한 의미를 첨가해 주는 단어, ❸ 단어와 단어를 연결해 주는 단어들을 묶어 놓은 갈래이다.

2 조사의 종류

1) 격 조사(格助詞): 문장에서 체언으로 하여금 특정한 문장 성분(주어, 서술어, 목적어, 보어, 관형어, 부사어, 독립어)이 될 수 있도록 자격을 부여해 주는 조사

예 철수가 공부를 한다. → 주어의 자격을 부여

2) 보조사(補助詞): 결합된 앞말에 좀 더 자세한 뜻을 첨가해 주는 조사

예 철수만 공부를 한다. → '오직'이라는 의미를 첨가

3) 접속 조사(接續助詞): 단어와 단어를 같은 자격으로 연결해 주는 조사

예 철수와 영희가 공부를 한다. → 단어와 단어를 연결

개념 시냅스

실질적 의미 vs 문법적 의미

앞서 배운 명사, 대명사, 수사에 속해 있는 단어들이 드러내는 구체적인 의미들을 '실질적인 의미'라고 해. 반면에 조사처럼 의미의 성질이 기능에 가까운 경우를 '문법적 의미' 또는 '형식적 의미'라고 해. 이 개념은 형태소를 공부할 때 다시 등장하니까 눈여겨봐 둘 필요가 있어.

레인보우 리뷰

대명사의 종류 5가지는?

① ______ 대명사
② ______ 대명사
③ ______ 대명사
④ ______ 대명사
⑤ ______ 대명사

개념 시냅스

조사 VS 피트니스 관리자

조사의 기능은 피트니스 관리자의 역할에 비유해서 설명할 수 있어. 피트니스 관리자가 손님으로 하여금 멤버의 자격을 부여하는 것은 격 조사가 앞말에 붙어서 문장 성분의 자격을 부여하는 것과 같아. 또한 관리자가 손님에게 보충제를 제공하여 좀 더 특별한 도움을 주는 것처럼 보조사 역시 앞말에 결합해서 특별한 의미를 첨가해 줘. 그리고 관리자가 트레이너와 손님을 연결해 주듯이 접속 조사 역시 단어와 단어를 연결해 주지. 이같이 조사는 그 기능에 따라 크게 세 가지로 분류할 수 있다고 정리하면 잊어버리지 않겠지?

레인보우 리뷰 정답 ① 인칭 ② 지시 ③ 미지칭 ④ 부정칭 ⑤ 재귀칭

I 단어

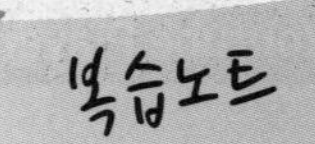

12강 • 조사의 개념과 종류

정답 6쪽

레인보우 리뷰

① 조사의 종류에는 □ 조사, □조사, □□ 조사가 있다.
② □□성이 없는 조사는 □□ 등의 앞말에 붙어서 사용된다.
③ 격 조사는 문장에서 체언으로 하여금 특정한 문장 □□이 될 수 있도록 □□을 부여해 주는 조사를 말한다.
④ 보조사는 결합된 앞말에 좀 더 자세한 □을 □가해 주는 조사를 말한다.
⑤ 접속 조사는 □어와 □어를 같은 자격으로 □□해 주는 조사를 말한다.
⑥ 조사는 실질적인 의미를 가졌다기보다는 □법적인 의미 또는 □식적인 의미를 가졌다고 설명한다.
⑦ 조사는 □□성이 있는 앞말에 결합하여 일정한 □□을 부여함으로써 다른 말과의 문법적 □□를 나타내거나, 결합한 말에 특별한 □□를 □□해 주며, □□와 □□를 서로 이어 주는 단어들을 묶어 놓은 갈래이다.

개념 마스터

1 다음 문장에서 조사를 찾아 ○를 표시하시오. (단, 조사가 없을 경우에는 표시하지 말 것.)

① 철수가 영희를 불렀다.
② 야호! 크게 외치고 나니 기분이 좋아.
③ 고추가 많이 맵다.
④ 라면에는 매운 고추를 넣어야 해.
⑤ 나는 가수이다.
⑥ 그런데, 음, 문법은 혼자 공부해도 되나요?
⑦ 방이 건조하다.
⑧ 아들아, 사랑한다.
⑨ 여기는 건조한 방이라서 나는 싫어.
⑩ 사랑하는 딸아, 공부 좀 하렴.
⑪ 선생님께서 학교를 그만두셨다.
⑫ 가습기가 있으니 호흡이 편하다.
⑬ 우리 아들이 이번에 수석을 했어.
⑭ 선생님은 노래 경연 프로그램에 출연하셨다.
⑮ 작은 방에서 자던 예쁜 고양이가 깜짝 놀라 잠에서 깨었다.
⑯ 나는 부산에서 왔어.
⑰ 철수야, 저기 밝은 달 좀 봐.
⑱ 이순신 장군은 정말 위대해.
⑲ 남대문이 많은 관광객을 반기고 있어.
⑳ 이번 수학여행 장소는 강원도 속초이다.
㉑ 가자, 저 바다를 향해!
㉒ 몰디브 해변을 함께 거닐고 싶어.
㉓ 세종은 정말 위대해.
㉔ 저 산맥은 말도 없이 오천 년을 살았네.
㉕ 손흥민이 영국 전역을 뒤흔들고 있다.
㉖ 철수는 먹을 것을 찾았다.
㉗ 맛있게 먹고 있는데 치우면 어떡해.
㉘ 철수는 조용히 공부할 따름이었다.
㉙ 사람이 떡으로만 살 수가 없느니라.
㉚ 나는 세수도 못한 채로 등교했다.
㉛ 서울에 올라온 지 벌써 삼 년이 지났다.
㉜ 철수가 절대 마피아일 리가 없다.
㉝ 내가 계속 공부를 하고 싶어 하는지 물어봐 줄래?
㉞ 철수는 일찍 일어난 김에 산책을 하러 나갔다.
㉟ 철수가 화낼 만도 하네.
㊱ 졸업생 다섯이 찾아와서 편지 다섯 장을 내밀었다.
㊲ 첫째인 철수는 가족들 중에서 키가 셋째로 크다.
㊳ 엄마는 시장에서 수박 하나와 순대 한 봉지를 사 오셨다.
㊴ 돈 봉투를 한 개 이상 받은 사람이 모두 다섯이었다.
㊵ 열에서 다섯을 빼면 다섯이 남는다.

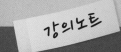

강의노트

학습일 년 월 일

격 조사의 개념과 종류

유튜브 강의

Youtube Player
단어 | 문장 | 음운 | 국어사
◀◀ 이전 강의 ⏸ 다음 강의 ▶▶
조사의 개념 | 보조사의 개념

1 조사의 유형

1) 격 조사의 개념과 종류

문장에서 체언으로 하여금 특정한 일곱 개의 문장 성분이 될 수 있도록 자격을 부여해 주는 조사를 말한다.

① 주격 조사: 주어의 자격을 부여한다.

이, 가, 께서, 에서, 서

- 국물이 하얗다.
- 철수가 국물을 마신다.
- 어머니께서 설거지를 하셨다. ◎ 주체(주인공)가 높임의 대상일 때 사용
- 학교에서 성적표를 보냈다. ◎ 주체가 기관이나 단체일 때 사용
- 혼자서 봉투를 뜯었다. ◎ 주체가 '혼자, 둘이, 셋이'와 같이 수와 관련된 말에 사용

② 서술격 조사: 서술어의 자격을 부여한다.

이다 ◎ '이다'를 줄여서 '다'로 사용하기도 함

- 이것은 꽃이다. → 꽃이고, 꽃이니, 꽃일까, 꽃이며, 꽃이나, 꽃입니다

◎ 서술격 조사는 용언 이외에 유일하게 활용하는 단어(가변어)

③ 목적격 조사: 목적어의 자격을 부여한다.

을, 를 ◎ '를'을 줄여서 'ㄹ'로 사용하기도 함

- 나는 급식을 좋아한다. ◎ 앞말이 자음으로 끝날 때 사용
- 나는 디저트를 좋아한다. ◎ 앞말이 모음으로 끝날 때 사용
- 제발 날 떠나지마. ◎ 앞말이 모음으로 끝날 때 '를'을 줄여서 'ㄹ'로 사용

④ 보격 조사: 보어의 자격을 부여한다.

이, 가

- 이 경기에서 손흥민이(주격 조사) 주인공이(보격 조사) 아니야.
- 물고기가(주격 조사) 구이가(보격 조사) 되었다.

개념 시냅스

격 조사가 결합하는 대상

뒤에 가서 배우게 되겠지만 격 조사는 체언뿐만 아니라 체언 구실을 하는 명사구나 명사절에도 결합이 가능해. 또한 체언에서 그랬던 것처럼 명사구와 명사절에도 특정한 자격을 부여해.

개념 시냅스

주체 높임의 표지 '께서'

문장에서 주체(≒주어)를 높여야 할 때 사용하는 격 조사는 '께서'야. 이는 'Ⅱ. 문장' 단원의 '주체 높임법'에서 배우게 될 거야. 이처럼 단어와 문장은 긴밀하게 연결되어 있기 때문에 단어를 잘 이해하면 할수록 문장을 훨씬 더 쉽게 배울 수 있게 돼.

개념 시냅스

격 조사 = 문장 성분의 신분증

'Ⅱ. 문장' 단원에 들어가면 문장 성분을 본격적으로 배우게 될 텐데, 문장 성분을 판단할 때 가장 확실한 방법은 어떤 격 조사가 쓰이고 있는지를 파악하는 거야. 격 조사는 문장 성분의 신분증 역할을 하게 된다는 것도 조만간 이해하게 될 거야.

개념 시냅스

'이'와 '가'의 관계(이형태)

주격 조사 '가'는 앞말이 모음으로 끝날 때 사용되고, '이'는 앞말이 자음으로 끝날 때 사용돼. '이'와 '가'는 환경에 따라서 형태만 달라질 뿐 동일한 역할을 수행하는데, 이러한 각각의 형태를 이형태라고 해. '가'의 이형태는 '이'가 되는 것이고, '이'의 이형태는 '가'가 되는 것이지. 동일한 사례로 목적격 조사 '을'과 '를'이 있어. 이형태에 관해서도 뒤에 가면 자세하게 배우게 될 거야.

I 단어

⑤ **관**형격 조사: 관형어의 자격을 부여한다.

의
사람의 향기가 아름답다.

⑥ **부**사격 조사: 부사어의 자격을 부여한다.

에게, 에서, 에, 께, 로, 와, 서, 고, 라고, 하고
나는 너에게 꽃을 보냈다.

⑦ **호**격 조사: 독립어의 자격을 부여한다.

아, 야, (이)여, (이)시여
신이시여, 우리에게 힘을 주소서.

개념 시냅스

주격 조사와 보격 조사 구분하기

문장에서 관습상 주어가 보어보다 먼저 나오기 때문에 앞의 '이/가'를 주격 조사, 뒤의 '이/가'를 보격 조사라고 봐도 무방해. 물론 보어를 판단하기 위해서는 반드시 서술어 '되다, 아니다'가 있는지를 먼저 확인해야 하겠지.

개념 시냅스

주격 조사 '에서, 서' VS 부사격 조사 '에서, 서'

이들 격 조사는 동일한 형태이기 때문에 헷갈릴 수가 있어. 하지만 문장에서 담당하는 기능을 분석하면 금방 구별해 낼 수 있을 거야. 이들 조사가 체언을 주어로 만들고 있는지, 부사어로 만들고 있는지만 확인하면 돼.

레인보우 리뷰

품사의 통용(通用)

단어는 기본적으로 한 개의 품사로 분류되지만, 특정 단어의 경우에는 두 개 이상의 품사로도 분류될 수 있어. '높이'의 경우에는 명사로도 쓰이고, 부사로도 쓰여. 이를 품사의 통용(경계를 넘나들어 두루 쓰임)이라고 해.

- 산의 높이를 쟀다. → 명사
- 나무가 높이 자랐다. → 부사

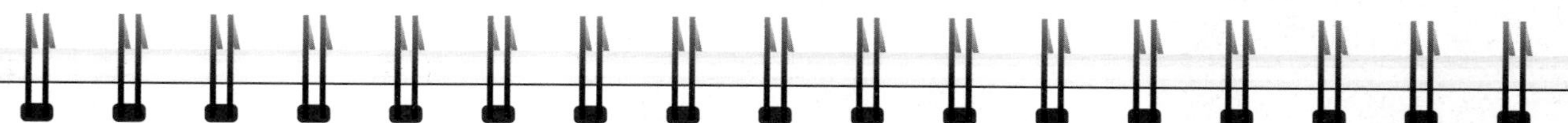

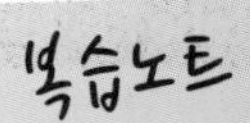

13강 • 격 조사의 개념과 종류

① 격 조사는 문장에서 체언으로 하여금 특정한 문장 □□이 될 수 있도록 □□을 부여해 주는 조사를 말한다.

② □□ 조사: 주어로 쓰일 수 있도록 자격을 부여하는 조사
③ □□□ 조사: 서술어로 쓰일 수 있도록 자격을 부여하는 조사
④ □□□ 조사: 목적어로 쓰일 수 있도록 자격을 부여하는 조사
⑤ □□ 조사: 보어로 쓰일 수 있도록 자격을 부여하는 조사
⑥ □□□ 조사: 관형어로 쓰일 수 있도록 자격을 부여하는 조사
⑦ □□□ 조사: 부사어로 쓰일 수 있도록 자격을 부여하는 조사
⑧ □□ 조사: 독립어로 쓰일 수 있도록 자격을 부여하는 조사
⑨ 주격 조사: □, □, □□, □□, □
⑩ 서술격 조사: □□
⑪ 목적격 조사: □, □
⑫ 보격 조사: □, □
⑬ 관형격 조사: □
⑭ 부사격 조사: □□, □□, □, □, □, □, □, □, □□, □□
⑮ 호격 조사: □, □, (□)□, (□)□□

개념 마스터

1 다음 문장에서 주격 조사를 찾아 ○를 표시하시오.

① 손흥민이 패배의 원인이 아니다.
② 철수가 결국 교수가 되었다.
③ 선생님께서 학교를 그만두셨다.
④ 정부에서 강원도를 특별재난지역으로 선포하였다.
⑤ 이것은 둘이서 먹어도 남을 양이네.

2 다음 문장에서 서술격 조사를 찾아 ○를 표시하시오.

① 여기는 건조한 방이라서 나는 싫어.
② 돈 봉투를 한 개 이상 받은 사람이 모두 다섯이었다.
③ 이번 수학여행 장소는 강원도 속초이다.

3 다음 문장에서 목적격 조사를 찾아 ○를 표시하시오.

① 너는 고기를 좋아하니? 생선을 좋아하니?
② 나도 널 사랑해.

4 다음 문장에서 보격 조사를 찾아 ○를 표시하시오.

① 철수가 결국 교수가 되었다.
② 손흥민이 패배의 원인이 아니다.

5 다음 문장에서 관형격 조사를 찾아 ○를 표시하시오.

① 손흥민이 패배의 원인이 아니다.
② 나의 첫사랑 이야기를 들려줄게.

6 다음 문장에서 부사격 조사를 찾아 ○를 표시하시오.

① 너에게 난, 나에게 넌 저녁놀 같은 존재이기를...
② 철수는 집에서 공부하는 것을 더 좋아한다.
③ 너는 그냥 집에 있어.
④ 나는 이번 방학 때 할머니께 갈 생각이다.
⑤ 시골로 가는 길은 언제나 즐겁다.
⑥ 여동생은 오빠와 앙숙이기 마련이다.
⑦ 나는 길거리서 지갑을 잃어버렸다.
⑧ 아직도 네가 잘했다고 생각하느냐?
⑨ 주인이 "많이 드세요."라고 권한다.
⑩ 철수는 너하고 닮았다.

7 다음 문장에서 호격 조사를 찾아 ○를 표시하시오.

① 아들아, 사랑한다.
② 철수야, 저기 밝은 달 좀 봐.
③ 사랑했던 날들이여, 이제 안녕!
④ 달님이시여, 높이 돋으셔서 멀리 비추옵소서.

강의노트

학습일 년 월 일

보조사의 개념

유튜브 강의

Youtube Player
단어 | 문장 | 음운 | 국어사
◀◀ 이전 강의 ⏸ 다음 강의 ▶▶
격 조사 | 보조사의 종류

개념 시냅스

보조사 결합의 원리

예 '철수는 학교에 갔다.'
여기서 주어 '철수는'에는 보조사 '는'이 결합해 있어. 그냥 단순하게 체언 '철수'에 보조사 '는'이 결합했다고 보는 것보다 아래의 과정을 이해하면 조사 결합의 원리를 훨씬 쉽게 받아들일 수 있을 거야.

[원래 문장]

철수가 학교에 갔다.(주격 조사)

↓

[철수가 화제의 대상임을 드러내기 위해 보조사를 결합시킨 문장]

철수가는 학교에 갔다.
(주격 조사+보조사)

[주격 조사가 철수에게 주어의 자격을 부여한 후 생략된 문장]

철수는 학교에 갔다.

이러한 과정을 거쳤다고 이해하면 생략된 격 조사를 쉽게 복원할 수가 있고, 해당 문장 성분을 파악하기도 훨씬 쉬워져. 이 문장에서 '는'이 왜 주격 조사가 아닌지 이제 이해되지? '철수는'이 주어가 된 건 남아 있는 '는' 때문이 아니라 생략된 '가' 덕분이라는 거 짚고 가자.

1 조사의 유형

1) 격 조사: 주격, 서술격, 목적격, 보격, 관형격, 부사격, 호격 조사

2) 보조사의 개념과 특징

> 결합된 앞말에 특별한 의미, 좀 더 구체적인 의미를 보충해 주는 조사를 말한다.

① 보조사와 격 조사가 같이 놓일 때 격 조사가 생략되기도 한다.

목적격 조사 '를'이 생략
철수가 고기✓만 먹네.
○ 보조사 '만' → '오직'의 의미를 더함.

목적어
철수가 고기만 먹네.
○ 목적격 조사 '를'이 생략되어 있음을 알고 있어야 한다. 목적격 조사 '를'은 '고기'로 하여금 목적어의 자격을 부여한 후 생략되었기 때문에 '고기만'이 목적어가 된다는 사실을 이해해야 한다.

② 종류와 개수가 상당히 많다. 대표적인 보조사 '은, 는, 도, 만, 요' 정도는 꼭 외우고 있어야 한다.

③ 격 조사에 비해서 결합 분포가 넓다.

격 조사	보조사
명사, 대명사, 수사	감탄사, 부사, 명사, 대명사, 수사, 조사, 동사, 형용사

- 저기요. → 감탄사 '저기'에 보조사 '요'가 결합
- 빨리도 먹네. → 부사 '빨리'에 보조사 '도'가 결합
- 철수는 학생이다. → 명사 '철수'에 보조사 '는'이 결합
- 그는 학생이다. → 대명사 '그'에 보조사 '는'이 결합
- 첫째는 노력이다. → 수사 '첫째'에 보조사 '는'이 결합
- 철수에게도 보내라. → 부사격 조사 '에게'에 보조사 '도'가 결합
- 달리지는 않는다. → 동사 '달리다'의 어미 '-지'에 보조사 '는'이 결합
- 착하지도 않아. → 형용사 '착하다'의 어미 '-지'에 보조사 '도'가 결합

○ 대체로 이같이 결합하지만, 관형사에는 절대 그 어떤 조사도 결합할 수가 없다.

④ 격 조사와 모양이 같은 특이한 보조사들이 있다. → 앞말을 지정하여 강조하는 뜻을 나타냄

- 보조사 '이' → 예 나는 백두산이 보고 싶다.
- 보조사 '가' → 예 방이 깨끗하지가 않다.
- 보조사 '를' → 예 너는 그렇게 입고 학교에를 갔니?

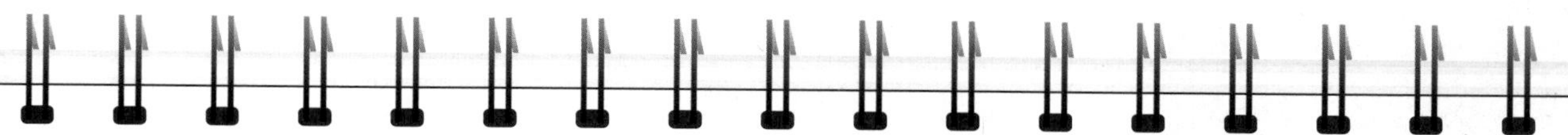

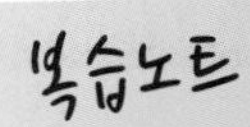

14강 • 보조사의 개념

정답 7쪽

I 단어

레인보우 리뷰

① 조사는 □□성이 있는 앞말에 결합하여 일정한 □□을 부여함으로써 다른 말과의 문법적 □□를 나타내거나, 결합한 말에 특별한 □□를 □□해 주며, □□와 □□를 서로 이어 주는 단어들을 묶어 놓은 갈래이다.

② 보조사는 결합된 앞말에 특별한 □□, 좀 더 구체적인 □□를 보충해 주는 조사를 말한다.

③ 주격 조사: □, □, □□, □□, □

④ 서술격 조사: □□

⑤ 목적격 조사: □, □

⑥ 보격 조사: □, □

⑦ 관형격 조사: □

⑧ 부사격 조사: □□, □□, □, □, □, □, □, □, □□, □□

⑨ 호격 조사: □, □, (□)□, (□)□□

⑩ 보조사와 격 조사가 같이 놓일 때 □ 조사가 생략되는 경우가 많다.

⑪ □조사는 □ 조사에 비해서 결합 분포가 넓다.

⑫ 외우고 있어야 할 대표적인 보조사: □, □, □, □, □

⑬ 보조사는 다른 품사에는 결합이 가능하지만 □□□에는 절대로 결합할 수가 없다.

개념 마스터

1 제시된 문장에서 〈보기〉와 같이 보조사를 찾은 뒤, 보조사가 결합되어 있는 앞말의 품사가 무엇인지 밝히시오.

〈보기〉

나(는) 부산에서 왔어.

감탄사	부사	명사	대명사	수사	조사	동사	형용사
			○				

① 철수가 화낼 만도 하네.

감탄사	부사	명사	대명사	수사	조사	동사	형용사

② 영희는 진짜 착해.

감탄사	부사	명사	대명사	수사	조사	동사	형용사

③ 첫째는 노력이요, 둘째도 노력이다.

감탄사	부사	명사	대명사	수사	조사	동사	형용사

④ 참 빨리도 먹는구나.

감탄사	부사	명사	대명사	수사	조사	동사	형용사

⑤ 이제 남은 것은 국어 문법뿐이다.

감탄사	부사	명사	대명사	수사	조사	동사	형용사

⑥ 어떻게 너마저 나에게 이럴 수가 있니?

감탄사	부사	명사	대명사	수사	조사	동사	형용사

⑦ 철수 걔 별로 착하지도 않더라.

감탄사	부사	명사	대명사	수사	조사	동사	형용사

⑧ 다 먹지도 못하면서 왜 이렇게 많이 시켰니?

감탄사	부사	명사	대명사	수사	조사	동사	형용사

⑨ 나에게는 이제 다른 방법이 없는 걸까?

감탄사	부사	명사	대명사	수사	조사	동사	형용사

⑩ 진심으로 당신을 사랑해요.

감탄사	부사	명사	대명사	수사	조사	동사	형용사

⑪ 천만에요, 괜찮습니다.

감탄사	부사	명사	대명사	수사	조사	동사	형용사

⑫ 너야말로 내가 상대해 주지.

감탄사	부사	명사	대명사	수사	조사	동사	형용사

⑬ 자네가 드디어 정신을 차렸네그려.

감탄사	부사	명사	대명사	수사	조사	동사	형용사

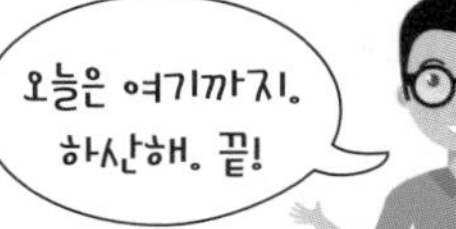

학습일 년 월 일

강의노트

성분 · 종결 · 통용 보조사

유튜브 강의

Youtube Player
단어 | 문장 | 음운 | 국어사
◂◂ 이전 강의 | 다음 강의 ▸▸
보조사의 개념 | 접속 조사

1 조사의 유형

1) 격 조사: 주격, 서술격, 목적격, 보격, 관형격, 부사격, 호격 조사

2) 보조사의 개념과 종류

결합된 앞말에 특별한 의미, 좀 더 구체적인 의미를 보충해 주는 조사를 말한다.

① 성분 보조사: 주어, 목적어, 부사어 등 다양한 문장 성분에 결합하는 보조사이다.

성분 보조사	의미	예문
은/는	대조	철수는 노력했고, 영수는 놀았다.
	화제	나는 가수다.
도	역시	영수도 비법을 몰랐다.
만	오직	영수만 비법을 몰랐다.
부터	시작	아침부터 공부를 했다.
마저	마지막	너마저 나를 떠나는구나.
까지	끝	겨우 여기까지 왔다.
	첨가	밤인데다가 비까지 왔다.
조차	극단적	철수는 아버지의 이름조차 모른다.
마다	반복	철수는 월요일마다 병원에 간다.
(이)나	선택	철수야, 너는 밥이나 먹어라.
뿐	오직	이제 믿을 것은 철수뿐이다.
(이)라도	차선	철수는 여행이라도 다녀오렴.
(이)나마	아쉬움	철수가 수학이나마 잘해서 다행이야.
(이)야	강조	이 정도쯤이야 아주 쉬워.
(이)야말로	강조	통일이야말로 나의 소원이다.
밖에	그것 이외에는	철수는 공부밖에 모른다.

② 종결 보조사: 종결 어미에 붙어서 강조나 감탄 등의 의미를 덧붙이는 보조사이다.

종결 보조사	의미	예문
마는	반전	저녁을 먹었다마는 야식도 먹고 싶다.
그려	감탄, 강조	철수가 이제야 정신을 차렸네그려.
그래	감탄, 강조	철수가 똑똑해 보이는군그래.

③ 통용 보조사: 문장 성분이나 종결 어미에 결합하여 청자를 높인다. 즉, 상대 높임의 의미를 첨가해 주는 보조사이다.

통용 보조사	의미	예문
요	상대 높임	성분(주어) 나는요, 성분(목적어) 오빠를요, 성분(부사어) 정말로요, 믿- + -어(종결 어미) 믿어요.

레인보우 리뷰

보조사 '은, 는'이 주격 조사?

'은, 는'이 주어 자리에 오고, 이때 주격 조사가 생략되는 경우가 많아서 사람들은 '은, 는'을 주격 조사라고 많이들 착각을 하지. 그러나 '은, 는'은 엄연히 보조사이고, 다만 쓰임에 따라 주어의 자리에 놓일 뿐이야. 이제 헷갈리지 말자.

레인보우 리뷰

'라도'와 '이라도'의 관계(이형태)

보조사 '라도'는 앞말이 모음으로 끝날 때 사용되고, '이라도'는 앞말이 자음으로 끝날 때 사용돼. '라도'와 '이라도'는 환경에 따라서 형태만 달라질 뿐 동일한 역할을 수행하는데 이러한 각각의 형태를 이형태라고 해. 같은 사례로 보조사 '나'와 '이나', '나마'와 '이나마' 등이 있어. 나중에 이형태를 다룰 때 상세하게 공부하게 될 거야.

개념 시냅스

조사 '밖에'와 명사 '밖'의 구분

예 철수는 공부밖에 모른다.
여기서 '밖에'는 체언 '공부'에 결합해서 '그것 이외에는'의 의미를 더해 주는 보조사야.

예 밖에 나가서 놀아라.
여기서 '밖에'는 명사 '밖'에 부사격 조사 '에'가 결합한 형태야. 만약 '밖에'라는 형태가 나오면 '바깥'이라는 의미인지만 살펴보면 쉽게 구분할 수 있어. 만약 '밖에'에 '바깥'이라는 의미가 있다면 이는 무조건 명사 '밖'에 부사격 조사 '에'가 결합한 형태라고 보면 돼.

개념 시냅스

상대 높임의 표지인 통용 보조사 '요'

'요'는 문장에서 화자가 상대방인 청자를 높일 때 사용하는 통용 보조사야. 'Ⅱ. 문장' 단원 '상대 높임법'에서 아주 상세하게 배우게 될 거야. 기대해.

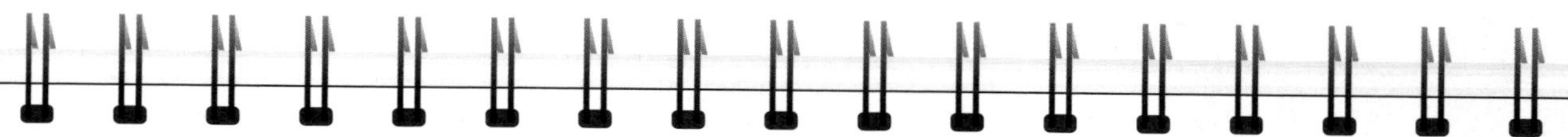

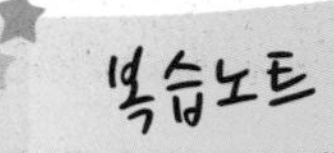

15강 • 성분 · 종결 · 통용 보조사

정답 ▶ 7쪽

레인보우 리뷰

① 조사는 □□성이 있는 앞말에 결합하여 일정한 □□을 부여함으로써 다른 말과의 문법적 □□를 나타내거나, 결합한 말에 특별한 □□를 □□해 주며, □□와 □□를 서로 이어 주는 단어들을 묶어 놓은 갈래이다.
② 보조사는 결합된 앞말에 특별한 □□, 좀 더 구체적인 □□를 보충해 주는 조사를 말한다.
③ 주격 조사: □, □, □□, □□, □
④ 서술격 조사: □□
⑤ 목적격 조사: □, □
⑥ 보격 조사: □, □
⑦ 관형격 조사: □
⑧ 부사격 조사: □□, □□, □, □, □, □, □, □, □□, □□
⑨ 호격 조사: □, □, (□)□, (□)□□

⑩ 보조사와 격 조사가 같이 놓일 때 □ 조사가 생략되는 경우가 많다.
⑪ □조사는 □ 조사에 비해서 결합 분포가 넓다.
⑫ 외우고 있어야 할 대표적인 보조사: □, □, □, □, □
⑬ 보조사는 다른 품사에는 결합이 가능하지만 □□□에는 절대로 결합할 수가 없다.

⑭ 보조사는 크게 □□ 보조사, □□ 보조사, □□ 보조사로 나눌 수 있다.
⑮ □□ 보조사는 주어, 목적어, 부사어 등 다양한 □□ □□에 결합하는 조사이다.
⑯ □□ 보조사는 □□ 어미에 붙어서 강□나 감□ 등의 의미를 덧붙이는 조사이다.
⑰ □□ 보조사는 문장 성분이나 종결 어미 둘 다에 결합하여 □자를 높이는 □□ 높임의 의미를 첨가해 준다.

개념 마스터

1 다음 문장들에서 보조사를 찾아 ○를 표시하고, 해당 보조사가 첨가하고 있는 의미를 간략히 쓰시오.

① 철수도 결국 그 문제를 못 풀었어. ➜ ______
② 이 꽃이 더 예뻐요. ➜ ______
③ 자네가 드디어 정신을 차렸네그려. ➜ ______
④ 어떻게 너마저 나에게 이럴 수가 있니? ➜ ______
⑤ 가지고 있는 것이 그것뿐이니? ➜ ______
⑥ 너야말로 진짜 더 나빠. ➜ ______
⑦ 주말마다 봉사활동을 한다. ➜ ______
⑧ 서울에서 대전까지 얼마나 걸리지? ➜ ______
⑨ 수업 끝나면 철수만 남아라. ➜ ______
⑩ 자, 공부나 하자. ➜ ______

2 제시된 문장에서 〈보기〉와 같이 보조사를 있는 대로 찾고, 보조사의 유형을 밝히시오.

〈보기〉

이제 남은 것㉤은 국어 문법(뿐)이다.

성분 보조사	종결 보조사	통용 보조사
○		

① 오늘 저녁 메뉴가 꽤 괜찮군그래.

성분 보조사	종결 보조사	통용 보조사

② 철수가 주말마다 봉사활동을 한다.

성분 보조사	종결 보조사	통용 보조사

③ 영희도 자세히 보면 진짜 예뻐요.

성분 보조사	종결 보조사	통용 보조사

④ 서울에서 대전까지 얼마나 걸리지요?

성분 보조사	종결 보조사	통용 보조사

⑤ 자네가 드디어 정신을 차렸네그려.

성분 보조사	종결 보조사	통용 보조사

⑥ 어떻게 너마저 나에게 이럴 수가 있니?

성분 보조사	종결 보조사	통용 보조사

⑦ 진심으로 당신을 사랑해요.

성분 보조사	종결 보조사	통용 보조사

오늘은 여기까지. 하산해. 끝!

I 단어

강의노트

학습일 년 월 일

접속 조사

유튜브 강의

Youtube Player
단어 | 문장 | 음운 | 국어사
◂◂ 이전 강의 ⏸ 다음 강의 ▸▸
보조사의 종류 | 조사 총정리

1 조사의 유형

1) 격 조사: 주격, 서술격, 목적격, 보격, 관형격, 부사격, 호격 조사

2) 보조사: 성분 보조사, 종결 보조사, 통용 보조사

3) 접속 조사

주로 체언인 단어와 단어를 같은 자격(대등한 자격)으로 연결하여 하나의 명사구로 사용되게끔 만들어 주는 조사를 말한다.

접속 조사	특성	예문
와/과	앞 체언에만 결합	나는 딸기와 멜론을 좋아해.
하고	앞뒤 체언에 중복으로 결합해서 사용되기도 함	나는 딸기하고 멜론하고 좋아해.
(이)며		나는 딸기며 멜론이며 다 좋아해.
(이)랑		나는 딸기랑 멜론이랑 좋아해.
(이)나		나는 딸기나 멜론이나 다 좋아해.
에		나는 지갑에 가방에 전부 챙겼어.
(이)다		나는 요즘 연습이다 레슨이다 정신이 없어.

개념 시냅스

구

'구'는 두 개 이상의 단어가 모여 문장의 일부분을 이루는 한 덩어리의 토막을 의미해. 즉, 두 개 이상의 어절이지만 한 묶음으로 특정 품사의 기능을 하지. 여기에는 명사구, 동사구, 형용사구, 관형사구, 부사구 등이 있는데 'Ⅱ. 문장' 단원에서 상세하게 배우게 될 거야. 참고로 '구'를 구성하는 어절들은 주어와 서술어의 관계를 맺지는 않아.

레인보우 리뷰

격 조사 7가지는?

① ______ 격 조사
② ______ 격 조사
③ ______ 격 조사
④ ______ 격 조사
⑤ ______ 격 조사
⑥ ______ 격 조사
⑦ ______ 격 조사

2 접속 조사와 부사격 조사의 비교

접속 조사	부사격 조사
나는 딸기와 멜론을 좋아해.	**나는 언니와 싸웠어.**
• 연결의 대상이 명백함 ⭘ '딸기'와 '멜론'	• 연결의 대상이 없음 ⭘ '나'와 '언니'가 대등하게 연결되지 않음
• 두 개의 문장이 '와'로 연결되어 있음 ⭘ 나는 딸기를 좋아해. + 나는 멜론을 좋아해.	• '체언 + 와'가 용언을 수식함 ⭘ '언니와'는 '싸웠어'를 수식하는 부사어임
• 보조사의 결합이 어려움 ⭘ 나는 딸기와도 멜론을 좋아해.(X)	• 보조사의 결합이 자연스러움 ⭘ 나는 언니와도 싸웠어.(O)
• 주어와의 자리바꿈이 어려움 ⭘ 딸기와 나는 멜론을 좋아해.(X)	• 자리바꿈이 비교적 자유로움(부사어의 특징) ⭘ 언니와 나는 싸웠어.(O) ⭘ 이 경우 서로 싸운 건지, 각자 싸운 건지 중의성이 발생할 수 있음

레인보우 리뷰 정답 ① 주 ② 서술 ③ 목적 ④ 보 ⑤ 관형 ⑥ 부사 ⑦ 호

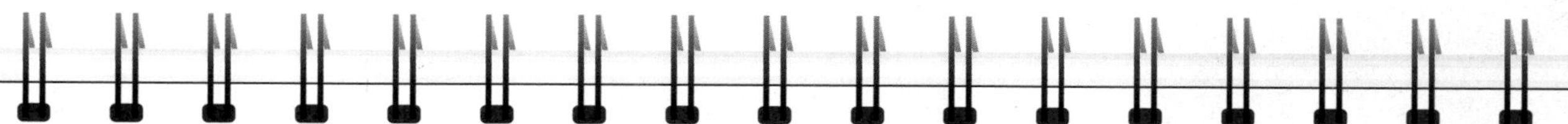

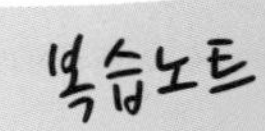

복습노트

16강 • 접속 조사

정답 ▶ 8쪽

레인보우 리뷰

① 조사는 □□성이 있는 앞말에 결합하여 일정한 □□을 부여함으로써 다른 말과의 문법적 □□를 나타내거나, 결합한 말에 특별한 □□를 □□해 주며, □□와 □□를 서로 이어 주는 단어들을 묶어 놓은 갈래이다.

② 보조사는 결합된 앞말에 특별한 □□, 좀 더 구체적인 □□를 보충해 주는 조사를 말한다.

③ 주격 조사: □, □, □□, □□, □

④ 서술격 조사: □□

⑤ 목적격 조사:□, □

⑥ 보격 조사: □, □

⑦ 관형격 조사: □

⑧ 부사격 조사: □□, □□, □, □, □, □, □, □, □□, □□

⑨ 호격 조사: □, □, (□)□, (□)□□

⑩ 보조사와 격 조사가 같이 놓일 때 □ 조사가 생략되는 경우가 많다.

⑪ □조사는 □ 조사에 비해서 결합 분포가 넓다.

⑫ 외우고 있어야 할 대표적인 보조사: □, □, □, □, □

⑬ 보조사는 다른 품사에는 결합이 가능하지만 □□□에는 절대로 결합할 수가 없다.

⑭ 보조사는 크게 □□ 보조사, □□ 보조사, □□ 보조사로 나눌 수 있다.

⑮ □□ 보조사는 주어, 목적어, 부사어 등 다양한 □□ □□에 결합하는 조사이다.

⑯ □□ 보조사는 □□ 어미에 붙어서 강조나 감탄 등의 의미를 덧붙이는 조사이다.

⑰ □□ 보조사는 문장 성분이나 종결 어미 둘 다에 결합하여 □□를 높이는 □□ 높임의 의미를 첨가해 준다.

⑱ 접속 조사는 주로 체언인 단어와 단어를 같은 자격(대등한 자격)으로 □□하여 하나의 □사구로 사용되게끔 만들어 주는 조사를 말한다.

개념 마스터

1 다음 문장들에서 접속 조사를 찾아 ○를 표시하시오.

① 나는 철수와 영희를 좋아해.

② 붓하고 먹을 가져오너라.

③ 잔칫상에는 배며 사과며 여러 가지 과일이 차려져 있었다.

④ 백화점에 가서 구두랑 모자랑 원피스랑 샀어요.

⑤ 철수는 예나 지금이나 변함이 없어.

⑥ 잔칫집에서 밥에 떡에 술에 아주 잘 먹었다.

⑦ 나는 요즘 예습이다 복습이다 도무지 시간이 없어.

2 다음 문장들에서 부사격 조사를 찾아 ○를 표시하시오. (단, 없을 경우에는 표시하지 말 것.)

① 개는 늑대와 비슷하게 생겼다.

② 빠르기가 번개와 같다.

③ 나는 개와 고양이를 함께 키운다.

④ 우리는 평등과 자유의 실현을 위해 싸웠다.

⑤ 친구들과 어울려 늦게까지 놀았다.

I 단어

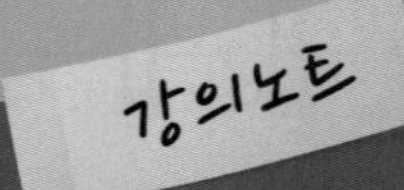

학습일 년 월 일

조사 총정리

유튜브 강의

Youtube Player
단어 | 문장 | 음운 | 국어사
◀◀ 이전 강의 | 다음 강의 ▶▶
접속 조사 | 용언의 특징

개념 시냅스

보어와 부사어의 구분

문장 성분을 판단하는 근거는 격 조사야. 문장의 의미는 비슷하다고 하더라도 어떤 격조사가 붙느냐에 따라 문장 성분이 달라질 수 있어.

- 물이 [얼음이] 되었다. → 보어 (보격 조사)
- 물이 [얼음으로] 되었다. → 부사어 (부사격 조사)

따라서 격 조사를 정확하게 알고 있으면 문장 성분 공부는 저절로 따라오게 되는 거지. 격 조사를 달달 외워야 된다고 강조하는 이유도 바로 여기에 있어.

레인보우 리뷰

반드시 외워야 할 보조사 5개는?
□, □, □, □, □

알쓸문법

어조를 고르는 접미사 '-이'

- 멜론이 달다.
- 곰이 잔다.
- 미경이 밥을 먹는다.
- 미경이가 밥을 먹는다.

우리는 자음으로 끝나는 사람의 이름을 주어로 내세울 때 자연스럽게 '이' 대신에 '이가'를 사용해. 이 경우 많은 학생들이 주격 조사 '이'와 '가'가 동시에 사용되었다고 생각하고 넘어가는데 사실은 그렇지 않아. 주격 조사가 연달아서 나오는 경우는 없거든. 실제로 발음을 해 보면 알겠지만 '미경이 밥을'보다는 '미경이가 밥을'이 훨씬 편하게 읽혀. 이때의 '이'가 바로 받침 있는 사람의 이름 뒤에 붙어서 어조를 고르게 하는, 즉 좀 더 편하게 말을 이어 갈 수 있게 만들어 주는 기능을 하는 접미사야. 놀랍지?

레인보우 리뷰 정답: 은, 는, 도, 만, 요

1 조사의 분류

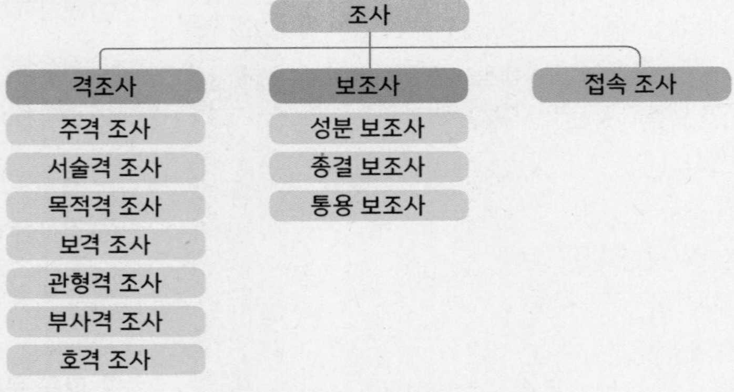

2 조사의 특징

- 활용하지 않는 불변어이다. → 예외: 서술격 조사 '이다'
- 다른 조사와 겹쳐서 쓸 수 있으며 이때는 붙여서 표기한다.

• 독서실에서는 잡담을 하면 안 돼.	○ 격 조사 + 보조사
• 철수는 점심시간만을 기다렸다.	○ 보조사 + 격 조사
• 급식마저도 철수를 실망시켰다.	○ 보조사 + 보조사
• 나에게까지만은요.	○ 격 조사 + 보조사 + 보조사 + 보조사 + 보조사

- 조사는 관형사에 결합할 수가 없다.
- 격 조사와 보조사가 겹치는 경우 격 조사가 생략되기도 한다.
- 구어체에서는 자주 생략된다.
- 보조사는 주로 체언에 결합하는 격 조사에 비해 더 다양한 품사에 결합할 수 있다.
- 어미의 형태와 동일한 조사가 있다.

> 너는(보조사) 오늘은(보조사) 검은(검다(어미)) 먹물을 넣은(넣다(어미)) 맛있는(맛있다(어미)) 빵은(보조사) 안 먹는(먹다(어미)) 거니?

3 출제 포인트

- 접속 조사 '와/과' VS 부사격 조사 '와/과'
- 주격 조사 '이/가' VS 보격 조사 '이/가'
- 주격 조사 '에서, 서' VS 부사격 조사 '에서/서'
- 다른 품사와 헷갈리는 조사들 → 품사의 통용('Ⅰ. 단어' 51강 참고)
- 보어와 부사어의 구분

4 보조사의 특이한 용법 → 앞말을 지정하여 강조하는 뜻을 나타내는 보조사

- 보조사 '이' → 예 나는 백두산이 보고 싶다.
- 보조사 '가' → 예 방이 깨끗하지가 않다.
- 보조사 '를' → 예 너는 그렇게 입고 학교에를 갔니?

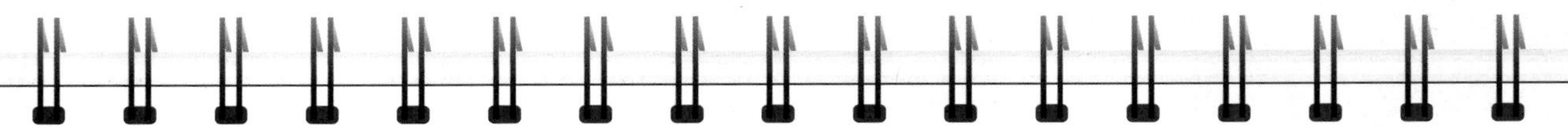

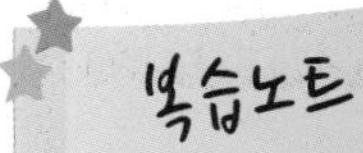

17강 • 조사 총정리

정답 ▶ 8쪽

레인보우 리뷰

① 보조사와 격 조사가 같이 놓일 때 □ 조사가 생략되는 경우가 많다.
② 보조사는 다른 품사에는 결합이 가능하지만 □□□에는 절대로 결합할 수가 없다.

③ 조사는 활용을 하지 않으므로 □□어이다.
④ □□격 조사는 활용을 한다.
⑤ 조사 중에는 어□와 형태가 동일한 조사가 있다.

⑥ 주격 조사: □, □, □□, □□, □
⑦ 서술격 조사: □□
⑧ 목적격 조사: □, □
⑨ 보격 조사: □, □
⑩ 관형격 조사: □
⑪ 부사격 조사: □□, □□, □, □, □, □, □, □, □□, □□
⑫ 호격 조사: □, □, (□)□, (□)□□

개념 마스터

1 다음 문장들에서 서술격 조사를 찾아 ○를 표시하시오.

① 침묵은 금이다.

② 그는 양심적이긴 하다.

③ 그가 들어온 것은 밤 열두 시였다.

④ 여기는 건조한 방이라서 나는 싫어.

⑤ 돈 봉투를 한 개 이상 받은 사람이 모두 다섯이었다.

2 다음 문장들에서 접속 조사에는 ○를 표시하고, 부사격 조사에는 △를 표시하시오.

① 너와 내가 아니면 누가 우리 조국을 지키랴.

② 한 시민이 도둑과 싸워 결국 경찰에 도둑을 넘겼다.

③ 어제는 친구와 테니스를 쳤다.

④ 여동생과 오빠의 관계는 언제나 앙숙이다.

⑤ 나는 오빠와 함께 청소를 했다.

3 다음 문장들에서 주격 조사에는 ○를 표시하고, 보격 조사에는 △를 표시하시오.

① 철수가 결국 교수가 되었다.

② 손흥민이 패배의 원인이 아니다.

③ 기린은 맹수가 아니다.

④ 물이 얼면 얼음으로 된다.

⑤ 그 개가 백만장자가 되었다고 사람이 된 것은 아니다.

4 다음 문장들에서 주격 조사에는 ○를 표시하고, 부사격 조사에는 △를 표시하시오.

① 시청에서 모든 시민들을 자전거 보험에 가입시켰다.

② 아이 혼자서 집을 지키고 있다.

③ 이따가 우리 시청에서 만납시다.

④ 너 지금 어디서 오는 길이야?

⑤ 부모님의 여권을 시청에서 발급해 주었다.

5 다음 문장들의 밑줄 친 부분이 조사이면 ○를 표시하고, 어미이면 △를 표시하시오.

① 우리 오늘<u>은</u> 밥을 먹을 수<u>는</u> 있는 거지?

② 나<u>는</u> 이 나무를 네가 심<u>은</u> 줄로 알았다.

③ 먹<u>는</u> 중에<u>는</u> 개도 안 건드린다는데 너<u>는</u> 왜 그러니?

④ 나이가 드<u>는</u> 것도 이제 몸으로 느껴지<u>는</u> 요즘이다.

⑤ 다른 손님을 밀치<u>는</u> 행위<u>는</u> 절대 금합니다.

6 다음 문장들에서 보어에는 ○를 표시하고, 부사어에는 △를 표시하시오.

① 철수가 어른이 되었네.

② 철수는 사람도 아니다.

③ 얼음이 물로 되었다.

④ 물이 얼음으로 되었다.

⑤ 물도 기체가 된다.

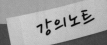

용언의 특징

유튜브 강의

Youtube Player

단어	문장	음운	국어사

◀◀ 이전 강의 ⏸ 다음 강의 ▶▶

조사 총정리	동사·형용사 종류

레인보우 리뷰

문장에서 동사, 형용사의 기능

동사와 형용사는 기본적으로 서술성을 가지고 있기 때문에 문장에서 서술어의 기능을 담당할 수 있어. 그런데 동사와 형용사는 서술성을 유지하면서도 관형사형 전성 어미, 부사형 전성 어미, 명사형 전성 어미와 결합할 수 있기 때문에 관형어, 부사어 등의 문장 성분 역할도 담당할 수 있어.

- 철수는 정말 착하다. → 서술어
- 착한 철수는 → 관형어
- 철수가 착하게 변했다. → 부사어
- 공부하기가 쉽지 않지? → 주어

알쓸문법

사전에서 용언 찾기

용언, 즉 동사와 형용사는 활용을 하기 때문에 모양이 다양하게 변해. 그렇다면 사전에서 용언을 찾을 때에는 무엇을 기준으로 해야 할까? 그때 필요한 것이 바로 용언의 '기본형'이야. 용언의 기본형이란 어간에 종결 어미 '-다'만 결합한 형태를 말해. 그래서 '먹는다, 먹었다, 먹는'이 아니라 '먹다'로 검색해야 단어를 정확하게 찾을 수 있어.

1 동사와 형용사

동사와 형용사는 '형태'라는 기준으로는 '가변어', '기능'이라는 기준으로는 '용언'으로 묶을 수 있다. 동사와 형용사는 성질이 매우 비슷하기 때문에 함께 공부하면 더 효율적이다.

2 동사와 형용사의 개념

1) 동사(動詞) 움직일 동 말 사

사람이나 사물의 동작이나 작용 등의 의미를 지닌 단어들을 묶어 놓은 갈래이다.

동작 → 사람, 사물 등의 움직임	작용 → 자연 현상 등으로 인한 변화
꽃이 피었다.	날이 벌써 밝았다.
무엇이 어찌하다 ○ 꽃이 어찌하는지, 날이 어찌하는지, 즉 주어의 동작을 설명함 ○ 서술성 확보 → 문장에서 기본적으로 서술어의 기능을 수행함	

2) 형용사(形容詞) 모양 형 얼굴 용 말 사

사람이나 사물의 성질이나 상태 등의 의미를 지닌 단어들을 묶어 놓은 갈래이다.

성질	상태
꽃이 예쁘다.	철수는 몹시 피곤하다.
무엇이 어떠하다 ○ 꽃이 어떠한지, 철수가 어떠한지, 즉 주어의 상태를 설명함 ○ 서술성 확보 → 문장에서 기본적으로 서술어의 기능을 수행함	

3 동사와 형용사의 특징

- 문장에서 주로 서술어로 사용된다.

강아지가 꼬리를 흔든다. ○ 강아지의 움직임을 서술	철수는 매우 즐겁다. ○ 철수의 심적 상태를 서술
○ 동사와 형용사는 기본적으로 서술성을 가지고 있음	

- 어간에 다양한 어미가 결합하여 활용할 수 있다.

먹다	-고, -어서, -으니, -자, -어라, -으면, -음, -기, -을, -는...
예쁘다	-고, -어서, -니, -면, -ㅁ, -기, -ㄹ, -ㄴ...

- 활용을 통해 문장 속에서 서술어 이외에도 관형어, 부사어 등 다양한 문장 성분의 역할을 할 수 있다.

서술어	관형어	부사어
• 철수가 밥을 먹는다.	• 먹을 것 좀 있니?	• 밥 좀 먹게 해 줘.
• 꽃이 예쁘다.	• 예쁜 꽃 좀 있나요?	• 예쁘게 포장해 주세요.

- 사전에는 어간에 종결 어미 '-다'만 결합된 기본형으로 등재되어 있다.

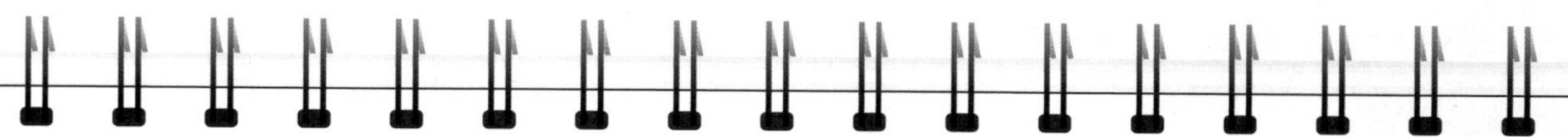

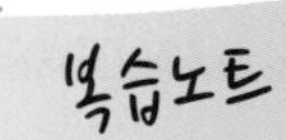

복습노트

18강 • 용언의 특징

정답 ▶ 8쪽

레인보우 리뷰

① 동사와 형용사는 □□라는 기준으로는 □□어이다.
② 동사와 형용사는 □□이라는 기준으로는 □언이다.
③ 동사와 형용사는 문장에서 기본적으로 □□어의 기능을 수행한다.
④ 동사는 사람이나 사물의 □작이나 □용 등의 의미를 지닌 단어들을 묶어 놓은 갈래이다.
⑤ 형용사는 사람이나 사물의 □질이나 □태 등의 의미를 지닌 단어들을 묶어 놓은 갈래이다.
⑥ 용언의 어간에는 다양한 □□가 결합하여 □□할 수 있다.
⑦ 용언은 □□을 통해서 □□어 이외의 다양한 문장 성분의 역할을 수행할 수 있다.
⑧ 용언이 사전에는 어간에 종결 어미 '-□'만 결합된 기본형으로 등재되어 있다.
⑨ 형용사는 '무엇이 □□하다'라는 문장에서 서술어로 사용된다.
⑩ 동사는 '무엇이 □□하다'라는 문장에서 서술어로 사용된다.

개념 마스터

1 다음 문장에서 동사를 있는 대로 모두 골라 ○를 표시한 후 그 동사의 기본형을 쓰시오. (단, 없을 경우에는 표시하지 말 것.)

① 우리 이제 집으로 가자. → ______
② 아들아, 사랑한다. → ______
③ 선생님께서 우리의 가슴에 꿈을 심으셨다. → ______
④ 나는 건조한 방이 싫어. → ______
⑤ 내 딸아, 공부 좀 하렴. → ______
⑥ 선생님께서 학교를 그만두셨다. → ______
⑦ 가습기 덕분에 호흡이 편하다. → ______
⑧ 우리 아들이 이번에 수석을 했어. → ______
⑨ 선생님은 노래 경연 프로그램에 출연하셨다. → ______
⑩ 고양이가 자다가 깨어났다. → ______
⑪ 나는 부산에서 왔어. → ______
⑫ 철수야, 저기 밝은 달 좀 봐. → ______
⑬ 이순신 장군은 정말 위대해. → ______
⑭ 남대문이 관광객들을 반긴다. → ______
⑮ 이번 수학여행 장소는 강원도 속초이다. → ______
⑯ 가자, 저 바다를 향해! → ______
⑰ 몰디브 해변을 함께 산책하자. → ______
⑱ 세종은 정말 훌륭해. → ______
⑲ 저 산맥은 말도 없이 오천 년을 살았네. → ______
⑳ 손흥민이 영국 전역을 뒤흔들었다. → ______

2 다음 문장에서 형용사를 있는 대로 모두 골라 ○를 표시한 후 그 형용사의 기본형을 쓰시오. (단, 없을 경우에는 표시하지 말 것.)

① 철수는 먹을 것을 찾았다. → ______
② 맛있게 먹고 있으니까 치우지 마. → ______
③ 철수는 조용히 공부할 따름이었다. → ______
④ 사람이 떡으로만 살 수가 없느니라. → ______
⑤ 나는 찝찝한 마음으로 등교했다. → ______
⑥ 독서는 사람을 지혜롭게 만든다. → ______
⑦ 철수가 절대 마피아일 리가 없다. → ______
⑧ 계속 공부만 하니까 힘드네. → ______
⑨ 철수는 창을 열어 찬란한 햇살을 마주했다. → ______
⑩ 철수가 화낼 만도 하네. → ______
⑪ 고요한 아침의 나라, 대한민국. → ______
⑫ 철수는 가족들 중에서 키가 가장 크다. → ______
⑬ 철수는 20대인데도 키가 계속 큰다. → ______
⑭ 매운 걸 먹으면 스트레스가 사라진다. → ______
⑮ 야자 시간에 철수는 괜히 기분이 들떴다. → ______
⑯ 너는 그러한 습관을 버려야 돼. → ______
⑰ 부산에서 운전하기는 많이 어렵다. → ______
⑱ 사장님, 요즘 딸기가 달아요? → ______
⑲ 성공을 위한 인내는 쓰다. → ______
⑳ 마지막까지 긴장을 늦추지 말자. → ______

I 단어

학습일 년 월 일

강의노트

동사와 형용사의 종류

유튜브 강의

Youtube Player
단어 | 문장 | 음운 | 국어사
◀◀ 이전 강의 다음 강의 ▶▶
용언의 특징 | 본용언·보조 용언

개념 시냅스

주체와 객체의 정확한 의미

주체, 객체는 'Ⅱ. 문장' 단원에 가서 높임 표현을 배울 때 다시 언급이 되겠지만, 정확한 의미를 정리할 필요는 있어. 많은 학생들이 구분해서 사용하지 않는데, 정확하게 정리하면 다음과 같아. 주체는 주어의 자리에 놓여 있는 대상이고, 객체는 목적어나 부사어에 놓여 있는 대상이야. 따라서 '주체 높임법'은 주어를 높인다기보다는 주어의 자리에 놓인 대상, 즉 주체를 높이는 것이고, '객체 높임법'은 목적어나 부사어를 높이는 것이 아니라 목적어나 부사어 자리에 놓인 대상, 즉 객체를 높이는 것이지. 아래 예문을 보면 확실하게 이해가 될 거야.

예 철수가 책을 할머니께 드렸다.

- 주어: 철수가
- 주체: 철수
- 목적어: 책을
- 객체: 책
- 부사어: 할머니께
- 객체: 할머니

1 동사와 형용사의 개념

1) 동사: 사람이나 사물의 동작이나 작용 등의 의미를 지닌 단어들을 묶어 놓은 갈래

2) 형용사: 사람이나 사물의 상태나 성질 등의 의미를 지닌 단어들을 묶어 놓은 갈래

2 동사의 종류

1) 타동사(他動詞)(타 동 사: 다를 움직일 말): 목적어를 필요로 하는 동사이다. 움직임의 의미가 주어뿐만 아니라 목적어와도 관련된다. 즉 주어와 서술어(타동사)만으로는 의미 구성이 불충분하기 때문에 목적어를 필요로 하는 것이다.

철수가 밥을 먹는다.

○ '먹다'라는 움직임은 주체뿐만 아니라 행위의 대상인 객체와도 관련이 있다. 먹는 행위가 이루어지려면 먹는 주어(주체)가 있어야 하고, 먹는 행위의 대상인 목적어(객체)도 있어야 한다. 주어와 목적어 둘 다 있어야 서술어 '먹다'가 구성하려는 문장의 의미가 충족된다.

2) 자동사(自動詞)(자 동 사: 스스로 움직일 말): 목적어를 필요로 하지 않는 동사이다. 움직임이 주어에만 관련되기 때문에 주어와 서술어(자동사)만으로도 의미 구성이 가능하다.

꽃이 피었다.

○ '피다'라는 움직임은 오로지 주어(주체)와 관련이 있을 뿐이다. 따라서 피어나는 움직임의 주체인 주어만 있어도 서술어 '피다'가 구성하려는 문장의 의미가 충족된다.

3 형용사의 종류

1) 성상 형용사: 대상의 성질이나 상태에 대한 실질적인 의미를 직접적으로 드러내는 형용사이다.

성질	상태
뜨겁다, 차갑다, 달다, 쓰다, 맵다, 착하다, 성실하다, 거칠다, 곱다	피곤하다, 아프다, 바쁘다, 배고프다, 좋다, 싫다, 기쁘다

○ 성질과 상태를 구분하기 애매한 형용사들도 많기 때문에 그냥 이렇게 분류한다는 정도만 이해하면 된다.

2) 지시 형용사: 실질적인 의미를 나타내기보다는 앞에서 언급된 어떤 대상의 성질이나 상태를 다시 가리켜서 드러내는 형용사이다.

철수는 정말 착해. 그러한 학생은 처음 봤어.

○ 성질이나 상태와 관련된 말이 언급된 후에 '지시 형용사'가 나와서 앞에서 언급된 상태나 성질을 다시 가리키는 경우가 일반적이다.

본말	줄임말
이러하다, 그러하다, 저러하다, 어떠하다, 아무러하다	이렇다, 그렇다, 저렇다, 어떻다, 아무렇다

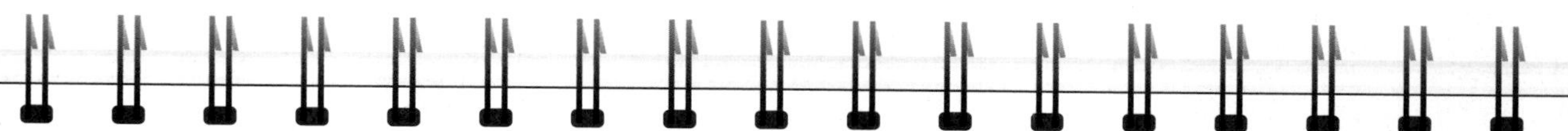

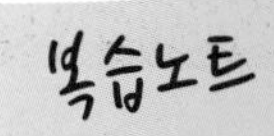

19강 • 동사와 형용사의 종류

정답 9쪽

레인보우 리뷰

① 동사와 형용사는 □□라는 기준으로는 □□어이다.
② 동사와 형용사는 □□이라는 기준으로는 □언이다.
③ 용언의 어간에는 다양한 □□가 결합하여 □□할 수 있다.
④ 용언은 □□을 통해서 서술어 이외의 다양한 문장 성분의 역할을 수행할 수 있다.

⑤ 타동사는 □□□를 필요로 하는 동사이다.
⑥ 타동사는 움직임의 의미가 □어뿐만 아니라 □□어와도 관련된다.
⑦ 자동사는 □□□를 필요로 하지 않는 동사이다.
⑧ 자동사는 움직임이 □□에만 관련된다.
⑨ 성상 형용사는 대상의 성질이나 상태에 대한 □질적인 의미를 □접적으로 드러내는 형용사이다.
⑩ 지시 형용사는 □질적인 의미를 나타내기보다는 어떤 대상의 성질이나 상태를 □시 가□□서 드러내는 형용사이다.

개념 마스터

1 제시된 문장에서 〈보기〉와 같이 동사를 찾은 뒤, 자동사인지 타동사인지를 밝히고, 타동사일 경우 목적어를 찾아서 쓰시오.

〈보기〉

아들아, 아빠는 너를 사랑한단다.

자동사	타동사	목적어
	○	너를

① 우리 이제 집으로 가자.

자동사	타동사	목적어

② 선생님께서 우리의 가슴에 희망을 심으셨다.

자동사	타동사	목적어

③ 새는 벌레를 먹는다.

자동사	타동사	목적어

④ 선생님께서 학교를 그만두셨다.

자동사	타동사	목적어

⑤ 선생님은 노래 경연 프로그램에 출연하셨다.

자동사	타동사	목적어

⑥ 고양이가 자다가 깨어났다.

자동사	타동사	목적어

⑦ 우리 아들이 이번에 수석을 했어.

자동사	타동사	목적어

⑧ 남대문이 관광객들을 반긴다.

자동사	타동사	목적어

⑨ 이순신 장군은 전투 때마다 항상 승리했어.

자동사	타동사	목적어

⑩ 손흥민이 영국 전역을 뒤흔들었다.

자동사	타동사	목적어

⑪ 철수야, 저기 밝은 달을 좀 봐.

자동사	타동사	목적어

⑫ 새가 구슬프게 운다.

자동사	타동사	목적어

⑬ 차가 갑자기 멈췄다.

자동사	타동사	목적어

2 다음 문장들에서 성상 형용사에는 ○를 표시하고, 지시 형용사에는 △를 표시하시오.

① 내 사정이 이러한데도 자꾸 그렇게 할 거야?
② 저녁노을이 참 붉고도 아름답구나.
③ 사장님은 그러한 일에도 종종 참견하신다.
④ 며칠 동안 밤새웠더니 몹시 피곤하다.
⑤ 마동식 씨가 외모는 저렇지만 마음은 참 따뜻해.

강의노트

학습일 년 월 일

본용언과 보조 용언

유튜브 강의

Youtube Player
단어 | 문장 | 음운 | 국어사
◂◂ 이전 강의 | 다음 강의 ▸▸
동사·형용사 종류 | 어간과 어미

1 본용언과 보조 용언의 개념

문장에서 단독으로 서술어의 자리에 놓일 수 있으며 서술의 핵심적인 의미를 지닌 용언을 본용언이라고 하고, 단독으로 사용되기 어려워 본용언에 기대어 사용되며 보다 세밀한 의미를 더해 주는 용언을 보조 용언이라고 한다.

2 서술어로 쓰이는 용언의 유형

1) 본용언 단독

본용언
철수는 마카롱을 먹었다.

동사 '먹었다'가 홀로 서술어의 기능을 하고 있다.

2) 본용언 + 보조 용언

본용언 보조 용언
철수는 마카롱을 먹고 싶었다. 소망이나 염원

- **철수는 마카롱을 먹었다.** 자연스러운 문장
- **철수는 마카롱을 싶었다.** 어색한 문장

본용언과 달리 보조 용언은 단독으로 서술어의 기능을 할 수 없다.

3) 본용언 + 본용언

본용언1 본용언2
철수는 마카롱을 먹고 치웠다. 먹은 행위 + 정리한 행위

- **철수는 마카롱을 먹었다.** 자연스러운 문장
- **철수는 마카롱을 치웠다.** 자연스러운 문장

이처럼 본용언은 단독으로 서술어의 기능을 할 수 있다.

개념 시냅스

용언과 서술어

용언은 문장에서 단독으로 서술어의 역할을 할 수 있는데, 종종 두 개의 용언이 잇달아 나와서 하나의 서술어 역할을 하는 경우가 있어. 이 경우 앞에 나오는 용언이 서술의 핵심 의미를 지니게 되고, 뒤에 나오는 용언이 부가적인 의미를 지니게 되는데 이때 앞엣것을 본용언, 뒤엣것을 보조 용언이라고 불러.

개념 시냅스

보조 동사, 보조 형용사

보조 용언은 그 활용 양상에 따라 다시 보조 동사와 보조 형용사로 구분할 수도 있어.

개념 시냅스

연결 어미의 구분

어미에 대해서 보다 자세히 배우게 되면 아래의 예시가 구분될 거야. 지금은 익숙해지라고 먼저 제시해 봤어.

- 책을 찢어서 버렸다. → 종속적 연결 어미(문장과 문장을 연결)
- 간식을 먹어 버렸다. → 보조적 연결 어미(단어와 단어를 연결)

3 본용언과 보조 용언의 구별법

- 해당 용언이 단독으로 서술어의 기능을 할 수 있으면 본용언이다.
- 앞 용언과 뒤 용언이 연결 어미 '-아/-어'로 이어져 있을 경우 '-아서/-어서'로 바꿀 수 있으면 뒤 용언 또한 본용언이다.

> **철수는 휴지통에 책을 찢어 버렸다.**
> ⬇
> 본용언1 본용언2
> **철수는 휴지통에 책을 찢어서 버렸다.**
> 자연스러운 문장

> **철수는 마카롱을 먹어 버렸다.**
> ⬇
> 본용언 보조 용언
> **철수는 마카롱을 먹어서 버렸다.**
> 어색한 문장

- 앞 용언과 뒤 용언 사이에 다른 말의 개입이 가능하면 뒤 용언 또한 본용언이다.

> **철수는 마카롱을 먹고 정리했다.**
> ⬇
> 본용언1 본용언2
> **철수는 마카롱을 먹고 바로 정리했다.**
> 자연스러운 문장

> **철수는 마카롱을 먹고 싶었다.**
> ⬇
> 본용언 보조 용언
> **철수는 마카롱을 먹고 매우 싶었다.**
> 어색한 문장

4 본용언과 보조 용언 띄어쓰기

- 본용언 + 본용언 → 반드시 띄어서 표기한다.
  예 철수가 마카롱을 먹고 정리했다.
- 본용언 + 보조 용언 → 본용언에 보조적 연결 어미 '-아/-어'가 쓰인 경우에는 보조 용언과 붙여서 쓰는 것도 허용한다. 다만 보조적 연결 어미 '-어'에 보조 용언 '지다'가 이어진 '-어지다'의 경우는 본용언에 붙여 쓴다.
  예 • 철수는 마카롱을 전부 먹어 버렸다.('먹어버렸다'도 허용)
  • 그들은 A 팀과 B 팀으로 나누어졌다.
- 본용언 + 조사 + 보조 용언 → 반드시 띄어서 표기
  예 철수는 교복을 입어도 보았다.(본용언에 조사 '도'가 결합한 상태)

개념 시냅스

보조 용언의 특징

① 보조 용언은 본용언의 의미에 부가적인 의미를 보충해 줘.
② 본용언에 기대어서 사용돼.
③ 본용언과 묶어서 하나의 서술어로 취급돼.
④ 본용언이 보조 용언과 함께 쓰일 때에는 본용언에 보조적 연결 어미('-아/-어, -게, -지, -고')라는 특정한 어미가 사용돼.

개념 시냅스

보조 용언 용례들

① 보조 동사

의미	용례
부정	하지 않는다
부정	가지 못했다
사동	기쁘게 한다
피동	사게 되었다
진행	변해 간다 / 더워 온다
종료	놓쳐 버렸다 / 하고 말았다
봉사	웃겨 주었다 / 해 드리다
시행	먹어 보다
당위	공경해야 한다
가식	모르는 체한다
기회	잊을 뻔했다
유지	열어 놓는다 / 닫아 둔다
지속	피어 있다

② 보조 형용사

의미	용례
소망	구경하고 싶다
부정	예쁘지 않다
부정	넉넉하지 못하다
추측	갈 듯하다 / 오나 보다
가치	놀랄 만하다

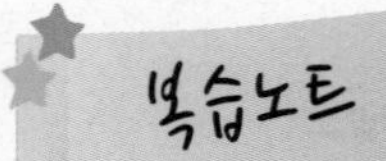

20강 • 본용언과 보조 용언

정답 9쪽

레인보우 리뷰

① 문장에서 □독으로 사용될 수 있으며, 서술의 핵심적인 의미를 지닌 용언을 □용언이라고 한다.
② 문장에서 □독으로 사용되기 어려워 □용언에 기대어 사용되며, 보다 세밀한 의□를 더해 주는 용언을 □□ 용언이라고 한다.
③ 앞 용언과 뒤 용언이 연결 어미 '-아/-어'로 이어져 있을 경우 이를 '-□□/-□□'로 바꿀 수 있으면 뒤 용언 또한 □용언이다.
④ 앞 용언과 뒤 용언 사이에 다른 말의 개입이 가능하면 뒤 용언 또한 □용언이다.
⑤ □용언과 □용언은 반드시 띄어서 표기한다.
⑥ 본용언에 보조적 연결 어미 '-□/-□'가 쓰인 경우에는 보조 용언과 붙여서 쓰는 것도 허용된다.
⑦ '본용언+□사+보조 용언' 구성인 경우에는 무조건 띄어서 표기한다.
⑧ 본용언과 보조 용언을 이어 주는 어미를 □□적 연결 어미라고 한다.
⑨ 문장에서는 본용언과 보조 용언을 묶어서 하나의 □□어로 취급한다.
⑩ 보조적 연결 어미에는 '-□/-□, -□, -□, -□'가 있다.

개념 마스터

1 제시된 문장에서 〈보기〉와 같이 서술어를 찾아 해당하는 구성을 밝히고, '본용언+보조 용언' 구성일 경우에는 보조적 연결 어미까지 쓰시오.

〈보기〉

철수는 마카롱을 다 먹어 버렸다.		
본용언 + 보조 용언	본용언 + 본용언	보조적 연결 어미
○		-어

① 철수는 지금 학교에 가고 있다.		
본용언 + 보조 용언	본용언 + 본용언	보조적 연결 어미

② 철수는 문법 교재를 사서 읽었다.		
본용언 + 보조 용언	본용언 + 본용언	보조적 연결 어미

③ 철수는 지금 울고 싶다.		
본용언 + 보조 용언	본용언 + 본용언	보조적 연결 어미

④ 철수는 일기장을 찢어서 버렸다.		
본용언 + 보조 용언	본용언 + 본용언	보조적 연결 어미

⑤ 철수가 사과를 깎아 먹었다.		
본용언 + 보조 용언	본용언 + 본용언	보조적 연결 어미

⑥ 결국 칼에 손가락을 베이고 말았다.		
본용언 + 보조 용언	본용언 + 본용언	보조적 연결 어미

⑦ 선생님께서는 아픈 철수를 집에 가게 하셨다.		
본용언 + 보조 용언	본용언 + 본용언	보조적 연결 어미

⑧ 이 소리에 귀를 기울여 봐.		
본용언 + 보조 용언	본용언 + 본용언	보조적 연결 어미

⑨ 철수가 저녁을 먹고 갔다.		
본용언 + 보조 용언	본용언 + 본용언	보조적 연결 어미

⑩ 저기에서 잠시 쉬었다가 가자.		
본용언 + 보조 용언	본용언 + 본용언	보조적 연결 어미

⑪ 철수는 끝까지 밥을 먹지 않았다.		
본용언 + 보조 용언	본용언 + 본용언	보조적 연결 어미

⑫ 오늘 날씨는 춥지 않아.		
본용언 + 보조 용언	본용언 + 본용언	보조적 연결 어미

2 다음 문장들의 띄어쓰기가 적절한지 살핀 후 O 또는 X를 표시하시오.

① 철수는 새 옷을 걸쳐만 보았다. ( )
② 오늘 날씨는 춥지않아. ( )
③ 철수는 일기장을 찢어서버렸다. ( )
④ 철수는 지금 울고 싶다. ( )
⑤ 얼음이 점점 물이 되어간다. ( )

강의노트

학습일 년 월 일

어간과 어미

유튜브 강의

Youtube Player
단어 | 문장 | 음운 | 국어사
◂◂ 이전 강의 | 다음 강의 ▸▸
본용언·보조 용언 | 종결 어미

1 활용의 개념

동사와 형용사는 문장에서 쓰이는 상황에 따라 형태가 조금씩 변한다. 원래의 형태에서 완전히 새롭게 바뀌는 게 아니라 형태의 일부만이 변하게 되는데, 이때 변하지 않는 부분을 어간(語幹)이라고 하고, 변하는 부분을 어미(語尾)라고 한다. 이와 같이 동사와 형용사의 어간이 다양한 종류의 어미들과 결합하는 양상을 활용이라고 한다.

> 용언이나 서술격 조사의 어간에 다양한 종류의 어미들이 결합하여 용언의 문법적 의미나 기능을 변화시키는 양상을 말한다.

2 어간과 어미의 분석

(어간: 말씀 줄기, 어미: 말씀 꼬리)

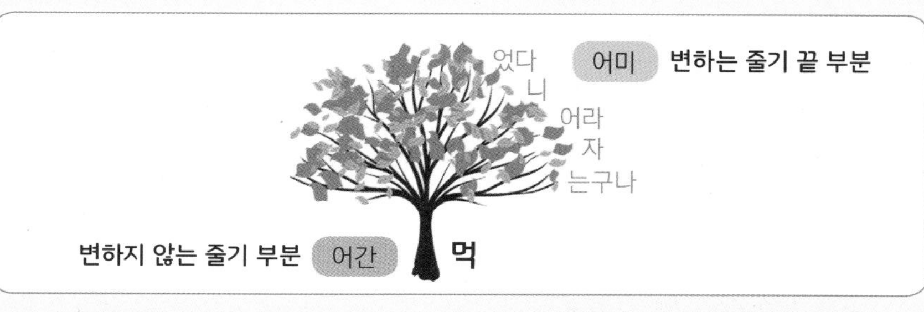

	먹었다.		먹니?	먹어라.	먹자.	먹는구나.
어간	먹-		먹-	먹-	먹-	먹-
어미	-었-	-다	-니	-어라	-자	-는구나
의미	과거	종결	의문	명령	청유	감탄

- 다양한 음절 수의 어미가 존재한다.
  - 1음절 어미 → -었-, -다, -니, -자
  - 2음절 어미 → -어라
  - 3음절 어미 → -는구나
- 여러 개의 어미가 함께 결합할 수도 있다. 예 보시었다(-시-, -었-, -다)
- 어미는 크게 어말 어미와 선어말 어미로 나눌 수가 있다.

먹 었 다.
- 선어말 어미: 어간과 어말 어미 사이에 놓이는 어미
- 어말 어미: 용언의 맨 끝에 놓이는 어미

- 어미는 용언과 서술격 조사 '이다'에만 결합할 수 있다.

보다 (용언)	이다 (서술격 조사)
보다, 보고, 보아서, 보니...	이다, 이고, 이어서, 이니...

레인보우 리뷰

서술격 조사 '이다'

'용언'이란 활용하는 말이라는 뜻이야. 9개의 품사 중에서 활용하는 품사는 동사와 형용사밖에 없어. 그런데 특이하게도 '이다'라는 말은 활용을 하는데 동사, 형용사와는 달리 자립성이 없는 데다가 체언에 결합하기 때문에 학교 문법에서는 조사(서술격 조사)로 분류하고 있어.

알쓸문법

불완전(不完全) 용언

어간에 결합할 수 있는 어미의 개수가 제한되어 있는 용언들이 있어. 이처럼 활용할 수 있는 범위가 매우 좁은 용언을 불완전 용언이라고 해. 즉 어미라고 해서 모든 어간에 다 결합할 수 있는 건 아니라는 거지.

- 가로다 → 가로되(가로+되)
- 더불다 → 더불어(더불+어)
- 데리다 → 데리고(데리+고), 데려(데리+어)

알쓸문법

어간과 어미에 붙은 붙임표(-)

붙임표는 자립성이 부족하여 다른 말이 결합해야 하는 자리를 표시하는 기능을 해. 주로 자립성이 없는 어간, 어미, 접사에 사용되고, 자립성이 없는 어근에 사용되기도 해. 어근과 접사에 대한 개념은 뒤에 가서 자세히 배우게 될 거야. 아래 내용을 보고 자신의 문법 지식을 스스로 미리 점검해 보렴.

맞먹다			
어간	어미	어근	접사
맞먹-	-다	먹-	맞-

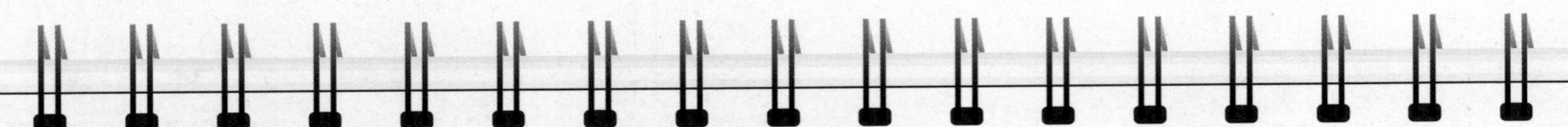

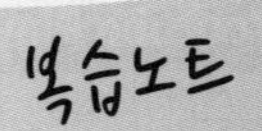

21강 • 어간과 어미

정답 10쪽

레인보우 리뷰

① 앞 용언과 뒤 용언이 연결 어미 '-아/-어'로 이어져 있을 경우 이를 '-□□/-□□'로 바꿀 수 있으면 뒤 용언 또한 □용언이다.

② 보조적 연결 어미에는 '-□/-□, -□, -□, -□'가 있다.

③ 활용이란 용언의 □□에 다양한 형태의 □□가 결합하여 용언의 문법적 의미나 기능을 변화시키는 양상을 말한다.

④ 용언이 활용을 할 때 형태가 변하지 않는 부분을 □□이라고 한다.

⑤ 용언이 활용을 할 때 형태가 변하는 부분을 □□라고 한다.

⑥ 동사와 형용사 이외에 유일하게 활용하는 것으로 □□□ □□가 있다.

⑦ 어미는 크게 □□ 어미와 □□□ 어미로 나눌 수 있다.

⑧ 어간은 □□성이 부족하여 반드시 □□와 결합해야 한다.

⑨ 어미는 □□성이 부족하여 반드시 □□과 결합해야 한다.

⑩ 활용 시 결합할 수 있는 어미에 제한이 있는 용언을 □□□ 용언이라고 한다.

개념 마스터

1 다음 제시된 문장들에서 용언을 찾아, 〈보기〉와 같이 어간과 어미를 분석하시오.

〈보기〉

우리 이제 집으로 (가자).	
어간	어미
가-	-자

① 내 아들아, 공부 좀 하렴.	
어간	어미

② 얘들아, 여기를 보아라.	
어간	어미

③ 나는 두리안이 싫어.	
어간	어미

④ 너 진짜 학교를 그만두니?	
어간	어미

⑤ 가습기 덕분에 호흡이 편하다.	
어간	어미

⑥ 지금 자니?	
어간	어미

⑦ 지금 오니?	
어간	어미

⑧ 철수야, 저기 달 좀 봐.	
어간	어미

⑨ 밝은 달은 임의 얼굴.	
어간	어미

⑩ 이순신 장군은 정말 위대하다!	
어간	어미

⑪ 코끼리는 코가 길다.	
어간	어미

⑫ 철수야, 너 그거 알아?	
어간	어미

⑬ 약이 정말 쓰다.	
어간	어미

⑭ 엄마, 커피가 너무 달아.	
어간	어미

오늘은 여기까지. 하산해. 끝!

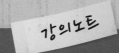

종결 어미

Youtube Player
단어 | 문장 | 음운 | 국어사
◂◂ 이전 강의 | 다음 강의 ▸▸
어간과 어미 | 연결 어미

1 어미의 개념과 종류

어미는 용언이나 서술격 조사가 활용할 때 변하는 부분을 말하며 다양한 문법적 기능을 담당한다. 놓이는 위치를 기준으로 단어 끝에서 실현되는 어말 어미와, 어간과 어말 어미 사이에서 실현되는 선어말 어미로 나눌 수 있다.

2 어말 어미의 종류

끝날 종 맺을 결

1) 종결(終結) 어미: 문장을 마치는 기능을 하는 어미

철수야, 지금 공부하는구나. ✪ 문장이 끝남

잇닿을 연 맺을 결

2) 연결(連結) 어미: 문장과 문장 또는 본용언과 보조 용언을 연결하는 기능을 하는 어미

철수야, 지금은 공부하고 저녁에 노트북 사러 갈까?
✪ 앞 문장과 뒤 문장이 연결됨

변할 전 이룰 성

3) 전성(轉成) 어미: 용언의 성질을 명사, 관형사, 부사와 비슷하게 바꿔 해당 품사의 기능을 할 수 있게 해 주는 어미

철수야, 공부하기가 쉽지 않지? 치킨 먹고 할래?
✪ 용언이 명사의 기능을 수행함

3 종결 어미의 개념과 종류

문장을 끝마치게 하는 어말 어미를 말하며 문장의 유형을 결정한다.

1) 평서형 어미: 사실이나 상황을 있는 그대로 서술하는 종결 어미이다.

-다, -네, -(으)오, -아/-어, -ㅂ니다, -습니다	철수가 밥을 먹었다.

2) 의문형 어미: 의문을 담고 있는 종결 어미이다.

-(으)니, -느냐, -(으)ㄹ까, -(으)ㅂ니까, -는가, -지	철수가 밥을 먹니?

3) 명령형 어미: 명령을 담고 있는 종결 어미이다.

-아라/-어라, -(으)십시오, -게, -거라, -오	철수야, 밥을 먹어라.

4) 청유형 어미: 요청을 담고 있는 종결 어미이다.

-자, -세, -(으)ㅂ시다	철수야, 밥이나 먹자.

5) 감탄형 어미: 감탄을 담고 있는 종결 어미이다.

-는구나, -구나, -군, -아라/-어라, -구려, -는구려	철수가 밥을 먹는구나.

레인보우 리뷰

연결의 유형 총정리

① 접속 조사: 단어와 단어를 연결
- 철수와 영희

② 접속 부사: 문장과 문장 또는 단어와 단어를 연결
- 철수는 잤다. 그리고 일어났다.
- 국어 및 수학

③ 연결 어미: 문장과 문장 또는 단어와 단어를 연결
- 그는 밥을 먹었고 그녀는 굶었다.
- 그는 밥을 먹어 버렸다.

개념 시냅스

종결 어미와 문장의 유형

- 평서형 종결 어미 → 평서문
- 의문형 종결 어미 → 의문문
- 명령형 종결 어미 → 명령문
- 청유형 종결 어미 → 청유문
- 감탄형 종결 어미 → 감탄문

개념 시냅스

종결 어미 대처 방법

자, 지금 엄청난 수의 종결 어미들을 보고 나서 어찌해야 할 바를 모르겠지? 결론부터 말할게. 안 외워도 돼. 왜냐하면 이미 너희들 머릿속에 다 들어 있거든. 대신 어미의 형태는 눈으로 꼭 기억해 두자. '나는 학교에 갑니다.' 이 문장이 평서문이라는 건 다 알지? 평서형 어미가 쓰였다는 것은 자동으로 파악될 거야. 다만 이 문장에 쓰인 평서형 어미는 '-니다'가 아니라 '-ㅂ니다'야. 이건 반드시 어미의 형태를 알고 있어야만 파악이 가능한 거지.

복습노트

22강 • 종결 어미

정답 11쪽

레인보우 리뷰

① 어미는 □□이나 □□□ □□가 활용할 때 변하는 부분을 말하며 다양한 문법적 기능을 담당한다.
② 어미는 크게 □□ 어미와 □□□ 어미로 나눌 수 있다.

③ 어말 어미는 □어의 끝에서 실현된다.
④ 선어말 어미는 □□과 □□ 어미 사이에서 실현된다.
⑤ 어말 어미는 □□ 어미, □□ 어미, □□ 어미로 나눌 수 있다.
⑥ 종결 어미는 문장을 □□는 기능을 하는 어미이다.
⑦ 연결 어미는 문□과 문□ 또는 본□□과 □□□□을 연결하는 기능을 하는 어미이다.
⑧ 전성 어미는 용언의 성질을 □사, □□사, □사와 비슷하게 바꿔 해당 품사의 기능을 할 수 있게 해 주는 어미이다.
⑨ □□형 어미: 사실이나 상황을 있는 그대로 서술하는 종결 어미이다.
⑩ □□형 어미: 의문을 담고 있는 종결 어미이다.
⑪ □□형 어미: 명령을 담고 있는 종결 어미이다.
⑫ □□형 어미: 요청을 담고 있는 종결 어미이다.
⑬ □□형 어미: 감탄을 담고 있는 종결 어미이다.

개념 마스터

1 제시된 문장에서 〈보기〉와 같이 용언을 찾아 어간과 어미를 분석하고, 종결 어미의 유형을 밝히시오.

〈보기〉

우리 이제 집으로 가자.

어간	어미	평서형	의문형	명령형	청유형	감탄형
가-	-자				○	

① 내 아들아, 공부 좀 하렴.

어간	어미	평서형	의문형	명령형	청유형	감탄형

② 오늘 점심에는 뭘 먹지?

어간	어미	평서형	의문형	명령형	청유형	감탄형

③ 철수야, 지금 밥을 먹어라.

어간	어미	평서형	의문형	명령형	청유형	감탄형

④ 코스모스가 진짜 빨갛네.

어간	어미	평서형	의문형	명령형	청유형	감탄형

⑤ 자, 이제 그만하세.

어간	어미	평서형	의문형	명령형	청유형	감탄형

⑥ 당신 정말 대단하구려.

어간	어미	평서형	의문형	명령형	청유형	감탄형

⑦ 이제 곧 출발합니다.

어간	어미	평서형	의문형	명령형	청유형	감탄형

⑧ 이순신 장군은 정말 위대하군!

어간	어미	평서형	의문형	명령형	청유형	감탄형

⑨ 철수가 과연 도서관에서 공부를 할까?

어간	어미	평서형	의문형	명령형	청유형	감탄형

⑩ 그녀는 정말 착하다.

어간	어미	평서형	의문형	명령형	청유형	감탄형

⑪ 자네도 밥 한술 들게.

어간	어미	평서형	의문형	명령형	청유형	감탄형

⑫ 저녁은 보통 일곱 시에 먹습니다.

어간	어미	평서형	의문형	명령형	청유형	감탄형

⑬ 종은 과연 누구를 위해 울리는가?

어간	어미	평서형	의문형	명령형	청유형	감탄형

⑭ 우리 이제 집으로 갑시다.

어간	어미	평서형	의문형	명령형	청유형	감탄형

⑮ 너희들 굉장히 열심히 집중하는구나.

어간	어미	평서형	의문형	명령형	청유형	감탄형

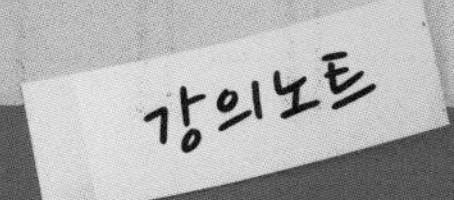

학습일 　　년 　월 　일

유튜브 강의

Youtube Player

단어	문장	음운	국어사

◂◂ 이전 강의 ⏸ 다음 강의 ▸▸

종결 어미	전성 어미

연결 어미

1 연결 어미의 개념과 종류

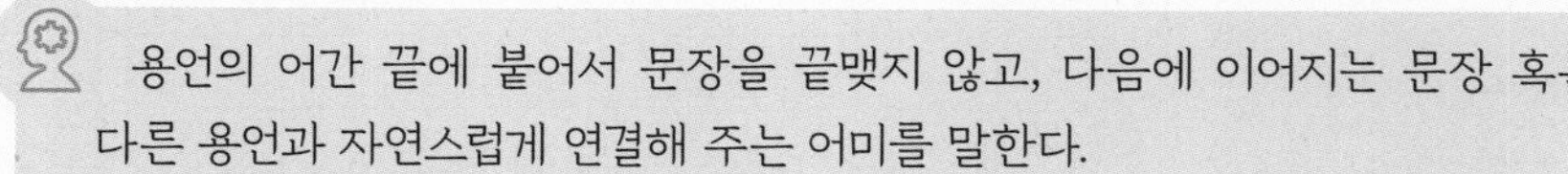

용언의 어간 끝에 붙어서 문장을 끝맺지 않고, 다음에 이어지는 문장 혹은 다른 용언과 자연스럽게 연결해 주는 어미를 말한다.

1) 대등적 연결 어미: 의미적으로 독립된 문장들을 연결한다. 

① 나열

-고, -(으)며

철수는 꽃등심을 좋아하고, 영희는 삼겹살을 좋아한다.

○ 철수의 취향과 영희의 취향을 사실 그대로 나열하고 있다.

② 대조

-지만, -(으)나

철수는 삼겹살을 좋아하지만, 영희는 삼겹살을 싫어한다.

○ 철수의 취향과 영희의 취향이 서로 다름을 부각하고 있다.

③ 선택

-든(지), -거나

철수야, 이리로 오든지, 저리로 가든지 해라.

○ 철수가 선택할 수 있는 선택지들이 제시되고 있다.

2) 종속적 연결 어미: 의미적으로 종속 관계에 놓인 문장을 연결한다. 

삼겹살을 얼마나 먹었던지, 새벽 내내 속이 불편했다.

○ 새벽 내내 속이 불편했다는 뒤 문장의 이유가 앞 문장에서 드러나고 있다.

원인, 이유	-아서/-어서, -(으)니(까), -므로, -던지
조건	-(으)면, -거든, -아야/-어야
의도	-(으)려고, -도록
배경, 상황 제시	-는데, -(으)ㄴ데
양보	-아도/-어도, -더라도, -(으)ㄹ지라도
유사	-듯이

3) 보조적 연결 어미: 본용언과 보조 용언을 연결한다. 

철수는 마카롱을 먹어 버렸다.

○ 본용언과 보조 용언이 '-아/-어, -게, -지, -고'로 연결될 수 있다.

개념 시냅스

'대등적'이라는 말의 의미

두 문장 사이의 의미적 관계가 대등하다는 것은 각 문장의 의미가 독립적이라는 거야. 이는 서로가 서로의 의미에 영향을 끼치지 않는다는 말이지. '철수는 꽃등심을 좋아하고, 영희는 삼겹살을 좋아한다.'를 보면 철수의 취향과 영희의 취향은 각각 별개의 것이며, 어느 한쪽이 다른 쪽에 영향을 미치지 않음을 알 수 있어.

개념 시냅스

'종속적'이라는 말의 의미

종속적이라는 말은 결국 두 문장의 의미가 서로 영향 관계에 놓여 있다는 뜻이야. 앞 문장의 의미가 뒤 문장의 의미에 종속되어 있는데, 이는 앞 문장의 의미가 뒤 문장의 의미를 더욱 구체적으로 드러내 준다는 정도로 이해하면 될 거야.

레인보우 리뷰

본용언과 보조 용언의 띄어쓰기

본용언과 보조 용언은 별개의 단어이기 때문에 띄어서 표기하는 것이 원칙이야. 하지만 보조적 연결 어미 '-아/-어'로 연결되어 있는 경우에 한해서 붙여서 표기하는 것도 허용해. 다만 이 경우에 본용언은 단일어여야 하며 조사도 결합되지 않은 상태여야 한다는 전제가 있어야 돼.

개념 시냅스

연결 어미와 이어진문장

대등적 연결 어미, 종속적 연결 어미는 뒤에 가서 배우게 될 '대등하게 연결된 이어진문장', '종속적으로 연결된 이어진문장'과 아주 밀접한 관계가 있어. 연결 어미는 문장과 문장을 이어 주는 접착제와 같은 역할을 하고 있다고 이해하면 돼.

복습노트

23강 • 연결 어미

정답 ▶ 12쪽

레인보우 리뷰

① 연결 어미는 □□과 □□ 또는 □□□과 □□ □□을 연결하는 기능을 하는 어미이다.
② 어말 어미는 □□ 어미, □□ 어미, □□ 어미로 나눌 수 있다.

③ 어미는 □□이나 □□□ □□가 활용할 때 변하는 부분을 말하며 다양한 문법적 기능을 담당한다.
④ 어미는 크게 □□ 어미와 □□□ 어미로 나눌 수 있다.
⑤ 보조적 연결 어미에는 '-□/-□, -□, -□, -□'가 있다.

⑥ 연결 어미는 용언의 어□ □에 붙어서 문장을 끝맺지 않고, 다음에 이어지는 □장 혹은 다른 □언과 자연스럽게 □□해 주는 어미이다.
⑦ 연결 어미에는 □□적 연결 어미, □□적 연결 어미, □□적 연결 어미가 있다.
⑧ 대등적 연결 어미는 앞뒤 문장을 '나□, 대□, 선□'이라는 □□한 자격으로 연결해 주는 어미이다.
⑨ 종속적 연결 어미는 의미상 □향 관계에 놓인 앞뒤 문장을 □□적으로 연결해 주는 어미이다.
⑩ 보조적 연결 어미는 □□□과 □□ □□을 이어 주는 어미이다.

개념 마스터

1 제시된 문장에서 〈보기〉와 같이 연결 어미를 찾아, 연결 어미의 유형을 밝히시오.

〈보기〉

동생은 과일은 좋아하(지만), 야채는 싫어한다.

대등적 연결 어미	종속적 연결 어미	보조적 연결 어미
○		

① 철수가 오면 그들은 출발할 것이다.

대등적 연결 어미	종속적 연결 어미	보조적 연결 어미

② 가족들이 저녁을 거의 다 먹어 간다.

대등적 연결 어미	종속적 연결 어미	보조적 연결 어미

③ 강물이 불어서 우리는 캠핑을 포기했다.

대등적 연결 어미	종속적 연결 어미	보조적 연결 어미

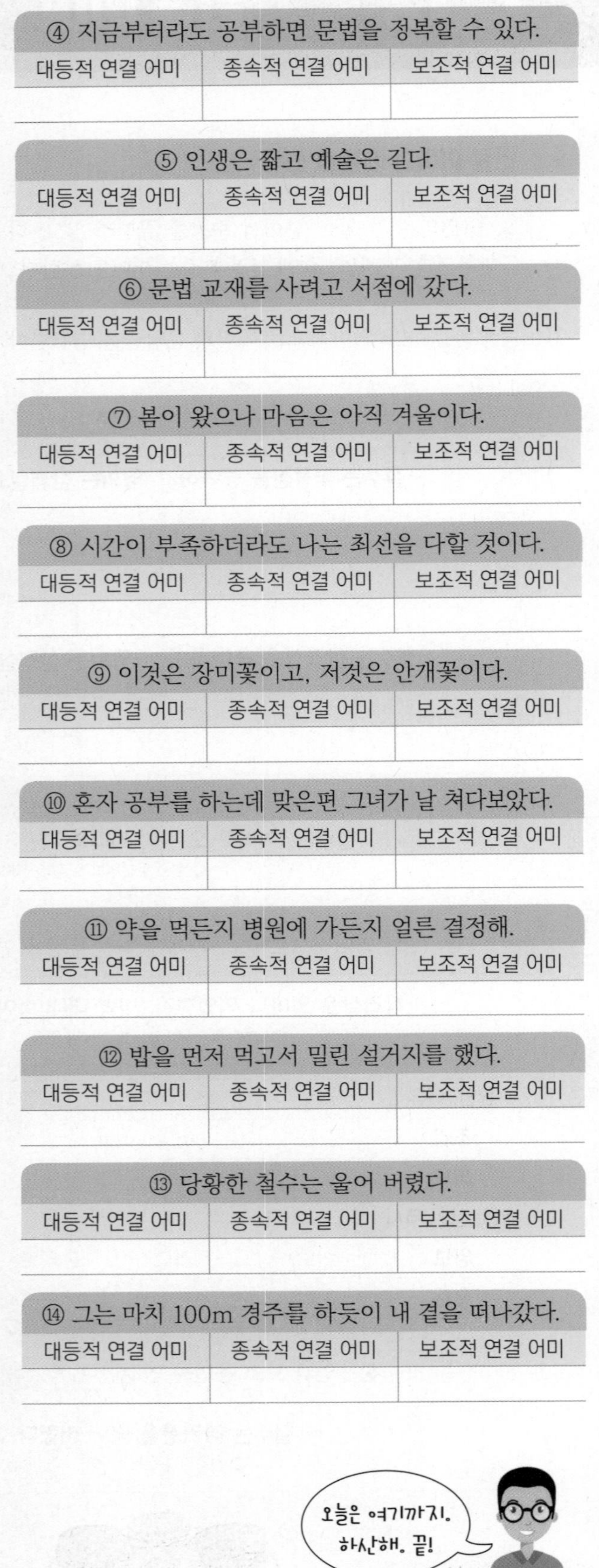

④ 지금부터라도 공부하면 문법을 정복할 수 있다.

대등적 연결 어미	종속적 연결 어미	보조적 연결 어미

⑤ 인생은 짧고 예술은 길다.

대등적 연결 어미	종속적 연결 어미	보조적 연결 어미

⑥ 문법 교재를 사려고 서점에 갔다.

대등적 연결 어미	종속적 연결 어미	보조적 연결 어미

⑦ 봄이 왔으나 마음은 아직 겨울이다.

대등적 연결 어미	종속적 연결 어미	보조적 연결 어미

⑧ 시간이 부족하더라도 나는 최선을 다할 것이다.

대등적 연결 어미	종속적 연결 어미	보조적 연결 어미

⑨ 이것은 장미꽃이고, 저것은 안개꽃이다.

대등적 연결 어미	종속적 연결 어미	보조적 연결 어미

⑩ 혼자 공부를 하는데 맞은편 그녀가 날 쳐다보았다.

대등적 연결 어미	종속적 연결 어미	보조적 연결 어미

⑪ 약을 먹든지 병원에 가든지 얼른 결정해.

대등적 연결 어미	종속적 연결 어미	보조적 연결 어미

⑫ 밥을 먼저 먹고서 밀린 설거지를 했다.

대등적 연결 어미	종속적 연결 어미	보조적 연결 어미

⑬ 당황한 철수는 울어 버렸다.

대등적 연결 어미	종속적 연결 어미	보조적 연결 어미

⑭ 그는 마치 100m 경주를 하듯이 내 곁을 떠나갔다.

대등적 연결 어미	종속적 연결 어미	보조적 연결 어미

오늘은 여기까지.
하산해. 끝!

5min
오분만에 마스터하는 국어
24강

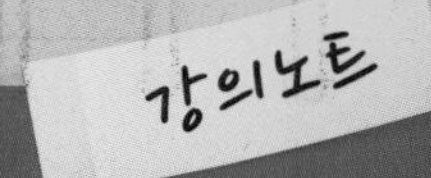

학습일 년 월 일

전성 어미

유튜브 강의

Youtube Player
단어 | 문장 | 음운 | 국어사
◂◂ 이전 강의 | 다음 강의 ▸▸
연결 어미 | 선어말 어미

I 단어

1 전성 어미의 개념과 종류

용언이 가진 서술의 기능을 그대로 유지하면서 용언으로 하여금 명사, 관형사, 부사 등의 기능을 발휘할 수 있도록 성질을 바꿔 주는 어미를 말한다.

1) 명사형 어미: 용언을 명사처럼 성질을 바꾸어 주는 어미이다.

	문장	어미	문장 성분
-(으)ㅁ -기	• 철수가 사랑을 고백하다.	-다	서술어
	• 사랑을 고백함이 쉽지 않다.	-ㅁ	+ 주격 조사 → 주어
	• 철수의 취미는 먹기이다.	-기	+ 서술격 조사 → 서술어
	• 철수는 손을 흔듦을 멈췄다.	-ㅁ	+ 목적격 조사 → 목적어
	• 철수의 취미는 먹기가 아니다.	-기	+ 보격 조사 → 보어
	• 오늘 많이 먹기의 종목은 피자이다.	-기	+ 관형격 조사 → 관형어
	• 내가 대표를 맡기에 아직은 많이 부족해.	-기	+ 부사격 조사 → 부사어
	• 질투하기야! 제발 내 맘에서 사라져 줄래?	-기	+ 호격 조사 → 독립어

2) 관형사형 어미: 용언을 관형사처럼 성질을 바꾸어 주는 어미이다. 

	문장	어미	체언 수식
-(으)ㄴ -는 -(으)ㄹ -던	• 드디어 아이가 이유식을 먹다.	-다	×
	• 철수에게 먹은 것 좀 치우라고 해 줄래?	-은	○
	• 철수에게 먹는 것 좀 멈추라고 해 줄래?	-는	○
	• 철수에게 먹을 것 좀 갖다 줄래?	-을	○
	• 철수에게 먹던 것 좀 치우라고 해 줄래?	-던	○

3) 부사형 어미: 용언을 부사처럼 성질을 바꾸어 주는 어미이다.

	문장	어미	용언 수식
-니 -아서/-어서 -게 -도록 -듯이	• 상대 선수가 빠르다.	-다	×
	• 상대 선수들이 빠르니 긴장하자.	-니	○
	• 우리는 상대 선수가 빨라서 졌다.	-아서	○
	• 상대 선수보다 빠르게 뛰자.	-게	○
	• 예전보다 빨라지도록 노력하자.	-도록	○
	• 우리는 물이 흐르듯이 일을 처리해야 한다. 	-듯이	○

전성 어미는 가면이다! 절대로 품사를 바꿀 수는 없다!

개념 시냅스

관형사형 어미가 가진 시제의 의미

나중에 '시제 표현'을 배울 때에 자연스럽게 다시 언급되겠지만 관형사형 어미는 용언에 수식의 기능을 부여하는 동시에 '과거, 현재, 미래'라는 시제의 의미를 드러내 주기도 해. 일단 여기서는 관형사형 어미에 시제의 의미가 담긴다는 사실 정도만 기억해 놓자.

개념 시냅스

부사형 어미 '-듯이' VS 의존 명사 '듯이'

이 둘은 형태는 같지만 엄연히 다른 말이야. 부사형 어미 '-듯이'는 용언의 어간에 결합해서 쓰이고, 형식성 의존 명사인 '듯이'는 혼자 쓰일 수가 없기 때문에 반드시 앞에 꾸며 주는 말이 와야 해.

• 파도가 일듯이 내 마음이 출렁거렸다.
→ '일다'의 어간 '일-'에 결합되어 있기 때문에 '부사형 어미'라고 볼 수 있어.

• 될 듯이 기뻤다.
→ 관형어 '될'의 수식을 받고 있기 때문에 '의존 명사'라고 봐야겠지.

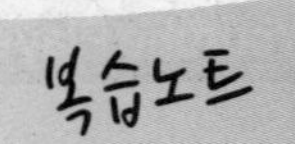

24강 • 전성 어미

정답 12쪽

레인보우 리뷰

① 어미는 □□이나 □□□ □□가 활용할 때 변하는 부분을 말하며 다양한 문법적 기능을 담당한다.

② 전성 어미는 □언이 가진 □□의 기능을 그대로 유지하면서 용언으로 하여금 □사, □□사, □사 등의 기능을 발휘할 수 있도록 성□을 바꿔 주는 어미이다.

③ 명사형 어미는 용언을 마치 □□처럼 쓰이게 만들어 주는 어미이다.
④ 관형사형 어미는 용언을 마치 □□□처럼 쓰이게 만들어 주는 어미이다.
⑤ 부사형 어미는 용언을 마치 □□처럼 쓰이게 만들어 주는 어미이다.
⑥ 전성 어미는 용언의 □□를 바꾸지 못한다. 즉 전성 어미가 결합되어도 여전히 품사는 □□ 또는 □□□이다.
⑦ 명사형 어미에는 ____________(이)가 있다.
⑧ 관형사형 어미에는 ____________(이)가 있다.
⑨ 부사형 어미에는 ____________(이)가 있다.
⑩ 관형사형 어미에는 □□의 의미와 □□의 의미가 담긴다.

개념 마스터

1 제시된 문장에서 〈보기〉와 같이 용언의 명사형과 격 조사의 결합 형태를 찾아 분석하고, 이들이 어떤 문장 성분으로 쓰이고 있는지를 밝히시오.

〈보기〉

타인을 용서하기가 쉽지 않다.

어미	격 조사	문장 성분
-기	가	주어

① 타인에게 베풂을 아깝다고 생각해선 안 된다.

어미	격 조사	문장 성분

② 볼펜 하나 빌리기가 이렇게 힘들 줄이야.

어미	격 조사	문장 성분

③ 그가 원하는 것은 욕심을 채움이 아니다.

어미	격 조사	문장 성분

④ 내 소원은 하루 종일 집에서 놀기이다.

어미	격 조사	문장 성분

⑤ 철수는 늦잠 자기의 달인이다.

어미	격 조사	문장 성분

2 제시된 문장에서 〈보기〉와 같이 밑줄 친 용언의 전성 어미와 품사를 밝히고, 어떤 문장 성분으로 쓰이고 있는지를 쓰시오.

〈보기〉

철수에게 <u>먹은</u> 것 좀 치우라고 해 줄래?

어미	품사	문장 성분
-은	동사	관형어

① 너 방금 입에 <u>넣은</u> 것이 뭐니?

어미	품사	문장 성분

② 그냥 철수 혼자 <u>놀게</u> 둬.

어미	품사	문장 성분

③ 나 내일은 많이 <u>바쁠</u> 것 같은데.

어미	품사	문장 성분

④ 요즘 들어서 한창 <u>바쁘던</u> 예전이 자꾸 생각난다.

어미	품사	문장 성분

⑤ 눈 <u>치우는</u> 것을 좀 도와 다오.

어미	품사	문장 성분

⑥ 찌개가 시간이 <u>지나서</u> 식었다.

어미	품사	문장 성분

⑦ 나는 밤이 <u>새도록</u> 그녀를 기다렸어.

어미	품사	문장 성분

오늘은 여기까지. 하산해. 끝!

25강 선어말 어미

유튜브 강의

Youtube Player
단어 | 문장 | 음운 | 국어사
◀◀ 이전 강의 ⏸ 다음 강의 ▶▶
전성 어미 | 규칙 활용

1 선어말 어미의 개념과 종류

어간과 어말 어미 사이에서 실현되며 시제, 높임 등 다양한 문법적 의미를 덧붙여 주는 역할을 하는 어미를 말한다.

아버지께서 식사를	하-	주체 높임 -시-	과거 시제 -었-	종결 -다.
	◐ 어간	◐ 선어말 어미	◐ 선어말 어미	◐ 어말 어미

1) 주체 높임 선어말 어미: 문장에서 주어의 자리에 놓이는 주체를 높인다.

-(으)시-

철수는(주체) 성실하다. / 아버지는(주체) 성실하시다.

◐ 성실한 성격을 가진 주체는 철수와 아버지이다. 여기서는 주체인 아버지를 높일 필요가 있어서 주체 높임 선어말 어미 '-시-'를 사용하였다.

2) 시제 선어말 어미: 과거, 현재, 미래의 시제를 드러낸다.

-았-/-었-, -ㄴ-/-는-, -겠-

- 철수가 삼겹살을 먹었다. ◐ 과거 시제
- 철수가 삼겹살을 먹는다. ◐ 현재 시제
- 철수가 삼겹살을 먹겠다. ◐ 미래 시제

3) 공손 선어말 어미: 청자를 향한 공손의 의미를 드러낸다.

-오-/-옵-, -사오-/-사옵-

- 우리에게 일용할 양식을 주시옵고
- 오직 당신만을 믿사오니
- 전하, 그 일은 소신이 하였사옵나이다.

4) 서법 선어말 어미: 화자의 심적 태도를 드러낸다. 이때 시제의 의미가 포함되기도 한다.

-더-, -리-, -겠-

- 철수가 삼겹살을 진짜 잘 먹더라. ◐ 회상 + 과거 시제
- 나는 반드시 문법을 끝내리라. ◐ 의지 + 미래 시제
- 겨울방학이 끝나면 문법 공부도 끝나겠지. ◐ 추측 + 미래 시제
- 나는 꼭 문법학자가 되겠다. ◐ 의지 + 미래 시제

개념 시냅스

선어말 어미의 배열 순서

아래와 같이 어울리는 배열 순서가 있긴 하지만, 공손, 서법 선어말 어미가 실생활에서 잘 쓰이지 않는 점을 감안한다면 ①과 ②의 순서 정도만 짚고 넘어가도 될 거야.

① 주체 높임 선어말 어미
② 시제 선어말 어미
③ 공손 선어말 어미
④ 서법 선어말 어미

개념 시냅스

시제 선어말 어미의 종류

시제 선어말 어미는 'II. 문장' 단원에서 '시제'를 배울 때 다시 한번 구체적으로 다뤄질 거야. 오늘은 시제 선어말 어미의 종류와 형태만 눈에 익혀 볼까?

- 과시선: -았-/-었-, -았었-/-었었-, -더-
- 현시선: -ㄴ-/-는-
- 미시선: -겠-, -(으)리-

레인보우 리뷰

어말 어미의 체계는?

1. 종결 어미
① ____ 어미 ② ____ 어미
③ ____ 어미 ④ ____ 어미
⑤ ____ 어미

2. 연결 어미
① ____ 연결 어미
② ____ 연결 어미
③ ____ 연결 어미

3. 전성 어미
① ____ 전성 어미
② ____ 전성 어미
③ ____ 전성 어미

레인보우 리뷰 정답 1. ① 평서형 ② 의문형 ③ 명령형 ④ 청유형 ⑤ 감탄형 2. ① 대등적 ② 종속적 ③ 보조적 3. ① 명사형 ② 관형사형 ③ 부사형

복습노트

25강 • 선어말 어미

정답 12쪽

레인보우 리뷰

① 어미는 크게 □□ 어미와 □□□ 어미로 나눌 수 있다.
② 보조적 연결 어미에는 '-□/-□, -□, -□, -□'가 있다.

③ 선어말 어미는 □□과 □□ 어미 사이에서 실현된다.

④ 선어말 어미는 시□와 □임 등 다양한 문법적 의미를 덧붙여 주는 역할을 하는 어미를 말한다.
⑤ 주체 높임 선어말 어미는 □□의 자리에 놓이는 □□를 높이는 기능을 한다.
⑥ 주체 높임 선어말 어미에는 '-(□)□-'가 있다.
⑦ 시제 선어말 어미에는 '□□ 시제, □□ 시제, □□ 시제'를 드러내는 기능을 한다.
⑧ 과거 시제 선어말 어미에는 '-□-/-□-'이 있다.
⑨ 현재 시제 선어말 어미에는 '-□-/-□-'이 있다.
⑩ 미래 시제 선어말 어미에는 '-□-'이 있다.

개념 마스터

1 제시된 문장에서 선어말 어미를 모두 찾아서 〈보기〉와 같이 분석하시오.

〈보기〉

나는 반드시 교육부 장관이 되겠다.

주체 높임	시제	공손	서법
	-겠-		-겠-

① 아버지께서 방에 들어가신다.

주체 높임	시제	공손	서법

② 나는 다이어트에 반드시 성공하리라.

주체 높임	시제	공손	서법

③ 가을이 오면 편지를 쓰겠어요.

주체 높임	시제	공손	서법

④ 아버지께서 크레파스를 사 가지고 오셨어요.

주체 높임	시제	공손	서법

⑤ 우리는 그들만 믿는다.

주체 높임	시제	공손	서법

⑥ 맛있게 드셨어요?

주체 높임	시제	공손	서법

⑦ 철수가 급식을 먹는다.

주체 높임	시제	공손	서법

⑧ 어제 청소는 정말 힘들더라.

주체 높임	시제	공손	서법

⑨ 오로지 당신께만 복종하겠사오니 기억하소서.

주체 높임	시제	공손	서법

⑩ 철수가 보기와는 다르게 잘 달린다.

주체 높임	시제	공손	서법

⑪ 철수가 저녁을 먹었다.

주체 높임	시제	공손	서법

⑫ 철수가 학교에 갔다.

주체 높임	시제	공손	서법

⑬ 전하, 소신을 버리지 마시옵소서.

주체 높임	시제	공손	서법

2 제시된 어미들을 어법에 맞게끔 순서대로 배열하시오.

① -었-, -다, -겠-, -시-

지금쯤이면 댁에 가-				

② -나이다, -사옵-, -였-

사실 제가 그 일을 하-			

③ -겠-, -지, -었-, -시-

아버지께서 벌써 하-				

오늘은 여기까지. 하산해. 끝!

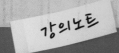

규칙 활용

학습일 년 월 일

유튜브 강의

Youtube Player

단어	문장	음운	국어사

◂◂ 이전 강의 ⏸ 다음 강의 ▸▸

선어말 어미 | 불규칙 활용 ①

1 규칙 활용(規則活用)의 개념

(규: 법 / 칙: 법칙 / 활: 살 / 용: 쓸)

용언이 활용을 할 때 어간과 어미의 형태에 변화가 없거나, 어간에 변화가 생기더라도 대부분의 용언에서 공통적으로 발생하여 규칙성을 설명할 수 있는 활용을 말한다.

2 규칙 활용의 유형

1) 형태 변화가 없는 경우

어간과 어미가 형태 변화 없이 원래 모습 그대로 결합하면 규칙 활용으로 간주한다. 이러한 양상을 정확하게 파악하기 위해서는 먼저 어간과 어미의 형태를 정확하게 알고 있어야 한다.

어간: 먹- 어미: -고 / 어간: 보- 어미: -자

일단 밥부터 먹고, 미래에 대해서 생각해 보자.

◎ 어간과 어미 모두 원래의 형태 그대로 결합하고 있다.

2) 어간의 끝 'ㅡ' 탈락

어간의 끝 'ㅡ'가 모음으로 시작하는 어미와 결합할 때에 탈락하는데 이 현상은 규칙 활용으로 간주한다. 만약 어간 끝 'ㅡ'가 탈락하지 않는다면 그때는 규칙을 위배한 것이므로 불규칙 활용으로 취급해야 한다.

어간 끝 ㅡ + 모음으로 시작하는 어미

영수는 키가 크고	영수는 키가 커서
자음 어미 '-고' 앞에서 어간 형태 변화 X	모음 어미 '-어서' 앞에서 어간 '크-'의 'ㅡ'가 탈락

◎ '커서'의 경우 비록 어간의 형태가 변했지만, 이는 어간 끝이 'ㅡ'로 끝나는 절대 다수의 용언에서 동일하게 나타나는 현상이므로 규칙 활용으로 간주하는 것이다.

3) 어간의 끝 'ㄹ' 탈락

어간의 끝 'ㄹ'이 특정한 어미와 결합할 때에 탈락하는데 이 현상은 규칙 활용으로 간주한다.

어간 끝 ㄹ + 특정 어미

철수는 문법을 잘 알고 있다.	철수가 문법을 잘 아니?
어미 '-고' 앞에서는 형태 변화 없음	특정한 어미 '-니' 앞에서 '알-'의 'ㄹ'이 탈락

◎ '아니'의 경우 비록 어간의 형태가 변했지만, 이는 어간 끝이 'ㄹ'인 절대 다수의 용언에서 동일하게 나타나는 현상이므로 규칙 활용으로 간주하는 것이다.

개념 시냅스

어간 끝 'ㅡ'가 탈락하지 않는다면?

'르' 불규칙

일부 용언의 경우 어간 끝이 '르'일 때 'ㅡ'가 탈락하지 않고 '르'가 'ㄹㄹ'로 바뀜

예 흐르 + 어 → 흘러

'러' 불규칙

일부 용언의 경우 어간 끝이 '르'일 때 'ㅡ'가 탈락하지 않고 뒤에 오는 어미 '어'가 '러'로 바뀜

예 푸르 + 어 → 푸르러

개념 시냅스

규칙 활용 양상과 음운의 변동

어간의 끝에 놓인 'ㅡ' 또는 'ㄹ'이 탈락하는 규칙 활용 양상은 우리가 나중에 배울 'Ⅲ. 음운' 단원에서 '자음 탈락', '모음 탈락'이라는 이름으로 다시 만나게 될 거야. 특정한 음운 환경에서 규칙적으로 발생하는 현상이므로 음운의 탈락 현상으로도 설명할 수 있거든. 그때 다시 만나게 되면 정말 반갑겠지?

개념 시냅스

오! 노벨상

어간의 끝 'ㄹ'이 탈락되는 경우는 '-오, -ㄴ, -는-, -니, -네, -ㅂ니다, -시-, -세' 등의 어미와 결합하는 경우야. 이 어미들을 다 기억하는 것은 불가능하니까, '오, 노벨상' 이렇게 초성만 따서 연상하면 훨씬 기억하기가 쉬울 거야.

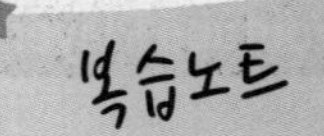

26강 • 규칙 활용

정답 13쪽

레인보우 리뷰

① 활용이란 용언의 □□에 다양한 형태의 □□가 결합하여 용언의 문법적 의미나 기능을 □화시키는 양상을 말한다.

② 용언이 활용을 할 때 형태가 변하지 않는 부분을 □□이라고 한다.

③ 용언이 활용을 할 때 형태가 변하는 부분을 □□라고 한다.

④ 용언이 활용을 할 때 □□과 □□의 형태에 변화가 없으면 □□ 활용이다.

⑤ 용언이 활용을 할 때 □□의 형태에 변화가 생기더라도 대부분의 용언에서 공통적으로 발생하여 그 규칙성을 설명할 수 있으면 □□ 활용으로 취급한다.

⑥ 어간 끝 '□'가 □□으로 시작하는 어미와 결합할 때 탈락하는 현상은 규칙 활용으로 간주한다.

⑦ 어간 끝 '□'가 □□으로 시작하는 어미와 결합할 때 탈락하지 않으면 □□□ 활용으로 취급한다.

⑧ 어간 끝 '□'이 특정한 형태소들과 결합할 때 탈락하는 현상은 규칙 활용으로 간주한다.

⑨ 규칙 활용의 '□' 탈락과 '□' 탈락은 음운의 변동에서 배우게 될 'ㅡ' 탈락(□음 탈락), 'ㄹ' 탈락(□음 탈락)과 동일한 현상이다.

⑩ 보조적 연결 어미에는 '-□/-□, -□, -□, -□'가 있다.

개념 마스터

1 다음 빈칸에 어간과 어미가 결합된 형태를 쓰시오.

어간	어미			
① 먹-	-다	-고	-지	-아/-어

어간	어미			
② 막-	-다	-고	-지	-아/-어

어간	어미			
③ 깎-	-다	-고	-지	-아/-어

어간	어미			
④ 섞-	-다	-고	-지	-아/-어

어간	어미			
⑤ 잡-	-다	-고	-지	-아/-어

어간	어미			
⑥ 밀-	-다	-고	-지	-아/-어

어간	어미			
⑦ 벗-	-다	-고	-지	-아/-어

어간	어미			
⑧ 웃-	-다	-고	-지	-아/-어

어간	어미			
⑨ 읽-	-다	-고	-지	-아/-어

어간	어미			
⑩ 싫-	-다	-고	-지	-아/-어

2 1번의 활용 양상을 분석하여 해당 항목에 ○를 표시하시오.

① 어간의 변화가 있는가? (예　아니요)

② 어미의 변화가 있는가? (예　아니요)

③ 활용의 종류는 무엇인가? (규칙 활용　불규칙 활용)

3 다음 빈칸에 어간과 어미를 결합한 형태를 쓰시오.

어간	어미			
① 쓰-	-다	-고	-지	-아/-어

어간	어미			
② 따르-	-다	-고	-지	-아/-어

어간	어미			
③ 예쁘-	-다	-고	-지	-아/-어

어간	어미			
④ 뜨-	-다	-고	-지	-아/-어

어간	어미			
⑤ 치르-	-다	-고	-지	-아/-어

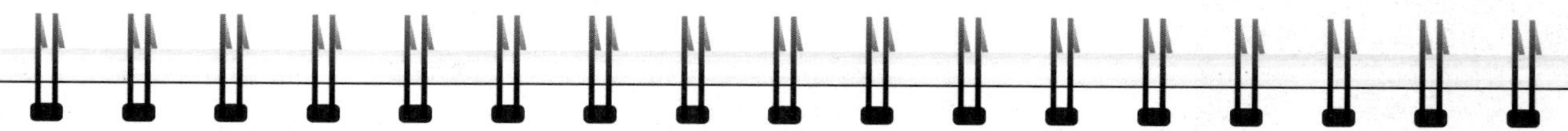

어간	어미			
⑥ 끄-	-다	-고	-지	-아/-어

어간	어미			
⑦ 모으-	-다	-고	-지	-아/-어

어간	어미			
⑧ 담그-	-다	-고	-지	-아/-어

어간	어미			
⑨ 잠그-	-다	-고	-지	-아/-어

어간	어미			
⑩ 기쁘-	-다	-고	-지	-아/-어

4 3번의 활용 양상을 분석하여 해당 항목에 ○를 표시하시오.

① 어간의 변화가 있는가? (예　아니요)

② 어미의 변화가 있는가? (예　아니요)

③ 활용의 종류는 무엇인가? (규칙 활용　불규칙 활용)

5 다음 빈칸에 어간과 어미를 결합한 형태를 쓰시오.

어간	어미				
① 밀-	-다	-고	-지	-아/-어	-자

어간	어미				
② 밀-	-오	-는-	-니	-ㅂ니다	-세

어간	어미				
③ 날-	-다	-고	-지	-아/-어	-자

어간	어미				
④ 날-	-오	-는-	-니	-ㅂ니다	-세

어간	어미				
⑤ 끌-	-다	-고	-지	-아/-어	-자

어간	어미				
⑥ 끌-	-오	-는-	-니	-ㅂ니다	-세

어간	어미				
⑦ 갈-	-다	-고	-지	-아/-어	-자

어간	어미				
⑧ 갈-	-오	-는-	-니	-ㅂ니다	-세

어간	어미				
⑨ 벌-	-다	-고	-지	-아/-어	-자

어간	어미				
⑩ 벌-	-오	-는-	-니	-ㅂ니다	-세

어간	어미				
⑪ 알-	-다	-고	-지	-아/-어	-자

어간	어미				
⑫ 알-	-오	-는-	-니	-ㅂ니다	-세

어간	어미				
⑬ 만들-	-다	-고	-지	-아/-어	-자

어간	어미				
⑭ 만들-	-오	-는-	-니	-ㅂ니다	-세

어간	어미				
⑮ 살-	-다	-고	-지	-아/-어	-자

어간	어미				
⑯ 살-	-오	-는-	-니	-ㅂ니다	-세

6 5번의 활용 양상을 분석하여 해당 항목에 ○를 표시하시오.

① 어간의 변화가 있는가? (예　아니요)

② 어미의 변화가 있는가? (예　아니요)

③ 활용의 종류는 무엇인가? (규칙 활용　불규칙 활용)

강의노트

학습일 년 월 일

불규칙 활용 ①

유튜브 강의

Youtube Player

단어	문장	음운	국어사

◀◀ 이전 강의 ⏸ 다음 강의 ▶▶

규칙 활용 | 불규칙 활용 ②

개념 시냅스

모음 조화 현상

두 음절 이상의 단어에서, 뒤의 모음이 앞 모음의 영향으로 그와 가깝거나 같은 소리로 되는 음운 현상을 말해. 주로 양성 모음은 양성 모음끼리, 음성 모음은 음성 모음끼리 어울리게 돼. 중세 때에는 철저하게 지켜졌던 음운 규칙이었는데, 현대에 이르러서는 의성어, 의태어, 어미 등에서 겨우 그 흔적을 찾아볼 수 있을 정도로 혼란스러워졌어. 참고로 'ㅣ'는 중성 모음으로 간주해.

- 양성 모음(ㅗ, ㅏ, ㆍ) 예 알록달록
- 음성 모음(ㅜ, ㅓ, ㅡ) 예 얼룩덜룩

개념 시냅스

규칙 용언과 불규칙 용언

규칙 활용을 하는 용언을 규칙 용언, 불규칙 활용을 하는 용언을 불규칙 용언이라고 해.

개념 시냅스

어간의 형태가 바뀌는 불규칙의 이름

'세뱃돈 우르르'를 기억한 뒤 초성만 뽑아내면 어간이 바뀌는 불규칙을 쉽게 정리할 수 있어. 이때 'ㅅ', 'ㅂ', 'ㄷ', 'ㅜ', 'ㄹ' 불규칙이라는 이름은 어간이 바뀌기 전의 형태를 기준으로 붙인 이름이야.

개념 시냅스

'ㅂ'이 하필 'ㅗ/ㅜ'로 바뀌는 이유

'ㅂ' 불규칙에서 자음 'ㅂ'이 생뚱맞게도 반모음 'ㅗ/ㅜ'로 바뀌는 데는 특별한 이유가 있어. '돕다'의 옛 형태는 '돕다'였거든. 받침이 'ㅂ'이 아니라 'ㅸ'이였어. 이를 순경음 비읍이라고 하는데, 이 자음이 사라지면서 남긴 흔적이 바로 반모음 'ㅗ/ㅜ'야. 이와 관련된 내용은 중세 국어 영역에서 상세하게 배우게 될 거야.

1 불규칙 활용의 개념과 유형

용언이 활용을 할 때 어간 또는 어미의 형태가 원래의 모습에서 변하게 되는데, 이러한 양상을 일반적인 문법 규칙으로는 설명할 수가 없는 경우를 불규칙 활용이라고 한다.

- 어간과 어미가 결합할 때 어간의 형태만 바뀌는 경우
- 어간과 어미가 결합할 때 어미의 형태만 바뀌는 경우
- 어간과 어미가 결합할 때 어간, 어미 둘 다 형태가 바뀌는 경우

2 어간의 형태가 바뀌는 불규칙 활용의 유형

1) ㅅ 불규칙: 어간의 끝 'ㅅ'이 모음 어미 앞에서 탈락하는 현상

규칙 활용의 예	'ㅅ' 불규칙 활용의 예
웃- + -어 → 웃어 씻- + -어 → 씻어 ⊙ 절대 다수	잇- + -어 → 이어 짓- + -어 → 지어 ⊙ 소수

2) ㅂ 불규칙: 어간의 끝 'ㅂ'이 모음 어미 앞에서 반모음 ㅗ/ㅜ로 바뀌는 현상

규칙 활용의 예	'ㅂ' 불규칙 활용의 예
잡- + -아 → 잡아 뽑- + -아 → 뽑아 ⊙ 절대 다수	돕- + -아 → 도와 춥- + -어 → 추워 ⊙ 소수

3) ㄷ 불규칙: 어간의 끝 'ㄷ'이 모음 어미 앞에서 'ㄹ'로 바뀌는 현상

규칙 활용의 예	'ㄷ' 불규칙 활용의 예
(파)묻- + -어 → (파)묻어 믿- + -어 → 믿어 ⊙ 절대 다수	(캐)묻- + -어 → (캐)물어 싣- + -어 → 실어 ⊙ 소수

4) ㅜ 불규칙: 어간의 끝 'ㅜ'가 모음 어미 앞에서 탈락하는 현상

규칙 활용의 예	'ㅜ' 불규칙 활용의 예
주- + -어 → 주어(줘) 두- + -어 → 두어(둬) ⊙ 절대 다수	푸- + -어 → 퍼 ⊙ 유일한 사례

5) 르 불규칙: 어간의 끝 '르'가 모음 어미 앞에서 일어나는 규칙 활용 현상인 'ㅡ' 탈락을 거치지 않고 'ㄹㄹ'로 바뀌는 현상

규칙 활용의 예	'르' 불규칙 활용의 예
치르- + -어 → 치러('ㅡ' 탈락) 들르- + -어 → 들러('ㅡ' 탈락) ⊙ 절대 다수	흐르- + -어 → 흘러 기르- + -어 → 길러 ⊙ 소수

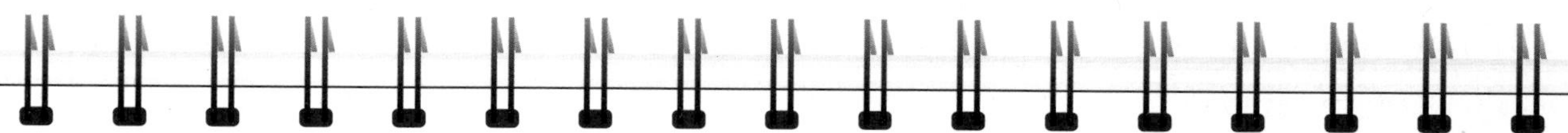

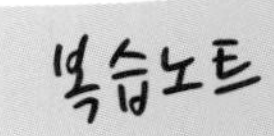

복습노트

27강 • 불규칙 활용 ①

정답 15쪽

레인보우 리뷰

① 어간 끝 '□'가 □□으로 시작하는 어미와 결합할 때 탈락하는 현상은 □□ 활용으로 간주한다.
② 어간 끝 '□'가 □□으로 시작하는 어미와 결합할 때 탈락하지 않으면 □□□ 활용으로 취급한다.
③ 어간 끝 '□'이 특정한 형태소들과 결합할 때 탈락하는 현상은 규칙 활용으로 간주한다.

④ 용언이 활용을 할 때 □□ 또는 □□의 형태가 원래의 모습에서 변하게 되는데, 이러한 양상을 일반적인 문법 규칙으로는 설명할 수가 없는 경우에 이를 □□□ 활용이라고 한다.
⑤ 불규칙 활용에는 □□과 □□가 결합할 때 어□의 형태만 바뀌는 경우가 있다.
⑥ 불규칙 활용에는 □□과 □□가 결합할 때 어□의 형태만 바뀌는 경우가 있다.
⑦ 불규칙 활용에는 어간과 어미가 결합할 때 □□, □□ 둘 다 형태가 바뀌는 경우가 있다.
⑧ '□' 불규칙: □□의 끝 'ㅅ'이 □□ 어미 앞에서 □□하는 현상
⑨ '□' 불규칙: 어간의 끝 '□'이 □□ 어미 앞에서 '□/□'로 바뀌는 현상
⑩ '□' 불규칙: 어간의 끝 '□'이 모음 어미 앞에서 '□'로 바뀌는 현상
⑪ '□' 불규칙: 어간의 끝 '□'가 모음 어미 앞에서 □□하는 현상
⑫ '□' 불규칙: 어간의 끝 '□'가 모음 어미 앞에서 일어나는 규칙 활용 현상인 '□' 탈락을 거치지 않고 '□□'로 바뀌는 현상

개념 마스터

1 다음 빈칸에 어간과 어미를 결합한 형태를 쓰고, 해당하는 변화 양상과 활용 종류에 ○를 표시하시오.

어간	어미			
① 벗-	-다	-고	-지	-아/-어

• 변화 양상 → (어간이 변함) (어미가 변함) (둘 다 변함) (둘 다 변하지 않음)
• 활용 종류 → (규칙 활용) (불규칙 활용)

어간	어미			
② 빼앗-	-다	-고	-지	-아/-어

• 변화 양상 → (어간이 변함) (어미가 변함) (둘 다 변함) (둘 다 변하지 않음)
• 활용 종류 → (규칙 활용) (불규칙 활용)

어간	어미			
③ 젓-	-다	-고	-지	-아/-어

• 변화 양상 → (어간이 변함) (어미가 변함) (둘 다 변함) (둘 다 변하지 않음)
• 활용 종류 → (규칙 활용) (불규칙 활용)

어간	어미			
④ 긋-	-다	-고	-지	-아/-어

• 변화 양상 → (어간이 변함) (어미가 변함) (둘 다 변함) (둘 다 변하지 않음)
• 활용 종류 → (규칙 활용) (불규칙 활용)

어간	어미			
⑤ 붓-	-다	-고	-지	-아/-어

• 변화 양상 → (어간이 변함) (어미가 변함) (둘 다 변함) (둘 다 변하지 않음)
• 활용 종류 → (규칙 활용) (불규칙 활용)

어간	어미			
⑥ 낫-	-다	-고	-지	-아/-어

• 변화 양상 → (어간이 변함) (어미가 변함) (둘 다 변함) (둘 다 변하지 않음)
• 활용 종류 → (규칙 활용) (불규칙 활용)

어간	어미			
⑦ 입-	-다	-고	-지	-아/-어

• 변화 양상 → (어간이 변함) (어미가 변함) (둘 다 변함) (둘 다 변하지 않음)
• 활용 종류 → (규칙 활용) (불규칙 활용)

어간	어미			
⑧ 좁-	-다	-고	-지	-아/-어

• 변화 양상 → (어간이 변함) (어미가 변함) (둘 다 변함) (둘 다 변하지 않음)
• 활용 종류 → (규칙 활용) (불규칙 활용)

어간	어미			
⑨ 굽-(炙)	-다	-고	-지	-아/-어

• 변화 양상 → (어간이 변함) (어미가 변함) (둘 다 변함) (둘 다 변하지 않음)
• 활용 종류 → (규칙 활용) (불규칙 활용)

어간	어미			
⑩ 눕-	-다	-고	-지	-아/-어

• 변화 양상 → (어간이 변함) (어미가 변함) (둘 다 변함) (둘 다 변하지 않음)
• 활용 종류 → (규칙 활용) (불규칙 활용)

어간	어미			
⑪ 곱-	-다	-고	-지	-아/-어

• 변화 양상 → (어간이 변함) (어미가 변함) (둘 다 변함) (둘 다 변하지 않음)
• 활용 종류 → (규칙 활용) (불규칙 활용)

어간	어미			
⑫ 좁-	-다	-고	-지	-아/-어

• 변화 양상 → (어간이 변함) (어미가 변함) (둘 다 변함) (둘 다 변하지 않음)
• 활용 종류 → (규칙 활용) (불규칙 활용)

어간	어미			
⑬ 괴롭-	-다	-고	-지	-아/-어

• 변화 양상 → (어간이 변함) (어미가 변함) (둘 다 변함) (둘 다 변하지 않음)
• 활용 종류 → (규칙 활용) (불규칙 활용)

어간	어미			
⑭ 돕-	-다	-고	-지	-아/-어

• 변화 양상 → (어간이 변함) (어미가 변함) (둘 다 변함) (둘 다 변하지 않음)
• 활용 종류 → (규칙 활용) (불규칙 활용)

어간	어미			
⑮ 닫-	-다	-고	-지	-아/-어

• 변화 양상 → (어간이 변함) (어미가 변함) (둘 다 변함) (둘 다 변하지 않음)
• 활용 종류 → (규칙 활용) (불규칙 활용)

어간	어미			
⑯ 긷-	-다	-고	-지	-아/-어

• 변화 양상 → (어간이 변함) (어미가 변함) (둘 다 변함) (둘 다 변하지 않음)
• 활용 종류 → (규칙 활용) (불규칙 활용)

어간	어미			
⑰ 일컫-	-다	-고	-지	-아/-어

• 변화 양상 → (어간이 변함) (어미가 변함) (둘 다 변함) (둘 다 변하지 않음)
• 활용 종류 → (규칙 활용) (불규칙 활용)

어간	어미			
⑱ 묻-	-다	-고	-지	-아/-어
(問)				

• 변화 양상 → (어간이 변함) (어미가 변함) (둘 다 변함) (둘 다 변하지 않음)
• 활용 종류 → (규칙 활용) (불규칙 활용)

어간	어미			
⑲ 싣-	-다	-고	-지	-아/-어

• 변화 양상 → (어간이 변함) (어미가 변함) (둘 다 변함) (둘 다 변하지 않음)
• 활용 종류 → (규칙 활용) (불규칙 활용)

어간	어미			
⑳ 걷-	-다	-고	-지	-아/-어
(步)				

• 변화 양상 → (어간이 변함) (어미가 변함) (둘 다 변함) (둘 다 변하지 않음)
• 활용 종류 → (규칙 활용) (불규칙 활용)

어간	어미			
㉑ 듣-	-다	-고	-지	-아/-어

• 변화 양상 → (어간이 변함) (어미가 변함) (둘 다 변함) (둘 다 변하지 않음)
• 활용 종류 → (규칙 활용) (불규칙 활용)

어간	어미			
㉒ 깨닫-	-다	-고	-지	-아/-어

• 변화 양상 → (어간이 변함) (어미가 변함) (둘 다 변함) (둘 다 변하지 않음)
• 활용 종류 → (규칙 활용) (불규칙 활용)

어간	어미			
㉓ 배우-	-다	-고	-지	-아/-어

• 변화 양상 → (어간이 변함) (어미가 변함) (둘 다 변함) (둘 다 변하지 않음)
• 활용 종류 → (규칙 활용) (불규칙 활용)

어간	어미			
㉔ 겨누-	-다	-고	-지	-아/-어

• 변화 양상 → (어간이 변함) (어미가 변함) (둘 다 변함) (둘 다 변하지 않음)
• 활용 종류 → (규칙 활용) (불규칙 활용)

어간	어미			
㉕ 싸우-	-다	-고	-지	-아/-어

• 변화 양상 → (어간이 변함) (어미가 변함) (둘 다 변함) (둘 다 변하지 않음)
• 활용 종류 → (규칙 활용) (불규칙 활용)

어간	어미			
㉖ 주-	-다	-고	-지	-아/-어

• 변화 양상 → (어간이 변함) (어미가 변함) (둘 다 변함) (둘 다 변하지 않음)
• 활용 종류 → (규칙 활용) (불규칙 활용)

어간	어미			
㉗ 추-	-다	-고	-지	-아/-어

• 변화 양상 → (어간이 변함) (어미가 변함) (둘 다 변함) (둘 다 변하지 않음)
• 활용 종류 → (규칙 활용) (불규칙 활용)

어간	어미			
㉘ 푸-	-다	-고	-지	-아/-어

• 변화 양상 → (어간이 변함) (어미가 변함) (둘 다 변함) (둘 다 변하지 않음)
• 활용 종류 → (규칙 활용) (불규칙 활용)

불규칙 활용 ②

1 규칙 활용의 유형

- 어간과 어미의 형태가 변하지 않고 결합하는 경우
- 어간의 끝 'ㅡ'가 모음 어미 앞에서 탈락하는 경우
- 어간의 끝 'ㄹ'이 특정 어미 앞에서 탈락하는 경우

2 어간의 형태가 바뀌는 불규칙 활용의 유형

- 'ㅅ' 불규칙: 어간의 끝 'ㅅ'이 모음 어미 앞에서 탈락하는 현상
- 'ㅂ' 불규칙: 어간의 끝 'ㅂ'이 모음 어미 앞에서 'ㅗ/ㅜ'로 바뀌는 현상
- 'ㄷ' 불규칙: 어간의 끝 'ㄷ'이 모음 어미 앞에서 'ㄹ'로 바뀌는 현상
- 'ㅜ' 불규칙: 어간의 끝 'ㅜ'가 모음 어미 앞에서 탈락하는 현상
- '르' 불규칙: 어간의 끝 '르'가 모음 어미 앞에서 'ㄹㄹ'로 바뀌는 현상

3 어미의 형태가 바뀌는 불규칙 활용의 유형

1) '여' 불규칙: 어간의 끝 '하-' 뒤에 오는 어미 '-아'가 '-여'로 바뀌는 현상

규칙 활용의 예	'여' 불규칙 활용의 예
막- + -아 → 막아 ◎ 절대 다수	하- + -아 → 하여 ◎ 유일한 사례

2) '러' 불규칙: 어간의 끝 '르' 뒤에 오는 어미 '-어'가 '-러'로 바뀌는 현상(규칙 활용인 'ㅡ' 탈락을 거치지 않음)

규칙 활용의 예	'러' 불규칙 활용의 예
치르- + -어 → 치러('ㅡ' 탈락) 들르- + -어 → 들러('ㅡ' 탈락) ◎ 'ㅡ'가 탈락하고 남은 'ㄹ'에 '-어'가 결합. 어간이 변함. 절대 다수	이르- + -어(至) → 이르러 푸르- + -어 → 푸르러 누르- + -어(黃) → 누르러 ◎ 'ㅡ'가 탈락하지 않고 '-어'가 '-러'로 바뀌어 결합. 어미가 변함. 3개의 사례

4 어간과 어미 둘 다 형태가 바뀌는 불규칙 활용의 유형

- 'ㅎ' 불규칙: 어간의 끝 'ㅎ' 뒤에 어미 '-아/-어'가 놓이면 어간의 끝 'ㅎ'이 생략된 후 남은 어간 끝음절의 모음 'ㅏ/ㅓ' 또는 'ㅑ/ㅕ'와 어미 '-아/-어'가 합쳐져서 '-애, -에, -얘, -예'로 바뀌는 현상

규칙 활용의 예	'ㅎ' 불규칙 활용의 예
좋- + -아 → 좋아 넣- + -어 → 넣어 ◎ 다수	빨갛- + -아 → 빨개 벌겋- + -어 → 벌게 하얗- + -아 → 하얘 허옇- + -어 → 허예 ◎ 주로 색채어

알쓸문법

어미의 형태가 바뀌는 불규칙의 이름

어간의 형태가 바뀌는 불규칙과는 작명 방식이 달라. 어간의 형태가 바뀌는 불규칙의 경우에는 변화가 생기기 전의 상태를 기준으로 이름을 붙였어. 그런데 어미의 형태가 바뀌는 불규칙의 경우에는 어미가 바뀌고 난 뒤의 형태를 기준으로 해서 붙인 이름이야.

불규칙	변화 전	변화 후
'ㅅ' 불규칙	ㅅ	탈락
'ㅂ' 불규칙	ㅂ	ㅗ/ㅜ
'ㄷ' 불규칙	ㄷ	ㄹ
'ㅜ' 불규칙	ㅜ	탈락
'르' 불규칙	르	ㄹㄹ
'여' 불규칙	-아	여
'러' 불규칙	-어	러

개념 시냅스

하다, 하여, 해

'하다'의 어간 '하-'의 모음이 양성이기 때문에 어미 '-아'가 결합하면 '하아'가 아니라 '하여'가 된다는 건 이해했지? 여기서 '하여'의 준말이 '해'야. 좀 더 응용하면 '하았다'는 '여' 불규칙 활용으로 '하였다'가 되고, 이를 준말로 하면 '했다'가 되는 거지.

개념 시냅스

'ㅎ' 탈락 현상

용언의 어간 끝 자음 'ㅎ'이 모음으로 시작하는 어미나 접사 앞에서 탈락되어 발음되는 현상이야. 음운의 탈락에 속하는 이 현상은 표기에는 반영되지 않고, 발음상에만 적용되는 음운 변동 현상이야. 어미까지 형태 변화를 겪는 'ㅎ' 불규칙과는 관련성이 없어. 'ㅎ' 탈락 현상은 'Ⅲ. 음운' 단원에 가면 배우게 될 거야.

- 좋아 → [조하] → [조아]
- 넣어 → [너허] → [너어]
- 않은 → [안흔] → [안은] → [아는]
- 놓이다 → [노히다] → [노이다]

복습노트

28강 • 불규칙 활용 ②

정답 17쪽

레인보우 리뷰

① '□' 불규칙: □□의 끝 'ㅅ'이 □□ 어미 앞에서 □□하는 현상
② '□' 불규칙: 어간의 끝 '□'이 □□ 어미 앞에서 '□/□'로 바뀌는 현상
③ '□' 불규칙: 어간의 끝 '□'이 모음 어미 앞에서 '□'로 바뀌는 현상
④ '□' 불규칙: 어간의 끝 '□'가 모음 어미 앞에서 □□하는 현상
⑤ '□' 불규칙: 어간의 끝 '□'가 모음 어미 앞에서 일어나는 규칙 활용 현상인 '□' 탈락을 거치지 않고 '□□'로 바뀌는 현상

⑥ '□' 불규칙: 어간의 끝 '하-' 뒤에 오는 어미 '-□'가 '-□'로 바뀌는 현상
⑦ '□' 불규칙: 어간의 끝 '□' 뒤에 오는 어미 '-□'가 '-□'로 바뀌는 현상
⑧ '□' 불규칙: 어간의 끝 'ㅎ' 뒤에 어미 '-아/-어'가 놓이면 어간의 끝 'ㅎ'이 □□된 후 남은 어간 끝음절의 모음 'ㅏ/ㅓ', 'ㅑ/ㅕ'와 어미 '-아/-어'가 합쳐져서 '-애, -에, -얘, -예'로 바뀌는 현상

개념 마스터

1 다음 빈칸에 어간과 어미를 결합한 형태를 쓰고, 해당하는 변화 양상과 활용 종류에 ○를 표시하시오.

어간	어미			
① 막-	-다	-고	-지	-아/-어

• 변화 양상 → (어간이 변함) (어미가 변함) (둘 다 변함) (둘 다 변하지 않음)
• 활용 종류 → (규칙 활용) (불규칙 활용)

어간	어미			
② 삭-	-다	-고	-지	-아/-어

• 변화 양상 → (어간이 변함) (어미가 변함) (둘 다 변함) (둘 다 변하지 않음)
• 활용 종류 → (규칙 활용) (불규칙 활용)

어간	어미			
③ 하-	-다	-고	-지	-아/-어

• 변화 양상 → (어간이 변함) (어미가 변함) (둘 다 변함) (둘 다 변하지 않음)
• 활용 종류 → (규칙 활용) (불규칙 활용)

어간	어미			
④ 이르-(至)	-다	-고	-지	-아/-어

• 변화 양상 → (어간이 변함) (어미가 변함) (둘 다 변함) (둘 다 변하지 않음)
• 활용 종류 → (규칙 활용) (불규칙 활용)

어간	어미			
⑤ 푸르-	-다	-고	-지	-아/-어

• 변화 양상 → (어간이 변함) (어미가 변함) (둘 다 변함) (둘 다 변하지 않음)
• 활용 종류 → (규칙 활용) (불규칙 활용)

어간	어미			
⑥ 누르-(黃)	-다	-고	-지	-아/-어

• 변화 양상 → (어간이 변함) (어미가 변함) (둘 다 변함) (둘 다 변하지 않음)
• 활용 종류 → (규칙 활용) (불규칙 활용)

어간	어미			
⑦ 따르-	-다	-고	-지	-아/-어

• 변화 양상 → (어간이 변함) (어미가 변함) (둘 다 변함) (둘 다 변하지 않음)
• 활용 종류 → (규칙 활용) (불규칙 활용)

어간	어미			
⑧ 노랗-	-다	-고	-지	-아/-어

• 변화 양상 → (어간이 변함) (어미가 변함) (둘 다 변함) (둘 다 변하지 않음)
• 활용 종류 → (규칙 활용) (불규칙 활용)

어간	어미			
⑨ 파랗-	-다	-고	-지	-아/-어

• 변화 양상 → (어간이 변함) (어미가 변함) (둘 다 변함) (둘 다 변하지 않음)
• 활용 종류 → (규칙 활용) (불규칙 활용)

어간	어미			
⑩ 그렇-	-다	-고	-지	-아/-어

• 변화 양상 → (어간이 변함) (어미가 변함) (둘 다 변함) (둘 다 변하지 않음)
• 활용 종류 → (규칙 활용) (불규칙 활용)

어간	어미			
⑪ 저렇-	-다	-고	-지	-아/-어

• 변화 양상 → (어간이 변함) (어미가 변함) (둘 다 변함) (둘 다 변하지 않음)
• 활용 종류 → (규칙 활용) (불규칙 활용)

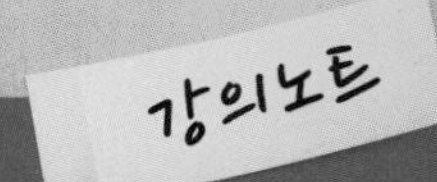

학습일 　년 　월 　일

동사와 형용사의 구별

유튜브 강의

Youtube Player

단어	문장	음운	국어사

◂◂ 이전 강의 ⏸ 다음 강의 ▸▸

불규칙 활용 ②	관형사

1 동사와 형용사의 구별 방법

● 현재 시제 선어말 어미 '-ㄴ-/-는-'의 결합 여부 확인

'-ㄴ-/-는-' 결합 가능		'-ㄴ-/-는-' 결합이 불가능	
동	걷다 → 걷는다 뛰다 → 뛴다	형	귀찮다 → 귀찮는다(X) 예쁘다 → 예쁜다(X)

○ 형용사는 기본형의 시제가 현재이므로 현재 시제 선어말 어미가 결합하면 도리어 어색해진다.

● 관형사형 어미 '-는'의 결합 여부 확인

'-는' 결합 가능		'-는' 결합이 불가능	
동	걷다 → 걷는 철수 뛰다 → 뛰는 철수	형	귀찮다 → 귀찮는 태희(X) 예쁘다 → 예쁘는 태희(X)

○ 대체적으로 동사는 관형사형 어미 '-는'과 결합하고, 형용사는 관형사형 어미 '-(으)ㄴ'과 결합한다.
예 귀찮은 태희(○), 예쁜 태희(○)

● 명령형 어미 '-아라/-어라', 청유형 어미 '-자'의 결합 여부 확인

'-아라/-어라', '-자' 결합 가능		'-아라/-어라', '-자' 결합이 불가능	
동	뛰다 → 뛰어라 뛰다 → 뛰자	형	예쁘다 → 예뻐라(X) 예쁘다 → 예쁘자(X)

○ 국어에서 동작에 대해서 명령하거나 요청하는 것은 가능하지만, 상태나 성질에 관하여 명령하거나 요청하는 것은 어색하다.

● 의도나 목적을 드러내는 연결 어미 '-러', '-려'의 결합 여부 확인

'-러', '-려' 결합 가능		'-러', '-려' 결합이 불가능	
동	뛰다 → 뛰러 간다 뛰다 → 뛰려 한다	형	예쁘다 → 예쁘러 간다(X) 예쁘다 → 예쁘려 한다(X)

○ 의도나 목적을 드러내는 '-러', '-려'는 결국 동작으로 이어지기 때문에 형용사에는 어울리지 않는 어미이다.

개념 시냅스

동사와 형용사의 구별

동사는 '동작'이나 '작용'의 의미를, 형용사는 '성질'이나 '상태'의 의미를 담고 있으니까 보통의 경우에는 '의미'를 기준으로 하여 이 둘을 구별하면 돼. 하지만 의미만으로 구별하기가 애매한 단어들이 많은 게 사실이야. 학문적으로는 동사와 형용사를 분류할 때 활용하는 어미를 기준으로 삼았기 때문에 이러한 내용들을 반드시 알아 둬야 해.

개념 시냅스

형용사에 현재 시제 선어말 어미가 결합하지 못하는 이유

'먹다, 보다, 하다'와 같은 동사들의 기본형에는 시제의 의미가 없어. 그래서 '먹는다, 본다, 한다'처럼 현재 시제 선어말 어미가 결합하는 것이 자연스럽지. 그런데 형용사는 그런 현재 시제 선어말 어미가 필요 없어. 왜냐하면 기본형 자체가 현재 시제의 의미를 담고 있거든. 형용사 '예쁘다, 아름답다, 푸르다'를 보면 전부 현재의 성질이나 상태라는 의미를 내포하고 있다는 걸 알 수 있어. 다만 '예쁜, 아름다운, 푸른'처럼 관형사형 어미 '-(으)ㄴ'이 결합하면, 관형사형 어미에 담긴 현재 시제의 의미가 자연스럽게 드러나기도 해.

I 단어

개념 시냅스

감탄형 어미 '-아라/-어라'

명령형 어미와 형태가 똑같은 감탄형 어미 '-아라/-어라'가 있어. 감탄형 어미는 형용사에 결합이 가능해.

• 아이, 예뻐라!
• 아유, 귀찮아라!

개념 시냅스

'있다'와 '없다'의 활용 양상

① '있다'는 품사의 통용으로 동사로도 쓰이고, 형용사로도 쓰인다.

동사 '있다'	[사람이나 동물이 어느 곳에서 떠나거나 벗어나지 아니하고 머물다.] → 명령형, 청유형 어미가 결합하는 등 동사의 양상과 일치한다. 예 집에 있는 게 낫겠어.
형용사 '있다'	[사람, 동물, 물체 따위가 실제로 존재하는 상태이다.] → 형용사임에도 관형사형 어미 '-는'이 결합한다. 예 신이 있는 걸 믿어.

② '없다'는 형용사임에도 관형사형 어미 '-는'이 결합한다.

예 너는 도대체 없는 게 뭐니?

레인보우 리뷰

품사의 통용(通用)

단어는 기본적으로 한 개의 품사로 분류되지만, 특정 단어의 경우에는 두 개 이상의 품사로도 분류될 수 있어. '밝다'의 경우에는 동사로도 쓰이고, 형용사로도 쓰여. 이를 품사의 통용(경계를 넘나들어 두루 쓰임)이라고 해. 품사의 통용은 시험에서 자주 출제되는 단골손님인 만큼 자주 언급될 거야.

• 옷이 너무 커서 불편해. → 형용사
• 넌 커서 뭐가 될 거야? → 동사

● 진행형 표현인 '-고 있다'의 결합 여부 확인

'-고 있다' 결합 가능		'-고 있다' 결합이 불가능	
동	걷다 → 걷고 있다 뛰다 → 뛰고 있다	형	귀찮다 → 귀찮고 있다(X) 예쁘다 → 예쁘고 있다(X)

◎ 동사는 동적인 의미이고, 형용사는 정적인 의미이다. 따라서 동작의 진행이라는 의미를 담은 '-고 있다'의 표현은 형용사와 어울리지 않는다.

● 감탄형 어미인 '-는구나'의 결합 여부 확인

'-는구나' 결합 가능		'-는구나' 결합이 불가능	
동	걷다 → 걷는구나 뛰다 → 뛰는구나	형	귀찮다 → 귀찮는구나(X) 예쁘다 → 예쁘는구나(X)

◎ 감탄형 어미 '-는구나'에는 현재의 의미가 담겨 있기 때문에 형용사와는 결합하지 못한다. 대신 형용사에는 감탄형 어미 '-구나'가 결합할 수 있다.

예 귀찮구나(○), 예쁘구나(○)

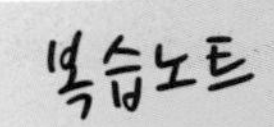

29강 • 동사와 형용사의 구별

정답 17쪽

레인보우 리뷰

① '□' 불규칙: □□의 끝 'ㅅ'이 □□ 어미 앞에서 □□하는 현상

② '□' 불규칙: 어간의 끝 '□'이 □□ 어미 앞에서 '□/□'로 바뀌는 현상

③ '□' 불규칙: 어간의 끝 '□'이 모음 어미 앞에서 '□'로 바뀌는 현상

④ '□' 불규칙: 어간의 끝 '□'가 모음 어미 앞에서 □□하는 현상

⑤ '□' 불규칙: 어간의 끝 '□'가 모음 어미 앞에서 일어나는 규칙 활용 현상인 '□' 탈락을 거치지 않고 '□□'로 바뀌는 현상

⑥ '□' 불규칙: 어간의 끝 '하-' 뒤에 오는 어미 '-□'가 '-□'로 바뀌는 현상

⑦ '□' 불규칙: 어간의 끝 '□' 뒤에 오는 어미 '-□'가 '-□'로 바뀌는 현상

⑧ '□' 불규칙: 어간의 끝 'ㅎ' 뒤에 어미 '-아/-어'가 놓이면 어간의 끝 'ㅎ'이 □□된 후 남은 어간 끝음절의 모음 'ㅏ/ㅓ', 'ㅑ/ㅕ'와 어미 '-아/-어'가 합쳐져서 '-애, -에, -얘, -예'로 바뀌는 현상

⑨ 현재 시제 선어말 어미 '-□-/-□-'이 결합할 수 있으면 동사이다.

⑩ 관형사형 어미 '-□'이 결합할 수 있으면 동사이다.

⑪ 명령형 어미 '-□□/-□□', 청유형 어미 '-□'가 결합할 수 있으면 동사이다.

⑫ 의도나 목적을 드러내는 연결 어미 '-□', '-□'가 결합할 수 있으면 동사이다.

⑬ 진행형 표현인 '-고 □□'가 결합할 수 있으면 동사이다.

⑭ 감탄형 어미인 '-□□□'가 결합할 수 있으면 동사이다.

개념 마스터

1 다음 빈칸에 어간과 어미를 결합한 형태를 쓰고, 해당하는 품사를 밝히시오. (단, 어간과 어미가 결합이 되지 않을 시 비워 두고 품사만 밝힐 것. '-아라/-어라'는 명령형임.)

어간	어미			
① 막-	-ㄴ/-는	-아라/-어라	-자	품사

어간	어미			
② 젊-	-ㄴ/-는	-아라/-어라	-자	품사

어간	어미			
③ 예뻐지-	-ㄴ/-는	-아라/-어라	-자	품사

어간	어미			
④ 자-	-ㄴ/-는	-아라/-어라	-자	품사

어간	어미			
⑤ 귀엽-	-ㄴ/-는	-아라/-어라	-자	품사

어간	어미			
⑥ 없-	-ㄴ/-는	-아라/-어라	-자	품사

어간	어미			
⑦ 곱-	-ㄴ/-는	-아라/-어라	-자	품사

어간	어미			
⑧ 달리-	-ㄴ/-는	-아라/-어라	-자	품사

어간	어미			
⑨ 기쁘-	-러/-려	-고 있다	-는구나	품사

어간	어미			
⑩ 때리-	-러/-려	-고 있다	-는구나	품사

어간	어미			
⑪ 되-	-러/-려	-고 있다	-는구나	품사

어간	어미			
⑫ 배우-	-러/-려	-고 있다	-는구나	품사

어간	어미			
⑬ 차갑-	-러/-려	-고 있다	-는구나	품사

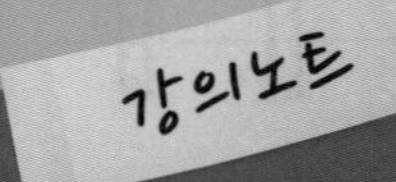

학습일 년 월 일

관형사의 개념과 종류

유튜브 강의

Youtube Player
단어 | 문장 | 음운 | 국어사
◂◂ 이전 강의 | 다음 강의 ▸▸
동사·형용사 구별 | 관형사 총정리

1 관형사(冠形詞)의 개념

(갓 모양 말: 관 형 사)

체언을 수식하여 체언의 의미를 한정하는 단어들을 묶어 놓은 갈래이다.

2 관형사의 종류

1) 성상 관형사: 구체적인 성질이나 상태의 의미를 가지고 있다.

고유어	한자어
고얀, 까짓, 맨, 먼먼, 몹쓸, 뭇, 새, 아무런, 애먼, 여느, 옛, 오랜, 외딴, 지지난, 한다는, 한다하는, 허튼, 헌	각(各), 고(故), 만(滿), 매(每), 별(別), 별의별(別의別), 별별(別別), 순(純), 약(約), 양(兩), 양대(兩大), 전(全), 전(前), 주(主), 현(現)

2) 지시 관형사: 특정한 대상을 가리키는 의미를 가지고 있다.

고유어	한자어
이, 그, 저, 요, 고, 조, 이런, 그런, 저런, 요런, 고런, 조런, 이까짓, 그까짓, 저까짓, 요까짓, 고까짓, 저까짓, 어느, 어떤, 아무, 무슨, 다른, 딴, 웬, 요런조런, 고런조런, 그런저런, 이런저런, 오른, 왼	일인칭 → 본(本), 당(當) 이인칭 → 귀(貴) 삼인칭 → 타(他)

3) 수 관형사: 수량이나 순서의 의미를 가지고 있다.

수나 양을 가리킴		순서를 가리킴	
정수	부정수	정수	부정수
한, 두, 세(석, 서), 네(넉, 너), 다섯, 여섯, 일곱	한두, 두세, 서너, 갖은, 온갖, 여러, 온, 몇, 모든	첫, 첫째, 둘째, 셋째, 넷째	한두째, 두어째, 두세째, 서너째, 여남은

개념 시냅스

관형사 VS 관형어

이 둘의 개념은 이름이 비슷해서 항상 헷갈리는 부분이야. 'Ⅱ. 문장' 단원에 가서 관형어를 제대로 배우면 해결되겠지만 그래도 여기서 짤막하게나마 정리를 해 보자. 관형사는 체언을 수식하는 품사이고(단어의 세계), 관형어는 체언을 수식하는 문장 성분이야(문장의 세계). 체언을 수식한다는 기능은 둘 다 똑같아. 그런데 왜 하나는 관형사이고, 다른 하나는 관형어일까? 예를 들어 설명해 줄게. 너희가 우리나라의 정부를 이끌어 가는 대통령이라고 가정해 보자. 교육부 장관의 자리가 비어 있네. 그래서 참모진에게 교육부 장관이 될 만한 자격을 갖춘 후보자들을 추천하라고 지시했어. 그랬더니 후보자 A, B, C가 올라왔는데, 이들은 모두 교육부 장관이 될 수 있는 능력을 가진 사람들이었어. 이 비유에서 정부는 문장이야. 비어 있는 교육부 장관 자리는 관형어야. A, B, C는 관형어 자리에 올 수 있는 대상들이야. 즉 문장에서 관형어의 자리에 올 수 있는 것에는 여러 대상들이 있다는 얘기지. 관형사는 바로 그 관형어 자리에 들어갈 수 있는 대상 중의 하나에 불과한 거야. 이처럼 문장 성분을 하나의 자리라고 생각하고 품사는 그 자리에 들어갈 수 있는 하나의 사례라고 생각하면 좀 더 이해가 쉬울 거야. 관형어가 될 수 있는 것들에는 '관형사', '용언의 관형사형', '체언 + 관형격 조사' 등이 있어.

레인보우 리뷰

수식(修飾)의 의미

'수식하다'는 '꾸미다, 장식하다'는 의미라고 봐도 무방해. 수식하는 말이 어떤 말을 꾸미게 되면 수식을 받는 말의 의미가 더 분명해지는데, 그로 인해 '범주의 한정'이라는 결과가 발생하게 되는 거야. 예를 들어 '사과'라고 하면 모든 사과를 의미하잖아. 그런데 '빨간 사과'라고 하면 색깔이라는 의미가 분명해지고, 그 결과 모든 사과가 아닌 빨간 사과로 범주가 한정되는 거지.

알쓸문법

이, 그, 저 VS 요, 고, 조

'요, 고, 조'는 '이, 그, 저'를 낮잡아 이르거나 귀엽게 이르는 말이야.

예 이 녀석/요 녀석

개념 시냅스

관형사의 특징

① 절대로 조사가 결합할 수 없어.
② 불변어이기 때문에 절대 활용하지 않아.
③ 문장에서는 관형어로만 사용돼.
④ 관형사가 잇달아 나올 때에는 '지시-수-성상'의 순서로 배열해야 돼.

개념 시냅스

관형사와 관형어의 범주

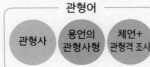

관형어: 관형사 / 용언의 관형사형 / 체언+관형격 조사

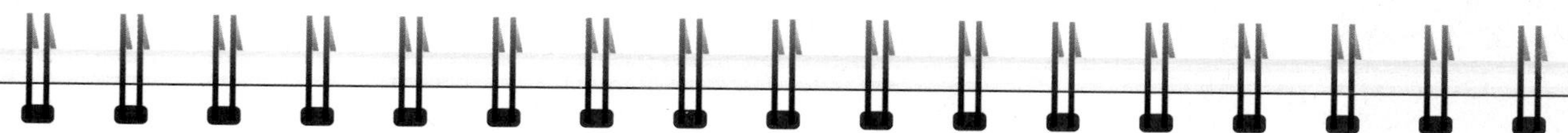

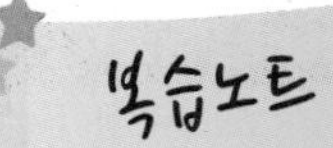

30강 • 관형사의 개념과 종류

정답 18쪽

레인보우 리뷰

① 조사는 다른 품사에는 결합이 가능하지만 □□사에는 절대로 결합할 수가 없다.

② 관형사는 □□을 수식한다.

③ 관형사는 □□ 관형사, □□ 관형사, □ 관형사로 나눌 수 있다.
④ 성상 관형사는 구체적인 성□이나 상□의 의미를 가지고 체언을 꾸민다.
⑤ 지시 관형사는 특정한 대상을 □□□는 의미를 가지고 체언을 꾸민다.
⑥ 수 관형사는 □량이나 □서의 의미를 가지고 있다.
⑦ 관형사는 문장에서 □□□로만 사용된다.
⑧ 관형사는 '형태'를 기준으로 □□어이다.
⑨ 용언에 관형사형 어미가 결합하면 용언도 □□□가 가진 □□의 기능을 할 수가 있다.
⑩ 관형사는 체언을 수식하여 체언의 의미를 □□하는 단어들을 묶어 놓은 갈래이다.

개념 마스터

1 다음 제시한 문장에서 〈보기〉와 같이 관형사를 찾고 해당하는 유형을 밝히시오.

〈보기〉

헌 옷을 버리고, 새 옷을 샀다.

성상 관형사	지시 관형사	수 관형사
○		

① 넌 맨 처음부터 지금까지 맨날 맨손으로 날 찾아오니?

성상 관형사	지시 관형사	수 관형사

② 오른손은 괜찮은데, 오른 다리와 왼 무릎이 불편해.

성상 관형사	지시 관형사	수 관형사

③ 저는 올해로 열아홉 살입니다.

성상 관형사	지시 관형사	수 관형사

④ 어느 것이 정답인가요?

성상 관형사	지시 관형사	수 관형사

⑤ 딴 일에는 관심 끄고 업무에 집중해.

성상 관형사	지시 관형사	수 관형사

⑥ 온갖 양념과 갖은 채소를 여러 그릇에 나눠 담으세요.

성상 관형사	지시 관형사	수 관형사

2 제시된 문장의 밑줄 친 부분이 해당하는 품사에 ○를 표시하시오.

① 저기 사람 <u>다섯</u>이 있다.

관형사	수사	명사

② 그 <u>두</u> 명은 도망쳤다. 그것도 둘이서 손을 꼭 잡고...

관형사	수사	명사

③ 나의 <u>첫</u> 목표는 <u>첫</u> 시험에서 <u>백</u> 점을 받는 것이다.

관형사	수사	명사

④ <u>둘째</u>인 철수는 가족들 중에서 키가 셋째로 크다.

관형사	수사	명사

⑤ <u>둘</u>이 먹다 <u>하나</u> 죽어도 모르는 맛이다.

관형사	수사	명사

⑥ 사과 <u>서너</u> 개 담아 주시고, 딸기도 <u>한</u> 상자 주세요.

관형사	수사	명사

3 제시된 관형사들을 어법에 맞게끔 순서대로 배열하시오.

모든, 새, 저

① 신발장에 있는 ______ 운동화들을 나에게 준다고?

헌, 모든, 이

② 신발장에 있는 ______ 운동화들을 버린다고?

4 관형사가 연속해서 나올 경우에는 ______ 관형사 - ______ 관형사 - ______ 관형사 순서로 배열해야 한다.

오늘은 여기까지. 하산해. 끝!

5 min 오분만에 마스터하는 국어

31강 관형사 총정리

강의노트

학습일 년 월 일

유튜브 강의

Youtube Player

단어	문장	음운	국어사

◂◂ 이전 강의 / 다음 강의 ▸▸

관형사	부사

레인보우 리뷰

수 관형사 vs 수사

우리는 'Ⅰ. 단어' 7강에서 단위성 의존 명사를 배웠어. 단위성 의존 명사 앞에는 반드시 수와 관련된 수식하는 말이 놓인다고 했었고, 그것이 수와 관련되어 있기에 단순하게 '수사'로 보면 안 된다고 강조했었는데, 기억나니? 관형사, 특히 수 관형사를 배우고 나니까 이제 완벽하게 이해가 되지? 수와 관련된 의미뿐만 아니라 수식 유무까지도 파악해야 수사인지 관형사인지를 정확하게 구분할 수 있는 거야. 이제 단위성 의존 명사 앞자리에 놓여 꾸며 주는 말은 수사가 아니라 수 관형사라는 게 이해되지?

예 한 개 → 수 관형사

개념 시냅스

관형사 '다른' vs 관형사형 '다른'
관형사 '헌' vs 관형사형 '헌'

강의에서 설명한 내용 잘 이해했니? 다시 한번 간단하게 정리해 줄게.

문제 상황
'관형사'와 '용언의 관형사형'은 활용 여부를 확인하면 간단하게 구별이 가능한데, '다른'과 '헌'의 경우는 형태만으로 구분하기가 어려워.

다른	
관형사	관형사형
'해당되는 것 이외의'라는 의미를 가지고 있고, '딴'으로 대체 가능	'같지 않은'의 의미를 가지고 있고, '딴'으로 대체 불가능
부사 '완전히'의 수식을 받기 어려움	부사 '완전히'의 수식을 받을 수 있음

헌	
관형사	관형사형
관형사 '새'로 바꾸어도 자연스러움	관형사 '새'로 바꾸면 어색함

1 지시 관형사 vs 지시 대명사

지시 관형사	지시 대명사
이, 그, 저, 아무	이, 그, 저, 아무
• 이 돈은 어디서 났어? • 그 사과는 누가 준 거야? • 저 사람은 누구니? • 까만 구두는 아무 옷이라도 잘 어울려.	• 이는 모두 나의 잘못이야. • 그와 같은 사실을 왜 이제서야 말하니? • 이도 저도 다 싫어. • 내가 왔을 때에는 아무도 없었어.
○ 체언을 수식한다. ○ 조사와 결합이 불가능하다.	○ 수식의 기능이 없다. ○ 조사와 결합이 가능하다.

2 수 관형사 vs 수사 vs 명사

관형사	수사	명사
한, 두, 첫째, 둘째	하나, 둘, 첫째, 둘째	첫째, 둘째
• 한 사람, 두 사람 • 첫째 권, 둘째 아이	• 사과 하나만 주라. • 둘이 사귀니? • 신발은 첫째로 발이 편해야 돼.	• 우리 집 첫째의 꿈은 의사야. 맏이
○ 체언을 수식한다. ○ 조사와 결합이 불가능하다.	○ 수식의 기능이 없다. ○ 조사와 결합이 가능하다.	

3 관형사 vs 용언의 관형사형 → 활용 여부로 구별 가능

관형사	용언의 관형사형
새 옷, 이 고양이, 그 가방, 옛 사람	예쁜 옷, 자는 고양이, 버릴 가방
○ 체언을 수식한다. ○ 형태가 변하지 않는다.	○ 체언을 수식한다. ○ 형태가 가변적이다.(활용)

4 관형사 vs 용언의 관형사형 → 활용 여부로 구별이 불가능한 경우

관형사	용언의 관형사형
다른(=딴) → another [당장 문제되거나 해당되는 것 이외의]	다른 → different [같지 않은, 두드러진 데가 있는]
• 그는 다른 일에는 관심이 없다. • 그는 딴 일에는 관심이 없다. ○ 의미상 '다른'이 '딴'으로 대체가 되면 관형사 ○ 부사 '완전히'의 수식을 받기 어려움	• 이것과 저것은 다른 물질이다. • 역시 전문가는 다른 것 같아. ○ '같지 않은'의 의미 ○ 부사 '완전히'의 수식을 받을 수 있음

관형사	용언의 관형사형
헌 [오래되어 성하지 아니하고 낡은]	헌 [무너뜨리다, 낡아지다]
• 헌 구두를 버렸다. • 헌 지갑을 팔았다. ○ 관형사 '새'를 넣어 의미 성립 여부 확인	• 텐트가 빨리 헌 것은 철수 때문이다. • 굴삭기로 헌 집도 나름 운치가 있지. ○ 관형사 '새'를 넣어 의미 성립 여부 확인

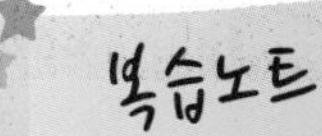

31강 • 관형사 총정리

정답 18쪽

레인보우 리뷰

① 관형사에는 그 어떤 □□도 결합할 수가 없다.

② 관형사는 □□을 수식한다.

③ 관형사는 □□ 관형사, □□ 관형사, □ 관형사로 나눌 수 있다.
④ 성상 관형사는 구체적인 □□이나 □□의 의미를 가지고 체언을 꾸민다.
⑤ 지시 관형사는 특정한 대상을 □□□는 의미를 가지고 체언을 꾸민다.
⑥ 수 관형사는 □□이나 □□의 의미를 가지고 있다.
⑦ 관형사는 문장에서 □□□로만 사용된다.
⑧ 관형사는 '형태'를 기준으로 □□어이다.
⑨ 용언에 관형사형 어미가 결합하면 용언도 □□□가 가진 □□의 기능을 할 수가 있다.
⑩ 관형사는 체언을 수식하여 체언의 의미를 □□하는 단어들을 묶어 놓은 갈래이다.

개념 마스터

1 다음 제시한 문장에서 밑줄 친 부분이 해당하는 품사에 ○를 표시하고, 〈보기〉와 같이 수식 여부 등을 밝히시오.

〈보기〉

전 사람은 누구니?			
관형사	대명사	수식 여부	조사 결합 가능
○		○	×

① 그리고 그곳에는 아무도 없었다.			
관형사	대명사	수식 여부	조사 결합 가능

② 저 인간은 아직도 가게 앞에서 저러고 있네.			
관형사	대명사	수식 여부	조사 결합 가능

③ 이는 전부 제 잘못입니다.			
관형사	대명사	수식 여부	조사 결합 가능

④ 그냥 아무 옷이나 입고 빨리 나가면 안 될까?			
관형사	대명사	수식 여부	조사 결합 가능

⑤ 셋째, 항상 마스크를 착용해야 합니다.				
관형사	명사	수사	수식 여부	조사 결합 가능

⑥ 우리 집 셋째는 장난꾸러기야.				
관형사	명사	수사	수식 여부	조사 결합 가능

⑦ 우리 셋째 딸은 얼마나 애교가 많은지 몰라.				
관형사	명사	수사	수식 여부	조사 결합 가능

⑧ 서점에 벌써 셋째 권이 나왔다고?				
관형사	명사	수사	수식 여부	조사 결합 가능

⑨ 사랑하는 그녀의 고운 몸짓이 떠오른다.				
관형사	용언	수식 여부	활용 가능	문장 성분

⑩ 헛된 생각은 하지 않는 게 좋을 거야.				
관형사	용언	수식 여부	활용 가능	문장 성분

⑪ 허튼 생각은 하지 않는 게 좋을 거야.				
관형사	용언	수식 여부	활용 가능	문장 성분

2 제시된 문장의 밑줄 친 부분이 해당하는 품사에 ○를 표시하시오.

① 헌 이불을 빨았더니 새것이 되었네.	
관형사	동사

② 단층집을 헌 자리에 새 건물이 들어섰다.	
관형사	동사

③ 김 대리는 다른 일에는 신경 끄고 업무에 집중해요.	
관형사	형용사

④ 그 일을 겪은 뒤부터 철수는 다른 사람이 되었다.	
관형사	형용사

오늘은 여기까지. 하산해. 끝!

I 단어

학습일 년 월 일

강의노트

부사의 개념과 종류

유튜브 강의

Youtube Player
단어 | 문장 | 음운 | 국어사
◂◂ 이전 강의 | 다음 강의 ▸▸
관형사 총정리 | 감탄사

알쓸문법

음성 상징어

성상 부사 중에는 사물의 소리를 흉내 낸 의성 부사(의성어), 모양이나 행동을 흉내 낸 의태 부사(의태어)가 있는데, 소리와 모양을 명확히 구분하기 어려운 사례들이 많아서 요즘에는 이 둘을 합친 '음성 상징어'라는 말을 사용하는 추세야.

의성어 + 의태어 = 음성 상징어

개념 시냅스

부사의 수식 범위

체언만을 수식하는 관형사와는 달리 부사는 수식의 범주가 좀 더 넓어. 그래서 부사의 수식 범위를 설명할 때는 '주로'라는 말을 사용해. 부사는 주로 용언을 수식하지만 종종 다른 부사, 관형사, 명사, 문장 전체까지도 수식해. 하지만 이는 소수의 사례니까 대체로 용언을 수식한다고 이해하면 될 거야.

레인보우 리뷰

품사의 통용 – 시간 부사

'그저께(그제), 어제, 오늘, 내일, 모레' 등과 같이 시간의 의미를 나타내는 부사를 시간 부사라고 하기도 하는데, 이들은 사전에 명사로도 등재가 되어 있어. 따라서 품사를 구분할 때 헷갈리지 않도록 각별히 유의해야 돼.

- 나는 어제 도착했어. → 부사
- 내가 도착한 날은 어제야. → 명사

1 부사(副詞)의 개념

(부: 버금(둘째), 사: 말)

주로 용언을 수식하면서 용언의 의미를 한정하는 단어들을 묶어 놓은 갈래이다.

2 부사의 종류

1) 성분 부사: 문장 속에서 특정한 문장 성분을 수식하는 부사이다.

① 성상 부사: 성질이나 상태의 의미를 가지고 수식하는 부사. 주로 용언을 수식하지만 때로는 관형사나 다른 부사 등을 수식하기도 한다.

잘, 높이, 매우, 빨리, 퍽, 바로, 슬피, 구슬피, 겨우, 아주

철썩철썩, 깡충깡충, 사뿐사뿐, 엉금엉금, 야옹야옹, 까옥까옥, 꼬르륵, 달그락, 딸랑딸랑, 꼬질꼬질, 나풀나풀, 느릿느릿, 덜컹, 꿀꺽, 도란도란, 벌컥벌컥 등

○ 음성 상징어들도 성상 부사에 포함된다.

② 지시 부사: 특정한 장소나 시간을 직접 가리키거나, 앞에서 언급된 특정 내용을 다시 가리키는 부사이다.

이(요)리, 그(고)리, 저(조)리, 어찌, 아무리, 어제, 오늘, 내일

③ 부정 부사: 용언이 지닌 긍정의 의미를 부정하는 의미로 꾸며 주는 부사이다.

못 [능력을 부정하는 의미]	안(아니) [의지나 상태를 부정하는 의미]
• 나는 학교에 못 갔어. ○ 능력 부정	• 나는 학교에 안 갔어. ○ 의지 부정 • 그 고양이 안 무섭던데? ○ 상태 부정

2) 문장 부사: 문장 전체를 수식하거나 문장 또는 단어를 연결하는 부사이다.

① 양태(樣態) 부사: 화자의 심리적 태도나 주관적인 판단을 나타내는 부사이다. (양: 모양, 태: 모습)

과연, 다행히, 분명히, 결코, 만일, 비록, 아마, 물론, 부디, 제발

- 물론 우리는 너를 끝까지 도울 거야. ○ 단정
- 아마 이번 시험은 쉽게 출제될 거야. ○ 추정
- 부디 제 소원을 들어주십시오. ○ 소망

② 접속 부사: 앞 문장과 뒤 문장, 앞 단어와 뒤 단어를 연결하는 부사이다.

그리고, 그래서, 그러나, 그런데, 하지만, 그러므로

병사들은 굶주리고 지쳐 있었다. 그러나 결코 포기하지 않고 전진했다.

◎ 문장과 문장을 연결함

또는, 및, 내지, 혹은

대한민국의 영토는 한반도 및 부속 도서로 한다.

◎ 단어와 단어를 연결함

3 부사의 특징

- 주로 용언을 수식하지만 수식의 범주가 넓어서 관형사, 명사, 부사, 문장 전체도 수식할 수 있다.

  예 우리 학교는 바로 집 앞에 있다.
  → '바로'가 명사구 '집 앞'을 수식함

  예 아주 새 시계를 잃어버렸다.
  → '아주'가 관형사 '새'를 수식함

  예 뜨거운 라면을 아주 빨리 먹었다.
  → '아주'가 부사 '빨리'를 수식함
- 관형사는 문장에서 피수식어 앞에 놓이는데, 이에 반해 부사는 상대적으로 놓이는 위치가 자유롭다.
- 관형사와 달리 부사는 보조사와 결합이 가능하다.
- 문장에서는 부사어로 사용된다.
- 관형사와 마찬가지로 활용하지 않는다.
- 부사가 겹칠 때에는 '지시-성상-부정 부사' 순으로 배열된다.

  예 저는 밀가루 음식을 그리 잘 못 먹습니다.

알쓸문법

접속 부사와 접속 조사의 차이

접속 부사 중에서 수식을 하는 기능은 없고, 단순히 단어와 단어를 연결하는 기능을 하는 부사들도 있어. '또는, 및, 내지, 혹은' 등이 그 경우인데, 이들의 기능은 접속 조사 '하고, 와/과, (이)며, (이)랑, (이)나' 등과 별반 차이가 없어. 다만 전자는 부사니까 띄어서 써야 하고, 후자는 조사니까 앞말에 붙여서 써야 돼. 국립국어원에서도 이들은 '표준국어대사전'이 발간되기 전부터 관습적으로 부사로 취급해 왔기 때문에 그렇게 분류할 수밖에 없었다는 원론적인 입장에서 설명하고 있어.

개념 시냅스

양태 부사의 특징

양태 부사는 다른 부사들에 비해 실현되는 위치가 상당히 자유로운 편이야.

- 아마 이번 시험은 쉽게 출제될 거야.
- 이번 시험은 아마 쉽게 출제될 거야.
- 이번 시험은 쉽게 출제될 거야, 아마.

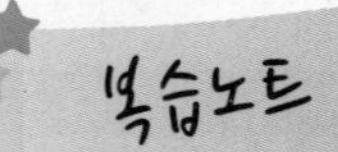

32강 • 부사의 개념과 종류

정답 19쪽

레인보우 리뷰

① 부사는 주로 □□을 수식한다.
② 용언에 부사형 어미가 결합하면 용언도 □□가 가진 □□의 기능을 할 수가 있다.

③ 부사는 크게 □□ 부사와 □□ 부사로 나눌 수 있다.
④ 성분 부사는 문장 속에서 특정한 문장 □□을 수식하는 부사이다.
⑤ 성분 부사에는 □□ 부사, □□ 부사, □□ 부사가 있다.
⑥ 성상 부사는 성□이나 상□의 의미를 가지고 수식하는 부사이다. 주로 용언을 수식하지만 때로는 □□사나 다른 □사 등을 수식하기도 한다.
⑦ 지시 부사는 특정한 장소나 시간을 직접 □□□□나, 앞에서 언급된 특정 내용을 다시 □□□는 부사이다.
⑧ 부정 부사는 용언이 지닌 □□의 의미를 □□하는 의미로 꾸며 주는 부사이다.
⑨ 문장 부사는 □□ 전체를 수식하거나 □□들 또는 □□들을 □결하는 부사이다.
⑩ 양태 부사는 화자의 심리적 □도나 주관적인 □단을 나타내는 부사이다.
⑪ 접속 부사는 앞 □□과 뒤 □□, 앞 □□와 뒤 □□를 이어 주는 부사이다.
⑫ 부사는 주로 □□을 수식하면서 용언의 의미를 □□하는 단어들을 묶어 놓은 갈래이다.

개념 마스터

1 제시된 문장에서 〈보기〉와 같이 부사를 찾고, 해당하는 유형을 밝히시오.

〈보기〉

그건 (오늘) 처리해야 할 일이다.

성상 부사	지시 부사	부정 부사	양태 부사	접속 부사
	○			

① 그의 이름은 국민들 마음속에 영원히 남을 거야.

성상 부사	지시 부사	부정 부사	양태 부사	접속 부사

② 이리 들어와. 들어오라고!

성상 부사	지시 부사	부정 부사	양태 부사	접속 부사

③ 철수는 시험에 겨우 합격했다.

성상 부사	지시 부사	부정 부사	양태 부사	접속 부사

④ 과연 철수는 내 말을 들을까?

성상 부사	지시 부사	부정 부사	양태 부사	접속 부사

⑤ 자네가 그리 생각해 주니 고맙네.

성상 부사	지시 부사	부정 부사	양태 부사	접속 부사

⑥ 제발 날 떠나지 마.

성상 부사	지시 부사	부정 부사	양태 부사	접속 부사

⑦ 그 정도 높이는 높이 나는 것도 아니라고.

성상 부사	지시 부사	부정 부사	양태 부사	접속 부사

⑧ 날 용서해. 하지만 네게 이런 말 하고 싶지 않았어.

성상 부사	지시 부사	부정 부사	양태 부사	접속 부사

⑨ 지금 집 앞에서 만나자.

성상 부사	지시 부사	부정 부사	양태 부사	접속 부사

⑩ 서울 또는 부산에서 시험을 볼 수가 있어.

성상 부사	지시 부사	부정 부사	양태 부사	접속 부사

2 다음 문장들에서 부사를 찾아 ○를 표시하시오. (단, 없을 경우에는 표시하지 말 것.)

① 여기까지 하고 내일 다시 시작합시다.
② 다음 시간까지 공책 및 볼펜을 챙겨 주세요.
③ 다음 시간까지 공책과 볼펜을 챙겨 주세요.
④ 어제는 공휴일이었다.
⑤ 내가 좀 미숙하지만 그래도 노력해 볼게.
⑥ 오늘 해야 할 일이 뭐지?
⑦ 이 종이에 제품의 장점 혹은 단점을 기입해 주세요.
⑧ 그 일은 어제 끝냈어야 했다.
⑨ 난 수학은 힘들어. 하지만 문법은 자신 있어.
⑩ 내 생일은 바로 내일이야.

오늘은 여기까지.
하산해. 끝!

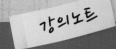

감탄사의 개념과 종류

유튜브 강의

Youtube Player

단어	문장	음운	국어사
◂◂ 이전 강의		다음 강의 ▸▸	
부사		접두사·접미사	

1 감탄사(感歎詞)의 개념

(느낄 탄식할 말 / 감 탄 사)

화자의 감정이나 의지, 느낌이나 놀람, 부름, 대답 등을 의미하는 단어들을 묶어 놓은 갈래이다.

철수: 악! → 놀람
영수: 어머나, 발을 밟았네요. 죄송해요. → 놀람
철수: 여보세요. 밑을 잘 보셨어야죠. → 부름
영수: 네, 죄송해요. 저, 같이 병원 가실래요? → 대답, 입버릇

2 감탄사의 종류

1) 감정 감탄사: 화자의 본능적이고 감정적인 표현으로, 상대방을 의식하지 않고 부지불식간에 내뱉는 말들이다.

어머나, 아이고, 아뿔사, 에그머니, 후유, 흥, 아,
하하, 허허, 예끼, 애고, 이크, 엉

2) 의지 감탄사: 화자가 상대방을 의식하면서 자기의 생각을 드러내는 말인데, 상대방을 부르거나 상대방의 말에 대해 긍정이나 부정 등의 대답을 하는 말들이다.

여보세요, 여보, 여봐, 응, 그래, 예, 아니요,
천만에, 아서라, 자, 얘, 암, 오냐, 글쎄, 정말

3) 말버릇 감탄사: 특별한 의미 없이 입버릇으로 하는 말이나, 말을 하다가 생각이 나지 않아 말문이 막힐 때 하는 말들이다.

에, 뭐, 어디, 에헴, 음, 거시기

3 감탄사의 특징

- 일상생활에서 쓰이지만 사전에 등재가 되지 않은 말들이 많다.
  예 우와, 허걱, 헐
- 감탄사는 독립성이 매우 강하기 때문에 문장 속에서 다른 요소들과 문법적 관계를 맺지 않는다. 즉 독립어로만 사용된다.
- 이론적으로는 조사가 결합되지 않는다고 하는데 실상은 조사와 결합하는 양상을 보이기도 한다.
  예 얘야, 저기요, 천만에요
- 주로 문장의 처음에 놓이지만, 중간이나 마지막에 놓일 수도 있다.
  예 왜 질문들이 없니, 응?
  그런데, 음, 문법은 혼자 공부해도 되나요?

레인보우 리뷰

감탄사 VS 독립어 VS 독립언

감탄사
감정이나 의지, 느낌이나 놀람, 부름, 대답 등을 의미하는 단어들을 모아 놓은 갈래야.

독립어
문장 속에서 독립성이 강하기 때문에 다른 성분들과 특정한 문법적 관계를 맺지 않는 문장 성분이야. 독립어가 될 수 있는 것에는 여러 종류가 있는데 그중에 하나가 바로 감탄사인 거지.

독립언
문장에서 독립어의 역할을 할 수 있는 단어들만 모아 놓은 갈래야. 모아 놓고 보니 감탄사만 여기에 해당이 되는 거지.

레인보우 리뷰

'기능'을 기준으로 한 품사의 분류

① ______
② ______
③ ______
④ ______
⑤ ______

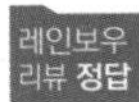
레인보우 리뷰 정답 독립언, 수식언, 체언, 관계언, 용언

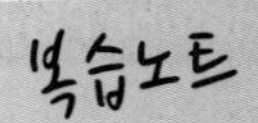

33강 • 감탄사의 개념과 종류

정답 19쪽

레인보우 리뷰

① 감탄사는 화자의 감□이나 의□, 느□이나 놀□, 부□, 대□ 등을 의미하는 단어들을 묶어 놓은 갈래이다.
② 감탄사에는 □정 감탄사, □지 감탄사, 말□□ 감탄사가 있다.
③ 감정 감탄사는 화자의 본□적이고 감□적인 표현으로, 상대방을 의식하지 않고 부□불□간에 내뱉는 말들이다.
④ 의지 감탄사는 화자가 상대방을 의□하면서 자기의 생각을 드러내는 말인데, 상대방을 부□□나 상대방의 말에 대해 긍정이나 부정 등의 □□을 하는 말들이다.
⑤ 말버릇 감탄사는 특별한 □미 없이 □버릇으로 하는 말이나, 말을 하다가 생각이 나지 않아 말□이 막힐 때 하는 말들이다.
⑥ 감탄사는 □□에 등재가 되지 않은 말들이 많다.
⑦ 감탄사는 □□성이 매우 강하기 때문에 문장 속에서 다른 요소들과 문법적 관계를 맺지 않는다. 즉 문장에서 □□□로만 사용된다.
⑧ 감탄사는 주로 문장의 □□에 놓이지만, □□이나 □□□에 놓일 수도 있다.
⑨ 감탄사에는 이론적으로 □□가 결합되지 않는다고 하는데 실상은 □□와 결합하는 양상을 보이기도 한다.

개념 마스터

1 〈보기〉와 같이 제시된 문장들에서 감탄사를 있는 대로 찾고, 해당하는 감탄사 종류에 ○를 표시하시오. (단, 감탄사가 없을 경우에는 표시하지 말 것.)

〈보기〉

(와), 첫눈이 내린다!

감정 감탄사	의지 감탄사	말버릇 감탄사
○		

① 에, 친애하는 신사 숙녀 여러분.

감정 감탄사	의지 감탄사	말버릇 감탄사

② 아니요, 글쎄 아니라니까요.

감정 감탄사	의지 감탄사	말버릇 감탄사

③ 꼭 약속을 지켜야 돼. 정말!

감정 감탄사	의지 감탄사	말버릇 감탄사

④ 당신 말이 옳소.

감정 감탄사	의지 감탄사	말버릇 감탄사

⑤ 이크, 들켰다.

감정 감탄사	의지 감탄사	말버릇 감탄사

⑥ 에헴, 거기 아무도 없느냐?

감정 감탄사	의지 감탄사	말버릇 감탄사

⑦ 옳소! 동의합니다.

감정 감탄사	의지 감탄사	말버릇 감탄사

⑧ 여보, 나한테 뭐 할 말 없어?

감정 감탄사	의지 감탄사	말버릇 감탄사

⑨ 사랑, 언제 들어도 가슴 설레는 말이야.

감정 감탄사	의지 감탄사	말버릇 감탄사

⑩ 거시기, 죄송합니다만 부탁 하나만 합시다.

감정 감탄사	의지 감탄사	말버릇 감탄사

⑪ 음, 난 잘 모르겠는데?

감정 감탄사	의지 감탄사	말버릇 감탄사

⑫ 후유, 다행이야.

감정 감탄사	의지 감탄사	말버릇 감탄사

⑬ 천만에요.

감정 감탄사	의지 감탄사	말버릇 감탄사

⑭ 흥, 다시는 도와주나 봐라.

감정 감탄사	의지 감탄사	말버릇 감탄사

34강 접두사와 접미사

강의노트

학습일 년 월 일

유튜브 강의

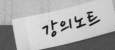

Youtube Player
단어 | 문장 | 음운 | 국어사
◂◂ 이전 강의 ⏸ 다음 강의 ▸▸
감탄사 | 한정·지배적 접사

1 어근(語根)의 개념

(말씀 어, 뿌리 근)

어근은 말의 뿌리라는 뜻이다. 뿌리는 아주 중요한 부분 혹은 중심 부분을 의미한다. 즉 어근은 단어의 중심 의미, 실질적인 의미가 담겨 있는 핵심 부분을 가리키는 말이다. 어근은 단어에 따라 자립할 수도 있고, 자립하지 않을 수도 있다.

한 단어 안에서 실질적인 의미를 나타내는 의미의 중심 부분을 말한다.

2 접사(接詞)의 개념

(이을 접, 말 사)

접사는 붙는 말이라는 뜻인데, 단어의 중심인 어근에 붙어서 일정한 의미를 더하거나 한정하여 새로운 말을 만들어 내는, 즉 파생시키는 역할을 하는 부분을 말한다. 접사는 품사, 즉 단어가 아니기 때문에 혼자 자립할 수 없으며 반드시 어근에 붙어서 사용된다.

어근에 결합하여 일정한 의미를 더하거나 한정하여 새로운 말을 만들어 내는 부분을 말한다.

3 단어의 분석 방법과 해당 항목

어간-어미	'용언'과 '서술격 조사', 즉 활용하는 단어에서만 적용이 가능한 분석 방법이다.
어근-접사	모든 단어에 적용이 가능한 분석 방법이다. 다만, 조사에는 적용되지 않는다.

먹다			
분석 기준: 형태 변화(활용)		분석 기준: 의미 요소(재료)	
어간	어미	어근	접사
먹-	-다	먹-	없음

풋사랑			
어간	어미	어근	접사
없음	없음	사랑	풋-

짓밟다			
어간	어미	어근	접사
짓밟-	-다	밟-	짓-

4 접사의 종류

1) 접사의 위치

(이을 접, 머리 두, 말 사)

① 접두사(接頭辭): 어근 앞에 놓여서 새로운 말을 파생시키는 접사

맨발	새빨갛다
맨- → 다른 것이 없는	새- → 매우 짙고 선명하게

(이을 접, 꼬리 미, 말 사)

② 접미사(接尾辭): 어근 뒤에 놓여서 새로운 말을 파생시키는 접사

겁쟁이	높이
-쟁이 → 그것이 나타내는 속성을 많이 가진 사람	-이 → 명사를 만드는 기능

개념 시냅스

어근 VS 어간

어근과 어간은 비슷하게 생겨서 참 많이 헷갈리는 용어야. 그런데 알고 보면 말만 비슷하지 완전히 다른 개념이거든. 이참에 한번 정리하고 가자. 어간의 짝꿍은 어미잖아. 어간, 어미에 해당되는 품사는 동사, 형용사야. 즉 간단하게 얘기하면 동사와 형용사를 분석할 때 쓰는 도구가 바로 '어간-어미'라는 거야. 다른 품사에 적용할려고 해도 안 돼. 왜냐하면 동사, 형용사를 제외한 다른 말들은 어간, 어미가 없잖아.(서술격 조사는 제외) 반면에 '어근-접사'는 말의 뿌리, 즉 중심 의미를 찾을 때 쓰는 도구라고 보면 돼. 조상(뿌리) 없는 사람이 없듯이 뿌리 없는 단어들은 없어.(조사는 뿌리가 없음. 그러고 보니 근본 없는 품사네.) 따라서 조사를 제외한 모든 품사는 '어근-접사'로 분석할 수 있게 되는 거지.

알쓸문법

어근이 없는 단어들

조사를 제외한 모든 품사는 어근이 존재하는데, 어근 없이 접사로만 형성된 단어들이 있어. 아주 특이한 사례야.

- 풋내기
  풋-(접두사) + -내기(접미사)
- 맏이
  맏-(접두사) + -이(접미사)

I 단어

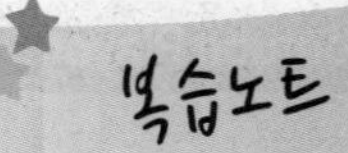

34강 • 접두사와 접미사

정답 19쪽

레인보우 리뷰

① 어근은 말의 □□라는 뜻이다.
② 어근은 단어의 중□ 의미, □질적인 의미가 담겨 있는 □□ 부분을 가리키는 말이다.
③ 어근은 단어에 따라 자□할 수도 있고, 자□하지 못할 수도 있다.
④ 어근은 단어에 따라 □□과 일치할 수도 있고 일치하지 않을 수도 있다.
⑤ 접사는 □는 말이라는 뜻이다.
⑥ 접사는 □□가 아니다.
⑦ 접사는 홀로 □□할 수가 없기 때문에 반드시 □□에 붙어서 사용된다.
⑧ 어근 앞에 결합하는 접사를 □□□라고 한다.
⑨ 어근 뒤에 결합하는 접사를 □□□라고 한다.
⑩ 접사는 단어의 중심인 □□에 붙어서 일정한 □□를 더하거나 한정하여 새로운 말을 □□시킨다.

개념 마스터

1 제시한 단어를 〈보기〉와 같이 해당 요소로 분석하고, 품사를 밝히시오. (단, 해당 요소가 없는 경우에는 비워 둘 것.)

〈보기〉

새파랗다				
어간	어미	어근	접사	품사
새파랗-	-다	파랗-	새-	형용사

① 하늘				
어간	어미	어근	접사	품사

② 먹다				
어간	어미	어근	접사	품사

③ 풋사랑				
어간	어미	어근	접사	품사

④ 첫사랑				
어간	어미	어근	접사	품사

⑤ 먹히다				
어간	어미	어근	접사	품사

⑥ 풋내기				
어간	어미	어근	접사	품사

⑦ 먹이다				
어간	어미	어근	접사	품사

⑧ 샛노랗다				
어간	어미	어근	접사	품사

⑨ 오가다				
어간	어미	어근	접사	품사

⑩ 맏이				
어간	어미	어근	접사	품사

⑪ 먹었다				
어간	어미	어근	접사	품사

⑫ 자랑스럽다				
어간	어미	어근	접사	품사

⑬ 아름답다				
어간	어미	어근	접사	품사

⑭ 먹이었다				
어간	어미	어근	접사	품사

⑮ 밤낮				
어간	어미	어근	접사	품사

강의노트

학습일 년 월 일

한정적 접사와 지배적 접사

유튜브 강의
Youtube Player
단어 | 문장 | 음운 | 국어사
◂◂ 이전 강의 | 다음 강의 ▸▸
접두사·접미사 | 접두 파생어

1 접사의 종류

1) 접사의 위치에 따라

① 접두사: 어근 앞에 놓여서 새로운 말을 파생시키는 접사

② 접미사: 어근 뒤에 놓여서 새로운 말을 파생시키는 접사

2) 접사의 기능에 따라

① 한정적(限定的)(한계 정할 과녁) 접사: 새로운 말을 형성하는 과정에서 어근에 특정한 의미를 더하거나 제한하는 기능까지만 수행하는 접사이다. 어근의 품사를 바꾼다든지 문장의 구조를 바꾼다든지 하는 문법적인 성질까지는 바꾸지 못한다. 접두사의 대부분과 접미사의 일부가 한정적 접사에 속한다.

> 명사 발 → 맨발 명사
> 형용사 빨갛다 → 새빨갛다 형용사
> 명사 겁 → 겁쟁이 명사
> ○ 품사가 바뀌지 않고 그대로 유지되고 있다.

② 지배적(支配的)(가를 나눌 과녁) 접사: 새로운 말을 형성하는 과정에서 어근에 특정한 의미를 더하거나 제한하는 기능을 할 뿐만 아니라 어근의 품사를 바꾸거나 문장의 구조까지도 바꿀 수 있는 힘을 가진 접사이다. 극히 일부의 접두사와 접미사 일부가 지배적 접사에 속한다.

> 형용사 높다 → 높이 명사 부사
> 능동문 고양이가 쥐를 잡았다. → 쥐가 고양이에게 잡히었다. 피동문
> ○ 품사가 바뀌거나 문장의 구조가 달라졌다.

2 접사의 분포도

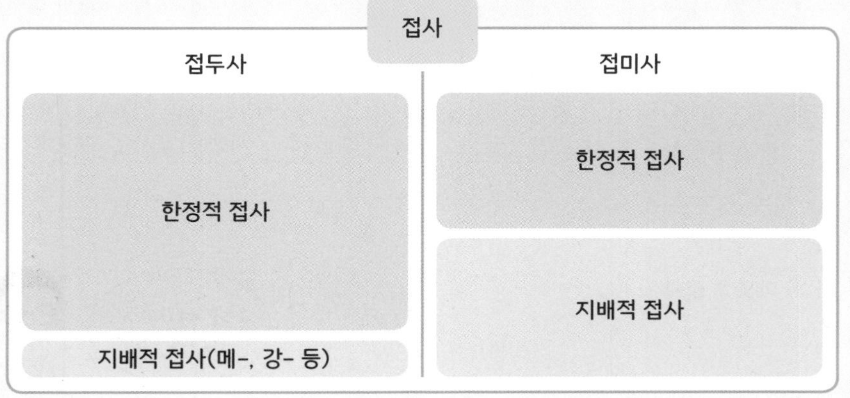

개념 시냅스

접사의 이름

한정적 접사를 어휘적 접사라고 부르기도 하고, 지배적 접사를 통사적 접사라고 부르기도 해. 한정적 접사의 영향력은 어휘(단어)까지 미치고, 지배적 접사의 영향력은 통사(문장)까지 미친다고 생각하면 돼.

- 한정적 접사 = 어휘적 접사
- 지배적 접사 = 통사적 접사

개념 시냅스

지배적 접사에 속하는 접두사

(동사)마르다 → 강마르다(형용사)
(동사)마르다 → 메마르다(형용사)

강마르다

① 물기가 없이 바싹 메마르다.
예 가뭄에 강마른 논바닥

② 성미가 부드럽지 못하고 메마르다.
예 강마른 성미

③ 살이 없이 몹시 수척하다.
예 강마른 얼굴(강마른 < 깡마른)

메마르다

① 땅이 물기가 없고 기름지지 아니하다.
예 논바닥이 메말라 쩍쩍 갈라진다.

② 살결이 윤기가 없고 까슬까슬하다.
예 메마른 살결

③ 성격, 생활 같은 데에서 느낌이 몹시 무디고 정서가 부족하다.
예 메마른 삶

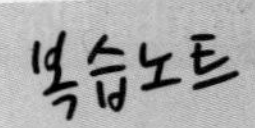

35강 • 한정적 접사와 지배적 접사

정답 20쪽

레인보우 리뷰

① 어근은 단어의 □□ 의미, □□적인 의미가 담겨 있는 □□ 부분을 가리키는 말이다.
② 접사는 단어의 중심인 □□에 붙어서 일정한 □□를 더하거나 한정하여 새로운 말을 □□시킨다.
③ 접사는 □는 말이라는 뜻이다.
④ 접사는 □□가 아니다.
⑤ 접사는 홀로 □□할 수가 없기 때문에 반드시 □□에 붙어서 사용된다.

⑥ 한정적 접사는 새로운 말을 형성하는 과정에서 어근에 특정한 의미를 더하거나 제한하는 기능까지□ 수행하는 접사이다.
⑦ 한정적 접사는 어근의 □□를 바꾸거나 문장의 구□를 바꾸지는 못한다.
⑧ □□사의 대부분과 □□사의 일부가 한정적 접사에 속한다.
⑨ 지배적 접사는 새로운 말을 형성하는 과정에서 어근에 특정한 의미를 더하거나 제한하는 기능을 할 뿐만 아니라 어근의 □□를 바꾸거나 문장의 □□까지도 바꿀 수 있는 힘을 가진 접사이다.
⑩ 극소수의 □□사와 □□사 일부가 지배적 접사에 속한다.

개념 마스터

1 다음 제시한 단어들을 〈보기〉와 같이 어근과 접사로 구분하고, 파생되기 전후의 품사를 분석하시오.

〈보기〉

낚시질			
어근	접사	파생 전 품사	파생 후 품사
낚시	-질	명사	명사

① 헛기침			
어근	접사	파생 전 품사	파생 후 품사

② 먹이			
어근	접사	파생 전 품사	파생 후 품사

③ 얼음			
어근	접사	파생 전 품사	파생 후 품사

④ 정답다			
어근	접사	파생 전 품사	파생 후 품사

⑤ 공부하다			
어근	접사	파생 전 품사	파생 후 품사

⑥ 밀리다			
어근	접사	파생 전 품사	파생 후 품사

⑦ 메마르다			
어근	접사	파생 전 품사	파생 후 품사

⑧ 기쁨			
어근	접사	파생 전 품사	파생 후 품사

⑨ 달리기			
어근	접사	파생 전 품사	파생 후 품사

⑩ 강마르다			
어근	접사	파생 전 품사	파생 후 품사

⑪ 탐스럽다			
어근	접사	파생 전 품사	파생 후 품사

⑫ 철렁거리다			
어근	접사	파생 전 품사	파생 후 품사

⑬ 놀이			
어근	접사	파생 전 품사	파생 후 품사

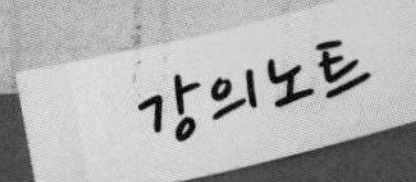

학습일 년 월 일

접두 파생어

유튜브 강의

Youtube Player
단어 | 문장 | 음운 | 국어사
◂◂ 이전 강의 | 다음 강의 ▸▸
한정·지배적 접사 | 접미 파생어

1 단어의 형성법

1) 단일어: 접사 없이 하나의 어근으로 이루어진 단어(어미의 존재는 무시)

꽃	어근: 꽃 접사: 없음	하늘	어근: 하늘 접사: 없음	먹다	어근: 먹- 접사: 없음

2) 복합어: 하나의 어근에 다른 어근 또는 다른 접사가 결합하여 이루어진 단어

① 합성어: 두 개 이상의 어근이 결합하여 형성된 단어(어미의 존재는 무시)

손발	어근: 손 어근: 발	뛰어넘다	어근: 뛰- 어근: 넘-

② 파생어: 어근과 접사가 결합하여 형성된 단어

㉠ 접두 파생어: 접두사 + 어근

㉡ 접미 파생어: 어근 + 접미사

접두 파생어	접미 파생어
접두사 + 어근	어근 + 접미사

2 접두 파생어의 유형

1) 명사에 결합하는 접두사

접두사	예	유사 접두사
시- ◎ 남편의	• 아버지 → 시아버지 • 누이 → 시누이 • 댁 → 시댁 • 동생 → 시동생	맨-, 군-, 날-, 한-, 맏-, 숫-, 수-, 암-, 홀-, 개-, 참-, 민-, 선-, 풋-, 강-, 올-

2) 동사에 결합하는 접두사

접두사	예	유사 접두사
휘- ◎ 마구, 매우 심하게	• 갈기다 → 휘갈기다 • 감다 → 휘감다 • 두르다 → 휘두르다 • 날리다 → 휘날리다	짓-, 치-, 엿-, 엇-, 되-, 뒤-, 들-, 설-

3) 형용사에 결합하는 접두사

접두사	예	유사 접두사
새- ◎ 매우 짙고 선명하게	• 까맣다 → 새까맣다 • 파랗다 → 새파랗다 • 빨갛다 → 새빨갛다 • 하얗다 → 새하얗다	시- 드- 휘- 엇-

4) 명사, 동사에 두루 결합하는 접두사

접두사	예	유사 접두사
헛- ◎ 이유 없는, 보람 없는	• 걸음 → 헛걸음 • 수고 → 헛수고 • 소문 → 헛소문 • 살다 → 헛살다	맞- 덧- 막-

개념 시냅스

접두사에 담긴 의미

- 맨- : 다른 것이 없는
- 군- : 쓸데없는
- 날- : 익히지 않은, 지독한
- 한- : 한창인
- 맏- : 맏이
- 숫- : 새끼를 배지 않는
- 수- : 새끼를 배지 않는
- 암- : 새끼를 배는
- 홀- : 짝이 없는
- 개- : 야생, 질 낮은, 헛된
- 참- : 진짜의, 품질이 우수한
- 민- : 그것이 없는
- 선- : 서툰, 충분치 않은
- 풋- : 덜 익은, 미숙한
- 강- : 심하게
- 올- : 일찍 익은
- 짓- : 마구
- 치- : 위로 향하게
- 엿- : 몰래
- 엇- : 어긋나게
- 되- : 도로
- 뒤- : 마구, 몹시, 반대로
- 들- : 마구, 몹시, 야생으로 자라는
- 설- : 충분하지 못하게
- 시- : 짙고 선명하게
- 드- : 심하게
- 휘- : 매우
- 엇- : 어긋나게, 어지간한 정도로 대충
- 맞- : 마주, 서로 엇비슷하게
- 덧- : 거듭된, 겹쳐
- 막- : 닥치는 대로

I 단어

복습노트

36강 • 접두 파생어

정답 21쪽

레인보우 리뷰

① 어근은 단어의 □□ 의미, □□적인 의미가 담겨 있는 □□ 부분을 가리키는 말이다.
② 접사는 단어의 중심인 □□에 붙어서 일정한 □□를 더하거나 한정하여 새로운 말을 □□시킨다.
③ 접사는 □□가 아니다.

④ 한정적 접사는 어근의 □□를 바꾸거나 문장의 □□를 바꾸지는 못한다.
⑤ □□사의 대부분과 □□사의 일부가 한정적 접사에 속한다.

⑥ 어근과 접사를 논할 때는 □□는 염두에 두지 않는다.
⑦ 단일어는 □□ 없이 하나의 □□으로 이루어진 단어를 말한다.
⑧ 복합어는 하나의 □□에 다른 □□ 또는 다른 □□가 결합하여 이루어진 단어를 말한다.
⑨ 합성어는 □개 이상의 □□이 결합하여 형성된 단어이다.
⑩ 파생어는 □□과 □□가 결합하여 형성된 단어이다.
⑪ 접두 파생어는 □□□와 □□이 결합하여 형성된 단어이다.
⑫ 접미 파생어는 □□□와 □□이 결합하여 형성된 단어이다.

개념 마스터

1 다음 제시한 단어에서 〈보기〉와 같이 접사를 찾아 의미를 밝히고, 파생되기 전후의 품사를 각각 쓰시오. (단, 해당 요소가 없는 경우에는 비워 둘 것.)

〈보기〉

시아버지, 시누이, 시댁, 시동생			
접사	접사의 의미	파생 전 품사	파생 후 품사
시-	남편의	명사	명사

① 군것, 군소리, 군말, 군살, 군침			
접사	접사의 의미	파생 전 품사	파생 후 품사

② 군밤			
접사	접사의 의미	파생 전 품사	파생 후 품사

③ 맨손, 맨발, 맨주먹, 맨다리, 맨땅			
접사	접사의 의미	파생 전 품사	파생 후 품사

④ 날고기			
접사	접사의 의미	파생 전 품사	파생 후 품사

⑤ 날강도, 날건달			
접사	접사의 의미	파생 전 품사	파생 후 품사

⑥ 불고기			
접사	접사의 의미	파생 전 품사	파생 후 품사

⑦ 한겨울, 한밤중, 한낮			
접사	접사의 의미	파생 전 품사	파생 후 품사

⑧ 맏이			
접사	접사의 의미	파생 전 품사	파생 후 품사

⑨ 맏며느리			
접사	접사의 의미	파생 전 품사	파생 후 품사

⑩ 숫양, 숫염소, 숫쥐			
접사	접사의 의미	파생 전 품사	파생 후 품사

⑪ 수컷, 수캐, 수평아리			
접사	접사의 의미	파생 전 품사	파생 후 품사

⑫ 첫사랑			
접사	접사의 의미	파생 전 품사	파생 후 품사

⑬ 암사자, 암탉			
접사	접사의 의미	파생 전 품사	파생 후 품사

⑭ 홀아비, 홀어미, 홀몸			
접사	접사의 의미	파생 전 품사	파생 후 품사

⑮ 개떡, 개살구			
접사	접사의 의미	파생 전 품사	파생 후 품사

⑯ 개꿈, 개수작, 개죽음

접사	접사의 의미	파생 전 품사	파생 후 품사

⑰ 들개, 들쥐

접사	접사의 의미	파생 전 품사	파생 후 품사

⑱ 참사랑, 참뜻

접사	접사의 의미	파생 전 품사	파생 후 품사

⑲ 민무늬, 민소매

접사	접사의 의미	파생 전 품사	파생 후 품사

⑳ 선무당

접사	접사의 의미	파생 전 품사	파생 후 품사

㉑ 선잠

접사	접사의 의미	파생 전 품사	파생 후 품사

㉒ 풋고추, 풋나물

접사	접사의 의미	파생 전 품사	파생 후 품사

㉓ 강마르다

접사	접사의 의미	파생 전 품사	파생 후 품사

㉔ 메마르다

접사	접사의 의미	파생 전 품사	파생 후 품사

㉕ 새색시

접사	접사의 의미	파생 전 품사	파생 후 품사

㉖ 올벼

접사	접사의 의미	파생 전 품사	파생 후 품사

㉗ 짓누르다

접사	접사의 의미	파생 전 품사	파생 후 품사

㉘ 치뜨다, 치솟다

접사	접사의 의미	파생 전 품사	파생 후 품사

㉙ 엿보다, 엿듣다

접사	접사의 의미	파생 전 품사	파생 후 품사

㉚ 엇나가다, 엇갈리다

접사	접사의 의미	파생 전 품사	파생 후 품사

㉛ 되찾다, 되팔다

접사	접사의 의미	파생 전 품사	파생 후 품사

㉜ 뒤덮다, 뒤섞다, 뒤엉키다

접사	접사의 의미	파생 전 품사	파생 후 품사

㉝ 뒤엎다, 뒤바꾸다

접사	접사의 의미	파생 전 품사	파생 후 품사

㉞ 들끓다, 들쑤시다

접사	접사의 의미	파생 전 품사	파생 후 품사

㉟ 설익다

접사	접사의 의미	파생 전 품사	파생 후 품사

㊱ 새까맣다, 새파랗다

접사	접사의 의미	파생 전 품사	파생 후 품사

㊲ 시꺼멓다, 시퍼렇다

접사	접사의 의미	파생 전 품사	파생 후 품사

㊳ 물고기

접사	접사의 의미	파생 전 품사	파생 후 품사

㊴ 드넓다, 드높다, 드세다

접사	접사의 의미	파생 전 품사	파생 후 품사

㊵ 휘둥그렇다

접사	접사의 의미	파생 전 품사	파생 후 품사

오늘은 여기까지. 하산해. 끝!

I 단어

강의노트

학습일 년 월 일

접미 파생어

Youtube Player

단어	문장	음운	국어사

◂◂ 이전 강의 ⏸ 다음 강의 ▸▸

접두 파생어	합성어의 종류

1 단어의 형성법

1) 단일어: 접사 없이 하나의 어근으로 이루어진 단어

2) 복합어: 하나의 어근에 다른 어근 또는 다른 접사가 결합하여 이루어진 단어

① 합성어: 두 개 이상의 어근이 결합하여 형성된 단어

② 파생어: 어근과 접사가 결합하여 형성된 단어

㉠ 접두 파생어: 접두사 + 어근

㉡ 접미 파생어: 어근 + 접미사

2 접미 파생어의 유형

1) 명사 파생 접미사

-개 그러한 행위를 하는 간단한 도구	날다 → 날개 덮다 → 덮개 지우다 → 지우개	-보, -꾸러기, -장이, -쟁이, -기, -이, -(으)ㅁ, -애, -질, -꾼, -내기, -뱅이, -둥이, -지기, -님, -들

2) 동사 파생 접미사

-하- 어근 뒤에 결합하여 동사를 파생시킴	공부 → 공부하다 생각 → 생각하다 사랑 → 사랑하다	-거리-, -대-, -이-, 피동(-이-, -히-, -리-, -기-), 사동(-이-, -히-, -리-, -기-, -우-, -구-, -추-)

3) 형용사 파생 접미사

-하- 어근 뒤에 결합하여 형용사를 파생시킴	건강 → 건강하다 행복 → 행복하다 순수 → 순수하다	-롭- -다랗- -스럽- -답-

4) 부사 파생 접미사

-히 어근 뒤에 결합하여 부사를 파생시킴	조용 → 조용히 영원 → 영원히 무사 → 무사히 나란 → 나란히	-이 -껏 -오/-우

3 지배적 접사의 파생

동사 꾸다 + -(으)ㅁ → 꿈 명사

명사 공부 + -하- → 공부하다 동사

명사 어른 + -스럽- → 어른스럽다 형용사

명사 영원 + -히 → 영원히 부사

접미사가 결합하면서 품사가 바뀌었다.

개념 시냅스

접미사 VS 명사

접사 '-꾼'	명사 '꾼'
어떤 일을 잘하거나, 습관적으로 하거나, 어떤 일 때문에 모인 사람	어떤 방면의 일에 능숙한 사람을 낮잡아 이름
살림꾼, 낚시꾼, 구경꾼	이거 완전 꾼이네!

접사 '-님'	명사 '님(임)'
높임	사모하는 사람
선생님, 사장님	내 님은 어디에 있나?

의존 명사 '님'
그 사람을 높임
홍길동 님

개념 시냅스

-하- VS -하다

사전에서 접미사 '-하-'를 검색해 보면 안 나와서 당황할 수가 있어. 사전에는 접미사 '-하다'로 검색해야 나오거든. 너무 복잡하게 생각할 필요는 없고, 원래 접사의 형태는 '-하-'가 맞는데, 사전에는 편의상 '-하다'로 실려 있는 거라고 생각하면 돼. '-롭-, -답-, -다랗-' 등 다른 접사들도 사전에는 '-롭다, -답다, -다랗다'의 형태로 실려 있어. 우리는 형태소 분석까지도 공부를 해야 되기 때문에 교재에 제시된 접사의 형태로 기억해 두는 게 좋아.

알쓸문법

한자어

한자어는 관점에 따라 단일어로도 볼 수 있고, 합성어로도 볼 수 있어. 또한 한자어는 어근의 기능을 하는 것도 있지만 접사의 기능을 하는 것도 있어.

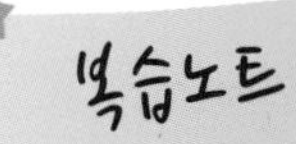

37강 • 접미 파생어

정답 22쪽

레인보우 리뷰

① 어근은 단어의 □□ 의미, □□적인 의미가 담겨 있는 □□ 부분을 가리키는 말이다.
② 접사는 단어의 중심인 □□에 붙어서 일정한 □□를 더하거나 한정하여 새로운 말을 □□시킨다.
③ 접사는 □□가 아니다.

④ 어근과 접사를 논할 때는 □□는 염두에 두지 않는다.
⑤ 단일어는 □□ 없이 하나의 □□으로 이루어진 단어를 말한다.
⑥ 복합어는 하나의 □□에 다른 □□ 또는 다른 □□가 결합하여 이루어진 단어를 말한다.
⑦ 합성어는 □개 이상의 □□이 결합하여 형성된 단어이다.
⑧ 파생어는 □□과 □□가 결합하여 형성된 단어이다.
⑨ 접두 파생어는 □□□와 □□이 결합하여 형성된 단어이다.
⑩ 접미 파생어는 □□□와 □□이 결합하여 형성된 단어이다.

⑪ 한정적 접사는 어근의 □□를 바꾸거나 문장의 □□를 바꾸지는 못한다.
⑫ □□사의 대부분과 □□사의 일부가 한정적 접사에 속한다.

⑬ 지배적 접사는 새로운 말을 형성하는 과정에서 어근에 특정한 의미를 더하거나 제한하는 기능을 할 뿐만 아니라 어근의 □□를 바꾸거나 문장의 □□까지도 바꿀 수 있는 힘을 가진 접사이다.
⑭ 극소수의 □□사와 □□사 일부가 지배적 접사에 속한다.

개념 마스터

1 다음 제시한 단어에서 〈보기〉와 같이 접사를 찾아 의미를 밝히고, 파생되기 전후의 품사를 각각 쓰시오. (단, 해당 요소가 없는 경우에는 비워 둘 것.)

〈보기〉

날개, 덮개, 지우개			
접사	접사의 의미	파생 전 품사	파생 후 품사
-개	도구	동사	명사

① 오줌싸개, 코흘리개			
접사	접사의 의미	파생 전 품사	파생 후 품사

② 꾀보, 털보, 먹보, 울보			
접사	접사의 의미	파생 전 품사	파생 후 품사

③ 장난꾸러기, 욕심꾸러기, 잠꾸러기			
접사	접사의 의미	파생 전 품사	파생 후 품사

④ 곧바로			
접사	접사의 의미	파생 전 품사	파생 후 품사

⑤ 옹기장이, 땜장이, 간판장이			
접사	접사의 의미	파생 전 품사	파생 후 품사

⑥ 겁쟁이, 멋쟁이, 고집쟁이			
접사	접사의 의미	파생 전 품사	파생 후 품사

⑦ 녹음기, 주사기			
접사	접사의 의미	파생 전 품사	파생 후 품사

⑧ 여행기, 일대기, 탐방기			
접사	접사의 의미	파생 전 품사	파생 후 품사

⑨ 호흡기, 소화기, 생식기			
접사	접사의 의미	파생 전 품사	파생 후 품사

⑩ 시장기, 소금기, 화장기, 바람기			
접사	접사의 의미	파생 전 품사	파생 후 품사

⑪ 길이, 높이, 먹이, 목걸이, 젖먹이, 옷걸이			
접사	접사의 의미	파생 전 품사	파생 후 품사

⑫ 큰형			
접사	접사의 의미	파생 전 품사	파생 후 품사

⑬ 믿음, 죽음, 웃음, 젊음			
접사	접사의 의미	파생 전 품사	파생 후 품사

⑭ 동포애, 인류애, 모성애

접사	접사의 의미	파생 전 품사	파생 후 품사

⑮ 가위질, 망치질, 톱질

접사	접사의 의미	파생 전 품사	파생 후 품사

⑯ 곁눈질, 주먹질, 손가락질

접사	접사의 의미	파생 전 품사	파생 후 품사

⑰ 선생질, 회장질, 싸움질, 노름질, 서방질

접사	접사의 의미	파생 전 품사	파생 후 품사

⑱ 살림꾼, 소리꾼, 심부름꾼

접사	접사의 의미	파생 전 품사	파생 후 품사

⑲ 놀이터

접사	접사의 의미	파생 전 품사	파생 후 품사

⑳ 낚시꾼, 난봉꾼, 노름꾼, 싸움꾼

접사	접사의 의미	파생 전 품사	파생 후 품사

㉑ 일꾼, 구경꾼

접사	접사의 의미	파생 전 품사	파생 후 품사

㉒ 서울내기

접사	접사의 의미	파생 전 품사	파생 후 품사

㉓ 풋내기

접사	접사의 의미	파생 전 품사	파생 후 품사

㉔ 가난뱅이, 주정뱅이, 게으름뱅이

접사	접사의 의미	파생 전 품사	파생 후 품사

㉕ 귀염둥이, 막내둥이, 바람둥이

접사	접사의 의미	파생 전 품사	파생 후 품사

㉖ 뛰놀다

접사	접사의 의미	파생 전 품사	파생 후 품사

㉗ 문지기, 등대지기, 청지기

접사	접사의 의미	파생 전 품사	파생 후 품사

㉘ 힘차다

접사	접사의 의미	파생 전 품사	파생 후 품사

㉙ 예수님, 부처님, 공자님

접사	접사의 의미	파생 전 품사	파생 후 품사

㉚ 사람들, 너희들, 손님들

접사	접사의 의미	파생 전 품사	파생 후 품사

㉛ 공부하다, 생각하다, 사랑하다

접사	접사의 의미	파생 전 품사	파생 후 품사

㉜ 반짝거리다, 출렁거리다

접사	접사의 의미	파생 전 품사	파생 후 품사

㉝ 반짝대다, 출렁대다

접사	접사의 의미	파생 전 품사	파생 후 품사

㉞ 잘못, 잘잘못

접사	접사의 의미	파생 전 품사	파생 후 품사

㉟ 반짝이다, 출렁이다,

접사	접사의 의미	파생 전 품사	파생 후 품사

㊱ 건강하다, 행복하다, 순수하다

접사	접사의 의미	파생 전 품사	파생 후 품사

㊲ 자유롭다, 향기롭다, 명예롭다

접사	접사의 의미	파생 전 품사	파생 후 품사

㊳ 높다랗다, 커다랗다, 기다랗다

접사	접사의 의미	파생 전 품사	파생 후 품사

오늘은 여기까지.
하산해. 끝!

강의노트

학습일 년 월 일

대등 · 종속 · 융합 합성어

유튜브 강의

Youtube Player
단어 | 문장 | 음운 | 국어사
◀◀ 이전 강의 | 다음 강의 ▶▶
접미 파생어 | 통사적 합성어

1 단어의 형성법

1) 단일어: 접사 없이 하나의 어근으로 이루어진 단어(어미의 존재는 무시)

2) 복합어: 하나의 어근에 다른 어근 또는 다른 접사가 결합하여 이루어진 단어

① 합성어: 두 개 이상의 어근이 결합하여 형성된 단어

② 파생어: 어근과 접사가 결합하여 형성된 단어

㉠ 접두 파생어: 접두사 + 어근

㉡ 접미 파생어: 어근 + 접미사

2 합성어의 분류

1) 의미 관계에 따라

① 대등 합성어: 어근이 각각 독자적인 뜻을 나타내면서 서로 대등한 자격으로 어울려 이루어진 합성어이다. 단순히 나열되어 있다고 봐도 무방하다.

> 남(과)녀, 팔다리, 위아래, 논밭, 손발, 오가다

② 종속 합성어: 앞 어근의 의미가 뒤 어근의 의미를 한정하는 합성어이다. 수식과 피수식의 관계를 맺고 있다.

> (수식 관계) 콩나물, 돌다리, 쌀밥, 빌어먹다, 돌아보다

③ 융합 합성어: 앞 어근과 뒤 어근의 의미가 서로 녹아 붙어서, 각 어근의 본래의 뜻과 달라진 새로운 의미를 나타내는 합성어이다. 기존의 의미 외에 새로운 의미가 추가되었다.

> 밤낮(늘, 항상), 피땀(노력), 춘추(春秋)(연세), 쥐꼬리(매우 적음), 산수(山水)(경치),
> 갈등(葛藤)(적대시, 충돌), 돌아가다(죽다), 손발(부릴 수 있는 사람), 오리발(물갈퀴, 딴전을 피우다), 물밑(일이 은밀하게 이루어짐)

2) 형성 방법에 따라

① 통사적 합성어

② 비통사적 합성어

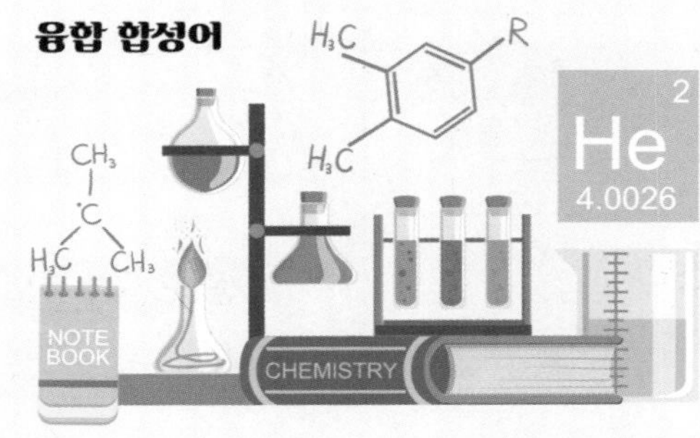

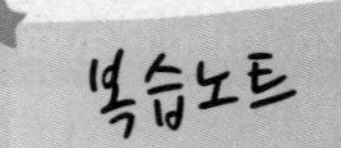

38강 • 대등 · 종속 · 융합 합성어

정답 24쪽

레인보우 리뷰

① 어근은 단어의 □□ 의미, □□적인 의미가 담겨 있는 □□ 부분을 가리키는 말이다.
② 접사는 단어의 중심인 □□에 붙어서 일정한 □□를 더하거나 한정하여 새로운 말을 □□시킨다.

③ 어근과 접사를 논할 때는 □□는 염두에 두지 않는다.
④ 복합어는 하나의 □□에 다른 □□ 또는 다른 □□가 결합하여 이루어진 단어를 말한다.
⑤ 합성어는 □개 이상의 □□이 결합하여 형성된 단어이다.

⑥ 합성어는 의미 관계에 따라 □□ 합성어, □□ 합성어, □□ 합성어로 나눌 수 있다.
⑦ 대등 합성어는 어근이 각각 □□적인 뜻을 나타내면서 서로 □□한 □격으로 어울려 이루어진 합성어이다.
⑧ 종속 합성어는 어근이 각각 독자적인 뜻을 나타내기는 하지만, 앞 어근의 의미가 뒤 어근의 의미를 □□하는 합성어이다. □□과 피□□의 관계를 맺고 있다.
⑨ □□ 합성어는 앞의 어근과 뒤의 어근의 의미가 서로 녹아 붙어서, 각 어근의 본래의 뜻과 달라진 새로운 의미를 나타내는 합성어이다. 기존의 의미 외에 새로운 의미가 추가되었다.
⑩ 합성어는 형성 방법에 따라 □□적 합성어, □□□적 합성어로 나눌 수 있다.

개념 마스터

1 〈보기〉와 같이 제시된 문장의 밑줄 친 합성어를 각각의 어근으로 분석하고, 해당하는 합성어의 종류에 ○를 표시하시오.

〈보기〉

마소를 길렀다.

어근	대등	종속	융합
말, 소	○		

① 청춘 남녀

어근	대등	종속	융합

② 버스가 작은 돌다리를 건넜다.

어근	대등	종속	융합

③ 그는 밤낮 놀기만 한다.

어근	대등	종속	융합

④ 이틀 밤낮을 못 잤다.

어근	대등	종속	융합

⑤ 쌀밥이 잘 지어졌네.

어근	대등	종속	융합

⑥ 어르신, 춘추(春秋)가 어떻게 되십니까?

어근	대등	종속	융합

⑦ 손발이 차다.

어근	대등	종속	융합

⑧ 그는 내 손발이나 다름없어.

어근	대등	종속	융합

⑨ 그건 유리병에 담아라.

어근	대등	종속	융합

⑩ 뒤를 힐끗 돌아보다.

어근	대등	종속	융합

⑪ 까막까치가 하늘을 날았다.

어근	대등	종속	융합

⑫ 벌써 찬바람이 부는구나.

어근	대등	종속	융합

⑬ 산수(山水)가 참 좋구나!

어근	대등	종속	융합

⑭ 팔다리를 좀 주물러 다오.

어근	대등	종속	융합

⑮ 그는 부삽으로 불씨를 퍼내어 화로에 담았다.

어근	대등	종속	융합

⑯ 검정 고무신

어근	대등	종속	융합

⑰ 선물이 서로 오가다.

어근	대등	종속	융합

⑱ 갑자기 눈물이 났다.

어근	대등	종속	융합

⑲ 회장님은 이제 종이호랑이나 다름없어.

어근	대등	종속	융합

⑳ 문을 여닫다.

어근	대등	종속	융합

㉑ 벽돌집을 지었다.

어근	대등	종속	융합

㉒ 위인들의 행동을 본받다.

어근	대등	종속	융합

㉓ 손수레를 끌고 왔다.

어근	대등	종속	융합

㉔ 콩나물을 좀 삶거라.

어근	대등	종속	융합

㉕ 밥을 빌어먹다.

어근	대등	종속	융합

㉖ 그는 바늘방석에 앉은 듯 안절부절못했다.

어근	대등	종속	융합

㉗ 그 결과는 내 피땀과 눈물이야.

어근	대등	종속	융합

㉘ 차들 사이사이로 사람들이 오간다.

어근	대등	종속	융합

㉙ 위아래 입술을 꾹 다물다.

어근	대등	종속	융합

㉚ 두 사람의 갈등(葛藤)은 점점 깊어만 갔다.

어근	대등	종속	융합

㉛ 서당 개도 삼 년이면 풍월(風月)을 읊는다.

어근	대등	종속	융합

㉜ 할머니께서 결국 돌아가셨다.

어근	대등	종속	융합

㉝ 너의 논밭이 어디에 있니?

어근	대등	종속	융합

㉞ 집이 완전 쑥대밭이네.

어근	대등	종속	융합

㉟ 어디서 오리발이야?

어근	대등	종속	융합

㊱ 제가 가진 건 쥐뿔도 없습니다.

어근	대등	종속	융합

㊲ 그녀는 손가락이 얇았다.

어근	대등	종속	융합

㊳ 물밑에서는 작업이 서서히 이루어지고 있었다.

어근	대등	종속	융합

㊴ 두 사람 아직도 내외(內外)하는 거야?

어근	대등	종속	융합

㊵ 너 지금 나를 얕보는 거야?

어근	대등	종속	융합

오늘은 여기까지.
하산해. 끝!

강의노트

학습일 년 월 일

유튜브 강의

Youtube Player
단어 | 문장 | 음운 | 국어사
◂◂ 이전 강의 ⏸ 다음 강의 ▸▸
합성어의 종류 | 비통사적 합성어

통사적 합성어

개념 시냅스

통사(統辭)라는 말의 뜻

'통사'는 '문장'과 같은 말이야. 통사적 합성어라는 말은 결국 한국어의 문장 배열에 부합하는 합성어라는 의미가 되겠지. 곧 배우게 될 'II. 문장' 단원의 학습 내용도 다른 학문적 용어로는 통사론이라고 해. 좀 딱딱한 말이지만 익숙해지렴.

1 합성어의 분류

1) 의미 관계에 따라: 대등 합성어, 종속 합성어, 융합 합성어

2) 형성 방법에 따라: 통사적 합성어, 비통사적 합성어

어근들이 결합된 방식이 문장 속에서 문장 성분들이 결합하는 방식과 동일하게 결합된 합성어를 통사적 합성어라고 한다. 그러한 방식에서 벗어난 방법으로 결합된 합성어를 비통사적 합성어라고 한다.

2 통사적 합성어의 유형

1) 관형사 + 명사

새해 (관형사명사) 온종일 (관형사명사) 첫눈 (관형사명사)

2) 용언 어간 + 관형사형 어미 + 명사

큰집 (크- + -ㄴ, 형용사명사) 작은아버지 (작- + -은, 형용사명사) 볼거리 (보- + -ㄹ, 동사명사) 먹을거리 (먹- + -을, 동사명사)

3) 명사 + 명사

길바닥 (명사명사) 손발 (명사명사) 돌다리 (명사명사) 위아래 (명사명사)

4) 용언 어간 + 연결 어미 + 용언

돌아가다 (돌- + -아, 동사동사) 타고나다 (타- + -고, 동사동사)

5) 부사 + 용언

가로막다 (부사동사) 잘되다 (부사동사) 잘생기다 (부사동사)

6) 부사 + 부사

생글생글 (부사부사) 펄럭펄럭 (부사부사) 철썩철썩 (부사부사)

7) 명사 + (조사 생략) + 용언

귀(가)∨먹다 (명사동사) 힘(이)∨들다 (명사동사) 앞(에)∨서다 (명사동사)

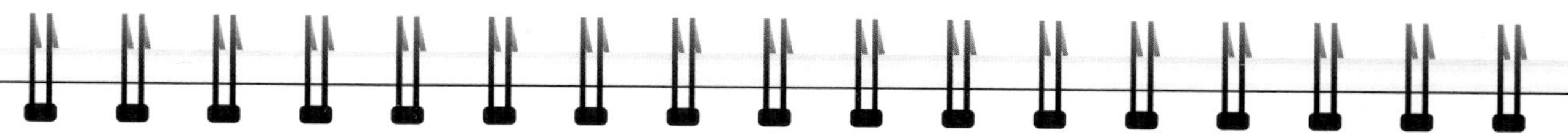

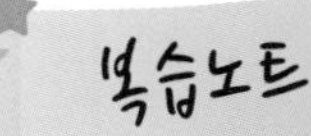

39강 • 통사적 합성어

정답 24쪽

레인보우 리뷰

① 어근은 단어의 □□ 의미, □□적인 의미가 담겨 있는 □□ 부분을 가리키는 말이다.
② 접사는 단어의 중심인 □□에 붙어서 일정한 □□를 더하거나 한정하여 새로운 말을 □□시킨다.

③ 어근과 접사를 논할 때는 □□는 염두에 두지 않는다.
④ 복합어는 하나의 □□에 다른 □□ 또는 다른 □□가 결합하여 이루어진 단어를 말한다.
⑤ 합성어는 □개 이상의 □□이 결합하여 형성된 단어이다.

⑥ 합성어는 의미 관계에 따라 □□ 합성어, □□ 합성어, □□ 합성어로 나눌 수 있다.
⑦ 합성어는 형성 방법에 따라 □□적 합성어, □□□적 합성어로 나눌 수 있다.

⑧ 통사적 합성어는 □□들이 결합된 방식이 문장 속에서 문장 □□들이 결합하는 방식과 □일한 방식으로 결합된 합성어를 말한다.
⑨ 비통사적 합성어는 □□들이 결합된 방식이 문장 속에서 문장 □□들이 결합하는 방식과 □른 방식으로 결합된 합성어를 말한다.

개념 마스터

1 〈보기〉와 같이 합성어를 '관형사 + 명사'의 형태로 분석하시오.

〈보기〉

새해	
관형사	명사
새	해

① 첫사랑	
관형사	명사

② 새신랑	
관형사	명사

③ 온종일	
관형사	명사

④ 오른손	
관형사	명사

⑤ 왼손	
관형사	명사

2 〈보기〉와 같이 합성어를 '용언 어간 + 관형사형 어미 + 명사'의 형태로 분석하시오.

〈보기〉

큰아버지		
용언 어간	관형사형 어미	명사
크-	-ㄴ	아버지

① 건널목		
용언 어간	관형사형 어미	명사

② 뜬소문		
용언 어간	관형사형 어미	명사

③ 먹을거리		
용언 어간	관형사형 어미	명사

④ 빈주먹		
용언 어간	관형사형 어미	명사

⑤ 찬바람		
용언 어간	관형사형 어미	명사

3 〈보기〉와 같이 합성어를 '명사 + 명사'의 형태로 분석하시오.

〈보기〉

눈물	
명사	명사
눈	물

① 집안	
명사	명사

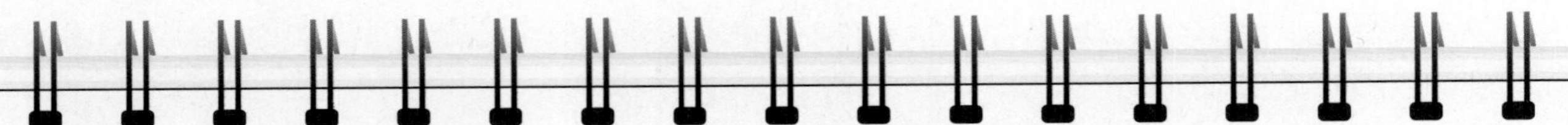

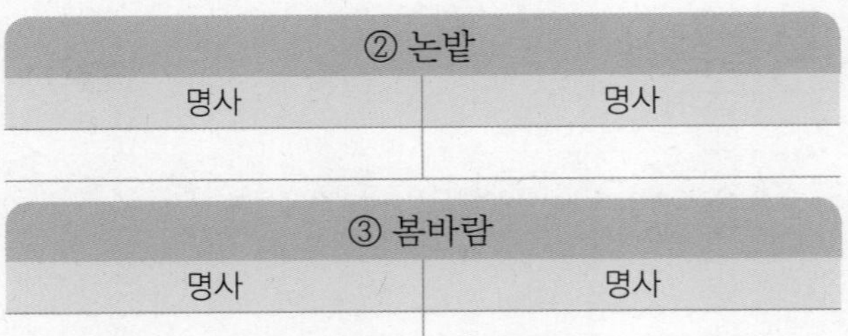

② 논밭	
명사	명사

③ 봄바람	
명사	명사

④ 말다툼	
명사	명사

⑤ 콩나물	
명사	명사

4 〈보기〉와 같이 합성어를 '용언 어간 + 연결 어미 + 용언'의 형태로 분석하시오.

〈보기〉

타고나다		
용언 어간	연결 어미	용언
타-	-고	나다

① 뛰어오르다		
용언 어간	연결 어미	용언

② 들어가다		
용언 어간	연결 어미	용언

③ 벗어나다		
용언 어간	연결 어미	용언

④ 달려가다		
용언 어간	연결 어미	용언

5 〈보기〉와 같이 합성어를 '부사 + 용언'의 형태로 분석하시오.

〈보기〉

잘되다	
부사	용언
잘	되다

① 못되다	
부사	용언

② 그만두다	
부사	용언

③ 가로지르다	
부사	용언

④ 바로잡다	
부사	용언

6 〈보기〉와 같이 합성어를 '부사 + 부사'의 형태로 분석하시오.

〈보기〉

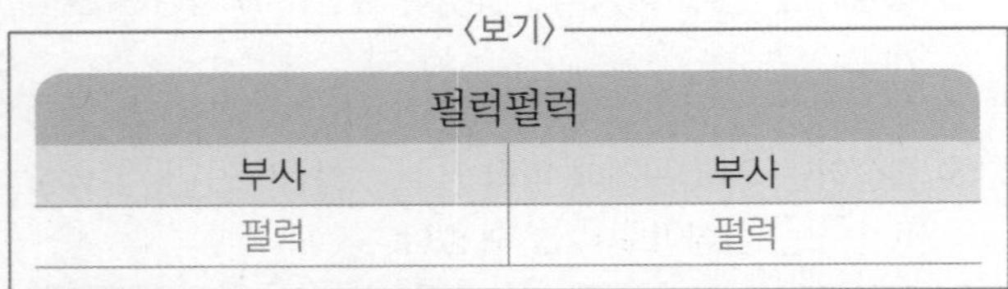

펄럭펄럭	
부사	부사
펄럭	펄럭

① 곧잘	
부사	부사

② 잘못	
부사	부사

③ 이리저리	
부사	부사

7 〈보기〉와 같이 합성어를 '명사 + (조사 생략) + 용언'의 형태로 분석하시오.

〈보기〉

귀먹다		
명사	(조사 생략)	용언
귀	가	먹다

① 빛나다		
명사	(조사 생략)	용언

② 겁나다		
명사	(조사 생략)	용언

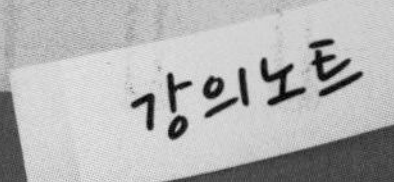

학습일 년 월 일

비통사적 합성어

유튜브 강의

Youtube Player

단어 | 문장 | 음운 | 국어사

◀◀ 이전 강의 ⏸ 다음 강의 ▶▶

통사적 합성어 | 합성어의 품사

1 합성어의 분류

1) 의미 관계에 따라: 대등 합성어, 종속 합성어, 융합 합성어

2) 형성 방법에 따라: 통사적 합성어, 비통사적 합성어

2 비통사적 합성어의 유형

1) 용언 어간 + (연결 어미 생략) + 용언

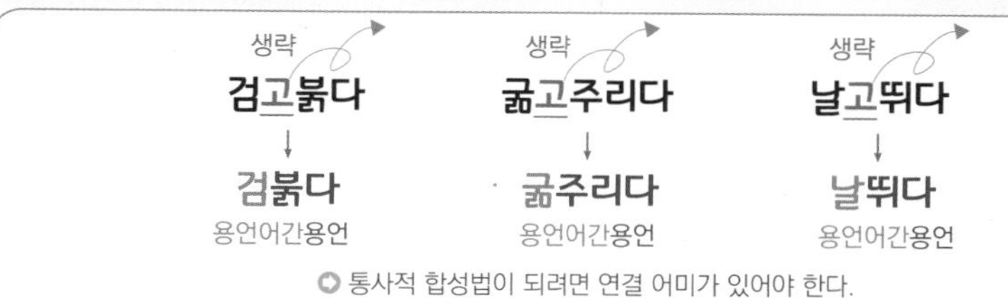

◎ 통사적 합성법이 되려면 연결 어미가 있어야 한다.

2) 용언 어간 + (관형사형 어미 생략) + 명사

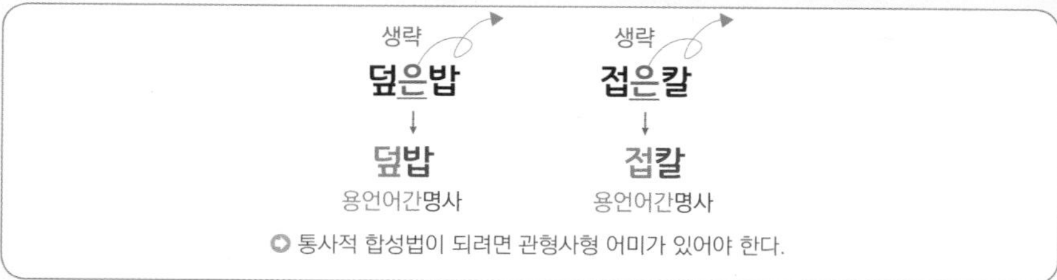

◎ 통사적 합성법이 되려면 관형사형 어미가 있어야 한다.

3) 용언 어간 + 연결 어미 또는 종결 어미 + 명사

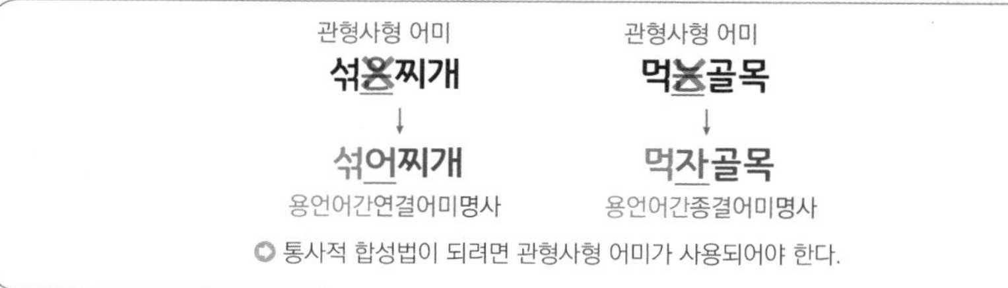

관형사형 어미
섞은찌개
섞어찌개
용언어간연결어미명사
관형사형 어미
먹는골목
먹자골목
용언어간종결어미명사

◎ 통사적 합성법이 되려면 관형사형 어미가 사용되어야 한다.

4) 부사 + 명사

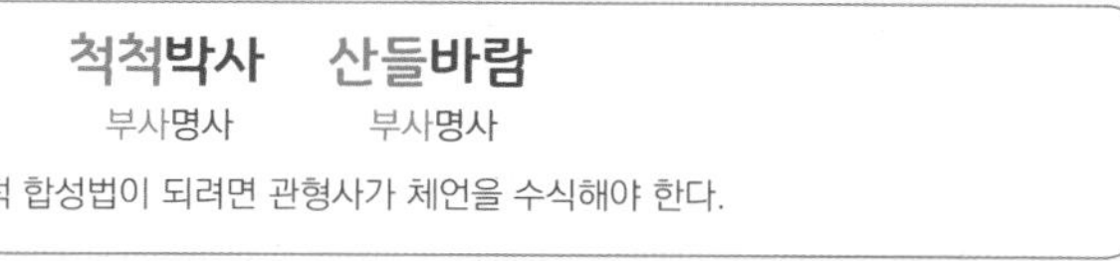

◎ 통사적 합성법이 되려면 관형사가 체언을 수식해야 한다.

5) 서술어 + 목적어(부사어) 어순

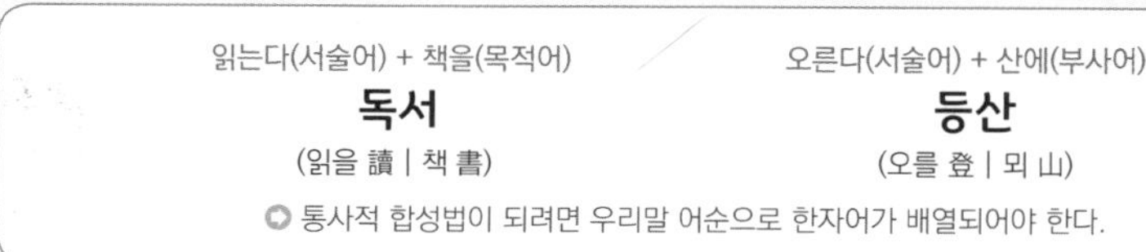

◎ 통사적 합성법이 되려면 우리말 어순으로 한자어가 배열되어야 한다.

개념 시냅스

비통사적 합성어들은 비표준어?

혹시 통사적 합성어들은 표준어라는 느낌이 들고, 비통사적 합성어들은 왠지 비표준어처럼 느껴지는 친구들이 있니? 자, 통사적 합성어든 비통사적 합성어든 둘 다 표준어야. 다만 그러한 말들이 합성되는 방식이 통사적이냐, 비통사적이냐를 분석할 분이지 그러한 방식의 적절성 여부를 판단하는 것은 아니라는 거 짚고 갈게.

I 단어

복습노트

40강 • 비통사적 합성어

정답 ▶ 25쪽

레인보우 리뷰

① 어근과 접사를 논할 때는 □□는 염두에 두지 않는다.
② 복합어는 하나의 □□에 다른 □□ 또는 다른 □□가 결합하여 이루어진 단어를 말한다.
③ 합성어는 □개 이상의 □□이 결합하여 형성된 단어이다.

④ 합성어는 의미 관계에 따라 □□ 합성어, □□ 합성어, □□ 합성어로 나눌 수 있다.
⑤ 합성어는 형성 방법에 따라 □□적 합성어, □□□적 합성어로 나눌 수 있다.

⑥ 통사적 합성어는 □□들이 결합된 방식이 문장 속에서 문장 □□들이 결합하는 방식과 □□한 방식으로 결합된 합성어를 말한다.
⑦ 비통사적 합성어는 □□들이 결합된 방식이 문장 속에서 문장 □□들이 결합하는 방식과 □□ 방식으로 결합된 합성어를 말한다.

개념 마스터

1 〈보기〉와 같이 합성어를 '용언 어간 + (연결 어미 생략) + 용언'의 형태로 분석하시오.

〈보기〉

검붉다		
용언 어간	(연결 어미 생략)	용언
검-	-고	붉다

① 높푸르다		
용언 어간	(연결 어미 생략)	용언

② 오르내리다		
용언 어간	(연결 어미 생략)	용언

③ 굳세다		
용언 어간	(연결 어미 생략)	용언

④ 여닫다		
용언 어간	(연결 어미 생략)	용언

2 다음 제시한 합성어를 '용언 어간 + (관형사형 어미 생략) + 명사'의 형태로 분석하시오.

① 꺾쇠		
용언 어간	(관형사형 어미 생략)	체언

② 검버섯		
용언 어간	(관형사형 어미 생략)	체언

③ 먹거리		
용언 어간	(관형사형 어미 생략)	체언

3 다음 제시한 합성어를 '용언 어간 + (연결 어미 또는 종결 어미) + 명사'의 형태로 분석하시오.

① 싸구려판		
용언 어간	종결 어미	체언

② 살아생전		
용언 어간	연결 어미	체언

4 다음 제시한 합성어를 '부사 + 명사'의 형태로 분석하시오.

① 볼록거울	
부사	명사

② 뾰족구두	
부사	명사

5 다음 한자어가 우리말 어순이면 '통사', 우리말 어순이 아니면 '비통사'라고 쓰시오.

① 하산(下山) ______　② 필승(必勝) ______
③ 지진(地震) ______　④ 타종(打鐘) ______
⑤ 입법(立法) ______　⑥ 일몰(日沒) ______
⑦ 가속(加速) ______　⑧ 파병(派兵) ______
⑨ 구직(求職) ______　⑩ 예방(豫防) ______

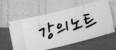

강의노트

학습일 년 월 일

합성어의 품사

유튜브 강의

Youtube Player
단어 | 문장 | 음운 | 국어사
◀◀ 이전 강의 ⏸ 다음 강의 ▶▶
비통사적 합성어 | IC 분석

1 합성어의 분류

1) 의미 관계에 따라: 대등 합성어, 종속 합성어, 융합 합성어

2) 형성 방법에 따라: 통사적 합성어, 비통사적 합성어

3) 합성된 품사에 따라: 합성 명사, 합성 동사, 합성 형용사, 합성 부사, 합성 관형사

2 품사에 따른 합성어 유형

1) 합성 명사: 어근의 합성 결과가 명사인 합성어

명사 + 명사	논밭, 돌다리, 집안, 마소(말소), 고추잠자리, 비빔밥, 밤낮, 어제오늘
용언의 활용형 + 명사	갈림길, 디딤돌, 군밤, 굳은살, 큰형, 길짐승
관형사 + 명사	새해, 새집, 첫사랑, 한번, 한잔, 한바탕
부사 + 부사	잘못

2) 합성 동사: 어근의 합성 결과가 동사인 합성어

명사 + 동사	철들다, 빛나다, 꽃피다, 본받다, 힘쓰다, 앞서다, 거울삼다
동사의 활용형 + 동사	뛰어놀다, 뛰어가다, 갈아입다, 알아듣다, 내려다보다, 돌아보다, 타고나다, 파고들다
형용사의 활용형 + 동사	게을러빠지다, 게을러터지다
부사 + 동사	잘되다, 못쓰다, 바로잡다, 가로막다

3) 합성 형용사: 어근의 합성 결과가 형용사인 합성어

명사 + 형용사	남다르다, 배부르다, 꿈같다, 낯설다, 남부끄럽다
형용사의 활용형 + 형용사	쓰디쓰다, 크나크다, 머나멀다
부사 + 형용사	다시없다
명사 + 동사	기막히다
동사의 활용형 + 동사	뛰어나다, 깎아지르다

4) 합성 부사: 어근의 합성 결과가 부사인 합성어

부사 + 부사	곧잘, 곧바로, 또다시, 잘못
명사 + 명사	밤낮, 어제오늘
관형사 + 명사	어느새, 한층, 한바탕, 한번
동사의 활용형 + 명사	이른바

5) 합성 관형사: 어근의 합성 결과가 관형사인 합성어

관형사 + 관형사	서너
수사 + 동사의 활용형	열 + 남은 → 여남은

알쓸문법

41강의 목표

본 강의에서는 합성어를 아주 세밀하게 쪼개어서 설명하고 있어. 설마 이 복잡한 체계를 다 외우려고 하는 건 아니겠지? 이미 공부를 끝낸 품사의 개념들을 복습하는 게 이번 강의의 목표야. 커피라도 한잔 하면서 눈으로 이해만 해도 충분하니까 부담 갖지 마. ^^

개념 시냅스

합성 대명사

참고로 관형사와 의존 명사가 결합한 합성 대명사도 있어.

관형사	의존 명사	합성어
여러	분	여러분
이	분	이분
그	분	그분
저	분	저분
이	것	이것
그	것	그것
저	것	저것

레인보우 리뷰

본용언과 보조 용언 띄어쓰기

본용언과 보조 용언은 띄어 쓰는 게 원칙이지만, 보조적 연결 어미 '-아 / -어'로 연결되어 있는 경우에 한해 붙여서 쓰는 것을 허용한다고 배웠어. 하지만 '철수는 교복을 입어도 보았다.'의 경우처럼 '-아/-어'로 연결되어 있다고 하더라도 본용언에 조사가 결합되어 있는 경우는 띄어서 써야 한다고 했었지. 그런데 이런 사례가 한 가지 더 있어. 바로 본용언이 합성 용언일 경우야. '철수는 문법 공부에 힘써 보았다.' 여기서 '힘쓰다'가 합성 동사이기 때문에 '-아 / -어'로 연결되었다고 하더라도 반드시 띄어서 표기해야 돼. 문장 고쳐쓰기 영역에서 다루어지는 유형이니까 꼭 기억해 두렴.

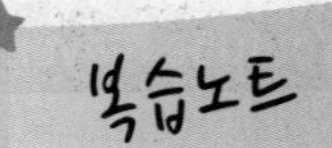

41강 • 합성어의 품사

정답 25쪽

레인보우 리뷰

① 어근과 접사를 논할 때는 □□는 염두에 두지 않는다.
② 복합어는 하나의 □□에 다른 □□ 또는 다른 □□가 결합하여 이루어진 단어를 말한다.
③ 합성어는 □개 이상의 □□이 결합하여 형성된 단어이다.

④ 합성어는 의미 관계에 따라 □□ 합성어, □□ 합성어, □□ 합성어로 나눌 수 있다.
⑤ 합성어는 형성 방법에 따라 □□적 합성어, □□□적 합성어로 나눌 수 있다.

⑥ 통사적 합성어는 □□들이 결합된 방식이 문장 속에서 문장 □□들이 결합하는 방식과 □□한 방식으로 결합된 합성어를 말한다.
⑦ 비통사적 합성어는 □□들이 결합된 방식이 문장 속에서 문장 □□들이 결합하는 방식과 □□ 방식으로 결합된 합성어를 말한다.

⑧ 합성어는 어근끼리 □성된 합성어의 품사가 무엇인지에 따라 합성 □사, 합성 □사, 합성 □□사, 합성 □사, 합성 □□사 등으로 나눌 수 있다.

개념 마스터

1 제시한 〈보기〉와 같이 합성어를 분석하시오.

〈보기〉

논밭				
어근	논	밭	합성 결과	명사
품사	명사	명사		

여남은				
어근	열	남은	합성 결과	관형사
품사	수사	용언의 활용형		

① 돌다리				
어근			합성 결과	
품사				

② 집안				
어근			합성 결과	
품사				

③ 마소				
어근			합성 결과	
품사				

④ 고추잠자리				
어근			합성 결과	
품사				

⑤ 비빔밥				
어근			합성 결과	
품사				

⑥ 갈림길				
어근			합성 결과	
품사				

⑦ 디딤돌				
어근			합성 결과	
품사				

⑧ 군밤				
어근			합성 결과	
품사				

⑨ 굳은살				
어근			합성 결과	
품사				

⑩ 큰형				
어근			합성 결과	
품사				

⑪ 길짐승				
어근			합성 결과	
품사				

⑫ 불고기				
어근			합성 결과	
품사				

⑬ 새해				
어근			합성 결과	
품사				

⑭ 새집				
어근			합성 결과	
품사				

⑮ 첫사랑				
어근			합성 결과	
품사				

⑯ 한번				
어근			합성 결과	
품사				

⑰ 한잔				
어근			합성 결과	
품사				

⑱ 잘못				
어근			합성 결과	
품사				

⑲ 철들다				
어근			합성 결과	
품사				

⑳ 빛나다				
어근			합성 결과	
품사				

㉑ 꽃피다				
어근			합성 결과	
품사				

㉒본받다				
어근			합성 결과	
품사				

㉓ 힘쓰다				
어근			합성 결과	
품사				

㉔ 앞서다				
어근			합성 결과	
품사				

㉕ 거울삼다				
어근			합성 결과	
품사				

㉖ 뛰어놀다				
어근			합성 결과	
품사				

㉗ 뛰어가다				
어근			합성 결과	
품사				

㉘ 갈아입다				
어근			합성 결과	
품사				

㉙ 알아듣다				
어근			합성 결과	
품사				

㉚ 내려다보다				
어근			합성 결과	
품사				

㉛ 돌아보다				
어근			합성 결과	
품사				

㉜ 타고나다				
어근			합성 결과	
품사				

㉝ 파고들다				
어근			합성 결과	
품사				

㉞ 잘되다				
어근			합성 결과	
품사				

㉟ 못쓰다				
어근			합성 결과	
품사				

㊱ 바로잡다				
어근			합성 결과	
품사				

㊲ 가로막다				
어근			합성 결과	
품사				

㊳ 남다르다				
어근			합성 결과	
품사				

㊴ 배부르다				
어근			합성 결과	
품사				

㊵ 꿈같다				
어근			합성 결과	
품사				

㊶ 낯설다				
어근			합성 결과	
품사				

⑫ 남부끄럽다

어근			합성 결과	
품사				

㊸ 쓰디쓰다

어근			합성 결과	
품사				

㊹ 크디크다

어근			합성 결과	
품사				

㊺ 머나멀다

어근			합성 결과	
품사				

㊻ 김치찌개

어근			합성 결과	
품사				

㊼ 다시없다

어근			합성 결과	
품사				

㊽ 서너

어근			합성 결과	
품사				

㊾ 산들바람

어근			합성 결과	
품사				

㊿ 기막히다

어근			합성 결과	
품사				

51 이리저리

어근			합성 결과	
품사				

52 게을러빠지다

어근			합성 결과	
품사				

53 게을러터지다

어근			합성 결과	
품사				

54 뛰어나다

어근			합성 결과	
품사				

55 깍아지르다

어근			합성 결과	
품사				

56 곧잘

어근			합성 결과	
품사				

57 곧바로

어근			합성 결과	
품사				

58 또다시

어근			합성 결과	
품사				

59 밤낮

어근			합성 결과	
품사				

60 어제오늘

어근			합성 결과	
품사				

61 어느새

어근			합성 결과	
품사				

62 한층

어근			합성 결과	
품사				

63 한바탕

어근			합성 결과	
품사				

64 본받다

어근			합성 결과	
품사				

5 min
오분만에 마스터하는 국어
42강

강의노트

학습일 년 월 일

직접 구성 성분 분석[IC 분석]

유튜브 강의

1 직접 구성 성분(요소) - [Immediate Constituent]

단어나 문장들은 저마다 그것을 구성하고 있는 성분이나 요소들이 있기 마련이다. 그러한 단어나 문장을 분석하기 위해서 둘로 나누면 자연스럽게 두 개의 성분이 나오게 되는데 이를 직접 구성 성분 또는 직접 구성 요소라고 한다. 즉 단어나 문장을 직접적으로 구성하고 있었던 성분(요소)이라고 이해할 수 있다.

단어나 문장 등의 말을 두 부분으로 나누었을 때, 그렇게 쪼개어진 각각의 성분(요소)을 일컫는 말이다.

2 IC 분석의 전제

- 분석된 직접 구성 성분이 실제로 존재하는 문법 단위여야 한다.

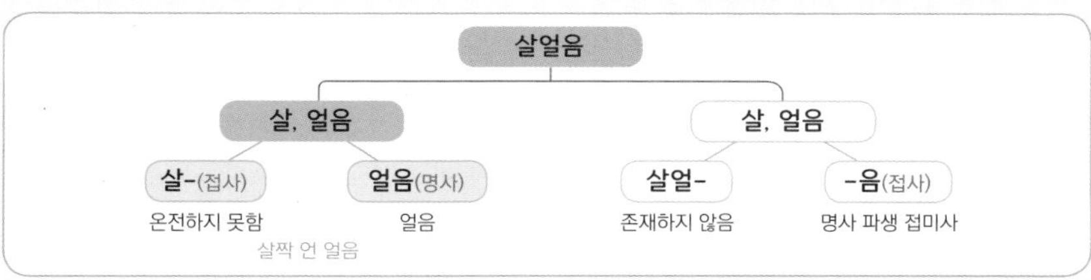

- 분석된 직접 구성 성분이 원래의 말의 의미와 관련이 있어야 한다.

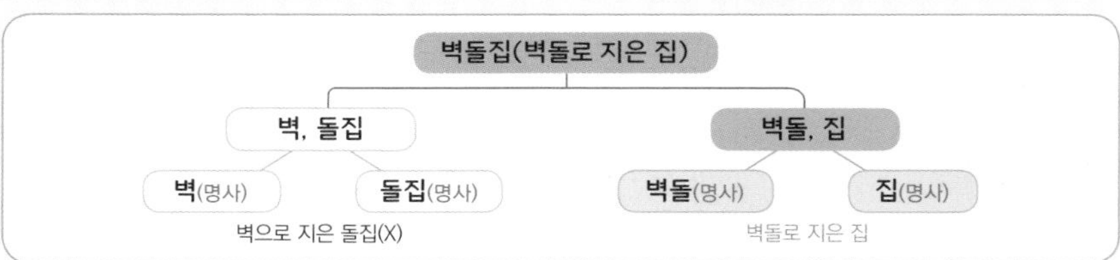

3 IC 분석의 실제

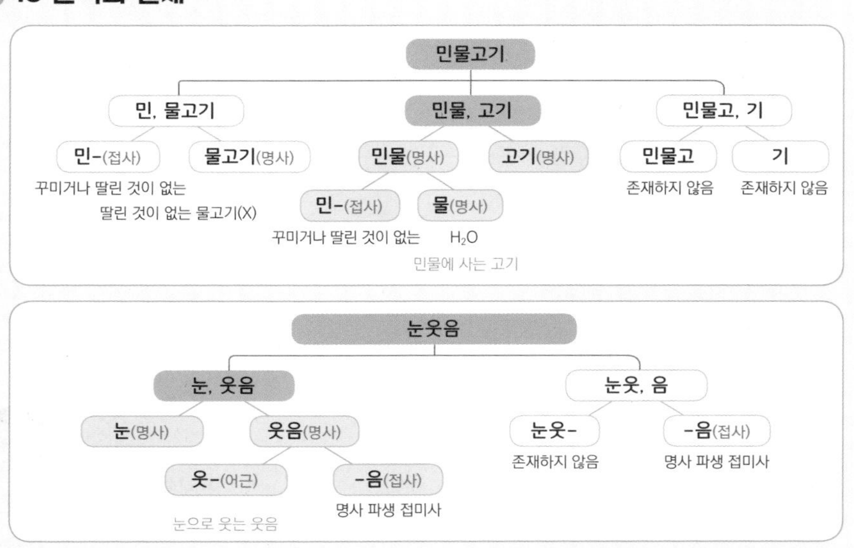

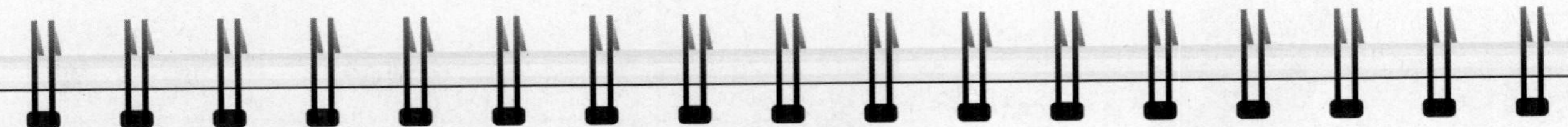

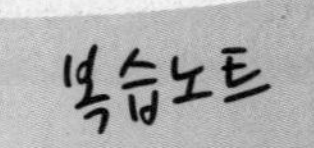

42강 • 직접 구성 성분 분석[IC 분석]

정답 26쪽

레인보우 리뷰

① 직접 구성 성분은 □□나 □□ 등을 □ 부분으로 나누었을 때, 그렇게 쪼개어진 각각의 □□을 일컫는 말이다.

② 직접 구성 성분은 직접 구성 □□라고도 한다.

③ 직접 구성 성분으로 분석할 때에는 분석된 성분이 □□로 □□하는 말이어야 한다.

④ 직접 구성 성분으로 분석할 때에는 분석된 성분이 분석되기 전의 말의 □□와 관련이 있어야 한다.

개념 마스터

1 다음 제시한 단어들을 〈보기〉와 같이 분석하시오.

〈보기〉

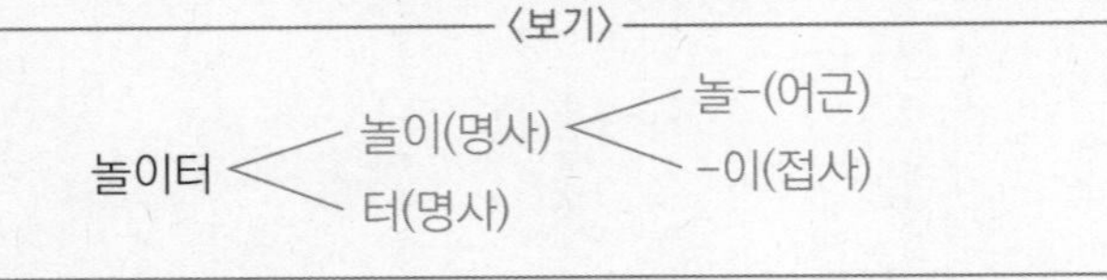

① 시부모

② 코웃음

③ 새빨갛다

④ 단팥죽

⑤ 밥그릇

⑥ 구두닦이

⑦ 나무꾼

⑧ 치솟다

⑨ 젊은이

⑩ 눈높이

⑪ 웃기다

⑫ 아름답다

⑬ 불꽃놀이

오늘은 여기까지.
하산해. 끝!

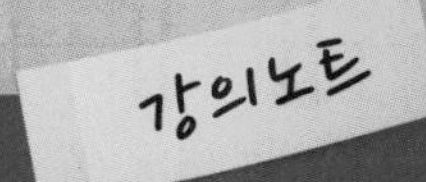

학습일 년 월 일

어미와 파생 접미사의 구별

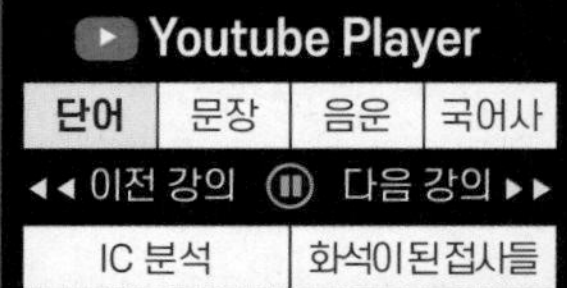

1 명사형 전성 어미의 개념과 특징 → -(으)ㅁ, -기

용언으로 하여금 서술 기능을 그대로 유지하면서도 동시에 명사의 기능을 발휘할 수 있도록 성질을 바꿔 주는 어미를 말한다.

2 명사 파생 접미사의 개념과 특징 → -(으)ㅁ, -기

어근에 결합한 뒤 결합한 말을 명사로 파생시키는 기능을 하는 접사를 말한다.

3 명사형 전성 어미 VS 명사 파생 접미사

명사형 전성 어미	명사 파생 접미사
형태가 동일하다.	
용언 어간에 결합한다.	용언 어근에 결합한다.
품사를 바꾸지 못한다.	품사를 바꿀 수 있다.
명전어가 결합되어도 여전히 가변어이므로 활용이 가능하다.	명파접이 결합되는 순간 불변어가 되고, 더 이상 활용하지 못한다.

4 명사형 전성 어미와 명사 파생 접미사를 구분하는 방법

1) 서술성 유무: 서술성이 있으면 어미, 서술성이 없으면 접사이다.

○ 꾸다를 꿈 → '꿈'을 서술어로 바꾸면 비문(非文)이 됨
꿈을 꿈은 젊음의 특권이다.
○ 꿈을 꾼다 → '꿈'이 서술어가 되어도 자연스러움

○ 살다를 삶 → '삶'을 서술어로 바꾸면 비문(非文)이 됨
삶을 삶이란 인생이라는 영화를 만드는 것이다.
○ 삶을 산다 → '삶'이 서술어가 되어도 자연스러움

○ 그가 죽었다 → '죽음'을 서술어로 바꾸어도 자연스러움
그가 죽음을 보고 다시 죽음에 대해 생각하게 되었다.
○ 죽었다에 대해 생각하게 되었다.
→ '죽음'을 서술어로 바꾸면 비문(非文)이 됨

2) 수식어 분석: 부사어의 수식을 받으면 어미, 관형어의 수식을 받으면 접사이다.

꿈을 꿈은 젊음의 특권이다. → 멋진 꿈을 제대로 꿈은…
용언의 관형사형(관형어) 부사(부사어)

삶을 삶이란 인생이라는 영화를 만드는 것이다.
→ 멋진 삶을 올바르게 삶이란
용언의 관형사형(관형어) 용언의 부사형(부사어)

그가 죽음을 보고 다시 죽음에 대해 생각하게 되었다.
→ 그가 갑자기 죽음을 보고 다시 인간의 죽음에 대해…
부사(부사어) 체언 + 의(관형어)

I 단어

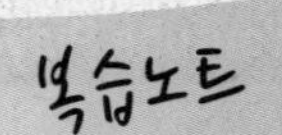

43강 • 어미와 파생 접미사의 구별

정답 27쪽

레인보우 리뷰

① 명사형 어미는 용언을 마치 □□처럼 쓰이게 만들어 주는 어미이다.
② 전성 어미는 용언의 □□를 바꾸지 못한다. 즉 전성 어미가 결합되어도 여전히 품사는 □□ 또는 □□□이다.
③ 명사형 어미에는 ________(이)가 있다.

④ 어말 어미는 □□ 어미, □□ 어미, □□ 어미로 나눌 수 있다.
⑤ 전성 어미는 □언이 가진 □□의 기능을 그대로 유지하면서 용언으로 하여금 □사, □□사, □사 등의 기능을 발휘할 수 있도록 □□을 바꿔 주는 어미이다.

⑥ 한정적 접사는 어근의 □□를 바꾸거나 문장의 □□를 바꾸지는 못한다.
⑦ □□사의 대부분과 □□사의 일부가 한정적 접사에 속한다.

⑧ □□형 □□ 어미는 명사 □□ □□사와 형태가 똑같다.
⑨ □□형 어미가 결합된 □언은 여전히 □□어이므로 □□을 할 수 있다.
⑩ 명사 파생 접미사는 용언의 □□에 결합한다.
⑪ 명사 파생 접미사는 □□적 접사이므로 품사를 바꿀 수 □다.
⑫ 용언에 명사 파생 접미사가 결합하면 품사가 □사로 바뀐 것이므로 □□어이다.
⑬ 용언이 서술성을 유지하고 있으면 용언에 □□가 결합한 것이고, 서술성이 없어졌다면 용언에 □□가 결합한 것이다.
⑭ 대체적으로 부사어의 수식을 받으면 □□가, 관형어의 수식을 받으면 □□가 결합한 것이다.

개념 마스터

1 다음 제시된 문장을 〈보기〉와 같이 어근, 접사, 어간, 어미로 분석한 뒤 각각의 품사를 밝히시오.

〈보기〉

㉠꿈을 ㉡꿈은 젊음의 특권이다.

유형	어근	접사	어간	어미	품사
㉠	꾸-	-ㅁ			명사
㉡			꾸-	-ㅁ	동사

① ㉠기쁨이 찾아와서 나는 지금 매우 ㉡기쁨.

유형	어근	접사	어간	어미	품사
㉠					
㉡					

② 철수야, 문제 풀 때 ㉠보기 꼭 ㉡보기! 잊지 마!

유형	어근	접사	어간	어미	품사
㉠					
㉡					

③ ㉠뽑기를 할 때는 집중해서 ㉡뽑기.

유형	어근	접사	어간	어미	품사
㉠					
㉡					

④ ㉠걸음을 ㉡걸음은 건강하다는 증표이다.

유형	어근	접사	어간	어미	품사
㉠					
㉡					

⑤ ㉠춤을 ㉡춤에 있어 가장 필요한 것은 열정이다.

유형	어근	접사	어간	어미	품사
㉠					
㉡					

⑥ ㉠얼음이 ㉡얼음을 보니 이제야 겨울이라는 확신이 든다.

유형	어근	접사	어간	어미	품사
㉠					
㉡					

⑦ ㉠달리기는 건강에 좋아. 오늘부터 나랑 같이 매일 ㉡달리기야.

유형	어근	접사	어간	어미	품사
㉠					
㉡					

⑧ ㉠믿음이란 먼저 그를 ㉡믿음으로 시작하는 거야.

유형	어근	접사	어간	어미	품사
㉠					
㉡					

⑨ ㉠앎을 얻기 위해서는 먼저 자신의 무지를 ㉡앎이 중요하다.

유형	어근	접사	어간	어미	품사
㉠					
㉡					

화석으로 남은 접사들

유튜브 강의

Youtube Player
단어 | 문장 | 음운 | 국어사
◀◀ 이전 강의 ⏸ 다음 강의 ▶▶
어미·접사의 구분 | 접사 총정리

1 문법 연구의 통시적(通時的) 관점과 공시적(共時的) 관점

(통시적: 통할 때 과녁 / 공시적: 함께 때 과녁)

1) 통시적 관점: 어떤 현상을 시간의 흐름에 대입하여 바라보는 관점. 즉 현재의 언어적 실상을 연구하기 위해 과거의 언어 자료들을 참고한 뒤 언어의 변화 양상에 초점을 두어 분석하려는 관점이다.

> **지붕 → 집(어근) + -웅(접사)**
>
> ○ '-웅'이 현대 국어에서는 더 이상 접사의 기능을 수행하지 못하지만, 과거에는 분명히 명사 파생 접미사였다. 이를 감안하여 '지붕'을 어근 '집'과 명사 파생 접미사 '-웅'으로 분석하였고 이 경우 '지붕'은 파생어가 된다.

2) 공시적 관점: 어떤 현상을 연구함에 있어 시간의 흐름을 감안하지 않으며, 동시대(현재)의 자료들만을 기준으로 삼아 언어 자료를 분석하려는 관점

> **지붕 → 지붕(어근)**
>
> ○ '-웅'은 현대 국어에서는 더 이상 접사의 기능을 수행하지 못한다. 이를 감안하여 '지붕'을 어근으로 분석하였고, 이 경우 '지붕'은 단일어가 된다.

2 화석이 된 접사들의 사례 → 오늘날에는 접사의 원형을 밝혀서 표기하지 않는다.

1) 명사 파생 접미사

용례	어근	접사	용례	어근	접사
바가지	박	-아지	마감	막-	-암
모가지	목	-아지	마개	막-	-애
꼬락서니	꼴-	-악서니	빨래	빨-	-애
마중	맞-	-웅	노래	놀-	-애
배웅	배(바래)-	-웅	얼개	얽-	-애
지붕	집	-웅	이파리	잎	-아리
무덤	묻-	-엄	무르팍	무릎	-악
주검	죽-	-엄	아낙	안	-악

2) 부사 파생 접미사

용례	어근	접사	용례	어근	접사
자주	잦-	-우	차마	참-	-아
마주	맞-	-우	비로소	비롯-	-오
너무	넘-	-우	도로	돌-	-오
바투	밭-	-우			

'통시적', '공시적'의 사전적 의미

통시적	어떤 시기를 종적으로 바라보는 것.
공시적	어떤 시기를 횡적으로 바라보는 것.

여기서 종적이라 함은 시간을 관통하는 것을 의미하고, 횡적이라 함은 현재라는 동일 선상을 의미해. 전자의 관점에서 진행하는 연구를 종적 연구라고 하고, 후자의 관점에서 진행하는 연구를 횡적 연구라고 하는데, 이러한 용어는 주로 언어학이나 사회학 연구에서 사용돼.

개념 시냅스

지붕은 단일어? 파생어?

사전을 검색하면 접미사 '-웅'은 나오지 않아. 하지만 통시적 관점에서 '-웅'은 엄연한 접사로 분류할 수가 있어. 만약 '-웅'의 정체를 몰랐다면 지붕을 단일어로 보아야겠지만, 우리는 이미 '-웅'의 정체를 알아버렸기에 파생어로 보는 게 적절하겠지? 그런데 이런 내용과 관련해 시험 문제가 출제되면 어떻게 해야 할까? 시험에서는 공시적 관점을 취할지 통시적 관점을 취할지 조건을 주고 출제될 테니 걱정하지 않아도 돼.

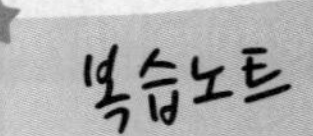

44강 • 화석으로 남은 접사들

정답 27쪽

레인보우 리뷰

① 통시적 관점은 어떤 현상을 □□의 흐름을 대입하여 바라보는 관점이다.
② 통시적 관점은 □재의 언어적 실상을 연구하기 위해 □□의 언어 자료들까지도 참고한 뒤 언어의 변□ 양□에 초점을 두어 분석하려는 관점이다.
③ 공시적 관점은 어떤 현상을 연구함에 있어 □□의 흐름을 감안하지 않는 관점이다.
④ 공시적 관점은 동□□(□재)의 자료들만을 기준으로 삼아 언어 자료를 분석하려는 관점이다.

개념 마스터

1 제시한 단어를 통시점 관점에서 〈보기〉와 같이 분석하시오.

〈보기〉

바가지		
어근	접사	품사
박	-아지	명사

① 모가지		
어근	접사	품사

② 마중		
어근	접사	품사

③ 도로		
어근	접사	품사

④ 배웅		
어근	접사	품사

⑤ 무덤		
어근	접사	품사

⑥ 차마		
어근	접사	품사

⑦ 주검		
어근	접사	품사

⑧ 마개		
어근	접사	품사

⑨ 너무		
어근	접사	품사

⑩ 빨래		
어근	접사	품사

⑪ 마감		
어근	접사	품사

⑫ 얼개		
어근	접사	품사

⑬ 마주		
어근	접사	품사

⑭ 이파리		
어근	접사	품사

⑮ 무르팍		
어근	접사	품사

⑯ 꼬락서니		
어근	접사	품사

⑰ 자주		
어근	접사	품사

⑱ 바투		
어근	접사	품사

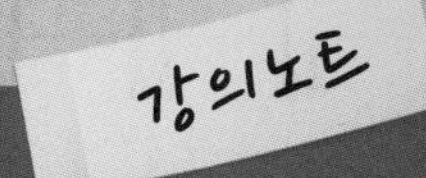

접사 총정리

학습일 　년 　월 　일

Youtube Player
단어 | 문장 | 음운 | 국어사
◂◂ 이전 강의 ⏸ 다음 강의 ▸▸
화석이 된 접사들 | 형태소의 개념

1 관형사 어근 '맨' vs 접두사 '맨-'

관형사 어근	접사
맨 (더 할 수 없을 정도나 경지에 있음) 철수는 맨 처음 선생님께 인사를 했다. ○ 체언을 수식함. 띄어서 표기함. 의미도 부합함.	맨- (다른 것이 없는) 선생님은 철수에게 맨손을 내밀었다. ○ 어근에 붙여서 표기함. 의미도 부합함.

2 관형사 어근 '새' vs 접두사 '새-'

관형사 어근	접사
새 (이미 있던 것이 아니라 처음 마련하거나 다시 생겨난) 새색시가 신랑 앞에서 얼굴을 붉혔다. ○ 띄어서 표기하지 않았다고 해서 접사라고 생각하면 안 됨. 관형사 어근 '새'와 명사 어근 '색시'가 결합한 합성어	새- (매우 짙고 선명하게) 가을 하늘은 언제나 새파랗다. ○ 형용사 어근 '파랗-'에 접사 '새-'가 결합한 파생어. 의미도 부합함.

3 동사 어근 '군' vs 접두사 '군-'

동사 어근	접사
군 (동사 '굽다'의 관형사형) 군밤 ○ 띄어서 표기하지 않았다고 해서 접사라고 생각하면 안 됨. 동사의 관형사형 '군'에 명사 '밤'이 결합한 합성어	군- (쓸데없는) 군살 ○ 명사 어근 '살'에 접사 '군-'이 결합한 파생어. 의미도 부합함.

4 명사 어근 '이' vs 접미사 '-이'

명사 어근	접사
이 ('사람'의 뜻을 나타내는 말) 어린이 ○ 용언의 관형사형 '어린', '젊은', '늙은'에 의존 명사 '이'가 결합해서 만들어진 합성어	-이 ('사람', '사물', '일'의 뜻을 더하고 명사를 만드는 접미사) 똑똑이 ○ 용언의 관형사형이 아닌 어근 '똑똑-'에 접사 '-이'가 결합해서 사람의 의미를 드러낸 파생어

5 접미사 '-들' vs 보조사 '들' vs 의존 명사 '들'

접미사	-들	사람들, 너희들, 그들, 사건들 ○ 주로 셀 수 있는 명사, 대명사에 결합
보조사	들	너희들 이 방에서 공부하고들 있어라. ○ 문장의 주어가 복수임을 드러내기 위해 주어 이외의 요소에 결합(체언, 부사어, 연결 어미, 문장의 끝)
의존 명사	들	과일에는 사과, 배, 감 들이 있다. ○ 열거한 사물을 모두 가리키거나, 같은 종류의 사물이 더 있음을 드러냄. '등'과 유사한 기능이라고 보면 된다.

레인보우 리뷰

출제 단골손님인 어근 '터'

자리나 장소, 밑바탕의 의미를 가진 '터'는 접사가 아니라 어근이니까 절대로 헷갈리면 안 돼. 접사와 가장 많이 헷갈리는 어근들 중의 하나이니까 꼭 기억해 놓자.

예 낚시터, 놀이터, 일터, 흉터

레인보우 리뷰

접미사 '-장이' vs '-쟁이'

'-장이'

① 그것과 관련된 기술을 가진 사람
예 옹기장이
'-장이'가 직업을 의미할 때는 비하의 의미가 없다.

'-쟁이'

① 그것이 나타내는 속성을 많이 가진 사람
예 겁쟁이

② 그것과 관련된 일을 업으로 하는 사람을 낮잡아 이름
예 관상쟁이
'-쟁이'가 직업을 의미할 때는 비하의 의미가 담긴다.

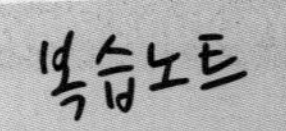

45강 • 접사 총정리

정답 28쪽

레인보우 리뷰

① 접사는 홀로 □□할 수가 없기 때문에 반드시 □□에 붙어서 사용된다.
② 관형사는 □□을 수식한다.

③ 관형사는 '형태'를 기준으로 □□어이다.

개념 마스터

1 〈보기〉와 같이 밑줄 친 단어를 분석하시오.

〈보기〉

철수는 맨발의 청춘이네.

의미	관형사 어근	접사
다른 것이 없는		○

① 그녀는 언제나 강의실 맨 구석에 앉았다.

의미	관형사 어근	접사

② 이 날씨에 맨다리면 안 춥니?

의미	관형사 어근	접사

③ 그녀는 강의가 끝나면 맨 먼저 강의실을 빠져나갔다.

의미	관형사 어근	접사

④ 맨땅에 헤딩한 셈이로구나.

의미	관형사 어근	접사

⑤ 새해 복 많이 받으세요.

의미	관형사 어근	접사

⑥ 하늘이 참 새파랗네.

의미	관형사 어근	접사

⑦ 새집으로 이사를 오니 여러모로 참 좋네요.

의미	관형사 어근	접사

⑧ 딸기가 진짜 새빨갛구나.

의미	관형사 어근	접사

⑨ 겨울이 되니 군고구마가 생각난다.

의미	용언의 활용형	접사

⑩ 철수는 군말이 너무 많아.

의미	용언의 활용형	접사

⑪ 엄마가 군것질 그만하라고 했지?

의미	용언의 활용형	접사

⑫ 우리 아내는 군밤을 정말 좋아한다.

의미	용언의 활용형	접사

⑬ 이보게, 젊은이. 부디 청춘을 낭비하지 말게.

의미	명사 어근	접사

⑭ 저 예쁜 젖먹이를 어떻게 떼어 놓을 수 있지?

의미	명사 어근	접사

2 다음 문장의 밑줄 친 ㉠ ~ ㉢이 각각 무엇인지 밝히시오.

㉠너희들 방에서 책, 노트, 필기구 ㉡들을 펼쳐 놓고, ㉢공부들은 안 하고 뭐하는 거야?

㉠	㉡	㉢

3 다음 빈칸에 들어갈 말을 〈보기〉에서 골라서 쓰시오.

〈보기〉

종류	의미1	의미2
접미사 '-장이'	관련 기술인	
접미사 '-쟁이'	속성이 많음	관련 기술인을 비하

① 대장________ ② 간판________
③ 고집________ ④ 관상________
⑤ 겁________ ⑥ 옹기________
⑦ 이발________ ⑧ 멋________
⑨ 땜________ ⑩ 그림________

오늘은 여기까지.
하산해. 끝!

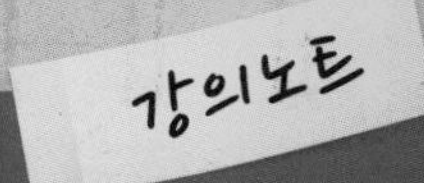

형태소의 개념

유튜브 강의

Youtube Player
단어 | 문장 | 음운 | 국어사
◀◀ 이전 강의 | 다음 강의 ▶▶
접사 총정리 | 형태소의 종류

1 단어의 특성: 자립성, 분리성

2 형태소(形態素)

(모양 모습 바탕 / 형 태 소)

1) 개념

형태소의 키워드는 '의미와 크기'이다. 실질적인 의미이든, 형식적인 의미이든 반드시 의미를 가지고는 있되, 크기는 더 이상 쪼갤 수 없을 정도로 작아야 한다.

> 일정한 의미를 지니고 있으면서 더 이상 쪼갤 수 없는 가장 작은 언어적 단위를 말한다.

2) 용례

첫사랑

첫	사랑
의미: first 크기: 가장 작은 형태 '처, ㅅ' 또는 'ㅊ, ㅓ, ㅅ'으로 쪼개면 'first'라는 의미도 사라진다. 관형사.	의미: love 크기: 가장 작은 형태 '사, 랑' 또는 'ㅅ, ㅏ, ㄹ, ㅏ, ㅇ'으로 쪼개면 'love'라는 의미도 사라진다. 명사.

큰아빠

큰: 크-	큰: -ㄴ	아빠
의미: large 크기: 가장 작은 형태 용언의 어간	의미: 체언 수식 기능 크기: 가장 작은 형태 관형사형 어미	의미: daddy 크기: 가장 작은 형태 '아, 빠' 또는 'ㅇ, ㅏ, ㅃ, ㅏ'로 쪼개면 'daddy'라는 의미도 사라진다. 명사.

아이들

아이	-들
의미: child 크기: 가장 작은 형태 '아, 이' 또는 'ㅇ, ㅏ, ㅇ, ㅣ'로 쪼개면 'child'라는 의미도 사라진다. 명사.	의미: 복수 크기: 가장 작은 형태 '드, ㄹ' 또는 'ㄷ, ㅡ, ㄹ'로 쪼개면 '복수'라는 의미도 사라진다. 접미사.

3) 한자어: 한자는 글자마다 의미가 담겨 있는 표의(表意) 문자이기 때문에 각각의 글자를 하나의 형태소로 취급한다.

(겉 뜻 / 표 의)

天	地
하늘 천	땅 지

'하늘'과 '땅'의 의미를 지니고 있으므로 각각의 글자를 형태소로 본다.

개념 시냅스

뜻과 소리를 가진 언어적 단위

뜻(의미)과 소리를 가진 언어적 단위에는 '형태소, 단어, 어절, 구, 절, 문장'이 있어. 오늘 너희들이 배우게 될 내용이 바로 형태소야. 형태소보다 더 작은 단위에는 우리가 잘 알고 있는 자음과 모음 등의 음운이 있지. 음운에는 의미가 없기 때문에 뜻과 소리를 동시에 가진 가장 작은 언어적 단위는 결국 형태소가 되는 거야.

알쓸문법

형태소를 마지막에 배우는 이유

형태소 단원에서는 형태소의 개념과 분류 기준, 유형 등을 배우는데, 이를 위해서는 9품사, 어간, 어미, 접사 등의 개념이 꼭 필요해. 문법 공부를 갓 시작한 학생들이 이러한 개념이 없는 상태에서 형태소를 가장 먼저 배운다고 생각해 봐. 얼마나 막막하고 힘이 들겠니? 9품사, 어간, 어미, 접사 등을 배울 때에는 형태소의 개념을 몰라도 공부하는 데 아무런 지장이 없거든. 바로 이러한 이유 때문에 오마국은 다른 문법 수험서와 달리 형태소를 단어 단원의 마지막에 배치한 거란다.

알쓸문법

형태소 분석 방법(순서)

불꽃이 몹시도 새빨갛다.

① 어절 단위로 쪼갠다.
불꽃이/몹시도/새빨갛다.

② 조사를 분리한다.
불꽃/이/몹시/도/새빨갛다.

③ 어간과 어미를 쪼갠다.
불꽃/이/몹시/도/새빨갛-/-다.

④ 결합되어 있는 어근을 쪼갠다.
불/꽃/이/몹시/도/새빨갛-/-다.

⑤ 결합되어 있는 접사를 쪼갠다.
불/꽃/이/몹시/도/새-/빨갛-/-다.

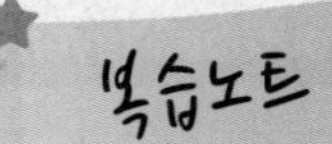

46강 • 형태소의 개념

정답 29쪽

레인보우 리뷰

① 단어의 특성은 □□성과 □□성이다.

② 형태소의 핵심 키워드는 □□와 □□이다.
③ 형태소는 일정한 □□를 지니고 있으면서 더 이상 쪼갤 수 없는 가장 □□ 언어적 단위를 말한다.
④ 형태소의 단계에서 더 잘게 쪼개어 버리면 그 순간 형태소에 담긴 □□도 사라지게 된다.
⑤ □□□는 각각의 글자가 하나의 형태소로 취급된다.
⑥ □간, 어□, □사, 조□는 형태소가 될 수 있다.

개념 마스터

1 〈보기〉와 같이 주어진 문장을 형태소로 분석한 뒤, 밑줄 친 용언만 추가적으로 제시한 기준에 맞게 분석하시오.

〈보기〉

분석 단위	철수가 밥을 먹는다.
형태소	철수/가/밥/을/먹/는/다.
어간, 어미	먹-, -는-, -다
어근, 접사	먹-

분석 단위	① 철수가 갑자기 화를 냈다.
형태소	
어간, 어미	
어근, 접사	

분석 단위	② 자네도 밥 한술 들게.
형태소	
어간, 어미	
어근, 접사	

분석 단위	③ 엄마 말씀에 가슴이 뭉클했다.
형태소	
어간, 어미	
어근, 접사	

분석 단위	④ 아침에 나를 꼭 깨워라.
형태소	
어간, 어미	
어근, 접사	

분석 단위	⑤ 두 손 가득 초콜릿을 챙겼어.
형태소	
어간, 어미	
어근, 접사	

분석 단위	⑥ 아버지께서 방에 들어가신다.
형태소	
어간, 어미	
어근, 접사	

분석 단위	⑦ 철수가 그때보다 훨씬 잘 달린다.
형태소	
어간, 어미	
어근, 접사	

분석 단위	⑧ 우리 집 셋째는 목소리가 좋아.
형태소	
어간, 어미	
어근, 접사	

분석 단위	⑨ 저는 여기서 늘 마스크를 씁니다.
형태소	
어간, 어미	
어근, 접사	

분석 단위	⑩ 나비가 거미에게 잡아먹혔어.
형태소	
어간, 어미	
어근, 접사	

분석 단위	⑪ 싸우는 철수를 겨우 말렸다.
형태소	
어간, 어미	
어근, 접사	

47강 형태소의 종류

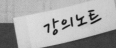

유튜브 강의

Youtube Player
단어 | 문장 | 음운 | 국어사
◀◀ 이전 강의 다음 강의 ▶▶
형태소의 개념 | 유일 형태소·이형태

1 형태소의 개념: 일정한 의미를 지닌 가장 작은 언어적 단위를 말한다.

2 형태소의 분류 기준과 유형

1) 자립성: 하나의 형태소가 문장 속에서 홀로 사용될 수 있는지 여부

① 자립 형태소: 다른 형태소의 도움 없이도 문장 속에서 홀로 쓰일 수 있는 형태소를 말한다. 예 사과를, 딸기를

② 의존 형태소: 다른 형태소와 결합해야만 문장에서 쓰일 수 있는 형태소를 말한다. 예 사과를, 딸기를, 먹는, 먹는

2) 의미: 구체적이고 실질적인 뜻을 가졌는지 여부

① 실질 형태소: 구체적인 대상, 관념, 동작, 상태 등을 나타내는 실질적·어휘적 의미가 담긴 형태소를 말한다. → 어휘 형태소

② 형식 형태소: 실질적·어휘적인 의미가 부족하여, 형식적인 의미를 드러내거나 문법적인 기능을 하는 형태소를 말한다. → 문법 형태소

3 형태소 분류의 실제(단일어 기준)

자립성 유무	자립 형태소	감탄사, 관형사, 부사, 명사, 대명사, 수사
	의존 형태소	조사, 어간, 어미, 접사
실질적 의미 유무	실질 형태소	감탄사, 관형사, 부사, 명사, 대명사, 수사, 어간
	형식 형태소	조사, 어미, 접사

의미 \ 자립성	자립 형태소	의존 형태소
실질 형태소	감탄사, 관형사, 부사, 명사, 대명사, 수사	어간
형식 형태소		조사, 어미, 접사

※ 어근은 저마다 자립 여부가 다르기 때문에 분류에서는 제외함

4 형태소 분석의 전제

① 축약되어 있는 말들은 원래의 형태로 복원해서 분석한다. (어간과 어미)

예 하셨다 → 하-, -시-, -었-, -다(○) 하-, -셨-, -다(×)
갔어 → 가-, -았-, -어(○) 갔-, -어(×)
봐 → 보-, -아(○)
줘 → 주-, -어(○)

② 불규칙 활용을 하는 용언은 원래의 형태로 복원해서 분석한다.

예 깨달아 → 깨닫-, -아(○) 깨달-, -아(×)
구워 → 굽-, -어(○) 구-, -워(×)
가벼운 → 가볍-, -은(○) 가벼-, -운(×)

레인보우 리뷰

접사는 왜 형식 형태소일까?

일부 접사들에는 나름의 의미가 담겨 있기 때문에 이를 얼핏 보고 실질 형태소라고 착각하기가 쉬워. 하지만 접사는 분명한 형식 형태소야. 왜냐하면 어근에 결합하기 전에 홀로 있는 접사는 의미가 분명하지가 않거든. 접사 '맨-, 엿-, 개-, 막-'을 보자. 홀로 있을 때는 다른 단어들과는 달리 정확하고 분명한 의미가 딱 떠오르지 않지? 그런데 '맨발, 엿보다, 개살구, 막일'을 보자. 비로소 접사들의 의미가 선명해지는 것을 알 수 있어. 이처럼 접사는 어근과 결합될 때에 비로소 그 의미를 유추할 수 있다고 보기 때문에 실질 형태소가 아닌 형식 형태소로 분류하는 거야.

개념 시냅스

의존 명사는 왜 자립 형태소일까?

'것, 수, 리'로 대표되는 의존 명사는 비록 자립성이 부족해서 앞에 수식어가 필요하다는 한계는 있지만, 그 외의 모든 성질들이 일반적인 체언과 동일하기 때문에 의존 명사로 취급하고 있어. 따라서 이미 명사, 즉 단어의 자격을 얻었기 때문에 자립 형태소로 분류하는 거야.

복습노트

47강 • 형태소의 종류

정답 30쪽

레인보우 리뷰

① 형태소는 일정한 □□를 지니고 있으면서 더 이상 쪼갤 수 없는 가장 □□ 언어적 단위를 말한다.

② 형태소는 자립성을 기준으로 □□ 형태소와 □□ 형태소로 나눌 수 있다.

③ □□ 형태소는 문장에서 홀로 쓰일 수 있는 형태소를 말한다. 즉 □□어의 개념과 일치한다.

④ □□ 형태소는 문장에서 홀로 쓰일 수 없기에 다른 형태소와 □□해야만 문장에서 쓰일 수 있는 형태소를 말한다.

⑤ 형태소는 의미를 기준으로 □□ 형태소와 □□ 형태소로 나눌 수 있다.

⑥ □□ 형태소는 구체적이고 실질적인 뜻을 가진 형태소를 말한다. 다른 말로는 □□ 형태소라고 한다.

⑦ □□ 형태소는 구체적이고 실질적인 의미가 부족하다. 그래서 □□ 형태소가 가진 의미를 형식적인 의미 또는 문법적인 의미라고 한다. 다른 말로는 □□ 형태소라고 한다.

개념 마스터

1 다음 빈칸에 들어갈 적절한 말을 채우시오.

자립성 유무	자립 형태소	□□사, □□사, □사, □사, □□사, □사
	의존 형태소	□사, 어□, 어□, □사
실질적 의미 유무	실질 형태소	□□사, □□사, □사, □사, □□사, □사, 어□
	형식 형태소	□사, 어□, □사

	자립 형태소	의존 형태소
실질 형태소	□□사, □□사, □사, □사, □□사, □사	어□
형식 형태소		조□ 어□ □사

2 〈보기〉와 같이 형태소를 분석한 뒤에 항목별로 분류하시오. (단, 조사는 어근에서 제외할 것.)

〈보기〉

항목	철수가 밥을 먹는다.
형태소	철수, 가, 밥, 을, 먹, 는, 다
조사	가, 을
어간, 어미	먹, 는, 다
어근, 접사	철수, 밥, 먹

자립	철수, 밥	의존	가, 을, 먹, 는, 다
실질	철수, 밥, 먹	형식	가, 을, 는, 다

항목	① 우리나라의 가을은 참 아름답다.
형태소	
조사	
어간, 어미	
어근, 접사	

자립		의존	
실질		형식	

항목	② 오는 가을에 봐.
형태소	
조사	
어간, 어미	
어근, 접사	

자립		의존	
실질		형식	

항목	③ 오늘 저녁에 갈치 두 마리만 굽거라.
형태소	
조사	
어간, 어미	
어근, 접사	

자립		의존	
실질		형식	

항목	④ 팥빵을 세 개나 먹었어요.
형태소	
조사	
어간, 어미	
어근, 접사	

자립		의존	
실질		형식	

항목	⑤ 개는 늑대와 비슷하게 생겼다.
형태소	
조사	
어간, 어미	
어근, 접사	

자립		의존	
실질		형식	

항목	⑥ 나는 우리 반이 자랑스러워.
형태소	
조사	
어간, 어미	
어근, 접사	

자립		의존	
실질		형식	

항목	⑦ 철수는 창을 열었다.
형태소	
조사	
어간, 어미	
어근, 접사	

자립		의존	
실질		형식	

항목	⑧ 철수는 책을 읽었다.
형태소	
조사	
어간, 어미	
어근, 접사	

자립		의존	
실질		형식	

항목	⑨ 그는 못 이기는 척 자리에 앉았다.
형태소	
조사	
어간, 어미	
어근, 접사	

자립		의존	
실질		형식	

항목	⑩ 난 바다가 보이는 자리가 좋아.
형태소	
조사	
어간, 어미	
어근, 접사	

자립		의존	
실질		형식	

항목	⑪ 우리 가게에 놀러 와.
형태소	
조사	
어간, 어미	
어근, 접사	

자립		의존	
실질		형식	

항목	⑫ 고래에게 먹혔다.
형태소	
조사	
어간, 어미	
어근, 접사	

자립		의존	
실질		형식	

항목	⑬ 아이 혼자서 집을 지키고 있다.
형태소	
조사	
어간, 어미	
어근, 접사	

자립		의존	
실질		형식	

항목	⑭ 너 같은 풋내기는 우습지.
형태소	
조사	
어간, 어미	
어근, 접사	

자립		의존	
실질		형식	

항목	⑮ 남에게 베풂을 아끼지 말라.
형태소	
조사	
어간, 어미	
어근, 접사	

자립		의존	
실질		형식	

5 min
오분만에 마스터하는 국어
48강

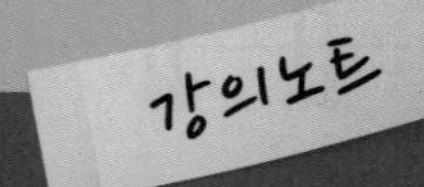

유일 형태소와 이형태

유튜브 강의

Youtube Player
단어 | 문장 | 음운 | 국어사
◂◂ 이전 강의 | 다음 강의 ▸▸
형태소의 종류 | 단어의 의미 관계

1 형태소의 개념: 일정한 의미를 지닌 가장 작은 언어적 단위를 말한다.

2 형태소의 분류 기준과 유형

1) 자립성 유무: 자립 형태소, 의존 형태소

2) 실질적 의미 유무: 실질 형태소, 형식 형태소

3 유일 형태소 (= 특이 형태소)

결합할 수 있는 형태소가 극히 제한되어 있는 특이한 형태소를 말한다. 유일 형태소에는 특정한 일부의 형태소 외에는 결합하기가 어렵다.

유일 형태소	결합 용례
부슬	부슬 + 비
아름-	아름- + -답- + -다
착-	착- + -하- + -다
오솔-	오솔- + 길, 오솔- + -하- + -다 오솔하다: 사방이 무서울 만큼 고요하고 쓸쓸하다.

4 이형태(異形態)

다를 모양 모습
이 형 태

의미와 기능이 완전히 동일하지만, 주변의 언어적 환경에 따라 모양이 달라진 형태소의 짝을 가리키는 말이다.

1) 음운론적 이형태: 음운 환경의 영향을 받아 서로 다른 모양으로 바뀌어서 나타나는 형태소

항목	음운 환경	이형태
주격 조사 이/가	앞 음절에 받침이 있음	기린이 먹이를 먹는다.
	앞 음절에 받침이 없음	하마가 먹이를 먹는다.
보조사 은/는	앞 음절에 받침이 있음	기린은 초식을 한다.
	앞 음절에 받침이 없음	사자는 육식을 한다.
목적격 조사 을/를	앞 음절에 받침이 있음	기린이 풀을 먹는다.
	앞 음절에 받침이 없음	기린이 먹이를 먹는다.
선어말 어미 -았-/-었-	앞 음절의 모음이 양성	기린이 사자를 보았다.
	앞 음절의 모음이 음성	기린이 먹이를 먹었다.

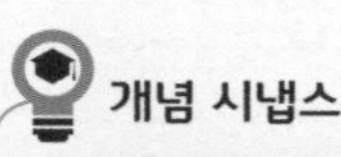

이형태의 상보적 분포

이형태는 동전의 앞뒷면과 똑같아. 우리는 100이라고 쓰여 있는 숫자 면이든, 이순신 장군의 초상화 면이든 어느 것 상관없이 그 동전이 100원짜리라는 것을 알 수 있어. 하지만 앞면과 뒷면이 동시에 나올 수는 없는 거잖아? 이를 상보적 분포라고 하는 거야.

- 철수은는 밥을 먹었다. (X)
  → 철수는 밥을 먹었다. (O)
- 철수가 밥을를 먹었다. (X)
  → 철수가 밥을 먹었다. (O)

명령형 어미 -아라/-어라	앞 음절의 모음이 양성	철수야 숫을 막아라.
	앞 음절의 모음이 음성	철수야 밥을 먹어라.
연결 어미 -아/-어	앞 음절의 모음이 양성	철수가 물을 쏟아 버렸다.
	앞 음절의 모음이 음성	철수가 마카롱을 먹어 버렸다.
어간 듣-/들-	뒤 음절이 자음으로 시작	기린이 사자의 울음소리를 듣고 도망쳤다.
	뒤 음절이 모음으로 시작	기린이 사자의 울음소리를 들었다.

2) 형태론적 이형태: 특정한 형태소의 영향을 받아 서로 다른 모양으로 바뀌어서 나타나는 형태소

항목	형태소의 영향	이형태
대명사 나/내	평상시	나는 문법 공부를 한다.
	주격 조사 '가'	내가 문법 공부를 한다.
조사 에게/에	유정물 형태소	철수에게 이 책을 갖다줄래?
	무정물 형태소	도서관에 이 책을 갖다줄래?
어미 -아/-여	평상시	끝까지 포기하지 않아 결국 꿈을 이뤘다.
	어간 '하-'	끝까지 노력을 하여 결국 꿈을 이뤘다.

레인보우 리뷰

'듣-'과 '들-'

'듣다'의 어간 '듣-'의 이형태는 '들-'인데, 눈치가 빠른 친구들은 벌써 '어? 이거 불규칙인데?' 이렇게 반응했을 거야. 이처럼 '듣다'의 이형태는 불규칙 활용의 관점에서도 설명할 수가 있다는 거 기억해 둬.

I 단어

개념 시냅스

불규칙 용언의 형태소 분석 방법

불규칙 용언의 경우 해당 용언의 기본형으로 복원해서 형태소를 분석하는 게 일반적이야.

듣다	듣-, -다
들어	듣-, -어

개념 시냅스

'하여', '하였다'의 형태소 분석 방법

'하여', '하였다'의 경우에는 이형태로 바뀌기 전이나 바뀐 후 둘 중 하나로 분석하면 돼. 참고로 '하여'는 '여' 불규칙인 거 다들 알고 있지?

하여	하-, -아
	하-, -여
하였다	하-, -았-, -다
	하-, -였-, -다
했다 ('하였다'의 준말)	하-, -았-, -다
	하-, -였-, -다

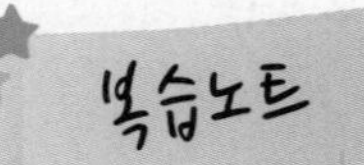

48강 • 유일 형태소와 이형태

정답 31쪽

① 형태소는 일정한 □□를 지니고 있으면서 더 이상 쪼갤 수 없는 가장 □□ 언어적 단위를 말한다.

② 형태소는 자립성을 기준으로 □□ 형태소와 □□ 형태소로 나눌 수 있다.
③ 형태소는 의미를 기준으로 □□ 형태소와 □□ 형태소로 나눌 수 있다.

④ 결합할 수 있는 형태소가 극히 제한되어 있는 특이한 형태소를 □□ 형태소라고 한다.
⑤ 이형태는 의□와 기□이 완전히 동일하지만, 주변 환경에 따라 모□이 달라진 형태소의 □을 가리키는 말이다.
⑥ 음운론적 이형태는 □□ 환경의 영향을 받아 서로 다른 □□으로 바뀌어서 나타나는 형태소를 말한다.
⑦ 형태론적 이형태는 특정한 □□□의 영향을 받아 서로 다른 □□으로 바뀌어서 나타나는 형태소를 말한다.

개념 마스터

1 제시한 어근을 사용하여 실제로 사용되는 단어들을 만든다고 할 때 빈칸에 들어갈 말을 쓰시오.

어근	단어
부슬	부슬□
아름-	아름□□
착-	착□□
오솔-	오솔□, 오솔□□
을씨년-	을씨년□□□
감쪽-	감쪽□□(형용사), 감쪽□□(부사)
느닷-	느닷□□(형용사), 느닷□□(부사)
득달-	득달□□(형용사), 득달□□(부사)

2 〈보기〉와 같이 괄호 안에 적절한 말을 골라서 쓰고, 이형태의 조건을 간략히 쓰시오.

〈보기〉

주격 조사: 이, 가	
기린(이) 먹이를 먹는다.	하마(가) 먹이를 먹는다.
모자(가) 멋지다.	신발(이) 멋지다.
조건 ➜ 앞 음절의 받침 유무에 따라	

① 보조사: 은, 는	
기린(　) 풀을 뜯는다.	하마(　) 헤엄을 친다.
모자(　) 멋지다.	신발(　) 멋지다.
조건 ➜	

② 목적격 조사: 을, 를	
기린이 나뭇가지(　) 뜯는다.	하마가 헤엄(　) 친다.
철수가 모자(　) 잃어버렸다.	철수가 신발(　) 잃어버렸다.
조건 ➜	

③ 과거 시제 선어말 어미: -았-, -었-	
갈매기가 창공을 날(　)다.	엄마가 빨래를 널(　)다.
철수가 교복을 벗(　)다.	철수가 용돈을 받(　)다.
조건 ➜	

④ 명령형 종결 어미: -아라, -어라	
창공을 훨훨 날(　).	빨래를 널(　)
철수야, 교복을 벗(　).	옜다, 용돈 받(　).
조건 ➜	

⑤ 연결 어미: -아, -어	
하늘을 높이 날(　) 보았다.	방문을 살짝 열(　) 보았다.
훨훨 하늘 높이 날(　)올라라.	조심스럽게 뛰(　)내렸다.
조건 ➜	

⑥ 어간: 굽-, 구-, 덥-, 더-	
고구마는 (　)워서 먹자.	감자는 바싹하게 (　)자.
어휴, (　)워라.	오늘 왜 이렇게 (　)지?
조건 ➜	

⑦ 어간: 듣-, 들-, 싣-, 실-	
잠자코 (　)어 봐.	잠자코 (　)자.
가방은 여기에 (　)자.	가방은 여기에 (　)어.
조건 ➜	

⑧ 대명사: 나, 내	
(　)는 지금 졸리다.	(　)가 바로 전화할게.
(　)가 안 먹었는데?	(　)도 그건 모르겠어.
조건 ➜	

⑨ 부사격 조사: 에, 에게	
철수(　) 이것 좀 전해 줘.	시청(　) 이것 좀 제출해 줘.
철수(　) 이 노래를 띄웁니다.	우체국(　) 들렀다가 갈게.
조건 ➜	

단어의 의미 관계

유튜브 강의

1 단어의 의미의 종류

1) 개념적 의미 (=사전적 의미)

사전에 풀이된 의미로서 누구에게나 보편적으로 받아들여지는 객관적인 의미를 말한다.

2) 연상적 의미

개념적 의미에 다른 것이 덧붙여져 연상되는 의미로서 개인, 지역, 사회, 문화, 시대에 따라 달라질 수도 있는 의미이다.

2 개념적 의미의 유형

1) 유의(類義)(무리 유, 뜻 의) 관계: 말소리는 다르지만 의미가 서로 같거나 비슷한 단어들 사이의 관계이다. 이러한 관계를 맺게 되는 단어들을 유의어라고 한다.

① 용례: 아버지-아빠, 어머니-엄마, 친구-벗, 죽다-사망하다, 참다-견디다

② 특징: 의미가 순도 100% 똑같은 단어는 없기 때문에 유의 관계에 있다고 하더라도 서로를 완벽하게 대체할 수는 없다.

	잡다 – 쥐다	뽑다 – 빼다
대체 가능	공을 잡다 = 공을 쥐다	못을 뽑다 = 못을 빼다
대체 불가능	자리를 잡다 ≠ 자리를 쥐다.	머리카락을 뽑다 ≠ 머리카락을 빼다

2) 반의(反義)(되돌릴 반, 뜻 의) 관계: 의미가 서로 반대되거나 대립되는 단어들 사이의 관계이다. 이러한 관계를 맺게 되는 단어들을 반의어라고 한다.

① 용례: 총각-처녀, 할아버지-할머니, 할아버지-손자, 손자-손녀

② 특징: 반의 관계를 맺고 있는 단어들은 의미 자질이 하나만 달라야 한다.

할아버지	할머니
[+인간], [+남성], [+늙음]	[+인간], [+여성], [+늙음]

③ 종류

상보 반의어	하나가 성립하면 다른 하나가 성립하지 않음. 의미의 중간 지대가 없음. 예 남자-여자, 살다-죽다, 참-거짓
등급 반의어	정도나 등급의 대립을 나타내며 중간 지대가 존재함. 예 크다-작다, 길다-짧다, 쉽다-어렵다
방향 반의어	방향상의 대립이나 의미상 대칭을 이룸 예 위-아래, 시작-끝, 사다-팔다

개념 시냅스

의미 자질(= 의미 요소)

한 대의 자동차가 여러 가지 부품들로 이루어져 있는 것처럼 한 단어가 지니는 의미는 여러 의미 조각들의 총합으로 볼 수 있어. 바로 이러한 의미의 조각 하나하나를 '의미 자질' 또는 '의미 요소'라고 불러. 미혼의 남성을 의미하는 '총각'에는 '인간', '남성', '미혼' 등의 의미 요소들이 결합해 있다고 할 수 있지.

3) 상하 관계: 한 단어가 다른 단어를 포함하거나(상위어) 다른 단어의 의미에 포함되는(하위어) 관계이다.

① 상위어와 하위어의 관계는 상대적이다.

상위어 **동물-개** 하위어   상위어 **개-푸들** 하위어

② 상위어일수록 의미가 일반적(포괄적)이고, 하위어일수록 의미가 개별적(구체적)이다.

포괄적 의미 ◀ **생물 - 동물 - 포유류 - 영장류 - 사람 - 남자** ▶ 구체적 의미

개념 시냅스

함의

상위어에서 하위어로 내려갈수록 의미 자질들이 누적되는 특성이 있어. 하위어가 상위어의 의미 자질을 누적하는 것을 '함의'라고 해. 동물은 무조건 생물일 수밖에 없지. 하지만 생물들이 전부 동물인 건 아니잖아. 식물일 수도 있는 것이고. 이때 '동물'이 '생물'을 '함의한다'라고 하는 거야.

생물	동물	영장류	포유류
	[+생물]	[+생물] [+동물]	[+생물] [+동물] [+영장류]

같을 소리 다를 뜻
동 음 이 의

4) 동음이의(同音異義) 관계: 소리는 같지만 의미는 서로 다른 단어들 사이의 관계이다. 이러한 관계를 맺게 되는 단어들을 동음이의어라고 한다.

밤[밤] - **밤[밤ː]**
night chestnut

배[배] - **배[배]** - **배[배]**
stomach ship pear

많을 뜻
다 의

5) 다의(多義) 관계: 하나의 단어가 서로 연관성이 있는 여러 의미를 지니는 관계이다. 이러한 관계를 맺게 되는 단어들을 다의어라고 한다.

손	
중심 의미	주변 의미
사람의 팔목 끝에 달린 부분	손가락, 일손, 노력, 기술, 영향력

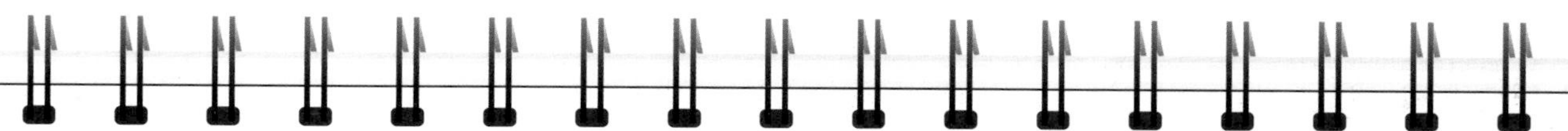

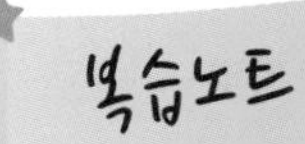

49강 • 단어의 의미 관계

정답 32쪽

레인보우 리뷰

① □□적 의미는 사전에 풀이된 의미로서 누구에게나 보편적으로 받아들여지는 객관적인 의미이다.

② □□적 의미는 개념적 의미에 다른 것이 덧붙여져 □□되는 의미로서 개인, 지역, 사회, 문화, 시대에 따라 달라질 수도 있는 의미이다.

③ 개념적 의미는 □□적 의미라고도 한다.

④ 개념적 의미의 유형에는 □의 관계, □의 관계, 상□ 관계, 동□□□ 관계, 다□ 관계 등이 있다.

⑤ □□ 관계는 말소리는 다르지만 의미가 서로 같거나 비슷한 단어들 사이의 관계를 말한다.

⑥ 유의 관계는 □□가 100% 똑같지는 않기 때문에 서로의 자리를 완벽하게 대체할 수는 없다.

⑦ □□ 관계는 의미가 서로 반대되거나 대립되는 단어들 사이의 관계를 말한다.

⑧ 반의 관계를 맺고 있는 단어들은 의미 □□이 하나만 달라야 한다.

⑨ □□ 관계는 한 단어가 다른 단어를 포함하거나(□□어) 다른 단어의 의미에 포함되는(□□어) 관계를 말한다.

⑩ 상위어와 하위어의 관계는 □□적이다.

⑪ 상위어일수록 의미가 일□적(포□적)이고, 하위어일수록 의미가 개□적(구□적)이다.

⑫ 소리는 같지만 의미는 서로 다른 단어들 사이의 관계를 □□□□ 관계라고 한다.

⑬ □□ 관계는 하나의 단어가 서로 연관성이 있는 여러 의미를 지니는 관계를 말한다.

개념 마스터

1 다음 단어들의 관계를 ○로 표시하시오.

① 개울 - 시내		
유의 관계	반의 관계	상하 관계

② 나무 - 밤나무		
유의 관계	반의 관계	상하 관계

③ 참 - 거짓		
유의 관계	반의 관계	상하 관계

④ 신발 - 운동화		
유의 관계	반의 관계	상하 관계

⑤ 운동화 - 축구화		
유의 관계	반의 관계	상하 관계

⑥ 가난하다 - 빈곤하다		
유의 관계	반의 관계	상하 관계

⑦ 생각하다 - 숙고하다		
유의 관계	반의 관계	상하 관계

⑧ 위 - 아래		
유의 관계	반의 관계	상하 관계

⑨ 달리다 - 뛰다		
유의 관계	반의 관계	상하 관계

⑩ 죽다 - 사망하다		
유의 관계	반의 관계	상하 관계

⑪ 개 - 진돗개		
유의 관계	반의 관계	상하 관계

⑫ 울다 - 흐느끼다		
유의 관계	반의 관계	상하 관계

⑬ 요리하다 - 튀기다		
유의 관계	반의 관계	상하 관계

⑭ 익숙하다 - 능숙하다		
유의 관계	반의 관계	상하 관계

⑮ 꽃 - 코스모스		
유의 관계	반의 관계	상하 관계

⑯ 서다 - 앉다		
유의 관계	반의 관계	상하 관계

⑰ 금속 - 비금속		
유의 관계	반의 관계	상하 관계

⑱ 착하다 - 선하다		
유의 관계	반의 관계	상하 관계

⑲ 사다 - 팔다		
유의 관계	반의 관계	상하 관계

⑳ 계란 - 달걀		
유의 관계	반의 관계	상하 관계

㉑ 열다 - 닫다		
유의 관계	반의 관계	상하 관계

㉒ 작고하다 - 운명하다		
유의 관계	반의 관계	상하 관계

㉓ 매 - 송골매		
유의 관계	반의 관계	상하 관계

㉔ 벌써 - 이미		
유의 관계	반의 관계	상하 관계

㉕ 빼다 - 넣다		
유의 관계	반의 관계	상하 관계

㉖ 벗다 - 신다		
유의 관계	반의 관계	상하 관계

㉗ 동양 - 서양		
유의 관계	반의 관계	상하 관계

2 다음 문장에서 밑줄 친 단어가 중심 의미로 사용된 것을 골라 ○로 표시하시오.

①	중심 의미
장마가 오기 전에 홍수에 대비해야 한다.	
우리는 정보의 홍수 시대를 살고 있다.	

②	중심 의미
그는 발이 진짜 크다.	
그는 발이 진짜 넓다.	

③	중심 의미
문학계의 큰 별이 지고 말았다.	
오늘따라 밤하늘의 별이 유난히 밝다.	

④	중심 의미
그는 한민족의 뿌리를 찾고자 연구했다.	
잡초는 뿌리까지 완전히 제거해야 한다.	

⑤	중심 의미
철수는 겁을 잔뜩 먹었다.	
철수는 저녁을 맛있게 먹었다.	

⑥	중심 의미
그녀가 눈을 살짝 감았다.	
그녀는 보는 눈이 정확하다.	

⑦	중심 의미
너는 다리가 길어서 좋겠다.	
책상 다리가 생각보다 짧다.	

⑧	중심 의미
긴 밤 지새우고 풀잎마다 맺힌 아침 이슬처럼.	
그녀의 눈가에 이슬이 촉촉이 맺혔다.	

3 다음 단어들을 포함할 수 있는 상위어를 쓰시오.

① □□하다
굽다, 튀기다, 삶다, 데치다, 볶다, 찌다

② □□□하다
감치다, 공그르다, 시치다, 박음질하다, 휘갑치다, 감침질하다

③ □□ 식품
된장, 간장, 치즈, 젓갈, 김치, 요구르트, 와인

④ □□ 놀이
윷놀이, 제기차기, 연날리기, 차전놀이, 비석치기

5 min
오분만에 마스터하는 국어
50강

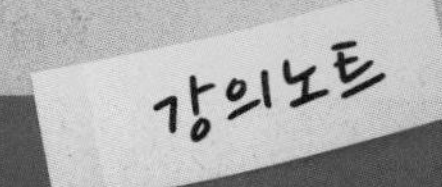

학습일 년 월 일

유튜브 강의

Youtube Player
단어 | 문장 | 음운 | 국어사
◂◂ 이전 강의 | 다음 강의 ▸▸
단어의 의미 관계 | 품사의 통용

사전 활용법

I 단어

1 사전에 수록되는 순서

1) 초성

ㄱ, ㄲ, ㄴ, ㄷ, ㄸ, ㄹ, ㅁ, ㅂ, ㅃ, ㅅ, ㅆ, ㅇ, ㅈ, ㅉ, ㅊ, ㅋ, ㅌ, ㅍ, ㅎ

2) 중성

ㅏ, ㅐ, ㅑ, ㅒ, ㅓ, ㅔ, ㅕ, ㅖ, ㅗ, ㅘ, ㅙ, ㅚ, ㅛ, ㅜ, ㅝ, ㅞ, ㅟ, ㅠ, ㅡ, ㅢ, ㅣ

3) 종성

ㄱ, ㄲ, ㄳ, ㄴ, ㄵ, ㄶ, ㄷ, ㄹ, ㄺ, ㄻ, ㄼ, ㄽ, ㄾ, ㄿ, ㅀ,
ㅁ, ㅂ, ㅄ, ㅅ, ㅆ, ㅇ, ㅈ, ㅊ, ㅋ, ㅌ, ㅍ, ㅎ

2 동음이의 관계와 다의 관계

배[1] [배] 명

① 사람이나 동물의 몸에서 위장, 창자, 콩팥 따위의 내장이 들어 있는 곳으로 가슴과 엉덩이 사이의 부위. 예 배가 나오다.
② 긴 물건 가운데의 볼록한 부분. 예 배가 부른 마대 자루.

→ 다의 관계(다의어)

배[2] [배] 명

① 사람이나 짐 따위를 싣고 물 위로 떠다니도록 나무나 쇠 따위로 만든 물건. 예 배를 띄우다.

→ 동음이의 관계(동음이의어)

배[3](倍) [배ː] 명

(주로 고유어 수 뒤에 쓰여) 일정한 수나 양이 그 수만큼 거듭됨을 이르는 말. 예 힘이 세 배나 들다.

3 표준 국어 대사전(웹버전)에서 찾을 수 있는 그 밖의 정보들

- 발음
- 어원이나 옛 형태
- 용언의 활용형
- 필요로 하는 문장 성분(서술어의 자릿수)
- 복합어의 표지(합성어, 파생어)

강의노트

학습일 년 월 일

51강 품사의 통용

유튜브 강의

Youtube Player

단어	문장	음운	국어사

◂◂ 이전 강의 ⏸ 다음 강의 ▸▸

사전 활용법	-

1 품사의 통용의 개념

하나의 단어가 복수의 품사적 성질을 공유하고 있어서, 문장에서 놓이는 상황에 따라 다양한 품사로 기능하는 것을 말한다.

2 품사의 통용 사례들

① 명사 VS 부사

명사	부사
산의 높이를 쟀다.	나무가 높이 자랐다.
자연을 노래하다.	그가 누구인지는 자연 알게 됩니다.
식구 모두가 여행을 떠났다.	그릇에 담긴 소금을 모두 쏟았다.

② 명사 VS 조사

명사	조사
증인은 직접 본 대로 발언하세요.	증인의 발언대로 믿어도 됩니까?
시간만 보냈을 뿐이지 한 일은 없다.	이제 믿을 것은 오직 실력뿐이다.
방 안은 숨소리가 들릴 만큼 조용했다.	집을 대궐만큼 크게 지었다.

③ 수사 VS 관형사

수사	관형사
야구는 한 팀에 선수 아홉이 필요하다.	야구는 한 팀에 아홉 명이 필요하다.
수영장에서는 첫째도 안전, 둘째도 안전이다.	매월 첫째 주, 둘째 주 화요일에 쉰다.

④ 조사 VS 부사

조사	부사
철수는 소같이 일만 했다.	친구와 같이 사업을 했다.
내가 너보다 더 빠르게 뛰겠다.	보다 빠르게 뛸 수 없겠니?

⑤ 대명사 VS 관형사

대명사	관형사
이는 우리가 원하던 바입니다.	이 회사의 사장이 누구지요?
그와 같은 사실을 왜 이제 말했어?	그 책 이리 좀 줘 봐.

⑥ 동사 VS 형용사

동사	형용사
벌써 새벽이 밝아 온다.	햇살이 밝다.
키가 몰라보게 크는구나.	키가 정말 크구나.

개념 시냅스

품사의 통용 VS 동음이의어

품사의 통용은 하나의 단어가 두 가지 이상의 품사의 구실을 하는 것을 말해. 따라서 의미의 관련성을 따질 수밖에 없어. 예를 들어 수사 '아홉'과 관형사 '아홉'은 의미상 서로 관련성이 깊은 단어들인데 쓰임에 따라 다른 품사로 나누어진다고 보는 거지. 이에 반해 과일 '배'와 신체 부위 '배'는 의미상 서로 관련성이 없어. 그렇기 때문에 이들 단어는 품사의 통용이 아닌 동음이의어로 처리하게 되는 거야.

개념 시냅스

품사를 간단하게 구별하는 방법

① 명사와 부사
→ 격 조사가 결합하면 명사, 용언을 수식하면 부사
② 명사와 조사
→ 관형어가 있으면 명사, 앞말(체언)에 결합해 있으면 조사
③ 수사와 관형사
→ 격 조사가 결합하면 수사, 체언을 수식하면 관형사
④ 조사와 부사
→ 앞말에 결합해 있으면 조사, 용언을 수식하면 부사
⑤ 대명사와 관형사
→ 조사가 결합하면 대명사, 조사가 결합하지 못하면 관형사
⑥ 동사와 형용사
→ 어미 '-는구나'가 결합하면 동사, 어미 '-구나'가 결합하면 형용사

개념 시냅스

듯이 VS -듯이 VS 듯하다

① 의존 명사 '듯이'(준말: 듯)
- 그는 아는 듯이 말했다.
- 그는 아는 듯 말했다.

② 어미 '-듯이'(준말: -듯)
- 그는 물 쓰듯이 돈을 쓴다.
- 그는 물 쓰듯 돈을 쓴다.

③ 보조 형용사 '듯하다'
- 저 사람은 경찰인 듯하다.

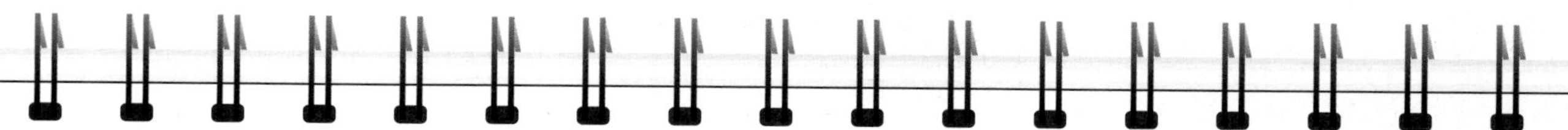

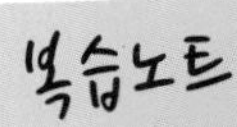

51강 • 품사의 통용

정답 32쪽

레인보우 리뷰

① 품사의 통용이란 하나의 단어가 □□의 품사적 기능을 공유하고 있어서, 문장에서 놓이는 상황에 따라 다양한 □□로 취급되는 것을 말한다.

② 다른 품사로 통용되는 각 단어들은 서로 □□적 상관관계가 있지만, 이에 반해 동음이의어는 각각의 단어들 간에 □□적 상관관계가 없다.

개념 마스터

1 제시한 문장들의 밑줄 친 단어들의 품사를 밝히시오.

① 재작년에 심은 나무가 어른 키 높이 정도로 자랐다. → ________

② 오늘은 올여름 들어 기온이 가장 높이 올랐다. → ________

③ 우리 민족의 문제는 우리 스스로가 해결해야 할 것이다. → ________

④ 그는 남이 싫어하는 일을 스스로 나서서 했다. → ________

⑤ 그 둘은 서로 사랑한다. → ________

⑥ 우리 서로가 힘을 합치면 두려울 것이 없다. → ________

⑦ 올 사람은 다 왔다. → ________

⑧ 인생에서 돈이 다가 아니다. → ________

⑨ 내일이 내 생일이다. → ________

⑩ 오늘은 이만하고 내일 다시 시작합시다. → ________

⑪ 내일 동이 트는 대로 떠나겠다. → ________

⑫ 처벌하려면 법대로 해라. → ________

⑬ 우리 민족의 염원은 통일뿐이다. → ________

⑭ 소문으로만 들었을 뿐이네. → ________

⑮ 노력한 만큼 대가를 얻었다. → ________

⑯ 나도 당신만큼은 할 수 있다. → ________

⑰ 첫째, 부모와 형들의 말을 잘 들어라. 둘째, 공부를 열심히 해라. → ________

⑱ 어머니는 맏이보다는 둘째 아이를 더 걱정하신다. → ________

⑲ 어머니는 삼 형제 중에서 첫째보다는 둘째를 늘 걱정하였다. → ________

⑳ 아기는 아버지를 빼다 박은 듯 닮았다. → ________

㉑ 그는 물 쓰듯 돈을 쓴다. → ________

㉒ 문제가 조금 어려운 듯하다. → ________

㉓ 세월이 물과 같이 흐른다. → ________

㉔ 방바닥이 얼음장같이 차가웠다. → ________

㉕ 하나밖에 남지 않았다. → ________

㉖ 너는 밖에 나가 있어라. → ________

㉗ 저에게 말씀을 해 주세요. → ________

㉘ 저 거리에는 항상 사람이 많다. → ________

㉙ 하던 일이나 마저 끝내라. → ________

㉚ 막내마저 출가를 시키니 마음이 허전하다. → ________

I 단어

PART Ⅱ

문장

5 min
오마국
오분만에 마스터하는 국어

강의노트

학습일 년 월 일

문장의 개념 · 요건 · 골격

유튜브 강의

Youtube Player
단어 | 문장 | 음운 | 국어사
◂◂ 이전 강의 ⏸ 다음 강의 ▸▸
- | 문장의 구성 단위

알쓸문법

문장 공부의 기초 → 단어

'Ⅰ. 단어' 단원을 착실하게 공부한 친구들은 지금부터 배울 문장 단원이 굉장히 쉽게 느껴질 거야. 왜냐하면 앞에서 배운 내용들이 그대로 다시 나오거든. 문장 성분을 배울 때에는 격 조사가, 절을 배울 때에는 전성 어미가, 이어진문장을 배울 때에는 연결 어미가 소환될 거야. 문장의 종류를 배울 때에는 종결 어미가 소환되고, 높임법과 시제를 배울 때에는 선어말 어미가, 사동과 피동을 배울 때에는 접사가 소환되지. 그러니 긴장하지 마. 자신감 가지고 가벼운 마음으로 출발해 보자!

1 문장(文章)의 개념

(글 문, 글 장)

사회적 존재인 인간은 끊임없이 의사소통을 한다. 사람이 말과 글을 통해 의사소통을 하는 본질적인 목적은 결국 본인의 생각이나 감정을 드러내기 위함인데, 이처럼 사람들이 서로 의사소통을 하기 위해서 구사하는 언어적 표현의 최소 형식을 문장이라고 한다.

> 생각이나 감정을 말과 글로 표현할 때 의미상, 구성상, 형식상으로 완결된 내용을 담고 있는 최소의 언어 형식을 말한다.

2 문장의 요건

1) 의미상 요건: 화자의 생각이나 인식, 감정 등의 완결된 내용을 갖추어야 한다.

철수가 잔다.

'철수가 자고 있다'는 화자의 인식이 담겨 있다.

2) 구성상 요건: 주어와 서술어로 구성되어야 한다.

철수가 잔다.

'철수가'라는 주어와 '잔다'라는 서술어로 구성되어 있다.

3) 형식상 요건: 문장이 끝났음을 나타내는 표지(. ! ?)가 있어야 한다.

철수가 잔다.

마침표(.)를 사용해 문장이 끝났음을 드러내고 있다.

3 소형문(小形文): 주어나 서술어와 같은 구성상 요건은 갖추지 못했지만 문장으로 취급하는 언어 형식이다.

(작을 소, 모양 형, 글 문)

문장	불이야!	네.	아니요.	왜?	정말?
의미	화재 발생	긍정의 대답	부정의 대답	이유 확인	사실 확인
형식	!	.	.	?	?
구성	이들은 비록 주어, 서술어, 종결 어미 등을 완전하게 갖추지는 못했지만, 담화의 상황이나 문맥을 고려하면 생략된 의미 요소들을 쉽게 파악할 수 있다. 또한 언중들은 이러한 문장들을 일상에서 사용하고 있으므로 학교 문법에서는 이들을 문장으로 인정하고 있다.				

4 문장의 기본 골격

기본 골격	문장의 의미
무엇이 어찌하다.	동사가 서술어의 역할을 하며 주어의 동작과 작용을 드러냄
무엇이 어떠하다.	형용사가 서술어의 역할을 하며 주어의 성질과 상태를 드러냄
무엇이 무엇이다.	'체언 + 서술격 조사' 형태의 서술어가 주어에 관한 정보를 드러냄

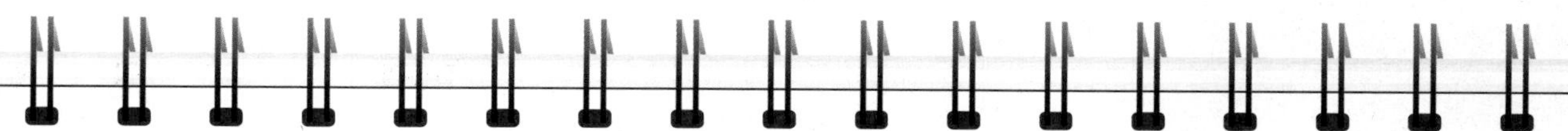

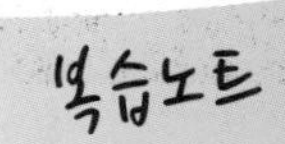

복습노트

1강 • 문장의 개념 · 요건 · 골격

정답 33쪽

레인보우 리뷰

① 문장은 의□□□을 하기 위해서 구사하는 언어적 표현의 최□ 형식이다.

② 문장이 갖춰야 할 조건으로는 □미상 요건, □성상 요건, □식상 요건이 있다.

③ 화자의 생각이나 인식, 감정 등의 완결된 내용을 갖추어야 한다는 것은 □□상 요건이다.

④ 주어와 서술어로 구성되어야 한다는 것은 □□상 요건이다.

⑤ 문장이 끝났음을 나타내는 표지(. ! ?)가 있어야 한다는 것은 □□상 요건이다.

⑥ □□문은 주어나 서술어와 같은 구성상 요건은 갖추지 못했지만 문장으로 취급하는 언어 형식이다.

⑦ 3가지 문장의 기본 골격
- 무엇이 어찌하다. → □□가 서술어 역할
- 무엇이 어떠하다. → □□□가 서술어 역할
- 무엇이 무엇이다. → □□+□□□ □□가 서술어 역할

개념 마스터

1 다음 사례들이 갖추지 못한 문장의 요건을 모두 골라 ○를 표시하시오.

① 흔들리는 꽃들 속에서		
의미상 요건	구성상 요건	형식상 요건

② 네 샴푸 향기가 느껴진다		
의미상 요건	구성상 요건	형식상 요건

③ 나 당신 슈퍼마켓 마스크!		
의미상 요건	구성상 요건	형식상 요건

④ 도둑이야!		
의미상 요건	구성상 요건	형식상 요건

2 다음 문장들이 해당되는 유형을 밑줄 친 부분을 참고하여 ㉠~㉢에서 고르시오.

기본 골격	문장의 의미
㉠ 무엇이 어찌하다.	동사가 서술어의 역할을 하며 주어의 동작과 작용을 드러냄
㉡ 무엇이 어떠하다.	형용사가 서술어의 역할을 하며 주어의 성질과 상태를 드러냄
㉢ 무엇이 무엇이다.	'체언+서술격 조사' 형태의 서술어가 주어의 정체를 드러냄

① 한라산이 가장 높다. ( )

② 철수가 늦게까지 공부를 하였다. ( )

③ 교육부에서 사상 최초로 온라인 개학을 실시하였다. ( )

④ 철수는 인성이 참 좋다. ( )

⑤ 철수는 성실한 학생이다. ( )

⑥ 방이 건조하다. ( )

⑦ 아들아, 사랑한다. ( )

⑧ 선생님께서 우리에게 꿈을 심어 주셨다. ( )

⑨ 나는 건조한 방이 싫어. ( )

⑩ 사랑하는 아들아, 공부 좀 하렴. ( )

⑪ 선생님께서 학교를 그만두셨다. ( )

⑫ 가습기가 있으니 숨쉬기가 편하다. ( )

⑬ 우리 아들이 이번에 수석을 했어. ( )

⑭ 선생님은 노래 경연 프로그램에 출연하셨다. ( )

⑮ 철수는 먹을 것을 찾았다. ( )

⑯ 철수는 조용히 공부할 따름이었다. ( )

⑰ 나는 세수도 못한 채로 등교했다. ( )

⑱ 서울에 올라온 지 벌써 3년이 지났다. ( )

⑲ 철수는 일찍 일어난 김에 산책을 하러 나갔다. ( )

⑳ 나는 국어 문법 고수다. ( )

II 문장

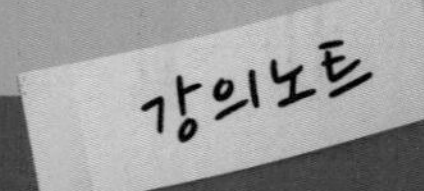

학습일 년 월 일

문장의 구성 단위

Youtube Player

단어	문장	음운	국어사

◀◀ 이전 강의 ⏸ 다음 강의 ▶▶

문장의 개념	문장 성분의 개념

레인보우 리뷰

어절의 개수≠문장 성분의 개수

어절이 문장 성분의 기능을 하는 게 맞지만 그렇다고 어절의 개수가 항상 문장 성분의 개수와 일치하는 것은 아니야. 왜냐하면 보는 관점에 따라 '구'와 '절'도 하나의 문장 성분처럼 취급될 수가 있거든. 앞서 'Ⅰ. 단어' 단원에서 '본용언+보조용언'의 구성도 두 개의 단어가 결합된 형태지만 하나의 '서술어'로 취급한다고 배웠던 것 기억하지?

개념 시냅스

어절의 구성 요소

하나의 단어가 그대로 한 개의 어절이 될 수도 있고, 단어에 조사가 결합한 것이 한 개의 어절이 될 수도 있어.

개념 시냅스

구와 절의 공통점과 차이점

공통점
• 두 개 이상의 어절들로 구성됨. • 한 개의 문장 성분으로 쓰일 수 있음.

차이점
• 구는 주어와 서술어의 짜임이 없음. • 절은 주어와 서술어의 짜임이 있음.

개념 시냅스

절이 완전한 문장이 아닌 이유

'절'에도 분명히 '주어와 서술어'가 있는데, 왜 그냥 문장이라고 하지 않고 굳이 '절'이라고 하는 걸까? 그건 '절'이 '문장'과 분명한 차이가 있기 때문이겠지? 일단 '절'은 종결 어미가 사용되지 않아. 즉 독립된 문장이 아니기 때문에 더 큰 문장 속에서 하나의 문장 성분으로만 사용되지. 또한 '절'에는 문장이 갖추어야 할 형식적 요건인 마침표, 물음표, 느낌표가 붙지 않아. 이와 같은 이유로 '절'은 완전한 문장이라고 하지 않는 거야.

1 문장을 구성하는 단위 → 문법 단위

1) 어절(語節) 말씀 어 마디 절

어절은 문장을 구성하는 가장 기본적인 단위로서 문장 성분으로 사용되며 띄어쓰기의 단위와 일치한다. 이때 조사, 어간, 어미, 접사는 다른 말들과 결합하여 하나의 어절을 이루게 된다.

주어 부사어 서술어
철수가 ✓ 학교에 ✓ 간다.
❶ ❷ ❸
○ 3개의 어절 = 3개의 문장 성분

2) 구(句) 글귀 구

구는 두 개 이상의 어절로 구성되며, 문장 속에서 마치 한 개의 문장 성분처럼 기능할 수 있는 문법 단위이다. 구는 주어와 서술어의 짜임을 갖추지 못한 언어 형식이라는 점에서 절과 구별된다.

미시적 분석: 관형어 ① 주어 ② 부사어 ③ 서술어 ④ ○ 4개의 어절 = 4개의 문장 성분

내 동생이 매우 건방지다.

거시적 분석: ❶ 주어 ❷ 서술어 ○ 2개의 구 = 2개의 문장 성분

① 명사구: 명사처럼 쓰이는 구 예 우리 학교 학생들은 절대 그런 일을 하지 않아.
② 동사구: 동사처럼 쓰이는 구 예 꽃이 활짝 피었다.
③ 형용사구: 형용사처럼 쓰이는 구 예 영희는 매우 친절하다.
④ 관형사구: 관형사처럼 쓰이는 구 예 저 새 가방은 내 것이야.
⑤ 부사구: 부사처럼 쓰이는 구 예 민수는 아주 빨리 뛴다.

3) 절(節) 마디 절

두 개 이상의 어절로 구성되며, 주어와 서술어의 짜임을 갖춘 문법 단위이다. 종결 어미가 실현되지 않은 언어 형식이며, 구와 마찬가지로 문장 속에서 하나의 문장 성분처럼 기능한다.

주어 목적어 서술어
아버지는 [철수의 건강을] 바라신다.
○ 명사구(주술 관계가 없음)

(종결 어미 '-다' → 명사형 어미 '-기'로 교체)
철수가 건강하다.
아버지는 [철수가 건강하기를] 바라신다.
주어 목적어 서술어
○ 명사절(주술 관계가 있음)

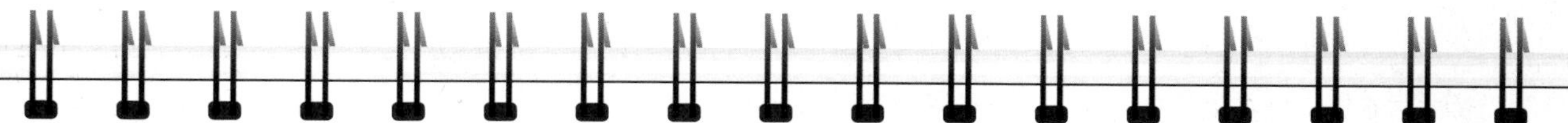

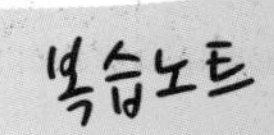

2강 • 문장의 구성 단위

정답 33쪽

레인보우 리뷰

① □□은 문장을 구성하는 가장 기본적인 단위이다.
② 어절은 문장에서 □□ □□으로 사용된다.
③ 어절은 □□□□의 단위와 일치한다.
④ 조□, 어□, 어□, 접□는 반드시 다른 말들과 결합하여 하나의 어절을 이룬다.
⑤ 구는 □ 개 이상의 어절로 구성된다.
⑥ 구는 문장 속에서 한 개의 □□ □□처럼 기능한다.
⑦ 구는 □□와 □□□의 짜임을 갖추지 못한 언어 형식이다.
⑧ 구의 종류에는 □사구, □사구, □□사구, □□사구, □사구가 있다.
⑨ 절은 □ 개 이상의 어절로 구성된다.
⑩ 절은 □□와 □□□의 짜임을 갖춘 언어 형식이다.
⑪ 절은 □□ 어미가 실현되지 않은 언어 형식이다.
⑫ 절은 문장 속에서 한 개의 □□ □□처럼 기능한다.
⑬ □□의 개수와 문장 성분의 개수가 반드시 일치하지는 않는다.

개념 마스터

1 다음 문장을 어절 단위대로 '/'로 표시하시오.

① 한라산이가장높다.
② 철수가늦게까지공부를하였다.
③ 교육부가사상최초로온라인개학을실시하였다.
④ 철수는인성이참좋다.
⑤ 철수는성실한학생이다.
⑥ 철수는일찍일어난김에산책을하러나갔다.
⑦ 서울에올라온지벌써3년이지났다.
⑧ 선생님께서우리들에게칭찬을해주셨다.
⑨ 나는건조한방이싫어.
⑩ 나는세수도못한채로등교했다.
⑪ 선생님께서학교를그만두셨다.
⑫ 가습기가있으니호흡이편하다.
⑬ 우리아들이이번에수석을했어.
⑭ 철수는조용히공부할따름이었다.
⑮ 철수는먹을것을찾았다.

2 〈보기〉와 같이 밑줄 친 부분이 '구'인지 '절'인지를 판단하시오.

〈보기〉

한라산이 가장 높다.	
구	절
○	

① 교육부가 사상 최초로 온라인 개학을 실시하였다.	
구	절

② 철수는 인성이 참 좋다.	
구	절

③ 저기, 좀 더 빨리 해 주실 수 없나요?	
구	절

④ 나는 국어 문법 고수다.	
구	절

⑤ 나는 엄마가 차려 주신 죽을 먹고 겨우 등교했다.	
구	절

⑥ 저 모든 헌 옷들은 지금 당장 갖다 버려라.	
구	절

⑦ 선생님은 노래 경연 프로그램에 출연하셨다.	
구	절

⑧ 내가 서울에 올라온 지 벌써 3년이 지났다.	
구	절

⑨ 오늘 날씨가 정말 화창하다.	
구	절

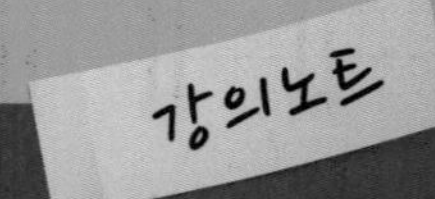

학습일 년 월 일

문장 성분의 개념과 종류

유튜브 강의

Youtube Player
단어 | 문장 | 음운 | 국어사
◀◀ 이전 강의 ⏸ 다음 강의 ▶▶
문장의 구성 단위 | 주어

개념 시냅스

문장 성분의 자리

이제부터 문장 성분을 '자리'라고 생각하면 이해하기가 쉬울 거야. 1개(때로는 그 이상)의 단어가 '주어, 서술어, 목적어, 보어, 관형어, 부사어, 독립어'라는 자리에 들어가면 그것이 바로 문장 성분이 되는 거야.

레인보우 리뷰

간단하게 정리하는 7성분

① ______ : 서술의 주체가 되는 성분
② ________ : 주체의 동작, 상태 등을 풀이하는 성분
③ ________ : 동작, 작용의 대상이 되는 성분
④ ______ : 되다, 아니다 앞에 위치하는 성분
⑤ ______ : 체언을 수식하는 성분
⑥ ______ : 용언을 수식하는 성분
⑦ ______ : 다른 성분과 관계가 없는 성분

레인보우 리뷰 정답 주어, 서술어, 목적어, 보어, 관형어, 부사어, 독립어

1 문장 성분

단어들이 모여서 이루어진 '어절, 구, 절'은 문장 속에서 일정한 문법적 기능을 담당하게 되는데 이러한 기능을 하는 각 부분들을 '문장 성분'이라고 한다.

문장 안에서 일정한 문법적 기능을 담당하는 각각의 부분들을 말한다.

2 문장 성분의 분류

1) 주성분 → 필수 성분

문장을 구성함에 있어서 반드시 필요하다고 여기는 문장 성분들이다. 주어, 서술어, 목적어, 보어가 여기에 해당한다.

주어 목적어 서술어
철수가 밥을 먹는다.

주어 보어 서술어
나는 짐승이 아니다.

2) 부속 성분 → 수의적 성분

주성분 또는 주성분의 일부를 수식하는 역할을 하는 문장 성분들이다. 문장 구성에 있어서 필수적인 성분이 아니므로 상황에 따라 생략될 수 있다. 관형어와 부사어가 여기에 해당한다.

○ 목적어를 이루고 있는 체언 '고기'를 수식함
주어 관형어 목적어 서술어
철수가 맛있는 고기를 먹는다.
(형용사 '맛있다'의 관형사형)

○ 서술어인 용언 '먹는다'를 수식함
주어 목적어 부사어 서술어
철수가 고기를 맛있게 먹는다.
(형용사 '맛있다'의 부사형)

3) 독립 성분

다른 문장 성분과 직접적으로 관계를 맺지 않고 독립적으로 사용되는 문장 성분이다. 독립어가 여기에 해당한다.

독립어 관형어 주어 부사어 서술어
아, 문법 공부는 언제쯤 끝날까?
(감탄사)

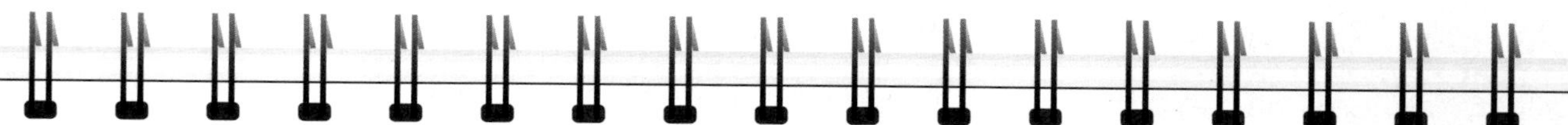

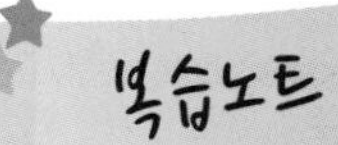

3강 • 문장 성분의 개념과 종류

정답 33쪽

레인보우 리뷰

① 문장 안에서 일정한 문법적 기능을 담당하는 각각의 부분들을 □□ □□이라고 한다.
② □성분(□□ 성분)은 문장을 구성함에 있어서 반드시 필요하다고 여기는 문장 성분들이다.
③ 주성분에는 □어, □□어, □□어, □어가 있다.
④ □□ 성분(□□적 성분)은 주성분 또는 주성분의 일부를 □□하는 역할을 하는 문장 성분들이다.
⑤ 부속 성분은 문장 구성에 있어서 필수적인 성분이 아니므로 상황에 따라 □□될 수 있다.
⑥ 부속 성분에는 □□□와 □□□가 있다.
⑦ □□ 성분은 다른 문장 성분과 □□적으로 관계를 맺지 않고 독립적으로 사용되는 문장 성분이다.
⑧ 독립 성분에는 □□□가 있다.
⑨ 7성분의 핵심 음절만 따면 □□□□□□□이다.

개념 마스터

1 다음 문장에서 주성분을 골라 ○를 표시하시오.

① 철수는 잃어버린 핸드폰을 찾았다.
② 철수는 조용히 공부를 하였다.
③ 철수는 조용히 공부하였다.
④ 철수는 천재가 아니다.
⑤ 철수는 항상 부지런한 노력파이다.
⑥ 독서는 사람을 지혜롭게 만든다.
⑦ 철수는 절대 마피아가 아니다.
⑧ 물이 얼음으로 되었다.
⑨ 얼음이 물로 변하였다.
⑩ 철수가 나에게 갑자기 화를 냈다.
⑪ 대한민국은 고요한 아침의 나라이다.
⑫ 철수는 가족들 중에서 가장 크다.
⑬ 엄마는 나를 정말로 사랑하신다.
⑭ 나는 저녁마다 반드시 운동을 한다.
⑮ 야자 시간에 철수는 괜히 들떴다.
⑯ 결국 철수는 대학생이 되었다.
⑰ 그리고 철수는 바로 입대를 했다.
⑱ 나는 한동안 집에서 지냈다.
⑲ 나는 어젯밤에 개꿈을 꾸었다.
⑳ 요즘에 허리가 찌뿌둥하다.

2 다음 문장에서 부속 성분을 골라 ○를 표시하시오. (단, 부속 성분이 없는 경우에는 표기하지 말 것.)

① 철수는 잃어버린 핸드폰을 찾았다.
② 철수는 조용히 공부를 하였다.
③ 철수는 조용히 공부하였다.
④ 철수는 천재가 아니다.
⑤ 철수는 항상 부지런한 노력파이다.
⑥ 독서는 사람을 지혜롭게 만든다.
⑦ 철수는 절대 마피아가 아니다.
⑧ 물이 얼음으로 되었다.
⑨ 얼음이 물로 변하였다.
⑩ 철수가 나에게 갑자기 화를 냈다.
⑪ 대한민국은 고요한 아침의 나라이다.
⑫ 철수는 가족들 중에서 가장 크다.
⑬ 엄마는 나를 정말로 사랑하신다.
⑭ 나는 저녁마다 반드시 운동을 한다.
⑮ 야자 시간에 철수는 괜히 들떴다.
⑯ 결국 철수는 대학생이 되었다.
⑰ 그리고 철수는 바로 입대를 했다.
⑱ 나는 한동안 집에서 지냈다.
⑲ 나는 어젯밤에 개꿈을 꾸었다.
⑳ 요즘에 허리가 찌뿌둥하다.

3 다음 문장에서 독립 성분을 골라 ○를 표시하시오.

① 후유, 다행이야.
② 음, 난 잘 모르겠는데?
③ 사랑, 나도 잘 모르겠다.
④ 철수야, 엄마 말 안 들리니?
⑤ 아니요, 글쎄 아니라니까요.
⑥ 하하, 말 같지도 않은 소리하고 있네.

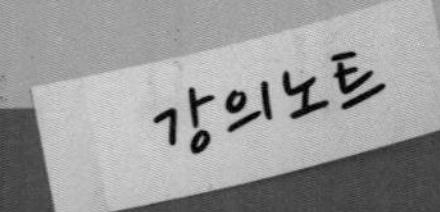

학습일 [ ] 년 [ ] 월 [ ] 일

유튜브 강의

Youtube Player

단어	문장	음운	국어사

◂◂ 이전 강의 ⏸ 다음 강의 ▸▸

문장 성분의 개념	서술어

주어

레인보우 리뷰

체언이 주어의 역할을 한다?

문법 공부를 하다 보면 '체언이 문장에서 주어의 역할을 한다'는 설명을 자주 보게 되는데, 사실은 '체언이 주어의 자리에 놓인다' 또는 '체언이 주어의 재료가 된다'라고 하는 게 좀 더 정확한 표현이야. 일반적으로 문장에서는 체언에 주격 조사가 결합한 상태라야 주어가 될 수 있기 때문이지. 물론 구어체에서 체언만으로도 주어가 되는 경우가 있긴 하지만 이 경우 역시 주격 조사가 생략된 경우라고 보는 게 맞겠지.

주격 조사 '께서'와 주체 높임법

주어의 자리에 놓이는 주체가 화자의 입장에서 높여야 할 대상이라면 주격 조사 '이/가' 대신에 '께서'를 사용해야 돼. 나중에 배우게 되겠지만 이처럼 주체를 높이는 것을 '주체 높임법'이라고 해.

대표적인 보조사 5개는?

□, □, □, □, □

주격 조사 '에서' VS 부사격 조사 '에서'

주격 조사 '에서'와 부사격 조사 '에서'는 그 형태가 똑같아서 많이 헷갈릴 수 있어. 이럴 때는 격 조사가 문장 성분의 자격을 부여한다는 전제를 두고, '에서'와 결합한 말이 주어로 쓰이고 있는지, 부사어로 쓰이고 있는지만 파악하면 쉽게 구분할 수 있을 거야.

- 오늘 오전, 정부에서(주어) 전염병 대책을 청와대 춘추관에서(부사어) 발표할 예정이다.

주격 조사 '서'와 부사격 조사 '서'도 똑같은 방법으로 구분하면 돼.

- 둘이서(주어) 잘 다녀올 수 있지?
- 길거리서(부사어) 장난치지 말고.

레인보우 리뷰 정답 은, 는, 도, 만, 요

1 주어(主語)의 개념

(주어: 주인 말씀)

문장에서 서술어로 표현되는 동작, 작용, 성질, 상태의 주체가 놓여 있는 문장 성분을 말한다.

체언 ⊕ 주격 조사	체언 ⊕ 보조사	체언 ⊕ 주격 조사 ⊕ 보조사	체언 ⊕ (주격 조사 생략)

2 주어의 유형

1) 체언 + 주격 조사(이/가, 께서, 에서, 서)

[동생이] 잔다. / [철수가] 잔다. ⊙ 앞말의 받침 유무에 따라

[아버지께서] 주무신다. ⊙ 주체가 높임의 대상인 경우

[학교에서] 가정통신문을 보냈다. ⊙ 주체가 기관이나 단체인 경우

[혼자서] 밥을 먹었다. ⊙ 사람의 수를 나타내는 받침 없는 체언인 경우(둘이, 셋이 등)

2) 체언 + (주격 조사 생략) + 보조사

동생이 잔다. 철수가 잔다.

[동생은] 잔다. [철수도] 잔다.

⊙ 주격 조사가 생략되고 보조사가 놓임

3) 체언 + 주격 조사 + 보조사

[아버지께서는] 주무신다. [학교에서도] 가정통신문을 발송했다.

⊙ 주격 조사 '께서' + 보조사 '는' ⊙ 주격 조사 '에서' + 보조사 '도'

4) 체언 + (주격 조사 생략)

쉿! 아버지께서 주무신다. → **쉿! [아버지] 주무신다.**

⊙ 주격 조사가 생략됨

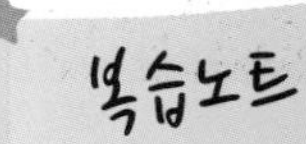

4강 • 주어

정답 ▶ 34쪽

레인보우 리뷰

① 주격 조사에는 '□, □, □□, □□, □'가 있다.

② 주어는 문장에서 □□□로 표현되는 동작, 작용, 성질, 상태의 □□가 놓여 있는 문장 성분을 말한다.

③ 주어는 □□과 □□ □□의 결합으로 이루어진다.

④ 주체가 높임의 대상인 경우 주격 조사 '□□'를 사용한다. 이때 '□□'를 사용한 높임 표현을 □□ 높임법이라고 한다.

⑤ 주체가 기관이나 단체인 경우 주격 조사 '□□'를 사용한다.

⑥ □격 조사 '에서'와 □□격 조사 '에서'는 형태가 같다.

⑦ 주어는 □□과 주격 □□의 결합으로 이루어질 수 있는데 이때 □□□가 추가로 결합되기도 한다.(□□+□□ 조사+□□□)

⑧ 주어는 □□과 □□ 조사의 결합으로 이루어질 수 있는데 이때 주격 조사는 □□되고 □□□가 결합하기도 한다.(□□+□□□)

⑨ 주어는 □□과 □□ 조사의 결합으로 이루어질 수 있는데 이때 □□ 조사가 생략되기도 한다.

⑩ 주어는 문장의 기본 골격에서 '□□□'에 해당된다.

⑪ 3가지 문장의 기본 골격
- 무엇이 어찌하다. → □□가 서술어 역할
- 무엇이 어떠하다. → □□□가 서술어 역할
- 무엇이 무엇이다. → □□+□□□ □□가 서술어 역할

개념 마스터

1 다음 문장들에서 주어를 찾아 ○를 표시하고, 〈보기〉에서 주어의 유형을 고르시오.

〈보기〉
㉠ 체언 + 주격 조사(이, 가, 께서, 에서, 서)
㉡ 체언 + (주격 조사 생략) + 보조사
㉢ 체언 + 주격 조사 + 보조사
㉣ 체언 + (주격 조사 생략)

① 철수가 잃어버린 핸드폰을 찾았다. ( )
② 철수도 조용히 공부를 하였다. ( )
③ 할아버지께서 시골에서 올라오셨다. ( )
④ 철수가 공모전에서 우승했다. ( )
⑤ 어제 철수 학교에 안 왔어. ( )
⑥ 독서는 사람을 지혜롭게 만든다. ( )
⑦ 정부에서 각종 복지 정책을 발표하였다. ( )
⑧ 물이 얼음이 되었다. ( )
⑨ 영국에서도 백신을 접종하기 시작했다. ( )
⑩ 철수가 나에게 갑자기 화를 냈다. ( )
⑪ 대한민국에서 최초로 백신을 개발하였다. ( )
⑫ 철수 도서관에 있던데? ( )
⑬ 엄마가 너를 한번 데리고 오라고 하셨어. ( )
⑭ 할머니께서는 많이 편찮으시다. ( )
⑮ 야자 시간에 철수는 혼자 떠들었다. ( )
⑯ 결국 혼자서 집을 나섰다. ( )
⑰ 학교에서 가정통신문을 발송하였다. ( )
⑱ 철수는 한동안 집에서 지냈다. ( )
⑲ 오랜만에 철수가 내게 연락을 해 왔다. ( )
⑳ 요즘에 허리가 찌뿌둥하다. ( )

2 밑줄 친 부분에 해당하는 문장 성분의 유형을 〈보기〉에서 고르시오.

〈보기〉
㉠ 주격 조사 '에서'　　㉡ 주격 조사 '서'
㉢ 부사격 조사 '에서'　　㉣ 부사격 조사 '서'

① 시청<u>에서</u> 모든 시민들을 자전거 보험에 가입시켰다. ( )
② 아이 혼자<u>서</u> 집을 지키고 있다. ( )
③ 이따가 우리 시청<u>에서</u> 만납시다. ( )
④ 너 지금 어디<u>서</u> 오는 길이야? ( )
⑤ 부모님의 여권을 시청<u>에서</u> 발급해 주었다. ( )

오늘은 여기까지. 하산해. 끝!

II 문장

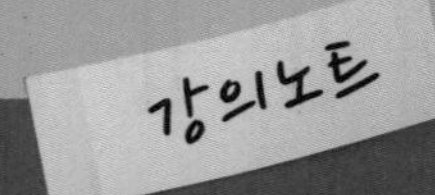

학습일 년 월 일

유튜브 강의

Youtube Player

단어	문장	음운	국어사

◀◀ 이전 강의 ⏸ 다음 강의 ▶▶

주어	서술어의 자릿수

서술어

레인보우 리뷰

현재 시제 선어말 어미 '-는-' vs 관형사형 전성 어미 '-는'

현재 시제 선어말 어미	관형사형 전성 어미
시제를 나타냄	용언으로 하여금 수식을 하게 함 + 시제를 나타냄

'철수가 밥을 먹는다.'를 보면 여기서 '-는-'이 수식의 기능이 없다는 것을 쉽게 알 수 있어. 그리고 '먹는다'를 과거 시제인 '먹었다'나 미래 시제인 '먹겠다'로 교체할 수 있다는 점을 봐도 '-는-'이 현재 시제 선어말 어미임이 분명하지. 반면, '철수가 밥을 먹는 중이야.'에서의 '먹는'은 의존 명사 '중'을 수식하고 있어. 즉 이때의 '-는'은 동사 '먹다'로 하여금 체언을 수식할 수 있게끔 만들어 주고 있는 거야. 그런데 관형사형 어미들은 수식이라는 본연의 기능 이외에도 시제의 의미를 드러내기도 해. '먹는 중이야'를 보면 먹는 행위가 지금 일어나고 있다는 의미가 깔려 있거든. 따라서 현재 시제의 의미도 부가적으로 드러내고 있는 거지. 이처럼 관형사형 어미 '-는'이 현재 시제를 드러낸다는 것 때문에 현재 시제 선어말 어미 '-는-'과 헷갈리는 거야. 이 둘이 헷갈릴 때에는 수식 여부를 확인하면 가장 정확하고 빠르게 구분할 수 있을 거야.

대표적인 관형사형 어미 4개는?

____

개념 시냅스

명사절 + 서술격 조사

예 친구를 욕하는 건 누워서 침 뱉기이다.
(명사절: 누워서 침 뱉기 / 서술어 역할: 누워서 침 뱉기이다)

레인보우 리뷰 정답: -(으)ㄴ, -는, -(으)ㄹ, -던

1 서술어(敍述語)의 개념

펼 서 서술할 술 말씀 어

주어의 자리에 놓인 주체의 동작, 작용, 성질, 상태 등을 풀이하거나 설명해 주는 문장 성분을 말한다.

용언의 종결형	용언의 연결형	체언 + 서술격 조사	본용언 + 보조 용언	서술절

2 서술어의 유형

1) 용언의 종결형 → 용언 어간 + 종결 어미

아기가 웃네.
동사 어간 '웃-' + 종결 어미 '-네'

아기가 예쁘네.
형용사 어간 '예쁘-' + 종결 어미 '-네'

2) 용언의 연결형 → 용언 어간 + 연결 어미

(연결 어미가 아기가 웃는 것을 서술하면서, 동시에 앞 문장과 뒤 문장을 이어 주고 있다.)

아기가 웃는데, 나는 왜 슬프지?
동사 어간 '웃-' + 연결 어미 '-는데'

3) 체언 + 서술격 조사

철수는 학생이다.
명사 '학생' + 서술격 조사 '이다'

4) 본용언 + 보조 용언

(묶어서 하나의 서술어로 간주한다.)

철수는 노래방으로 사라져 버렸다.
사라져: 본용언 / 버렸다: 보조 용언

5) 서술절

(주어와 서술어를 묶어서 하나의 서술어로 간주한다.)

철수가 키가 크다.
서술절이 서술어의 기능을 하고 있다.

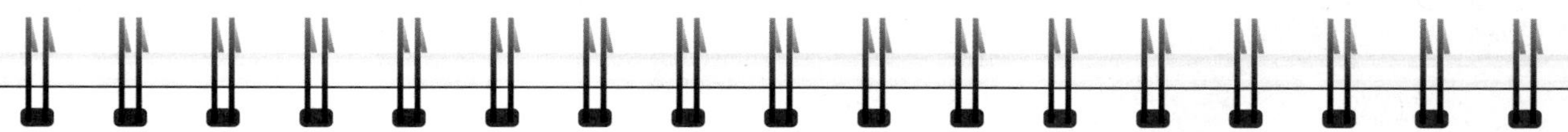

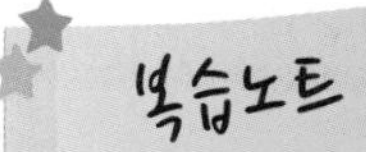

5강 • 서술어

정답 35쪽

레인보우 리뷰

① 서술어는 주어의 자리에 놓인 □□의 동작, 작용, 성질, 상태 등을 풀□하거나 □명해 주는 문장 성분을 말한다.
② 서술어는 용언 □□에 종□ 어미가 결합해서 이루어질 수 있다.
③ 서술어는 용언 □□에 연□ 어미가 결합해서 이루어질 수 있다.
④ 서술어는 □□에 □□격 조사가 결합해서 이루어질 수 있다.
⑤ 서술격 조사에는 '□□'가 있다.
⑥ 서술어는 □용언과 □□ 용언이 합쳐져서 이루어질 수 있다.
⑦ 주어와 서술어로 결합된 □□□이 서술어 역할을 할 수도 있다.

⑧ 7성분의 핵심 음절만 따면 □□□□□□□이다.

개념 마스터

1 다음 문장들에서 서술어를 있는 대로 모두 찾아 ○를 표시하고, 〈보기〉에서 서술어의 유형을 고르시오.

〈보기〉
㉠ 용언의 종결형 ➔ 용언 어간 + 종결 어미
㉡ 용언의 연결형 ➔ 용언 어간 + 연결 어미
㉢ 체언 + 서술격 조사
㉣ 본용언 + 보조 용언
㉤ 서술절 (주어 + 서술어)

① 영희가 환하게 웃는다. ( )
② 철수는 밥을 먹고 다시 독서실에 갔다. ( )
③ 형은 대학생이다. ( )
④ 그 책은 내가 치워 버렸어. ( )
⑤ 아기가 너무 예쁘구나. ( )
⑥ 여기가 우리 학교야. ( )
⑦ 철수는 지금 뭘 하니? ( )
⑧ 지금 철수는 공부를 하고 있다. ( )
⑨ 철수는 지금 매우 진지하다. ( )
⑩ 산이 높고 물도 맑구나. ( )
⑪ 철수는 책을 보며 영희를 기다렸다. ( )
⑫ 빨리 학교에 가고 싶다. ( )
⑬ 뒷동산이 꽤 높구나. ( )
⑭ 이 방이 저만의 서재입니다. ( )
⑮ 철수야, 이제 그만 책을 펼쳐라. ( )
⑯ 공원이 참 한적하고 좋다. ( )
⑰ 철수는 머리가 좋아. ( )
⑱ 철수가 범인이지? ( )
⑲ 커피는 내가 마시지 않았어요. ( )
⑳ 저 강아지는 꼬리가 기네. ( )

2 〈보기〉와 같이 밑줄 친 부분이 '현재 시제 선어말 어미'인지 '관형사형 전성 어미'인지를 판단하시오. (단, 해당 항목이 없을 경우에는 표시하지 말 것.)

〈보기〉

아기가 웃는 모습이 너무 예뻐요.	
현재 시제 선어말 어미	관형사형 전성 어미
	○

① 철수가 진지하게 고민하는 모습이 인상적이다.	
현재 시제 선어말 어미	관형사형 전성 어미

② 영희가 환하게 웃는다.	
현재 시제 선어말 어미	관형사형 전성 어미

③ 나는 찝찝한 마음으로 등교했다.	
현재 시제 선어말 어미	관형사형 전성 어미

④ 엄마는 내가 좋아하는 떡볶이를 사 오셨다.	
현재 시제 선어말 어미	관형사형 전성 어미

⑤ 철수는 열심히 노력하는 중이다.	
현재 시제 선어말 어미	관형사형 전성 어미

⑥ 철수는 늘 밥을 맛있게 먹는다.	
현재 시제 선어말 어미	관형사형 전성 어미

⑦ 도심에서 운전하기는 꽤 어렵다.	
현재 시제 선어말 어미	관형사형 전성 어미

II 문장

강의노트

학습일 년 월 일

서술어의 자릿수

Youtube Player
단어 | 문장 | 음운 | 국어사
◀◀ 이전 강의 다음 강의 ▶▶
서술어 | 목적어

개념 시냅스

두 자리 서술어

같다, 다르다, 비슷하다, 닮다, 다가서다, 변하다 등

개념 시냅스

세 자리 서술어

주다, 보내다, 삼다, 넣다, 놓다, 부치다, 입히다, 여기다, 붙이다, 빌리다, 받다, 두다, 던지다, 건네다, 맡기다, 바치다, 팔다 등

레인보우 리뷰

목적어의 개념

목적어는 타동사 서술어가 표현하는 행위의 대상이 되는 문장 성분을 말해. '먹다'는 먹어야 할 대상이 있어야 하고, '보다'는 보아야 할 대상이 있어야 하는 거지. 이처럼 행위의 대상이 되는 문장 성분을 목적어라고 하는 거야.

개념 시냅스

관형어와 부사어의 처리

관형어와 부사어는 문장을 구성할 때 필수적이지 않기에 수의적 성분이라고 해. 따라서 서술어의 자릿수를 따질 때에는 이것들은 제외해야 돼.

- 서울에(부사어) 비가 내렸다. → 한 자리
- 저(관형어) 꽃은 매우(부사어) 예쁘다. → 한 자리

개념 시냅스

필수적 부사어

부사어는 기본적으로 수의적 성분이야. 그런데 문장이 구성될 때 특정한 부사어들이 꼭 필요한 경우가 있어. 바로 그러한 부사어들을 필수적 부사어라고 하는 거야. 필수적 부사어는 자릿수를 따질 때 꼭 포함시켜야 하니까 유의해서 살펴봐야 해.

1 서술어의 자릿수

문장은 주어와 서술어를 비롯하여 다양한 문장 성분으로 구성되어 있다. 그런데 문장을 이루는 문장 성분의 종류와 개수를 결정하는 힘은 서술어가 가지고 있다. 즉 서술어가 무엇이냐에 따라 서술어가 반드시 필요로 하는 문장 성분의 종류와 개수가 달라질 수 있다는 것이다.

문장에서 서술어가 반드시 필요로 하는 문장 성분의 개수를 '서술어의 자릿수'라고 한다.

2 한 자리 서술어

서술어	필요로 하는 문장 성분	용례
자동사	주어	비가 내렸다.
형용사		꽃이 예쁘다.

3 두 자리 서술어

서술어	필요로 하는 문장 성분	용례
타동사	주어 + 목적어	철수가 밥을 먹었다.
되다	주어 + 보어	철수가 어른이 되었다.
아니다		철수가 주인공이 아니다.
자동사 일부	주어 + 필수적 부사어	철수가 영희와 결혼했다.
형용사 일부		청춘은 보석과 같다.

4 세 자리 서술어

서술어	필요로 하는 문장 성분	용례
특수한 동사들	주어 + 목적어 + 필수적 부사어	아버지께서 용돈을 나에게 주셨다.
		아버지께서 편지를 철수에게 보내셨다.
		아버지께서 영희를 며느리로 삼았다.
		아버지께서 책을 가방에 넣으셨다.

5 자릿수가 변하는 서술어(의미에 따라 자릿수가 달라지는 서술어)

서술어	필요로 하는 문장 성분	용례
만들다	주어 + 목적어	철수가 책을 만들었다.
	주어 + 목적어 + 필수적 부사어	철수가 실화를 소설로 만들었다.
돌다	주어	팽이가 돈다.
	주어 + 목적어	달이 지구를 돈다.

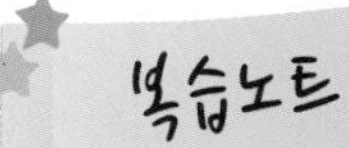

6강 • 서술어의 자릿수

정답 35쪽

레인보우 리뷰

① 타동사는 □□□를 필요로 하는 동사이다.
② 타동사는 움직임의 의미가 □□뿐만 아니라 □□□와도 관련된다.

③ 자동사는 □□□를 필요로 하지 않는 동사이다.

④ 서술어가 무엇이냐에 따라 반드시 필요로 하는 문장 성분의 □□와 □□가 달라질 수 있다.
⑤ 문장에서 서술어가 반드시 필요로 하는 문장 성분의 개수를 '서술어의 □□□'라고 한다.
⑥ 한 자리 서술어는 자신 이외에 '□□'를 필요로 하는 서술어이다.
⑦ 두 자리 서술어는 자신 이외에 '주어'와 '□□□' 또는 '주어'와 '□□' 또는 '주어'와 '□□□ □□□'를 필요로 하는 서술어이다.
⑧ 보어를 필요로 하는 서술어는 동사 '□□'와 형용사 '□□□'이다.
⑨ 원래 '□□□'와 '□□□'는 □□적인 성분이므로 서술어의 자릿수를 따질 때에는 포함시키지 않는다.
⑩ □□□ □□□는 일반적인 부사어와는 달리 문장 구성에 있어서 반드시 필요한 문장 성분이므로 서술어의 자릿수를 따질 때에는 포함시킨다.
⑪ 세 자리 서술어는 자신 이외에 '주어', '□□□', '□□□ □□□'를 필요로 하는 서술어이다.
⑫ 상황에 따라 □□수를 달리하는 서술어들이 있다.

개념 마스터

1 다음 제시한 문장에서 〈보기〉와 같이 필수적인 문장 성분들을 분석하고, 서술어의 자릿수를 밝히시오. (단, 문장 성분을 분석할 때 필수적 부사어는 자릿수에 포함시킬 것)

〈보기〉

가을 햇살이 따갑다.

성분1	성분2	성분3	자릿수
햇살이			한 자리
주어			

① 이모가 조카에게 옷을 아주 예쁘게 입혔다.

성분1	성분2	성분3	자릿수

② 철수는 안 보던 책을 중고 장터에 팔았다.

성분1	성분2	성분3	자릿수

③ 인생은 아침 이슬과 같다.

성분1	성분2	성분3	자릿수

④ 왕은 그를 자신의 친구로 삼았다.

성분1	성분2	성분3	자릿수

⑤ 철수는 선생님께 편지를 부쳤다.

성분1	성분2	성분3	자릿수

⑥ 주방에서 진짜 맛있는 냄새가 난다.

성분1	성분2	성분3	자릿수

⑦ 철수는 앨범을 책꽂이에 두었다.

성분1	성분2	성분3	자릿수

⑧ 어제 철수는 국어 문제집을 영희에게 빌렸다.

성분1	성분2	성분3	자릿수

⑨ 나는 오늘 주번이 아니야.

성분1	성분2	성분3	자릿수

⑩ 저는 이 노래를 아내에게 바치겠습니다.

성분1	성분2	성분3	자릿수

⑪ 사람들이 개울에 다리를 놓았다.

성분1	성분2	성분3	자릿수

⑫ 꽃이 참 예쁘게도 피었네.

성분1	성분2	성분3	자릿수

⑬ 그는 있는 힘껏 강속구를 포수에게 던졌다.

성분1	성분2	성분3	자릿수

⑭ 철수는 풍랑을 만났다.

성분1	성분2	성분3	자릿수

⑮ 그 강사가 고장난 마이크를 스태프에게 건넸다.

성분1	성분2	성분3	자릿수

⑯ 올해도 철수는 영희에게 생일 축하 선물을 받았다.

성분1	성분2	성분3	자릿수

⑰ 철수는 결국 학급 반장이 되었다.

성분1	성분2	성분3	자릿수

⑱ 철수는 휴대폰을 선생님께 맡겼다.

성분1	성분2	성분3	자릿수

⑲ 결국 영희는 철수와 결혼했다.

성분1	성분2	성분3	자릿수

⑳ 삼촌께서는 예전부터 철수를 양아들로 여기셨다.

성분1	성분2	성분3	자릿수

㉑ 철수는 마지막으로 우표를 봉투에 붙였다.

성분1	성분2	성분3	자릿수

㉒ 방이 매우 밝다.

성분1	성분2	성분3	자릿수

㉓ 내 동생이 돈 계산에 밝다.

성분1	성분2	성분3	자릿수

㉔ 시계가 방금 멈췄다.

성분1	성분2	성분3	자릿수

㉕ 철수가 버스를 멈췄다.

성분1	성분2	성분3	자릿수

㉖ 드디어 기차가 움직였다.

성분1	성분2	성분3	자릿수

㉗ 철수가 내 마음을 움직였다.

성분1	성분2	성분3	자릿수

㉘ 드디어 눈이 그쳤다.

성분1	성분2	성분3	자릿수

㉙ 철수가 눈물을 그쳤다.

성분1	성분2	성분3	자릿수

㉚ 철수가 심하게 다쳤다.

성분1	성분2	성분3	자릿수

오늘은 여기까지.
하산해. 끝!

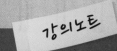

학습일 년 월 일

목적어

유튜브 강의

Youtube Player
단어 | 문장 | 음운 | 국어사
◂◂ 이전 강의 | 다음 강의 ▸▸
서술어의 자릿수 | 보어

1 목적어(目的語)의 개념

(눈 목, 과녁 적, 말씀 어)

타동사가 문장에서 서술어로 쓰일 때에, 타동사가 드러내고 있는 동작이나 작용의 대상이 되는 문장 성분을 말한다.

철수가 밥을 먹는다. (밥을: 목적어, 먹는다: 서술어(타동사))	➜ 철수(먹은 주체) + 가(주격 조사) ➜ 주어 ➜ 밥(먹은 대상) + 을(목적격 조사) ➜ 목적어
꽃이 피었다. (피었다: 서술어(자동사))	➜ 꽃(피어난 주체) + 이(주격 조사) ➜ 주어 피어난 동작은 주어에만 관련되므로 목적어가 필요 없다.

체언 ⊕ 목적격 조사	체언 ⊕ 보조사	체언 ⊕ 보조사 ⊕ 목적격 조사	체언 ⊕ (목적격 조사 생략)

2 목적어의 유형

1) 체언 + 목적격 조사(을, 를)

('를'이 줄어든 형태)
철수가 밥을 / 고기를 / 고길 먹는다.
체언 + '을' 체언 + '를' 체언 + 'ㄹ'

2) 체언 + (목적격 조사 생략) + 보조사

(목적격 조사 '을'이 생략)
철수는 운동을 좋아한다. ➜ 철수는 운동도 좋아한다.
목적어: 체언 '운동' + 보조사 '도'

3) 체언 + 보조사 + 목적격 조사

나는 너만을 사랑해.
목적어: 체언 '너' + 보조사 '만' + 목적격 조사 '을'

4) 체언 + (목적격 조사 생략)

(목적격 조사 '을'이 생략)
나도 문법을 좋아해. ➜ 나도 문법 좋아해.
목적어: 체언 '문법'

레인보우 리뷰

격 조사의 역할

이미 'Ⅰ. 단어' 단원에서 배워서 알고 있겠지만 사실 '철수'나 '밥'이라는 체언 자체는 아무런 자격이 없는 상태야. '철수가 밥을 먹는다.'라는 문장을 보면 주격 조사 '가'의 앞에 '철수'가 놓였기 때문에 비로소 '철수가'가 주어가 되는 것이고, 목적격 조사 '을'의 앞에 '밥'이 놓였기 때문에 비로소 '밥을'이 목적어가 되는 것이지. 문장 성분을 결정짓는 격 조사의 역할은 그만큼 절대적인 것이고, 따라서 격 조사는 달달 외울 필요가 있는 거야.

레인보우 리뷰

대표적인 주격 조사들

□/□, □□, □□, □

Ⅱ 문장

레인보우 리뷰 정답 이/가, 께서, 에서, 서

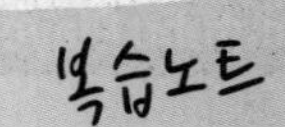

7강 • 목적어

정답 37쪽

레인보우 리뷰

① 목적어는 □동사가 문장에서 □□□로 쓰일 때에 □동사가 드러내고 있는 동작이나 작용의 대상이 되는 문장 성분을 말한다.

② 목적격 조사에는 '□, □'이 있다.

③ 목적어는 □□과 □□□ □□의 결합으로 이루어질 수 있는데, 이때 □□□ □□는 생략되고 □조사가 결합하기도 한다.

④ 목적어는 체언과 목적격 조사의 결합으로 이루어질 수 있는데, 이때 □□□가 □□과 □□□ □□ 사이에 들어가기도 한다.

⑤ 목적어는 체언과 목적격 조사의 결합으로 이루어질 수 있는데, 이때 □□□ □□가 생략되기도 한다.

개념 마스터

1 다음 문장들에서 목적어를 찾아 ○를 표시하고, 〈보기〉에서 목적어의 유형을 고르시오.

〈보기〉

㉠ 체언 + 목적격 조사
㉡ 체언 + (목적격 조사 생략) + 보조사
㉢ 체언 + 보조사 + 목적격 조사
㉣ 체언 + (목적격 조사 생략)

① 철수는 아직도 그녈 잊지 못하고 있다. (   )

② 철수는 라면도 끓였다. (   )

③ 철수가 드디어 문법을 끝냈다. (   )

④ 선생님은 방학만을 기다리셨다. (   )

⑤ 영희야, 비빔밥 먹을래? (   )

⑥ 나는 오직 영희만 좋아해. (   )

⑦ 어머니는 월급날만을 손꼽아 기다리셨다. (   )

⑧ 철수는 언제나 급식을 애타게 기다린다. (   )

⑨ 나도 그 영화 봤어. (   )

⑩ 대통령은 그를 장관으로 임명했다. (   )

⑪ 나는 영수 잘 모르는데? (   )

⑫ 나는 어제 그를 만났다. (   )

⑬ 철수가 빌려 갔던 책을 돌려주었다. (   )

⑭ 철수는 너무 아파서 죽마저 삼키지 못했다. (   )

⑮ 민수는 종일 수학만을 붙잡고 있었다. (   )

⑯ 철수는 열정이 넘치는 교사를 꿈꾼다. (   )

⑰ 너는 여태까지 무엇을 하다 왔니? (   )

⑱ 그녀는 무슨 일이 있어도 고기는 안 먹는다. (   )

⑲ 엄마가 우유를 냉장고에서 꺼내 주셨다. (   )

⑳ 아빠는 엄마만을 사랑하신다. (   )

학습일 년 월 일

유튜브 강의

Youtube Player
단어 | 문장 | 음운 | 국어사
◂◂ 이전 강의 목적어 | 다음 강의 ▸▸ 관형어

보어

1 보어(補語)의 개념

(補: 깁다 보, 語: 말씀 어)

주어와 서술어만으로는 의미가 완전하지 못한 문장에서 그 불완전한 의미 요소를 보충하기 위해 반드시 실현되어야 하는 문장 성분을 말한다.

(체언 + 주격 조사) + (체언 + 보격 조사) + 되다, 아니다
주어 / 보어 / 서술어

체언 + 보격 조사	체언 + 보조사	체언 + 보조사 + 보격 조사	체언 + (보격 조사 생략)

2 보어의 유형

1) 체언 + 보격 조사(이, 가)

주어: 체언 '철수' + 주격 조사 '가'
철수가 교사가 되었다.
보어: 체언 '교사' + 보격 조사 '가'

주어: 체언 '철수' + 주격 조사 '가'
철수가 주인공이 아니다.
보어: 체언 '주인공' + 보격 조사 '이'

2) 체언 + (보격 조사 생략) + 보조사

(보격 조사 '이'가 생략)
철수는 인간도 아니야.
보어: 체언 '인간' + 보조사 '도'

3) 체언 + 보조사 + 보격 조사

문제가 이것만이 아니야.
보어: 체언 '이것' + 보조사 '만' + 보격 조사 '이'

4) 체언 + (보격 조사 생략)

(보격 조사 '이'가 생략)
나 오늘 당번 아니야.
보어 : 체언 '당번'

레인보우 리뷰

주격 조사와 보격 조사 구분

보어가 출현하려면 '되다, 아니다'라는 서술어가 반드시 있어야 해. 서술어 '되다, 아니다' 바로 앞에 있는 '체언 + 이/가'의 문장 성분이 보어이고, 보어보다 앞쪽에 놓인 '체언 + 이/가'의 문장 성분이 주어라고 생각하면 아주 간단하게 구별할 수 있어.

레인보우 리뷰

보어 VS 부사어

- 물이 얼음이 되었다. → 보어
- 얼음이 물로 되었다. → 부사어
- 물이 얼음으로 되었다. → 부사어
- 물이 수증기도 된다. → 보어

보어를 판단하기 위해서는 서술어 '되다, 아니다'를 찾은 후, 보격 조사 '이/가'의 결합 유무, 생략 여부까지도 확인을 해야 해.

예 밥이 너무 되다.
→ 여기서 '너무'는 보어가 아니야. 왜냐하면 여기서의 서술어 '되다'는 '물기가 적어 빡빡하다.'라는 뜻으로, 보어가 필요한 서술어 '되다'의 동음이의어이기 때문이지. '너무'는 서술어 '되다'를 수식하는 부사어야.

II 문장

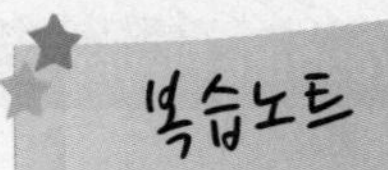

8강 • 보어

정답 37쪽

레인보우 리뷰

① 보어를 필요로 하는 서술어는 동사 '□□'와 형용사 '□□□'이다.

② 보어는 □□와 □□□만으로는 의미가 완전하지 못한 문장에서 그 불완전한 의미 요소를 □□하기 위해 반드시 실현되어야 하는 문장 성분을 말한다.
③ 보격 조사에는 '□, □'가 있다.
④ 보격 조사는 일부 □□ 조사와 형태가 동일하다.
⑤ 보어는 □□과 □□ □□의 결합으로 이루어질 수 있는데, 이때 □□ □□는 생략되고 보조사가 결합하기도 한다.
⑥ 보어는 체언과 보격 조사의 결합으로 이루어질 수 있는데, 이때 □□□가 □□과 □□ □□ 사이에 들어가기도 한다.
⑦ 서술어 바로 □에 있는 '체언 + 이/가'의 문장 성분이 보어이고, 보어보다 □쪽에 놓인 '체언 + 이/가'가 주어이다.

개념 마스터

1 다음 문장들에서 보어를 찾아 ○를 표시하고, 〈보기〉에서 보어의 유형을 고르시오. (단, 보어가 없을 시에는 비워 둘 것.)

〈보기〉
㉠ 체언 + 보격 조사
㉡ 체언 + (보격 조사 생략) + 보조사
㉢ 체언 + 보조사 + 보격 조사
㉣ 체언 + (보격 조사 생략)

① 철수는 재학생이 아니다. (　)

② 영희는 아직 장교는 아니다. (　)

③ 철수는 대학생이 되었다. (　)

④ 지금 문제가 그것만이 아니야. (　)

⑤ 대한민국은 이제 개발도상국이 아니다. (　)

⑥ 철수도 이제 아빠가 되었구나. (　)

⑦ 나도 이제 어린애 아니야. (　)

⑧ 쟤는 범인이 아니겠지? (　)

⑨ 얼음이 물로 되었다. (　)

⑩ 우리나라는 그토록 바라던 선진국이 되었다. (　)

⑪ 복수를 꿈꾸던 그는 결국 괴물이 되고 말았다. (　)

⑫ 물이 수증기로 변했다. (　)

⑬ 바이러스에 감염된 게 철수만이 아니야. (　)

⑭ 빳빳한 가죽도 가방이 될 수 있다. (　)

⑮ 철수는 취업을 하여 직장인이 되었다. (　)

⑯ 철수는 결국 장학생이 되었다. (　)

⑰ 민심이 떠난 게 오늘 일만이 아니잖아? (　)

⑱ 얼음은 액체가 아니다. (　)

⑲ 그 강도는 인간도 아니야. (　)

⑳ 철수가 교사가 됐다고? (　)

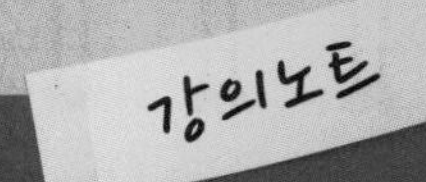

학습일 년 월 일

관형어

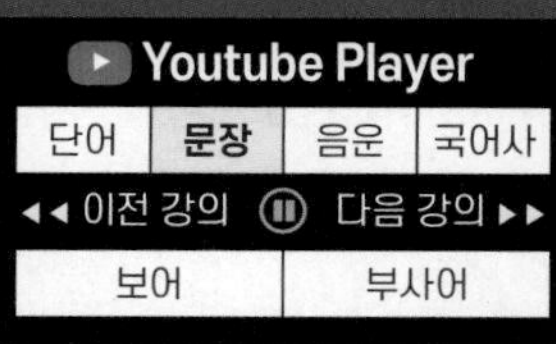

1 관형어(冠形語)의 개념

(관 갓, 형 모양, 어 말씀)

문장에서 뒤에 오는 체언을 수식하는 문장 성분을 말한다.

2 관형사와 관형어의 비교

단어인 '관형사'는 문장에서 '관형어'의 역할을 수행한다. 그런데 여기서 눈여겨보아야 할 것은 '관형어'의 자리에 '관형사'만 올 수 있는 게 아니라는 것이다. 여기에는 체언도, 심지어 용언도 올 수 있다. '관형사'는 단지 '관형어'가 될 수 있는 많은 개체들 중의 하나에 해당한다.

관형사	관형어
체언 앞에 놓여 그 체언을 수식하는 품사	체언 앞에 놓여 그 체언을 수식하는 문장 성분

관형사	체언 + 관형격 조사	체언 + (관형격 조사 생략)	용언의 관형사형	체언 + 서술격 조사의 관형사형

3 관형어의 유형

1) 관형사

철수가 [새] 책을 샀다.

○ 관형어: 관형사 '새'

2) 체언 + 관형격 조사(의)

철수가 [동생의] 선물을 샀다.

○ 관형어: 체언 '동생' + 관형격 조사 '의'

3) 체언 + (관형격 조사 생략)

(관형격 조사 '의'가 생략)

철수는 [시골] 풍경을 좋아한다.

○ 관형어: 체언 '시골'

4) 용언의 어간 + 관형사형 전성 어미

철수는 [달콤한] 간식을 좋아한다.

○ 관형어: 용언 어간 '달콤하-' + 관형사형 어미 '-ㄴ'

5) 체언 + 서술격 조사의 어간 + 관형사형 전성 어미

철수는 [교사인] 친구가 있다.

○ 관형어: 체언 '교사' + 서술격 조사 어간 '이-' + 관형사형 어미 '-ㄴ'

레인보우 리뷰

대표적인 관형사형 어미 4개는?

개념 시냅스

관형사구과 관형절

관형사구와 관형절도 문장에서 관형어로 사용될 수 있어.

- 저 새 가방은 내 것이야. (저 새: 관형사구 → 관형어)
- 철수는 내가 마시던 커피를 리필해 왔다. (내가 마시던: 관형절 → 관형어)

II 문장

레인보우 리뷰 정답: -(으)ㄴ, -는, -(으)ㄹ, -던

복습노트

9강 • 관형어

정답 37쪽

레인보우 리뷰

① 관형어는 문장에서 □에 오는 □□을 □□하는 문장 성분을 말한다.

② □□□는 체언 앞에 놓여 그 체언을 수식하는 품사이다.

③ 품사인 관형사는 문장에서 □□□의 역할을 수행한다.

④ 관형□ 이외에도 문장에서 관형어 역할을 담당할 수 있는 여러 개체들이 존재한다.

⑤ 관형어는 □□과 □□□ □□의 결합으로 이루어질 수 있는데, 이때 □□□ □□가 생략되기도 한다.

⑥ 관형격 조사에는 '□'가 있다.

⑦ 관형어는 용언의 □□과 관형사형 □□ 어미의 결합으로 이루어지기도 한다.

⑧ 관형어는 체언에 □□격 조사의 어간과 관형사형 □□ 어미의 결합으로 이루어지기도 한다.

개념 마스터

1 다음 문장들에서 관형어를 있는 대로 찾아서 ○를 표시하고, 〈보기〉에서 관형어의 유형을 고르시오.

〈보기〉

㉠ 관형사
㉡ 체언 + 관형격 조사 '의'
㉢ 체언 + (관형격 조사 생략)
㉣ 용언의 어간 + 관형사형 전성 어미
㉤ 체언 + 서술격 조사의 어간 + 관형사형 전성 어미

① 나의 인생은 결국 나의 것이다. (　　　)

② 몰디브 해변을 함께 거닐고 싶어. (　　　)

③ 철수는 새 옷을 걸쳐만 보았다. (　　　)

④ 장학사가 학교 현장을 방문하였다. (　　　)

⑤ 철수가 절대 마피아일 리가 없다. (　　　)

⑥ 손흥민이 패배의 원인이 아니다. (　　　)

⑦ 바로 이것이 도시 생활이다. (　　　)

⑧ 요리 비결을 알려 줄게. (　　　)

⑨ 주모, 여기 시원한 막걸리 한 사발 갖다 줘요. (　　　)

⑩ 첫눈이 내리니 우리 첫 만남이 생각나네. (　　　)

⑪ 지금 눈 치우는 것을 좀 도와 다오. (　　　)

⑫ 손흥민이 영국 전역을 뒤흔들고 있다. (　　　)

⑬ 지금부터 나의 이야기를 들려줄게. (　　　)

⑭ 방금 내뱉은 말도 결국 너의 자랑인 거야. (　　　)

⑮ 어느 것이 정답인가요? (　　　)

⑯ 지금 이 상태는 고장인 걸로 보입니다. (　　　)

⑰ 고요한 아침의 나라, 대한민국. (　　　)

⑱ 다른 사람들은 네 생각과 다르다. (　　　)

⑲ 나는 세수도 못한 채로 등교했다. (　　　)

⑳ 다섯의 사람이 서성이고 있다. (　　　)

강의노트

부사어

학습일 년 월 일

유튜브 강의

Youtube Player
단어 | 문장 | 음운 | 국어사
◂◂ 이전 강의 | 다음 강의 ▸▸
관형어 | 독립어

1 부사어(副詞語)의 개념

(버금(둘째) 부, 말 사, 말씀 어)

문장에서 주로 용언을 수식하는 문장 성분을 말한다. 부사어는 수식의 대상이 다양해서 관형사, 다른 부사, 문장 전체를 수식할 수도 있으며, 단어와 단어, 문장과 문장을 이어 주는 기능을 하기도 한다.

2 부사와 부사어의 비교

단어인 '부사'는 문장에서 '부사어'의 역할을 수행한다. 그런데 여기서 눈여겨보아야 할 것은 '부사어'의 자리에 '부사'만 올 수 있는 게 아니라는 것이다. 여기에는 체언도, 용언도 놓일 수 있다. '부사'는 '부사어'가 될 수 있는 많은 개체들 중의 하나에 해당한다.

부사	부사어
주로 용언을 수식하는 품사	주로 용언을 수식하는 문장 성분

부사	부사 + 보조사	체언 + 부사격 조사	체언 + 부사격 조사 + 보조사	용언의 부사형

3 부사어의 유형

1) 부사

철수가 문법을 [열심히] 공부한다.
부사어: 부사 '열심히'

2) 부사 + 보조사

철수는 밥을 [빨리도] 먹는구나.
부사어: 부사 '빨리' + 보조사 '도'

3) 체언 + 부사격 조사

철수는 공부를 [독서실에서] 한다.
부사어: 체언 '독서실' + 부사격 조사 '에서'

4) 체언 + 부사격 조사 + 보조사

철수는 공부를 [독서실에서도] 한다.
부사어: 체언 '독서실' + 부사격 조사 '에서' + 보조사 '도'

5) 용언 어간 + 부사형 전성 어미

눈이 [수북하게] 쌓였다.
부사어: 용언 어간 '수북하-' + 부사형 어미 '-게'

레인보우 리뷰

대표적인 부사형 전성 어미는?

개념 시냅스

부사구과 부사절

부사구와 부사절도 문장에서 부사어로 사용될 수 있어.

- 철수는 아주 빨리 뛴다.
  부사구 → 부사어
- 김치가 맛이 있게 익었다.
  부사절 → 부사어

레인보우 리뷰

부사의 종류와 부사어의 종류

[부사의 종류]
- 성분 부사: 성상, 지시, 부정
- 문장 부사: 양태, 접속

[부사어의 종류]
- 성분 부사어: 문장 성분을 수식
- 문장 부사어: 문장 전체를 수식
  - 양태 부사어
  - 접속 부사어

[서술어의 자릿수]
- 필수적 부사어: 문장 구성에 있어서 반드시 필요한 부사어

개념 시냅스

부사어의 특징

① 보조사가 결합할 수 있어.
예 세월이 참 빨리도 간다.

② 양태 부사어는 성분 부사어에 비해 자리 옮김이 자유로워.

문장 부사어
• 설마 철수가 범인은 아니겠지? • 철수가 설마 범인은 아니겠지? • 철수가 범인은 설마 아니겠지?

성분 부사어
• 철수가 아주 빨리 달린다. • 철수가 빨리 아주 달린다.(X)

레인보우 리뷰 정답: -니, -어서, -게, -도록, -듯이

II 문장

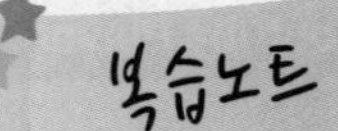

10강 • 부사어

정답 38쪽

레인보우 리뷰

① 부사어는 주로 문장에서 □에 오는 □□을 □□하는 문장 성분을 말한다.
② 부사어는 수식의 대상이 다양해서 □□사, 다른 □사, 문장 □□를 수식할 수도 있다.
③ 부사어는 □□와 □□, □□과 □□을 이어 주기도 한다.
④ 부사는 주로 용언을 수식하는 □□이다.
⑤ 품사인 부사는 문장에서 □□□의 역할을 수행한다.
⑥ □□ 이외에도 문장에서 부사어의 역할을 담당할 수 있는 여러 개체들이 존재한다.
⑦ 부사어는 □□와 □□□의 결합으로 이루어지기도 한다.
⑧ 부사어는 □□과(와) □□□ □□의 결합으로 이루어지기도 하는데, 이때 □□□가 결합하기도 한다.
⑨ 부사어는 용언의 □□과 부사형 □□ 어미의 결합으로 이루어지기도 한다.

⑩ 부사격 조사 : □□, □□, □, □, □, □, □, □, □□, □□

개념 마스터

1 다음 문장들에서 부사어를 있는 대로 찾아서 ○를 표시하고, 〈보기〉에서 부사어의 유형을 고르시오.

〈보기〉

㉠ 부사
㉡ 부사 + 보조사
㉢ 체언 + 부사격 조사
㉣ 체언 + 부사격 조사 + 보조사
㉤ 용언 어간 + 부사형 전성 어미

① 내일 다시 시작합시다. (　　　)

② 우리도 좀 더 빠르게 진행하자. (　　　)

③ 엄청 빨리도 먹네. (　　　)

④ 철수는 할머니께도 편지를 보냈다. (　　　)

⑤ 이제 우리는 어디로 가나? (　　　)

⑥ 수업이 끝나면 공책 및 볼펜을 챙겨 주세요. (　　　)

⑦ 삶은 그냥 흘러가는 거야. (　　　)

⑧ 안에서 새는 바가지 밖에서도 샌다. (　　　)

⑨ 철수가 무척이나 야위었네. (　　　)

⑩ 이 봉투는 아버지께 드려라. (　　　)

⑪ 난 문학은 힘들어. 하지만 문법은 자신 있어. (　　　)

⑫ 우리는 철수가 너무 빨라서 못 따라잡았어. (　　　)

⑬ 해가 중천인데 일찍도 일어났네. (　　　)

⑭ 과연 철수는 내 말을 들을까? (　　　)

⑮ 너는 아빠와도 싸우니? (　　　)

⑯ 그의 이름은 영원히 국민들의 마음속에 남을 거야. (　　　)

⑰ 나는 겨울보다 여름을 더 좋아한다. (　　　)

⑱ 너에게 내 마음을 띄운다. (　　　)

⑲ 야, 너하고도 끝이야. (　　　)

⑳ 아기가 잘도 잔다. (　　　)

강의노트

학습일 년 월 일

독립어

유튜브 강의

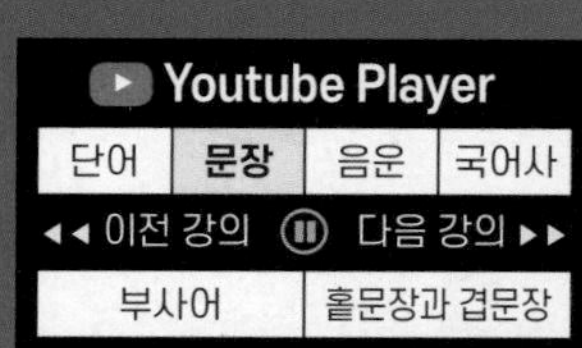

1 문장의 주성분: 주어, 서술어, 목적어, 보어

2 문장의 부속 성분: 관형어, 부사어

3 독립어(獨立語)의 개념

(獨 홀로 독, 立 설 립, 語 말씀 어)

독립어는 문장에서 주성분, 부속 성분과 같이 놓이기는 하지만, 독립성이 강해서 다른 성분들과 문법적 관계를 맺지 않고 홀로 독립적으로 사용된다.

> 독립어는 다른 문장 성분들과 직접적인 관계를 맺지 않고 홀로 사용되는 문장 성분을 말한다.

감탄사	체언 ⊕ 호격 조사	체언 ⊕ (호격 조사 생략)	(제시어) 체언

4 독립어의 유형

1) 감탄사

우아, 내가 드디어 문법 문제를 다 맞혔어.
○ 독립어: 감탄사 '우아'

2) 체언 + 호격 조사

철수야, 축구가 그렇게도 좋니?
○ 독립어: 체언 '철수' + 호격 조사 '야'

3) 체언 + (호격 조사 생략)

철수, 너 잠깐 이리로 와 봐.
○ 독립어: 체언 '철수'

4) (제시어) 체언 → 문장의 맨 앞에 놓인다.

단어, 설마 아직도 이것을 모르는 학생이 있을까?
○ 독립어: (제시어) 체언 '단어'

레인보우 리뷰

대표적인 호격 조사는?

레인보우 리뷰 정답: 아, 야, (이)여, (이)시여

II 문장

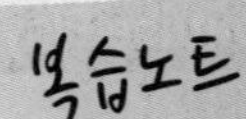

복습노트

11강 • 독립어

정답 38쪽

레인보우 리뷰

① 독립어는 다른 문장 성분들과 직접적인 관계를 맺지 않고 홀□ 사용되는 문장 성분을 말한다.

② 독립어는 문장에서 주성분, 부속 성분과 같이 놓이기는 하지만, □□성이 강해서 다른 성분들과 문법적 관계를 맺지 않고 홀로 □□적으로 사용된다.

③ 품사인 감탄사는 문장에서 □□어의 역할만 수행한다.

④ 독립어는 □□과 □□ □□의 결합으로 이루어질 수 있다. 이때 □□ □□가 생략될 수도 있다.

⑤ 호격 조사에는 '□, □, (□)□, (□)□□'가 있다.

⑥ □□이 제시어가 되어 문장의 맨 앞에 놓이게 되면 독립어로 사용된다.

개념 마스터

1 다음 문장들에서 독립어를 찾아 ○를 표시하고, 〈보기〉에서 독립어의 유형을 고르시오.

〈보기〉

㉠ 감탄사
㉡ 체언 + 호격 조사
㉢ 체언 + (호격 조사 생략)
㉣ (제시어) 체언

① 어머나, 이를 어째? ( )

② 철수, 너 숙제는 다 했니? ( )

③ 주여, 제게 왜 이런 시련을 주십니까? ( )

④ 청춘, 이보다 찬란한 단어가 또 있을까? ( )

⑤ 여보세요, 혹시 김 선생님 폰인가요? ( )

⑥ 그건 아, 내가 미처 몰랐네. ( )

⑦ 철수, 앞으로 나와서 이 문제 풀어 봐. ( )

⑧ 글쎄, 나도 잘 모르겠다. ( )

⑨ 철수야, 밥은 먹고 다니니? ( )

⑩ 문법, 내가 가장 좋아하는 영역이지. ( )

⑪ 예, 제가 김철수입니다. ( )

⑫ 아니요, 전 김철수가 아닙니다. ( )

⑬ 대학, 난 과연 합격할 수 있을까? ( )

⑭ 라온아, 너는 꿈이 뭐니? ( )

⑮ 신이여, 저에게 힘을 주소서. ( )

⑯ 음, 제가 안 그랬는데요? ( )

⑰ 대한민국, 나의 영원한 조국이여! ( )

⑱ 영희, 너 철수 좋아하지? ( )

⑲ 사랑, 영원히 변하지 않는 약속이 되길. ( )

⑳ 달님이시여, 높이 떠올라 멀리 비춰 주소서. ( )

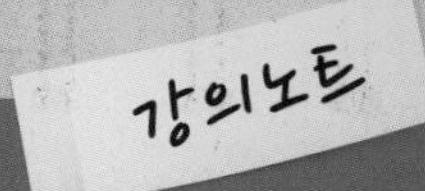

학습일 년 월 일

Youtube Player

단어	문장	음운	국어사

◀◀ 이전 강의 ⏸ 다음 강의 ▶▶

독립어	명사절

홑문장과 겹문장

1 홑문장의 개념

문장에서 주어와 서술어의 관계가 한 번만 실현된 문장을 말하며, 대체적으로 표현이 간결하기 때문에 의미가 선명하면서 단순하다는 특징이 있다.

홑문장1	철수는 야자를 마쳤다.
홑문장2	철수는 친구들과 친하다.
홑문장3	철수는 친구들과 야식을 먹었다.

2 겹문장의 개념

문장에서 주어와 서술어의 관계가 두 번 이상 실현된 문장을 말하며, 보다 많은 의미를 입체적으로 담을 수 있다는 특징이 있다. 겹문장은 다시 안은문장과 이어진문장으로 나뉜다.

❶ 철수는 공부를 마쳤다. ❷ 철수는 친구들과 친하다. ❸ 철수는 친구들과 야식을 먹었다.

공부를 마친 철수는 친한 친구들과 함께 야식을 먹었다.

○ 이 한 문장 안에는 철수가 공부를 마쳤다는 의미(홑문장1), 철수가 친구들과 친하다는 의미(홑문장2), 철수가 야식을 먹었다는 의미(홑문장3)가 모두 들어 있다.

3 홑문장과 겹문장의 구별 방법

문장에서는 중복되는 표현이 생략되는 경우가 많다. 특히 반복적으로 제시되는 주어가 여기에 해당된다. 따라서 겹문장 속에 있는 안긴문장(절)을 찾을 때에는 주어보다 서술어 역할을 하는 '동사'나 '형용사', '체언 + 이다' 형태를 찾는 것이 더 좋은 방법이다.

아버지께서는(주어) 최신(관형어) 텔레비전을(목적어) 우리(관형어) 집(관형어) 거실(관형어) 한쪽(관형어) 구석에(부사어) 덩그러니(부사어) 보관하셨다(서술어(동사)).

4 겹문장의 유형

1) 안은문장

① 안긴문장: 주어와 서술어의 구성을 이루고 있는 문장이 보다 더 큰 문장 안에서 특정한 문장 성분으로 쓰일 때 이를 '안긴문장' 또는 '절'이라고 한다.

② 안은문장: 안긴문장(절)을 포함한 전체 문장을 '안은문장'이라고 한다.

명사절('꽃이 피-' + 명사형 어미 '-기')

철수는(주어) 꽃이 피기를(목적어) 기다렸다(서술어).

○ 여기서 명사절 '꽃이 피기'가 안긴문장이 되고, '철수는 꽃이 피기를 기다렸다.'가 안은문장이 된다.

2) 이어진문장: 둘 이상의 홑문장들이 연결 어미에 의해 이어져 있는 문장을 말한다.

봄이 온다. + 꽃이 핀다. → **봄이(주어) 오니(서술어) 꽃이(주어) 핀다(서술어).**

두 문장이 연결 어미 '-니'로 이어짐

개념 시냅스

문장의 길이

홑문장과 겹문장을 구별할 때 문장의 길이는 아무런 상관이 없어. 부속 성분(관형어, 부사어)이 아무리 많아도 주술 관계가 두 번 이상 나오지 않는 이상 홑문장으로 봐야 해.

개념 시냅스

안은문장과 안긴문장(절)의 구조

안은문장: 주어 | 주어 + 서술어 (안긴문장(절)) | 서술어

레인보우 리뷰

용언의 서술성

용언은 기본적으로 서술성을 가지고 있기 때문에 문장에서 명사형, 관형사형, 부사형 등의 활용형의 형태로 사용되더라도 안긴문장, 안은문장을 따질 때에는 서술어로 취급해야 돼. 따라서 문장의 서술어의 개수는 대체로 용언의 개수와 일치한다고 생각해도 괜찮아. 덧붙여서 '체언 + 이다' 구성도 서술어로 취급해야 돼.

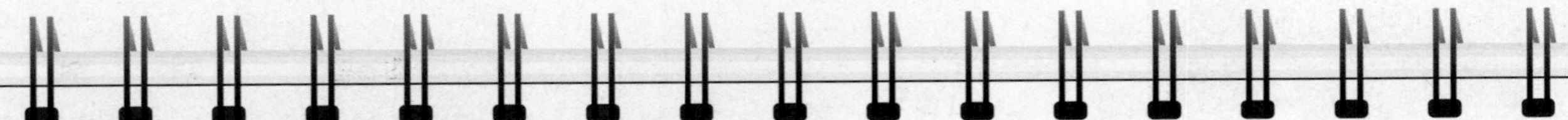

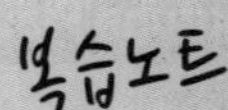

12강 • 홑문장과 겹문장

정답 39쪽

레인보우 리뷰

① 홑문장에는 □□와 □□□의 관계가 □ 번만 들어 있다.
② 겹문장에는 □□와 □□□의 관계가 □ 번 이상 들어 있다.
③ 겹문장의 종류에는 □□문장과 □□□문장이 있다.
④ 겹문장에서 안긴문장을 찾을 때에는 □□어 역할을 하는 '□□, □□□, □□+□□' 형태를 찾는 것이 빠르다.
⑤ 안긴문장은 주어와 서술어로 구성된 □이 더 큰 문장에 안겨 특정한 □□ □□으로 쓰이는 것을 말한다.
⑥ 안은문장은 □□□□인 절을 포함한 □체 문장을 말한다.
⑦ 이어진문장은 □ 개 이상의 홑문장이 □□ □□에 의해 이어져 있는 문장을 말한다.

개념 마스터

1 〈보기〉와 같이 다음 문장들이 홑문장인지 겹문장인지를 판단하시오.

〈보기〉

철수는 밥을 먹는다.	
홑문장	겹문장
○	

① 나는 오늘 독서실에서 책을 많이 읽었다.	
홑문장	겹문장

② 나는 빨리 봄이 오기를 기다린다.	
홑문장	겹문장

③ 우리 집 첫째가 집에서 방학 숙제를 아주 열심히 한다.	
홑문장	겹문장

④ 나는 사과와 딸기를 좋아한다.	
홑문장	겹문장

⑤ 나는 동생과 많이 닮았다.	
홑문장	겹문장

2 〈보기〉와 같이 다음 겹문장들을 홑문장으로 분석하시오.

〈보기〉

철수와 영희는 대학생이다.

철수는 대학생이다.

영희는 대학생이다.

① 나는 봄이 오기를 기다린다.

② 나는 사과와 딸기를 좋아한다.

③ 바나나는 노랗고 길다.

④ 나는 축구와 야구를 즐긴다.

⑤ 나는 바삭한 치킨을 먹었다.

강의노트

학습일 년 월 일

명사절을 가진 안은문장

유튜브 강의

Youtube Player
단어 | 문장 | 음운 | 국어사
◂◂ 이전 강의  다음 강의 ▸▸
홑문장과 겹문장 | 관형절

1 문장의 종류: 홑문장, 겹문장

2 겹문장: 안은문장, 이어진문장

3 안긴문장(절)의 종류

1) 명사절: 주어와 서술어로 구성되어 있지만, 문장에서 마치 명사처럼 사용되는 안긴문장이다. 절에서 서술어의 역할을 하는 용언의 어간, 체언에 결합한 서술격 조사에 명사형 전성 어미 '-(으)ㅁ, -기'가 실현되어 있으며, 이러한 명사절을 안고 있는 문장을 '명사절을 가진 안은문장'이라고 한다.

주어	명사절		서술어
	주어	용언 어간, 체언에 결합한 서술격 조사 + 명사형 어미 '-(으)ㅁ, -기'	

① 주어: 문장에서 명사절이 주격 조사와 결합하여 주어의 역할을 한다.

주어 서술어('범인이-' + 명사형 어미 '-ㅁ') → 명사절
철수가 범인임이 밝혀졌다.
주어(명사절 + 주격 조사 '이') 서술어

② 목적어: 문장에서 명사절이 목적격 조사와 결합하여 목적어의 역할을 한다.

주어 서술어('성공하-' + 명사형 어미 '-기') → 명사절
나는 너희가 성공하기를 바란다.
주어 목적어(명사절 + 목적격 조사 '를') 서술어

③ 보어: 문장에서 명사절이 보격 조사와 결합하여 보어의 역할을 한다.

주어 서술어('괴롭히려 하-' + 명사형 어미 '-ㅁ') → 명사절
그것은 내가 너를 괴롭히려 함이 아니었어.
주어 보어(명사절 + 보격 조사 '이') 서술어

④ 부사어: 문장에서 명사절이 부사격 조사와 결합하여 부사어의 역할을 한다.

주어 서술어('있-' + 명사형 어미 '-음') → 명사절
철수는 그녀가 옆에 있음에 감사했다.
주어 부사어(명사절 + 부사격 조사 '에') 서술어

개념 시냅스

관형어로도 쓰이는 명사절

주어와 서술어로 구성되어 있는 명사절의 경우 격 조사와 결합하여 다양한 문장 성분의 역할을 담당할 수 있어. 그런데 격 조사와 결합하지 않고 관형어로 사용되는 경우도 있어.

예 철수는 비가 오기 전에 출발하렴.
→ 명사절이 격 조사와 결합 없이 체언 '전'을 수식하는 관형어로 사용되고 있다.

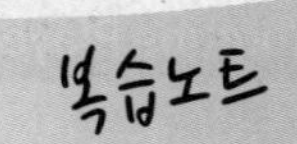

13강 • 명사절을 가진 안은문장

정답 39쪽

레인보우 리뷰

① 명사절은 주어와 서술어로 구성되어 있지만, 문장에서 마치 □□처럼 사용되는 □□문장이다.

② 명사절의 표지는 '-(□)□, -□'이다.

③ 명사절에는 서술어의 역할을 하는 용언의 □□에 명사형 □□ 어미 '-(□)□, -□'가 실현되어 있다.

④ 명사절을 안고 있는 문장을 '명사절을 □□ 안은문장'이라고 한다.

⑤ 명사절에는 다양한 □ □□가 결합하여 다양한 문장 □□의 역할을 수행한다.

개념 마스터

1 〈보기〉와 같이 명사절을 찾아서 밑줄을 긋고, 해당 부분을 종결 어미를 갖춘 문장으로 고쳐 쓰시오. 또한 문장에서 담당하고 있는 문장 성분이 무엇인지도 밮히시오.

〈보기〉

철수가 범인임이 밝혀졌다.	문장 성분
철수가 범인이다.	주어

① 나는 너희들이 성공하기를 바란다.	문장 성분

② 철수는 그녀가 옆에 있음에 감사했다.	문장 성분

③ 우리는 철수가 노력하고 있음을 깨달았다.	문장 성분

④ 철수가 문법 문제를 풀기는 불가능하다.	문장 성분

⑤ 아이들은 눈이 내리기를 기다리고 있었다.	문장 성분

2 다음 제시한 문장을 〈보기〉와 같이 괄호 안에 들어갈 적절한 명사절로 고치시오. 또한 명사절이 조사와 결합하여 어떤 문장 성분으로 사용되고 있는지도 밝히시오.

〈보기〉

철수는 (　　　　)에 바빴다.	문장 성분
철수는 밥을 먹었다. ➜ 밥을 먹기	부사어

① 아직은 (　　　　)에 이른 시간이다.	문장 성분
집에 돌아간다. ➜	

② (　　　　)이 밝혀졌다.	문장 성분
철수가 범인이다. ➜	

③ (　　　　)가 쉽지 않다.	문장 성분
내가 그 일을 한다. ➜	

④ (　　　　)가 눈과 같다.	문장 성분
색깔이 희다. ➜	

⑤ 농부들은 (　　　　)를 기다린다.	문장 성분
비가 온다. ➜	

⑥ 부모는 언제나 (　　　　)를 바란다.	문장 성분
자식들이 행복하다. ➜	

⑦ 제비는 (　　　　) 전에 남쪽으로 떠났다.	문장 성분
겨울이 온다. ➜	

5min 오분만에 마스터하는 국어

강의노트

14강 관형절을 가진 안은문장

유튜브 강의

Youtube Player

단어 | 문장 | 음운 | 국어사
◂◂ 이전 강의 ⏸ 다음 강의 ▸▸
명사절 | 부사절

1 안긴문장(절)의 종류

1) 명사절: 서술어로 사용되는 용언의 어간, 체언에 결합한 서술격 조사에 명사형 전성 어미 '-(으)ㅁ, -기'가 실현되어 있다.

2) 관형절: 주어와 서술어로 구성되어 있지만, 문장에서 마치 관형어처럼 사용되는 안긴문장이다. 절에서 서술어의 역할을 하는 용언의 어간, 체언에 결합한 서술격 조사에 관형사형 전성 어미 '-(으)ㄴ, -는, -(으)ㄹ, -던'이 실현되어 있으며, 이러한 관형절을 안고 있는 문장을 '관형절을 가진 안은문장'이라고 한다.

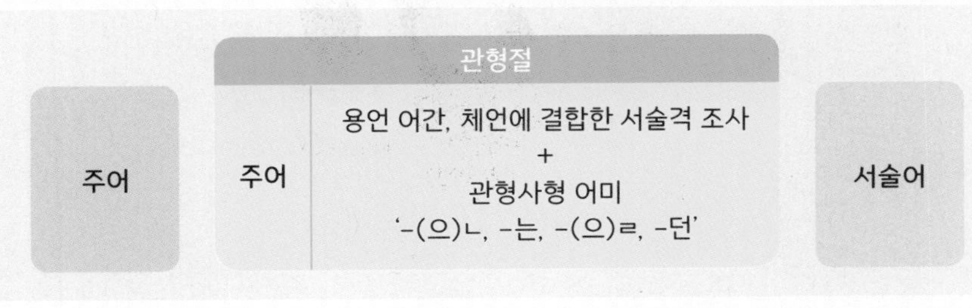

주어 서술어('먹-' + 관형사형 어미 '-은') → 관형절
철수가 밥을 먹은 식당이 어디지?
관형어 주어 서술어

① 관계 관형절: 관형절 속의 특정한 요소가 안은문장에 있는 특정한 요소와 겹칠 때에 관형절에 있던 겹치는 요소가 생략되는 관형절이다.

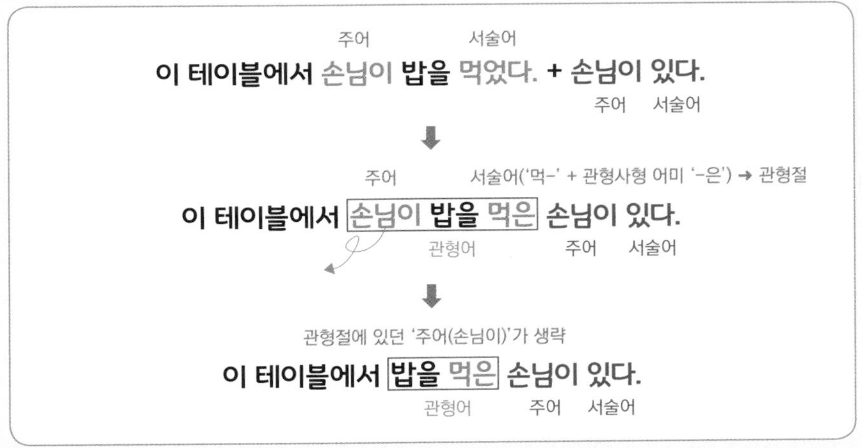

주어 서술어
이 테이블에서 손님이 밥을 먹었다. + 손님이 있다.
주어 서술어
주어 서술어('먹-' + 관형사형 어미 '-은') → 관형절
이 테이블에서 손님이 밥을 먹은 손님이 있다.
관형어 주어 서술어
관형절에 있던 '주어(손님이)'가 생략
이 테이블에서 밥을 먹은 손님이 있다.
관형어 주어 서술어

개념 시냅스

관형어와 관형절

문장에서 관형어는 부속 성분(수의적 성분)이야. 따라서 관형어 역할을 하는 관형절도 마찬가지로 수의적 성분이 되겠지.

개념 시냅스

긴 관형절과 짧은 관형절

관형절이 만들어질 때 종결 어미 없이 관형사형 어미 '-(으)ㄴ, -는, -(으)ㄹ, -던'이 사용되는 일반적인 형태를 '짧은 관형절'이라고 해. 한편 '-다고 하는', '-다는'처럼 종결 어미와 관형사형 어미가 함께 쓰여서 관형절이 만들어지는 경우도 있는데, 절의 길이가 조금 더 길어진 형태라고 해서 이를 '긴 관형절'이라고 해.

- 철수는 영희가 자신을 위해 애쓴 사실을 알았다. → 짧은 관형절
- 철수는 영희가 자신을 위해 애썼다는 사실을 알았다. → 긴 관형절

레인보우 리뷰

관형사형 어미와 시제

관형사형 어미는 용언으로 하여금 수식의 기능을 부여하면서, 동시에 시제를 드러내기도 해. 시간 표현을 배울 때 상세히 공부하게 될 거야.

[동사에 결합한 관형사형 어미]
- 이것은 내가 먹은 빵이야. → 과거
- 이것은 내가 먹는 빵이야. → 현재
- 이것은 내가 먹을 빵이야. → 미래
- 이것은 내가 먹던 빵이야. → 과거

[형용사에 결합한 관형사형 어미]
- 깊은 계곡이 있구나. → 현재
- 철수도 내년이면 군인일 거야. → 미래
- 깊던 계곡이 다 말랐네. → 과거

※ 형용사에는 관형사형 어미 '-는'이 결합하지 못해.

II 문장

개념 시냅스

관형절의 예외

예 그것은 새빨간 사과이다.
- 그것은 사과이다.(O)
- 사과가 새빨갛다.(O)

이 문장은 두 개의 홑문장으로 분석이 되고, 두 개의 홑문장은 형식상, 의미상 아무런 문제가 없어. 따라서 겹문장이라고 볼 수 있어.

예 그것은 새빨간 거짓말이다.
- 그것은 거짓말이다.(O)
- 거짓말이 새빨갛다.(X)

이 문장의 경우에도 두 개의 홑문장으로 분석은 되지만, '거짓말이 새빨갛다'라는 표현은 일상적인 표현이 아니야. 거짓말에는 색깔이 없잖아. 파란 거짓말, 노란 거짓말이라는 말을 들어봤니? 그래서 이 경우에는 '새빨간 거짓말'을 하나의 관용어로 취급해서 겹문장이 아닌 홑문장으로 설명하기도 해.

② 동격 관형절: 관형절과 안은문장 사이에 중복되는 요소가 없기 때문에 관형절의 특정한 요소가 생략되지 않는 관형절이다. 관형절과 관형절의 수식을 받는 체언이 의미상 동일하다.

주어: 나는 / 서술어: 몰랐다 / 주어: 철수가 / 서술어: 시작했다

나는 사실을 몰랐다. + 철수가 문법 공부를 시작했다.

⬇

주어: 철수가 / 서술어('시작하-' + 관형사형 어미 '-ㄴ') → 관형절

나는 [철수가 문법 공부를 시작한] 사실을 몰랐다.

주어: 나는 / 관형어: 철수가 문법 공부를 시작한 / 관형절의 내용과 의미상 동격: 사실 / 서술어: 몰랐다

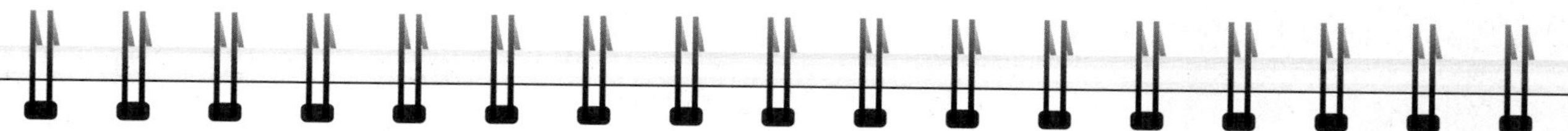

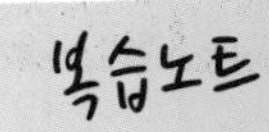

복습노트

14강 • 관형절을 가진 안은문장

정답 39쪽

레인보우 리뷰

① 명사절에는 다양한 □ □□가 결합하여 다양한 문장 □□의 역할을 수행한다.

② 관형절은 주어와 서술어로 구성되어 있지만, 문장에서 마치 □□□처럼 사용되는 □□문장이다.

③ 관형절의 표지는 '-(□)□, -□, -(□)□, -□'이다.

④ 관형절에는 서술어의 역할을 하는 용언의 □□에 관형사형 □□ 어미 '-(□)□, -□, -(□)□, -□'이 실현되어 있다.

⑤ 관형절을 안고 있는 문장을 '관형절을 □□ 안은문장'이라고 한다.

⑥ 관형절은 관형어의 역할을 하므로 부□ 성분(수□적 성분)이다.

⑦ 관형절 속의 특정한 요소가 안은문장이 가진 특정한 요소와 겹칠 때에 □□절에 있던 겹치는 요소가 □□되어 형성되는 관형절을 □□ 관형절이라고 한다.

⑧ 관형절과 안은문장 사이에 중복되는 요소가 없기 때문에 관형절의 특정한 요소가 □□되지 않는 관형절을 □□ 관형절이라고 한다.

⑨ 동격 관형절과 동격 관형절의 수식을 받는 체언은 의미상 동□하다.

⑩ 관형사형 어미 '-(□)□, -□, -(□)□, -□'이 실현된 일반적인 관형절을 '짧은 관형절'이라고 하고, '-□고 하는', '-□는'처럼 종결 어미와 관형사형 어미가 함께 쓰여서 만들어진 관형절을 '긴 관형절'이라고 한다.

개념 마스터

1 〈보기〉와 같이 관형절을 찾아서 밑줄을 긋고, 해당 부분을 생략된 문장 성분까지 복원하여 종결 어미를 갖춘 문장으로 고쳐 쓰시오. 또한 관계 관형절인지 동격 관형절인지도 밝히시오.

〈보기〉

철수가 밥을 먹은 식당이 어디지?	관형절
철수가 밥을 먹었다.	관계

① 나는 선생님이 내신 숙제를 다 끝냈다.	관형절

② 이것은 요즘 내가 읽는 책이다.	관형절

③ 나는 철수가 다이어트를 시작한 사실을 몰랐다.	관형절

④ 하얀 토끼가 나에게 다가왔다.	관형절

⑤ 선생님은 철수의 인성이 참 좋다는 소문을 들었다.	관형절

2 〈보기〉와 같이 주어진 문장을 괄호 안에 들어갈 적절한 관형절 형태로 고치시오. 또한 관계 관형절인지 동격 관형절인지도 밝히시오.

〈보기〉

철수가 (　　　　) 책을 가져갔다.	관형절
내가 책을 읽었다. → 내가 읽은	관계

① (　　　　) 음식은 기분을 좋게 만든다.	관형절
음식이 맛있다. →	

② (　　　　) 기억이 없다.	관형절
나는 철수에게 태블릿을 빌렸다. →	

③ 이것이 (　　　　) 일들이다.	관형절
네가 오늘 일들을 해야 한다. →	

④ (　　　　) 남자가 내 남동생이야.	관형절
남자가 반바지를 입었다. →	

⑤ 철수는 (　　　　) 뉴스를 접했다.	관형절
백신이 개발되었다. →	

II 문장

강의노트

학습일 년 월 일

부사절을 가진 안은문장

유튜브 강의

Youtube Player

단어	문장	음운	국어사

◂◂ 이전 강의 ⏸ 다음 강의 ▸▸

관형절	서술절

개념 시냅스

부사형 어미 = 종속적 연결 어미

- 비가 와서 길이 질다.
  → 종속절(종속적 연결 어미 '-아서')
- 길이 비가 와서 질다.
  → 부사절(부사형 전성 어미 '-아서')

같은 문장에서 어순만 달리했을 뿐인데 종속적 연결 어미 '-아서'가 부사형 전성 어미 '-아서'가 되기도 해. 그래서 7차 문법 교육과정에서부터는 종속절과 부사절에서 통용되는 어미들은 이러한 성질을 감안하여 종속적 연결 어미로 보는 것을 원칙으로 하되 부사형 전성 어미로 보는 것도 인정하게 되었어.

개념 시냅스

부사 파생 접미사 '-이'

문장이 안길 수 있는 절이 될 때에는 일반적으로 어미가 결합해. 그래서 명사절에는 명사형 어미가, 관형절에는 관형사형 어미가, 부사절에는 부사형 어미가 결합하게 되지. 그런데 부사절 중에는 어미가 아닌 접사가 결합하는 경우가 있어. 그게 바로 부사 파생 접미사 '-이'야. 부사는 용언이 아니기 때문에 서술성이 없지만 그래도 부사절을 이끄는 어미와 비슷한 역할을 한다고 인정해 주는 거야. 이에 해당하는 사례 2개만 더 살펴보자.

→ 같- + 부파접 '-이'
- 영희는 꽃과 같이 예쁘다.
- 철수는 동생과 달리 매우 건강하다.

→ 다르- + 부파접 '-이'

'꽃과 같이'의 경우 '같이'는 부사임에도 불구하고 '꽃과 같다'와 유사한 서술성이 느껴져. '동생과 달리'의 경우에도 '달리'는 부사임에도 불구하고 '동생과 다르다'와 같은 서술성을 강하게 드러내고 있어. 이와 같이 어미가 아닌 부사 파생 접미사가 부사절을 이끄는 사례로 '없이, 같이, 달리' 이 세 개 정도는 꼭 알아 두자.

1 안긴문장(절)의 종류

1) 명사절: 서술어로 사용되는 용언의 어간, 체언에 결합한 서술격 조사에 명사형 전성 어미 '-(으)ㅁ, -기'가 실현되어 있다.

2) 관형절: 서술어로 사용되는 용언의 어간, 체언에 결합한 서술격 조사에 관형사형 전성 어미 '-(으)ㄴ, -는, -(으)ㄹ, -던'이 실현되어 있다.

3) 부사절: 주어와 서술어로 구성되어 있지만, 문장에서 마치 부사어처럼 사용되는 안긴문장이다. 절에서 서술어 역할을 하는 용언의 어간에 부사형 전성 어미 '-게, -도록', 종속적 연결 어미 '-니, -아서/어서, -(으)면'이 실현되거나 용언의 어근에 부사 파생 접미사 '-이'가 실현되어 있으며, 이러한 부사절을 안고 있는 문장을 '부사절을 가진 안은문장'이라고 한다.

<table>
<tr><td rowspan="2">주어</td><td colspan="2">부사절</td><td rowspan="2">서술어</td></tr>
<tr><td>주어</td><td>용언 어간 + 부사형 전성 어미, 종속적 연결 어미
또는
용언 어근 + 부사 파생 접미사</td></tr>
</table>

① 용언의 어간 + 부사형 전성 어미

주어 서술어 주어 서술어
김치가 익었다. + 맛이 새콤하다.
⬇
주어 서술어('새콤하-' + 부사형 어미 '-게') → 부사절
김치가 맛이 새콤하게 익었다.
주어 부사어 서술어

② 용언의 어간 + 종속적 연결 어미

주어 서술어 주어 서술어
길이 질다. + 비가 온다.
⬇
주어 서술어('오-' + 종속적 연결 어미 '-아서') → 부사절
길이 비가 와서 질다.
주어 부사어 서술어

③ 부사(용언 어근 + 부사 파생 접미사)

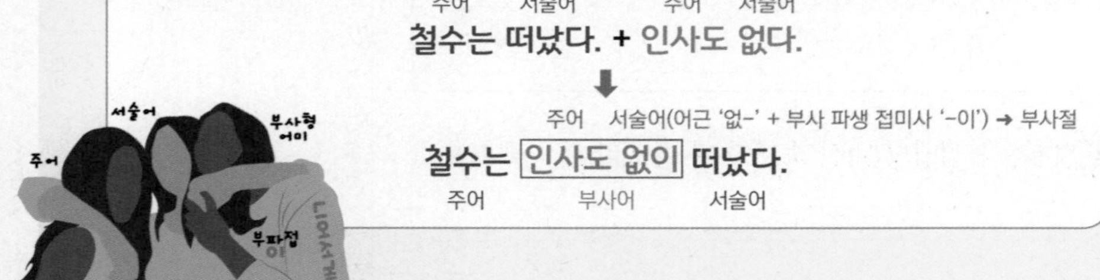

주어 서술어 주어 서술어
철수는 떠났다. + 인사도 없다.
⬇
주어 서술어(어근 '없-' + 부사 파생 접미사 '-이') → 부사절
철수는 인사도 없이 떠났다.
주어 부사어 서술어

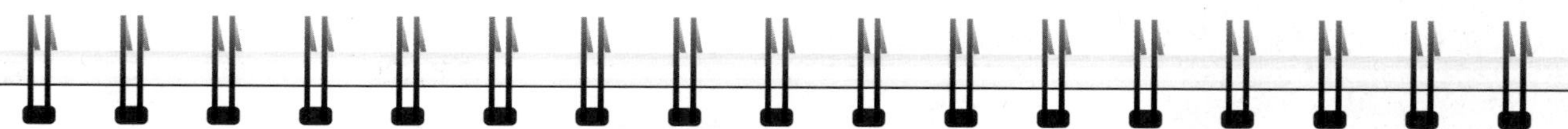

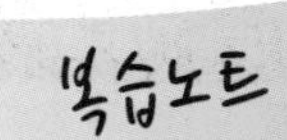

15강 • 부사절을 가진 안은문장

정답 40쪽

레인보우 리뷰

① 부사절은 주어와 서술어로 구성되어 있지만, 문장에서 마치 □□□처럼 사용되는 □□문장이다.
② 부사절의 표지에는 부사형 전성 어미인 '-□, -□□'이 있다.
③ 부사절의 표지에는 종속적 연결 어미인 '-□, -□□/-□□, -(□)□'이 있다.
④ 부사절의 표지에는 부사 파생 접미사 '-□'가 있다.
⑤ 종속적 연결 어미를 □□□ □□ 어미로 취급하는 것도 허용한다.
⑥ 부사절을 안고 있는 문장을 '부사절을 □□ 안은문장'이라고 한다.
⑦ 어미가 아닌 부사 파생 접미사가 부사절을 이끄는 사례로 '없□', '같□', '달□'가 있다.
⑧ 부사절은 부사어의 역할을 하므로 부□ 성분(□□적 성분)이다.

개념 마스터

1 〈보기〉와 같이 부사절을 찾아서 밑줄을 긋고, 해당 부분을 생략된 문장 성분까지 복원하여 종결 어미를 갖춘 문장으로 고쳐 쓰시오. 또한 부사절 표지가 무엇인지도 밝히시오.

〈보기〉

김치가 맛이 새콤하게 익었다.	표지
맛이 새콤하다	어미 '-게'

① 우리는 밤이 새도록 얘기를 나눴다.	표지

② 철수는 민수와 달리 인성이 좋아.	표지

③ 철수는 책만 펴면 졸리다.	표지

④ 길이 눈이 와서 미끄럽다.	표지

⑤ 아빠가 옷을 멋이 나게 입으셨다.	표지

⑥ 위험은 경고도 없이 다가온다.	표지

2 〈보기〉와 같이 제시된 표지를 사용하여 두 개의 홑문장을 부사절을 가진 안은문장으로 만드시오.

〈보기〉

철수는 학교에 가 버렸다. + 철수는 말도 없다.	표지
→ 철수는 (말도 없이) 학교에 가 버렸다.	접사 '-이'

① 사람은 결국 성공한다. + 인성이 좋다.	표지
→ 사람은 ( ) 결국 성공한다.	어미 '-으면'

② 시장은 청렴했다. + 시장은 소문과 다르다.	표지
→ 시장은 ( ) 청렴했다.	접사 '-이'

③ 할머니는 무엇이든 만드신다. + 맛이 있다.	표지
→ 할머니는 무엇이든 ( ) 만드신다.	어미 '-게'

④ 엄마는 우셨다. + 엄마는 화가 났다.	표지
→ 엄마는 ( ) 우셨다.	어미 '-아서'

⑤ 시간은 흐른다. + 시간은 쏜살과 같다.	표지
→ 시간은 ( ) 흐른다.	접사 '-이'

⑥ 철수는 운동장을 뛰었다. + 철수는 땀이 났다.	표지
→ 철수는 운동장을 ( ) 뛰었다.	어미 '-도록'

II 문장

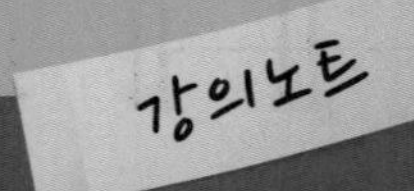

학습일 년 월 일

서술절을 가진 안은문장

유튜브 강의

Youtube Player
단어 | 문장 | 음운 | 국어사
◂◂ 이전 강의 | 다음 강의 ▸▸
부사절 | 인용절

1 안긴문장(절)의 종류

1) 명사절: 서술어로 사용되는 용언의 어간, 체언에 결합한 서술격 조사에 명사형 전성 어미 '-(으)ㅁ, -기'가 실현되어 있다.

2) 관형절: 서술어로 사용되는 용언의 어간, 체언에 결합한 서술격 조사에 관형사형 전성 어미 '-(으)ㄴ, -는, -(으)ㄹ, -던'이 실현되어 있다.

3) 부사절: 서술어로 사용되는 용언의 어간에 부사형 전성 어미 '-게, -도록', 종속적 연결 어미 '-니, -아서/어서, -(으)면', 용언의 어근에 부사 파생 접미사 '-이'가 실현되어 있다.

4) 서술절: 주어와 서술어로 구성되어 있지만, 문장에서 마치 하나의 서술어처럼 사용되는 안긴문장이다. 별도의 표지는 없으며, 이러한 서술절을 안고 있는 문장을 '서술절을 가진 안은문장'이라고 한다. 서술절을 가진 안은문장은 마치 주어가 두 개인 것처럼 보이는 특징이 있다.

주어	서술절: 주어 + 서술어

① 서술절의 용례들

토끼는 [앞발이 짧다.]
(토끼는: 주어 / 앞발이 짧다: 서술어 / 앞발이: 주어, 짧다: 서술어 → 서술절)

코끼리는 [코가 길다.]
(코끼리는: 주어 / 코가 길다: 서술어 / 코가: 주어, 길다: 서술어 → 서술절)

그는 [친구가 많다.]
(그는: 주어 / 친구가 많다: 서술어 / 친구가: 주어, 많다: 서술어 → 서술절)

② 주격 조사와 관형격 조사와의 구분 → 서술절을 가진 안은문장과 홑문장의 구별

(겹문장) 토끼는 [앞발이 짧다.] → 토끼의 앞발이 짧다. (홑문장)
(토끼는: 주어, 앞발이 짧다: 서술어(앞발이: 주어, 짧다: 서술어) → 토끼의: 관형어(관형격 조사), 앞발이: 주어, 짧다: 서술어)

(겹문장) 코끼리는 [코가 길다.] → 코끼리의 코가 길다. (홑문장)
(코끼리는: 주어, 코가 길다: 서술어(코가: 주어, 길다: 서술어) → 코끼리의: 관형어(관형격 조사), 코가: 주어, 길다: 서술어)

(겹문장) 그는 [친구가 많다.] → 그의 친구가 많다. (홑문장)
(그는: 주어, 친구가 많다: 서술어(친구가: 주어, 많다: 서술어) → 그의: 관형어(관형격 조사), 친구가: 주어, 많다: 서술어)

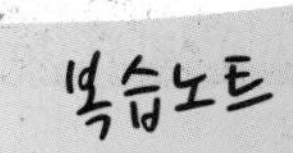

16강 • 서술절을 가진 안은문장

정답 40쪽

레인보우 리뷰

① 서술절은 주어와 서술어로 구성되어 있지만, 문장에서 마치 하나의 □□□처럼 사용되는 □□문장이다.
② 서술절은 별도의 □□를 갖고 있지 않다.
③ 서술절을 안고 있는 문장을 '서술절을 □□ 안은문장'이라고 한다.
④ 서술절은 가진 안은문장은 주어가 마치 □ 개인 것처럼 보이는 특징이 있다.

개념 마스터

1 다음 문장들에서 서술절을 찾아 밑줄을 그으시오. (단, 서술절이 없는 경우는 표시하지 말 것.)

① 철수는 잠이 많다.

② 아빠는 재능이 많으시다.

③ 그녀는 손이 무척 컸다.

④ 우리 오빠는 대학생이 되었다.

⑤ 나의 재능이 썩고 있다.

⑥ 내가 만난 친구는 마음이 정말 착하다.

⑦ 철수는 용기가 좀 부족하다.

⑧ 이 산의 나무가 참 좋다.

⑨ 우리 집 강아지는 머리가 좋다.

⑩ 서울은 인구가 매우 많다.

⑪ 내가 살고 있는 도시는 모두가 바쁘다.

⑫ 영희는 눈이 참 예쁘다.

⑬ 그가 돈이 많음이 분명하다.

⑭ 기린은 목이 정말 길다.

⑮ 할머니는 귀가 밝으시다.

⑯ 철수는 키가 매우 크다.

⑰ 철수가 머리가 좋았음이 확실하게 밝혀진 것 같다.

⑱ 토끼의 뒷발이 길다.

⑲ 철수는 초등학생이 아니다.

⑳ 홍길동 선생님이 우리 반 담임이 되셨다.

II 문장

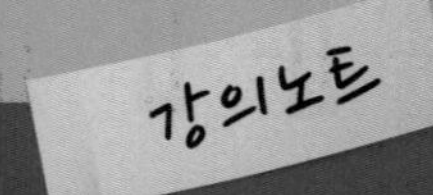

학습일 년 월 일

인용절을 가진 안은문장

유튜브 강의

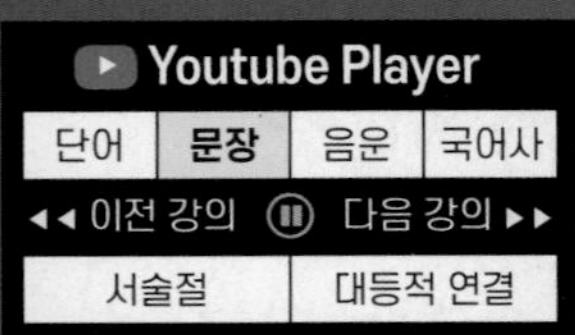

1 안긴문장(절)의 종류

1) 명사절: '-(으)ㅁ, -기'
2) 관형절: '-(으)ㄴ, -는, -(으)ㄹ, -던'
3) 부사절: '-게, -도록', '-니, -아서/-어서, -(으)면', '-이'
4) 서술절: 별도의 표지 없음.
5) 인용절: 다른 사람의 말과 글, 생각 등을 직접 또는 간접적으로 따온 것이 절의 형태로 안겨 있는 것을 말한다. 인용절 뒤에 부사격 조사 '고, 라고'가 실현되어 있으며, 이러한 인용절을 안고 있는 문장을 '인용절을 가진 안은문장'이라고 한다.

인용절
주어 | 주어 + 서술어 + 고/라고 | 서술어

① 평서문의 인용

직접 인용	주어 생략 서술어(평서형 어미 '-ㄹ래') + '라고' → 인용절 철수는 "집에 갈래."라고 말했다.
간접 인용	주어 생략 서술어(평서형 어미 '-다') + '고' → 인용절 철수는 집에 가겠다고 말했다.

② 의문문의 인용

직접 인용	주어 서술어(의문형 어미 '-니') + '라고' → 인용절 철수는 나에게 "문법이 재미있니?"라고 말했다.
간접 인용	주어 서술어(의문형 어미 '-냐') + '고' → 인용절 철수는 나에게 문법이 재미있냐고 말했다.

③ 명령문의 인용

직접 인용	주어 생략 서술어(명령형 어미 '-아라') + '라고' → 인용절 철수는 나에게 "문법에 집중해라."라고 말했다.
간접 인용	주어 생략 서술어(명령형 어미 '-(으)라') + '고' → 인용절 철수는 나에게 문법에 집중하라고 말했다. ○ 직접 인용은 명령형 어미 '-아라'가, 간접 인용은 명령형 어미 '-(으)라'가 사용되었다.

④ 청유문의 인용

직접 인용	주어 생략 서술어(청유형 어미 '-자') + '라고' → 인용절 철수는 나에게 "같이 공부하자."라고 말했다.
간접 인용	주어 생략 서술어(청유형 어미 '-자') + '고' → 인용절 철수는 나에게 같이 공부하자고 말했다.

⑤ 감탄문의 인용

직접 인용	주어 생략 서술어(감탄형 어미 '-구나') + '라고' → 인용절 철수는 나에게 "정말 멋지구나!"라고 말했다.
간접 인용	주어 생략 서술어(평서형 어미 '-다') + '고' → 인용절 철수는 나에게 정말 멋지다고 말했다. ○ 직접 인용은 감탄형 어미 '-구나'가, 간접 인용은 평서형 어미 '-다'가 사용되었다.

개념 시냅스

인용격 조사

앞에서 단어를 공부할 때 격 조사는 문장 성분에 자격을 부여하는 역할을 한다고 했었지. 그런데 그때 '인용격 조사'를 배웠던 기억이 없을 거야. 만약 '인용격 조사'가 있다면 '인용어'라는 것도 있어야 하는데 그런 건 없었잖아. 그런데 다른 교재나 강의를 보면 종종 '인용격 조사'라는 말을 사용해서 혼란스러울 수가 있는데 당황하지 마. 그냥 '인용격 조사'는 부사격 조사 중 하나라고 보면 돼. 왜냐하면 인용절은 넓게는 부사어로 취급하거든. 즉 '인용격 조사'가 결합한 문장이 부사어가 되는 것이니, '인용격 조사' 역시 부사격 조사로 보는 게 합리적인 게 되는 거지. 그래서 오마국 교재에서는 인용절의 끝에 오는 조사를 '인용격 조사'라는 말 대신 '부사격 조사'로 부를 테니까 그렇게 알아 두렴.

개념 시냅스

'이다', '아니다'의 간접 인용

이다고 → 이라고

철수: 나는 이제 대학생이다.
철수는 자기가 이제 대학생이라고 말했다.(간접 인용)

아니다고 → 아니라고

철수: 나는 이제 고등학생이 아니다.
철수는 자기가 이제 고등학생이 아니라고 말했다.(간접 인용)

※ 부사격 조사 '라고'와 형태만 동일할 뿐 구성 요소는 달라.
- '-라': 종결 어미
- '고': 간접 인용의 부사격 조사

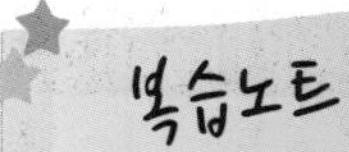

17강 • 인용절을 가진 안은문장

정답 41쪽

레인보우 리뷰

① 인용절은 다른 사람의 □과 □, 생□ 등을 □접 또는 □접적으로 따온 것이 □의 형태로 안겨 있는 것을 말한다.
② 인용절을 안고 있는 문장을 '인용절을 □□ 안은문장'이라고 한다.
③ 직접 인용은 화자가 다른 사람의 말이나 글을 있는 □□로 옮겨서 사용하는 방법을 말한다.
④ 직접 인용의 표지로는 □□□□, 인용의 부사격 조사 '□□'가 있다.
⑤ 간접 인용은 화자가 다른 사람의 말이나 글을 □□의 표현으로 바꾸어 사용하는 방법을 말한다.
⑥ 간접 인용의 표지는 □□ 어미에 인용의 부사격 조사 '□'가 결합한 형태이다.
⑦ 간접 인용의 명령문에서는 명령형 종결 어미 '-(□)□'에 인용의 부사격 조사 '□'가 결합한 형태로 실현된다.
⑧ 간접 인용의 청유문에서는 청유형 종결 어미 '-□'에 인용의 부사격 조사 '□'가 결합한 형태로 실현된다.
⑨ 간접 인용의 감탄문에서는 평서형 종결 어미 '-□'에 인용의 부사격 조사 '□'가 결합한 형태로 실현된다.
⑩ '이다, 아니다'로 끝난 문장의 간접 인용의 경우에는 평서형 종결 어미 '-□'에 인용의 부사격 조사 '□'가 결합한 형태로 실현된다.

개념 마스터

1 〈보기〉와 같이 인용절을 찾아서 밑줄을 긋고, 해당 인용절을 분석하시오. (단, 큰따옴표 표지는 언급에서 제외할 것.)

〈보기〉

철수는 나에게 문법에 집중하라고 말했다.

직접 인용	간접 인용	인용절 종류	표지
	○	명령문	-라 + 고

① 철수는 나에게 숙제를 끝냈다고 말했다.

직접 인용	간접 인용	인용절 종류	표지

② 철수는 나에게 "개학일이 언제지?"라고 물었다.

직접 인용	간접 인용	인용절 종류	표지

③ 형은 동생에게 날씨가 춥다고 불평을 했다.

직접 인용	간접 인용	인용절 종류	표지

④ 선생님께서 철수에게 정말 장하다고 하셨다.

직접 인용	간접 인용	인용절 종류	표지

⑤ 철수는 축구가 취미가 아니라고 했다.

직접 인용	간접 인용	인용절 종류	표지

⑥ 영수는 영희에게 빨리 나가라고 외쳤다.

직접 인용	간접 인용	인용절 종류	표지

⑦ 철수는 민수에게 밥은 먹고 다니냐고 물었다.

직접 인용	간접 인용	인용절 종류	표지

⑧ 영희가 자기랑 같이 박경리 작가의 토지를 읽자고 했다.

직접 인용	간접 인용	인용절 종류	표지

Ⅱ 문장

5 min 오분만에 마스터하는 국어

18강 대등하게 연결된 이어진문장

강의노트

학습일 년 월 일

Youtube Player

단어	문장	음운	국어사
◀◀ 이전 강의		다음 강의 ▶▶	
인용절		종속적 연결	

레인보우 리뷰

'대등적'이라는 말의 의미

두 문장 사이의 의미적 관계가 대등하다는 것은 두 문장의 의미가 서로 독립적이라는 거야. 이는 한 문장이 다른 문장의 의미에 영향을 끼치지 않는다는 말이지. 예를 들어 '철수는 꽃등심을 좋아하고, 영희는 삼겹살을 좋아한다.'를 보면 철수의 취향과 영희의 취향은 각각 별개의 것이며, 서로의 취향에 아무런 영향 관계가 없다는 것을 알 수 있어.

개념 시냅스

교호성(交互性) 사귈 교 서로 호 성질 성

이어진문장에서 앞뒤 문장의 순서를 바꾸어도 문법적으로 어긋나지 않으며 의미에도 변화가 생기지 않는 속성을 교호성이라고 해. 대등적으로 연결된 이어진문장은 대체로 교호성이 나타나는 데 반해, 종속적으로 연결된 이어진문장에서는 대부분 교호성이 나타나지 않아. 이 속성이 있는지 없는지를 테스트해 보는 것은 이어진문장의 종류를 판단할 수 있는 아주 유용한 방법 중 하나야.

1 문장의 종류: 홑문장, 겹문장

2 겹문장의 종류: 안은문장, 이어진문장

3 안긴문장(절)의 종류: 명사절, 관형절, 부사절, 서술절, 인용절

4 이어진문장의 개념

두 개 이상의 홑문장이 연결 어미에 의해 이어져 있는 문장을 말한다.

5 대등하게 연결된 이어진문장의 개념과 종류

앞 문장과 뒤 문장의 의미가 서로 영향을 끼치지 않으면서 독립적으로 이어져 있는 문장을 말한다.

1) 나열: -고, -(으)며

철수는 사과를 좋아한다. + 영희는 딸기를 좋아한다.

⬇

철수는 사과를 좋아하고, 영희는 딸기를 좋아한다.

2) 대조: -지만, -(으)나

철수는 삼겹살을 좋아한다. + 영희는 삼겹살을 싫어한다.

⬇

철수는 삼겹살을 좋아하지만, 영희는 삼겹살을 싫어한다.

3) 선택: -거나, -든(지)

봉숭아는 붉다 + 봉숭아는 희다

⬇

봉숭아는 붉거나 (봉숭아는) 희다.

6 대등하게 연결된 이어진문장의 특징

대등하게 연결된 이어진문장은 앞뒤 문장이 의미상으로 서로 영향을 미치지 않기 때문에 연결 어미를 고정시키고 두 문장의 위치를 서로 바꾸어도 대체로 의미가 거의 동일하다는 특징이 있다. → 교호성이 있다.

철수는 사과를 좋아하고, 영희는 딸기를 좋아한다.

영희는 딸기를 좋아하고, 철수는 사과를 좋아한다.

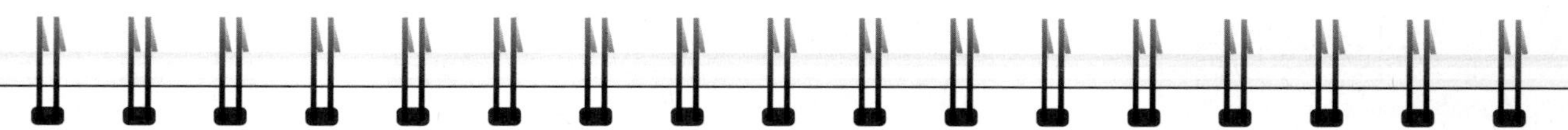

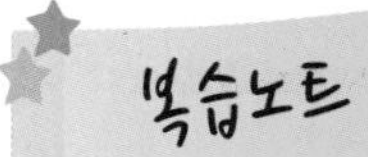

18강 • 대등하게 연결된 이어진문장

정답 ▶ 41쪽

레인보우 리뷰

① 겹문장의 종류에는 □□□□과 □□□□□이 있다.

② 이어진문장은 □ 개 이상의 홑문장이 □□ □□에 의해 이어져 있는 문장을 말한다.

③ 이어진문장은 □□하게 연결된 이어진문장과 □□적으로 연결된 이어진문장으로 나눌 수 있다.
④ 대등하게 연결된 이어진문장은 □ 문장과 □ 문장의 의미가 독□적이어서 서로 영□을 끼치지 않으면서 이어져 있는 문장을 말한다.
⑤ 대등하게 연결된 이어진문장은 앞뒤 문장이 의미상으로 서로 영향 관계가 없기 때문에 □□ 어미를 고정시키고 □□를 서로 바꾸어도 의미가 거의 동일하다는 특징이 있다. → □□성이 있다.

개념 마스터

1 연결 어미를 중심으로 앞 문장과 뒤 문장의 순서를 바꾼 뒤, 의미가 동일한지를 〈보기〉와 같이 판단하시오.

〈보기〉

철수는 사과를 좋아하고, 영희는 딸기를 좋아한다.	
영희는 딸기를 좋아하고, 철수는 사과를 좋아한다.	
(동일하다)	동일하지 않다.

① 인생은 짧고, 예술은 길다.	
동일하다	동일하지 않다.

② 철수는 빵은 좋아하지만, 떡은 싫어한다.	
동일하다	동일하지 않다.

③ 영희야, 꽃등심을 먹든지 삼겹살을 먹든지 얼른 골라라.	
동일하다	동일하지 않다.

④ 서울에는 비가 오고, 속초에는 눈이 온다.	
동일하다	동일하지 않다.

⑤ 첫째는 육식을 좋아하지만, 둘째는 채식을 좋아한다.	
동일하다	동일하지 않다.

⑥ 철수는 현금을 가져오거나, 신용 카드를 가져올 것이다.	
동일하다	동일하지 않다.

2 〈보기〉와 같이 제시된 문장에서 연결 어미를 찾아 ○를 표시한 뒤, 앞 문장과 뒤 문장의 위치를 바꾸어 보고 의미가 동일한지를 판단하시오.

〈보기〉

철수는 사과를 좋아하(고), 영희는 딸기를 좋아한다.	
영희는 딸기를 좋아하고, 철수는 사과를 좋아한다.	
(동일하다)	동일하지 않다.

① 아들은 밖에서 놀고, 딸은 안에서 논다.	
동일하다	동일하지 않다.

② 바다는 푸르나, 하늘은 흐리다.	
동일하다	동일하지 않다.

③ 어른 앞에서 팔짱을 끼거나, 다리를 꼬아서는 안 된다.	
동일하다	동일하지 않다.

II 문장

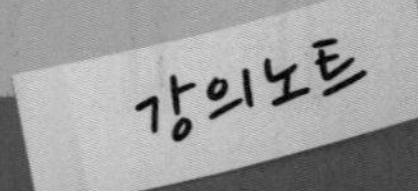

학습일 년 월 일

종속적으로 연결된 이어진문장

유튜브 강의

Youtube Player
단어 | 문장 | 음운 | 국어사
◂◂ 이전 강의 | 다음 강의 ▸▸
대등적 연결 | 주체 높임법

1 문장의 종류: 홑문장, 겹문장

2 겹문장의 종류: 안은문장, 이어진문장

3 안긴문장(절)의 종류: 명사절, 관형절, 부사절, 서술절, 인용절

4 이어진문장의 개념: 두 개 이상의 홑문장이 연결 어미에 의해 이어져 있는 문장을 말한다.

5 대등하게 연결된 이어진문장의 개념: 앞 문장과 뒤 문장의 의미가 독립적이어서 서로 영향을 끼치지 않으면서 이어져 있는 문장을 말한다.

6 종속적으로 연결된 이어진문장의 개념과 종류

문장의 전체 맥락 안에서 앞 문장과 뒤 문장의 의미가 독립적이지 않고, 앞 문장의 의미가 뒤 문장의 의미에 이끌리는 관계로 이어져 있는 문장을 말한다. 종속적으로 이어진문장은 유형별 정리가 어려울 정도로 상당히 다양하다는 특징이 있다.

의미	어미	예문
조건	-(으)면, -거든	날씨가 좋으면(좋거든) 나에게 전화해.
원인(이유)	-아서/-어서, -(으)니, -(으)므로	비가 와서(오니) 길이 질다. 열심히 노력하므로 조만간 우승하겠어.
의도(목적)	-(으)려고, -도록	눈이 왔는지 보려고 창문을 열었다. 눈이 잘 보이도록 창문을 활짝 열었다.
배경	-는데, -(으)ㄴ데	비가 오는데 저쪽에서 누가 걸어오더라. 공부할 것은 많은데 시간이 부족해.
양보	-아도/-어도, -(으)ㄹ지라도	비가 와도 내일 수학여행은 출발할 거야. 세상이 그대를 속일지라도 노여워하지 말라.
시간	-자마자	집에 도착하자마자 비가 쏟아졌다.

7 종속적으로 연결된 이어진문장의 특징

- 앞 문장이 뒤 문장 속으로 이동할 수 있는 경우 부사절로 처리할 수도 있다.

종속적 연결 어미 '-아서'
비가 와서, 길이 질다.
⬇
부사형 전성 어미로 보는 것도 허용함
길이 비가 와서 질다.
◎ 종속적으로 연결된 이어진문장이 부사절을 안은 안긴문장으로 바뀌었으나 의미 변화는 없다.

- 종속적으로 연결된 이어진문장은 앞뒤 문장이 의미상으로 서로 긴밀하게 연결되어 있기 때문에 연결 어미의 위치를 고정하고 두 문장의 순서를 서로 바꾸면 의미가 어색해질 수 있다. → 교호성이 없다.

눈이 왔는지 보려고, 창문을 열었다.
창문을 열려고, 눈이 왔는지 보았다.
◎ 앞 문장과 뒤 문장의 순서를 바꾸었더니 의미가 어색한 문장이 되었다.(교호성이 없음)

레인보우 리뷰

'종속적'이라는 말의 의미

종속적이라는 말은 결국 두 문장의 의미가 서로 영향 관계에 놓여 있다는 뜻이야. 앞 문장의 의미가 뒤 문장의 의미에 종속되어 있다는 것은 앞 문장의 의미가 뒤 문장의 의미를 더욱 구체적으로 드러내 준다는 정도로 이해하면 될 거야.

개념 시냅스

연결 어미의 사례 추가

목적	-(으)러, -고자
비유	-듯이
점층	-ㄹ수록
조건	-아야/-어야, -던들
원인	-(으)니까
양보	-더라도, -(으)ㄴ들, -(으)ㄹ 망정, -(으)ㄹ지언정
시간	-며, -면서, -고서, -자

연결 어미는 절대 외우려고 하면 안 돼. 우리는 한국어 원어민이기 때문에 어미에 담겨 있는 미묘한 문법적 의미들이 이미 체화되어 있어. 우리에게는 'in to, into, in'의 의미 차이가 확 와닿지 않지만, 미국 원어민들에게는 너무나도 쉽게 이해가 되는 것과 똑같아. 그러니 원어민이라는 자신감을 가지고, 앞 문장과 뒤 문장의 의미적 관계성만 잘 따져 보면 대등적 연결 어미인지 종속적 연결 어미인지 구분할 수 있을 거야.

알쓸문법

'양보'의 의미

종속적 연결 어미를 설명할 때 항상 나오는 '양보'의 의미는 '자리를 양보하다'의 그 양보가 아니야. 이 부분을 아무도 설명해 주지 않아서 답답했었지? 지금부터 설명해 줄게. 양보는 크게 보면 '조건'이라는 의미가 담겨 있지만, 좀 더 구체적으로 설명하자면 불리하거나 부정적인 상황이 발생했다는 의미를 내포하고 있어. 즉 '양보'는 '어떠한 불리하거나 부정적인 상황이나 조건이 발생함'이라고 이해하면 될 거야.

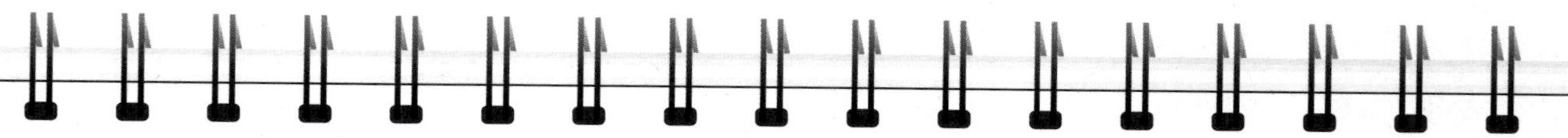

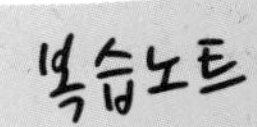

복습노트

19강 • 종속적으로 연결된 이어진문장

정답 42쪽

레인보우 리뷰

① 겹문장의 종류에는 □□□□과 □□□□□이 있다.

② 이어진문장은 □ 개 이상의 홑문장이 □□ □□에 의해 이어져 있는 문장을 말한다.

③ 이어진문장은 □□하게 연결된 이어진문장과 □□적으로 연결된 이어진문장으로 나눌 수 있다.

④ 대등하게 연결된 이어진문장은 □ 문장과 뒤 문장의 의미가 독□적이어서 서로 영□을 끼치지 않으면서 이어져 있는 문장을 말한다.

⑤ 종속적으로 연결된 이어진문장은 문장의 전□ 맥□ 안에서 앞 문장과 뒤 문장의 의미가 □□적이지 않고, □ 문장의 의미가 □ 문장의 의미에 이끌리는 관계로 이어져 있는 문장을 말한다.

⑥ 종속적으로 연결된 이어진문장은 □ 문장이 □ 문장 속으로 이동할 수 있는 경우 □□□로 처리할 수도 있다.

⑦ 종속적으로 연결된 이어진문장은 앞뒤 문장이 의미상으로 서로 긴밀하게 □□되어 있기 때문에 □□ 어미를 고정시키고 □□를 바꾸면 의미가 어색해질 수 있다. → □□성이 없다.

개념 마스터

1 연결 어미를 중심으로 앞 문장과 뒤 문장의 순서를 바꾼 뒤, 의미가 동일한지 〈보기〉와 같이 판단하시오.

〈보기〉

열심히 노력하면, 무엇이든 이룰 수 있다.	
무엇이든 이루면 열심히 노력할 수 있다.	
동일하다	(동일하지 않다.)

① 철수는 책을 사려고, 서점에 갔다.	
동일하다	동일하지 않다.

② 잠을 못 잘지라도, 그 일은 꼭 끝내야 한다.	
동일하다	동일하지 않다.

③ 나는 국어 공부를 하고서, 수학책을 펼쳤다.	
동일하다	동일하지 않다.

④ 그렇게 과식을 하니까, 배탈이 나지.	
동일하다	동일하지 않다.

2 제시된 문장이 어느 유형에 해당되는지를 찾아서 〈보기〉와 같이 ○를 표시하시오.

〈보기〉

그녀는 실력은 뛰어나지만, 인성은 좋지 않다.	
대등하게 연결된 이어진문장	종속적으로 연결된 이어진문장
○	

① 네가 직접 한 말이니까, 스스로 해결해야 한다.	
대등하게 연결된 이어진문장	종속적으로 연결된 이어진문장

② 눈이 왔는지 확인하려고, 아침 일찍 일어났다.	
대등하게 연결된 이어진문장	종속적으로 연결된 이어진문장

③ 오빠는 거실에서 TV를 보고, 동생은 방에서 숙제를 한다.	
대등하게 연결된 이어진문장	종속적으로 연결된 이어진문장

④ 철수가 밥을 먹는데, 전화벨이 울렸다.	
대등하게 연결된 이어진문장	종속적으로 연결된 이어진문장

⑤ 비가 오는데, 저쪽에서 철수가 달려왔다.	
대등하게 연결된 이어진문장	종속적으로 연결된 이어진문장

강의노트

학습일 년 월 일

유튜브 강의

Youtube Player

단어	문장	음운	국어사

◂◂ 이전 강의 ⏸ 다음 강의 ▸▸

종속적 연결	객체 높임법

주체 높임법

1 문법 요소

문법적인 형태소인 어말 어미와 선어말 어미를 비롯하여 몇몇의 문법적인 기능을 나타내는 어휘와 파생 접사 등을 통틀어서 문법 요소라고 한다. 문장 속에서 이러한 문법 요소들이 어떻게 실현되고, 어떤 기능들을 담당하는지 살펴보도록 하자.

2 높임법과 높임 표현

높임법은 화자가 청자나 특정 대상을 그의 나이나 지위가 높고 낮은 정도에 따라 높임의 태도를 달리하여 표현하는 문법적 기능을 말한다. 이러한 높임법이 실현된 문장을 높임 표현이라고 한다.

3 주체 높임법

문장에서 주어로 표현되는 대상, 즉 서술의 주체를 높이는 방법으로, 화자보다 서술의 주체가 나이나 지위 등이 높은 경우에 주로 실현된다.

1) 높임의 주격 조사: 께서

아버지가 말을 한다. ➜ **아버지께서 말을 한다.**

2) 높임의 선어말 어미: -(으)시-

아버지께서 말을 한다. ➜ **아버지께서 말을 하신다.**

3) 높임의 특수 어휘: 계시다, 주무시다, 들다(드시다), 잡수다(잡수시다), 댁, 연세, 성함, 말씀, 진지 등

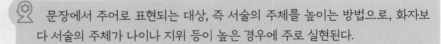

아버지께서 말을 하신다. ➜ **아버지께서 말씀을 하신다.**

'말'을 높이는 특수 어휘 '말씀'을 사용함

4) 높임의 의미를 가진 접미사: -님

네 부모는 잘 있지? ➜ **네 부모님은 잘 계시지?**

레인보우 리뷰

주체와 주어의 구분

예 철수가 밥을 먹는다.
- 주체: 철수 → 주어의 자리에 놓인 대상
- 주어: 철수가 → 주체에 주격 조사가 결합한 문장 성분

개념 시냅스

높임말 '말씀' VS 낮춤말 '말씀'

'말씀'은 높임과 낮춤의 상황 모두에서 쓰이는 독특한 단어야.
- 제가 한 말씀 드려도 될까요?(낮춤)
- 선생님의 말씀이 있으시겠습니다.(높임)

개념 시냅스

높임의 특수 어휘

일상에서 자주 쓰는 '편찮으시다'의 기본형은 '편찮다'야. '편찮다'는 '몸이나 마음이 편하지 않다.'라는 뜻인데, 여기에 높임의 선어말 어미 '-으시-'가 결합하여 '병을 앓는 상태에 있다.'라는 뜻으로 쓰이는 거야. '돌아가시다'는 기본형이 '돌아가다'로, '죽다'의 높임말이야. 그런데 일상에서 '할아버지가 돌아갔다.' 이렇게 쓰는 사람은 아무도 없어. 반드시 높임의 선어말 어미 '-시-'를 붙여서 '돌아가시다'로 사용하지. 단어 자체에 높임의 의미가 있는 특수 어휘들과는 결이 살짝 다르다는 게 느껴지지?

4 직접 높임과 간접 높임

1) 직접 높임: 주체를 직접 높이는 표현을 말한다.

> 아버지께서 진지를 잡수신다.

2) 간접 높임: 주체와 밀접한 관계에 있는 대상(신체의 일부분, 소유물, 가족, 생각, 말 등)을 높임으로써 주체를 간접적으로 높이는 표현을 말한다.

> 선생님께서는 다 계획이 있으셨다.
>
> ◎ 선생님의 '계획(생각)'을 '있으시다'로 높임으로써 선생님을 간접적으로 높이고 있다.
>
> 할아버지께서는 귀가 밝으시다.
>
> ◎ 할아버지의 '귀(신체)'를 '밝으시다'로 높임으로써 할아버지를 간접적으로 높이고 있다.

 알쓸문법

압존법(壓尊法) 누를 압 높을 존 법 법

우리말의 높임법이 얼마나 세밀하게 발달했는지를 보여 주는 사례가 바로 압존법이야. 화자가 행위의 주체에 대해서 얘기하고자 할 때 청자가 행위의 주체보다 나이나 지위가 더 높은 경우에는 그 주체를 높이지 않고 표현하려는 언어적 관습을 압존법이라고 해. 즉 대화의 상황에 맞게끔 대상을 일부러 낮추려는 의도가 담긴 표현이라고 보면 돼.

(화자가 엄마께 얘기하는 상황)
- 아버지께서 방금 도착하셨어요.

(화자가 할아버지께 얘기하는 상황)
- 아버지가 방금 도착했어요.

알쓸문법

가존법(假尊法) 거짓 가 높을 존 법 법

화자가 청자를 고려하여 자신보다 나이나 지위가 낮은 대상을 일부러 높여서 표현하는 방법을 말해.

(할머니가 손자에게)
예 철수야, 네 아빠가 어디 가신다고 하고 나가시던?

 개념 시냅스

직접 높임과 간접 높임의 어휘 비교

① **직접 높임:** 편찮으시다, 계시다
- 아버지께서는 많이 편찮으시다.
- 아버지께서는 병원에 계셔.

② **간접 높임:** 아프시다, 있으시다
- 아버지께서는 다리가 아프시다.
- 아버지께서는 시골에 땅이 있으셔.

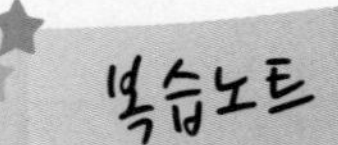

20강 • 주체 높임법

정답 42쪽

레인보우 리뷰

① 문법적인 형태소인 □말 어미와 □□말 어미를 비롯하여 몇몇의 문법적인 기능을 나타내는 어휘와 파□□□ 등을 통틀어서 □□ 요소라고 한다.
② 화자가 청자나 특정 대상을 그의 나□나 지□가 높고 낮은 정도에 따라 높임의 태도를 달리하여 표현하는 문법적 기능을 □□법이라고 한다. 이러한 □□법이 실현된 문장을 □□ 표현이라고 한다.
③ □□ 높임법은 문장에서 주어로 표현되는 대상, 즉 서술의 □□를 높이는 방법으로, 화자보다 서술의 □□가 나이나 지위 등이 높은 경우에 실현된다.

④ 주체 높임을 실현하는 것으로 □격 조사 '□□'가 있다.
⑤ 주체 높임을 실현하는 것으로 높임의 □□□ 어미 '-(□)□'가 있다.

⑥ 주체 높임을 실현하는 것으로 높임의 □□ 어휘들이 있다.
⑦ 주체 높임을 실현하는 것으로 주체에 결합하는 □□사 '-□'이 있다.
⑧ 주체를 직접 높이는 방법을 □□ 높임이라고 한다.
⑨ 주체와 밀접한 관계에 있는 대상(신체의 일부분, 소유물, 가족, 생각, 말 등)을 높이는 방법을 □□ 높임이라고 한다.

개념 마스터

1 〈보기〉와 같이 화자가 문장에서 높이고 있는 주체를 찾고, 주체 높임의 표지들을 있는 대로 모두 쓰시오. (단, 표지가 용언인 특수 어휘일 경우 기본형을 적을 것.)

〈보기〉

(아버지)께서 진지를 잡수고 계신다.			
주체 높임의 표지			
께서	진지	잡수다	계시다

① 사장님의 격려 말씀이 있으시겠습니다.			
주체 높임의 표지			

② 우리 할머니께서는 연세가 많으시지만 무척 정정하시다.			
주체 높임의 표지			

③ 아버지께서는 책을 읽으시다가 일찍 주무셨다.			
주체 높임의 표지			

④ 할아버지께서는 편찮으셔서 진지도 제대로 못 드신다.				
주체 높임의 표지				

⑤ 어머니는 방에 계시고, 아버지는 서재에서 작업을 하신다.			
주체 높임의 표지			

⑥ 선생님께서는 따님이 있으셨다.			
주체 높임의 표지			

2 〈보기〉와 같이 밑줄 친 부분이 높이고 있는 대상을 찾아서 적고, 직접 높임인지 간접 높임인지를 판단하시오.

〈보기〉

사장님의 격려 말씀이 <u>있으시겠습니다.</u>		
높임의 대상	직접	간접
말씀		○

① 우리 할머니께서는 연세가 <u>많으시지만</u> 무척 정정하시다.		
높임의 대상	직접	간접

② 아버지께서 할아버지 방에 <u>들어가신다.</u>		
높임의 대상	직접	간접

③ 선생님께서는 따님이 <u>있으셨다.</u>		
높임의 대상	직접	간접

④ 이제 교육감님께서 <u>나오시겠습니다.</u>		
높임의 대상	직접	간접

⑤ 안타깝게도 큰아버지께서는 <u>돌아가셨다.</u>		
높임의 대상	직접	간접

오늘은 여기까지. 하산해. 끝!

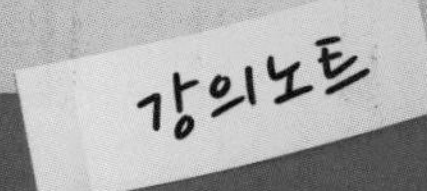

객체 높임법

학습일 　년 　월 　일

1 주체 높임법

1) 높임의 주격 조사: '께서'
2) 높임의 선어말 어미: '-(으)시-'
3) 높임의 의미를 가진 접미사: '-님'
4) 높임의 특수 어휘들: 계시다, 주무시다, 들다(드시다), 잡수다(잡수시다), 댁, 연세, 성함, 말씀, 진지 등

2 객체 높임법

문장에서 목적어나 부사어로 표현되는 대상, 즉 서술의 객체를 높이는 방법으로, 화자나 서술의 주체보다 객체의 나이나 지위가 높은 경우에 실현된다.

1) 높임의 부사격 조사: 께

철수는 할머니에게 과일을 주었다.
⬇
철수는 할머니께 과일을 주었다.

2) 높임의 특수 어휘: 드리다, 모시다, 뵙다(뵈다), 여쭙다(여쭈다) 등

철수는 할머니께 과일을 주었다.
⬇
철수는 할머니께 과일을 드렸다.

3) 높임의 의미를 가진 접미사: -님

철수는 부모를 위해 과일을 샀다.
⬇
철수는 부모님을 위해 과일을 샀다.

레인보우 리뷰

'-시-'와 관련된 높임의 특수 어휘 정리

기본형	'-(으)시-' 결합	특수 어휘	'-시-' 결합
자다	자시다(X)	주무시다	없음
먹다	먹으시다(X)	들다	드시다
		잡수다	잡수시다
아프다	아프시다(○)	편찮다	편찮으시다
죽다	죽으시다(X)	돌아가다	돌아가시다
데리다	데리시다(X)	모시다	없음

- ▭ : 높임의 의미가 담김.
- '주무시다'와 '모시다'의 '시'는 주체 높임 선어말 어미가 아님.
- 특수 어휘는 그 자체에 높임의 의미가 담겨야 하는데 '편찮다'와 '돌아가다'의 경우는 그 자체로 높임의 기능을 수행하지 못하기에 특수 어휘에서 제외함. 다만 선어말 어미 '-(으)시-'가 결합한 상태에서는 특수 어휘처럼 사용되기에 표에는 포함시켰음.

레인보우 리뷰

주체와 객체의 정확한 의미

사람들이 주체와 주어, 객체와 목적어, 부사어를 정확하게 구분해서 사용하지 않기 때문에 사실 많이 헷갈릴 수 있는 용어야. 주체는 주어의 자리에 놓이는 대상이고, 객체는 목적어나 부사어의 자리에 놓이는 대상이야. 따라서 '주체 높임법'은 주어를 높인다기보다는 주어에 포함된 주체를 높이는 것이고, '객체 높임법'은 목적어나 부사어를 높이는 것이 아니라 목적어나 부사어에 포함된 대상을 높이는 것이지. 아래 예문을 보면 보다 정확하게 이해가 될 거야.

예 철수가 책을 할머니께 드렸다.
- 주어: 철수가
- 주체: 철수
- 목적어: 책을
- 객체: 책
- 부사어: 할머니께
- 객체: 할머니

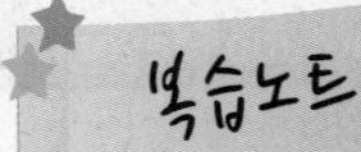

21강 • 객체 높임법

정답 42쪽

레인보우 리뷰

① 주체 높임을 실현하는 것으로 □격 조사 '□□'가 있다.
② 주체 높임을 실현하는 것으로 높임의 □□□ 어미 '-(□)□'가 있다.

③ 주체 높임을 실현하는 것으로 주체에 결합하는 □□사 '-□'이 있다.

④ 객체 높임법은 문장에서 □□어나 □□어로 표현되는 대상, 즉 서술의 □□를 높이는 방법으로, □자나 서술의 주□보다 □□의 나이나 지위가 높은 경우에 실현된다.
⑤ 객체 높임을 실현하는 것으로 높임의 □□격 조사 '□'가 있다.
⑥ 객체 높임을 실현하는 것으로 높임의 □□ 어휘들이 있다. 이때 주□를 높일 때 사용하는 □□ 어휘들과 겹치기도 한다.
⑦ 객체 높임을 실현하는 것으로 객체에 결합하는 □□□ '-□'이 있다.

개념 마스터

1 〈보기〉와 같이 화자가 문장에서 높이고 있는 객체를 찾고, 객체 높임의 표지들을 있는 대로 모두 쓰시오. (단, 표지가 용언인 특수 어휘일 경우 기본형을 적을 것.)

〈보기〉

나는 (선생님)께 꽃다발을 안겨 드렸다.

객체 높임의 표지		
님	께	드리다

① 김 대리, 이건 팀장님께 직접 여쭈어봐.

객체 높임의 표지		

② 여보, 오늘 어머니 모시고 병원에 꼭 가 봐.

객체 높임의 표지		

③ 오늘 우리는 퇴임하신 담임 선생님을 뵈러 갔다.

객체 높임의 표지		

④ 작은아버지께 이 상자를 드리거라.

객체 높임의 표지		

⑤ 철수는 삼촌을 뵙고 안부를 여쭈었다.

객체 높임의 표지		

⑥ 아버지는 할머니께 진지를 차려 드렸다.

객체 높임의 표지		

⑦ 기자는 할머니께 연세와 성함을 조심스럽게 여쭈었다.

객체 높임의 표지			

2 〈보기〉와 같이 밑줄 친 부분이 높이고 있는 대상을 찾아서 적고, 주체 높임인지 객체 높임인지를 판단하시오.

〈보기〉

나는 선생님께 꽃다발을 안겨 드렸다.

높임의 대상	주체 높임	객체 높임
선생님		○

① 아버지께서는 할머니를 모시고 병원에 가셨다.

높임의 대상	주체 높임	객체 높임

② 나는 어머니께 과일을 깎아 드렸다.

높임의 대상	주체 높임	객체 높임

③ 엄마는 할머니께서 자리에서 일어나시게끔 도와드렸다.

높임의 대상	주체 높임	객체 높임

④ 어머니께서 삼촌께 안부를 전해 드리라고 하셨어요.

높임의 대상	주체 높임	객체 높임

오늘은 여기까지.
하산해. 끝!

상대 높임법

1 주체 높임법

1) 높임의 주격 조사: '께서'
2) 높임의 선어말 어미: '-(으)시-'
3) 높임의 의미를 가진 접미사: '-님'
4) 높임의 특수 어휘들

2 객체 높임법

1) 높임의 부사격 조사: '께'
2) 높임의 특수 어휘들

3 상대 높임법

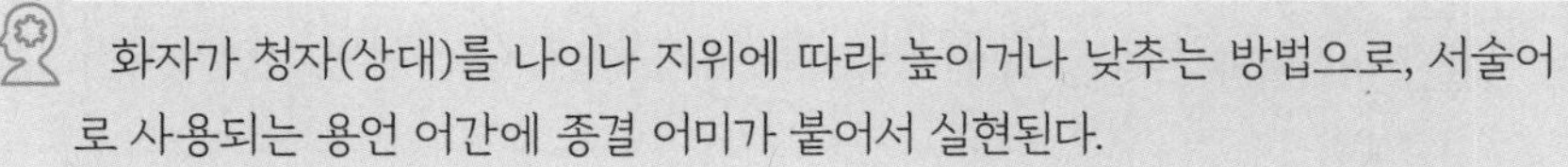

화자가 청자(상대)를 나이나 지위에 따라 높이거나 낮추는 방법으로, 서술어로 사용되는 용언 어간에 종결 어미가 붙어서 실현된다.

1) 격식체: 격식이 담기기 때문에 심리적인 거리감이 드러나며, 의례적인 성격이 있는 높임법이다.
2) 비격식체: 상대적으로 격식이 덜 담기기에 친밀하고도 정감이 느껴지는 높임법이다.
3) 상대 높임법 체계 → 동사 '하다'를 기준으로 어미들을 분류함

등급 \ 종결형		평서형	의문형	명령형	청유형	감탄형
격식체	하십시오체 (아주높임) ↑↑	합니다	합니까?	하십시오	(하시지요)	-
	하오체 (예사높임) ↑	하오	하오?	하오	합시다	하는구려
	하게체 (예사낮춤) ↓	하네	하나?	하게	하세	하는구먼
	해라체 (아주낮춤) ↓↓	한다	하니?	해라	하자	하는구나
비격식체	해요체 (두루높임) ↑	해요	해요?	해요	해요	해요
	해체 (두루낮춤) ↓	해?	해?	해	해	해

알쓸문법

한글 맞춤법 관련 조항

제34항 모음 'ㅏ, ㅓ'로 끝난 어간에 '-아/-어, -았-/-었-'이 어울릴 적에는 준 대로 적는다.
[붙임 2] '하여'가 한 음절로 줄어서 '해'로 될 적에는 준 대로 적는다.

본말	준말	본말	준말
하여 더하여 흔하여	해 더해 흔해	하였다 더하였다 흔하였다	했다 더했다 흔했다

레인보우 리뷰

해요체

상대 높임법은 용언에 종결 어미가 결합하여 실현되는 높임법이야. '해요체'의 경우에는 종결 어미 '-아요/-어요'가 사용되는데, 이때 종결 어미 '-아요/-어요'를, 어미 '-아/-어'에 통용 보조사 '요'가 결합한 것이라고 분석할 수도 있어.

레인보우 리뷰

'해'의 분석

'해'는 '하다'의 어간 '하-'에 종결 어미 '-아'가 결합한 형태야. 그런데 '하아'가 아니라 '하여'가 된 것은 '여' 불규칙이 적용되어서야. '여' 불규칙이 적용되어서 '하여'가 되었고, 다시 '하여'의 준말 형태인 '해'가 된 거야.

개념 시냅스

'하시지요'의 분석

'하십시오체'의 청유형은 '하십시다'야. 그런데 "할아버지, 이제 저쪽으로 가십시다."에서처럼 일상에서 윗사람에게 쓰기에는 적절하지 않지. 그래서 학교 문법에서는 '-십시다' 대신에 '-시지요'를 제시하고 있어. "할아버지, 이제 저쪽으로 가시지요." 훨씬 더 상대방을 높이고 존중한다는 느낌이 들지? 다만 '-시지요'가 어법상 '하십시오체'는 아니기 때문에 괄호를 사용해서 제시한 것이라고 이해하면 될 거야.

알쓸문법

상대 높임법 용어의 유래

상대 높임법에 나오는 '하십시오체(합쇼체), 하오체, 하게체, 해라체, 해요체, 해체'의 이름은 동사 '하다'의 '명령형' 체계를 기준으로 만든 거야.

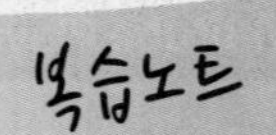

22강 • 상대 높임법

정답 43쪽

레인보우 리뷰

① 주체 높임을 실현하는 것으로 □격 조사 '□□'가 있다.
② 주체 높임을 실현하는 것으로 높임의 □□□ 어미 '-(□)□'가 있다.

③ 주체 높임을 실현하는 것으로 주체에 결합하는 □□사 '-□'이 있다.

④ 객체 높임은 문장에서 □□어나 □□어로 표현되는 대상, 즉 서술의 □□를 높이는 방법으로, □자나 서술의 주□보다 □□가 나이나 지위가 높은 경우에 실현된다.
⑤ 객체 높임을 실현하는 것으로 높임의 □□격 조사 '□'가 있다.
⑥ 객체 높임을 실현하는 것으로 높임의 □□ 어휘들이 있다. 이때 주□를 높일 때 사용하는 □□ 어휘들과 겹치기도 한다.
⑦ 객체 높임을 실현하는 것으로 객체에 결합하는 □□□ '-□'이 있다.

⑧ 상대 높임은 화자가 □자(□대)를 나이나 지위에 따라 □이거나 □추는 방법으로, 서술어로 사용되는 □언 □□에 □□ 어미가 붙어서 실현된다.
⑨ □□체는 □□이 담기기 때문에 심리적인 거리감이 드러나며, 의례적인 성격이 있는 높임법이다.
⑩ □□□체는 상대적으로 □□이 덜 담기기에 친밀하고도 정감이 느껴지는 높임법이다.
⑪ 격식체에는 '하□□□체', '하□체', '하□체', '□□체'가 있다.
⑫ 비격식체에는 '□□체', '□체'가 있다.

개념 마스터

1 〈보기〉와 같이 밑줄 친 부분이 해당되는 상대 높임 등급을 ○로 표시하시오.

〈보기〉

어머니께서 삼촌께 안부를 전해 드리라고 하셨어요.

하십시오	하오	하게	해라	해요	해
				○	

① 선생님께서 말씀하신 파일 여기에 가져왔습니다.

하십시오	하오	하게	해라	해요	해

② 이번에는 아우님이 한 잔 들게나.

하십시오	하오	하게	해라	해요	해

③ 여보, 영감. 저녁 준비 좀 해 주오.

하십시오	하오	하게	해라	해요	해

④ 철수야, 이번 일은 진짜 미안하다.

하십시오	하오	하게	해라	해요	해

⑤ 철수야, 이번 일은 진짜 미안해.

하십시오	하오	하게	해라	해요	해

2 제시된 문장에서 사용된 높임법의 표지를 모두 찾아서 해당되는 곳에 기입하시오. (단, 표지가 용언인 특수 어휘일 경우 기본형을 적을 것.)

① 어머니께서는 할아버지를 댁까지 모셔 드렸습니다.

주체 높임	객체 높임	상대 높임

② 철수는 선생님께 꽃다발을 안겨 드렸습니다.

주체 높임	객체 높임	상대 높임

③ 아버지께서는 할머니를 모시고 병원에 가셨어요.

주체 높임	객체 높임	상대 높임

④ 어머니께서 삼촌께 안부를 전해 드리라고 하셨어요.

주체 높임	객체 높임	상대 높임

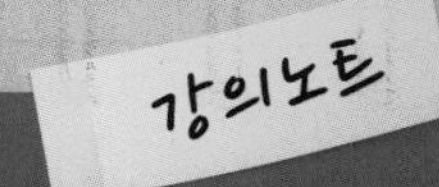

학습일 년 월 일

평서문 · 의문문

Youtube Player
단어 | 문장 | 음운 | 국어사
◂◂ 이전 강의 ⏸ 다음 강의 ▸▸
상대 높임법 | 명령·청유·감탄문

1 종결(終結) 표현의 개념 마칠 종 맺을 결

화자는 다양한 종결 어미를 구사하여 문장을 끝맺는다. 이때 사용된 종결 어미들은 문장의 종류를 결정하고, 화자의 생각이나 의도를 적절하게 드러내는 수단이 된다.

화자가 용언이나 서술격 조사에 종결 어미를 실현함으로써 문장을 끝맺는 표현 방식을 말한다. 이를 통해 화자는 자신의 생각이나 의도를 효과적으로 드러내며 다양한 유형의 문장을 구사할 수 있게 된다.

2 종결 표현 방식에 따른 문장의 유형

1) 평서문의 개념과 실현 방법 → 평서형 종결 어미가 사용됨

화자가 청자에 대하여 특별히 요구하는 바가 없이 사실이나 상황, 생각 등을 단순하게 진술하는 문장을 말한다.

하십시오체	하오체	하게체	해라체	해요체	해체
-ㅂ니다 -습니다	-(으)오 -소	-네	-다 -마	-아요/-어요 -지요	-아/-어 -지

하십시오체	학생들이 지나갑니다.	해라체	학생들이 지나간다.
하오체	학생들이 지나가오.	해요체	학생들이 지나가요.
하게체	학생들이 지나가네.	해체	학생들이 지나가.

2) 의문문의 개념과 실현 방법 → 의문형 종결 어미가 사용됨

화자가 청자에게 질문을 하여 그에 대한 대답을 요구하는 문장을 말한다.

① 설명 의문문: 청자로 하여금 구체적인 설명을 요구하는 의문문 → 의문사 사용
② 판정 의문문: 청자로 하여금 긍정이나 부정의 대답을 요구하는 의문문
③ 수사 의문문: 청자로 하여금 대답을 요구하지 않는 형식상의 의문문

하십시오체	하오체	하게체	해라체	해요체	해체
-ㅂ니까 -습니까	-(으)오 -소	-ㄴ가/-는가 -나	-냐, -니 -ㄹ까	-아요/-어요 -지요	-아/-어 -지

하십시오체	선생님도 그 시험을 준비하십니까?
하오체	당신도 그 시험을 준비하오?
하게체	자네도 그 시험을 준비하는가?
해라체	너도 그 시험을 준비하니?
해요체	철수 씨도 그 시험을 준비해요?
해체	너도 그 시험을 준비해?

알쓸문법

'-시어요'와 '-세요'

'-시어요'는 선어말 어미 '-시-'와 종결 어미 '-어요'가 결합해서 만들어진 어미야. '-시어요'의 준말은 '-세요'와 '-셔요'가 쓰이고 있어. 즉 '하시어요'의 준말이 '하세요'와 '하셔요'라는 거지.

알쓸문법

높임의 등급이 없는 표현

공식적인 글이나 신문 기사의 경우에는 독자층의 범위가 너무 넓기 때문에 동사의 기본형 형태를 서술어로 사용해. 이러한 표현에는 높임의 등급이 없다고 할 수 있어.

예 대한민국, 선진국으로 우뚝 서다.

알쓸문법

설명 의문문의 '의문사'

설명 의문문은 청자에게 구체적인 설명을 요구하는 것이기 때문에 화자는 자신이 듣고자 하는 '의문의 초점'을 콕 집어서 물어야 하고, 바로 그때 쓰이는 말들을 묶어서 '의문사'라고 이름을 붙인 거야. 하필 '사'로 끝나서 품사 같지만 당연히 품사는 아니고, 그냥 의문의 초점이 되는 말들을 묶어서 부르는 거라고 생각하면 돼. 여기에는 '누구, 언제, 어디, 무엇' 등의 대명사, '왜, 어떻게' 등의 부사(어), '얼마'와 같은 명사, '무슨'과 같은 관형사 등이 해당돼.

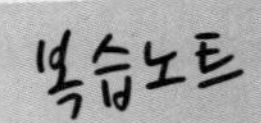

23강 • 평서문 · 의문문

정답 ▶ 43쪽

레인보우 리뷰

① 격식체에는 '□□□□체', '□□체', '□□체', '□□체'가 있다.
② 비격식체에는 '□□체', '□체'가 있다.

③ 어미는 크게 □□ 어미와 □□□ 어미로 나눌 수 있다.
④ 어미는 □□이나 □□□ □□가 활용할 때 변하는 부분을 말하며 다양한 문법적 기능을 담당한다.

⑤ 어말 어미는 □□ 어미, □□ 어미, □□ 어미로 나눌 수 있다.

⑥ 화자는 문장을 끝맺을 때 □□ 어미를 사용한다.
⑦ 종결 어미는 □□의 종류를 결정한다.
⑧ 종결 표현은 화자가 서술어로 쓰이는 □□이나 □□□ 조사에 □□ 어미를 실현함으로써 화자의 생각이나 의도를 드러내며 다양한 형태로 □□을 끝맺는 표현 방식을 말한다.
⑨ 평서형 종결 어미를 사용하면 □□문이 된다.
⑩ 평서문은 화자가 청자에 대하여 특별히 □□하는 바가 없이 사□이나 상□, 생□ 등을 단□하게 진술하는 문장을 말한다.
⑪ 의문형 종결 어미를 사용하면 □□문이 된다.
⑫ 의문문은 화자가 청자에게 □□을 하여 그에 대한 □□을 □구하는 문장을 말한다.
⑬ 청자로 하여금 구체적인 설명을 요구하는 의문문을 □□ 의문문이라고 한다.
⑭ 청자로 하여금 긍정이나 부정의 대답을 요구하는 의문문을 □□ 의문문이라고 한다.
⑮ 청자로 하여금 반드시 대답을 요구하지는 않는 형식상의 의문문을 □□ 의문문이라고 한다.

개념 마스터

1 다음 제시한 문장에서 〈보기〉와 같이 종결 어미를 찾고, 문장의 유형을 쓰시오.

〈보기〉

나는 선생님께 꽃다발을 안겨 드렸다. → 평서문	
종결 어미	-다

① 학생들이 밥을 먹습니다. →	
종결 어미	

② 내가 너희들에게 약속 하나 할까? →	
종결 어미	

③ 요즘 회사 사정은 어떻습니까? →	
종결 어미	

④ 철수 씨도 그 시험 준비하지요? →	
종결 어미	

⑤ 얘가 네 동생이냐? →	
종결 어미	

⑥ 학생들이 지금 책을 읽소. →	
종결 어미	

⑦ 당신도 지금 책을 읽소? →	
종결 어미	

⑧ 내가 너희들에게 약속을 하나 하마. →	
종결 어미	

⑨ 학생들은 지금 책을 읽지. →	
종결 어미	

⑩ 너도 그 시험 준비하지? →	
종결 어미	

⑪ 자네가 나를 좀 도와주겠나? →	
종결 어미	

2 제시된 의문문의 종류를 쓰시오.

① 철수야, 아침 먹었니? (　　　의문문)
② 철수야, 아침 언제 먹었니? (　　　의문문)
③ 이렇게 화려한 아침일 수 있을까? (　　　의문문)
④ 너 지금 뭘 하고 있니? (　　　의문문)
⑤ 좀 더 힘을 낼 수 있겠니? (　　　의문문)

오늘은 여기까지. 하산해. 끝!

강의노트

학습일 년 월 일

명령문 · 청유문 · 감탄문

유튜브 강의

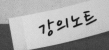

Youtube Player
단어 | 문장 | 음운 | 국어사
◀◀ 이전 강의 다음 강의 ▶▶
평서문·의문문 | 과거 시제

1 종결 표현 방식에 따른 문장의 유형

1) 평서문: 화자가 사실이나 상황, 생각 등을 단순하게 진술하는 문장을 말한다.

2) 의문문: 화자가 청자에게 질문을 하여 그에 대한 대답을 요구하는 문장을 말한다.

3) 명령문의 개념과 실현 방법 → 명령형 종결 어미가 사용됨

화자가 청자에게 무엇을 시키거나 자신의 의도대로 행동해 줄 것을 요구하는 문장으로, 동사가 서술어로 사용된다.

하십시오체	하오체	하게체	해라체	해요체	해체
-십시오	-(으)오 -구려	-게	-아라/-어(거)라 -(으)려무나 -(으)렴	-아요/-어요 -지요	-아/-어 -지

하십시오체	여기서 잠시 기다리십시오.
하오체	당신이 한번 만나 보오.
하게체	자네가 한번 만나 보게.
해라체	네가 한번 만나 보아라.
해요체	형님은 여기에 앉아요.
해체	네가 한번 만나 봐.

4) 청유문의 개념과 실현 방법 → 청유형 종결 어미가 사용됨

화자가 청자로 하여금 어떠한 행동을 함께할 것을 요청하는 문장으로 동사가 서술어로 사용된다.

하십시오체	하오체	하게체	해라체	해요체	해체
(-시지요)	-ㅂ시다	-세	-자	-아요/-어요 -지요	-아/-어 -지

하십시오체	우리도 가시지요.
하오체	우리도 갑시다.
하게체	우리도 가세.
해라체	우리도 가자.
해요체	우리도 가요.
해체	우리도 가.

개념 시냅스

직접 명령문과 간접 명령문

명령문은 전달 방식에 따라 구분할 수도 있는데, 직접 명령문은 가장 일반적인 것으로 화자와 청자가 직접 대면하는 상황에서 쓰이는 명령문이야. 이에 반해 간접 명령문은 화자와 청자가 직접 대면하지 않는 상황에서 매체(신문, 시험지, 현수막, 표어, 성명서 등) 등을 통해서 간접적으로 제시되는 명령문이야. 간접 명령문에서는 어미 '-(으)라'가 사용돼.

- 네가 마음에 드는 것을 골라라. → 직접 명령문
- ㉠~㉤ 중 가장 적절한 것을 고르라. → 간접 명령문

개념 시냅스

명령문과 청유문의 비교

	명령문	청유문
주어	청자	우리 (화자 + 청자)
서술어	동사	동사
시제	과거X	과거X
행동의 주체	청자	우리 (화자 + 청자)

II 문장

개념 시냅스

'-아라/-어라'형 감탄문의 특징

'-구나'형 감탄문 말고 '-아라/-어라'형 감탄문도 있어. 한번 간단하게 정리해 볼게.

① 화자가 느낀 감각이나 감정을 즉각적이고도 강하게 표현할 때 사용해.
- 앗, 뜨거워라! / 아이, 좋아라!

② 형용사에서만 실현돼. 동사에서는 '-구나'가 실현돼.
- 드디어 이겼어라!(X) / 이겼구나!(O)

③ 화자의 감각이나 느낌을 즉각적으로 드러내야 하기 때문에 '-아라/-어라'형 감탄문은 독립어와 서술어만으로 실현되는 경향이 있어.
- 아이, 가엾어라.(O)
- 아이, 철수가 정말로 가엾어라.(?)

5) 감탄문의 개념과 실현 방법 → 감탄형 종결 어미가 사용됨

화자가 청자를 별로 의식하지 않고 거의 독백하는 상태에서 자신의 느낌을 표현하는 문장이다.

하십시오체	하오체	하게체	해라체	해요체	해체
없음	-(는)구려	-(는)구먼	-(는)구나	-(는)군요 -네요	-(는)군 -네

하오체	철수가 열심히 노력하는구려!
하게체	철수가 열심히 노력하는구먼!
해라체	철수가 열심히 노력하는구나!
해요체	철수가 열심히 노력하는군요!
해체	철수가 열심히 노력하는군!

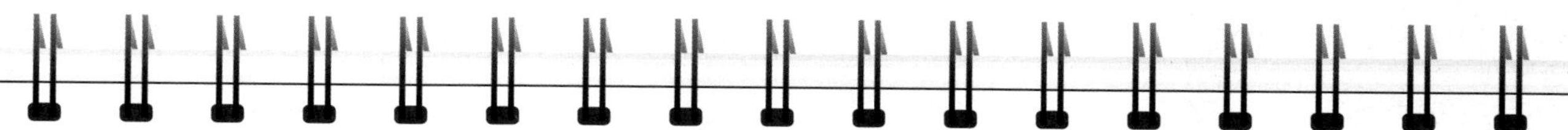

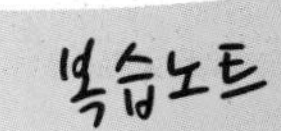

24강 • 명령문 · 청유문 · 감탄문

정답 44쪽

레인보우 리뷰

① 격식체에는 '□□□□체', '□□체', '□□체', '□□체'가 있다.
② 비격식체에는 '□□체', '□체'가 있다.

③ 어말 어미는 □□ 어미, □□ 어미, □□ 어미로 나눌 수 있다.

④ 명령형 종결 어미를 사용하면 □□문이 된다.
⑤ 명령문은 화자가 청자에게 무엇을 시□거나 자신의 의□대로 행동해 줄 것을 요□하는 문장으로 □사가 서술어로 사용된다.
⑥ 청유형 종결 어미를 사용하면 □□문이 된다.
⑦ 청유문은 화자가 청자로 하여금 어떠한 행동을 함□할 것을 □청하는 문장으로 □사가 서술어로 사용된다.
⑧ 감탄형 종결 어미를 사용하면 □□문이 된다.
⑨ 감탄문은 화자가 청자를 별로 의□하지 않고 거의 독□하는 상태에서 자신의 느□을 표현하는 문장이다.

개념 마스터

1 다음 제시한 문장에서 〈보기〉와 같이 종결 어미를 찾고, 문장의 유형을 쓰시오.

〈보기〉

여기서 잠시 기다리십시오. → 명령문	
종결 어미	-십시오

① 자네가 이걸 잡게. →	
종결 어미	

② 정상에서 보는 광경은 정말로 멋지구먼! →	
종결 어미	

③ 선생님께서 이 자리에 앉으세요. →	
종결 어미	

④ 우리도 저쪽으로 이동하지요. →	
종결 어미	

⑤ 필요한 자금은 자네가 준비해 주오. →	
종결 어미	

⑥ 이건 철수가 끝까지 먹어라. →	
종결 어미	

⑦ 함께 끝까지 완주합시다. →	
종결 어미	

⑧ 같이 운동하자. →	
종결 어미	

⑨ 우리도 합심해서 잘 살아 보세. →	
종결 어미	

⑩ 철수가 참 성실하군! →	
종결 어미	

⑪ 철수가 벌써 문법을 끝냈네! →	
종결 어미	

25강

강의노트

학습일 년 월 일

과거 시제

유튜브 강의

Youtube Player

단어	문장	음운	국어사

◂◂ 이전 강의 ⏸ 다음 강의 ▸▸

명령·청유·감탄문	현재 시제

레인보우 리뷰

'하다'의 활용에 나타나는 이형태

'Ⅰ. 단어' 단원 이형태 강의에서 이미 배웠는데 기억나지? '하다'에 어미 '-아'가 결합하면 '-여'가 되는데, 마찬가지로 '-았'이 결합하면 '-였'의 형태로 바뀌게 돼. 특정한 형태소를 만나면 형태가 바뀌는 경우를 형태론적 이형태라고 했었어. 참고로 '하여'의 준말이 '해'야.

개념 시냅스

대과거 '-았었-/-었었-'

과거 시제 선어말 어미 '-았-/-었-'에 다시 한번 '-었-'이 결합한 '-았었-/-었었-' 형태가 있어. 이는 문장에서 나타난 사건이 발화시보다 시간적으로 훨씬 이전에 일어나서, 그 사건의 내용이 현재와는 확연하게 달라져 있음을 의미할 때 사용해. 즉 '과거'의 의미에 '단절'이나 '변화'라는 의미가 추가로 내포되어 있다고 보면 되겠지.

개념 시냅스

미래 시제 성격의 '-았-/-었-'

과거 시제 선어말 어미인 '-았-/-었-'이 미래 시제의 의미를 담고 있는 특수한 경우도 있어.

- 너는 이제 엄마에게 혼났다.
  → 근접한 미래의 사건
- 너는 앞으로 학교는 다 갔다.
  → 확정된 미래의 상황
- 밥이라도 같이 먹었으면 좋겠다.
  → 미래에 대한 소망
- 이제 서울 거의 다 왔다.
  → 근접한 미래의 결과

레인보우 리뷰

관형사형 어미의 시제

관형사형 어미 '-(으)ㄴ, -는, -(으)ㄹ, -던'에 시제가 담긴다고 앞에서 얘기했던 것 기억나지?

1 시간 표현의 개념

어떤 일이 일어난 시간을 언어적으로 표현한 것을 말한다. 시간을 문법적으로 표현한 것을 시제라고 하고, 그러한 시간 속에서 동작이 일어나는 모습을 표현한 것을 동작상이라고 한다.

2 발화시와 사건시의 개념

발화시는 화자가 말을 하고 있는 시점을 말하며 항상 현재임을 전제로 한다. 사건시는 문장으로 표현되는 사건이나 상황이 일어난 시점을 말한다. 이 두 가지 개념의 선후 관계에 따라 과거, 현재, 미래 시제로 나눌 수 있다.

3 과거 시제

사건시가 발화시보다 앞서는 시제를 말한다.

1) 과거 시제 선어말 어미: 용언의 어간에 결합

어미	대상	용례
-았-/-었-	동사 형용사	• 철수는 영수의 슛을 막았다. ⊙ 동사 어간 + 과시선 '-았-' • 철수는 집에서 숙제를 하였다. ⊙ 동사 어간 + 과시선 '-았-' • 철수는 주말에 문법 공부를 했다. ⊙ 동사 어간 + 과시선 '-았-' • 영희도 학창 시절에는 정말 예뻤어. ⊙ 형용사 어간 + 과시선 '-었-'
-았었-/ -었었-		• 철수는 이 마을에 오래 살았었다. ⊙ 동사 어간 + 과시선 '-았었-' • 한반도에도 빙하기가 있었었다. ⊙ 형용사 어간 + 과시선 '-었었-'
-더-		• 철수가 김밥을 맛있게 먹더라. ⊙ 동사 어간 + 과시선 '-더-' • 김밥이 정말 맛있더라. ⊙ 형용사 어간 + 과시선 '-더-'

2) 관형사형 전성 어미: 용언의 어간에 결합

어미	대상	용례
-(으)ㄴ	동사	내가 본 그 영화가 오스카상을 받았대. ⊙ 동사 어간 + 관형사형 '-ㄴ'
-던	동사 형용사	• 내가 보던 책 못 봤어? ⊙ 동사 어간 + 관형사형 '-던' • 예쁘던 그녀가 노파가 되었구나. ⊙ 형용사 어간 + 관형사형 '-던'

개념 시냅스

과거 시제의 시간 부사어

어미와 같은 문법적 요소는 아니지만 지나간 시간을 의미하는 일부 부사들이 있어. 이들은 문장의 맥락 속에서 과거 시제의 의미를 드러내거나 보조하는 역할을 하기도 해. 예 아까, 어제, 그제, 엊그제, 이미

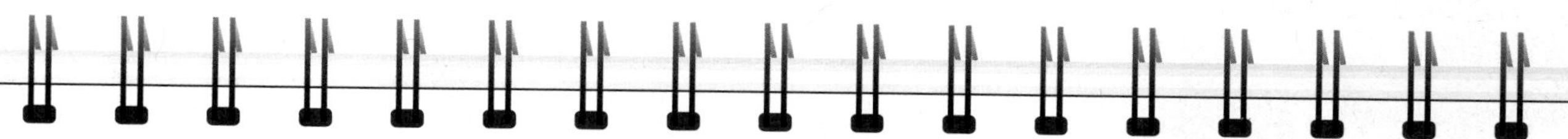

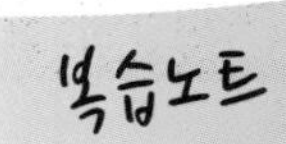

25강 • 과거 시제

정답 44쪽

레인보우 리뷰

① 선어말 어미는 □□과 □□ 어미 사이에서 실현된다.

② 선어말 어미는 □□와 □□ 등 다양한 문법적 의미를 덧붙여 주는 역할을 한다.

③ 시제 선어말 어미는 '□□ 시제, □□ 시제, □□ 시제'를 드러내는 기능을 한다.

④ 시간 표현은 어떤 일이 일어난 시간을 □□적으로 표현한 것을 말한다.

⑤ 시간을 문□적으로 표현한 것을 시□라고 한다.

⑥ 시간 속에서 동□이 일어나는 양상을 표현한 것을 □□□이라고 한다.

⑦ 발화시는 화자가 □을 하고 있는 시점을 말하며 항상 □□임을 전제로 한다.

⑧ 사건시는 문장으로 표현되는 사□이나 상□이 일어난 시점을 말한다.

⑨ 발화시와 사건시 두 가지 개념의 선후 관계에 따라 □□, □□, □□ 시제로 나눌 수 있다.

⑩ 과거 시제는 □□시가 □□시보다 앞서는 시제를 말한다.

⑪ 과거 시제 선어말 어미에는 '-□-/-□-', '-□□-/-□□-', '-□-'가 있고 □□와 □□□의 어간 모두에 결합한다.

⑫ 과거 시제를 드러내는 관형사형 전성 어미 '-(□)□'은 □□의 어간에만, '-□'은 □□와 □□□의 어간 모두에 결합한다.

개념 마스터

1 다음 문장들에서 〈보기〉와 같이 과거 시제를 드러내는 어미들을 있는 대로 모두 찾은 뒤 선어말 어미와 전성 어미로 분류하시오.

〈보기〉

철수는 어제 처음 만(난) 영희와 영화를 보(았)다.

과거 시제 선어말 어미	(과거) 관형사형 어미
-았-	-ㄴ

① 철수는 새벽까지 공부를 하였다.

과거 시제 선어말 어미	(과거) 관형사형 어미

② 어제 철수는 영수와 함께 해외 축구 경기를 보았다.

과거 시제 선어말 어미	(과거) 관형사형 어미

③ 나는 예전에 이 집에 살았었다.

과거 시제 선어말 어미	(과거) 관형사형 어미

④ 어제 경기에서 손흥민 선수는 정말 잘 뛰더라.

과거 시제 선어말 어미	(과거) 관형사형 어미

⑤ 어제 내가 만든 음식의 맛이 전체적으로 괜찮았니?

과거 시제 선어말 어미	(과거) 관형사형 어미

⑥ 그것은 이미 예전에 읽은 책이었다.

과거 시제 선어말 어미	(과거) 관형사형 어미

⑦ 나는 밥을 먹은 뒤에 공부를 시작했다.

과거 시제 선어말 어미	(과거) 관형사형 어미

⑧ 내가 봤던 물건은 이게 아닌데.

과거 시제 선어말 어미	(과거) 관형사형 어미

⑨ 학생이던 철수가 벌써 가장이 되었구나.

과거 시제 선어말 어미	(과거) 관형사형 어미

⑩ 그 선생님도 한때는 열정이 넘치던 교사였다.

과거 시제 선어말 어미	(과거) 관형사형 어미

II 문장

5 min 오분만에 마스터하는 국어

26강

강의노트

학습일 년 월 일

현재 시제

유튜브 강의

Youtube Player
단어 | 문장 | 음운 | 국어사
◀◀ 이전 강의 ⏸ 다음 강의 ▶▶
과거 시제 | 미래 시제

레인보우 리뷰

동사와 형용사 구별법

'Ⅰ. 단어' 단원에서 동사와 형용사를 구별할 때 어간에 결합하는 어미의 종류를 가지고 판단한다고 배웠었어. 대체로 동사에는 현재 시제 선어말 어미 '-ㄴ-/-는-', 관형사형 어미 '-는'이 결합할 수 있지만 형용사에는 결합이 안 된다고 했었던 거 기억나지? 형용사는 기본형 자체에 현재의 의미가 담긴다는 특징이 있다고 설명했었어.

동사 결합 가능	형용사 결합 불가능
현시선 '-ㄴ-/-는-' 관형사형 어미 '-는'	

개념 시냅스

의문문의 현재 시제

의문문에는 현재 시제 선어말 어미가 결합하지 않아.

- 철수는 어딜 보았니? → 과거
- 철수는 어딜 보니? → 현재
- 철수는 어딜 보겠니? → 미래

개념 시냅스

현재 시제의 시간 부사어

어미와 같은 문법적 요소는 아니지만 현재의 시간을 의미하는 일부 부사들이 있어. 이들은 문장의 맥락 속에서 현재 시제의 의미를 드러내거나 보조하는 역할을 하기도 해.

예 지금, 이제, 현재

1 현재 시제의 개념과 실현 방법

사건시와 발화시가 일치하는 시제를 말한다.

1) 현재 시제 선어말 어미: 동사의 어간에만 결합

어미	대상	용례
-ㄴ-/-는-	동사	• 고양이가 먹이를 먹는다. ➲ 동사 어간 + 현시선 '-는-' • 고양이가 낮잠을 잔다. ➲ 동사 어간 + 현시선 '-ㄴ-'
	형용사 (결합 ×)	• 고양이가 예쁘다. ➲ 형용사의 기본형 • 고양이가 나의 유일한 친구이다. ➲ 체언 + 서술격 조사의 기본형

2) 관형사형 전성 어미: 용언의 어간에 결합

어미	대상	용례
-는	동사	철수는 낮잠을 자는 강아지에게 다가갔다. ➲ 동사 어간 + 관형사형 '-는'
-(으)ㄴ	형용사	• 철수는 항상 바쁜 친구이다. ➲ 형용사 어간 + 관형사형 '-ㄴ' • 나는 친구인 영희가 늘 그립다. ➲ 서술격 조사 어간 + 관형사형 '-ㄴ'

3) 그 밖에

① 종결 어미 '-습니다' ➔ 현재 시제 선어말 어미가 결합하지 않았음에도 현재의 의미를 드러낸다. 예 철수는 밥을 먹습니다.

② 형용사 '있다', '없다'는 다른 형용사와는 달리 관형사형 어미 '-는'을 취한다.
예 • 그는 아무것도 없으면서 있는 체한다.
• 철수는 현재 돈이 없는 상태이다.

③ 보편적인 사실을 드러낼 때는 현재 시제로 표현한다.
예 • 사람은 누구나 죽는다.
• 지구는 태양 주위를 돈다.

④ 완전하게 확정된 미래의 일을 현재 시제로 표현하기도 한다.
예 • 나는 이번 주말에 영희랑 극장에서 만난다.
• 드디어 며칠 후면 첫 월급을 받는다.

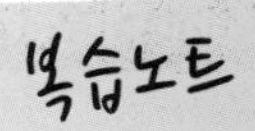

26강 • 현재 시제

정답 44쪽

레인보우 리뷰

① 발화시는 화자가 □을 하고 있는 시점을 말하며 항상 □□임을 전제로 한다.
② 사건시는 문장으로 표현되는 사□이나 상□이 일어난 시점을 말한다.
③ 발화시와 사건시 두 가지 개념의 선후 관계에 따라 □□, □□, □□ 시제로 나눌 수 있다.
④ 과거 시제는 □□시가 □□시보다 앞서는 시제를 말한다.

⑤ 현재 시제는 □□시와 □□시가 일치하는 시제를 말한다.
⑥ 현재 시제 선어말 어미에는 '-□-/-□-'이 있고, 대체로 □□의 어간에만 결합한다.
⑦ 현재 시제 선어말 어미 '-□-/-□-'은 대체로 □□□에는 결합하지 못한다.
⑧ □□사는 현재 시제 선어말 어미가 결합하지 않은 상태에서도 현재 시제의 의미가 드러난다.
⑨ 현재 시제를 드러내는 관형사형 전성 어미 '-□'은 □□의 어간에만, '-(□)□'은 □□□의 어간에만 결합한다.
⑩ 종결 어미 '-□□□'는 현재 시제 선어말 어미가 결합하지 않았음에도 현재의 의미를 드러낸다.
⑪ 형용사 '□다, □다'는 동사처럼 관형사형 어미 '-□'을 취한다.
⑫ 보편적인 □□을 드러낼 때는 □□ 시제로 표현한다.
⑬ 완전하게 확정된 □□의 일을 □□ 시제로 표현하기도 한다.

개념 마스터

1 다음 문장들에서 〈보기〉와 같이 현재 시제를 드러내는 어미들을 있는 대로 모두 찾은 뒤 선어말 어미와 전성 어미로 분류하시오. (단, 현재 시제 표지가 없을 경우에는 비워 둘 것.)

〈보기〉

예㉻ 고양이가 먹이를 먹㉧다.

현재 시제 선어말 어미	(현재) 관형사형 전성 어미
-는-	-ㄴ

① 철수가 찬란한 태양을 바라본다.

현재 시제 선어말 어미	(현재) 관형사형 전성 어미

② 철수는 교사인 아버지를 존경한다.

현재 시제 선어말 어미	(현재) 관형사형 전성 어미

③ 철수는 밥을 먹는 동생을 기다린다.

현재 시제 선어말 어미	(현재) 관형사형 전성 어미

④ 관광지를 둘러본 철수는 마지막 목적지를 향한다.

현재 시제 선어말 어미	(현재) 관형사형 전성 어미

⑤ 예쁜 아기들은 자꾸 봐도 예쁘다.

현재 시제 선어말 어미	(현재) 관형사형 전성 어미

⑥ 철수는 현재 군인이다.

현재 시제 선어말 어미	(현재) 관형사형 전성 어미

⑦ 사람들을 태운 KTX가 지금 출발한다.

현재 시제 선어말 어미	(현재) 관형사형 전성 어미

⑧ 장미는 참으로 향기롭다.

현재 시제 선어말 어미	(현재) 관형사형 전성 어미

⑨ 저기 서 있는 사람이 내 애인이었다.

현재 시제 선어말 어미	(현재) 관형사형 전성 어미

⑩ 철수는 친한 친구가 아무도 없는 상태이다.

현재 시제 선어말 어미	(현재) 관형사형 전성 어미

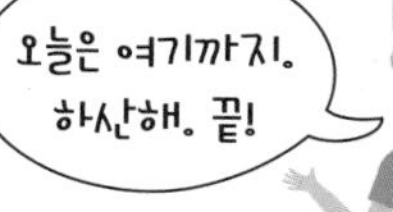

II 문장

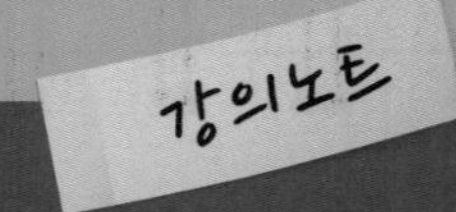

학습일 년 월 일

미래 시제

개념 시냅스

미래 시제의 시간 부사어

어미와 같은 문법적 요소는 아니지만 미래의 시간을 의미하는 일부 부사들이 있어. 이들은 문장의 맥락 속에서 미래 시제의 의미를 드러내거나 보조하는 역할을 하기도 해.

예 이따가, 곧, 내일, 모레

개념 시냅스

의지를 드러내는 '-겠-'과 '-(으)ㄹ'

미래 시제 선어말 어미 '-겠-'과 관형사형 어미 '-(으)ㄹ'이 일인칭 주어와 어울릴 때에는 화자의 의지를 함께 드러내 주기도 해.

- 나는 이번에 꼭 합격하겠다. → 의지
- 나는 이번에 꼭 합격할 거야. → 의지

개념 시냅스

시제를 넘나들며 추측하는 '-겠-'과 '-(으)ㄹ'

미래 시제 선어말 어미 '-겠-'과 관형사형 전성 어미 '-(으)ㄹ'에는 추측의 의미가 포함되어 있어. 이로 인해 과거, 현재, 미래를 넘나들며 추측의 의미를 드러낼 수도 있어.

- 어제 서울에는 비가 왔겠다.
 → 과거 추측
- 지금 서울에는 비가 오겠지.
 → 현재 추측
- 내일 서울에는 비가 오겠지.
 → 미래 추측

- 그때 가장 괴로웠을 사람은 나야.
 → 과거 추측
- 지금 가장 괴로울 사람은 나야.
 → 현재 추측
- 앞으로 가장 괴로울 사람은 나야.
 → 미래 추측

1 미래 시제의 개념과 실현 방법

사건시가 발화시보다 나중인 시제를 말한다.

1) 미래 시제 선어말 어미: 용언의 어간에 결합

어미	대상	용례
-겠-	동사 형용사	• 이제 곧 버스가 도착하겠다. ⊙ 동사 어간 + 미시선 '-겠-' • 내년에는 우리 강아지가 더 예쁘겠지? ⊙ 형용사 어간 + 미시선 '-겠-' • 철수도 내년이면 군인이겠네. ⊙ 서술격 조사 어간 + 미시선 '-겠-'
-(으)리-	동사 형용사	• 이제 곧 버스가 도착하리라. ⊙ 동사 어간 + 미시선 '-리-' • 내년에는 우리 강아지가 더 예쁘리라. ⊙ 형용사 어간 + 미시선 '-리-' • 철수도 내년이면 군인이리라. ⊙ 서술격 조사 어간 + 미시선 '-리-'

2) 관형사형 전성 어미: 용언의 어간에 결합

어미	대상	용례
-(으)ㄹ	동사 형용사	• 이제 곧 버스가 도착할 시간이다. ⊙ 동사 어간 + 관형사형 '-ㄹ' • 내년에는 우리 강아지가 더 예쁠 것이 분명해. ⊙ 형용사 어간 + 관형사형 '-ㄹ' • 철수도 내년이면 군인일 거야. ⊙ 서술격 조사 어간 + 관형사형 '-ㄹ'

레인보우 리뷰

관형사형 전성 어미 총정리

	어미	동사에 결합	어미	형용사에 결합
과거	-(으)ㄴ	내가 본 영화	-던	착하던 그녀가 생각난다.
	-던	내가 보던 영화		
현재	-는	내가 보는 영화	-(으)ㄴ	착한 그녀가 떠오른다.
미래	-(으)ㄹ	내가 볼 영화	-(으)ㄹ	그녀는 늙어도 예쁠 거야.

레인보우 리뷰

시제 선어말 어미 총정리

	어미	동사에 결합	형용사에 결합
과거	-았-/-었-, -았었-/-었었-, -더-	○	○
현재	-ㄴ-/-는-	○	×
미래	-겠-, -(으)리-	○	○

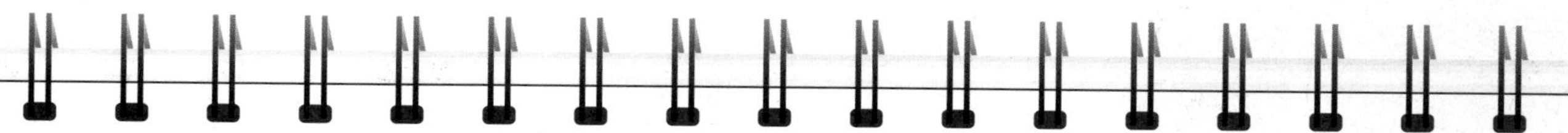

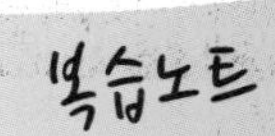

27강 • 미래 시제

정답 45쪽

레인보우 리뷰

① 발화시는 화자가 □을 하고 있는 시점을 말하며 항상 □□임을 전제로 한다.

② 사건시는 문장으로 표현되는 □□이나 □□이 일어난 시점을 말한다.

③ 발화시와 사건시 두 가지 개념의 선후 관계에 따라 □□, □□, □□ 시제로 나눌 수 있다.

④ 과거 시제는 □□□가 □□□보다 앞서는 시제를 말한다.

⑤ 현재 시제는 사건시와 발화시가 □□하는 시제를 말한다.

⑥ 미래 시제는 사건시가 발화시보다 □□인 시제를 말한다.

⑦ 미래 시제 선어말 어미에는 '-□-'과 '-(□)□-'가 있고, □□와 □□□의 어간 모두에 결합한다.

⑧ 미래 시제를 드러내는 관형사형 전성 어미에는 '-(□)□'이 있고 □□, □□□의 어간 모두에 결합한다.

⑨ 미래 시제 선어말 어미 '-□-'이 □인칭 주어와 어울릴 때에는 화자의 의□를 드러내기도 한다.

⑩ 관형사형 어미 '-(□)□'이 □인칭 주어와 어울릴 때에는 화자의 □지를 드러내기도 한다.

⑪ 미래 시제 선어말 어미 '-□-'에는 추□의 의미가 담겨 있기도 하다. 이로 인해 과거, 현재, 미래를 넘나들며 □□의 의미를 드러내기도 한다.

⑫ 관형사형 어미 '-(□)□'에는 추□의 의미가 담겨 있기도 하다. 이로 인해 과거, 현재, 미래를 넘나들며 □□의 의미를 드러내기도 한다.

개념 마스터

1 다음 문장들에서 〈보기〉와 같이 미래 시제를 드러내는 어미들을 있는 대로 모두 찾은 뒤 선어말 어미와 전성 어미로 분류하시오.

〈보기〉

이제 곧 버스가 도착하겠다.	
미래 시제 선어말 어미	(미래) 관형사형 전성 어미
-겠-	

① 주말에 입을 옷을 다리고 있어.	
미래 시제 선어말 어미	(미래) 관형사형 전성 어미

② 내년이면 나도 대학생일 거야.	
미래 시제 선어말 어미	(미래) 관형사형 전성 어미

③ 국어 숙제는 내일 끝내겠다.	
미래 시제 선어말 어미	(미래) 관형사형 전성 어미

④ 내일 서울은 비가 오리라고 예상됩니다.	
미래 시제 선어말 어미	(미래) 관형사형 전성 어미

⑤ 머지않아 태풍이 밀려올 거야.	
미래 시제 선어말 어미	(미래) 관형사형 전성 어미

⑥ 조금만 있으면 곧 도착할 거야.	
미래 시제 선어말 어미	(미래) 관형사형 전성 어미

⑦ 철수는 다음 주에 출발할 거야.	
미래 시제 선어말 어미	(미래) 관형사형 전성 어미

⑧ 내일은 비가 많이 내리겠지?	
미래 시제 선어말 어미	(미래) 관형사형 전성 어미

⑨ 내일이면 고국 땅을 밟을 수 있으리라.	
미래 시제 선어말 어미	(미래) 관형사형 전성 어미

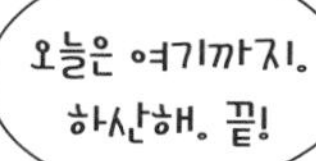

II 문장

5 min
오분만에 마스터하는 국어

28강

강의노트

학습일 년 월 일

절대 시제와 상대 시제

유튜브 강의

단어	문장	음운	국어사

◂◂ 이전 강의 ⏸ 다음 강의 ▸▸

미래 시제	동작상

1 절대 시제의 개념

발화시를 기준으로 잡은 뒤 발화시와 사건시의 선후 관계를 비교하여 나타내는 시제를 말한다. 여기에는 과거·현재·미래 시제가 있다.

2 상대 시제의 개념

주로 겹문장에서 발생하며 안은문장의 사건시를 기준으로 결정되는 안긴문장의 시제를 말한다.

주어	안긴문장(관형절)		서술어 (절대 시제)
	주어	용언 어간 + 관형사형 어미 (상대 시제)	

3 상대 시제의 예시

- 기준: 발화시(절대 시제) — 과거, 과거

철수는 구입할 청소기를 알아보았다.

- 기준: 사건시(상대 시제) — 미래, 과거

- '알아보았던' 사건을 기준으로 잡으면 '철수가 구입하는' 것은 미래의 상황이므로 상대 시제에서는 미래 시제로 볼 수 있다.

- 기준: 발화시(절대 시제) — 과거, 과거

철수가 설거지를 하는 어머니를 도와드렸다.

- 기준: 사건시(상대 시제) — 현재, 과거

- '어머니를 도와드렸던' 사건을 기준으로 잡으면 어머니가 '설거지를 하는' 것은 현재의 상황이므로 상대 시제에서는 현재 시제로 볼 수 있다.

- 기준: 발화시(절대 시제) — 과거, 과거

나는 아까 도서관에서 책을 읽는 철수를 보았다.

- 기준: 사건시(상대 시제) — 현재, 과거

- '철수를 보았던' 사건을 기준으로 잡으면 '책을 읽는' 것은 그 당시 현재의 상황이므로 현재 시제로 볼 수 있다.

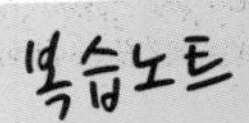

28강 • 절대 시제와 상대 시제

정답 46쪽

레인보우 리뷰

① 과거 시제 선어말 어미에는 '-□-/-□-', '-□□-/-□□-', '-□-'가 있고 □□와 □□□의 어간 모두에 결합한다.
② 과거 시제를 드러내는 관형사형 전성 어미 '-(□)□'은 □□의 어간에만, '-□'은 □□와 □□□의 어간 모두에 결합한다.
③ 현재 시제 선어말 어미에는 '-□-/-□-'이 있고, □□의 어간에만 결합한다.
④ 현재 시제 선어말 어미 '-□-/-□-'은 □□□에는 결합하지 못한다.
⑤ 현재 시제를 드러내는 관형사형 전성 어미 '-□'은 □□의 어간에만, '-(□)□'은 □□□의 어간에만 결합한다.
⑥ 미래 시제 선어말 어미에는 '-□-'과 '-(□)□-'가 있고, □□, □□□의 어간 모두에 결합한다.
⑦ 미래 시제를 드러내는 관형사형 전성 어미에는 '-(□)□'이 있고 □□, □□□의 어간 모두에 결합한다.

⑧ 절대 시제는 □□시를 기준으로 잡은 뒤 발화시와 사건시의 선후 관계를 비교하여 나타내는 시제를 말한다.
⑨ 상대 시제는 주로 □문장에서 발생하며 □□문장의 □□시를 기준으로 결정되는 □□문장의 시제를 말한다.

개념 마스터

1 **다음 빈칸에 들어갈 관형사형 어미를 〈보기〉에서 찾아서 쓰고, 용례의 빈칸에 들어갈 적절한 동사의 활용형을 채우시오.**

〈보기〉
관형사형 어미: '-(으)ㄴ, -는, -(으)ㄹ, -던'

품사	시제	어미	용례
동사 '보다'	과거		내가 □ 영화
	과거		내가 보□ 영화
	현재		내가 보□ 영화
	미래		내가 □ 영화

2 **다음 빈칸에 들어갈 관형사형 어미를 〈보기〉에서 찾아서 쓰고, 용례의 빈칸에 들어갈 적절한 동사의 활용형을 채우시오.**

〈보기〉
관형사형 어미: '-(으)ㄴ, -는, -(으)ㄹ, -던'

품사	시제	어미	용례
형용사 '따뜻하다'	과거		따뜻하□ 아랫목
	현재		따뜻□ 아랫목이 그립다.
	미래		내일도 아랫목은 따뜻□ 거야.

3 **〈보기〉와 같이 밑줄 친 용언에서 시제와 관련된 어미를 찾아서 쓰고, 각각의 어미를 절대 시제와 상대 시제의 관점에서 분석하시오.**

〈보기〉

철수가 설거지를 하는 어머니를 도와드렸다.		
어미	-는	-었-
절대 시제	과거	과거
상대 시제	현재	과거

① 철수는 아까 자는 동생을 깨웠다.		
어미		
절대 시제		
상대 시제		

② 그날 철수는 출산할 영희를 격려했었다.		
어미		
절대 시제		
상대 시제		

③ 나는 아까 뛰어가는 철수를 보았다.		
어미		
절대 시제		
상대 시제		

④ 작년에 우리는 입대할 철수를 위해 환송회를 준비했었다.		
어미		
절대 시제		
상대 시제		

II 문장

강의노트

학습일 년 월 일

동작상

유튜브 강의

Youtube Player
단어 | 문장 | 음운 | 국어사
◀◀ 이전 강의 다음 강의 ▶▶
절대·상대 시제 | 피동·사동의 개념

개념 시냅스

'-고 있다'의 중의성

진행상의 실현 표지 중의 하나인 '-고 있다'는 중의적인 의미를 드러내기도 해. 예를 들어 '철수가 구두를 신고 있다.'를 보면 철수가 구두를 신는 행위가 진행되고 있으니까 당연히 진행상이라고 할 수 있겠지만, 철수가 구두를 신은 상태가 지속되고 있다고도 해석할 수가 있거든. 만약 후자로 해석을 하게 되면 구두를 신는 과정은 이미 끝난 것이므로 완료상으로 볼 수 있는 거지. 이와 같은 유형의 문장들이 있어.

- 철수는 넥타이를 매고 있다.
- 철수는 바지를 벗고 있다.
- 철수는 교복을 입고 있다.
- 철수는 양말을 신고 있다.

이 경우 중의성을 없애고 진행상으로만 해석할 수 있게 만들려면 '-는 중이다'로 바꾸어서 표현하면 돼.

- 철수는 넥타이를 매는 중이다.
- 철수는 바지를 벗는 중이다.
- 철수는 교복을 입는 중이다.
- 철수는 양말을 신는 중이다.

1 동작상의 개념

동사에 담겨 있는 동작이나 움직임이 시간의 흐름 위에서 어떠한 모습으로 나타나고 있는지를 구체적으로 드러내 주는 언어적 표현을 말한다.

2 동작상의 종류

1) 진행상의 개념과 실현 방법

어떤 동작이 시간의 흐름 속에서 계속 진행되고 있음을 언어적으로 표현한 것을 말한다.

보조 용언 구성	-고 있다, -아/-어 가다, -아/-어 오다 등
연결 어미	-(으)면서, -느라고

어미	용례
보조 용언 구성	철수는 공부를 하고 있다. ⊙ 하- + -고 있다
	빨래가 거의 다 말라 간다. ⊙ 마르- + -아 가다
	날이 점점 밝아 온다. ⊙ 밝- + -아 오다
연결 어미	철수는 음악을 들으면서 공부를 한다. ⊙ 듣- + -으면서
	철수는 공부를 하느라고 전화를 못 받았다. ⊙ 하- + -느라고

2) 완료상의 개념과 실현 방법

어떤 동작이 계속 진행되고 있다가 발화시를 기준으로 완료되었음을 언어적으로 표현한 것이다.

보조 용언 구성	-아/-어 있다, -아/-어 버리다, -아/-어 내다 등
연결 어미	-고서

어미	용례
보조 용언 구성	철수는 마카롱을 먹어 버렸다. ⊙ 먹- + -어 버리다
	우리 팀 골키퍼는 상대방의 공격을 끝까지 막아 내었다. ⊙ 막- + -아 내다
	철수는 학교에 가 있다. ⊙ 가- + -아 있다
연결 어미	철수는 체온을 재고서 교실에 들어갔다. ⊙ 재- + -고서

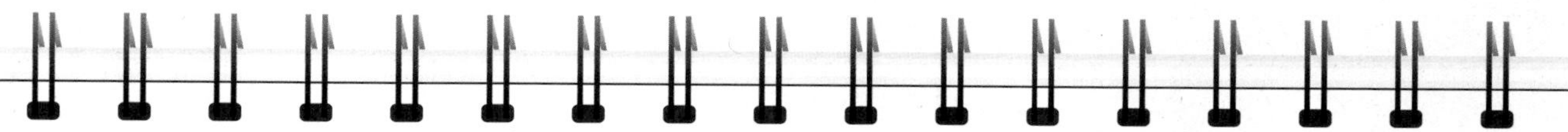

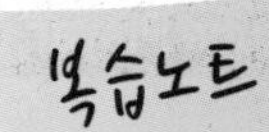

29강 • 동작상

정답 46쪽

레인보우 리뷰

① 동작상은 □사에 담겨 있는 동작이나 움직임이 □□의 흐름 위에서 어떠한 모습으로 나타나고 있는지를 구체적으로 드러내 주는 언어적인 표현을 말한다.

② 동작상의 종류에는 □□상과 □□상이 있다.
③ 진행상은 어떤 동□이 □□의 흐름 속에서 계속 □□되고 있음을 언어적으로 표현한 것을 말한다.
④ 진행상은 동사 어간에 보조 용언 구성인 '-고 □다', '-아/-어 □다', '-아/-어 □다'가 결합해서 실현된다.
⑤ 진행상은 동사 어간에 연결 어미 '-(으)□서', '-□라고'가 결합해서 실현된다.
⑥ 완료상은 어떤 □□이 계속 진행되고 있다가 발화시를 기준으로 □□되었음을 언어적으로 표현한 것을 말한다.
⑦ 완료상은 □□ 어간에 보조 용언 구성인 '-아/-어 □다', '-아/-어 □리다', '-아/-어 □다'가 결합해서 실현된다.
⑧ 완료상은 □□ 어간에 연결 어미 '-고□'가 결합해서 실현된다.
⑨ 진행상의 표지인 '-고 □다'는 동작의 진행과 완료의 두 가지 의미를 중의적으로 드러내기도 한다.

개념 마스터

1 다음 밑줄 친 부분에서 〈보기〉와 같이 동작상의 표지를 찾아서 적고, 진행상인지 완료상인지를 밝히시오. (단, 표지에 보조 용언이 포함될 경우 기본형으로 쓸 것.)

〈보기〉

날이 점점 밝아 온다.

표지	진행상	완료상
-아 오다	○	

① 문법 공부가 거의 다 끝나 간다.

표지	진행상	완료상

② 철수는 야식을 먹으면서 게임을 했다.

표지	진행상	완료상

③ 철수는 아침을 먹고서 학교로 출발했다.

표지	진행상	완료상

④ 철수는 공부를 하느라고 정신이 없었다.

표지	진행상	완료상

⑤ 철수가 라면을 다 먹어 버렸다.

표지	진행상	완료상

⑥ 빨간 감이 익어 있다.

표지	진행상	완료상

⑦ 찬란한 희망이 점점 가까워 온다.

표지	진행상	완료상

⑧ 시간이 늦었으니 먹으면서 가거라.

표지	진행상	완료상

⑨ 철수는 지금까지 공부를 하고 있다.

표지	진행상	완료상

⑩ 결국 철수는 영희를 뒤로 밀어 내었다.

표지	진행상	완료상

2 다음 문장들은 진행상과 완료상 모두로 해석이 가능한 문장들이다. 진행상으로만 해석이 되게끔 밑줄 친 부분을 고쳐 쓰시오.

① 철수는 양말을 벗고 있다. → ____________
② 철수는 모자를 쓰고 있다. → ____________
③ 철수는 장갑을 끼고 있다. → ____________
④ 철수는 잠옷을 입고 있다. → ____________
⑤ 철수는 안경을 쓰고 있다. → ____________

오늘은 여기까지. 하산해. 끝!

II 문장

5 min 오분만에 마스터하는 국어

30강

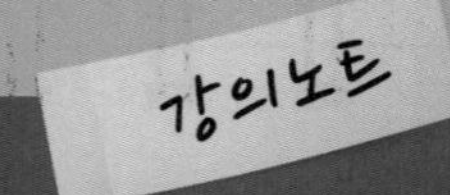
강의노트

학습일 ____ 년 ____ 월 ____ 일

피동과 사동의 개념

유튜브 강의

Youtube Player

단어	문장	음운	국어사

◂◂ 이전 강의 ⏸ 다음 강의 ▸▸

동작상	파생적 사동

1 피동(被動)의 개념

(당할 움직일 — 피 동)

어떤 행동을 하는 주체는 자발적으로 그 행위를 수행하기도 하지만 외부로부터 가해지는 영향에 의해 어떠한 행위를 당하기도 한다. 이러한 의미를 기준으로 전자를 능동, 후자를 피동이라고 하고 능동 표현을 피동 표현으로 바꾸는 문법적인 방법을 피동법이라고 한다.

> 문장에서 주어의 자리에 놓인 주체가 다른 대상에 의해 어떠한 동작을 하게 되거나 당하게 되는 것을 말한다.

2 능동문과 피동문의 의미 차이

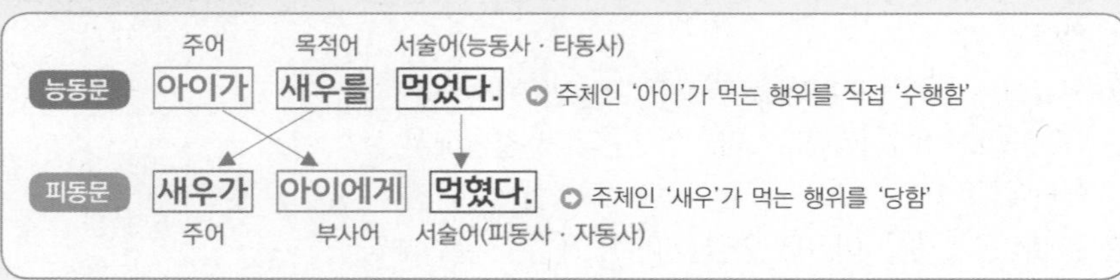

주어 목적어 서술어(능동사 · 타동사)
능동문 아이가 새우를 먹었다.
주체인 '아이'가 먹는 행위를 직접 '수행함'
피동문 새우가 아이에게 먹혔다.
주체인 '새우'가 먹는 행위를 '당함'
주어 부사어 서술어(피동사 · 자동사)

3 사동(使動)의 개념

(하여금 움직일 — 사 동)

문장 속에서 주어로 표현되는 주체는 어떠한 행위를 스스로 수행하기도 하지만 다른 대상으로 하여금 그 일을 하게끔 하기도 한다. 이처럼 행위를 수행하는 방법의 차이를 기준으로 전자를 주동, 후자를 사동이라고 하는데, 주동 표현을 사동 표현으로 바꾸는 문법적인 방법을 사동법이라고 한다.

> 문장에서 주어의 자리에 놓인 주체가 다른 대상에게 어떠한 행위를 수행하게끔 하는 동작을 말한다.

4 주동문과 사동문의 의미 차이

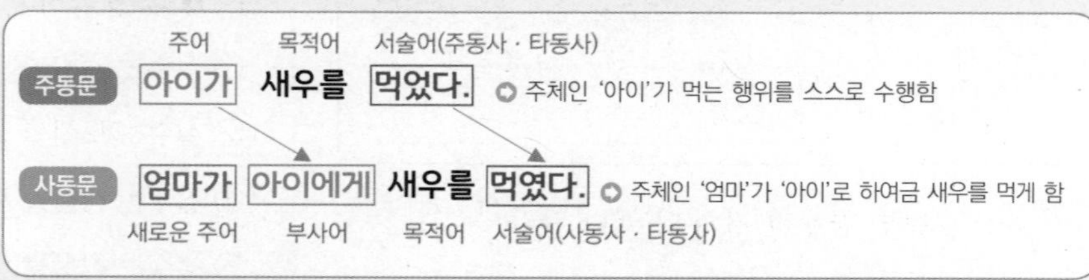

주어 목적어 서술어(주동사 · 타동사)
주동문 아이가 새우를 먹었다.
주체인 '아이'가 먹는 행위를 스스로 수행함
사동문 엄마가 아이에게 새우를 먹였다.
주체인 '엄마'가 '아이'로 하여금 새우를 먹게 함
새로운 주어 부사어 목적어 서술어(사동사 · 타동사)

자동사 또는 형용사	타동사
주어 서술어(자동사) 주동문: 얼음이 녹는다. 사동문: 아이들이 얼음을 녹인다. 새로운 주어 목적어 서술어(사동사·타동사)	주어 목적어 서술어(타동사) 주동문: 아이가 옷을 입는다. 사동문: 아빠가 아이에게 옷을 입힌다. 새로운 주어 부사어 목적어 서술어(사동사·타동사)

개념 시냅스

피동문을 사용하는 이유

능동문 대신 피동문을 사용하는 이유는 뭘까? 여러 가지 이유들이 있겠지만 크게 세 가지 정도로 정리해 볼 수 있어.

① 능동문의 주어가 불분명할 때
- OO이(가) 날씨를 풀었다.(?) → 능동
- 날씨가 풀렸다. → 피동

② 대응하는 능동문이 없을 때
- 감기가 나를 걸었다.(?) → 능동
- 나는 감기에 걸렸다. → 피동

③ 동작을 당하는 대상을 강조할 때
- 경찰이 도둑을 잡았다. → 능동
- 도둑이 경찰에게 잡혔다. → 피동

알쓸문법

능동문, 피동문의 동작주와 피동작주

교과서나 수험서에서 가끔 언급되는 용어 중에 '동작주'와 '피동작주'라는 게 있어. 간단히 설명하면 능동문에서 주체인 대상을 '동작주', 피동문에서 주체인 대상을 '피동작주'라고 해.
- 아이가 새우를 먹었다.(능동문)
- 새우가 아이에게 먹혔다.(피동문)
  → 아이(동작주), 새우(피동작주)

개념 시냅스

능동과 주동의 비교

능동은 어떤 행위나 동작을 타 대상에 의해 당하는 것이 아니라 자기 힘으로 하는 것을 의미해. 책이 스스로 펼쳐지고 볼펜이 힘을 주는 바람에 공부를 당하고 있는 친구 있니? 너희들은 자신의 힘과 의지로 공부를 하잖아. 따라서 너희들은 모두 능동적인 거야. 주동은 어떠한 행위를 누구에게 시켜서 하는 게 아니라 주어가 직접 그 행위를 하는 것을 의미해. 자기가 해야 할 공부를 동생에게 시키는 친구는 없지? 지금 공부를 하는 너희들은 모두 주동적인 거지. 결론적으로 스스로 공부를 하는 너희들은 모두 능동적이면서 주동적인 거야. 능동과 주동은 똑같아. 더 이상 쓸데없이 '주동과 능동을 비교하는 일'은 하지 않길 바랄게.

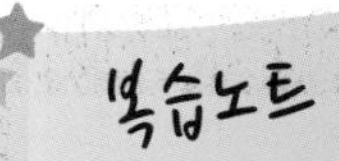

30강 • 피동과 사동의 개념

정답 46쪽

레인보우 리뷰

① 피동은 문장에서 □어의 자리에 놓인 주체가 다른 대상에 의해 어떠한 동작을 하게 □거나 □하게 되는 것을 말한다.
② 피동의 반대 개념은 □□이다.
③ 사동은 문장에서 □어의 자리에 놓인 주체가 다른 대상에게 어떠한 행위를 수□하게끔 하는 동작을 말한다.
④ 사동의 반대 개념은 □□이다.
⑤ □□과 □□은 의미상 아무런 차이가 없다.

개념 마스터

1 〈보기〉와 같이 괄호를 채워 능동문을 피동문으로 바꾸시오. (단, 피동 접미사를 활용할 것.)

〈보기〉

아이가 새우를 먹었다.		
아이가	새우를	먹었다.
새우(가)	아이(에게)	먹(혔다).

① 철수가 호랑이를 보았다.		
철수가	호랑이를	보았다.
호랑이( )	철수( )	보( ).

② 엄마가 아이를 안았다.		
엄마가	아이를	안았다.
아이( )	엄마( )	안( ).

③ 사냥꾼이 꿩을 잡았다.		
사냥꾼이	꿩을	잡았다.
꿩( )	사냥꾼( )	잡( ).

④ 철수가 보물을 묻었다.		
철수가	보물을	묻었다.
보물( )	철수( )	묻( ).

⑤ 철수가 종소리를 들었다.		
철수가	종소리를	들었다.
종소리( )	철수( )	들( ).

⑥ 영희가 사다리를 사용했다.		
영희가	사다리를	사용했다.
사다리( )	영희( )	사용( ).

⑦ 철수는 감자를 심었다.		
철수는	감자를	심었다.
감자( )	철수( )	심( ).

2 〈보기〉와 같이 괄호를 채워 주동문을 사동문으로 바꾸시오. (단, 사동 접미사를 활용할 것.)

〈보기〉

아이가 새우를 먹었다.			
아이가	새우를	먹었다.	
엄마가	아이(에게)	새우(를)	먹(였다).

① 동생이 옷을 입는다.			
동생이	옷을	입는다.	
누나( )	동생( )	옷( )	입( ).

② 얼음이 녹는다.		
얼음이	녹는다.	
철수( )	얼음( )	녹( ).

③ 철수가 웃는다.		
철수가	웃는다.	
영희( )	철수( )	웃( ).

④ 동생이 울었다.		
동생이	울었다.	
형( )	동생( )	울( ).

⑤ 그릇이 비었다.		
그릇이	비었다.	
손님( )	그릇( )	비( ).

⑥ 쇠가 벌겋게 달았다.			
쇠가	벌겋게	달았다.	
대장장이( )	쇠( )	벌겋( )	달( ).

⑦ 담장이 낮다.		
담장이	낮다.	
일꾼들( )	담장( )	낮( ).

II 문장

5 min 오분만에 마스터하는 국어

31강 파생적 사동

강의노트

학습일 년 월 일

유튜브 강의

Youtube Player

단어	문장	음운	국어사

◀◀ 이전 강의 ⏸ 다음 강의 ▶▶

피동·사동의 개념 | 통사적 사동

1 사동의 개념

문장에서 주어의 자리에 놓인 주체가 다른 대상에게 어떠한 행위를 수행하게끔 하는 동작을 말한다.

2 사동의 종류

1) 파생적 사동 → 단형 사동, 짧은 사동

용언의 어근에 사동의 파생 접미사가 결합해서 만들어지는 사동 표현을 말한다.

접미사	주동문	사동문
-이-	아이가 새우를 먹었다.	철수가 아이에게 새우를 먹였다. (-이- + -었-)
-히-	길이 넓다.	철수가 길을 넓히었다.
-리-	물이 얼었다.	철수가 물을 얼리었다.
-기-	음식이 남았다.	철수가 음식을 남기었다.
-우-	그릇이 비었다.	철수가 그릇을 비웠다. (-우- + -었-)
-구-	쇠가 벌겋게 달았다.	철수가 쇠를 벌겋게 달구었다.
-추-	온도가 낮다.	철수가 온도를 낮추었다.
-시키-	철수가 입원했다.	엄마가 철수를 입원시켰다. (-시키- + -었-)

① 주동문의 서술어가 자동사·형용사 → 주동문에 목적어가 없는 경우

주동문 주어 + 서술어(자동사·형용사)

사동문 새로운 주어 + 목적어 + 서술어(사동사)

◎ 주동문의 주어는 사동문의 목적어로 바뀌고, 주동문의 서술어인 자동사·형용사 어근에는 사동 접미사(-이-, -히-, -리-, -기-, -우-, -구-, -추-)가 결합하여 사동사 서술어가 된다. 또한 주동문에는 없었던 새로운 주어가 나타나서 사동문을 이끌게 된다.

주동문 얼음이(주어) 녹는다.(서술어(자동사))

사동문 아이들이(새로운 주어) 얼음을(목적어) 녹인다.(서술어(사동사·타동사))

알쓸문법

단형 사동과 장형 사동

파생 접미사로 실현되는 파생적 사동은 보조 용언 구성으로 실현되는 통사적 사동보다 문법 요소가 더 짧아.

- 철수가 아이에게 새우를 먹였다.
- 철수가 아이에게 새우를 먹게 했다.

그래서 파생적 사동을 '단형 사동' 또는 '짧은 사동'이라고도 하고, 통사적 사동을 '장형 사동' 또는 '긴 사동'이라고 부르기도 해.

레인보우 리뷰

사동문과 서술어의 자릿수

서술어는 저마다 필요로 하는 문장 성분의 종류와 개수가 다르다고 배웠잖아. 주동문이 사동문으로 바뀌게 되면 주동문의 주어는 사동문의 목적어나 부사어로 바뀌고, 새로운 주어가 나타나게 돼. 즉 문장의 구조가 바뀌게 되므로 서술어의 자릿수도 바뀌게 됨을 포착할 수 있어야 되겠지.

- 얼음이 녹는다. → 한 자리
- 아이들이 얼음을 녹인다. → 두 자리
- 아이가 옷을 입는다. → 두 자리
- 아빠가 아이에게 옷을 입힌다. → 세 자리

② 주동문의 서술어가 타동사 → 주동문에 목적어가 있는 경우

주동문 주어 + 목적어 + 서술어(타동사)

사동문 새로운 주어 + 부사어 + 목적어 + 서술어(사동사)

◎ 주동문의 주어는 사동문의 부사어로 바뀌고, 주동문의 서술어인 타동사 어근에는 사동 접미사(-이-, -히-, -리-, -기-, -우-, -구-, -추-)가 결합하여 사동사 서술어가 된다. 또한 주동문에는 없었던 새로운 주어가 나타나서 사동문을 이끌게 된다.

	주어		목적어	서술어(타동사)
주동문	아이가		옷을	입는다.
사동문	아빠가	아이에게	옷을	입힌다.
	새로운 주어	부사어	목적어	서술어(사동사 · 타동사)

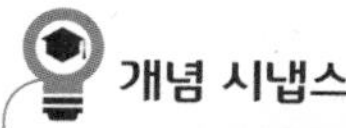

개념 시냅스

사동 접미사 '-애-'

'없다'에만 결합하는 사동 접미사 '-애-'도 있어. 이때 '-애-'는 형용사 '없다'를 동사로 파생시켜.

- 철수는 아직도 철이 없다. (형용사(사동×))
- 정부는 모든 금융 범죄를 없앴다. (사동사)

③ 주동문의 서술어가 '체언 + -하다'

주동문 주어 + 서술어(체언 + -하다)

사동문 새로운 주어 + 목적어 + 서술어(체언 + -시키다)

◎ 주동문의 주어는 사동문의 목적어로 바뀌고, 주동문의 서술어인 '체언+-하다' 어근에는 사동 접미사(-시키-)가 결합하여 사동사 서술어가 된다. 또한 주동문에는 없었던 새로운 주어가 나타나서 사동문을 이끌게 된다.

	주어		서술어(체언 + -하다)
주동문	군인들이		집합했다.
사동문	교관이	군인들을	집합시켰다.
	새로운 주어	목적어	서술어(사동사 · 타동사)

2) 통사적 사동 → 장형 사동, 긴 사동

용언의 어간에 보조 용언 구성인 '-게 하다'가 결합해서 만들어지는 사동 표현을 말한다.

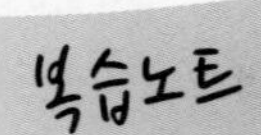

31강 • 파생적 사동

정답 47쪽

레인보우 리뷰

① 사동은 문장에서 □어의 자리에 놓인 주체가 다른 대상에게 어떠한 행위를 □□하게끔 하는 동작을 말한다.

② 사동의 종류에는 □□적 사동과 □□적 사동이 있다.

③ □□적 사동은 용언의 어□에 사동의 □□ □□□가 결합해서 만들어지는 사동 표현을 말한다.

④ 파생적 사동은 □□ 사동 또는 □□ 사동이라고도 한다.

⑤ 사동 접미사에는 '-□-, -□-, -□-, -□-, -□-, -□-, -□-, -□□-'가 있다.

⑥ 파생적 사동문은 '□어+(□□어)+□□어+사동사 서술어'로 구성된다.

⑦ '없다'에만 결합하는 사동 접미사 '-□-'도 있다.

⑧ 통사적 사동은 용언의 어□에 보조 용언 구성인 '-□□다'가 결합해서 만들어지는 사동 표현을 말한다.

개념 마스터

1 제시한 문장을 〈보기〉와 같이 사동문으로 바꾸시오.

〈보기〉
아이가 새우를 먹었다.
→ 엄마가 아이에게 새우를 먹였다.

① 아이가 바닥에 앉았다.
→ 엄마가 ______

② 운전하던 철수가 정지했다.
→ 경찰이 ______

③ 컵에 물이 가득 찼다.
→ 엄마가 ______

④ 철수가 책을 읽었다.
→ 선생님이 ______

⑤ 아이가 울었다.
→ 아빠가 ______

⑥ 성벽이 높았다.
→ 성주는 ______

⑦ 영희가 회계를 맡았다.
→ 선생님께서 ______

2 제시한 문장을 〈보기〉와 같이 주동문으로 바꾸시오. (단, 바꿀 수 없을 경우에는 비워 둘 것.)

〈보기〉
촛불이 방 안을 밝혔다.
→ 방 안이 밝았다.

① 어머니께서는 철수를 대학까지 공부시켰다.
→ ______

② 삼촌은 시골에서 소를 먹인다.
→ ______

③ 철수가 강아지에게 사료를 먹였다.
→ ______

④ 철수가 영희를 감동시켰다.
→ ______

⑤ 교육부 장관이 개학을 늦췄다.
→ ______

⑥ 철수가 영희의 글씨를 지웠다.
→ ______

⑦ 괴물이 호기심을 돋우었다.
→ ______

⑧ 친구들이 철수를 놀렸다.
→ ______

⑨ 아빠가 아이들을 키즈카페에서 놀렸다.
→ ______

⑩ 아빠가 아이에게 신발을 신겼다.
→ ______

⑪ 아이들이 운동장을 달렸다.
→ ______

⑫ 회장이 사람들에게 모임 장소를 알렸다.
→ ______

학습일 년 월 일

통사적 사동

유튜브 강의

Youtube Player
단어 | 문장 | 음운 | 국어사
◀◀ 이전 강의 | 다음 강의 ▶▶
파생적 사동 | 파생적 피동

1 사동의 개념

문장에서 주어의 자리에 놓인 주체가 다른 대상에게 어떠한 행위를 수행하게끔 하는 동작을 말한다.

2 사동의 종류

1) 파생적 사동 : 사동 접미사(-이-, -히-, -리-, -기-, -우-, -구-, -추-, -시키-)에 의해 파생되는 사동 → 단형 사동, 짧은 사동

2) 통사적 사동 → 장형 사동, 긴 사동

용언의 어간에 보조 용언 구성인 '-게 하다'가 결합해서 만들어지는 사동 표현을 말한다.

① 주동문의 서술어가 자동사·형용사 → 주동문에 목적어가 없는 경우

주동문: 주어 + 서술어(자동사·형용사)

사동문: 새로운 주어 + 목적어 + 서술어(용언 어간 + -게 하다)

◎ 주동문의 주어는 사동문의 목적어로 바뀌고, 주동문의 서술어인 자동사·형용사 어간에 보조 용언 구성(-게 하다)이 결합하여 사동사 서술어가 된다. 또한 주동문에는 없었던 새로운 주어가 나타나서 사동문을 이끌게 된다.

주동문: 얼음이(주어) 녹았다.(서술어(자동사))

사동문: 아이들이(새로운 주어) 얼음을(목적어) 녹게 했다.(서술어(용언 어간 + -게 하다))

② 주동문의 서술어가 타동사 → 주동문에 목적어가 있는 경우

주동문: 주어 + 목적어 + 서술어(타동사)

사동문: 새로운 주어 + 부사어 + 목적어 + 서술어(용언 어간 + -게 하다)

◎ 주동문의 주어는 사동문의 부사어로 바뀌고, 주동문의 서술어인 타동사 어간에 보조 용언 구성(-게 하다)이 결합하여 사동사 서술어가 된다. 또한 주동문에는 없었던 새로운 주어가 나타나서 사동문을 이끌게 된다.

알쓸문법

사동문의 사동주, 피사동주

교과서나 수험서에서 가끔 언급되는 용어 중에 '사동주'와 '피사동주'라는 게 있어. 간단히 설명하면 주동문에서 사동문이 만들어질 때 새롭게 나타난 주체를 '사동주', 주동문에서 주체였던 대상을 '피사동주'라고 해.

- 아이가 새우를 먹었다.(주동문)
- 엄마가 아이에게 새우를 먹였다.(사동문)

→ 엄마(사동주), 아이(피사동주)

알쓸문법

어휘적 사동

단어 자체에 사동의 의미가 담겨 있는 경우도 있는데, 학교 문법에서는 문법 요소가 아니라 단어 자체로 드러나는 사동은 사동법에서 제외하고 있어. 사동의 의미는 있지만, 문법 요소와는 관련이 없기 때문이지.

- 어머니는 철수를 시장에 보냈다.
- 어머니는 철수에게 공부를 시켰다.
- 소대장은 전원 사격을 명령했다.
- 시장은 시청을 소독할 것을 지시했다.
- 안주인은 따로 일꾼들을 부렸다.

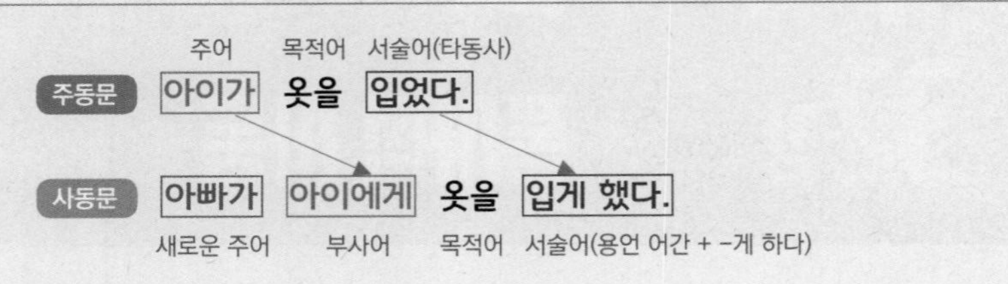

알쓸문법

사동 접미사의 중첩

사동 접미사가 중첩되어 쓰이는 사례로 '세우다' 말고도 '재우다, 태우다, 채우다, 띄우다, 씌우다, 틔우다' 등이 있어.

3 이중 사동

1) 사동 접미사의 중첩: 사동 접미사 2개가 쓰였지만 사동의 의미는 한 번만 드러난다.

접미사	주동문	사동문
-이-, -우-	빌딩이 우뚝 섰다.	철수가 빌딩을 우뚝 세웠다. ◎ 서- + -이- + -우- + -었- + -다

2) 파생적 사동과 통사적 사동의 중첩: 사동의 의미가 두 번 드러난다.

주어 / 목적어 / 서술어(사동사)

사동문 **선생님이 철수를 깨웠다.**

◎ '선생님'이 '철수'로 하여금 깨어나게 한 것이니 접미사 '-우-'가 쓰인 파생적 사동문이다.

주어 / 부사어 / 목적어 / 서술어(사동사 어간 + -게 하다)

이중 사동문 **선생님이 영희에게 철수를 깨우게 했다.**

◎ '선생님'이 '영희'로 하여금 '철수'를 깨우게 한 것이므로 사동의 의미가 두 번 발생하게 되었다. 즉 '영희'가 '철수'를 '깨어나게 하기'도 했으며, '선생님'이 '영희'로 하여금 '철수를 깨우는 동작'을 하게도 한 것이니 이중 사동이 이루어진 것이다.

알쓸문법

불필요한 사동 표현 '-시키-, -이-'

우리가 일상에서 자주 쓰는 불필요한 사동 표현들이 있어. 바로 '-시키-'와 '-이-' 등이 과도하게 붙는 표현들이야.

- 나도 공부시켜 줘. (○)
→ 나도 공부하게 해 줘. (○)

위와 같은 경우는 적절한 사동 표현이라고 할 수 있어. 하지만 다음 표현들은 적절치 않은 의미를 담고 있어서 문맥을 잘 살펴서 사용해야 돼.

- 누나, 여자 친구 좀 소개해 줘. (○)
- 누나, 여자 친구 좀 소개시켜 줘. (×)

- 내가 환기할게. (○)
- 내가 환기시킬게. (×)

- 리스트에 이것 좀 포함해 줘. (○)
- 리스트에 이것 좀 포함시켜 줘. (×)

- 기계 좀 가동해 줘. (○)
- 기계 좀 가동시켜 줘. (×)

- 뚜껑을 분리해야 해. (○)
- 뚜껑을 분리시켜야 해. (×)

- 들판을 헤매다. (○)
- 들판을 헤매이다. (×)

4 직접 사동과 간접 사동

파생적 사동문과 통사적 사동문은 주어의 행위 참여 여부에 따라 의미 해석이 달라질 수 있다. 하지만 모든 사동문에 적용되는 것은 아니다.

파생적 사동문	**아빠가 아이에게 옷을 입혔다.** ❶ 아빠가 아이에게 직접 옷을 하나하나 입혔다. 즉 주어는 아이가 옷을 입는 행위에 직접 참여하고 있다. ➜ 직접 사동 ❷ 아빠가 아이에게 옷을 입도록 말로 지시했다. 즉 주어는 아이가 옷을 입는 행위에 직접 참여하지는 않는다. ➜ 간접 사동
통사적 사동문	**아빠가 아이에게 옷을 입게 했다.** ❶ 아빠가 아이에게 옷을 입도록 말로 지시했다. 즉 주어는 아이가 옷을 입는 행위에 직접 참여하지 않는다. ➜ 간접 사동

파생적 사동문	**선생님께서 반장에게 책을 읽혔다.** ❶ 선생님이 반장에게 책을 읽도록 말로 지시했다. 즉 주어는 반장이 책을 읽는 행위에 직접 참여하지 않는다. ➜ 간접 사동
통사적 사동문	**선생님께서 반장에게 책을 읽게 했다.** ❶ 선생님이 반장에게 책을 읽도록 말로 지시했다. 즉 주어는 반장이 책을 읽는 행위에 직접 참여하지 않는다. ➜ 간접 사동

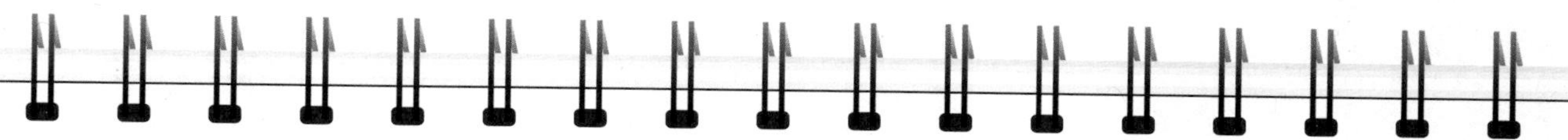

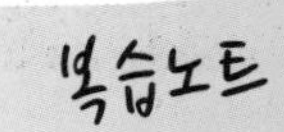

복습노트

32강 • 통사적 사동

정답 47쪽

레인보우 리뷰

① 사동의 종류에는 □□적 사동과 □□적 사동이 있다.
② □□적 사동은 용언의 어□에 사동의 □□ □□□가 결합해서 만들어지는 사동 표현을 말한다.
③ 사동 접미사에는 '-□-, -□-, -□-, -□-, -□-, -□-, -□-, -□□-'가 있다.
④ 통사적 사동은 용언의 어□에 보조 용언 구성인 '-□□다'가 결합해서 만들어지는 사동 표현을 말한다.

⑤ 사동 접미사 중에서 '-□-'와 '-□-'는 중첩하여 사용하기도 한다.
⑥ □□적 사동과 □□적 사동이 중첩되는 이중 사동이 있다.
⑦ 통사적 사동에는 □□ 사동의 의미가 담긴다.
⑧ 파생적 사동에는 □□ 사동과 □□ 사동의 의미가 동시에 담기기도 한다.

개념 마스터

1 제시한 파생적 사동문을 〈보기〉와 같이 통사적 사동문으로 바꾸시오.

〈보기〉
엄마가 아이에게 새우를 먹였다.
➜ 엄마가 아이에게 새우를 먹게 했다.

① 어머니께서는 철수를 대학까지 공부시켰다.
➜ ____________

② 아빠가 아이에게 신발을 신겼다.
➜ ____________

③ 철수가 영희를 감동시켰다.
➜ ____________

④ 괴물이 호기심을 돋우었다.
➜ ____________

⑤ 회장이 사람들에게 모임 장소를 알렸다.
➜ ____________

⑥ 대장장이가 쇠를 벌겋게 달궜다.
➜ ____________

2 다음 문장의 밑줄 친 부분을 〈보기〉와 같이 어근과 접사로 분석하시오.

〈보기〉

시장이 공원에 동상을 세웠다.	
어근	접사
서-	-이-, -우-

① 엄마가 아기를 재웠다.	
어근	접사

② 공무원들이 쓰레기를 태웠다.	
어근	접사

③ 철수는 욕조에 물을 채웠다.	
어근	접사

④ 그는 동생에게 누명을 씌웠다.	
어근	접사

⑤ 철수는 조심스럽게 드론을 띄웠다.	
어근	접사

3 〈보기〉와 같이 문장의 밑줄 친 부분에 담긴 이중 사동의 의미를 분석하시오.

〈보기〉

선생님이 영희에게 철수를 깨우게 했다.	
깨우는 행위	깨우게 한 행위
영희 ➜ 철수	선생님 ➜ 영희

① 엄마가 아빠에게 아기를 재우게 했다.	
재우는 행위	재우게 한 행위
➜	➜

② 성주는 군사들에게 성벽을 높이게 했다.	
높이는 행위	높이게 한 행위
➜	➜

5 min 오분만에 마스터하는 국어

33강 파생적 피동

강의노트

학습일 년 월 일

유튜브 강의

Youtube Player

단어	문장	음운	국어사
◀◀ 이전 강의		다음 강의 ▶▶	
통사적 사동		통사적 피동	

개념 시냅스

피동 접미사의 결합 제약

능동사로 쓰이는 타동사가 모두 피동 접미사와 결합할 수 있는 것은 아니야.

예 느끼다, 돕다, 만나다 등

개념 시냅스

피동 접미사 '-받-', '-당하-'

잘 다뤄지지 않는 피동 접미사로 '-받-'과 '-당하-'도 있어. 주로 체언에 결합하여 체언을 피동사로 파생시키는 기능을 하지.

예 강요받다, 차별받다, 버림받다, 무시당하다, 이용당하다, 거절당하다 등

개념 시냅스

피동문과 능동문의 대응

피동문과 능동문은 서로 대응을 이루지만 항상 그런 건 아니야. 피동문에 대응하는 능동문이 없는 경우도 있고, 능동문에 대응하는 피동문이 없는 경우도 있어.

피동문	허둥대다가 옷이 못에 걸렸다.
능동문	허둥대다가 못이 옷을 걸었다.(X)

1 피동의 개념

문장에서 주어의 자리에 놓인 주체가 다른 대상에 의해 어떠한 동작을 하게 되거나 당하게 되는 것을 말한다.

2 피동의 종류

1) 파생적 피동 → 단형 피동, 짧은 피동

용언의 어근에 피동의 파생 접미사가 결합해서 만들어지는 피동 표현을 말한다.

접미사	능동문	피동문
-이-	우리는 백두산을 보았다.	백두산이 우리에게 보였다. (-이- + -었-)
-히-	고양이가 쥐를 잡았다.	쥐가 고양이에게 잡히었다.
-리-	강아지가 아빠를 물었다.	아빠가 강아지에게 물리었다.
-기-	엄마가 아기를 안았다.	아기가 엄마에게 안기었다.
-되-	감독이 신인들을 발굴했다.	신인들이 감독에게 발굴되었다.

① 능동문의 서술어가 타동사

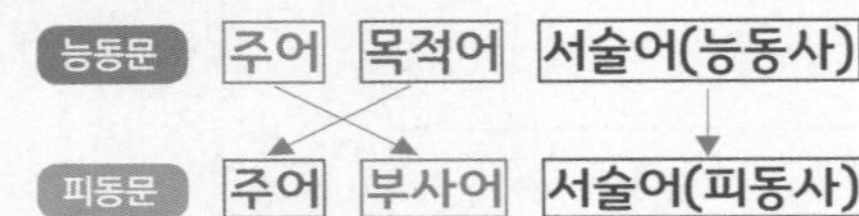

능동문의 주어는 피동문의 부사어로, 능동문의 목적어는 피동문의 주어로 바뀐다. 서술어인 능동사(타동사) 어근에 피동 접미사(-이-, -히-, -리-, -기-)가 결합하여 피동사 서술어가 된다.

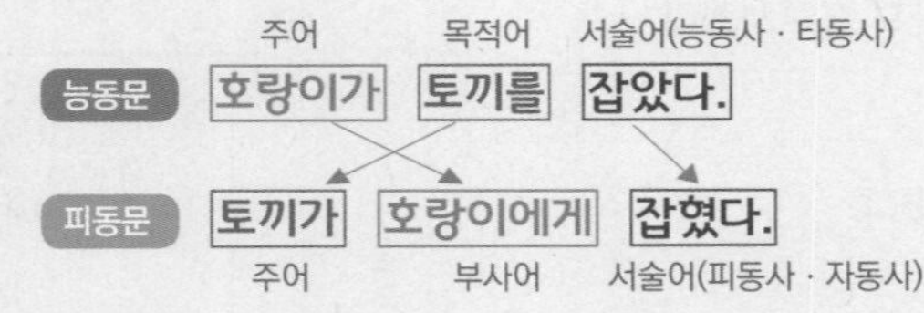

② 능동문의 서술어가 '체언 + -하다'

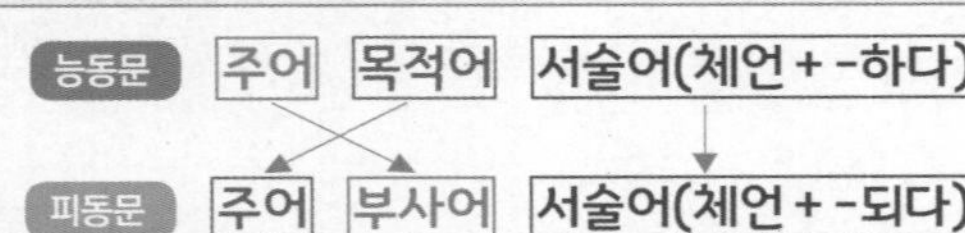

능동문의 주어는 피동문의 부사어로, 능동문의 목적어는 피동문의 주어로 바뀐다. 능동문의 서술어인 '체언 + -하다' 어근에 피동 접미사('-되-')가 결합하여 피동사 서술어가 된다.

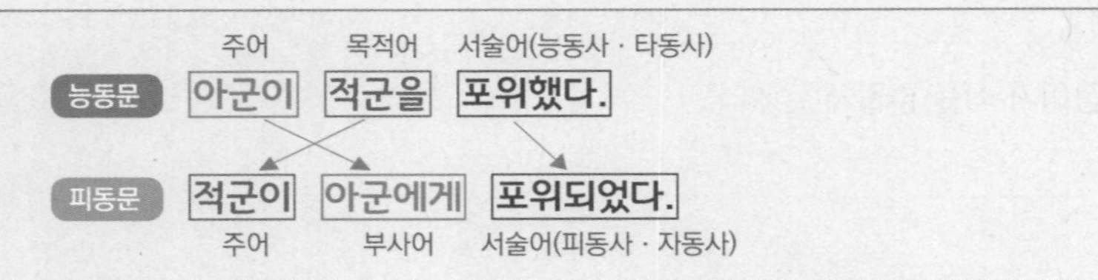

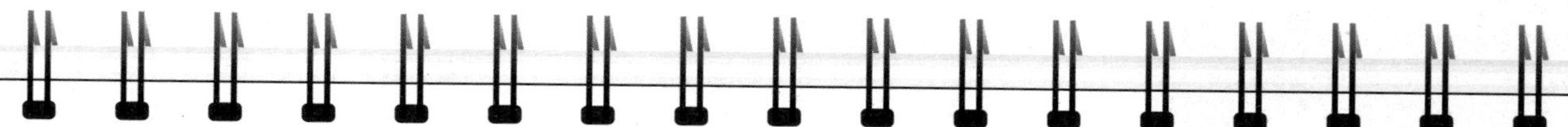

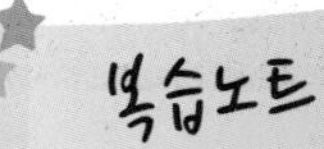

33강 • 파생적 피동

정답 48쪽

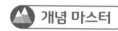

레인보우 리뷰

① 피동은 문장에서 □어의 자리에 놓인 주체가 다른 대상에 의해 어떠한 동작을 하게 □거나 □하게 되는 것을 말한다.

② 피동의 종류에는 □□적 피동과 □□적 피동이 있다.

③ □□적 피동은 용언의 어□에 피동의 □□ □□□가 결합해서 만들어지는 피동 표현을 말한다.

④ 파생적 피동은 □□ 피동 또는 □□ 피동이라고도 한다.

⑤ 피동 접미사에는 '-□-, -□-, -□-, -□-, -□-'가 있다.

⑥ 파생적 피동문은 '□어 + □□어 + □□사 서술어'로 구성된다.

⑦ 잘 다뤄지지 않는 피동 접미사 '-□-, -□□-'도 있다.

개념 마스터

1 〈보기〉와 같이 능동문을 피동문으로 바꾸시오.

〈보기〉
우리는 백두산을 보았다.
→ 백두산이 우리에게 보였다.

① 철수가 성적표를 찢었다.
→

② 아빠가 엄마를 번쩍 들었다.
→

③ 할머니가 할아버지의 머리카락을 뽑았다.
→

④ 철수가 막힌 욕조를 뚫었다.
→

⑤ 정원사가 잔가지를 잘랐다.
→

⑥ 철수는 올해의 신제품을 발표했다.
→

2 〈보기〉와 같이 피동문을 능동문으로 바꾸시오. (단, 바꿀 수 없을 경우에는 비워 둘 것.)

〈보기〉
아기가 엄마에게 안겼다.
→ 엄마가 아기를 안았다.

① 범인이 경찰에게 꽁꽁 묶였다.
→

② 일본이 한국에게 예선에서 꺾였다.
→

③ 날씨가 갑자기 풀렸다.
→

④ 강도가 형사들에게 쫓겼다.
→

⑤ 실뭉치가 할머니에게 풀렸다.
→

⑥ 철수가 감기에 걸렸다.
→

⑦ 코로나 바이러스가 과학자들에게 연구되었다.
→

⑧ 정말 기가 막히네.
→

통사적 피동

유튜브 강의
Youtube Player
단어 | 문장 | 음운 | 국어사
◀◀ 이전 강의 ⏸ 다음 강의 ▶▶
파생적 피동 | 부정 표현

1 피동의 유형

1) 파생적 피동: 피동 접미사(-이-, -히-, -리-, -기-, -되-)에 의해 파생되는 피동
→ 단형 피동, 짧은 피동

2) 통사적 피동 → 장형 피동, 긴 피동

> 용언의 어간에 보조 용언 구성인 '-어지다', '-게 되다'가 결합해서 만들어지는 피동 표현을 말한다.

① 용언의 어간 + -어지다

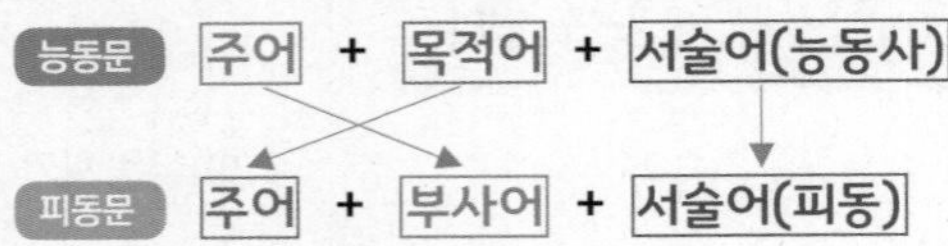

○ 능동문의 주어는 피동문의 부사어로, 능동문의 목적어는 피동문의 주어로 바뀐다. 능동문의 서술어인 능동사(타동사) 어간에 보조 용언 구성(-어지다)이 결합하여 피동의 서술어가 된다.

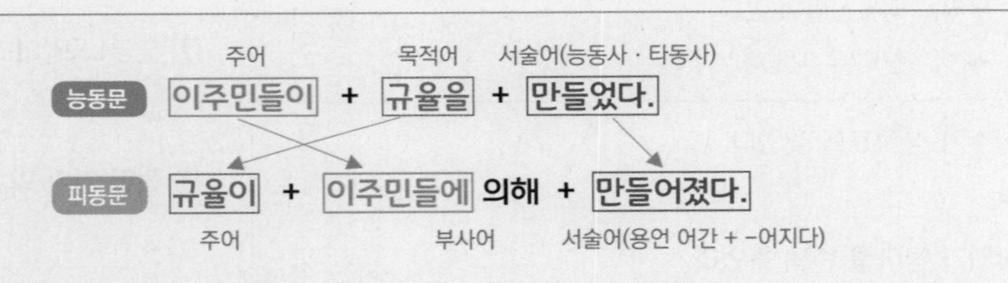

② 용언의 어간 + -게 되다

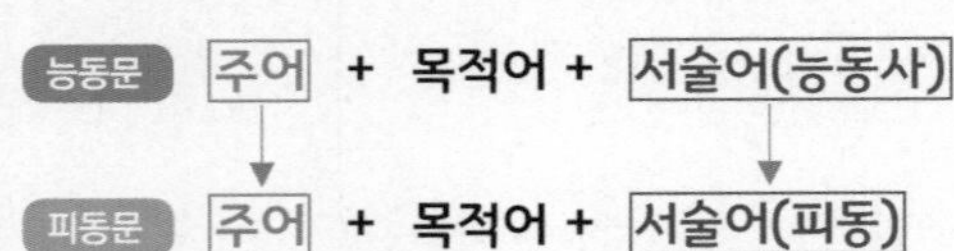

○ 능동문과 피동문의 문장 성분 교체는 없으며 능동문의 서술어인 능동사(타동사) 어간에 보조 용언 구성(-게 되다)이 결합하여 피동의 서술어가 된다.

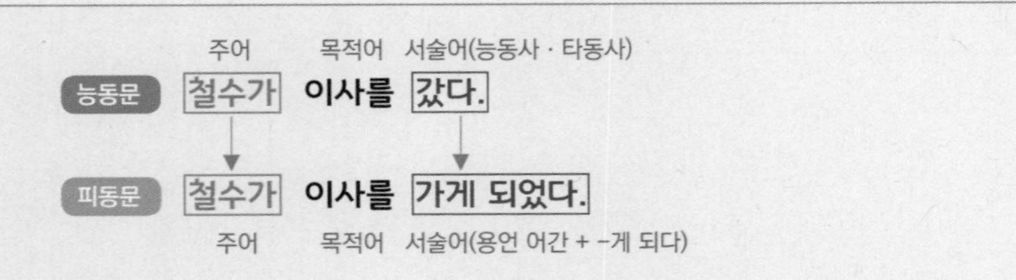

알쓸문법

'-어지다'의 붙여쓰기

'-어지다'는 보조적 연결 어미 '-어'와 보조 용언 '지다'가 함께 쓰이는 형태인데, 같이 쓰는 형태로 굳어져 버렸기 때문에 마치 하나의 접사처럼 취급하게 되었어. 그래서 지금은 통상적으로 붙여서 표기하고 있어.

알쓸문법

단형 피동과 장형 피동

파생적 피동은 짧은 문법 요소인 파생 접미사(지배적 접사)만으로 실현되는 피동이야. 이에 반해 통사적 피동은 비교적 긴 형태의 문법 요소인 보조 용언 '-어지다'와 '-게 되다'로 실현되는 피동이지. 그래서 파생적 피동을 단형 피동, 짧은 피동이라고도 하고, 통사적 피동을 장형 피동, 긴 피동이라고도 하는 거야.

- 하늘이 구름에 덮였다.
  → 단형 피동
- 하늘이 구름에 덮어졌다.
  → 장형 피동

2 이중 피동

파생적 피동과 통사적 피동이 중첩되는 경우를 말하는데 학교 문법에서는 적절하지 않은 표현으로 간주한다.

피동	능동문	피동문
-히-	팬들은 작품을 잊었다.	작품은 팬들에게 잊혔다. ⊙ 잊- + -히- + -었다

피동	능동문	이중 피동문
-히- -어지다	팬들은 작품을 잊었다.	작품은 팬들에게 잊혀졌다. (×) ⊙ 잊- + -히- + -어지다

3 피동문의 의미적 특징

1) 능동문과 피동문의 의미 차이: 능동문에 수량 표현이 올 경우에는 문장의 의미가 중의적으로 해석될 수 있는데 피동문으로 바꾸면 이를 해소할 수 있다.

능동문	**아빠와 아들이 물고기 세 마리를 잡았다.** ❶ 아빠와 아들이 각각 세 마리씩 잡았다. ❷ 둘이 합쳐서 세 마리를 잡았다.
피동문	**물고기 세 마리가 아빠와 아들에게 잡혔다.** ❶ 둘이 합쳐서 세 마리를 잡았다.

2) 파생적 피동문과 통사적 피동문의 의미 차이

파생적 피동문	**탈옥범의 신발이 철조망에 걸렸다.** ⊙ '걸렸다'는 행위가 행위자(탈옥범)의 의도와 상관없이 일어난 것으로 해석됨.
통사적 피동문	**탈옥범의 신발이 철조망에 걸어졌다.** ⊙ '걸어졌다'는 행위가 누군가의 의도에 의해 이루어진 것으로 해석됨.

개념 시냅스

피동문과 목적어

흔히 피동문은 목적어를 취할 수 없다고들 하는데 그렇지 않아. 목적어를 취하는 피동문도 있기 때문에 목적어 유무만을 가지고 피동문을 판단해서는 안 돼.

- 철수는 개에게 발을 물렸다.
- 철수는 모기에게 피를 빨렸다.
- 철수는 상관에게 복종을 강요받았다.
- 철수는 새로운 사실을 알게 되었다.
- 결국 칼에 손가락을 베이고 말았다.

알쓸문법

어휘적 피동

단어 자체에 피동의 의미가 담겨 있는 경우도 있는데, 학교 문법에서는 문법 요소가 아니라 단어 자체로 드러나는 피동은 피동법에서 제외하고 있어. 특히 '당하다', '받다'의 경우 피동 접미사 '-받-', '-당하-'와 유사하기 때문에 잘 구별할 수 있어야 해.

- 어머니가 사기꾼에게 사기를 당했다.
- 영희는 아빠에게 늘 귀여움을 받았다.
- 철수는 정부의 혜택을 제대로 입었다.
- 철수는 영수가 던진 공에 맞았다.

알쓸문법

지양해야 할 이중 피동 표현들

- 너도 그렇게 잊혀지겠지. (×)
  → 잊히겠지, 잊어지겠지 (○)
- 어떡해! 찢겨졌잖아. (×)
  → 찢겼잖아, 찢어졌잖아 (○)
- 이제야 믿겨지네. (×)
  → 믿기네, 믿어지네 (○)
- 천사라 불려졌다. (×)
  → 불렸다 (○)
- 적군에게 포위되어졌다. (×)
  → 포위되었다 (○)
- 그렇게 생각되어진다. (×)
  → 생각된다 (○)

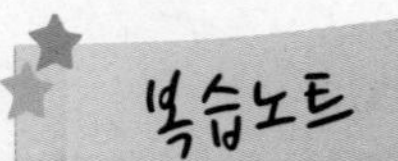

34강 • 통사적 피동

정답 48쪽

레인보우 리뷰

① 피동의 종류에는 □□적 피동과 □□적 피동이 있다.
② □□적 피동은 용언의 어□에 피동의 □□ □□□가 결합해서 만들어지는 피동 표현을 말한다.
③ 피동 접미사에는 '-□-, -□-, -□-, -□-, -□-'가 있다.
④ 통사적 피동은 용언의 어□에 보조 용언 구성인 '-□□□', '-□ □□'가 결합해서 만들어지는 피동 표현을 말한다.

⑤ 이중 피동은 □□적 피동과 □□적 피동이 중첩되는 경우를 말하는데 학교 문법에서는 적절하지 않은 표현으로 간주한다.
⑥ 능동문에 수량 표현이 올 경우에는 문장의 의미가 중의적으로 해석될 수 있는데 □□문으로 바꾸면 이를 해소할 수 있다.
⑦ 피동의 보조 용언 구성인 '-□□□'는 관습상 붙여서 표기하고, '-□ □□'는 띄어서 표기한다.
⑧ 피동문은 □□어를 취할 수도 있고, 취하지 않을 수도 있다.

개념 마스터

1 〈보기〉와 같이 주어진 문장의 피동 유형을 분석하시오.

〈보기〉

엄마가 아이에게 새우를 먹였다.	
파생적 피동	통사적 피동
○	

① 그 가게는 문을 닫게 되었다.	
파생적 피동	통사적 피동

② 철수는 어쩔 수 없이 집을 팔게 되었다.	
파생적 피동	통사적 피동

③ 피자가 열 조각으로 나뉘었다.	
파생적 피동	통사적 피동

④ 토끼가 호랑이에게 먹혔다.	
파생적 피동	통사적 피동

⑤ 영희는 사람들에게 세게 밀렸다.	
파생적 피동	통사적 피동

⑥ 그는 결국 울음을 터뜨리게 되었다.	
파생적 피동	통사적 피동

⑦ 하늘이 구름에 덮였다.	
파생적 피동	통사적 피동

⑧ 성적표가 철수에 의해 찢어졌다.	
파생적 피동	통사적 피동

⑨ 반 아이들의 이름이 하나하나 불렸다.	
파생적 피동	통사적 피동

2 다음 문장들 중에서 적절하지 않은 부분을 찾아서 고치시오.

① 그 물건은 지금까지도 사람들에게 쓰여지고 있다.

➜ ______

② 그 사건에 관한 기록은 서서히 잊혀지고 있다.

➜ ______

③ 그건 정말 잘 짜여진 계획이다.

➜ ______

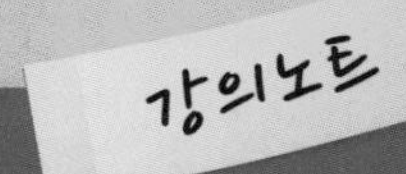

부정 표현

학습일 년 월 일

유튜브 강의

Youtube Player
단어 | 문장 | 음운 | 국어사
◂◂ 이전 강의 다음 강의 ▸▸
통사적 피동 | 인용 표현

1 부정 표현의 개념

문장 속에 담겨 있는 내용의 전체나 일부분에 대해 다양한 문법적 요소를 사용하여 부정적으로 서술하는 표현을 말한다. 부정의 문법 요소가 실현된 문장을 부정문이라고 한다.

종류	짧은 부정 (부정 부사)	긴 부정 (보조 용언)	의미		종결형
'안' 부정문	'안' + 용언	용언 어간 + -지 아니하다(않다)	의지 부정		평서 의문 감탄
			상태 부정(단순 부정)		
'못' 부정문	'못' + 용언	용언 어간 + -지 못하다	능력 부정	주체의 능력	
				환경적 요소	
'말다' 부정문	-	동사 어간 + -지 마/마라	금지		명령
		동사 어간 + -지 말자	중단		청유

2 부정문의 유형

1) 형식에 따른 분류

① 짧은 부정문: 부정 부사 '안(아니)', '못'이 서술어 앞에 놓이는 형태

철수는 학교에 갔다.

철수는 학교에 안 갔다. **철수는 학교에 못 갔다.**

② 긴 부정문: 부정을 나타내는 보조 용언 구성인 '-지 않다(아니하다)', '-지 못하다'가 본용언의 뒤에 놓이는 형태

철수는 학교에 갔다.

철수는 학교에 가지 않았다. **철수는 학교에 가지 못했다.**

2) 의미에 따른 분류

① '안' 부정문

유형	의지 부정	상태 부정(= 단순 부정)
짧은	철수는 군대를 안 갔다.	비가 안 왔다.
긴	철수는 군대를 가지 않았다.	비가 오지 않았다.

개념 시냅스

형용사의 명령형과 청유형

형용사는 명령형과 청유형으로 실현될 수가 없어. 그렇기 때문에 명령형과 청유형으로 실현되는 '말다' 부정문에도 사용될 수가 없지. 다만 화자의 기원이나 소망의 뜻이 담긴 명령문에서는 예외적으로 사용이 가능해.

예 제발 오늘은 춥지 마라.

알쓸문법

어휘적 부정

부정 표현을 만드는 문법 요소가 없음에도 단어 자체에 부정의 의미가 담겨 있는 경우를 말해.

- 나는 너를 사랑할 자격이 없어. ↔ 있다
- 철수는 아직 사랑을 몰라. ↔ 알다

개념 시냅스

긍정을 확인하는 의문문

문장에서 부정의 문법 요소인 '않다'가 사용된 부정문이지만, 실제 문장의 의미는 긍정을 확인하는 의문문인 경우도 있어.

- 날씨가 정말 좋지 않니?
  '좋다'는 긍정의 의미가 담김
- 날씨가 정말 좋지 않지?
  '좋지 않다'는 부정의 의미가 담김

개념 시냅스

'체언 + 이다'의 부정

'체언 + 이다' 형태의 서술어를 부정할 때는 '체언 + 이/가 + 아니다'의 형태로 실현돼.

- 철수는 반장이다.
- 철수는 반장이 아니다.

개념 시냅스

'말다'의 사용 범주

보조 동사 '말다'는 명령문과 청유문에서 사용돼. 그런데 이건 종결 어미와 결합해서 사용된다는 전제가 깔려 있어. 즉 '말다'가 종결 어미가 아닌 다른 어미와 결합한 경우라면 다른 문형, 예를 들어 평서문이나 의문문 등에서도 사용이 가능하다는 거지.

- 철수가 공부하지 말기를 바라는 거니? (전성 어미 → 의문문)
- 철수가 포기하지 말았으면 좋겠다. (연결 어미 → 평서문)

개념 시냅스

긴 부정만으로만 쓰이는 사례

일반적으로 상태나 성질을 드러내는 형용사는 '못' 부정문에서 사용될 수가 없어. 하지만 화자의 기대에 못 미친다는 의미로 쓰일 때에는 '못' 부정문으로 표현될 수가 있는데, 이때는 반드시 긴 부정문으로 표현되어야 해. 이러한 형용사로 '똑똑하다, 넉넉하다, 우수하다, 만족하다, 풍부하다, 신선하다, 깨끗하다' 등이 있어.

- 영희는 못 똑똑하다. (X)
- 영희는 똑똑하지 못하다. (O)

② '못' 부정문

유형	능력 부정(주체의 능력이 원인)	능력 부정(주변 상황이 원인)
짧은	철수는 군대를 못 갔다.	나는 바빠서 밥을 못 먹었다.
긴	철수는 군대를 가지 못했다.	나는 바빠서 밥을 먹지 못했다.

③ 보조 동사 '말다' 부정문

금지(명령문)	중단(청유문)
철수야, 공부하지 마라.	철수야, 공부하지 말자.

3 부정문의 중의성: 부정 표현은 부정의 의미 범위가 명확하지 않기 때문에 필연적으로 중의성을 지니게 된다. 이러한 경우 보조사를 통해 중의성을 해소할 수 있다.

'철수가 책을 사지 않았다.'의 중의성		중의성 해소
책을 사지 않은 사람은 철수다.	→	철수는 책을 사지 않았다.
철수가 사지 않은 것은 책이다.	→	철수가 책은 사지 않았다.
철수가 책을 사는 행위를 하지 않았다.	→	철수가 책을 사지는 않았다.

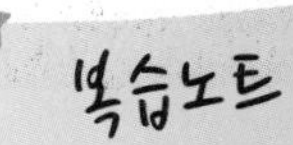

35강 • 부정 표현

정답 49쪽

레인보우 리뷰

① 문장 속에 담겨 있는 내용의 전체나 일부분에 대해 다양한 문□적 요□를 사용하여 □□적으로 서술하는 표현을 부정 표현이라고 한다.

② 부정의 문□ 요소가 실현된 문장을 □□문이라고 한다.

③ 부정문은 형식에 따라 □□ 부정문과 □ 부정문으로 나눌 수 있다.

④ 짧은 부정문은 부정 부사 '□(□□)', '□'이 서술어 □에 놓여 실현된다.

⑤ 긴 부정문은 부정을 나타내는 보조 용언 구성인 '-□□다(□□□다)', '-□ □□다'가 본용언 □에 놓여 실현된다.

⑥ 부정문은 □□에 따라 '□' 부정문, '□' 부정문, '□□' 부정문으로 나눌 수 있다.

⑦ '□' 부정문에는 의□ 부정이나 상□ 부정(=단□ 부정)의 의미가 담긴다.

⑧ '□' 부정문은 주체의 능□이 원인이 되는 능력 부정이나 주변 상□이 원인이 되는 능력 부정의 의미가 담긴다.

⑨ '□□' 부정문은 □□문과 □□문에서 사용된다.

⑩ '□□'가 쓰인 부정 □□□에는 '금지'의 의미가 담긴다.

⑪ '□□'가 쓰인 부정 □□□에는 '중단'의 의미가 담긴다.

⑫ 부정 표현에서 필연적으로 발생하는 □□성은 □□사를 통해서 해소할 수 있다.

개념 마스터

1 다음 짧은 부정문을 긴 부정문으로 바꾸시오.

① 하루 종일 밥도 못 먹었다.

→ ______

② 나는 철수를 안 좋아해.

→ ______

③ 영희는 밀가루 음식을 못 먹는다.

→ ______

④ 철수는 책을 안 읽었다.

→ ______

⑤ 이 사업은 절대 안 망한다.

→ ______

2 다음 문장들을 주어진 조건을 참고하여 부정문으로 바꾸시오. (단, 부정문이 만들어지지 않는 경우는 비워 둘 것.)

① 철수가 자전거를 탄다.

- 짧은 '못' 부정문 → ______
- 긴 '못' 부정문 → ______

② 학교 끝나고 피시방에 가라.

- '명령'을 부정 → ______

③ 철수는 청춘고등학교 학생이다.

- '이다'를 부정 → ______

④ 제주도는 아직도 춥다.

- 짧은 '안' 부정문 → ______
- 긴 '안' 부정문 → ______

⑤ 학교 끝나고 도서관에 가자.

- '청유'를 부정 → ______

II 문장

5 min 오분만에 마스터하는 국어

36강

강의노트

인용 표현

학습일 년 월 일

유튜브 강의

Youtube Player

단어	문장	음운	국어사
◂◂ 이전 강의		다음 강의 ▸▸	
부정 표현		-	

1 인용 표현의 개념

화자가 자신의 말이나 글에 다른 사람의 말과 글 또는 생각 등을 끌어다 쓰는 문법적 표현을 말한다. 인용을 하는 방법에 따라 직접 인용과 간접 인용으로 구분하며 인용 표현이 실현된 문장을 인용문이라고 한다.

2 인용 표현의 유형

1) 직접 인용

① 개념: 화자가 다른 사람의 말이나 글을 있는 그대로 옮겨서 인용하는 표현이다.

② 표지: 큰따옴표, 인용의 부사격 조사 '라고', 동사의 활용형 '하고'

철수: "영희가 세상에서 제일 좋아."

→ **철수는 "영희가 세상에서 제일 좋아."라고 말했다.**

"펑!" 하고 풍선이 터져 버렸다. ○ 음성 상징어 인용

"엄마!" 하고 아이가 불렀다. ○ 단어 인용

2) 간접 인용

① 개념: 화자가 다른 사람의 말이나 글을 자신의 표현으로 바꾸어 인용하는 표현이다.

② 표지: 종결 어미 + 인용의 부사격 조사 '고'

철수: "세상에서 내가 제일 좋아." (평서문)

→ **철수는 세상에서 자기가 제일 좋다고 했다.**

○ 재귀칭 대명사 ○ 평서형 어미 '-다' + 부사격 조사 '고'

철수: "영희는 아직 학생이다." (평서문)

→ **철수가 영희는 아직 학생이라고 했다.**

○ 종결 어미 '-라' + 부사격 조사 '고'

철수: "영희가 그렇게도 좋니?" (의문문)

→ **철수는 영희가 그렇게도 좋냐고 물었다.**

○ 의문형 어미 '-냐' + 부사격 조사 '고'

철수: "영희 근처에 얼씬도 하지 마." (명령문)

→ **철수가 영희 근처에 얼씬도 하지 말라고 했다.**

○ 명령형 어미 '-(으)라' + 부사격 조사 '고'

철수: "영희네 학교에 같이 가자." (청유문)

→ **철수가 영희네 학교에 같이 가자고 했다.**

○ 청유형 어미 '-자' + 부사격 조사 '고'

철수: "영희는 정말 착하구나." (감탄문)

→ **철수가 영희는 정말 착하다고 했다.**

○ 평서형 어미 '-다' + 부사격 조사 '고'

레인보우 리뷰

인용 표현과 인용절

인용 표현과 인용절은 내용이 거의 유사해. 다만 인용절에서는 안긴문장으로서의 인용절에 초점을 맞추고 있고, 인용 표현은 인용절 이외의 부분들까지도 포함해서 다루고 있다는 데 차이가 있어.

인용 표현 [인용절]

레인보우 리뷰

'라고'의 2가지 짜임

인용 표현에서 '라고'의 형태는 유심히 좀 봐야 해. 먼저 아래 예문을 보자.

예 철수는 "영희가 세상에서 제일 좋아."라고 말했다.

여기서 '라고'는 인용의 부사격 조사야. 그런데 다음 예문을 보자.

예 철수는 영희가 아직 학생이라고 했다.

여기서 '라고'는 종결 어미 '-라'에 간접 인용을 나타내는 부사격 조사 '고'가 결합한 말이야. 즉 처음 예문의 '라고'와는 짜임 자체가 다른 거지. 구분할 수 있겠지?

레인보우 리뷰

간접 인용문의 특징

직접 인용문에 쓰인 대명사는 간접 인용문에서 문맥에 맞게 바뀌게 돼.

예 철수가 "나는 천재야."라고 말했다.

→ 철수가 자기는 천재라고 말했다.

그리고 직접 인용문에 쓰인 시간 표현 역시 간접 인용문에서는 문맥에 맞게 바뀌게 되지.

예 철수가 어제 나에게 "내일 식당에서 만납시다."라고 말하였다.

→ 철수가 어제 나에게 오늘 식당에서 만나자고 말하였다.

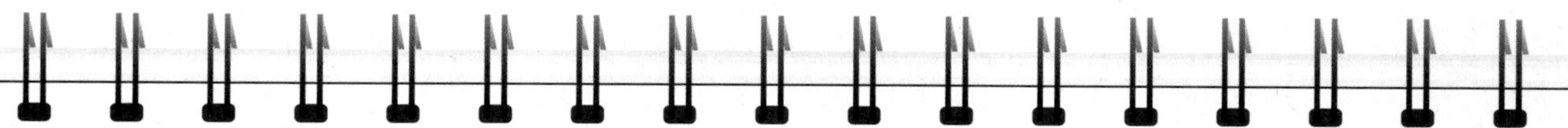

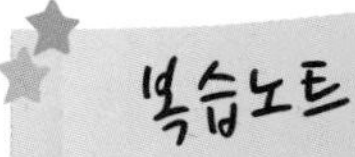

36강 • 인용 표현

정답  49쪽

레인보우 리뷰

① 인용 표현은 화자가 자신의 말이나 글에 □□ 사람의 말과 글 또는 생각 따위를 끌어다 쓰는 문법적 표현을 말한다.
② 인용 표현은 인용을 하는 방법에 따라 □□ 인용과 □□ 인용으로 나눌 수 있다.
③ 인용 표현이 실현된 문장을 □□문이라고 한다.
④ □□ 인용은 화자가 다른 사람의 말이나 글을 있는 □□□ 옮겨서 사용하는 인용 방법이다.
⑤ 직접 인용의 표지에는 '□□□표', 인용의 부사격 조사 '□□', 동사의 활용형 '□□'가 있다.
⑥ □□ 인용은 화자가 다른 사람의 말이나 글을 자신의 표현으로 □□□ 사용하는 인용 방법이다.
⑦ 간접 인용의 표지는 □□ 어미에 인용의 부사격 조사 '□'가 결합된 형태이다.
⑧ 인용의 부사격 조사 '□□'와 종결 어미 '-□'에 인용의 부사격 조사 '□'가 결합된 형태가 동일하다.

개념 마스터

1 다음 직접 인용문을 간접 인용문으로 바꾸시오.

① 그녀가 나에게 "저 좀 도와 주세요."라고 말했다.

→

② 철수가 "정신 좀 차리고 공부해라."라고 말했다.

→

③ 엄마가 "아침 챙겨서 먹고 학교에 가."라고 하셨다.

→

④ 영희가 "오늘 메뉴 진짜 맛있어."라고 말했다.

→

⑤ 철수가 "커피 한 잔 마시자."라고 말했다.

→

⑥ 손주가 "할머니, 많이 드세요."라고 옹알거렸다. (화자: 할머니)

→

⑦ 철수는 어제 선생님께 "내일 집합 장소가 어디에요?"라고 물었다.

→

⑧ 삼촌께서 어제 "메신저로 내일 연락해."라고 말씀하셨다.

→

⑨ 철수는 "나도 이제 어른이야."라고 말했다.

→

2 다음 간접 인용문을 직접 인용문으로 바꾸시오.

① 철수가 오늘 오후에 축구를 하자고 말했다.

→

② 영희가 자기는 국어 문법이 힘들다고 말했다.

→

③ 엄마가 요즘 공부 잘되냐고 물으셨다.

→

④ 선생님은 우리에게 당분간 게임은 하지 말라고 하셨다.

→

⑤ 교수님은 내가 인성이 참 좋다고 칭찬하셨다.

→

II 문장

PART III

음운

5 min
오마국
오분만에 마스터하는 국어

강의노트

학습일 년 월 일

음향·음성·음운

유튜브 강의

Youtube Player
단어 | 문장 | 음운 | 국어사
◂◂ 이전 강의 ⏸ 다음 강의 ▸▸
- | 음소와 운소

1 음향(音響)의 개념 소리 음 울림 향

이 세상에는 수많은 소리들이 존재한다. 살아 있는 동물들의 소리(새가 지저귀거나 개가 짖는 소리), 자연 현상의 소리(빗소리, 천둥소리), 다양한 사물들이 내는 소리(자동차 경적음, 공사장의 굴착기 소리) 등이 전부 음향에 속한다.

자연계에 존재하는 일반적인 소리들을 통틀어서 음향이라고 한다.

2 음성(音聲)의 개념 소리 음 소리 성

인간의 발음 기관(조음 기관)에서 만들어져 나오는 소리들 중에서 의사소통을 위해 사용되는 소리를 가리켜 음성이라고 한다. 사람의 발음 기관은 절대로 똑같을 수가 없기 때문에 사람들마다 음성도 제각각 다를 수밖에 없다.

3 음운(音韻)의 개념 소리 음 음운 운

사람들의 음성이 저마다 조금씩 다르지만, 그 저마다의 음성들이 언중들의 머릿속에서는 하나의 공통된 소리로 인식되는데 이를 음운이라고 한다. 이러한 음운은 흔히 말의 뜻을 구별해 주는 가장 작은 소리의 단위로 정의된다. 즉 사람들이 의사소통을 위해 사용하는 말소리는 실제로 발화되는 물리적인 음성과 머릿속으로 인식되는 추상적인 음운으로 나눌 수 있는 것이다.

말의 뜻을 구별해 주는 기능을 하는 가장 작은 소리의 단위로서 언중들의 머릿속에서 공통적으로 인식되는 추상적인 소리를 음운이라고 한다.

4 음운의 특징

- 말의 뜻을 구별해 준다.

초성	중성	종성
물, 불, 술	발, 벌, 볼	밥, 밤, 박

- 언어 체계마다 종류가 다를 수 있다.

한국어 사용자	영어 사용자
불, 뿔, 풀 → [ㅂ], [ㅃ], [ㅍ]을 구분함 peel[pi:l], feel[fi:l] → [p], [f]를 구분하지 않음	불, 뿔, 풀 → [ㅂ], [ㅃ], [ㅍ]을 구분하지 않음 peel[pi:l], feel[fi:l] → [p], [f]를 구분함

5 음성과 음운의 비교

음성	음운
개인의 발음 기관을 통해 만들어지는 **물리적이고 구체적인 소리** ◎ 사람마다 소리가 미세하게 다름	언중의 머릿속에 들어 있는 **관념적이고 추상적인 소리** ◎ 모든 언중들이 같은 소리로 인식함

알쓸문법

무성음 'ㄱ'과 유성음 'ㄱ'

'고기'라는 단어를 볼까? 사실 '고'에 쓰인 'ㄱ'과 '기'에 쓰인 'ㄱ'은 소리가 달라. 전자의 'ㄱ'은 성대가 울리지 않는 무성음 /k/이고, 후자의 'ㄱ'은 성대가 울리는 유성음 /g/이거든. 후자의 'ㄱ'이 유성음 'ㅗ'과 'ㅣ' 사이에 놓여 그 영향을 받아서 그래. 하지만 한국인들은 이 둘의 차이를 인지하지 못하기 때문에 '고'의 'ㄱ'과 '기'의 'ㄱ'을 하나의 음운 'ㄱ'으로 처리하고 있어. 그런데 보통의 미국인이라면 전자의 'ㄱ'과 후자의 'ㄱ'을 분명히 다른 소리라고 판단할 거야. 왜냐하면 영어에서는 무성음 /k/가 쓰이느냐, 유성음 /g/가 쓰이느냐에 따라 뜻이 달라지거든. 즉 한국어에서는 /k/, /g/가 소리는 달라도 하나의 음운으로 처리하지만, 영어에서는 각각 다른 음운으로 처리한다는 거지. 한국인들은 성씨 '김'의 초성 'ㄱ'이 유성음인지 무성음인지 구분하지 않지만, 미국인들은 그것이 구분이 되기 때문에 'Gim'이 아닌 'Kim'으로 받아들이는 거야.

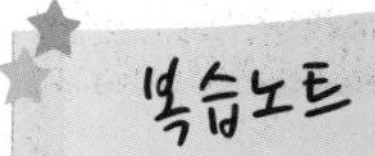

1강 • 음향 · 음성 · 음운

정답 50쪽

레인보우 리뷰

① 자연계에 존재하는 일반적인 소리들을 통틀어서 □□이라고 한다.

② 동물들의 소리, 자연 현상의 소리, 사물들의 소리들은 전부 □□에 속한다.

③ 인간의 □□ 기관(조□ 기관)에서 만들어져 나오는 소리들 중에서 □□□□을 위해 사용되는 소리를 □□이라고 한다.

④ 사람의 발음 기관은 절대로 똑같을 수가 없기 때문에 사람들마다 □□도 제각각 다를 수밖에 없다.

⑤ □□은 말의 뜻을 □□해 주는 기능을 하는 가장 □은 소리의 단위로서 언□들의 머릿속에서 공통적으로 인□되는 □□적인 소리를 말한다.

⑥ 사람들이 의사소통을 위해 사용하는 말소리는 실제로 발화되는 □□적인 음성과, 머릿속으로 인식되는 □□적인 음운으로 구분할 수 있다.

⑦ 음운은 말의 □을 구별해 준다.

⑧ 음운은 언어 체□마다 종류가 다를 수 있다.

⑨ 음성은 개인의 발음 기관을 통해 만들어지는 물□적이고 구□적인 소리이다.

⑩ □□은 사람마다 미세하게 다르다.

⑪ 음운은 언중의 머릿속에 들어 있는 관□적이고 추□적인 소리이다.

⑫ □□은 언중들이 같은 소리라고 인식한다.

발음 기관(조음 기관)

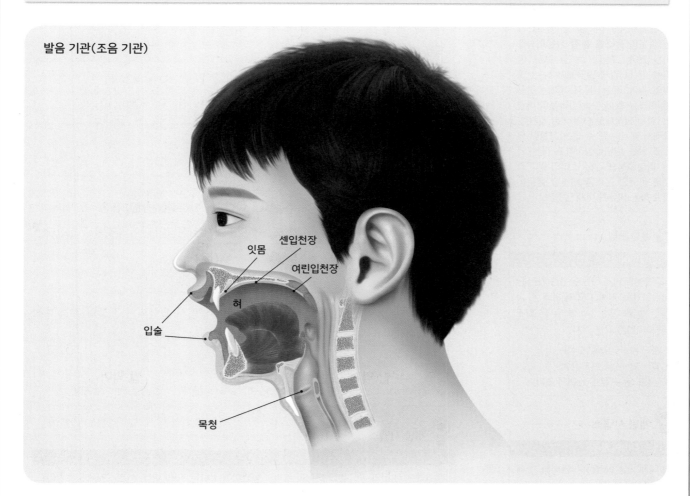

센입천장
잇몸
여린입천장
혀
입술
목청

2강 음소와 운소

강의노트

학습일 년 월 일

유튜브 강의

Youtube Player
단어 | 문장 | 음운 | 국어사
◂◂ 이전 강의 | 다음 강의 ▸▸
음향·음성·음운 | 자음의 체계

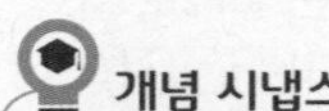

분절 음운과 비분절 음운

음운은 음소와 운소의 앞 글자를 따서 만든 용어야. 그런데 음소를 분절 음운이라고 하고 운소를 비분절 음운이라고도 하는데 그 이유를 지금부터 설명해 줄게. 먼저 '곰'을 보자. '곰'은 'ㄱ', 'ㅗ', 'ㅁ' 세 개의 음운들이 합쳐져서 'bear'라는 의미를 가진 단어 '곰'이 되었어. '곰'을 음운으로 분석해 볼까? 너무나도 쉽게 'ㄱ', 'ㅗ', 'ㅁ'으로 나눌 수가 있지? 마치 블록을 조립했다가 이를 다시 분리할 수 있는 것과 같아. 바로 이를 분절성이라고 하고 이러한 분절성을 가진 음운인 음소를 분절 음운이라고 하는 거야. 그런데 '눈ː'을 보자. 여기서 '눈'을 길게 발음해야 하는 '소리의 길이' 또는 '음장'이라는 것은 '눈'이라는 말에 찰싹 달라붙어 버렸어. 마치 접착제로 붙여 버린 것처럼. 그래서 떼려야 뗄 수 없는 상황이 되었고 이를 비분절성이라고 하는 거야. 비분절성을 가진 '소리의 길이'와 같은 음운인 운소를 비분절 음운이라고 하는 이유를 이제 알겠지?

최소 대립어(쌍)

의미를 변별하게 하는 음운을 가진 단어들의 쌍을 말해. 따라서 아래 '곰'과 '몸', '벌'과 '말', '눈ː'과 '눈'은 최소 대립어(쌍)가 되는 거지.

- 곰 – 몸 → 음소(ㄱ, ㅁ)
- 벌 – 발 → 음소(ㅓ, ㅏ)
- 눈ː – 눈 → 운소(소리의 길이)

개념 시냅스

소리의 길이의 특징

① 대개 장음(長音)은 단어의 첫째 음절에서 나타나.

예 눈보라[눈ː보라]

② 본래 장음이던 음절이 둘째 음절 이후로 밀려나면 장음의 속성이 사라져.

예 눈[눈ː], 함박눈[함방눈]

1 음운의 개념: 말의 뜻을 구별해 주는 기능을 하는 가장 작은 소리의 단위로서 언중들의 머릿속에서 공통적으로 인식되는 추상적인 소리를 말한다.

2 음운의 종류

1) 음소: 더 이상 작게 나눌 수 없는 음운론상의 최소 단위이다. → 분절(分節) 음운 (분 절: 나눌 마디)

① 자음 → 19개

ㄱ, ㄴ, ㄷ, ㄹ, ㅁ, ㅂ, ㅅ, ㅇ, ㅈ, ㅊ, ㅋ, ㅌ, ㅍ, ㅎ,
ㄲ, ㄸ, ㅃ, ㅆ, ㅉ

곰 - 몸 　 잣 - 잔

의미를 구별해 주는 'ㄱ, ㅁ, ㅅ, ㄴ'은 더 이상 작게 나눌 수가 없다.

② 모음 → 21개

ㅏ, ㅐ, ㅓ, ㅔ, ㅗ, ㅚ, ㅜ, ㅟ, ㅡ, ㅣ — 단모음 10개
ㅑ, ㅒ, ㅕ, ㅖ, ㅘ, ㅙ, ㅛ, ㅝ, ㅞ, ㅠ, ㅢ — 이중 모음 11개

벌 - 발

의미를 구별해 주는 'ㅓ, ㅏ'는 더 이상 작게 나눌 수가 없다.

2) 운소: 음소 이외에 뜻을 구별해 주는 요소이다. → 비분절(非分節) 음운 (비 분 절: 아닐 나눌 마디)

① 소리의 길이(음장): 소리의 길이가 모음에 덧붙어서 실현되어 단어의 뜻을 구별한다.

눈ː(雪) - 눈(目)

학교 문법에서 인정하는 유일한 운소

② 소리의 높낮이(억양): 통상 문장의 끝 서술어에 얹혀서 실현되며 문장의 종결 형식을 드러낸다.

밥 먹어 ↗	밥 먹어 ↘	밥 먹어 →
밥을 먹고 있니?(의문문)	밥을 먹고 있어.(평서문)	밥을 먹어라.(명령문)

개념 시냅스

유일한 운소인 '소리의 길이'

운소에는 '소리의 길이'뿐만 아니라 소리의 높낮이에 속하는 '억양'이나 '성조', '강세', '휴지(休止)' 등도 있어. 그런데 이러한 운소들은 언어마다 실현되는 양상이 다르고, 한 언어에서도 과거와 현재가 다를 수 있어. '성조'의 경우 중세 국어에서는 음운이었어. 조금만 더 깊이 얘기하자면 '소리의 길이'라는 운소는 바로 중세 때 우리말에 있었던 '성조'의 흔적이야. 나중에 중세 국어를 다룰 때 배우게 될 거야. 그런데 현재 학교 문법에서 인정하고 있는 유일한 운소는 '소리의 길이' 하나뿐이야. 이와 관련된 정보는 표준 발음법 6항에 아주 상세하게 설명되어 있어.

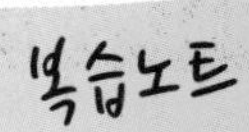

2강 • 음소와 운소

정답 ▶ 50쪽

레인보우 리뷰

① □소는 더 이상 작게 나눌 수 없는 음운론상의 최□ 단위이다.
② 음운에는 음□와 운□가 있다.
③ 음□와 운□는 말의 □을 구별해 준다.
④ 음소는 □□ 음운에 해당된다.
⑤ 현대 국어에서 자음의 개수는 □□개이다.
⑥ 19개의 자음은 '□, □, □, □, □, □, □, □, □, □, □, □, □, □, □, □, □, □, □'이다.
⑦ 현대 국어에서 모음의 개수는 □□개이다.
⑧ 21개의 모음은 '□, □'이다.
⑨ 운소는 □□□ 음운에 해당된다.
⑩ 모음에 덧붙어서 단어의 뜻을 구별해 주는 운소는 소리의 □□(음□)이다.

개념 마스터

1 제시한 단어들의 뜻이 서로 달라지게 만들고 있는 음운의 짝을 〈보기〉와 같이 밝히시오.

〈보기〉

곰 - 몸	
ㄱ	ㅁ

① 방 - 밖	

② 길 - 김	

③ 강 - 공	

④ 사랑 - 자랑	

⑤ 돌 - 달	

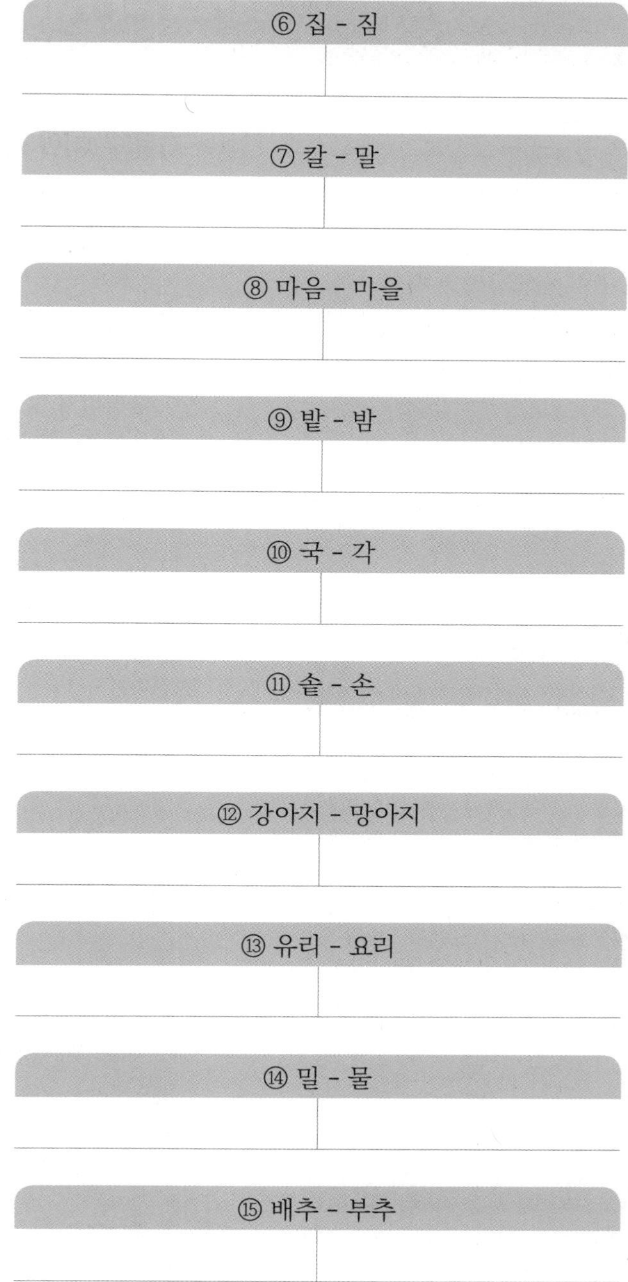

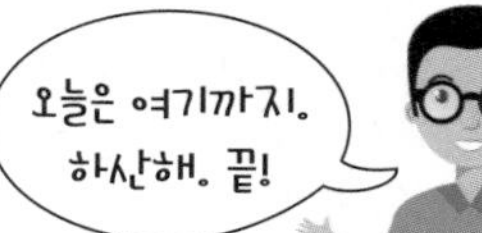

III 음운

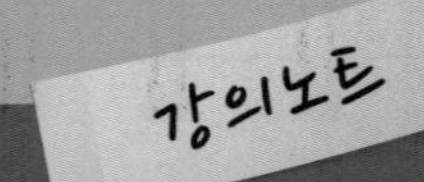

학습일 년 월 일

Youtube Player
단어 | 문장 | 음운 | 국어사
◂◂ 이전 강의 ⏸ 다음 강의 ▸▸
음소와 운소 | 단모음의 체계

자음의 체계

1 자음(子音)의 개념

폐에서 나온 공기가 입 밖으로 나오는 과정에서 목이나 입안의 다양한 발음 기관의 방해를 받아 만들어지는 소리를 말한다.

2 자음의 분류 체계

1) 소리의 울림 여부에 따라: 모든 모음은 성대가 떨리는 울림소리(유성음)이고, 자음은 성대가 떨리지 않는 안울림소리(무성음)이다. 그런데 자음 중에서도 4개의 자음만은 발음할 때 목청이 떨리기 때문에 울림소리로 분류한다.

안울림소리	ㄱ, ㄷ, ㅂ, ㅅ, ㅈ, ㅊ, ㅋ, ㅌ, ㅍ, ㅎ, ㄲ, ㄸ, ㅃ, ㅆ, ㅉ
울림소리	ㅁ, ㄴ, ㅇ, ㄹ

2) 조음 방법과 소리의 세기에 따라: 공기의 흐름을 방해하여 소리를 만드는 방법에 따라 5가지의 소리로, 소리의 세기 정도에 따라 3가지 소리로 분류한다.

<table>
<tr><th>소리 세기
조음 방법</th><th>예사소리</th><th>된소리</th><th>거센소리</th></tr>
<tr><td>파열음</td><td>ㅂ, ㄷ, ㄱ</td><td>ㅃ, ㄸ, ㄲ</td><td>ㅍ, ㅌ, ㅋ</td></tr>
<tr><td rowspan="2">마찰음</td><td>ㅅ</td><td>ㅆ</td><td></td></tr>
<tr><td colspan="3">ㅎ</td></tr>
<tr><td>파찰음</td><td>ㅈ</td><td>ㅉ</td><td>ㅊ</td></tr>
<tr><td>비음</td><td colspan="3">ㅁ, ㄴ, ㅇ</td></tr>
<tr><td>유음</td><td colspan="3">ㄹ</td></tr>
</table>

3) 조음 위치에 따라: 공기의 흐름이 입안의 어느 위치에서 방해를 받아 만들어지느냐에 따라 5가지 소리로 분류한다.

입술소리(순음)	ㅂ, ㅃ, ㅍ, ㅁ
잇몸소리(치조음)	ㄷ, ㄸ, ㅌ, ㅅ, ㅆ, ㄴ, ㄹ
센입천장소리(경구개음)	ㅈ, ㅉ, ㅊ
여린입천장소리(연구개음)	ㄱ, ㄲ, ㅋ, ㅇ
목청소리(후음)	ㅎ

3 자음 체계표

<table>
<tr><th colspan="3">조음 위치
조음 방법 소리 세기</th><th>입술소리
(순음)</th><th>잇몸소리
(치조음)</th><th>센입천장
소리
(경구개음)</th><th>여린입천장
소리
(연구개음)</th><th>목청소리
(후음)</th></tr>
<tr><td rowspan="8">안울림
소리</td><td rowspan="3">파열음</td><td>예사소리</td><td>ㅂ</td><td>ㄷ</td><td></td><td>ㄱ</td><td></td></tr>
<tr><td>된소리</td><td>ㅃ</td><td>ㄸ</td><td></td><td>ㄲ</td><td></td></tr>
<tr><td>거센소리</td><td>ㅍ</td><td>ㅌ</td><td></td><td>ㅋ</td><td></td></tr>
<tr><td rowspan="3">파찰음</td><td>예사소리</td><td></td><td></td><td>ㅈ</td><td></td><td></td></tr>
<tr><td>된소리</td><td></td><td></td><td>ㅉ</td><td></td><td></td></tr>
<tr><td>거센소리</td><td></td><td></td><td>ㅊ</td><td></td><td></td></tr>
<tr><td rowspan="2">마찰음</td><td>예사소리</td><td></td><td>ㅅ</td><td></td><td></td><td rowspan="2">ㅎ</td></tr>
<tr><td>된소리</td><td></td><td>ㅆ</td><td></td><td></td></tr>
<tr><td rowspan="2">울림
소리</td><td colspan="2">비음</td><td>ㅁ</td><td>ㄴ</td><td></td><td>ㅇ</td><td></td></tr>
<tr><td colspan="2">유음</td><td></td><td>ㄹ</td><td></td><td></td><td></td></tr>
</table>

알쓸문법

자음(子音)의 다양한 명칭

- **자음:** 모음이 음절을 이루는 핵심이고, 자음은 모음에 딸려 있는 형태로 보아 이들 관계를 어미와 아들에 비유한 데서 나온 말이야.
- **닿소리:** 혼자서는 발음되기 어렵고 모음에 닿아야 발음할 수 있는 소리라는 뜻에서 나온 말이야.
- **장애음:** 입술, 혀, 잇몸, 입천장, 목청 등 발음 기관의 장애를 받아 만들어지는 소리라는 뜻에서 나온 말이야.

알쓸문법

ㅎ은 예사소리? 된소리?

'ㅎ'은 아직도 그 정체를 명쾌하게 설명하기가 어려운 소리야. 그래서 학자들마다 의견이 분분해. 표준 발음법 2항 해설에서도 'ㅎ'은 소리 세기를 기준으로는 분류를 하지 않고 있어. 즉, 교과서 저자마다 다르게 생각할 수 있다는 거지. 설마 'ㅎ'의 정체가 모의고사 등에 출제될 거라고 생각하는 친구들은 없겠지? 참고로 오마국은 분류를 보류하는 입장을 취했어.

알쓸문법

유음의 두 가지 소리

유음 'ㄹ'은 놓인 위치에 따라 소리가 달라. 초성 자리에 놓인 'ㄹ'을 발음할 때에는 혀끝과 잇몸 사이가 한 번 닫혔다가 열리는 동안 혀 옆으로 공기가 새어 나가면서 소리가 나. 이를 '탄설음'이라고 해. '라디오, 노래, 바람' 등을 발음해 보면 느낄 수 있을 거야. 다음으로 종성 자리에 놓인 'ㄹ'을 발음할 때에는 혀끝을 윗잇몸에 아주 붙이고, 혀 양쪽의 트인 데로 날숨을 흘려 내며 소리를 내는데, 이를 '설측음'이라고 해. '쌀, 길, 말, 살다' 등을 발음해 보면 이 같은 소리의 차이들을 느낄 수 있어.

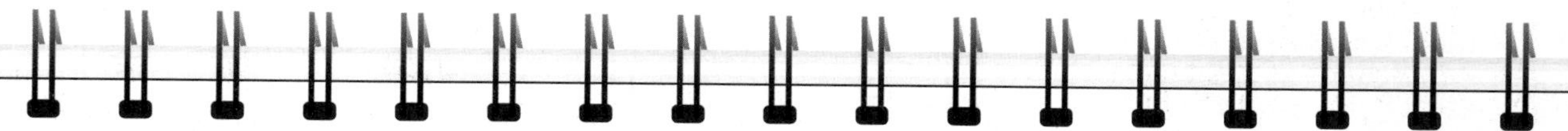

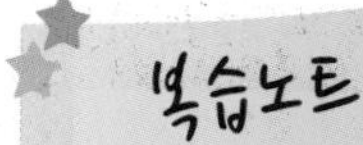

3강 • 자음의 체계

정답 50쪽

레인보우 리뷰

① 자음은 □에서 나온 □□가 입 밖으로 나오는 과정에서 목이나 입안의 다양한 발음 □□의 □□를 받아 만들어지는 소리를 말한다.

② 모든 □□은 성대가 떨리는 울림소리이다.

③ 4개의 자음을 제외한 모든 자음은 성대가 떨리지 않는 □□□□□(□□□)이다.

④ 자음 중 '□, □, □, □'은 울림소리(□□□)이다.

⑤ 자음은 공기의 흐□을 방□하여 소리를 만드는 방법(□□ 방법)에 따라 □□음, □□음, □□음, □음, □음으로 분류할 수 있다.

⑥ 자음은 소리의 세□에 따라 □□소리, □소리, □□소리로 분류할 수 있다.

⑦ 자음은 공기의 흐름이 입안의 어느 □□(□□ 위치)에서 방해를 받아 만들어지느냐에 따라 □□소리, □□소리, □□□□소리, □□□□□소리, □□소리로 분류할 수 있다.

⑧ 한자로 입술소리는 □음, 잇몸소리는 □□음, 센입천장소리는 □□□음, 여린입천장소리는 □□□음, 목청소리는 □음이라고도 한다.

개념 마스터

1 다음 자음 체계표의 빈칸을 채우시오.

안울림소리	
울림소리	

	예사소리	된소리	거센소리
파열음			
마찰음			
파찰음			
비음			
유음			

입술소리(순음)	
잇몸소리(치조음)	
센입천장소리(경구개음)	
여린입천장소리(연구개음)	
목청소리(후음)	

2 다음 단어들을 구성하고 있는 자음들을 찾아 조음 위치별로 분류하시오. (단, 자음이 없는 경우에는 비워 둘 것.)

① 단어

입술	잇몸	센입천장	여린입천장	목청

② 문법

입술	잇몸	센입천장	여린입천장	목청

③ 학교

입술	잇몸	센입천장	여린입천장	목청

④ 자전거

입술	잇몸	센입천장	여린입천장	목청

⑤ 아이

입술	잇몸	센입천장	여린입천장	목청

⑥ 흐트러지다

입술	잇몸	센입천장	여린입천장	목청

⑦ 서울특별시

입술	잇몸	센입천장	여린입천장	목청

⑧ 부산광역시

입술	잇몸	센입천장	여린입천장	목청

⑨ 바닷가

입술	잇몸	센입천장	여린입천장	목청

⑩ 지하철

입술	잇몸	센입천장	여린입천장	목청

단모음의 체계

유튜브 강의

Youtube Player
단어	문장	음운	국어사

◂◂ 이전 강의 ⏸ 다음 강의 ▸▸
자음의 체계 | 반모음과 이중 모음

1 모음(母音)의 개념 어미 모 소리 음

폐에서 나온 공기가 입 밖으로 나오는 과정에서 목이나 입안의 다양한 발음 기관의 방해를 받지 않고 만들어지는 소리를 말한다.

2 모음의 종류

1) 단모음: 발음하는 동안 입술 모양이나 혀의 위치가 바뀌지 않는 모음이다.
2) 반모음: 다른 모음들과 달리 하나의 음절을 이루지 못하는, 아주 짧게 발음하는 모음이다.
3) 이중 모음: 반모음이 삽입되었기에 발음하는 동안 입술 모양이나 혀의 위치가 바뀌는 모음이다.

3 단모음의 분류 체계

1) 혀의 최고점의 위치에 따라

① 전설 모음: 입천장의 중간 지점을 기준으로 할 때 혀의 최고점이 그 기준점 앞에 있는 상태에서 발음되는 모음이다.
② 후설 모음: 입천장의 중간 지점을 기준으로 할 때 혀의 최고점이 그 기준점 뒤에 있는 상태에서 발음되는 모음이다.

전설 모음	후설 모음
ㅣ, ㅔ, ㅐ, ㅟ, ㅚ	ㅡ, ㅓ, ㅏ, ㅜ, ㅗ

2) 혀의 높낮이에 따라

① 고모음: 입을 작게 벌려서 혀의 위치가 높은 상태에서 발음되는 모음이다.
② 중모음: 입을 중간 정도로 벌려서 혀의 위치가 중간 상태에서 발음되는 모음이다.
③ 저모음: 입을 크게 벌려서 혀의 위치가 낮은 상태에서 발음되는 모음이다.

고모음	ㅣ, ㅟ, ㅡ, ㅜ	입을 작게 벌림
중모음	ㅔ, ㅚ, ㅓ, ㅗ	입을 중간 정도로 벌림
저모음	ㅐ, ㅏ	입을 크게 벌림

3) 입술의 모양에 따라

① 원순 모음: 입술을 둥글게 오므린 상태에서 발음되는 모음이다.
② 평순 모음: 입술을 평평하게 만든 상태에서 발음되는 모음이다.

원순 모음	평순 모음
ㅟ, ㅚ, ㅜ, ㅗ	ㅣ, ㅔ, ㅐ, ㅡ, ㅓ, ㅏ

4 단모음 체계표

혀의 최고점 위치 / 입술 모양 / 혀의 높이	전설 모음		후설 모음	
	평순 모음	원순 모음	평순 모음	원순 모음
고모음	ㅣ	ㅟ	ㅡ	ㅜ
중모음	ㅔ	ㅚ	ㅓ	ㅗ
저모음	ㅐ		ㅏ	

개념 시냅스

전설 모음과 후설 모음 구별 팁

10개의 단모음 중 'ㅣ'와 표기상 'ㅣ'가 들어가 있는 모음은 전부 전설 모음이라고 구별하면 돼. 즉 'ㅡ, ㅓ, ㅏ, ㅜ, ㅗ'는 후설 모음이고 'ㅣ, ㅔ, ㅐ, ㅟ, ㅚ'는 전설 모음인 거지.

개념 시냅스

혀의 높낮이와 개구도(開口度)

개구도는 발음을 할 때 입을 벌리는 정도를 말하는데 고모음, 중모음, 저모음과 관련해서 꼭 알아야 되는 내용이야. 혀의 높낮이와 개구도는 서로 반비례의 관계야. 혀의 높이가 높아지면 개구도는 작아지고, 혀의 높이가 낮아지면 개구도는 커져. 이 두 가지가 짝을 이뤄서 자주 출제되니까 꼭 기억해 둬.

알쓸문법

표준 발음법 관련 조항

제4항 'ㅏ ㅐ ㅓ ㅔ ㅗ ㅚ ㅜ ㅟ ㅡ ㅣ'는 단모음(單母音)으로 발음한다.
[붙임] 'ㅚ, ㅟ'는 이중 모음으로 발음할 수 있다.

'ㅚ, ㅟ'는 단모음이지만 이중 모음으로 발음하는 것도 허용하고 있어. 이는 언중들이 'ㅚ, ㅟ'를 이중 모음으로 발음하고 있는 현실을 고려한 조항이야.

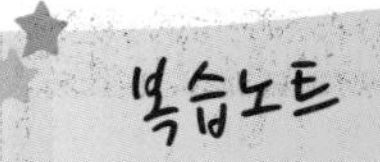

4강 • 단모음의 체계

정답 51쪽

레인보우 리뷰

① 모음은 □에서 나온 □□가 입 밖으로 나오는 과정에서 목이나 입안의 다양한 발음 □□의 □□를 받지 않고 만들어지는 소리를 말한다.

② □모음은 발음하는 동안 입술 모□이나 혀의 위□가 바뀌지 않는 모음이다.

③ □모음은 다른 모음들과 달리 하나의 □□을 이루지 못하는, 아주 □게 발음하는 모음이다.

④ □□ 모음은 □모음이 삽입되었기에 발음하는 동안 입술 □□이나 혀의 □□가 바뀌는 모음이다.

⑤ 단모음은 혀의 □□점의 위치에 따라 □□ 모음과 □□ 모음으로 나눌 수 있다.

⑥ □□ 모음은 입천장의 중간 지점을 기준으로 할 때 혀의 최고점이 그 기준점 □에 있는 상태에서 발음되는 모음이다.

⑦ □□ 모음은 입천장의 중간 지점을 기준으로 할 때 혀의 최고점이 그 기준점 □에 있는 상태에서 발음되는 모음이다.

⑧ 단모음은 혀의 높□□에 따라 □모음, □모음, □모음으로 나눌 수 있다.

⑨ 고모음은 입을 □□ 벌려서 혀의 위치가 □□ 상태에서 발음되는 모음이다.

⑩ 중모음은 입을 □□ 정도로 벌려서 혀의 위치가 □□ 상태에서 발음되는 모음이다.

⑪ 저모음은 입을 □□ 벌려서 혀의 위치가 □□ 상태에서 발음되는 모음이다.

⑫ 단모음은 입술의 □□에 따라 □순 모음과 □순 모음으로 나눌 수 있다.

⑬ □□ 모음은 입술을 □□게 오므린 상태에서 발음되는 모음이다.

⑭ □□ 모음은 입술을 □□하게 만든 상태에서 발음되는 모음이다.

개념 마스터

1 다음 모음 체계표의 빈칸을 채우시오.

전설 모음	후설 모음

고모음	
중모음	
저모음	

원순 모음	평순 모음

혀의 최고점 위치 / 입술 모양 / 혀의 높이	전설 모음		후설 모음	
	평순 모음	원순 모음	평순 모음	원순 모음
고모음				
중모음				
저모음				

2 다음 단어들을 구성하고 있는 모음들을 찾아 〈보기〉와 같이 항목별로 분류하시오.

〈보기〉

악어						
원순	평순	전설	후설	고	중	저
	ㅏ, ㅓ		ㅏ, ㅓ		ㅓ	ㅏ

① 가오리						
원순	평순	전설	후설	고	중	저

② 오징어						
원순	평순	전설	후설	고	중	저

③ 나뭇가지						
원순	평순	전설	후설	고	중	저

④ 외삼촌						
원순	평순	전설	후설	고	중	저

⑤ 휘파람						
원순	평순	전설	후설	고	중	저

⑥ 매실						
원순	평순	전설	후설	고	중	저

반모음과 이중 모음의 체계

유튜브 강의

Youtube Player

단어	문장	음운	국어사

◂◂ 이전 강의 Ⅱ 다음 강의 ▸▸

단모음의 체계	음절

개념 시냅스

반모음 = 반자음

반모음은 자음의 성질과 모음의 성질을 모두 가지고 있기 때문에 반자음이라고 부르기도 해. 또한 반모음은 주 모음, 그러니까 진짜 모음을 발음하기 위한 자세로 옮아가는 도중에 나는 소리이기 때문에 '과도음(過渡音)' 또는 '활음(滑音)'이라고도 해. 반모음의 기호는 온전하지 않다는 성질을 드러내기 위해서 'ㅣ'와 'ㅗ/ㅜ'에 반달표(˘)를 사용하여 표시하는데, 이것이 실제 이중 모음 표기까지 반영되지는 않아. 그리고 'ㅗ̆'와 'ㅜ̆'는 입술을 둥글게 만드는 발음의 형태가 같기 때문에 사실상 같은 발음으로 취급해.

종류	기호	발음
반모음 ㅣ	ㅣ̆	[j]
반모음 ㅗ	ㅗ̆	[w]
반모음 ㅜ	ㅜ̆	[w]

알쓸문법

표준 발음법 관련 조항

제5항 'ㅑ ㅒ ㅕ ㅖ ㅘ ㅙ ㅛ ㅝ ㅞ ㅠ ㅢ'는 이중 모음으로 발음한다.

다만 1. 용언의 활용형에 나타나는 '져, 쪄, 쳐'는 [저, 쩌, 처]로 발음한다.

- 가지어 → 가져[가저]
- 찌어 → 쪄[쩌]
- 다치어 → 다쳐[다처]

다만 3. 자음을 첫소리로 가지고 있는 음절의 'ㅢ'는 [ㅣ]로 발음한다.

늴리리, 닁큼, 무늬, 띄어쓰기, 씌어, 틔어, 희어, 희떱다, 희망, 유희

다만 4. 단어의 첫음절 이외의 '의'는 [ㅣ]로, 조사 '의'는 [ㅔ]로 발음함도 허용한다.

- 주의[주의/주이]
- 협의[혀븨/혀비]
- 우리의[우리의/우리에]
- 강의의[강:의의/강:의에/강:이의/강:이에]

1 모음의 개념: 폐에서 나온 공기가 입 밖으로 나오는 과정에서 목이나 입안의 다양한 발음 기관의 방해를 받지 않고 만들어지는 소리를 말한다.

2 모음의 종류: 단모음, 반모음, 이중 모음

3 반모음의 개념과 특징

단독으로 음절을 이루지 못하여 다른 단모음에 기대어서 아주 짧게 발음하는 모음을 말한다. 이때 반모음은 단모음과 결합하여 이중 모음을 이루게 되며 별도의 표기로 나타내지는 않는다. 반모음을 반자음이라고 하기도 한다.

1) 자음적 성질

① 자음이 그러한 것처럼 반모음도 홀로 음절을 이룰 수가 없다.

② 자음이 혼자서는 발음되기 어려워서 모음에 기대어 발음되는 것처럼 반모음도 다른 모음에 기대어야만 발음될 수 있다.

2) 모음적 성질: 모음처럼 반모음도 발음 기관의 방해를 받지 않고 발음된다.

3) 종류

반모음 ㅣ̆[j]	이중 모음 'ㅑ, ㅕ, ㅛ, ㅠ, ㅒ, ㅖ'를 발음할 때 처음에 발음되는 소리. 혀의 위치와 입술 모양이 'ㅣ'와 흡사하다.	
	첫소리	끝소리
	ㅣ̆[j]	ㅏ, ㅓ, ㅗ, ㅜ, ㅐ, ㅔ
반모음 ㅗ̆/ㅜ̆[w]	이중 모음 'ㅘ, ㅙ, ㅝ, ㅞ'를 발음할 때 처음에 발음되는 소리. 혀의 위치와 입술 모양이 'ㅗ/ㅜ'와 흡사하다.	
	첫소리	끝소리
	ㅗ̆/ㅜ̆[w]	ㅏ, ㅐ, ㅓ, ㅔ

4 이중 모음의 개념과 특징

발음하는 동안 입술 모양이나 혀의 위치가 바뀌는 모음을 말한다.

1) 특징: 반모음과 단모음이 결합해서 만들어졌기 때문에 제3의 소리인 이중 모음이 되었다. 상향 이중 모음의 경우 끝소리가 길게 발음되고, 하향 이중 모음의 경우 끝소리가 짧게 발음되는 경향이 있다.

2) 종류

종류	구성	모음
상향 이중 모음	ㅣ̆[j] + 단모음	ㅑ, ㅕ, ㅛ, ㅠ, ㅒ, ㅖ
	ㅗ̆/ㅜ̆[w] + 단모음	ㅘ, ㅙ, ㅝ, ㅞ
하향 이중 모음	단모음 + ㅣ̆[j]	ㅢ

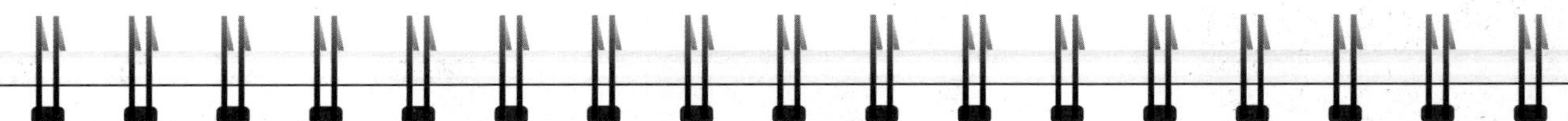

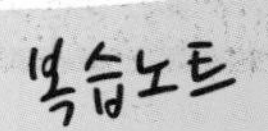

5강 • 반모음과 이중 모음의 체계

정답 51쪽

레인보우 리뷰

① 반모음은 다른 모음들과는 달리 하나의 □□을 이루지 못하지만, 다른 □□에 기대어서 아주 □게 발음되는 모음을 말한다.

② 반모음은 □□□과 결합하여 □□ 모음을 이룬다. 이때 반모음을 별도로 표기하지는 않는다.
③ 반모음은 홀로 □□을 이룰 수가 없다.
④ 반모음은 □□처럼 혼자서는 발음되기 어렵다.
⑤ 반모음은 자음과 마찬가지로 다른 □□에 기대어야만 발음될 수 있다.
⑥ 반모음은 □□처럼 발음 기관의 □□를 받지 않고 발음된다.
⑦ 반모음의 종류로 반모음 '□'와 반모음 '□/□'가 있다.
⑧ 이중 모음은 발음하는 동안 입술 □□이나 혀의 □□가 바뀌는 모음을 말한다.
⑨ 이중 모음은 □모음과 □모음이 결합해서 만들어졌다.
⑩ □모음이 그 □에 놓인 반모음 '□'와 결합된 □향 이중 모음으로는 'ㅑ, ㅕ, ㅛ, ㅠ, ㅒ, ㅖ'가 있다.
⑪ □모음이 그 □에 놓인 반모음 '□/□'와 결합된 □향 이중 모음으로는 'ㅘ, ㅙ, ㅝ, ㅞ'가 있다.
⑫ □모음이 그 □에 놓인 반모음 '□'와 결합된 □향 이중 모음으로는 'ㅢ'가 있다.

개념 마스터

1 다음 단어에서 이중 모음을 찾고 〈보기〉와 같이 반모음과 단모음으로 분석하시오.

〈보기〉

약국		
이중 모음	반모음	단모음
ㅑ	ĭ	ㅏ

① 여보		
이중 모음	반모음	단모음

② 의자		
이중 모음	반모음	단모음

③ 요리사		
이중 모음	반모음	단모음

④ 남양주시		
이중 모음	반모음	단모음

⑤ 왕자		
이중 모음	반모음	단모음

⑥ 얘깃거리		
이중 모음	반모음	단모음

⑦ 웬일		
이중 모음	반모음	단모음

⑧ 원룸		
이중 모음	반모음	단모음

⑨ 우유		
이중 모음	반모음	단모음

⑩ 야호		
이중 모음	반모음	단모음

⑪ 왜구		
이중 모음	반모음	단모음

⑫ 예절		
이중 모음	반모음	단모음

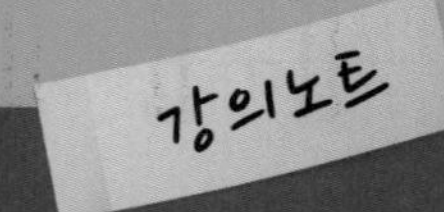

학습일 년 월 일

음절

1 음절의 개념

발음할 때 한 번에 낼 수 있는 소리의 단위를 말한다. 우리말에서는 이러한 음절을 발음의 최소 단위로 받아들이고 있다.

꽂혀 있는 공책 속에서 네 성적표가 느껴진 거야.
⬇
[꼬처인는공책쏘게서네성적표가느껴진거야]

2 음절의 구조와 특징

1) 구조

국어의 음절은 음소(자음, 모음)의 집합으로서 음소들이 놓이는 자리가 정해져 있는데 여기에는 초성, 중성, 종성이 있다. 음절 구성에 있어서 중성은 필수적인 요소이지만, 초성과 종성은 그렇지 않다.

음절의 구조	음소의 위치	예시
모음 단독	중성	아, 이, 야
모음 + 자음	중성 + 종성	억, 양, 은
자음 + 모음	초성 + 중성	고, 기, 도
자음 + 모음 + 자음	초성 + 중성 + 종성	만, 석, 꾼

2) 특징

① 음절의 개수는 모음의 개수와 일치한다.
② 음절은 의미와 전혀 관계가 없는 순수한 말소리로서 발음의 단위가 된다.

3 음절의 제약

1) 초성

① 최대 한 개의 자음만이 올 수 있다.
② 'ㅇ'은 발음되지 않으며, 형식적 표기로만 사용된다.

2) 중성

① 한 개의 단모음 또는 이중 모음이 필수적으로 와야 한다.
② 초성에 자음이 올 경우 이중 모음 'ㅢ'가 올 수 없다. 예 늬[니], 씌[씨], 띄[띠]
③ 초성에 경구개음 'ㅈ, ㅉ, ㅊ'이 오면 'ㅑ, ㅕ, ㅛ, ㅠ, ㅖ, ㅒ'가 올 수 없다. 즉 이중 모음을 단모음으로 바꾸어 발음한다.
예 쟈[자], 츄[추], 쪄[쩌]

3) 종성

① 최대 한 개의 자음만이 올 수 있다. 예 닭[닥], 값[갑], 앎[암]
② 이때 자음은 'ㄱ, ㄴ, ㄷ, ㄹ, ㅁ, ㅂ, ㅇ'의 7개만 허용된다. 왜냐하면 국어 음절의 종성에서 발음되는 자음은 7개를 원칙으로 하고 있기 때문이다.
예 낫[낟], 밖[박], 꽃[꼳]

개념 시냅스

초성 'ㅇ'과 종성 'ㅇ'

초성에 오는 'ㅇ'은 소릿값(음가)이 없어. '아'와 'ㅏ'를 발음해 보면 금방 알 수 있지. 그런데 문법상으로 'ㅏ버지'라고 표기할 수가 없기 때문에 형식적으로 'ㅇ'을 넣어서 '아버지'라고 표기하는 거야. 종성에 오는 'ㅇ'은 당연히 소릿값이 있지. '강'과 '가'를 발음해 보면 금방 알 수 있어. 그런데 이게 왜 중요하냐면 뒤에 가서 음운의 변동을 배울 때 초성 'ㅇ'은 소릿값이 없다는 걸 반드시 알고 있어야 되거든. 그러니 오늘 이 부분을 정확하게 기억하고 넘어가도록 하자.

개념 시냅스

음절의 개수와 모양

	닭이	달이	옥이	밖에
음운의 개수	5	4	3	4
음절의 개수	2	2	2	2
음절의 형태	달기	다리	오기	바께

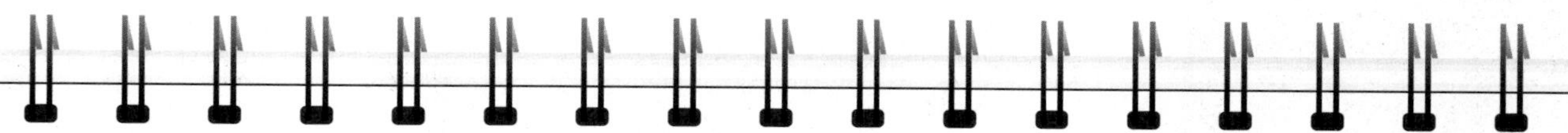

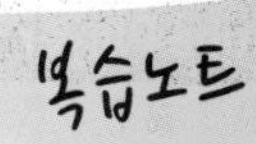

복습노트

6강 • 음절

정답 52쪽

레인보우 리뷰

① 음절은 발□할 때 □ 번에 낼 수 있는 소리의 단위를 말한다.

② 우리말에서는 이러한 음절을 발음의 □소 단위로 받아들이고 있다.

③ 국어의 음절은 음소(□음, □음)의 집합으로서 음소들이 놓이는 자□가 정해져 있는데 여기에는 □□, □□, □□이 있다.

④ 음절 구성에 있어서 □□은 필수적인 요소이다.

⑤ 음절 구성에 있어서 □□과 □□은 필수적인 요소는 아니다.

⑥ 음절의 개수는 □□의 개수와 일치한다.

⑦ 음절은 □□와 전혀 관계가 없는 순수한 □소리로서 발□의 단위가 된다.

⑧ 초성 자리에는 최대 □ 개의 □음만이 올 수 있다.

⑨ 초성 자리의 '□'은 발음되지 않으며, 형식적 표기로만 사용된다.

⑩ 중성 자리에는 한 개의 □□□ 또는 □□ □□이 필수적으로 와야 한다.

⑪ 음절의 초성에 □음이 올 경우 이중 모음 'ㅢ'는 'ㅣ'로 발음한다.

⑫ 음절의 초성에 □□□음 'ㅈ, ㅉ, ㅊ'이 올 경우 'ㅑ, ㅕ, ㅛ, ㅠ, ㅖ, ㅒ'는 'ㅏ, ㅓ, ㅗ, ㅜ, ㅔ, ㅐ'로 발음한다.

⑬ 음절의 종성에는 최대 □ 개의 자음만이 올 수 있다.

⑭ 음절의 종성에서 발음될 수 있는 자음은 '□, □, □, □, □, □, □'의 7개만 허용된다. → 음절의 끝소리 규칙

개념 마스터

1 〈보기〉와 같이 다음 단어들의 음절을 쓰고, 음절을 구성하고 있는 음운의 개수를 쓰시오.

〈보기〉
닭똥집 볶음 → [닥똥찝보끔] 14 개

① 경기도 → [   ] ___개

② 말라리아 → [   ] ___개

③ 소비에트연방 → [   ] ___개

④ 울음소리 → [   ] ___개

⑤ 쇠고기 장조림 → [   ] ___개

2 다음 문장을 음절로 바꾸어 쓰시오.

① 나는 학교에 갔다.

② 나는 밥을 먹는다.

③ 나는 늦잠을 잤다.

④ 국어 수업이 참 재미있다.

⑤ 급식으로 제육볶음이 나왔는데 맛있었다.

⑥ 점심시간에 가정통신문을 받았다.

⑦ 집으로 돌아오니까 참으로 편하고 좋다.

⑧ 나는 라면을 끓여 먹었다.

⑨ 밤에 하는 공부는 즐겁기까지 하다.

⑩ 나는 따뜻하고 폭신한 이불이 너무 좋다.

오늘은 여기까지. 하산해. 끝!

III 음운

음운의 변동

유튜브 강의

개념 시냅스

음운 변동의 체계

1. 교체
   ① 음절의 끝소리 규칙
   ② 유음화
   ③ 비음화
   ④ 구개음화
   ⑤ 전설 모음화
   ⑥ 된소리되기
   ⑦ 두음 법칙(ㄹ → ㄴ)
   ⑧ 반모음화
2. 탈락
   ① 자음군 단순화
   ② 자음 탈락
   ③ 모음 탈락
   ④ 두음 법칙(ㄴ → ∅)
3. 첨가
   ① 'ㄴ' 첨가
   ② 반모음 첨가
   ③ 사잇소리 현상(사이시옷)
4. 축약
   ① 자음 축약
   ② 모음 축약

1 음운 변동의 개념

음운들이 항상 있는 그대로 발음되는 것은 아니다. 음운이 놓이는 환경에 따라, 인접해 있는 음운이 무엇이냐에 따라 발음이나 표기가 달라질 수 있는데 이를 음운의 변동이라고 한다.

2 음운 변동의 종류

1) **교**체: 한 음운이 다른 음운으로 바뀌어 발음되는 현상이다.

변동 양상	음운의 개수 변화
XaY → XbY	변화 없음

부엌 → [부억]
'ㅋ'이 'ㄱ'으로 바뀌어서 발음되고 있다.

2) **탈**락: 한 음운이 사라짐으로써 발음되지 않는 현상이다.

변동 양상	음운의 개수 변화
XaY → XY	한 개가 줄어듦(−1)

놓아 → [노아]
'ㅎ'이 발음되지 않고 탈락되었다.

3) **첨**가: 원래 없었던 음운이 새로 생겨나서 발음되는 현상이다.

변동 양상	음운의 개수 변화
XY → XaY	한 개가 늘어남(+1)

담요 → [담뇨]
원래 없었던 'ㄴ'이 첨가되어 발음되고 있다.

4) **축**약: 두 음운이 합쳐져서 새롭게 만들어진 음운으로 발음되는 현상이다.

변동 양상	음운의 개수 변화
XabY → XcY	한 개가 줄어듦(−1)

놓다 → [노타]
'ㅎ'과 'ㄷ'이 합쳐져서 만들어진 'ㅌ'이 발음되고 있다.

3 음운 변동의 특징

- 음운 변동의 결과가 표기에 반영이 되는 경우와 반영되지 않는 경우가 있다.
- 두 가지 이상의 음운 변동이 연쇄적으로 일어나는 경우가 많다.

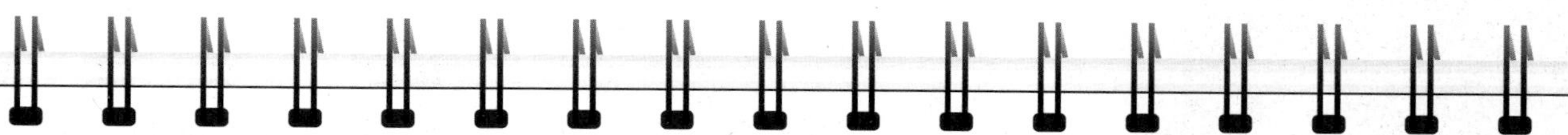

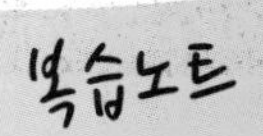

7강 • 음운의 변동

정답 52쪽

레인보우 리뷰

① 음운들은 항상 있는 그대로 발□되지는 않는다.
② 음운은 놓이는 환□에 따라, 인□해 있는 음운이 무엇이냐에 따라 □□이나 □□가 달라질 수 있는데 이를 음운의 변동이라고 한다.
③ □□는 한 음운이 다른 음운으로 바뀌어 발음되는 현상이다.
④ □□은 한 음운이 사라짐으로써 발음되지 않는 현상이다.
⑤ □□는 원래 없었던 음운이 새로 생겨나서 발음되는 현상이다.
⑥ □□은 두 음운이 합쳐져서 새롭게 만들어진 음운으로 발음되는 현상이다.
⑦ 음운 변동의 결과가 표기에 □□이 되는 경우와 □□되지 않는 경우가 있다.
⑧ 두 가지 이상의 음운 변동이 □쇄적으로 일어나는 경우가 많다.
⑨ 네 가지 음운 변동의 앞 글자를 따면 □□□□이다.

개념 마스터

1 〈보기〉와 같이 제시된 단어의 발음을 적고, 음운 변동의 종류를 ○로 표시하시오.

〈보기〉

낳아 → [나아]			
교체	탈락	첨가	축약
	○		

① 맨입 → [ ]			
교체	탈락	첨가	축약

② 밖 → [ ]			
교체	탈락	첨가	축약

③ 흙 → [ ]			
교체	탈락	첨가	축약

④ 두통약 → [ ]			
교체	탈락	첨가	축약

⑤ 낮 → [ ]			
교체	탈락	첨가	축약

⑥ 만형 → [ ]			
교체	탈락	첨가	축약

⑦ 여덟 → [ ]			
교체	탈락	첨가	축약

⑧ 국물 → [ ]			
교체	탈락	첨가	축약

⑨ 밝히다 → [ ]			
교체	탈락	첨가	축약

⑩ 않는 → [ ]			
교체	탈락	첨가	축약

III 음운

음절의 끝소리 규칙

유튜브 강의
Youtube Player
단어 | 문장 | 음운 | 국어사
◀◀ 이전 강의 ⏸ 다음 강의 ▶▶
음운의 변동 | 유음화

개념 시냅스

대표음 7개 외우는 방법

음절의 끝소리 규칙에서 언급되는 대표음 7개는 반드시 알고 있어야 되는데, 초성만 따오면 쉽게 외울 수가 있어. 취향에 맞게 맘껏 골라 봐.

- 비 오는 날씨를 좋아하면? <u>가느다란물방울</u>
- 혹시 면복이를 좋아하면? <u>가느다란면복이</u>
- 혹시 강남에 사니? <u>강남대로매봉역</u>
- 다리 밑을 지나고 있니? <u>그냥다리만보여</u>

개념 시냅스

초성 'ㅂ'과 종성 'ㅂ'

우리는 앞에서 'ㅂ'이 파열음이라고 배웠지. 그런데 사실 그러한 파열 현상은 초성 자리에 올 때 일어나는 것이고, 종성 자리에 놓이면 일어나지 않아. 이와 같은 현상을 불파음화라고 하는데 다른 파열음인 'ㄷ'이나 'ㄱ'에서도 동일하게 적용돼. 직접 발음해 보면 그 차이를 알 수 있을 거야.

	파열음	평파열음
ㅂ	밤	집
ㄷ	독	곧
ㄱ	감	락

1 음절의 끝소리 규칙의 개념 → 표기에는 반영되지 않음

종성에 놓이는 자음들은 반드시 7개의 대표 소리 중 하나로만 발음될 수가 있는데 이를 음절의 끝소리 규칙이라고 한다. 즉 음절 끝에 'ㄱ, ㄴ, ㄷ, ㄹ, ㅁ, ㅂ, ㅇ' 이외의 자음들이 놓이더라도 반드시 7개의 대표음 중 하나로 바뀌어서 발음이 되는 것이다. 표기는 바뀌지 않지만 음절의 소리가 달라졌으므로 음운의 교체에 해당한다.

2 7개의 대표음 → 파열음 예사소리 3개, 울림소리 4개

조음 방법 \ 조음 위치			입술소리(순음)	잇몸소리(치조음)	센입천장소리(경구개음)	여린입천장소리(연구개음)	목청소리(후음)
안울림소리	파열음	예사소리	ㅂ	ㄷ		ㄱ	
		된소리	ㅃ	ㄸ		ㄲ	
		거센소리	ㅍ	ㅌ		ㅋ	
	파찰음	예사소리			ㅈ		
		된소리			ㅉ		
		거센소리			ㅊ		
	마찰음	예사소리		ㅅ			ㅎ
		된소리		ㅆ			
울림소리	비음		ㅁ	ㄴ		ㅇ	
	유음			ㄹ			

3 음절의 끝소리 규칙의 양상

종성 자음	대표음	용례
ㄱ, ㄲ, ㅋ	ㄱ	약[약], 밖[박], 부엌[부억]
ㄴ	ㄴ	간[간]
ㄷ, ㅌ, ㅅ, ㅆ, ㅈ, ㅊ, ㅎ	ㄷ	디귿[디귿], 티읕[티읃], 낫[낟], 났다[낟따], 낮[낟], 돛[돋], 히읗[히읃]
ㄹ	ㄹ	달[달]
ㅁ	ㅁ	밤[밤]
ㅂ, ㅍ	ㅂ	밥[밥], 앞[압]
ㅇ	ㅇ	강[강]

- 쌍받침 'ㄸ, ㅃ, ㅉ'는 종성 표기에 사용되는 경우가 없으므로 해당 사항이 아니다.
- 음운 변동이 없는 '약, 간, 디귿, 달, 밤, 밥, 강'은 교체에 해당하지 않는다.

1) 종성 자음 + 자음으로 시작하는 말 ➜ 교체

부엌도 ➜ [부억도] ➜ [부억또]

2) 종성 자음 + 모음으로 시작하는 실질 형태소 ➜ 교체

부엌 안 ➜ [부억안] ➜ [부어간]

3) 종성 자음 + 모음으로 시작하는 형식 형태소 ➜ 교체 아님

부엌은 ➜ [부어큰]

알쓸문법

표준 발음법 관련 조항

제8항 받침소리로는 'ㄱ, ㄴ, ㄷ, ㄹ, ㅁ, ㅂ, ㅇ'의 7개 자음만 발음한다.

제9항 받침 'ㄲ, ㅋ', 'ㅅ, ㅆ, ㅈ, ㅊ, ㅌ', 'ㅍ'은 어말 또는 자음 앞에서 각각 대표음 [ㄱ, ㄷ, ㅂ]으로 발음한다.

> 닦다[닥따], 키읔[키윽], 키읔과[키윽꽈], 옷[옫], 웃다[욷ː따], 있다[읻따], 젖[젇], 빚다[빋따], 꽃[꼳], 쫓다[쫃따], 솥[솓], 뱉다[밷ː따], 앞[압], 덮다[덥따]

개념 시냅스

연음 현상

앞 음절의 끝 자음이 모음으로 시작되는 뒤 음절의 초성으로 이어져 소리 나는 현상을 말한다.

> 종성 자음
> +
> 모음으로 시작하는 형식 형태소
>
> 옷이 ➜ [오시]
>
> ◐ 음절의 끝소리 규칙이 적용되지 않고 그대로 연음이 되었다.

> 종성 자음
> +
> 모음으로 시작하는 실질 형태소
>
> 옷 안 ➜ [오단]
>
> ◐ 음절의 끝소리 규칙이 적용되어 'ㅅ'이 대표음 'ㄷ'으로 바뀐 후 연음이 되었다.

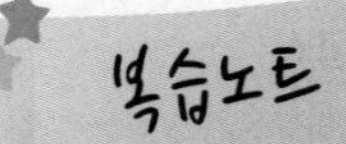

8강 • 음절의 끝소리 규칙

정답 53쪽

레인보우 리뷰

① □성에 놓이는 자음들은 반드시 □개의 대표 소리 중 하나로만 발음될 수가 있는데 이를 음절의 끝소리 규칙이라고 한다.
② 음절의 끝소리 규칙은 □□에 반영되지는 않지만 음절의 소리가 달라졌으므로 □□에 해당한다.
③ 다만 교□ 없이 원□의 음운 그대로 발음되는 경우는 음운의 교체라고 할 수 없다.
④ 종성 'ㄱ'은 '□' 그대로 발음되므로 교체가 □□다.
⑤ 종성 '□, □'는 대표음 '□'으로 바뀌어 발음된다.
⑥ 종성 'ㄴ'은 '□' 그대로 발음되므로 교체가 □□다.
⑦ 종성 'ㄷ'은 '□' 그대로 발음되므로 교체가 □□다.
⑧ 종성 'ㅌ, ㅅ, ㅆ, ㅈ, ㅊ, ㅎ'은 대표음 '□'으로 바뀌어 발음된다.
⑨ 종성 'ㄹ'은 '□' 그대로 발음되므로 교체가 □□다.
⑩ 종성 'ㅁ'은 '□' 그대로 발음되므로 교체가 □□다.
⑪ 종성 'ㅂ'은 '□' 그대로 발음되므로 교체가 □□다.
⑫ 종성 'ㅍ'은 대표음 '□'으로 바뀌어 발음된다.
⑬ 종성 'ㅇ'은 '□' 그대로 발음되므로 교체가 □□다.
⑭ 종성 자음 뒤에 □음으로 시작하는 말이 이어지면 음절의 끝소리 규칙이 적용된다.
⑮ 종성 자음 뒤에 □음으로 시작하는 □□ 형태소가 이어지면 음절의 끝소리 규칙이 적용된다.
⑯ 종성 자음 뒤에 □음으로 시작하는 □□ 형태소가 이어지면 음절의 끝소리 규칙이 적용되지 않고 연□이 된다.

개념 마스터

1 제시된 단어를 〈보기〉와 같이 소리 나는 대로 적고, 음운 교체 현상의 적용, 미적용 여부를 판단하시오.

〈보기〉
동녘 → [동녁]　음운의 교체: (적용)　미적용

① 낫 → [　　]　음운의 교체: 적용　미적용
② 앞으로 → [　　]　음운의 교체: 적용　미적용
③ 꽃 → [　　]　음운의 교체: 적용　미적용
④ 끝 → [　　]　음운의 교체: 적용　미적용
⑤ 옷도 → [　　]　음운의 교체: 적용　미적용
⑥ 옷 안 → [　　]　음운의 교체: 적용　미적용
⑦ 옷이 → [　　]　음운의 교체: 적용　미적용
⑧ 발 → [　　]　음운의 교체: 적용　미적용
⑨ 숲 → [　　]　음운의 교체: 적용　미적용
⑩ 다섯이 → [　　]　음운의 교체: 적용　미적용
⑪ 닭 → [　　]　음운의 교체: 적용　미적용
⑫ 낚시 → [　　]　음운의 교체: 적용　미적용
⑬ 윷도 → [　　]　음운의 교체: 적용　미적용
⑭ 윷은 → [　　]　음운의 교체: 적용　미적용
⑮ 밭지 → [　　]　음운의 교체: 적용　미적용
⑯ 닦다 → [　　]　음운의 교체: 적용　미적용
⑰ 맑은 → [　　]　음운의 교체: 적용　미적용
⑱ 좋지 → [　　]　음운의 교체: 적용　미적용
⑲ 좋아 → [　　]　음운의 교체: 적용　미적용
⑳ 쏟은 → [　　]　음운의 교체: 적용　미적용

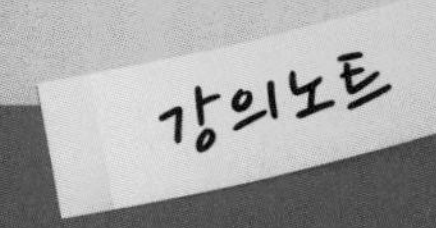

유음화

1 유음화(流音化)의 개념 → 표기에는 반영되지 않음

(흐를 소리 될 / 유 음 화)

유음이 아닌 'ㄴ'이 유음인 'ㄹ'로 바뀌어서 발음되는 현상을 말한다. 'ㄴ'은 앞에 놓인 'ㄹ'이나 뒤에 놓인 'ㄹ'의 영향을 받아 'ㄹ'로 발음되는데, 표기는 바뀌지 않지만 음절의 소리가 달라졌으므로 음운의 교체에 해당한다.

ㄴ + ㄹ
ㄹ + ㄴ
→ ㄹ + ㄹ

2 유음화의 양상

'ㄴ'은 앞에 있는 유음의 영향을 받기도 하고, 뒤에 있는 유음의 영향을 받기도 하기 때문에 순행 동화와 역행 동화로 나누기도 한다.

(좇을 갈 / 순 행)

1) 순행(順行) 동화: 초성에 놓인 'ㄴ'이 앞 음절 종성 'ㄹ'의 영향을 받아서 'ㄹ'로 바뀌어 발음되는 현상이다.

유음화 적용 전	유음화 적용 후
칼날[칼날]	칼날[칼랄]
할는지[할는지]	할는지[할른지]

(거스를 갈 / 역 행)

2) 역행(逆行) 동화: 종성에 놓인 'ㄴ'이 뒤 음절 초성 'ㄹ'의 영향을 받아서 'ㄹ'로 바뀌어 발음되는 현상이다.

유음화 적용 전	유음화 적용 후
난로[난로]	난로[날로]
천 리[천리]	천 리[철리]

3) 순행 동화와 역행 동화가 함께 일어나는 경우

유음화 적용 전	역행 동화 적용	순행 동화 적용
물난리[물난리]	물난리[물날리]	물난리[물랄리]

개념 시냅스

동화(同化) 같을 동 될 화

말소리가 서로 이어질 때, 어느 한쪽 또는 양쪽이 영향을 받아 비슷하거나 같은 소리로 바뀌는 소리의 변화를 이르는 말이야. 동화는 기준을 어떻게 잡느냐에 따라 아래와 같이 다양하게 분류할 수 있어.

① 동화의 대상
- 자음 동화: 구개음화, 비음화, 유음화 등
- 모음 동화: 전설 모음화, 모음 조화 등

② 조음 방법/위치
- 조음 방법 동화: 비음화, 유음화
- 조음 위치 동화: 구개음화, 전설 모음화

③ 동화의 방향
- 순행 동화: 일부 유음화
- 역행 동화: 비음화, 전설 모음화, 구개음화, 일부 유음화

개념 시냅스

'달나라[달라라]'는 순행 동화? 역행 동화?

'ㄴ'의 앞과 뒤에 모두 'ㄹ'이 놓여 있기 때문에 얼핏 보면 헷갈릴 수 있는데, 어렵게 생각하지 마. '달나[달라]'와 '나라[나라]'를 나눠서 발음해 봐. 순행 동화라는 답이 나오지? 문법은 어렵게 생각하면 어렵게 풀리고, 원리를 떠올리며 쉽게 생각하면 쉽게 풀린다는 거 잊지 마.

개념 시냅스

'대관령'과 '광한루'

'대관령'의 '-령'은 '재나 산마루의 이름'이라는 뜻을 더하는 접미사이고, '광한루'의 '-루'도 '다락집'이라는 뜻을 더하는 접미사야. 그럼에도 불구하고 이 두 녀석은 '대관령[대:관녕]', '광한루[광:한누]'가 아니라 유음화가 적용된 '대관령[대:괄령]', '광한루[광:할루]'로 발음되니까 꼭 기억해 둬.

3 유음화의 예외

한자어에 '란, 량, 력, 론, 료, 례, 령' 등이 접사처럼 붙은 말은 'ㄴㄹ'을 'ㄴㄴ'으로 발음한다. 즉 유음 'ㄹ'이 비음인 'ㄴ'으로 바뀌어 발음된다.

음운론	
유음화가 적용된다면? (ㄹㄹ)	유음화가 적용 안 된다면? (ㄴㄴ)
음운론[음울론]	**음운론[음운논]**

의견란	
유음화가 적용된다면? (ㄹㄹ)	유음화가 적용 안 된다면? (ㄴㄴ)
의견란[의결란]	**의견란[의견난]**

알쓸문법

표준 발음법 관련 조항

제20항 'ㄴ'은 'ㄹ'의 앞이나 뒤에서 [ㄹ]로 발음한다.

(1) 난로[날:로], 신라[실라], 천리[철리], 광한루[광:할루], 대관령[대:괄령]
(2) 칼날[칼랄], 물난리[물랄리], 줄넘기[줄럼끼], 할는지[할른지]

[붙임] 첫소리 'ㄴ'이 'ㅀ', 'ㄾ' 뒤에 연결되는 경우에도 이에 준한다.

닳는[달른], 뚫는[뚤른], 핥네[할레]

다만, 다음과 같은 단어들은 'ㄹ'을 [ㄴ]으로 발음한다.

의견란[의:견난], 임진란[임:진난], 생산량[생산냥], 결단력[결딴녁], 공권력[공꿘녁], 동원령[동:원녕], 상견례[상견녜], 횡단로[횡단노], 이원론[이:원논], 입원료[이붠뇨], 구근류[구근뉴]

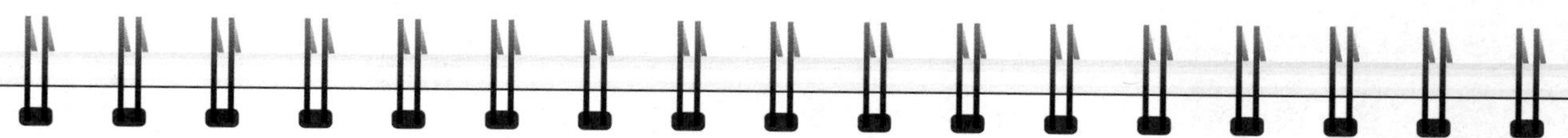

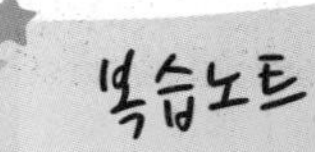

9강 • 유음화

정답 53쪽

레인보우 리뷰

① 말소리가 서로 이어질 때, 어느 한쪽 또는 양쪽이 영향을 받아 비슷하거나 같은 소리로 바뀌는 소리의 변화 현상을 □□라고 한다.
② 동화는 대상에 따라 '□음 동화'와 '□음 동화'로 나눌 수 있다.
③ 동화는 방법이나 위치에 따라 '조음 방□ 동화'와 '조음 위□ 동화'로 나눌 수 있다.
④ 동화는 방향에 따라 '□행 동화'와 '□행 동화'로 나눌 수 있다.
⑤ 유음화는 유음이 아닌 '□'이 유음인 '□'로 바뀌어서 발음되는 현상을 말한다.
⑥ 'ㄴ'이 □에 놓인 'ㄹ'이나 □에 놓인 'ㄹ'의 영향을 받아 'ㄹ'로 발음되는 유음화는 □□는 바뀌지 않지만 음절의 □□가 달라졌으므로 음운의 □□에 해당한다.
⑦ 'ㄴ'은 앞에 있는 유음의 영향을 받기도 하고, 뒤에 있는 유음의 영향을 받기도 하기 때문에 □□ 동화와 □□ 동화로 나누기도 한다.
⑧ 순행 동화는 □성에 놓인 'ㄴ'이 □ 음절의 종성 'ㄹ'의 영향을 받아서 '□'로 바뀌어 발음되는 현상이다.
⑨ 역행 동화는 □성에 놓인 'ㄴ'이 □ 음절의 초성 'ㄹ'의 영향을 받아서 '□'로 바뀌어 발음되는 현상이다.
⑩ □□ 동화와 □□ 동화가 한 단어 안에서 같이 일어나는 유음화도 있다.
⑪ 한자어에 '란, 량, 력, 론, 료, 례, 령' 등이 □사처럼 붙은 말은 'ㄴㄹ'을 '□□'으로 발음한다. 즉 유음 'ㄹ'이 비음인 '□'으로 바뀌어 발음된다. 다만 '□□□'과 '□□□' 등은 예외적으로 'ㄹㄹ'로 발음한다.

개념 마스터

1 제시된 단어의 표준 발음을 〈보기〉와 같이 쓰고, 유음화가 순행 동화인지 역행 동화인지를 판단하시오. (단, 순행 동화와 역행 동화가 함께 일어날 경우에는 둘 다 표시할 것.)

〈보기〉
길눈 → [길룬] 동화의 종류: (순행) 역행 해당 없음

① 닳는 → [ ] 동화의 종류: 순행 역행 해당 없음
② 할는지 → [ ] 동화의 종류: 순행 역행 해당 없음
③ 줄넘기 → [ ] 동화의 종류: 순행 역행 해당 없음
④ 달나라 → [ ] 동화의 종류: 순행 역행 해당 없음
⑤ 권력 → [ ] 동화의 종류: 순행 역행 해당 없음
⑥ 광한루 → [ ] 동화의 종류: 순행 역행 해당 없음
⑦ 입원료 → [ ] 동화의 종류: 순행 역행 해당 없음
⑧ 한라산 → [ ] 동화의 종류: 순행 역행 해당 없음
⑨ 선릉 → [ ] 동화의 종류: 순행 역행 해당 없음
⑩ 신라 → [ ] 동화의 종류: 순행 역행 해당 없음
⑪ 물난리 → [ ] 동화의 종류: 순행 역행 해당 없음
⑫ 이원론 → [ ] 동화의 종류: 순행 역행 해당 없음
⑬ 난로 → [ ] 동화의 종류: 순행 역행 해당 없음
⑭ 칼날 → [ ] 동화의 종류: 순행 역행 해당 없음
⑮ 공권력 → [ ] 동화의 종류: 순행 역행 해당 없음
⑯ 찰나 → [ ] 동화의 종류: 순행 역행 해당 없음
⑰ 전라도 → [ ] 동화의 종류: 순행 역행 해당 없음
⑱ 생산량 → [ ] 동화의 종류: 순행 역행 해당 없음
⑲ 천리 → [ ] 동화의 종류: 순행 역행 해당 없음
⑳ 대관령 → [ ] 동화의 종류: 순행 역행 해당 없음
㉑ 핥네 → [ ] 동화의 종류: 순행 역행 해당 없음
㉒ 설날 → [ ] 동화의 종류: 순행 역행 해당 없음
㉓ 결단력 → [ ] 동화의 종류: 순행 역행 해당 없음
㉔ 상견례 → [ ] 동화의 종류: 순행 역행 해당 없음

5 min 오분만에 마스터하는 국어

10강

강의노트

비음화

학습일 년 월 일

유튜브 강의

Youtube Player

단어 | 문장 | 음운 | 국어사

◀◀ 이전 강의 | 다음 강의 ▶▶

유음화 | 구개음화

개념 시냅스

비음화와 비음 동화

비음화의 개념을 비음이 아닌 소리가 비음이 되는 현상이라고 넓게 잡아 버리면 유음이 비음으로 바뀌는 것도 비음화에 포함이 되겠지. 그런데 유음의 비음화는 좀 애매한 구석이 있잖아. 그래서 유음의 비음화를 제외한 비음화 개념을 비음 동화라고 보면 돼.

레인보우 리뷰

비음화의 조건에 'ㅇ'이 없는 이유

비음화는 음절의 종성 자리에 놓인 'ㅂ, ㄷ, ㄱ'이 다음 음절의 초성에 놓인 비음 'ㄴ, ㅁ'을 만날 때 일어나는 현상이잖아. 그런데 우리가 배운 비음에는 'ㅇ'도 있었는데 왜 비음화 조건에서는 'ㅇ'이 빠져 있을까? 그건 바로 음절 초성에 놓인 'ㅇ'은 소릿값이 없는 형식상의 표기이기 때문에 그런 거야. 다시 한번 기억하자. 초성 자리에 있는 'ㅇ'은 음가가 없는 형식상의 표기야.

개념 시냅스

비음화의 동화

비음화는 조음 방법 동화이면서, 동화의 방향과 관련해서는 역행 동화라고 할 수 있어.

1 비음화(鼻音化)의 개념 → 표기에는 반영되지 않음

(비: 코, 음: 소리, 화: 될)

음절의 종성 자리에 놓인 'ㅂ, ㄷ, ㄱ'이 다음 음절의 초성에 놓인 비음 'ㄴ, ㅁ'을 만나면 비음 'ㅁ, ㄴ, ㅇ'으로 바뀌어 발음되는 현상을 말한다. 표기는 바뀌지 않지만 음절의 소리가 달라졌으므로 음운의 교체에 해당한다. → 비음 동화

2 비음화의 양상

조음 방법 \ 조음 위치			입술소리(순음)	잇몸소리(치조음)	센입천장소리(경구개음)	여린입천장소리(연구개음)	목청소리(후음)
안울림소리	파열음	예사소리	ㅂ	ㄷ		ㄱ	
		된소리	ㅃ	ㄸ		ㄲ	
		거센소리	ㅍ	ㅌ		ㅋ	
	파찰음	예사소리			ㅈ		
		된소리			ㅉ		
		거센소리			ㅊ		
	마찰음	예사소리		ㅅ			ㅎ
		된소리		ㅆ			
울림소리	비음		ㅁ	ㄴ		ㅇ	
	유음			ㄹ			

1) 비음화는 다양한 문법 환경에서 적용되는 현상이다.

단어와 단어 사이	어간과 어미 사이	어근과 접사 사이
밥 먹는다 ↓ **[밤멍는다]**	얻는 ↓ **[언는]**	맏며느리 ↓ **[만며느리]**

2) 비음화의 조건인 'ㅂ, ㄷ, ㄱ'은 표기상 조건이 아닌 음절의 발음상 조건이다. 즉 '음절의 끝소리 규칙'이 먼저 적용된 후에 비음화가 적용된다.

표기		음끝 적용		비음화 적용
깎는	→	[깍는]	→	[깡는]

3 유음 'ㄹ'의 비음화 → 넓은 의미의 비음화

이 현상은 비음의 영향이라고 보기가 어렵다. 왜냐하면 종성에 비음이 아닌 자음이 와도 'ㄹ'이 'ㄴ'으로 바뀌기 때문이다. 따라서 비음의 영향으로 비음이 되는 비음 동화와는 성격이 다르다.

비음 종성 + 초성 'ㄹ'

강릉 → [강능]　　　침략 → [침냑]

비음이 아닌 종성 + 초성 'ㄹ'

유음의 비음화　비음 동화

석류 → [석뉴] → [성뉴]

○ 성격이 다른 비음화가 연속적으로 일어나고 있다.

레인보우 리뷰

비음화가 일어나는 이유

파열음 'ㅂ, ㄷ, ㄱ'이 음절의 종성 자리에 놓이면 파열이 되지 않는 '평파열음화'가 일어난다고 했어. 이때 공기의 흐름은 막히게 되는데, 이 상태에서 비음을 발음하기가 불편하기 때문에 종성 자리에 있던 파열음이 비음으로 교체가 되는 거야. 결론은 발음을 좀 더 수월하게 하기 위해서 비음화가 일어난다고 보면 돼.

알쓸문법

표준 발음법 관련 조항

제18항 받침 'ㄱ(ㄲ, ㅋ, ㄳ, ㄺ), ㄷ(ㅅ, ㅆ, ㅈ, ㅊ, ㅌ, ㅎ), ㅂ(ㅍ, ㄼ, ㄿ, ㅄ)'은 'ㄴ, ㅁ' 앞에서 [ㅇ, ㄴ, ㅁ]으로 발음한다.

> 먹는[멍는], 국물[궁물], 깎는[깡는], 키읔만[키응만], 몫몫이[몽목씨], 긁는[긍는], 흙만[흥만], 닫는[단는], 짓는[진ː는], 옷맵시[온맵씨], 있는[인는], 맞는[만는], 젖멍울[전멍울], 쫓는[쫀는], 꽃망울[꼰망울], 붙는[분는], 놓는[논는], 잡는[잠는], 밥물[밤물], 앞마당[암마당], 밟는[밤ː는], 읊는[음는], 없는[엄ː는]

[붙임] 두 단어를 이어서 한 마디로 발음하는 경우에도 이와 같다.

> 책 넣는다[챙넌는다], 흙 말리다[흥말리다], 옷 맞추다[온맏추다], 밥 먹는다[밤멍는다], 값 매기다[감매기다]

제19항 받침 'ㅁ, ㅇ' 뒤에 연결되는 'ㄹ'은 [ㄴ]으로 발음한다.

> 담력[담ː녁], 침략[침ː냑], 강릉[강능], 항로[항ː노], 대통령[대ː통녕]

[붙임] 받침 'ㄱ, ㅂ' 뒤에 연결되는 'ㄹ'도 [ㄴ]으로 발음한다.

> 막론[막논 → 망논], 석류[석뉴 → 성뉴], 협력[협녁 → 혐녁], 법리[법니 → 범니]

III 음운

복습노트

10강 • 비음화

정답 ▶ 53쪽

레인보우 리뷰

① 비음화는 음절의 □성 자리에 놓인 '□, □, □'이 다음 음절의 초성에 놓인 비음 '□, □'을 만나면 비음 '□, □, □'으로 바뀌어 발음되는 현상을 말한다.
② 비음화는 표□가 바뀌지는 않지만 음절의 □□가 달라졌으므로 음운의 □□에 해당한다.
③ 비음화는 조음 방□ 동화이면서, 동화의 방향과 관련해서는 □행 동화이다.
④ 비음화는 다양한 문법 환경에서 일어난다. 즉 단어와 □□ 사이, 어□과 어□ 사이, 어□과 □사 사이에서 적용되는 현상이다.
⑤ 비음화의 조건인 종성 '□, □, □'은 표기상 조건이 아닌 음절의 발□상 조건이다. 즉 '□□□ □□□ □□'이 먼저 적용된 후에 비음화가 적용된다.
⑥ 유음 'ㄹ'이 비음 'ㄴ'으로 바뀌는 경우도 있다. 이를 비음□□와 구분하기도 한다.
⑦ 파열음 '□, □, □'이 음절의 □성 자리에 놓이면 파열이 되지 않는 '□파열음화'가 일어나는데, 이때 공기의 흐름이 막히게 되어 이어지는 비음을 발음하기가 불편해진다. 이를 해소하기 위해 '□, □, □'이 비음으로 바뀌어 발음되는 것이다.

개념 마스터

1 제시된 단어를 〈보기〉와 같이 소리 나는 대로 쓰고, 첫 음절의 종성이 교체되는 양상을 분석하시오.

〈보기〉
쪽문 → [쫑문] 종성의 변화: ㄱ → ㅇ

① 얻는 → [ ] 종성의 변화: □ → □
② 막내 → [ ] 종성의 변화: □ → □
③ 잡느냐 → [ ] 종성의 변화: □ → □
④ 밥맛 → [ ] 종성의 변화: □ → □
⑤ 작문 → [ ] 종성의 변화: □ → □
⑥ 국물 → [ ] 종성의 변화: □ → □
⑦ 꽃망울 → [ ] 종성의 변화: □ → □ → □
⑧ 앞날 → [ ] 종성의 변화: □ → □ → □
⑨ 낚는 → [ ] 종성의 변화: □ → □ → □
⑩ 덧나는 → [ ] 종성의 변화: □ → □ → □
⑪ 같네 → [ ] 종성의 변화: □ → □ → □
⑫ 옷맵시 → [ ] 종성의 변화: □ → □ → □
⑬ 걷는 → [ ] 종성의 변화: □ → □
⑭ 흙냄새 → [ ] 종성의 변화: □ → □ → □
⑮ 맏며느리 → [ ] 종성의 변화: □ → □
⑯ 받는다 → [ ] 종성의 변화: □ → □
⑰ 읊는 → [ ] 종성의 변화: □ → □ → □
⑱ 밟는데 → [ ] 종성의 변화: □ → □ → □
⑲ 값만 → [ ] 종성의 변화: □ → □ → □
⑳ 국민 → [ ] 종성의 변화: □ → □

2 제시된 단어의 발음 변화 양상을 〈보기〉와 같이 순차적으로 분석하시오.

〈보기〉
격려 → [격녀] → [경녀]

① 섭리 → [ ] → [ ]
② 석류 → [ ] → [ ]
③ 몇 리 → [ ] → [ ] → [ ]
④ 백로 → [ ] → [ ]
⑤ 입력 → [ ] → [ ]
⑥ 국립 → [ ] → [ ]
⑦ 압력 → [ ] → [ ]
⑧ 협력 → [ ] → [ ]

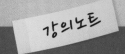

강의노트

학습일 년 월 일

유튜브 강의

Youtube Player
단어 | 문장 | 음운 | 국어사
◀◀ 이전 강의 | 다음 강의 ▶▶
비음화 | 전설 모음화

구개음화

1 구개음화(口蓋音化)의 개념 → 표기에는 반영되지 않음

(입 덮을 소리 될 / 구 개 음 화)

음절의 종성 자리에 놓인 'ㄷ, ㅌ'이 뒤에 오는 'ㅣ'나 반모음 'ㅣ̆'로 시작하는 형식 형태소를 만날 때 경구개음 'ㅈ, ㅊ'으로 바뀌어 발음되는 현상을 말한다. 표기는 바뀌지 않지만 음절의 소리가 달라졌으므로 음운의 교체에 해당한다.

2 구개음화의 양상

조음 방법 \ 조음 위치			입술소리 (순음)	잇몸소리 (치조음)	센입천장소리 (경구개음)	여린입천장소리 (연구개음)	목청소리 (후음)
안울림소리	파열음	예사소리	ㅂ	ㄷ		ㄱ	
		된소리	ㅃ	ㄸ		ㄲ	
		거센소리	ㅍ	ㅌ		ㅋ	
	파찰음	예사소리			ㅈ		
		된소리			ㅉ		
		거센소리			ㅊ		
	마찰음	예사소리		ㅅ			ㅎ
		된소리		ㅆ			
울림소리	비음		ㅁ	ㄴ		ㅇ	
	유음			ㄹ			

ㄷ + ㅣ 또는 ㅣ̆	ㅌ + ㅣ 또는 ㅣ̆	ㄷ + 히 → ㅌ + ㅣ 또는 ㅣ̆ (축약)
굳이 ⬇ [구지]	같이 ⬇ [가치]	굳혀 ⬇ [구처]

3 구개음화의 특징

1) 'ㄷ, ㅌ'이 형식 형태소와 결합할 때에만 구개음화가 일어난다.

올해에는 밭이랑에 콩이랑 팥이랑 잔뜩 심었다.

실질 형태소와 결합	형식 형태소와 결합
밭이랑 ⬇ [받이랑] → [받니랑] → [반니랑] (음절의 끝소리 규칙 / 'ㄴ' 첨가 / 비음화)	팥이랑 ⬇ [파치랑]

개념 시냅스

구개음화의 양상

구개음화는 음절의 종성 자리에 놓인 'ㄷ, ㅌ'이 형식 형태소와 만날 때 일어나는 음운 변동 현상이야. 만약 'ㄷ, ㅌ'이 실질 형태소와 만날 경우 음절의 끝소리 규칙이 적용된다는 점 꼭 기억하자.

개념 시냅스

구개음화의 동화

구개음화는 조음 위치 동화이면서, 동화의 방향과 관련해서는 역행 동화라고 할 수 있어.

알쓸문법

구개음화의 과도한 적용

언중들이 구개음화를 외래어에까지 과도하게 적용하여 표기하는 사례가 있는데, 구개음화의 적용 대상은 고유어에 한정되어 있어. 아래와 같은 표기의 경우 표준어가 아니니까 주의해.

- 센치미터(×) 센티미터(○)
- 스치로폼(×) 스티로폼(○)

레인보우 리뷰

형식 형태소에 속하는 3가지는?

① ______

② ______

③ ______

레인보우 리뷰 정답: 조사, 어미, 접사

개념 시냅스

느티나무, 잔디의 사례(통시적 관점)

'느티나무'는 원래 '감나무', '밤나무' 처럼 '느틔'와 '나무'가 결합된 말이었어. 여기서 '느틔'가 정확하게 무슨 의미였는지는 알 수 없지만, 어쨌든 이 경우는 'ㅌ'이 'ㅣ'가 아니라 'ㅢ'를 만난 것이기 때문에 구개음화가 발생하지 않은 거야. '잔디', '디디다', '견디다'가 '잔지', '디지다', '견지다'로 바뀌지 않은 것도 얘네들의 원래 형태가 '잔듸, 드듸다, 견듸다'였기 때문에 구개음화가 일어날 환경이 아니었던 거야. 구개음화가 한창 일어났던 18세기만 하더라도 한 형태소 안에서도 구개음화가 일어났었거든. 만약에 당시의 형태가 '느틔나무, 잔듸'가 아니라 '느티나무, 잔디'였다면 구개음화가 일어나서 오늘날에는 '느치나무, 잔지'의 형태가 되었을 거라고 예상할 수 있겠지.

2) 형태소의 경계에서만 일어난다. 

느티나무 → [느티나무](○) [느치나무](×)

잔디 → [잔디](○) [잔지](×)

'느티'와 '잔디'는 하나의 형태소이다.

3) 음절의 끝소리 규칙이 적용되지 않는다.

음절의 끝소리 규칙 적용	음절의 끝소리 규칙 미적용
같이 → [갇이] → [가지](×)	**같이 → [가치](○)**

알쓸문법

표준 발음법 관련 조항

제17항 받침 'ㄷ, ㅌ(ㄾ)'이 조사나 접미사의 모음 'ㅣ'와 결합되는 경우에는, [ㅈ, ㅊ]으로 바꾸어서 뒤 음절 첫소리로 옮겨 발음한다.

곧이듣다[고지듣따], 굳이[구지], 미닫이[미ː다지], 땀받이[땀바지], 밭이[바치], 벼훑이[벼훌치]

[붙임] 'ㄷ' 뒤에 접미사 '히'가 결합되어 '티'를 이루는 것은 [치]로 발음한다.

예 굳히다[구치다], 닫히다[다치다], 묻히다[무치다]

개념 시냅스

'젖히다' 논란

예전 수능 시험에서 '젖히다[저치다]'라는 용례가 구개음화가 적용되지 않는 사례로 나온 적이 있었어. 이에 많은 학생들이 '젖히다'에 음절의 끝소리 규칙이 적용되어 [젇히다]가 되고, 자음 축약이 이루어져 [저티다]가 된 후, 여기서 구개음화가 적용되어 [저치다]가 된 게 아니냐고 이의 제기를 했었는데 수용되지 않았어. 왜냐하면 '표준 발음법' 제12항에서는 'ㄱ, ㄷ, ㅂ, ㅈ'이 뒤 음절 첫소리 'ㅎ'과 결합될 경우 두 음을 합쳐서 [ㅋ, ㅌ, ㅍ, ㅊ]으로 발음한다고 하였고, 그 용례로 '꽂히다[꼬치다]'가 제시되어 있거든. '젖히다', '꽂히다', '맞히다' 등은 구개음화가 일어나지 않는 사례들이라는 거 꼭 기억해 두자.

알쓸문법

한글 맞춤법 관련 조항

제6항 'ㄷ, ㅌ' 받침 뒤에 종속적 관계를 가진 '-이(-)'나 '-히-'가 올 적에는 그 'ㄷ, ㅌ'이 'ㅈ, ㅊ'으로 소리 나더라도 'ㄷ, ㅌ'으로 적는다.(ㄱ을 취하고, ㄴ을 버림.)

ㄱ	ㄴ	ㄱ	ㄴ
맏이	마지	핥이다	할치다
해돋이	해도지	걷히다	거치다
굳이	구지	닫히다	다치다
같이	가치	묻히다	무치다
끝이	끄치		

복습노트

11강 • 구개음화

정답 54쪽

레인보우 리뷰

① 구개음화는 음절의 □성 자리에 놓인 '□, □'이 뒤에 오는 모음 'ㅣ'나 반모음 'ǐ'로 시작하는 형식 형태소를 만날 때 □구개음 '□, □'으로 바뀌어 발음되는 현상을 말한다.

② 구개음화는 표□는 바뀌지 않지만 음절의 소□가 달라졌으므로 음운의 □□에 해당한다.

③ 구개음화는 조음 □□ 동화이면서, 동화의 방향과 관련해서는 □행 동화이다.

④ 음절의 종성 'ㄷ' 뒤에 모음 'ㅣ'나 반모음 'ǐ'가 이어지면 'ㄷ'이 '□'으로 바뀌어 발음된다.

⑤ 음절의 종성 'ㅌ' 뒤에 모음 'ㅣ'나 반모음 'ǐ'가 이어지면 'ㅌ'이 '□'으로 바뀌어 발음된다. 이때 'ㅌ'은 '□'과 '□'이 축약된 형태일 수도 있다.

⑥ 구개음화는 'ㄷ, ㅌ'이 □□ 형태소와 결합할 때에만 일어난다.

⑦ 구개음화는 □ 형태소 안에서는 일어나지 않고 형태소끼리 만나는 경□에서만 일어난다.

개념 마스터

1 〈보기〉와 같이 제시된 단어를 소리 나는 대로 쓰고, 구개음화가 일어나는 음절의 종성이 교체되는 양상을 분석하시오. (단, 구개음화가 일어나지 않는 경우는 발음만 적을 것.)

〈보기〉

닫히다 → [다치다] 종성의 변화: ㄷ → ㅌ → ㅊ

① 홑이불 → [ ] 종성의 변화: □ → □
② 곧이듣다 → [ ] 종성의 변화: □ → □
③ 핥이다 → [ ] 종성의 변화: □ → □
④ 해돋이 → [ ] 종성의 변화: □ → □
⑤ 벼훑이 → [ ] 종성의 변화: □ → □
⑥ 미닫이 → [ ] 종성의 변화: □ → □
⑦ 젖히다 → [ ] 종성의 변화: □ → □ → □
⑧ 땀받이 → [ ] 종성의 변화: □ → □
⑨ 걷히다 → [ ] 종성의 변화: □ → □ → □
⑩ 붓이 → [ ] 종성의 변화: □ → □
⑪ 맏이 → [ ] 종성의 변화: □ → □
⑫ 밭에 → [ ] 종성의 변화: □ → □
⑬ 붙이다 → [ ] 종성의 변화: □ → □
⑭ 밭이 → [ ] 종성의 변화: □ → □
⑮ 끝이다 → [ ] 종성의 변화: □ → □
⑯ 밭일 → [ ] 종성의 변화: □ → □ → □
⑰ 버티다 → [ ] 종성의 변화: □ → □
⑱ 가을걷이 → [ ] 종성의 변화: □ → □
⑲ 맞히다 → [ ] 종성의 변화: □ → □ → □
⑳ 닫혀 → [ ] 종성의 변화: □ → □ → □
㉑ 끝을 → [ ] 종성의 변화: □ → □
㉒ 물받이 → [ ] 종성의 변화: □ → □
㉓ 견디다 → [ ] 종성의 변화: □ → □
㉔ 피붙이 → [ ] 종성의 변화: □ → □
㉕ 묻히다 → [ ] 종성의 변화: □ → □ → □
㉖ 옷이 → [ ] 종성의 변화: □ → □
㉗ 솥이다 → [ ] 종성의 변화: □ → □
㉘ 샅샅이 → [ ] 종성의 변화: □ → □
㉙ 등받이 → [ ] 종성의 변화: □ → □
㉚ 꽂히다 → [ ] 종성의 변화: □ → □ → □

III 음운

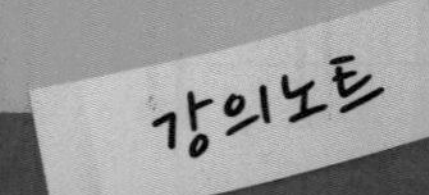

학습일 년 월 일

전설 모음화

유튜브 강의

Youtube Player
단어 | 문장 | 음운 | 국어사
◂◂ 이전 강의 다음 강의 ▸▸
구개음화 | 된소리되기

개념 시냅스

전설 모음화의 동화

전설 모음화는 조음 위치 동화이면서, 동화의 대상으로 보면 모음 동화이고, 동화의 방향과 관련해서는 역행 동화라고 할 수 있어.

개념 시냅스

'ㅣ' 모음 역행 동화

전설 모음화는 후설 모음이 전설 모음으로 바뀌는 현상인데, 그러한 현상을 일으키는 핵심이 바로 모음 'ㅣ'야. 음절의 뒤에 놓인 전설 모음 'ㅣ'가 바로 앞 음절에 놓인 후설 모음에 영향을 끼쳐서 자기와 같은 전설 모음으로 만들고 있기 때문에 동화의 방향으로 보면 'ㅣ' 모음 역행 동화가 되는 거지.

알쓸문법

표준어 사정 원칙 관련 조항

제9항 'ㅣ' 역행 동화 현상에 의한 발음은 원칙적으로 표준 발음으로 인정하지 아니하되, 다만 다음 단어들은 그러한 동화가 적용된 형태를 표준어로 삼는다.(ㄱ을 표준어로 삼고, ㄴ을 버림.)

ㄱ	ㄴ
-내기 냄비 동댕이-치다	-나기 남비 동당이-치다

[붙임 1] 다음 단어는 'ㅣ' 역행 동화가 일어나지 아니한 형태를 표준어로 삼는다.(ㄱ을 표준어로 삼고, ㄴ을 버림.)

ㄱ	ㄴ
아지랑이	아지랭이

[붙임 2] 기술자에게는 '-장이', 그 외에는 '-쟁이'가 붙는 형태를 표준어로 삼는다.(ㄱ을 표준어로 삼고, ㄴ을 버림.)

ㄱ	ㄴ
미장이 유기장이 멋쟁이 소금쟁이 담쟁이-덩굴 골목쟁이 발목쟁이	미쟁이 유기쟁이 멋장이 소금장이 담장이-덩굴 골목장이 발목장이

1 전설(前舌; 앞 혀) 모음화('ㅣ' 모음 역행 동화)의 개념 → 표준 발음만 표기에 반영

후설 모음인 'ㅡ, ㅓ, ㅏ, ㅜ, ㅗ' 뒤에 전설 모음인 'ㅣ'가 놓이면 그 영향을 받아서 'ㅣ, ㅔ, ㅐ, ㅟ, ㅚ'로 바뀌어 발음되는 현상을 말한다. 음절의 소리와 표기가 달라졌으므로 음운의 교체에 해당한다.

혀의 최고점 위치 / 입술 모양 / 혀의 높이	전설 모음		후설 모음	
	평순 모음	원순 모음	평순 모음	원순 모음
고모음	ㅣ	ㅟ	ㅡ	ㅜ
중모음	ㅔ	ㅚ	ㅓ	ㅗ
저모음	ㅐ		ㅏ	

2 전설 모음화의 양상

ㅡ → ㅣ	뜯기다 → [띧끼다]	표준 발음이 아님
ㅓ → ㅔ	어미 → [에미]	
ㅏ → ㅐ	아비 → [애비]	
ㅜ → ㅟ	죽이다 → [쥐기다]	
ㅗ → ㅚ	속이다 → [쇠기다]	

3 전설 모음화의 특징

- 전설 모음화는 일부 노년층과 지방 언중들의 개별적인 발음에서 살펴볼 수 있는 수의적인 현상이어서 보편성이 결여되어 있다. 그렇기 때문에 원칙적으로 표준 발음으로 인정하지 않는다.
- 전설 모음화가 일어난 일부의 단어들은 현대어에서 완전히 굳어진 것으로 간주하여 예외적으로 표준어로 인정하고 있다.

형태	용례 ○ 전설 모음화 현상이 표기와 발음 둘 다에 적용되었다.
'-내기'형	서울나기 → 서울내기[서울래기]
'-쟁이'형	멋장이 → 멋쟁이[먿쨍이] ○ 여기서 '-쟁이'는 어떤 속성을 많이 가진 사람의 의미
그 밖에	남비 → 냄비[냄비] 동당이치다 → 동댕이치다[동댕이치다]

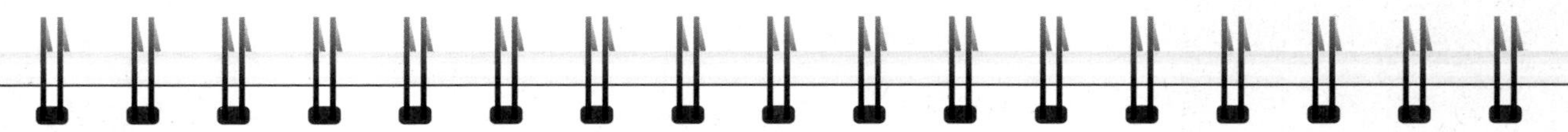

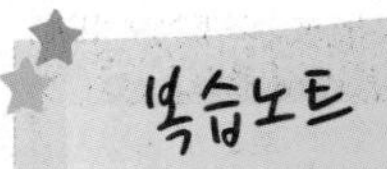

12강 • 전설 모음화

정답 ▶ 54쪽

레인보우 리뷰

① 전설 모음화는 □□ 모음인 'ㅡ, ㅓ, ㅏ, ㅜ, ㅗ' 뒤에 □□ 모음인 'ㅣ'가 놓이면 그 영향을 받아서 '□, □, □, □, □'로 바뀌어 발음되는 현상을 말한다.

② 전설 모음화는 음절의 □□와 □□가 달라졌으므로 음운의 교체에 해당한다.

③ 전설 모음화는 일부 노년층과 지방 언중들의 개별적인 발음에서 살펴볼 수 있는 □□적인 현상이어서 □□성이 결여되어 있다. 그렇기 때문에 원칙적으로 표□ 발□으로 인정하지 않는다.

④ 전설 모음화가 일어난 일부의 단어들('-□□'형, '-□□'형 등)은 현대어에서 완전히 굳어진 것으로 간주하여 예외적으로 표준어로 인정하고 있으며, □□에도 반영하였다.

⑤ 전설 모음화는 조음 □□ 동화이면서, 동화의 대상으로 보면 □□ 동화이고, 동화의 방향과 관련해서는 □□ 동화라고 할 수 있다.

⑥ 전설 모음화는 '□' 모음 □행 동화라고도 한다.

개념 마스터

1 제시한 단어에 대해 〈보기〉와 같이 전설 모음화가 적용된 형태를 쓰고, 표준어 여부를 판단하시오.

〈보기〉

아기 → 애기

표준어	비표준어
	○

① 웅덩이 →

표준어	비표준어

② 시골나기 →

표준어	비표준어

③ 지팡이 →

표준어	비표준어

④ 신출나기 →

표준어	비표준어

⑤ 가랑이 →

표준어	비표준어

⑥ 골목장이 →

표준어	비표준어

⑦ 보이다 →

표준어	비표준어

⑧ 멋장이 →

표준어	비표준어

⑨ 고기 →

표준어	비표준어

⑩ 동당이치다 →

표준어	비표준어

⑪ 잡히다 →

표준어	비표준어

⑫ 담장이 →

표준어	비표준어

⑬ 남비 →

표준어	비표준어

⑭ 먹이다 →

표준어	비표준어

⑮ 풋나기 →

표준어	비표준어

된소리되기

Youtube Player

단어 | 문장 | 음운 | 국어사

◂◂ 이전 강의 ⏸ 다음 강의 ▸▸

전설 모음화 | 두음 법칙

개념 시냅스

된소리되기의 동화

된소리되기는 동화의 방향과 관련해서는 순행 동화라고 할 수 있어.

개념 시냅스

자음군 단순화

뒤에서 배우니까 여기서는 간단하게 설명할게. 종성 자리에 겹받침이 놓이게 되면 둘 중 한 개의 자음이 탈락하고 남은 한 개의 자음만 발음되는 현상을 자음군 단순화라고 해.

예 끊는 → [끈는], 넓고 → [널꼬]

개념 시냅스

겹받침과 음운 변동의 순서

겹받침의 경우 된소리되기의 적용 양상이 매우 복잡할 수 있는데, 다음과 같이 정리하면 일관적인 설명이 가능해. 즉, 음절의 끝소리 규칙은 된소리되기보다 먼저 적용되고, 자음군 단순화는 된소리되기보다 나중에 적용된다고 보는 거야.

① 음절의 끝소리 규칙 → 된소리되기 → 자음군 단순화

예 핥다 → [핥다] (음절의 끝소리 규칙) → [핥따] (된소리되기) → [할따] (자음군 단순화)

② 된소리되기 → 자음군 단순화

예 넓게 → [넓께] (된소리되기) → [널께] (자음군 단순화)

개념 시냅스

어간 끝 종성 'ㄴ, ㅁ'의 예외

① 사동 접미사와 결합할 경우

예 숨기다[숨기다](○) [숨끼다](×)

② 피동 접미사와 결합할 경우

예 안기다[안기다](○) [안끼다](×)

1 된소리되기의 개념 → 표기에는 반영되지 않음. 경음화(硬音化)

(경음화: 단단할 소리 될)

예사소리가 특정한 환경에서 된소리로 바뀌어 발음되는 현상을 말한다. 표기는 바뀌지 않지만 음절의 소리가 달라졌으므로 음운의 교체에 해당한다.

2 된소리되기의 양상

1) 종성 ㅂ, ㄷ, ㄱ + ㅂ, ㄷ, ㄱ, ㅅ, ㅈ → ㅃ, ㄸ, ㄲ, ㅆ, ㅉ

종성 ㅂ, ㄷ, ㄱ (평파열음)	초성 ㅂ	국밥 → [국빱]
	초성 ㄷ	깎다 → [깍다] (음절의 끝소리 규칙) → [깍따]
	초성 ㄱ	밟고 → [밟꼬] (된소리되기) → [밥꼬] (자음군 단순화)
	초성 ㅅ	입술 → [입쑬]
	초성 ㅈ	닫지 → [닫찌]

○ 음절의 끝소리 규칙이 먼저 적용된 후 이어서 된소리되기가 실현된다.

2) 관형사형 어미 -(으)ㄹ + ㅂ, ㄷ, ㄱ, ㅅ, ㅈ → ㅃ, ㄸ, ㄲ, ㅆ, ㅉ

관형사형 어미 -(으)ㄹ	초성 ㅂ	할 바가 → [할빠가]
	초성 ㄷ	할 듯이 → [할뜨시]
	초성 ㄱ	할 것이 → [할꺼시]
	초성 ㅅ	할 수가 → [할쑤가]
	초성 ㅈ	할 줄은 → [할쭈른]

○ 어절 단위로 끊어서 휴지를 두고 발음할 때에는 예사소리로 발음한다.

3) 어간 끝 종성 ㄴ, ㅁ + ㄷ, ㄱ, ㅅ, ㅈ → ㄸ, ㄲ, ㅆ, ㅉ

어간 끝 종성 'ㄴ, ㅁ'	초성 ㅂ	초성 'ㅂ'으로 시작하는 어미는 없음
	초성 ㄷ	심다 → [심따]
	초성 ㄱ	삼고 → [삼꼬]
	초성 ㅅ	신습니다 → [신씁니다] → [신씀니다]
	초성 ㅈ	신지 → [신찌]

○ 사동 접미사 '-기-'나 피동 접미사 '-기-'와 결합할 때는 된소리되기가 실현되지 않는다.

4) 한자어 ㄹ 받침 + ㄷ, ㅅ, ㅈ → ㄸ, ㅆ, ㅉ

한자어 'ㄹ' 받침	초성 ㅂ	결별 → [결뼐](×) [결별](○)
	초성 ㄷ	필승 → [필씅]
	초성 ㄱ	발견 → [발껸](×) [발견](○)
	초성 ㅅ	갈등 → [갈뜽]
	초성 ㅈ	열정 → [열쩡]

알쓸문법

표준 발음법 관련 조항

제23항 받침 'ㄱ(ㄲ, ㅋ, ㄳ, ㄺ), ㄷ(ㅅ, ㅆ, ㅈ, ㅊ, ㅌ), ㅂ(ㅍ, ㄼ, ㄿ, ㅄ)' 뒤에 연결되는 'ㄱ, ㄷ, ㅂ, ㅅ, ㅈ'은 된소리로 발음한다.

> 'ㄱ' 받침: 국밥[국빱], 깎다[깍따], 넋받이[넉빠지], 삯돈[삭똔], 닭장[닥짱], 칡범[칙뻠]
> 'ㄷ' 받침: 뻗대다[뻗때다], 옷고름[옫꼬름], 있던[읻떤], 꽂고[꼳꼬], 꽃다발[꼳따발], 낯설다[낟썰다], 밭갈이[받까리], 솥전[솓쩐]
> 'ㅂ' 받침: 곱돌[곱똘], 덮개[덥깨], 옆집[엽찝], 넓죽하다[넙쭈카다], 읊조리다[읍쪼리다], 값지다[갑찌다]

제24항 어간 받침 'ㄴ(ㄵ), ㅁ(ㄻ)' 뒤에 결합되는 어미의 첫소리 'ㄱ, ㄷ, ㅅ, ㅈ'은 된소리로 발음한다.

> 'ㄴ' 받침: 신고[신ː꼬], 껴안다[껴안따], 앉고[안꼬], 얹다[언따]
> 'ㅁ' 받침: 삼고[삼ː꼬], 더듬지[더듬찌], 닮고[담ː꼬], 젊지[점ː찌]

다만, 피동, 사동의 접미사 '-기-'는 된소리로 발음하지 않는다.
예 안기다, 감기다, 굶기다, 옮기다

제25항 어간 받침 'ㄼ, ㄾ' 뒤에 결합되는 어미의 첫소리 'ㄱ, ㄷ, ㅅ, ㅈ'은 된소리로 발음한다.
예 넓게[널께], 핥다[할따], 훑소[훌쏘], 떫지[떨ː찌]

제26항 한자어에서, 'ㄹ' 받침 뒤에 연결되는 'ㄷ, ㅅ, ㅈ'은 된소리로 발음한다.

> 갈등[갈뜽], 발동[발똥], 절도[절또], 말살[말쌀], 불소[불쏘](弗素), 일시[일씨], 갈증[갈쯩], 물질[물찔], 발전[발쩐], 몰상식[몰쌍식], 불세출[불쎄출]

다만, 같은 한자가 겹쳐진 단어의 경우에는 된소리로 발음하지 않는다.
예 허허실실[허허실실](虛虛實實), 절절-하다[절절하다](切切-)

제27항 관형사형 '-(으)ㄹ' 뒤에 연결되는 'ㄱ, ㄷ, ㅂ, ㅅ, ㅈ'은 된소리로 발음한다.

> 할 것을[할꺼슬], 갈 데가[갈떼가], 할 바를[할빠를], 할 수는[할쑤는], 할 적에[할쩌게], 갈 곳[갈꼳], 할 도리[할또리] 만날 사람[만날싸람]

다만, 끊어서 말할 적에는 예사소리로 발음한다.

[붙임] '-(으)ㄹ'로 시작되는 어미의 경우에도 이에 준한다.

> 할걸[할껄], 할밖에[할빠께], 할세라[할쎄라], 할수록[할쑤록], 할지라도[할찌라도], 할지언정[할찌언정], 할진대[할찐대]

개념 시냅스

그 밖의 된소리 발음 ①

참고로 아래 어미들은 된소리로 발음되지만 한글 맞춤법 규정에 따라 예사소리로 표기해야 해. 실제로 글을 쓰는 상황에서 헷갈릴 수 있으니까 눈여겨봐 두도록 하자.

- -ㄹ걸 → -ㄹ걸[껄]
- -ㄹ게 → -ㄹ게[께]
- -ㄹ수록 → -ㄹ수록[쑤록]
- -ㄹ세라 → -ㄹ세라[쎄라]
- -ㄹ지라도 → -ㄹ지라도[찌라도]

다만 의문형 어미는 된소리 그대로 표기해야 해.

- -(으)ㄹ까
- -(으)ㄹ꼬
- -(스)ㅂ니까
- -(으)리까
- -(으)ㄹ쏘냐

개념 시냅스

그 밖의 된소리 발음 ②

어간 끝 종성이 겹받침 'ㄼ, ㄾ'인 경우에도 뒤에 'ㄷ, ㄱ, ㅅ, ㅈ'이 나오면 된소리로 바뀌어서 발음돼. 용례가 적으니 참고만 해.

예 넓게[널께], 핥다[할따]

알쓸문법

한글 맞춤법 관련 조항

제5항 한 단어 안에서 뚜렷한 까닭 없이 나는 된소리는 다음 음절의 첫소리를 된소리로 적는다.

다만, 'ㄱ, ㅂ' 받침 뒤에서 나는 된소리는, 같은 음절이나 비슷한 음절이 겹쳐 나는 경우가 아니면 된소리로 적지 아니한다.

> 국수, 깍두기, 딱지, 색시, 싹둑(~싹둑), 법석, 갑자기, 몹시

개념 시냅스

사잇소리 현상의 '된소리되기'

우리가 아직 배우지 않았지만, 사잇소리 현상이라는 게 있어. 여기에도 '된소리되기'가 있거든. 이 부분은 사잇소리를 다룰 때 설명해 줄게. 일단 합성어가 만들어지는 과정에서 된소리되기가 일어나는 경우가 하나 더 있다는 것만 기억해.

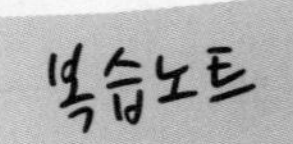

13강 • 된소리되기

정답 ▶ 54쪽

레인보우 리뷰

① 된소리되기는 □□소리가 특정한 환경에서 된소리로 바뀌어 발음되는 현상을 말한다.
② 된소리되기를 □□화라고 하기도 한다.
③ 된소리되기는 □□가 바뀌지는 않지만 음절의 □□가 달라졌으므로 음운의 교체에 해당한다.
④ □성 ㅂ, ㄷ, ㄱ + □성 ㅂ, ㄷ, ㄱ, ㅅ, ㅈ → ㅃ, ㄸ, ㄲ, ㅆ, ㅉ
⑤ □□□형 어미 '-(□)□' + ㅂ, ㄷ, ㄱ, ㅅ, ㅈ → ㅃ, ㄸ, ㄲ, ㅆ, ㅉ
⑥ 어□ 끝 종성 '□, □' + ㄷ, ㄱ, ㅅ, ㅈ → ㄸ, ㄲ, ㅆ, ㅉ
⑦ 한자어 '□' 받침 + ㄷ, ㅅ, ㅈ → ㄸ, ㅆ, ㅉ
⑧ 된소리되기는 '□□□ □□□ □□'이 먼저 적용된 후 실현된다.
⑨ 어간 끝 종성이 'ㄴ, ㅁ'일 때 '□□ 접미사'나 '□□ 접미사'가 결합하면 된소리되기가 일어나지 않는다.
⑩ 된소리되기는 □□□□ 현상에서 발생하는 '된소리되기'와는 구분해야 한다.

개념 마스터

1 〈보기〉와 같이 제시된 단어들의 발음을 표기하시오. (단, 발음 변화가 생기지 않을 경우는 비워 둘 것.)

〈보기〉
국밥 → [국빱]

① 곱돌 → [ ]
② 약국 → [ ]
③ 닫지 → [ ]
④ 입버릇 → [ ]
⑤ 작곡 → [ ]
⑥ 만날 사람 → [ ]
⑦ 할 도리 → [ ]
⑧ 할 바를 → [ ]
⑨ 볼 줄을 → [ ]
⑩ 먹을 것 → [ ]
⑪ 갈 곳을 → [ ]
⑫ 할 데가 → [ ]
⑬ 놀 적에 → [ ]
⑭ 남다 → [ ]
⑮ 안고 → [ ]
⑯ 신기다 → [ ]
⑰ 신고 → [ ]
⑱ 껴안다 → [ ]
⑲ 더듬지 → [ ]
⑳ 담기다 → [ ]
㉑ 삼고 → [ ]
㉒ 감다 → [ ]
㉓ 남기다 → [ ]
㉔ 발동(發動) → [ ]
㉕ 발사(發射) → [ ]
㉖ 굴절(屈折) → [ ]

2 제시된 단어들의 발음 변화 양상을 〈보기〉와 같이 순차적으로 밝히시오. (단, 발음 변화가 생기지 않을 경우는 비워 둘 것.)

〈보기〉
꽃다발 → 꼳다발 → [꼳따발]

① 옷감 → [ ] → [ ]
② 있던 → [ ] → [ ]
③ 맡기다 → [ ] → [ ]
④ 옷고름 → [ ] → [ ]
⑤ 떫지 → [ ] → [ ]
⑥ 낯설다 → [ ] → [ ]
⑦ 찢기다 → [ ] → [ ]
⑧ 돛대 → [ ] → [ ]

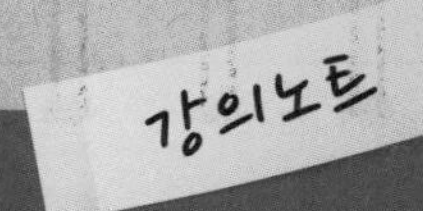

학습일 년 월 일

두음 법칙

Youtube Player

단어	문장	음운	국어사
◂◂ 이전 강의		다음 강의 ▸▸	
된소리되기		반모음화	

1 두음(頭音) 법칙의 개념 → 표기에 반영됨

(머리 두 소리 음)

한자어에서 'ㄴ, ㄹ'과 같은 특정한 음운이 단어의 첫머리에서 발음되는 것을 피하기 위해 다른 음운으로 바뀌거나 탈락되는 현상을 말한다. 두음 법칙은 음운 변화의 결과가 표기에까지 반영된다는 특징이 있다.

2 두음 법칙의 양상

1) 'ㄹ' 두음 법칙 → 음운의 교체에 해당됨

단어의 맨 앞 초성 자리에 놓이는 'ㄹ'은 'ㄴ'으로 표기를 바꾸어서 발음한다. 그 이외의 자리에 오면 원래의 형태로 표기하고 발음한다.

로(老)	
단어의 맨 앞 초성 자리	단어의 맨 앞 초성 이외의 자리
로인(老人) → **노인[노인]**	연로(年老) → **연로[열로]**

2) 'ㄴ' 두음 법칙 → 음운의 탈락에 해당됨

단어의 맨 앞 초성 자리에 놓이는 'ㄴ'은 'ㅣ'나 반모음 'ǐ' 앞에서 탈락된다. 그리고 그 자리에는 소릿값이 없는 'ㅇ'을 형식적으로 표기한다.

녀(女)	
단어의 맨 앞 초성 자리	단어의 맨 앞 초성 이외의 자리
녀자(女子) → **여자[여자]**	남녀(男女) → **남녀[남녀]**

3) 'ㄹ' 두음 법칙 + 'ㄴ' 두음 법칙

'랴, 려, 례, 료, 류, 리' 등으로 시작하는 한자어들은 먼저 'ㄹ' 두음 법칙의 적용을 받고 난 뒤 이어서 'ㄴ' 두음 법칙의 적용을 받는다.

류(流)

류수(流水) → 뉴수[뉴수] → 유수[유수]

○ 'ㄹ' 두음 법칙 적용 ○ 'ㄴ' 두음 법칙 적용

4) 그 밖에

접두사처럼 쓰이는 한자어가 붙어서 된 말이나 합성어의 경우, 뒷말의 첫소리가 'ㄴ' 소리로 나더라도 두음 법칙을 적용한다.

념(念)

공념불(空念佛) → 공염불[공념불]

○ '공(空)'이 접두사처럼 쓰였으므로 'ㄴ' 두음 법칙이 적용됨. 발음과 표기가 불일치함.

개념 시냅스

녀석? 여석?

'녀석'은 얼핏 보면 두음 법칙의 적용 대상으로 보이지만, 전제 조건인 한자어가 아니기 때문에 '녀석'으로 표기하는 게 맞아.

알쓸문법

북한에는 두음 법칙이 없다?

북한의 문법에서는 두음 법칙을 적용하지 않아. 그래서 '량심, 력사, 료리, 례절, 녀자, 뇨소' 등의 어휘가 쓰이고 있어.

알쓸문법

한글 맞춤법 관련 조항

제10항 한자음 '녀, 뇨, 뉴, 니'가 단어 첫머리에 올 적에는, 두음 법칙에 따라 '여, 요, 유, 이'로 적는다.

예 여자(女子), 유대(紐帶), 연세(年歲) 이토(泥土), 요소(尿素), 익명(匿名)

제11항 한자음 '랴, 려, 례, 료, 류, 리'가 단어의 첫머리에 올 적에는, 두음 법칙에 따라 '야, 여, 예, 요, 유, 이'로 적는다.

예 양심(良心), 용궁(龍宮), 역사(歷史) 유행(流行), 예의(禮儀), 이발(理髮)

제12항 한자음 '라, 래, 로, 뢰, 루, 르'가 단어의 첫머리에 올 적에는, 두음 법칙에 따라 '나, 내, 노, 뇌, 누, 느'로 적는다.

예 낙원(樂園), 뇌성(雷聲), 내일(來日) 누각(樓閣), 노인(老人), 능묘(陵墓)

III 음운

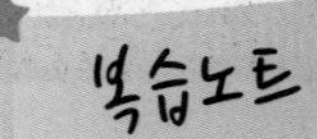

14강 • 두음 법칙

정답 54쪽

레인보우 리뷰

① 두음 법칙은 한자어에서 '□, □'과 같은 특정한 음운이 단어의 □머리에서 발음되는 것을 □하기 위해 다른 음운으로 바뀌거나 탈락되는 현상을 말한다.
② 두음 법칙은 음운 변화의 결과가 □□에까지 반영된다는 특징이 있다.
③ 'ㄹ' 두음 법칙에 따르면 단어의 맨 앞 □성 자리에 놓이는 'ㄹ'을 '□'으로 표기를 바꾸어서 발음한다.
④ 'ㄹ' 두음 법칙은 음운의 □□에 해당된다.
⑤ 'ㄴ' 두음 법칙에 따르면 단어의 맨 앞 □성 자리에 놓이는 'ㄴ'을 'ㅣ'나 반모음 'ǐ' 앞에서 □□시켜 발음한다. 'ㄴ'이 □□된 자리에는 소릿값이 없는 '□'을 형식적으로 표기한다.
⑥ 'ㄴ' 두음 법칙은 음운의 □□에 해당된다.
⑦ '□' 두음 법칙과 '□' 두음 법칙이 같이 적용되기도 한다.
⑧ '랴, 려, 례, 료, 류, 리' 등으로 시작하는 한자어들은 먼저 '□' 두음 법칙의 적용을 받고 난 뒤 이어서 '□' 두음 법칙의 적용을 받는다.

개념 마스터

1 제시된 단어의 올바른 맞춤법을 〈보기〉와 같이 표기하고, 음운 변동 양상을 밝히시오.

〈보기〉

로인(老人) → 노인	
교체	탈락
○	

① 락원(樂園) →	
교체	탈락

② 로동(勞動) →	
교체	탈락

③ 락뢰(落雷) →	
교체	탈락

④ 릉묘(陵墓) →	
교체	탈락

⑤ 래일(來日) →	
교체	탈락

⑥ 년세(年歲) →	
교체	탈락

⑦ 뇨도(尿道) →	
교체	탈락

⑧ 닉명(匿名) →	
교체	탈락

⑨ 뉴대(紐帶) →	
교체	탈락

⑩ 량심(良心) →	
교체	탈락

⑪ 력사(歷史) →	
교체	탈락

⑫ 례의(禮儀) →	
교체	탈락

⑬ 신녀성(新女性) →	
교체	탈락

⑭ 실락원(失樂園) →	
교체	탈락

강의노트

학습일 년 월 일

반모음화와 모음 축약

유튜브 강의

▶ Youtube Player

단어 | 문장 | 음운 | 국어사

◀◀ 이전 강의 ⏸ 다음 강의 ▶▶

두음 법칙 | 자음군 단순화

1 반모음화의 개념 → 표기에 반영됨

이어진 두 개의 음절 속에 있는 단모음들이 서로 결합할 때 앞에 놓인 모음이 반모음으로 바뀌어 발음되는 현상을 말한다. 그 결과 두 개의 단모음이 합쳐져서 이중 모음이 된다.

2 반모음화의 양상

◎ 'ǐ' + 'ㅓ' → 이중 모음 'ㅕ'

그리- + -어 → 그려

◎ 단모음 'ㅣ' → 반모음 'ǐ'(교체)

- 두 음절 속에 있는 단모음들이 서로 이어져야 한다는 조건을 갖추어야 한다.
- 두 개의 단모음이 합쳐진 결과로 이중 모음이 만들어져야 한다.
- 이때 앞에 놓인 단모음이 반모음으로 교체된다. → 음운의 교체
- 음절을 기준으로 하면 개수는 한 개가 줄지만, 음운을 기준으로 삼으면 개수는 변화가 없으므로 축약이 아닌 교체로 파악해야 한다.
- 이 경우 반모음을 하나의 음운으로 인정하는 관점을 취한다.
- 필수적인 현상이 아닌 수의적인 현상이다.

3 모음 축약의 개념 → 표기에 반영됨

이어진 두 개의 음절 속에 있는 단모음들이 서로 합쳐져서 한 개의 단모음으로 축약되는 현상을 말한다.

4 모음 축약의 양상

보- + -이- + -다 → 뵈다

◎ 단모음 'ㅗ'와 단모음 'ㅣ'가 축약되어 단모음 'ㅚ'가 되었다.

- 두 음절 속에 있는 단모음들이 서로 이어져야 한다는 조건을 갖추어야 한다.
- 두 개의 단모음이 합쳐진 결과로 한 개의 단모음이 만들어져야 한다.
- 이때 앞에 놓인 단모음과 뒤에 놓인 단모음이 축약된다. → 음운의 축약
- 음절을 기준으로 해도 개수는 한 개가 줄었고, 음운을 기준으로 해도 개수는 한 개가 줄었으므로 축약으로 파악해야 한다.
- 이 경우 반모음은 등장하지 않는다.
- 필수적인 현상이 아닌 수의적인 현상이다.

개념 시냅스

반모음화? 모음 축약?

반모음화와 모음 축약을 구분하려면 먼저 반모음에 대해 정확하게 이해하고 있어야 해. 비슷한 정황이지만 분명히 다른 음운 변동이니까 헷갈리지 않도록 하자.

- 보+이+어 → 보여(반모음화)
- 보+이+어 → 뵈어(모음 축약)

- 누+이+어 → 누여(반모음화)
- 누+이+어 → 뉘어(모음 축약)

알쓸문법

한글 맞춤법 관련 조항

제36항 'ㅣ' 뒤에 '-어'가 와서 'ㅕ'로 줄 적에는 준 대로 적는다.

본말	준말	본말	준말
가지어	가져	가지었다	가졌다
견디어	견뎌	견디었다	견뎠다
다니어	다녀	다니었다	다녔다
막히어	막혀	막히었다	막혔다
버티어	버텨	버티었다	버텼다
치이어	치여	치이었다	치였다

제37항 'ㅏ, ㅕ, ㅗ, ㅜ, ㅡ'로 끝난 어간에 '-이-'가 와서 각각 'ㅐ, ㅖ, ㅚ, ㅟ, ㅢ'로 줄 적에는 준 대로 적는다.

본말	준말	본말	준말
싸이다	쌔다	누이다	뉘다
펴이다	폐다	뜨이다	띄다
보이다	뵈다	쓰이다	씌다

제38항 'ㅏ, ㅗ, ㅜ, ㅡ' 뒤에 '-이어'가 어울려 줄어질 적에는 준 대로 적는다.

본말	준말	본말	준말
싸이어	쌔어,싸여	뜨이어	띄어
보이어	뵈어,보여	쓰이어	씌어,쓰여
쏘이어	쐬어,쏘여	트이어	틔어,트여
누이어	뉘어,누여		

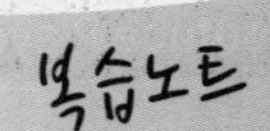

15강 • 반모음화와 모음 축약

정답 ▶ 55쪽

레인보우 리뷰

① 반모음화는 이어진 □ 개의 음절 속에 있는 □모음들이 서로 결합할 때 □에 놓인 모음이 □모음으로 □□어 발음되는 현상을 말한다.
② 반모음화가 일어나면 그 결과 □ 개의 □모음이 합쳐져서 한 개의 □□ □□이 된다.
③ 반모음화의 결과는 □□에 반영된다.
④ 반모음화는 □ 음절 속에 있는 □모음들이 서로 이어져야 한다는 조건을 갖추어야 한다.
⑤ 반모음화는 앞에 놓인 □모음이 □모음으로 바뀌므로 음운의 □□에 해당한다.
⑥ 반모음화는 음절을 기준으로 하면 개수는 □ 개가 줄지만 음운을 기준으로 삼으면 개수는 변화가 없으므로(□모음 □개 + □모음 □개) 축약이 아닌 □□로 파악할 수 있다. 이 경우 □모음은 하나의 음운으로 인정하는 관점을 취한다.
⑦ 반모음화는 필수적인 현상이 아닌 □□적인 현상이다.
⑧ 모음 축약은 이어진 □ 개의 음절 속에 있는 □모음들이 서로 합쳐져서 □ 개의 □모음으로 □□되는 현상을 말한다.
⑨ 모음 축약의 결과는 □□에 반영된다.
⑩ 모음 축약은 □ 음절 속에 있는 □모음들이 서로 이어져야 한다는 조건을 갖추어야 한다.
⑪ 모음 축약은 □ 개의 단모음이 합쳐진 결과로 □ 개의 □모음이 만들어진다.
⑫ 모음 축약은 앞에 놓인 □모음과 뒤에 놓인 □모음이 합쳐지므로 음운의 □□에 해당한다.
⑬ 모음 축약은 음절을 기준으로 해도 개수는 □ 개가 줄었고, 음운을 기준으로 해도 개수는 □ 개가 줄었으므로 □□으로 파악할 수 있다.
⑭ 모음 축약은 필수적인 현상이 아닌 □□적인 현상이다.

개념 마스터

1 〈보기〉와 같이 해당 단어들의 음운 변동 현상을 구분한 뒤 맞춤법 준수 여부를 판단하시오.

〈보기〉

그리- + -어 → 그려		
반모음화	모음 축약	표준어
○		○

① 싸- + -이- + -어 → 싸여		
반모음화	모음 축약	표준어

② 보- + -이- + -어 → 뵈어		
반모음화	모음 축약	표준어

③ 보- + -이- + -어 → 보여		
반모음화	모음 축약	표준어

④ 누- + -이- + -어 → 누여		
반모음화	모음 축약	표준어

⑤ 누- + -이- + -어 → 뉘어		
반모음화	모음 축약	표준어

⑥ 쓰- + -이- + -어 → 쓰여		
반모음화	모음 축약	표준어

⑦ 트- + -이- + -어 → 트여		
반모음화	모음 축약	표준어

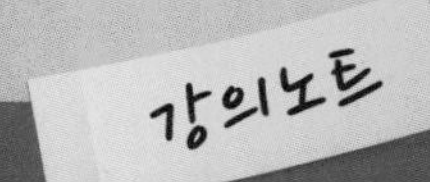

학습일 년 월 일

자음군 단순화

Youtube Player

단어	문장	음운	국어사
◀◀ 이전 강의		다음 강의 ▶▶	
반모음화		자음 탈락	

1 자음군 단순화의 개념 → 표기에는 반영되지 않음

음절의 종성 자리에 겹받침이 놓이게 되면(어말 또는 자음이 이어지는 상황) 그중 한 개의 자음이 탈락하고 남은 한 개의 자음만 발음되는데 이러한 현상을 자음군 단순화라고 한다. 국어의 음절에서 종성은 한 개의 자음만 발음될 수 있기 때문에 이러한 현상이 발생한다.

어말 자음군(11개)
ㄳ, ㄵ, ㄶ, ㄺ, ㄻ, ㄼ, ㄽ, ㄾ, ㄿ, ㅀ, ㅄ → 어말 또는 자음과 연접
◎ 음절 끝에서 두 개의 자음 중 한 개가 탈락하고, 남은 한 개만 발음된다.

2 자음군 단순화의 양상

1) 앞 자음을 발음하는 겹받침 → 뒤 자음 탈락

ㄳ	넋 → [넉]	ㄽ	외곬 → [외골/웨골]
ㄵ	앉는 → [안는]	ㄾ	핥다 → [할따]
ㄶ	끊는 → [끈는]	ㅀ	끓는 → [끌른]
ㄼ	넓고 → [널꼬]	ㅄ	값 → [갑]

2) 'ㄼ'의 예외 → 뒤 자음 발음, 앞 자음 탈락

ㄼ	
밟- + 자음	밟다[밥따], 밟소[밥쏘], 밟지[밥찌], 밟습니다[밥씀니다]
넓-	넓적하다[넙쩌카다], 넓죽하다[넙쭈카다], 넓둥글다[넙뚱글다]

3) 뒤 자음을 발음하는 겹받침 → 앞 자음 탈락

ㄺ	맑지 → [막찌]
ㄻ	앎 → [암]
ㄿ	읊지 → [읍찌]

4) 'ㄺ'의 예외 → 앞 자음 발음, 뒤 자음 탈락

ㄺ	
ㄺ + 'ㄱ'으로 시작하는 어미나 접사	맑고 → [말꼬] 긁개 → [글깨]

개념 시냅스

'끊다'는 자음군 단순화일까?

자음군 단순화에서 헷갈려서는 안 되는 개념이 하나 있어. 바로 자음 축약이야. 나중에 배우게 되겠지만 미리 언급을 하자면 자음 축약은 예사소리 'ㅂ, ㄷ, ㄱ, ㅈ'이 앞이나 뒤에 있는 'ㅎ'을 만나 거센소리인 'ㅍ, ㅌ, ㅋ, ㅊ'으로 바뀌어 발음되는 현상이야. 이 관점에서 보자면 '끊다[끈타]'의 경우는 'ㅎ'이 사라진 게 아니라 'ㄷ'과 합쳐져서 'ㅌ'이 되었으니, 자음군 단순화가 아니라 자음 축약이라고 봐야겠지.

개념 시냅스

'않은'은 자음군 단순화일까?

얼핏 보면 '않은'의 발음이 [아는]이기 때문에 자음군 단순화가 일어난 것으로 보이는데 사실은 그렇지 않아. 겹받침의 경우 모음으로 시작하는 형식 형태소를 만나면 뒤 음절로 연음이 되거든. 그래서 우선 'ㅎ'이 연음되어 [안흔]이 되는데, 이때 모음과 이어진 'ㅎ'은 소릿값이 약해져서 탈락하게 돼. 즉, [안은]이 된 후 다시 연음되어서 [아는]이 되는 거지.

개념 시냅스

'탈락'의 개념

특정한 음운 환경에서 원래 있던 음운이 발음되지 않고 탈락되는 현상을 말해.

III 음운

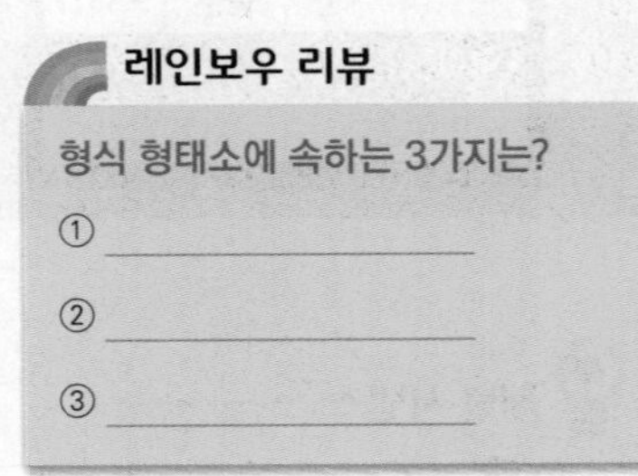

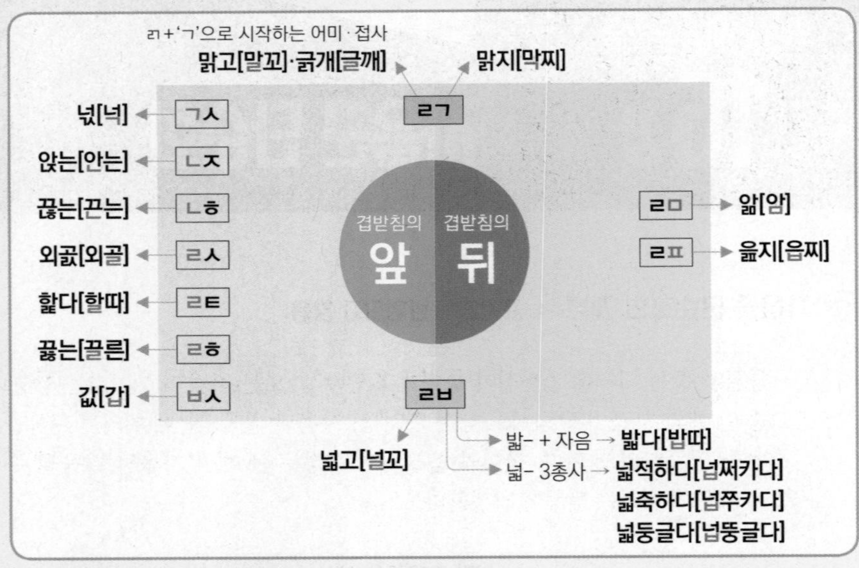

3 모음과 연접할 때의 겹받침

1) 겹받침 + 'ㅏ, ㅓ, ㅗ, ㅜ, ㅟ'로 시작하는 실질 형태소 → 자음군 단순화 적용

자음군 단순화 / 연음

닭 앞에 → [닥앞에] → [다가페]

2) 겹받침 + 모음으로 시작하는 형식 형태소 → 자음군 단순화 미적용

연음 / 된소리되기

몫을 → [목슬] → [목쓸]

알쓸문법

표준 발음법 관련 조항

제10항 겹받침 'ㄳ', 'ㄵ', 'ㄼ, ㄽ, ㄾ', 'ㅄ'은 어말 또는 자음 앞에서 각각 [ㄱ, ㄴ, ㄹ, ㅂ]으로 발음한다.

> 넋[넉], 넋과[넉꽈], 앉다[안따], 여덟[여덜], 넓다[널따], 외곬[외골], 핥다[할따], 값[갑], 없다[업ː따]

다만, '밟-'은 자음 앞에서 [밥]으로 발음하고, '넓-'은 다음과 같은 경우에 [넙]으로 발음한다.

> (1) 밟다[밥ː따], 밟소[밥ː쏘], 밟지[밥ː찌], 밟는[밥ː는 → 밤ː는], 밟게[밥ː께], 밟고[밥ː꼬]
> (2) 넓-죽하다[넙쭈카다], 넓-둥글다[넙뚱글다]

제11항 겹받침 'ㄺ, ㄻ, ㄿ'은 어말 또는 자음 앞에서 각각 [ㄱ, ㅁ, ㅂ]으로 발음한다.

> 닭[닥], 흙과[흑꽈], 맑다[막따], 늙지[늑찌], 삶[삼ː], 젊다[점ː따], 읊고[읍꼬], 읊다[읍따]

다만, 용언의 어간 말음 'ㄺ'은 'ㄱ' 앞에서 [ㄹ]로 발음한다.

맑게[말께], 묽고[물꼬], 얽거나[얼꺼나]

제12항 받침 'ㅎ'의 발음은 다음과 같다.

4. 'ㅎ(ㄶ, ㅀ)' 뒤에 모음으로 시작된 어미나 접미사가 결합되는 경우에는, 'ㅎ'을 발음하지 않는다.

> 낳은[나은], 놓아[노아], 쌓이다[싸이다], 많아[마ː나], 않은[아는], 닳아[다라], 싫어도[시러도]

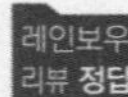 레인보우 리뷰 정답 조사, 어미, 접사

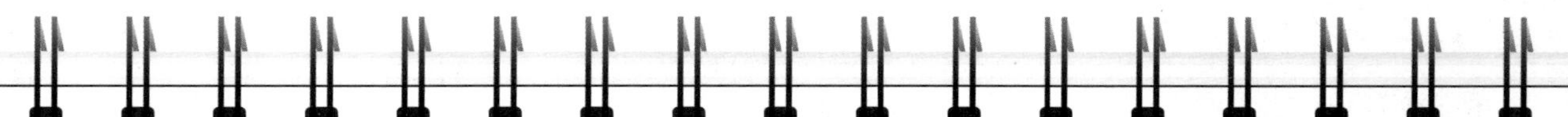

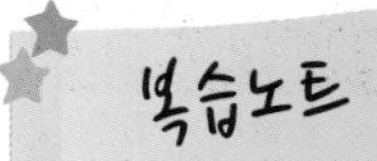

16강 • 자음군 단순화

정답 ▶ 55쪽

레인보우 리뷰

① 자음군 단순화는 음절의 □성 자리에 □받침이 놓이게 되면 그중 □ 개의 자음이 □□하고 남은 □ 개의 자음만 발음되는 현상을 말한다.

② 자음군 단순화가 일어나는 이유는 국어의 음절에서 □□은 한 개의 자음만 발음될 수 있기 때문이다.

③ 'ㄳ, ㄵ, ㄶ, ㄼ, ㄽ, ㄾ, ㅀ, ㅄ'은 □ 자음이 탈락하므로 □ 자음을 발음해야 한다. 단 '□'의 경우에는 □ 자음이 탈락하여 □ 자음을 발음해야 하는 단어들이 있는데, '□다[□따], □적하다[□쩌카다], □죽하다[□쭈카다], □둥글다[□뚱글다]'가 여기에 해당한다.

④ 'ㄺ, ㄻ, ㄿ'은 □ 자음이 탈락하므로 □ 자음을 발음해야 한다. 단 '□'의 경우에는 □ 자음이 탈락하여 □ 자음을 발음해야 하는 단어들이 있는데, '맑고'와 같이 뒤에 '□'으로 시작하는 어미나 접사를 만나면 □ 자음을 발음해야 한다.

⑤ 어말 자음군이 'ㅏ, ㅓ, ㅗ, ㅜ, ㅟ'로 시작하는 □□ 형태소를 만나면 자음군 단순화가 일어난 후 연음이 된다.

⑥ 어말 자음군이 □□으로 시작하는 □□ 형태소를 만나면 자음군 단순화가 일어나지 않고 연음이 된다.

개념 마스터

1 다음 단어들의 표준 발음을 쓰고, 탈락된 자음을 밝히시오. (단, 탈락된 자음이 없을 경우 비워 둘 것.)

① 앉다 → [ ] • 탈락된 자음: □

② 여덟 → [ ] • 탈락된 자음: □

③ 묽어 → [ ] • 탈락된 자음: □

④ 넓다 → [ ] • 탈락된 자음: □

⑤ 읽다 → [ ] • 탈락된 자음: □

⑥ 닮다 → [ ] • 탈락된 자음: □

⑦ 굵개 → [ ] • 탈락된 자음: □

⑧ 값 → [ ] • 탈락된 자음: □

⑨ 흙까지 → [ ] • 탈락된 자음: □

⑩ 읊기도 → [ ] • 탈락된 자음: □

⑪ 없다 → [ ] • 탈락된 자음: □

⑫ 읊어도 → [ ] • 탈락된 자음: □

⑬ 외곬 → [ ] • 탈락된 자음: □

⑭ 삶 → [ ] • 탈락된 자음: □

⑮ 맑다 → [ ] • 탈락된 자음: □

⑯ 몫 → [ ] • 탈락된 자음: □

⑰ 않다 → [ ] • 탈락된 자음: □

⑱ 섧다 → [ ] • 탈락된 자음: □

⑲ 핥다 → [ ] • 탈락된 자음: □

⑳ 핥아 → [ ] • 탈락된 자음: □

㉑ 닳다 → [ ] • 탈락된 자음: □

㉒ 닭 → [ ] • 탈락된 자음: □

㉓ 밟다 → [ ] • 탈락된 자음: □

㉔ 넓둥글다 → [ ] • 탈락된 자음: □

㉕ 훑다 → [ ] • 탈락된 자음: □

㉖ 밟아 → [ ] • 탈락된 자음: □

㉗ 끓는 → [ ] • 탈락된 자음: □

㉘ 앎 → [ ] • 탈락된 자음: □

㉙ 넓적하다 → [ ] • 탈락된 자음: □

㉚ 얽거나 → [ ] • 탈락된 자음: □

㉛ 넋 없다 → [ ] • 탈락된 자음: □, □

오늘은 여기까지. 하산해. 끝!

III 음운

5 min 오분만에 마스터하는 국어

17강

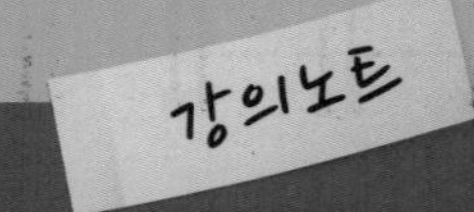

자음 탈락

학습일 년 월 일

유튜브 강의

Youtube Player

단어	문장	음운	국어사
◂◂ 이전 강의			다음 강의 ▸▸
자음군 단순화		모음 탈락	

개념 시냅스

합성어와 파생어에서의 'ㄹ' 탈락

복합어가 만들어질 때에도 'ㄹ'이 탈락하곤 해. 다만 음운론적인 환경과 상관없이 개별 단어마다 다르게 발생하는 수의적인 현상이야.

- 솔 + 나무 → 소나무('ㄹ' 탈락)[합성어]
- 말 + 소 → 마소('ㄹ' 탈락)[합성어]
- 딸 + 님 → 따님('ㄹ' 탈락)[파생어]
- 바늘 + 질 → 바느질('ㄹ' 탈락)[파생어]
- 물 + 새 → 물새[합성어]
- 술 + 잔 → 술잔[합성어]

레인보우 리뷰

오! 노벨상

어간의 끝 'ㄹ'이 탈락하는 경우는 '-오, -ㄴ, -는-, -니, -네, -ㅂ니다, -시-, -세' 등의 어미와 결합하는 경우야. 이 어미들을 다 기억하는 것은 불가능하니까, '오, 노벨상' 이렇게 초성만 따서 연상해 보자.

알쓸문법

한글 맞춤법 관련 조항

제18항 다음과 같은 용언들은 어미가 바뀔 경우, 그 어간이나 어미가 원칙에 벗어나면 벗어나는 대로 적는다.
1. 어간의 끝 'ㄹ'이 줄어질 적

갈다: 가니 간 갑니다 가시다 가오
놀다: 노니 논 놉니다 노시다 노오
불다: 부니 분 붑니다 부시다 부오
둥글다: 둥그니 둥근 둥급니다 둥그시다 둥그오
어질다: 어지니 어진 어집니다 어지시다 어지오

알쓸문법

표준 발음법 관련 조항

제12항 받침 'ㅎ'의 발음은 다음과 같다.
4. 'ㅎ(ㄶ, ㅀ)' 뒤에 모음으로 시작된 어미나 접미사가 결합되는 경우에는, 'ㅎ'을 발음하지 않는다.

낳은[나은], 놓아[노아], 쌓이다[싸이다], 많아[마ː나], 않은[아는], 닳아[다라], 싫어도[시러도]

1 자음 탈락의 개념

용언의 어간 끝 종성에 놓이는 'ㄹ'과 'ㅎ'이 특정한 음운 환경에서 탈락하여 발음되지 않는 현상을 말한다.

2 자음 탈락의 양상

1) 'ㄹ' 탈락 → 표기에 반영됨

용언의 어간 끝 종성에 놓이는 'ㄹ'은 '-오, ㄴ, ㅂ, ㅅ'으로 시작하는 어미들 앞에서 탈락된다. 이는 용언의 규칙 활용 중 'ㄹ' 탈락에 관한 내용을 음운론의 관점에서 설명한 것이다.

어간 끝 종성 'ㄹ'	어미 -오	날- + -오 → 날오[날오] → 나오[나오]
	초성 ㄴ	날- + -는 → 날는[날는] → 나는[나는]
	초성 ㅂ	날- + -ㅂ니다 → 날ㅂ니다[날ㅂ니다] → 납니다[남니다] 비음화
	초성 ㅅ	날- + -시- + -오 → 날시오[날시오] → 나시오[나시오]

2) 'ㅎ' 탈락 → 표기에는 반영되지 않음

용언의 어간 끝 종성에 놓이는 'ㅎ'은 모음으로 시작하는 어미나 접사 앞에서 탈락된다. 이때 주의해야 할 것은 겹받침의 경우에 'ㅎ'은 연음이 된 후 'ㅎ'의 음운적 특성으로 인해 탈락을 한 것이므로 '자음군 단순화'가 아니라는 것이다.

어간 끝 종성 'ㅎ'	모음 어미	않- + -은 → [않은] → [안흔] → [안은] → [아는]
	모음 접사	쌓- + -이- + 다 → [쌓이다] → [싸히다] → [싸이다]
		◎ 자음군이든 아니든 어간 끝 종성 자리에 놓인 'ㅎ'이 모음 어미나 접사를 만나면 무조건 연음이 된다. 그 후에 'ㅎ'이 탈락의 과정을 겪게 되는 것이므로 겹받침의 경우라도 자음군 단순화와는 아무런 상관이 없는 것이다.

자음군 단순화 ×	모음 어미, 접사	핥- + -아 → [핥아] → [할타] ◎ 모음 어미나 접사를 만나면 연음이 이루어진다. 즉 자음군 단순화가 일어나지 않는다.
자음군 단순화 ○	자음 어미, 접사	않- + -는 → [않는] → [안는] ◎ 자음 어미나 접사를 만나면 자음군 단순화가 일어난다.

3) 두음 법칙의 'ㄴ' 탈락 → 표기에 반영됨

두음 법칙에는 두 가지 양상이 있다. 먼저 단어의 첫머리에 놓이는 'ㄹ'이 'ㄴ'으로 바뀌는 경우가 있는데 이는 음운의 교체에 해당된다. 다음으로 단어의 첫머리에 놓이는 'ㄴ'이 탈락하는 경우가 있는데 이는 초성에 놓인 자음이 탈락하는 현상이다.

음운의 교체	음운의 탈락
로인(老人) → 노인[노인]	녀성(女性) → 여성[여성]

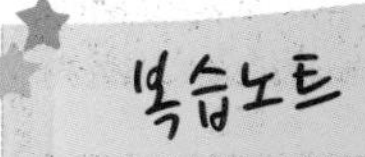

복습노트

17강 • 자음 탈락

정답 ▶ 55쪽

레인보우 리뷰

① 자음 탈락은 □언의 어간 끝 종성에 놓이는 '□'과 '□'이 특정한 음운 환경에서 □□하여 발음되지 않는 현상을 말한다.
② '□' 탈락은 표기에 반영된다.
③ 용언의 어간 끝 종성에 놓이는 'ㄹ'은 '-□, □, □, □'으로 시작하는 요소 앞에서 탈락된다. 이는 용언의 □□ 활용 중 '□' 탈락에 관한 내용을 음운론의 관점에서 설명한 것이다.
④ 어간의 끝 '□'이 탈락하는 경우는 '-오, -ㄴ, -는-, -니, -네, -ㅂ니다, -시-, -세' 등의 어미와 결합하는 경우이다.
⑤ '□' 탈락은 표기에 반영되지 않는다.
⑥ 용언의 어간 끝 종성에 놓이는 '□'은 □□으로 시작하는 어□나 □사 앞에서 탈락된다.
⑦ 두음 법칙에는 □ 가지 양상이 있다. 먼저 단어의 첫머리에 놓이는 '□'이 '□'으로 바뀌는 경우가 있는데 이는 음운의 □□에 해당된다. 다음으로 단어의 첫머리에 놓이는 '□'이 □□하는 경우가 있는데 바로 이것이 자음의 □□에 해당하는 현상이다.

개념 마스터

1 제시한 요소들이 결합한 단어의 표기와 표준 발음을 〈보기〉와 같이 밝히시오.

〈보기〉
쌓- + -이- + -다 → 쌓이다 [싸이다]

① 쌀 + 전 → ________ [ ]
② 좋- + -은 → ________ [ ]
③ 놀- + -오 → ________ [ ]
④ 놀- + -는 → ________ [ ]
⑤ 놀- + -ㅂ니다 → ________ [ ]
⑥ 놀- + -시오 → ________ [ ]
⑦ 낳- + -아 → ________ [ ]
⑧ 갈- + -니 → ________ [ ]
⑨ 둥글- + -오 → ________ [ ]
⑩ 바늘 + 질 → ________ [ ]
⑪ 활 + 살 → ________ [ ]
⑫ 놓- + -으니 → ________ [ ]
⑬ 말- + -니 → ________ [ ]
⑭ 알- + -니 → ________ [ ]
⑮ 울- + -짖다 → ________ [ ]

2 제시한 요소들이 결합한 단어의 표기와 표준 발음을 〈보기〉와 같이 쓰고, 음운 변동 양상을 밝히시오.

〈보기〉

않- + -아 → 않아 [아나]	
'ㅎ' 탈락	자음군 단순화
○	

① 끊- + -는 → ________ [ ]	
'ㅎ' 탈락	자음군 단순화

② 끓- + -어 → ________ [ ]	
'ㅎ' 탈락	자음군 단순화

③ 싫- + -으면 → ________ [ ]	
'ㅎ' 탈락	자음군 단순화

④ 뚫- + -는 → ________ [ ]	
'ㅎ' 탈락	자음군 단순화

⑤ 많- + -아 → ________ [ ]	
'ㅎ' 탈락	자음군 단순화

오늘은 여기까지.
하산해. 끝!

III 음운

강의노트

학습일 년 월 일

모음 탈락

유튜브 강의

Youtube Player

단어	문장	음운	국어사

◂◂ 이전 강의 ⏸ 다음 강의 ▸▸

자음 탈락	'ㄴ' 첨가

1 모음 탈락의 개념 → 표기에 반영됨

어간과 어미가 결합하는 과정에서 일부 용언의 경우 어간의 끝에 놓이는 모음이나 어미의 첫머리에 놓이는 모음이 탈락하는 현상을 말한다.

1) 어간 'ㅡ' 탈락

어간의 끝에 놓인 모음 'ㅡ'가 '-아/-어'로 시작하는 어미 앞에서 탈락하는 현상을 말한다. 이는 용언의 규칙 활용 양상인 'ㅡ' 탈락에 관한 내용을 음운론의 관점에서 설명한 것이다.

뜨(다) + -어서	
'ㅡ'가 탈락하지 않으면? 뜨어서 (×)	'ㅡ'가 탈락함 떠서 (○)

2) 어간의 '-아/-어' 탈락 → 동음 탈락

'-아/-어'로 끝나는 용언 어간이 '-아/-어'로 시작하는 어미와 만나면 어간 끝에 있던 '-아/-어'가 탈락한다. 어간의 끝 모음과 어미의 첫 모음이 같을 경우에 탈락한다고 해서 '동음 탈락'이라고도 한다. 어간이 탈락했느냐, 어미가 탈락했느냐에 대한 논란이 있기는 하지만 어간이 어미 없이 홀로 쓰이는 경우가 보편적이지 않으므로 어간의 '-아/-어'가 탈락했다고 보는 것이 자연스럽다.

가(다) + -아서	
'-아'가 탈락하지 않으면? 가아서 (×)	'-아'가 탈락함 가서 (○)

알쓸문법

한글 맞춤법 관련 조항

제34항 모음 'ㅏ, ㅓ'로 끝난 어간에 '-아/-어, -았-/-었-'이 어울릴 적에는 준 대로 적는다.

본말	준말	본말	준말
가아	가	가았다	갔다
나아	나	나았다	났다
타아	타	타았다	탔다
서어	서	서었다	섰다
켜어	켜	켜었다	켰다
펴어	펴	펴었다	폈다

[붙임 1] 'ㅐ, ㅔ' 뒤에 '-어, -었-'이 어울려 줄 적에는 준 대로 적는다.

본말	준말	본말	준말
개어	개	개었다	갰다
내어	내	내었다	냈다
베어	베	베었다	벴다
세어	세	세었다	셌다

알쓸문법

그 외의 모음 탈락

① 'ㅏ' 탈락

어간의 끝음절 '하-'에서 'ㅏ'가 탈락하고, 남은 'ㅎ'이 다음 음절의 첫소리와 어울려 거센소리가 되는 수의적인 현상이야.

- 흔하- + -지 → 흔하지, 흔치
- 흔하- + -고 → 흔하고, 흔코

② 'ㅓ' 탈락

용언의 어간 끝 모음 'ㅔ, ㅐ' 뒤에 'ㅓ'로 시작하는 어미가 놓이면 'ㅓ'가 탈락하는 수의적인 현상이야.

- 베- + -어라 → 베어라, 베라
- 매- + -어라 → 매어라, 매라

③ 'ㅜ' 탈락

동사 '푸다'에 '-어'로 시작하는 어미가 결합할 경우 어간 끝 'ㅜ'가 탈락하는 현상인데 '푸다'에만 적용되는 독특한 사례야. 용언의 활용 'ㅜ' 불규칙이 바로 이에 대한 설명이야.

- 푸- + -어 → 퍼(○), 푸어(×)

알쓸문법

한글 맞춤법 관련 조항

제18항 다음과 같은 용언들은 어미가 바뀔 경우, 그 어간이나 어미가 원칙에 벗어나면 벗어나는 대로 적는다.

4. 어간의 끝 'ㅜ, ㅡ'가 줄어질 적

푸다: 퍼, 펐다 뜨다: 떠, 떴다
끄다: 꺼, 껐다 크다: 커, 컸다
담그다: 담가, 담갔다
고프다: 고파, 고팠다
따르다: 따라, 따랐다
바쁘다: 바빠, 바빴다

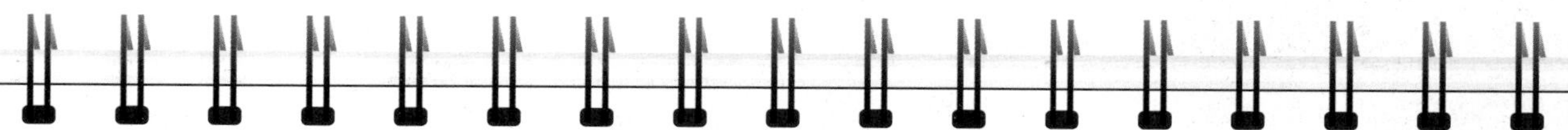

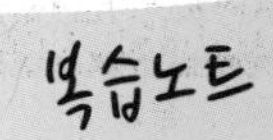

복습노트

18강 • 모음 탈락

정답 ▶ 55쪽

레인보우 리뷰

① 모음 탈락은 어□과 어□가 결합하는 과정에서 일부 용언의 경우 어□의 끝에 놓이는 모□이나 어미의 첫머리에 놓이는 모□이 탈락하는 현상을 말한다.
② 모음 탈락의 결과는 □□에 반영된다.
③ 어간의 'ㅡ' 탈락은 어간의 끝에 놓인 모음 '□'가 '-□/-□'로 시작하는 어□ 앞에서 탈락하는 현상을 말한다.
④ 어간의 'ㅡ' 탈락은 용언의 규칙 활용 양상인 '□' 탈락에 관한 내용을 음운론의 관점에서 설명한 것이다.
⑤ 어미 '-아/-어' 탈락은 '-□/-□'로 시작하는 어미가 어간의 끝에 놓인 모음 '-□/-□'와 만나면 탈락하는 현상을 말한다. 어□의 끝 모음과 어□의 첫 모음이 같을 경우에 탈락한다고 해서 '□□ 탈락'이라고도 한다.

개념 마스터

1 제시한 단어를 〈보기〉와 같이 어간과 어미로 분석하고, 그 과정에서 탈락한 음운을 밝히시오.

〈보기〉

써		
어간	어미	음운의 탈락
쓰-	-어	ㅡ

① 떠서		
어간	어미	음운의 탈락

② 가서		
어간	어미	음운의 탈락

③ 건너서		
어간	어미	음운의 탈락

④ 서서		
어간	어미	음운의 탈락

⑤ 잠가		
어간	어미	음운의 탈락

⑥ 따라		
어간	어미	음운의 탈락

⑦ 기뻐서		
어간	어미	음운의 탈락

⑧ 차서		
어간	어미	음운의 탈락

⑨ 꺼서		
어간	어미	음운의 탈락

⑩ 예뻐서		
어간	어미	음운의 탈락

⑪ 커		
어간	어미	음운의 탈락

⑫ 담가서		
어간	어미	음운의 탈락

⑬ 자서		
어간	어미	음운의 탈락

⑭ 슬퍼		
어간	어미	음운의 탈락

⑮ 바빠		
어간	어미	음운의 탈락

III 음운

강의노트

학습일 년 월 일

'ㄴ' 첨가

유튜브 강의

Youtube Player
단어 | 문장 | 음운 | 국어사
◂◂ 이전 강의 | 다음 강의 ▸▸
모음 탈락 | 반모음 첨가

1 음운 첨가의 개념 → 표기에 반영되지 않음

두 형태소가 결합될 때 그 사이에 없던 음운이 새롭게 첨가되어서 발음되는 현상을 말한다.

2 'ㄴ' 첨가의 양상 → 수의적인 현상

1) 'ㄴ' 첨가의 개념

합성어나 파생어가 만들어지는 과정에서 앞말이 자음으로 끝날 때 모음 'ㅣ'나 반모음 'ĭ'로 시작하는 형태소가 오면 그 사이에 'ㄴ'이 첨가되는 현상을 말한다.

2) 'ㄴ' 첨가의 조건

- 합성어나 파생어가 만들어지는 과정이어야 한다.
- 앞말이 자음으로 끝나야 한다.
- 결합하는 뒷말의 첫음절이 'ㅣ'나 반모음 'ĭ'로 시작해야 한다.

① 파생어

맨입 → [맨닙]

① '맨-'(접두사), '입'(어근) → 파생어
② 앞말 '맨-' → 종성이 자음
③ 뒷말 '입' → 모음 'ㅣ'로 시작

② 합성어 → 사잇소리 현상에서 발생하는 'ㄴ' 첨가와 같다.

솜이불 → [솜니불]

① '솜'(어근), '이불'(어근) → 합성어
② 앞말 '솜' → 종성이 자음
③ 뒷말 '이불' → 모음 'ㅣ'로 시작

3) 'ㄴ' 첨가 후 유음화: 앞말의 자음이 'ㄹ'인 경우에는 'ㄴ' 첨가 후 유음화가 연쇄적으로 일어난다. 유음화만 일어난 것이 아니므로 주의해야 한다.

솔잎 → [솔닙] → [솔립] 유음화

① '솔'(어근), '잎'(어근) → 합성어
② 앞말 '솔' → 종성이 자음
③ 뒷말 '잎' → 모음 'ㅣ'로 시작

알쓸문법

표준 발음법 관련 조항

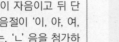

제29항 합성어 및 파생어에서, 앞 단어나 접두사의 끝이 자음이고 뒤 단어나 접미사의 첫음절이 '이, 야, 여, 요, 유'인 경우에는, 'ㄴ' 음을 첨가하여 [니, 냐, 녀, 뇨, 뉴]로 발음한다.

솜-이불[솜:니불], 홑-이불[혼니불], 막-일[망닐], 삯-일[상닐], 맨-입[맨닙], 꽃-잎[꼰닙], 내복-약[내:봉냑], 한-여름[한녀름], 남존-여비[남존녀비], 신-여성[신녀성], 색-연필[생년필], 직행-열차[지캥녈차], 늑막-염[능망념], 콩-엿[콩녇], 담-요[담:뇨], 눈-요기[눈뇨기], 영업-용[영엄뇽], 식용-유[시굥뉴], 백분-율[백뿐뉼], 밤-윷[밤:뉻]

개념 시냅스

수의적 현상인 'ㄴ' 첨가

'등용문', '월요일' 등은 'ㄴ' 첨가의 조건을 갖추었지만, 'ㄴ' 첨가 현상이 일어나지 않아.

- 등용문[등용문]
- 월요일[워료일]

개념 시냅스

사잇소리 현상의 'ㄴ' 첨가

우리가 아직 배우지 않았지만, 사잇소리 현상이라는 게 있어. 여기에도 'ㄴ'이 첨가되는 현상이 있거든. 즉 동일한 현상이지만 다른 관점에서도 설명할 수 있는 거라고 생각하면 돼. 이 부분은 뒤에 가서 다시 자세히 보자.

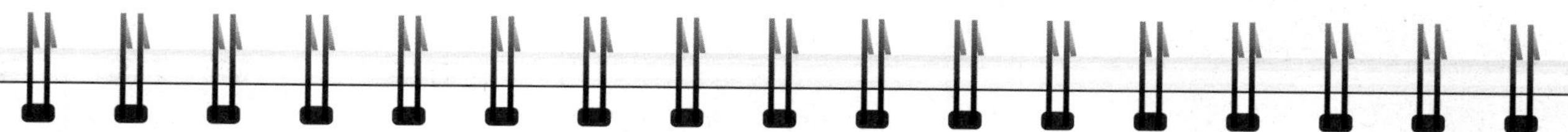

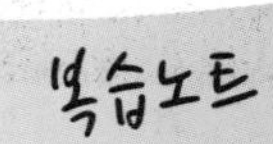

19강 • 'ㄴ' 첨가

정답 56쪽

레인보우 리뷰

① 음운 첨가란 □ 형태소가 결합될 때 그 사이에 없던 음운이 새롭게 □□되어서 □□되는 현상을 말한다.
② 'ㄴ' 첨가란 □□어나 □□어가 만들어지는 과정에서 앞말이 □음으로 끝날 때 모음 'ㅣ'나 반모음 'ˇ'로 시작하는 형태소가 오면 그 사이에 '□' 소리가 첨가되는 현상을 말한다.
③ 'ㄴ' 첨가는 □□에 반영되지 않는다.
④ 'ㄴ' 첨가가 일어나려면 합□□나 파□□가 만들어지는 과정이어야 한다.
⑤ 'ㄴ' 첨가가 일어나려면 □말이 □음으로 끝나야 한다.
⑥ 'ㄴ' 첨가가 일어나려면 결합하는 □말의 첫음절이 모음 '□'나 반모음 '□'로 시작해야 한다.
⑦ 사잇소리 현상에도 '□'이 첨가되는 현상이 있는데, 이때는 □□어로 한정된다.

개념 마스터

1 **제시한 단어의 발음과 음운 변동 현상을 〈보기〉와 같이 순차적으로 밝히고, 합성어인지 파생어인지 판단하시오. (단, 'ㄴ' 첨가와 관련이 없는 음운 변동 현상들은 먼저 제시할 것.)**

〈보기〉

홑 + 이불 → 홑이불(파생어)		
[혿이불]	[혿니불]	[혼니불]
음절의 끝소리 규칙	'ㄴ' 첨가	비음화

① 콩 + 엿 → 콩엿(□□어)		
[ ]	[ ]	

② 서울 + 역 → 서울역(□□어)		
[ ]	[ ]	

③ 막 + 일 → 막일(□□어)		
[ ]	[ ]	

④ 솜 + 이불 → 솜이불(□□어)		
[ ]		

⑤ 물 + 엿 → 물엿(□□어)		
[ ]	[ ]	[ ]

⑥ 맨 + 입 → 맨입(□□어)		
[ ]		

⑦ 직행 + 열차 → 직행열차(□□어)		
[ ]	[ ]	

⑧ 한 + 여름 → 한여름(□□어)		
[ ]		

⑨ 휘발 + 유 → 휘발유(□□어)		
[ ]	[ ]	

⑩ 내복 + 약 → 내복약(□□어)		
[ ]	[ ]	

⑪ 영업 + 용 → 영업용(□□어)		
[ ]	[ ]	

⑫ 들 + 일 → 들일(□□어)		
[ ]	[ ]	

⑬ 담 + 요 → 담요(□□어)		
[ ]		

⑭ 꽃 + 잎 → 꽃잎(□□어)		
[ ]	[ ]	[ ]

⑮ 설 + 익다 → 설익다(□□어)		
[ ]	[ ]	[ ]

⑯ 물 + 약 → 물약(□□어)		
[ ]	[ ]	

⑰ 늑막 + 염 → 늑막염(□□어)		
[ ]	[ ]	[ ]

오늘은 여기까지. 하산해. 끝!

Ⅲ 음운

학습일 년 월 일

강의노트

반모음 첨가

유튜브 강의

Youtube Player
단어 | 문장 | 음운 | 국어사
◂◂ 이전 강의 | 다음 강의 ▸▸
'ㄴ' 첨가 | 자음·모음 축약

1 반모음 첨가의 개념 → 표기에 반영되지 않음

모음으로 끝나는 형태소 뒤에 단모음으로 시작하는 형태소가 올 때 반모음 'ǐ'나 반모음 'ㅗ̆/ㅜ̆'가 첨가되는 현상을 말한다.

2 반모음 첨가의 양상

1) 반모음 'ǐ' 첨가

① 반모음 'ǐ'를 첨가하지 않고 발음하는 것이 원칙이다. 즉 반모음 'ǐ'가 첨가된 것은 표준 발음으로 인정하지 않는다.

개(다) + -어	
반모음이 첨가되지 않음 [개어] (○)	반모음이 첨가됨 [개여] (×)

② 현실 발음을 고려해 반모음 'ǐ'를 첨가하는 것을 허용하는 예외적인 사례도 있다. 'ㅣ, ㅚ, ㅟ, ㅢ'로 끝나는 용언 어간에 어미 '-아/-어'가 연결될 때에는 [어]로 발음하는 것을 원칙으로 하되 [여]로 발음하는 것도 허용한다.
→ 되어[되여], 피어[피여], 이오[이요], 아니오[아니요] 등

되(다) + -어	
반모음이 첨가되지 않음 [되어] (○)	반모음이 첨가됨 [되여] (○)

2) 반모음 'ㅗ̆/ㅜ̆' 첨가 → 예외 없이 표준 발음으로 인정하지 않는다.

좋(다) + -아라	
반모음이 첨가되지 않음 [조아라] (○)	반모음이 첨가됨 [조와라] (×)

알쓸문법

표준 발음법 관련 조항

제22항 다음과 같은 용언의 어미는 [어]로 발음함을 원칙으로 하되, [여]로 발음함도 허용한다.

예 되어[되어/되여], 피어[피어/피여]

[붙임] '이오, 아니오'도 이에 준하여 [이요, 아니요]로 발음함을 허용한다.

알쓸문법

반모음 첨가의 예시

"표준국어대사전에는 표준 발음법 제22항에 준하여 'ㅣ, ㅚ, ㅟ, ㅢ'로 끝나는 용언의 어간에 어미 '-아/어'가 연결될 경우에 원칙 발음인 [어]와 허용 발음인 [여]를 함께 제시하고 있습니다."

- 국립국어원 -

- 죄어[죄어/죄여]
- 쉬어[쉬어/쉬여]
- 기어[기어/기여]

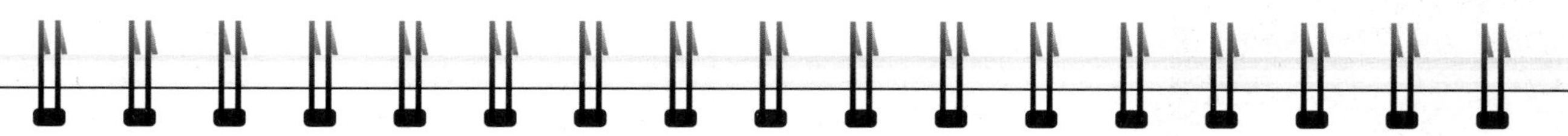

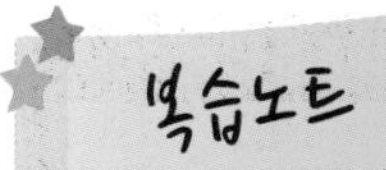

20강 • 반모음 첨가

정답 ▶ 56쪽

레인보우 리뷰

① 반모음 첨가는 □음으로 끝나는 형태소 뒤에 □모음으로 시작하는 형태소가 올 때 반모음 '□'나 반모음 '□/□'가 첨가되는 현상을 말한다.

② 반모음 첨가는 표준 발음으로 인정하지 않으며 □□에도 반영하지 않는다. 다만 현실 발음을 고려해 반모음 'ǐ'를 첨가하는 것을 허용하는 □□적인 사례들이 있다.

③ 반모음 '□/□' 첨가는 예외 없이 표준 발음으로 인정하지 않는다.

개념 마스터

1 다음 밑줄 친 단어들의 표준 발음을 〈보기〉와 같이 표시하시오. (단, 표준 발음이 여러 개일 경우 모두 표시할 것.)

〈보기〉

날이 개어서 기분이 좋아.	
[개어서]	[개여서]
○	

① 난 어른이 되어 너랑 결혼할 거야.	
[되어]	[되여]

② 아이 좋아라.	
[조아라]	[조와라]

③ 저기 좀 보아라.	
[보아라]	[보와라]

④ 꽃이 피어 있다.	
[피어]	[피여]

⑤ 여기 술상 좀 내어 오거라.	
[내어]	[내여]

⑥ 이 줄 좀 매어 봐.	
[매어]	[매여]

⑦ 나는 학생이오.	
[이오]	[이요]

⑧ 내가 범인이 아니오.	
[아니오]	[아니요]

강의노트

학습일 년 월 일

자음 축약과 모음 축약

유튜브 강의

Youtube Player

단어	문장	음운	국어사

◂◂ 이전 강의 ⏸ 다음 강의 ▸▸
반모음 첨가 | 사잇소리 현상

1 음운 축약의 개념

두 개의 형태소가 만날 때 연접한 두 음운이 합쳐져 하나의 새로운 음운으로 발음되는 현상을 말한다.

2 자음 축약의 개념과 양상 → 표기에 반영되지 않음. 거센소리되기(격음화)

예사소리 'ㅂ, ㄷ, ㅈ, ㄱ'이 앞이나 뒤에 있는 'ㅎ'을 만나면 두 음운이 합쳐져서 거센소리인 'ㅍ, ㅌ, ㅊ, ㅋ'으로 발음되는 현상을 말한다.

국화	
자음 축약이 일어나지 않으면 [국화]	자음 축약이 적용됨 [구콰]

많다	
자음 축약이 일어나지 않으면 [만다]	자음 축약이 적용됨 [만타] ◎ 'ㅎ'이 탈락한 것이 아니기 때문에 자음군 단순화가 아니라 자음 축약임

3 모음 축약의 개념 → 표기에 반영됨

이어진 두 개의 음절 속에 있는 단모음들이 서로 합쳐져서 한 개의 단모음으로 축약되는 현상을 말한다.

4 모음 축약의 양상

보- + -이- + -다 → 뵈다

◎ 단모음 'ㅗ'와 단모음 'ㅣ'가 축약되어 단모음 'ㅚ'가 되었다.

- 두 음절 속에 있는 단모음들이 서로 이어져야 한다는 조건을 갖추어야 한다.
- 두 개의 단모음이 합쳐진 결과로 한 개의 단모음이 만들어져야 한다.
- 이때 앞에 놓인 단모음과 뒤에 놓인 단모음이 축약된다. → 음운의 축약

레인보우 리뷰

반모음화? 모음 축약?

반모음화와 모음 축약을 구분하려면 먼저 반모음에 대해 정확하게 이해하고 있어야 해. 비슷한 정황이지만 분명히 다른 음운 변동이니까 헷갈리지 않도록 하자.

- 보+이+어 → ____(반모음화)
- 보+이+어 → ____(모음 축약)

- 누+이+어 → ____(반모음화)
- 누+이+어 → ____(모음 축약)

알쓸문법

한글 맞춤법 관련 조항

제35항 모음 'ㅗ, ㅜ'로 끝난 어간에 '-아/-어, -았-/-었-'이 어울려 'ㅘ/ㅝ, ㅘㅆ/ㅝㅆ'으로 될 적에는 준 대로 적는다.

본말	준말	본말	준말
꼬아	꽈	꼬았다	꽜다
보아	봐	보았다	봤다
쏘아	쏴	쏘았다	쐈다
두어	둬	두었다	뒀다
쑤어	쒀	쑤었다	쒔다
주어	줘	주었다	줬다

[붙임 2] 'ㅚ' 뒤에 '-어, -었-'이 어울려 'ㅙ, ㅙㅆ'으로 될 적에도 준 대로 적는다.

본말	준말	본말	준말
괴어	괘	괴었다	괬다
되어	돼	되었다	됐다
뵈어	봬	뵈었다	뵀다
쇠어	쇄	쇠었다	쇘다
쐬어	쐐	쐬었다	쐤다

레인보우 리뷰 정답 보여, 뵈어, 누여, 뉘어

- 음절을 기준으로 해도 개수는 한 개가 줄었고, 음운을 기준으로 해도 개수는 한 개가 줄었으므로 축약으로 파악해야 한다.
- 이 경우 반모음은 등장하지 않는다.
- 필수적인 현상이 아닌 수의적인 현상이다.

알쓸문법

표준 발음법 관련 조항

제12항 받침 'ㅎ'의 발음은 다음과 같다.

1. 'ㅎ(ㄶ, ㅀ)' 뒤에 'ㄱ, ㄷ, ㅈ'이 결합되는 경우에는, 뒤 음절 첫소리와 합쳐서 [ㅋ, ㅌ, ㅊ]으로 발음한다.

놓고[노코], 좋던[조:턴], 쌓지[싸치], 많고[만:코], 않던[안턴], 닳지[달치]

[붙임 1] 받침 'ㄱ(ㄺ), ㄷ, ㅂ(ㄼ), ㅈ(ㄵ)'이 뒤 음절 첫소리 'ㅎ'과 결합되는 경우에도, 역시 두 음을 합쳐서 [ㅋ, ㅌ, ㅍ, ㅊ]으로 발음한다.

각하[가카], 먹히다[머키다], 밝히다[발키다], 맏형[마텽], 좁히다[조피다], 넓히다[널피다], 꽂히다[꼬치다], 앉히다[안치다]

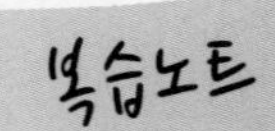

21강 • 자음 축약과 모음 축약

정답 57쪽

레인보우 리뷰

① 축약이란 □ 개의 □□소가 만날 때 인접한 두 음□이 합쳐져서 하나의 새로운 음운으로 바뀌어 발음되는 현상을 말한다.
② □□ 축약이란 예사소리 '□, □, □, □'이 앞이나 뒤에 있는 '□'을 만나면 두 음운이 합쳐져서 거센소리인 '□, □, □, □'으로 발음되는 현상을 말한다.
③ 자음 축약을 □□□□되기라고 한다.
④ 자음 축약은 □□에 반영되지 않는다.

⑤ 모음 축약은 이어진 □ 개의 음절 속에 있는 □모음들이 서로 합쳐져서 □ 개의 □모음으로 □□되는 현상을 말한다.
⑥ 모음 축약의 결과는 □□에 반영된다.
⑦ 모음 축약은 □ 음절 속에 있는 □모음들이 서로 이어져야 한다는 조건을 갖추어야 한다.
⑧ 모음 축약은 □ 개의 단모음이 합쳐진 결과로 □ 개의 □모음이 만들어진다.
⑨ 모음 축약은 앞에 놓인 □모음과 뒤에 놓인 □모음이 합쳐지므로 음운의 □□에 해당한다.
⑩ 모음 축약은 음절을 기준으로 해도 개수는 □ 개가 줄었고, 음운을 기준으로 해도 개수는 □ 개가 줄었으므로 □□으로 파악해야 한다.
⑪ 모음 축약은 필수적인 현상이 아닌 □□적인 현상이다.

개념 마스터

1 제시한 단어의 표준 발음을 〈보기〉와 같이 쓰시오.

〈보기〉
좋고 → [조코]

① 각하 → [ ]
② 맞히다 → [ ]
③ 놓다 → [ ]
④ 많지 → [ ]
⑤ 밝히다 → [ ]
⑥ 앓다 → [ ]
⑦ 딱하다 → [ ]
⑧ 좋던 → [ ]
⑨ 맏형 → [ ]
⑩ 입히다 → [ ]
⑪ 업히다 → [ ]
⑫ 밟히다 → [ ]
⑬ 꽂히다 → [ ]
⑭ 옳지 → [ ]
⑮ 입학 → [ ]
⑯ 그렇지 → [ ]
⑰ 낳고 → [ ]
⑱ 옷 한 벌 → [ ]
⑲ 법학 → [ ]
⑳ 잊히다 → [ ]
㉑ 축하 → [ ]
㉒ 잡히다 → [ ]
㉓ 놓지 → [ ]
㉔ 낙하산 → [ ]
㉕ 넣고 → [ ]
㉖ 앉히다 → [ ]
㉗ 옳고 → [ ]
㉘ 잡화 → [ ]

2 다음 제시한 단어들에 대해 모음 축약 현상이 적용된 형태를 밝히시오.

① 보이어 → □□
② 누이어 → □□
③ 쏘이어 → □□

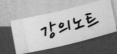

강의노트

학습일 년 월 일

사잇소리 현상과 사이시옷

유튜브 강의

Youtube Player
단어 | 문장 | 음운 | 국어사
◂◂ 이전 강의 ⏸ 다음 강의 ▸▸
자음·모음 축약 | -

1 사잇소리 현상의 개념 → 사이시옷으로 표기에 반영됨

두 개의 어근이 합쳐져서 합성어가 될 때, 뒤의 예사소리가 된소리로 변하거나 'ㄴ' 또는 'ㄴㄴ' 소리가 첨가되는 현상을 말한다.

2 사잇소리 현상의 전제 조건

합성어를 이루는 두 개의 어근 중 한 개 이상은 반드시 고유어여야 한다.

3 사잇소리 현상 – 된소리되기

앞 어근의 끝소리가 울림소리이고, 뒤 어근의 첫소리가 예사소리이면 뒤의 예사소리가 된소리로 변하는 현상

1) 앞 어근의 끝소리 모음 + ㅂ, ㄷ, ㄱ, ㅅ, ㅈ → ㅃ, ㄸ, ㄲ, ㅆ, ㅉ **사이시옷 표기**

사이시옷 / 원칙 / 발음하는 것도 허용함 / 허용

배 + 속 → 뱃속[배쏙] → 뱃속[밷쏙]

❶ '배'(고유어), '속'(고유어)
❷ '배'(모음 'ㅐ'), '속'(예사소리 'ㅅ')

○ 'ㅅ'이 'ㅆ'으로 교체되는 사잇소리 현상이 일어남을 '배'의 종성 자리에 'ㅅ'으로 표기함.
○ 사이시옷 표기의 'ㅅ' 발음(음절의 끝소리 규칙 적용 후 'ㄷ')이 실현되는 것도 허용함.

2) 앞 어근의 끝소리 ㅁ, ㄴ, ㅇ, ㄹ + ㅂ, ㄷ, ㄱ, ㅅ, ㅈ → ㅃ, ㄸ, ㄲ, ㅆ, ㅉ

물 + 병 → 물병[물뼝]

❶ '물'(고유어), '병'(한자어)
❷ '물'(울림소리 'ㄹ'), '병'(예사소리 'ㅂ')

○ 'ㅂ'이 'ㅃ'으로 교체되나, 사잇시옷을 표기할 비어 있는 종성 자리가 없음.

4 사잇소리 현상 – 'ㄴ' 또는 'ㄴㄴ' 첨가

앞 어근의 끝소리가 모음이고, 뒤 어근의 첫소리가 'ㄴ, ㅁ'으로 시작되면 'ㄴ' 소리가 첨가되는 현상. 그리고 앞 어근의 끝소리가 자음 혹은 모음일 때, 뒤 어근의 첫소리가 모음 'ㅣ'나 반모음 'ǐ'로 시작되면 'ㄴ'이 하나 또는 두 개가 첨가되는 현상.

레인보우 리뷰

된소리되기 VS 사잇소리 된소리되기

사잇소리 현상을 다룸으로써 완벽하게 된소리되기를 이해하게 되었을 거야. '된소리되기'의 2가지 양상을 아래 표로 정리해 볼게. 이 두 가지 된소리되기 현상은 서로 겹치지 않는 별개의 현상이라고 이해하면 돼.

된소리되기 조건	사잇소리 된소리되기 조건
종성 'ㅂ, ㄷ, ㄱ' + 초성 'ㅂ, ㄷ, ㄱ, ㅅ, ㅈ'	합성어 & 두 개의 어근 중 한 개 이상은 고유어 & 앞 어근 끝이 울림소리 뒤 어근은 안울림 예사소리
관형사형 어미 '-(으)ㄹ' + 초성 'ㅂ, ㄷ, ㄱ, ㅅ, ㅈ'	
어간 끝 종성 'ㄴ, ㅁ' + 초성 'ㄷ, ㄱ, ㅅ, ㅈ'	
한자어 'ㄹ' 받침 + 초성 'ㄷ, ㅅ, ㅈ'	

개념 시냅스

된소리로 바뀌었는데 사잇소리?

사잇소리 현상은 어근과 어근 사이에 어떤 소리가 들어가는 첨가 현상인데, '물병'을 보면 단순히 'ㅂ'이 'ㅃ'으로 교체되었을 뿐 어떤 소리가 들어갔다고 보기 어렵지? 이 부분이 궁금한 친구들이 많을 거야. 이걸 사잇소리 현상이라고 하는 이유는 'ㅂ'을 된소리로 바꾸어 주는 어떤 음운적 요소가 삽입되었다고 보기 때문이야. 그래서 그 요소로 인해서 된소리로 교체가 된 것이고, 그 요소는 어근 사이에 들어간 것이니 사잇소리 현상이라고 볼 수 있는 거지.

개념 시냅스

사이시옷이 붙는 예외적인 한자어

'셋방(貰房), 곳간(庫間), 찻간(車間), 툇간(退間), 숫자(數字), 횟수(回數)' 이 여섯 개를 제외한 모든 한자어 합성어는 'ㅅ'을 붙이면 안 돼.

- 전세방(○), 전셋방(×)
  → 한자어 + 한자어
- 전세집(×), 전셋집(○)
  → 한자어 + 고유어
- 차잔(×), 찻잔(○)
  → 고유어 + 한자어

차 **차**
'차(茶)'는 한자어이면서 고유어인데, 여기서는 '차'를 고유어로 보고 있어.

개념 시냅스

사잇소리가 발생하지 않는 합성어 ❶

사잇소리 현상은 수의적인 현상이야. 다음과 같은 단어들은 사잇소리 현상이 일어날 조건을 갖추었지만 사잇소리 현상이 일어나지 않는 사례들이야. 따라서 단어들을 자꾸 입 밖으로 실제로 발음해 가면서 공부를 할 필요가 있어.

예 은돈[은돈], 빨래방[빨래방], 기와집[기와집], 이슬비[이슬비], 오리발[오리발], 머리말[머리말], 불고기[불고기]

개념 시냅스

사잇소리가 발생하지 않는 합성어 ❷

① 뒤 어근이 된소리로 시작하는 경우
예 위쪽, 아래쪽

② 뒤 어근이 거센소리로 시작하는 경우
예 위채, 위층, 위턱, 아래층, 아래턱

1) 앞 어근의 끝소리 모음 + ㄴ, ㅁ → 'ㄴ' 첨가 **사이시옷 표기**

코 + 물 → 콧물[콘물]

❶ '코'(고유어), '물'(고유어) ❷ '코'(모음 'ㅗ'), '물'(초성 'ㅁ')

- '코'와 '물' 사이에 'ㄴ'이 첨가되는 사잇소리 현상이 일어남을 '코'의 종성 자리에 'ㅅ'으로 표기함.
- 발음의 변화를 사잇소리 현상의 관점과 음운 변동의 관점에서 모두 설명이 가능함.
- 음운 변동의 관점: 콧물 → [콛물](음절의 끝소리 규칙) → [콘물](비음화)

2) 앞 어근의 끝소리 자음 + ㅣ 또는 반모음 ǐ → 'ㄴ' 첨가 **'ㄴ' 첨가의 합성어 부분**

집안 + 일 → 집안일[지반닐]

❶ '집안'(고유어), '일'(고유어) ❷ '집안'(자음 'ㄴ'), '일'(모음 'ㅣ')

- '집안'과 '일' 사이에 'ㄴ'이 첨가되나, 사잇시옷을 표기할 비어 있는 종성 자리가 없음.

3) 앞 어근의 끝소리 모음 + ㅣ 또는 반모음 ǐ → 'ㄴㄴ' 첨가 **사이시옷 표기**

나무 + 잎 → 나뭇잎[나문닙]

❶ '나무'(고유어), '잎'(고유어) ❷ '나무'(모음 'ㅜ'), '잎'(모음 'ㅣ')

- '나무'와 '잎' 사이에 'ㄴㄴ'이 첨가되는 사잇소리 현상이 일어남을 '무'의 종성 자리에 'ㅅ'으로 표기함.
- 발음의 변화를 사잇소리 현상의 관점과 음운 변동의 관점에서 모두 설명이 가능함.
- 음운 변동의 관점: 나뭇잎 → [나묻입](음절의 끝소리 규칙) → [나묻닙]('ㄴ' 첨가) → [나문닙](비음화)

5 사잇소리 현상 총정리

유형	앞말의 끝소리	뒷말의 첫소리	사이시옷	음운 현상	어문 규정
1	모음	ㅂ, ㄷ, ㄱ, ㅅ, ㅈ	표기	된소리되기	표준 발음법 30-1항, 한글 맞춤법 30항
2	ㅁ, ㄴ, ㅇ, ㄹ	ㅂ, ㄷ, ㄱ, ㅅ, ㅈ	-	된소리되기	표준 발음법 28항
3	모음	ㄴ, ㅁ	표기	'ㄴ' 첨가	표준 발음법 30-2항, 한글 맞춤법 30항
4	자음	ㅣ, ǐ	-	'ㄴ' 첨가	표준 발음법 29항 합성어
5	모음	ㅣ, ǐ	표기	'ㄴㄴ' 첨가	표준 발음법 30-3항, 한글 맞춤법 30항

개념 시냅스

'ㄴ' 첨가 vs 사잇소리 'ㄴ' 첨가 한눈에 보기

'ㄴ' 첨가
앞말 자음 + 뒷말 ㅣ 또는 ǐ

파생어에서의 'ㄴ' 첨가

합성어에서의 'ㄴ' 첨가 — 같은 현상 / 다른 분류

사잇소리 현상
① 된소리되기 → 앞말 모음 + 뒷말 ㅂㄷㄱㅅㅈ
② 된소리되기 → 앞말 ㅁㄴㅇㄹ + 뒷말 ㅂㄷㄱㅅㅈ
③ ㄴ 첨가 → 앞말 모음 + 뒷말 ㄴㅁ
④ ㄴ 첨가 → 앞말 자음 + 뒷말 ㅣ 또는 ǐ
⑤ ㄴㄴ 첨가 → 앞말 모음 + 뒷말 ㅣ 또는 ǐ

알쓸문법

한글 맞춤법 관련 조항

제30항 사이시옷은 다음과 같은 경우에 받치어 적는다.

1. 순우리말로 된 합성어로서 앞말이 모음으로 끝난 경우

(1) 뒷말의 첫소리가 된소리로 나는 것

> 고랫재, 귓밥, 나룻배, 나뭇가지, 냇가, 댓가지, 뒷갈망, 맷돌, 머릿기름, 모깃불, 못자리, 바닷가, 뱃길, 볏가리, 부싯돌, 선짓국, 쇳조각, 아랫집, 우렁잇속, 잇자국, 잿더미, 조갯살, 찻집, 쳇바퀴, 킷값, 핏대, 햇볕, 혓바늘

(2) 뒷말의 첫소리 'ㄴ, ㅁ' 앞에서 'ㄴ' 소리가 덧나는 것

> 멧나물, 아랫니, 텃마당, 아랫마을, 뒷머리, 잇몸, 깻묵, 냇물, 빗물

(3) 뒷말의 첫소리 모음 앞에서 'ㄴㄴ' 소리가 덧나는 것

> 도리깻열, 뒷윷, 두렛일, 뒷일, 뒷입맛, 베갯잇, 욧잇, 깻잎, 나뭇잎, 댓잎

2. 순우리말과 한자어로 된 합성어로서 앞말이 모음으로 끝난 경우

(1) 뒷말의 첫소리가 된소리로 나는 것

> 귓병, 머릿방, 뱃병, 봇둑, 사잣밥, 샛강, 아랫방, 자릿세, 전셋집, 찻잔, 찻종, 촛국, 콧병, 탯줄, 텃세, 핏기, 햇수, 횟가루, 횟배

(2) 뒷말의 첫소리 'ㄴ, ㅁ' 앞에서 'ㄴ' 소리가 덧나는 것

> 곗날, 제삿날, 훗날, 툇마루, 양칫물

(3) 뒷말의 첫소리 모음 앞에서 'ㄴㄴ' 소리가 덧나는 것

> 가욋일, 사삿일, 예삿일, 훗일

3. 두 음절로 된 다음 한자어

> 곳간(庫間), 셋방(貰房), 숫자(數字), 찻간(車間), 툇간(退間), 횟수(回數)

알쓸문법

표준 발음법 관련 조항

제28항 표기상으로는 사이시옷이 없더라도, 관형격 기능을 지니는 사이시옷이 있어야 할(휴지가 성립되는) 합성어의 경우에는, 뒤 단어의 첫소리 'ㄱ, ㄷ, ㅂ, ㅅ, ㅈ'을 된소리로 발음한다.

> 문-고리[문꼬리], 눈-동자[눈똥자], 신-바람[신빠람], 산-새[산쌔], 손-재주[손째주], 길-가[길까], 물-동이[물똥이], 발-바닥[발빠닥], 굴-속[굴:쏙], 술-잔[술짠], 바람-결[바람껼], 그믐-달[그믐딸], 아침-밥[아침빱], 잠-자리[잠짜리], 강-가[강까], 초승-달[초승딸], 등-불[등뿔], 창-살[창쌀], 강-줄기[강쭐기]

제29항 합성어 및 파생어에서, 앞 단어나 접두사의 끝이 자음이고 뒤 단어나 접미사의 첫음절이 '이, 야, 여, 요, 유'인 경우에는, 'ㄴ' 음을 첨가하여 [니, 냐, 녀, 뇨, 뉴]로 발음한다.

> 솜-이불[솜:니불], 홑-이불[혼니불], 막-일[망닐], 삯-일[상닐], 맨-입[맨닙], 꽃-잎[꼰닙], 내복-약[내:봉냑], 한-여름[한녀름], 남존-여비[남존녀비], 신-여성[신녀성], 색-연필[생년필], 직행-열차[지캥녈차], 늑막-염[능망념], 콩-엿[콩녇], 담-요[담:뇨], 눈-요기[눈뇨기], 영업-용[영엄뇽], 식용-유[시공뉴], 백분-율[백분뉼], 밤-윷[밤:뉻]

레인보우 리뷰

'ㄴ' 첨가 VS 사잇소리 'ㄴ' 첨가

사잇소리 현상을 다룸으로써 'ㄴ 첨가'의 양상을 완벽하게 이해하게 되었을 거야. 'ㄴ' 첨가의 대상은 합성어와 파생어 모두에 해당돼. 그런데 그중에서 합성어에 대한 부분이 바로 사잇소리 현상으로도 설명이 가능하다는 얘기지. 좀 더 쉽게 예를 들게. 빨간 소고기를 불에 올리면 고기의 색깔이 점점 갈색으로 변해 가잖아. 우린 이 현상을 보며 '고기가 익는다.'라고 표현하지만, 화학자들은 '마이야르 반응이 일어나고 있군.'이라고 표현할 거야. 즉 동일한 현상에 대해 다른 관점에서도 설명이 가능하다는 얘기야.

알쓸문법

표준 발음법 관련 조항

제30항 사이시옷이 붙은 단어는 다음과 같이 발음한다.

1. 'ㄱ, ㄷ, ㅂ, ㅅ, ㅈ'으로 시작하는 단어 앞에 사이시옷이 올 때는 이들 자음만을 된소리로 발음하는 것을 원칙으로 하되, 사이시옷을 [ㄷ]으로 발음하는 것도 허용한다.

> 냇가[내:까/낻:까], 샛길[새:낄/샏:낄], 빨랫돌[빨래똘/빨랟똘], 콧등[코뜽/콛뜽], 깃발[기빨/긷빨], 대팻밥[대:패빱/대:팯빱], 햇살[해쌀/핻쌀], 뱃속[배쏙/밷쏙], 뱃전[배쩐/밷쩐], 고갯짓[고개찓/고갣찓]

2. 사이시옷 뒤에 'ㄴ, ㅁ'이 결합되는 경우에는 [ㄴ]으로 발음한다.

> 콧날[콛날 → 콘날], 아랫니[아랟니 → 아랜니], 툇마루[툳:마루 → 퇸:마루], 뱃머리[밷머리 → 밴머리]

3. 사이시옷 뒤에 '이' 음이 결합되는 경우에는 [ㄴㄴ]으로 발음한다.

> 베갯잇[베갣닏 → 베갠닏], 깻잎[깯닙 → 깬닙], 나뭇잎[나묻닙 → 나문닙], 도리깻열[도리깯녈 → 도리깬녈], 뒷윷[뒫:뉻 → 뒨:뉻]

III 음운

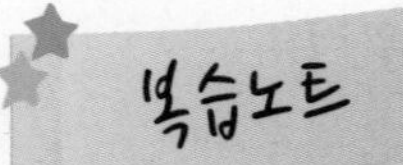

22강 • 사잇소리 현상과 사이시옷

정답 57쪽

레인보우 리뷰

① 사잇소리 현상은 □ 개의 어□이 합쳐져서 □□□가 될 때, 뒤의 □□소리가 □소리로 변하거나 '□' 또는 '□□' 소리가 첨가되는 현상을 말한다.
② 사잇소리 현상이 일어날 때는 '□□□□'이 표기에 반영되기도 한다.
③ 사잇소리 현상의 공통적인 전제 조건은 □□어를 이루는 □ 개의 어근 중 □ 개 이상은 반드시 □□어여야 한다는 것이다.
④ 사잇소리 현상의 양상에는 5가지가 있는데 아래와 같다.
㉠ 앞 어근의 끝소리 □□ + ㅂ, ㄷ, ㄱ, ㅅ, ㅈ
→ ㅃ, ㄸ, ㄲ, ㅆ, ㅉ □□□□ 표기
㉡ 앞 어근의 끝소리 □, □, □, □ + ㅂ, ㄷ, ㄱ, ㅅ, ㅈ
→ ㅃ, ㄸ, ㄲ, ㅆ, ㅉ
㉢ 앞 어근의 끝소리 모음 + □, □
→ 'ㄴ' 첨가 □□□□ 표기
㉣ 앞 어근의 끝소리 자음 + 모음 □ 또는 반모음 □
→ 'ㄴ' 첨가
㉤ 앞 어근의 끝소리 모음 + 모음 □ 또는 반모음 □
→ 'ㄴㄴ' 첨가 □□□□ 표기
⑤ '사이시옷'을 표기한 경우 앞 어근 종성 '□' 발음이 실현되는 것도 허용한다.
⑥ 사잇소리 현상의 조건을 갖추었지만 일어나지 않는 경우도 있기 때문에 사잇소리 현상은 □□적인 현상이다.

개념 마스터

1 제시한 어근들이 결합한 합성어의 형태와 발음을 〈보기〉와 같이 쓰고, 음운 변동 현상을 밝히시오.

〈보기〉

옷 + 감 → 옷감 [옫깜]

된소리되기	사잇소리 현상
○	

① 약 + 국 → ______ [   ]

된소리되기	사잇소리 현상

② 문 + 고리 → ______ [   ]

된소리되기	사잇소리 현상

③ 눈 + 동자 → ______ [   ]

된소리되기	사잇소리 현상

④ 옷 + 고름 → ______ [   ]

된소리되기	사잇소리 현상

⑤ 신 + 바람 → ______ [   ]

된소리되기	사잇소리 현상

⑥ 손 + 재주 → ______ [   ]

된소리되기	사잇소리 현상

⑦ 입 + 버릇 → ______ [   ]

된소리되기	사잇소리 현상

⑧ 길 + 가 → ______ [   ]

된소리되기	사잇소리 현상

⑨ 발 + 사 → ______ [   ]

된소리되기	사잇소리 현상

⑩ 굴 + 속 → ______ [   ]

된소리되기	사잇소리 현상

⑪ 굴 + 절 → ______ [   ]

된소리되기	사잇소리 현상

⑫ 술 + 잔 → ______ [   ]

된소리되기	사잇소리 현상

⑬ 바람 + 결 → ______ [   ]

된소리되기	사잇소리 현상

⑭ 돛 + 대 → ______ [   ]

된소리되기	사잇소리 현상

⑮ 그믐 + 달 → ________ [ ]	
된소리되기	사잇소리 현상

⑯ 발 + 동 → ________ [ ]	
된소리되기	사잇소리 현상

⑰ 강 + 가 → ________ [ ]	
된소리되기	사잇소리 현상

2 다음 어근들이 합성된 합성어의 형태와 발음을 〈보기 1〉과 같이 쓰고, 합성어들에 적용된 사잇소리 현상의 종류를 〈보기 2〉에서 골라 표시하시오.(단, 표준 발음이 두 개일 경우 둘 다 쓸 것.)

〈보기 1〉

처가 + 집 → 처갓집 [처가찝/처갇찝] (㉠)

〈보기 2〉

㉠ 앞 어근의 끝소리 모음 + ㅂ, ㄷ, ㄱ, ㅅ, ㅈ
㉡ 앞 어근의 끝소리 ㅁ, ㄴ, ㅇ, ㄹ + ㅂ, ㄷ, ㄱ, ㅅ, ㅈ
㉢ 앞 어근의 끝소리 모음 + ㄴ, ㅁ
㉣ 앞 어근의 끝소리 자음 + ㅣ 또는 반모음 ǐ
㉤ 앞 어근의 끝소리 모음 + ㅣ, 반모음 ǐ

① 내(川) + 가 → ________ [ ] ( )
② 코 + 날 → ________ [ ] ( )
③ 솜 + 이불 → ________ [ ] ( )
④ 새[間] + 길 → ________ [ ] ( )
⑤ 강 + 줄기 → ________ [ ] ( )
⑥ 빨래 + 돌 → ________ [ ] ( )
⑦ 베개 + 잇 → ________ [ ] ( )
⑧ 후(後) + 날 → ________ [ ] ( )
⑨ 창 + 살 → ________ [ ] ( )
⑩ 코 + 등 → ________ [ ] ( )
⑪ 삯 + 일 → ________ [ ] ( )
⑫ 퇴 + 마루 → ________ [ ] ( )
⑬ 등 + 불 → ________ [ ] ( )
⑭ 기 + 발 → ________ [ ] ( )
⑮ 깨 + 잎 → ________ [ ] ( )
⑯ 초승 + 달 → ________ [ ] ( )
⑰ 꽃 + 잎 → ________ [ ] ( )
⑱ 대패 + 밥 → ________ [ ] ( )
⑲ 아침 + 밥 → ________ [ ] ( )
⑳ 색 + 연필 → ________ [ ] ( )
㉑ 콩 + 엿 → ________ [ ] ( )
㉒ 해 + 살 → ________ [ ] ( )
㉓ 배 + 머리 → ________ [ ] ( )
㉔ 발 + 바닥 → ________ [ ] ( )
㉕ 배 + 속 → ________ [ ] ( )
㉖ 담 + 요 → ________ [ ] ( )
㉗ 뒤 + 윷 → ________ [ ] ( )
㉘ 물 + 동이 → ________ [ ] ( )
㉙ 배 + 전 → ________ [ ] ( )
㉚ 산 + 새 → ________ [ ] ( )
㉛ 눈 + 요기 → ________ [ ] ( )
㉜ 고개 + 짓 → ________ [ ] ( )
㉝ 밤 + 윷 → ________ [ ] ( )
㉞ 물 + 엿 → ________ [ ] ( )
㉟ 들 + 일 → ________ [ ] ( )
㊱ 예사 + 일 → ________ [ ] ( )
㊲ 풀 + 잎 → ________ [ ] ( )

Ⅲ 음운

PART IV

국어사 / 국어 규범 / 담화

국어사

국어 규범

담화

국어사를 시작하기에 앞서

Q 1 세종 대왕이 진짜 한글을 만든 게 맞나요? 세종 대왕이 신하들에게 한글을 만들라고 지시만 한 건 아닌가요?

조선의 왕들은 지금 너희들과는 비교조차 안 될 정도로 어마어마한 양의 공부를 오랜 시간 동안 해야만 했어. 그런데 세종 대왕에게는 그런 공부가 체질이었던 것 같아.

너희들 중에 혹시 시력이 나빠질 정도로 공부해 본 사람 있어?
공부를 너무 많이 해서 부모님께 핸드폰 말고 책 빼앗겨 본 사람 있어?
그래서 부모님 몰래 골방에 숨어서 공부해 본 사람 있니?

세종 대왕은 책을 너무 많이 봐서 시력이 손상되었고, 건강을 염려한 아버지 태종이 책을 전부 치우기도 했어. 그러자 세종은 아버지 몰래 숨어서 책을 읽었다고 해. 평범한 우리들과는 차원이 다른 사람이었던 거지. 세종은 특히 언어학에 관심이 많아서 중국을 통해 들여온 외국의 언어학 서적들을 깊이 탐독했어.

'세종어제훈민정음'(世宗御製訓民正音 - 세종이 훈민정음을 만드셨다.)
수많은 신하들이 두 눈 시퍼렇게 뜨고 있는데, 직접 만들지도 않았으면서 직접 만들었다고 한다? 조선이라는 국가 시스템이 그렇게 허술하지 않아. 문자를 만들기 위해서는 동기가 분명해야 되고, 그에 걸맞은 전문성을 겸비해야 돼. 따라서 당대 동북아시아 최고의 언어학자이자 만민이 평등하게 문자 생활을 할 수 있기를 꿈꿨던 세종 대왕이 훈민정음을 직접 창제했다고 보는 게 합리적인 추론이야. 따라서 신하들에게 만들라고 지시만 했다는 등의 말들은 그 어떤 기록이나 근거가 없는 뜬소문들이니까 머릿속에서 지워 버리도록 해. 다만 어떤 형태로든 집현전의 학자들이 세종의 훈민정음 창제 작업을 보좌했다는 것은 사실로 봐야 해. 또한 최만리의 상소문에 '성리학 연구에 전념해야 할 세자가 무익한 한글 연구에 정신을 쏟는 것은 옳지 못하다.'라는 내용이 있는 걸로 보아 세종의 아들인 문종이 한글 창제 작업에 참여했을 가능성도 있다고 봐야겠지.

Q 2 훈민정음과 한글의 차이가 뭐에요?

'훈민정음'은 '백성을 가르치는 바른 소리'라는 뜻으로, '문자의 이름'인 동시에 '훈민정음'이라는 '해설서의 제목'이기도 해. 그래서 이 둘을 구분하기 위해서 해설서는 '훈민정음 해례본'이라고 구분해서 부르는 거지.

자, 너희들이 세상에 없던 새로운 문자를 만들었다고 치자. 사람들이 그 문자의 원리나 체계를 알게 하기 위해서는 해설서도 같이 만들어야겠지? 그 해설서는 당연히 새로 만든 문자가 아니라 기존에 통용되던 문자로 기록해야겠지? 그래야 사람들이 해설서를 읽으면서 새로운 문자를 이해할 수가 있을 테니까. 그래서 '훈민정음 해례본'은 한자로 기록되어 있어.

훈민정음이라는 문자 이름은 '정음', '언문' 등으로 불리다가 1910년대 즈음에 들어와서야 '한글'로 불리기 시작했어. '한글'이라는 이름을 주시경이 지었다는 설과 최남선이 지었다는 설이 있는데 아직 확실하게 밝혀지지는 않고 있어. 한글은 '대한제국의 글'이라는 의미에 시간이 흐르면서 '큰 글', '유일한 글'이라는 의미가 덧붙게 되었어.

Q 3 그러면 해설서인 '훈민정음 해례본'은 어떻게 구성되어 있나요?

다음 표의 내용처럼 정리할 수 있어.

제목	내용
어제 서문	훈민정음을 창제한 의도와 목적을 서술
예의	자모의 형태와 음가 설명
	자모의 운용법과 용례 제시
해례	훈민정음 자모를 만든 과정과 사용 방법에 대한 설명(제자해, 초성해, 중성해, 종성해, 합자해)
	실제 훈민정음이 사용된 용례 제시
정인지 서문	훈민정음 창제의 동기와 목적, 정음의 우수성, 정음 창제의 경위 설명

지금까지 발견된 '훈민정음 해례본'은 딱 2개밖에 없어. 간송 전형필 선생님이 1940년 안동에서 발견하여 일제 강점기와 한국 전쟁을 겪으면서도 목숨을 걸고 보관했던 것을 '간송본(안동본)'이라고 해. 현재 간송미술관에 보관되어 있고, 국보 70호로 지정되어 있어.

그리고 2008년 7월에 경북 상주에서 우연히 발견된 '상주본'이 있는데, 현재 개인 간에 소유권 분쟁이 일어나서 자세한 행방은 알 수 없는 상황이야. 안타까운 일이지.

또한 '훈민정음 언해본', 즉 '國之語音 異乎中國'으로 시작하는 게 아니라 '나랏 말ᄊᆞ미 듕귁에 달아'로 시작되는 이 책은 별도로 만들어진 단행본이 아니야. 『월인석보』라는 책이 있는데 그 책의 첫째 권 서두에 실려 있는 책 속의 책이라고 보면 돼.

Q 4 실제로 백성들이 한글을 쓰긴 썼나요?

성리학의 기반 위에서 개국한 조선은 유교를 백성들에게 보급할 필요가 있었어. 그래서 고을 곳곳에 퍼져 있던 서당과 향교를 통해서 유교 사상을 보급하였는데, 이러한 과정에서 한글은 매우 중요한 역할을 담당하게 되었어. 그래서 서당에서 특히 한글 교육이 집중적으로 이루어졌다고 해.

1998년에 경북 안동에서 한 여인의 편지가 발견되었어. 이는 1586년에 기록된 편지인데, 죽은 남편을 향한 여인의 구구절절한 사연이 화제였었지. 훈민정음이 창제된 지 불과 140여 년이 지났을 뿐인데, 지방의 여인이 일상에서 능숙하게 사용할 정도였으니, 대단한 속도로 전파되었다는 걸 알 수 있겠지?

Q 5 한글날은 왜 10월 9일인가요?

'세종실록'을 보면 훈민정음 창제와 관련한 기록이 두 개가 나와. 하나는 세종 25년(1443년) 12월 기록인데, '세종이 28자를 만들었고, 이를 훈민정음이라 일컬었다.'라는 것이고, 다른 하나는 세종 28년(1446년) 9월 기록인데, '이달에 훈민정음이 이루어졌다.'라는 것이야. 조선어연구회(조선어학회 전신)는 후자를 근거로 삼아서 음력 9월 말일을 양력으로 환산한 11월 4일을 기념일로 삼았었는데, 앞서 설명한 훈민정음 해례본이 1940년에 안동에서 발견되면서 '9월 상한'이라는 구체적인 단서가 나오게 되었지. 그래서 이를 양력으로 환산한 10월 9일을 한글날로 기념하게 되었던 거야. 전 세계에서 문자를 발명한 날을 국경일로 삼고 있는 나라는 우리나라가 유일하다고 하니 자부심을 가질 만하지?

Q 6 UN 산하 유네스코에 세종대왕상이라는 게 진짜 있나요?

응. 진짜로 있어. 정식 명칭은 '유네스코 세종 대왕 문해상(UNESCO King Sejong Literacy Prize)'이고, 1989년에 제정되었어. 문맹 퇴치에 공헌하거나 모국어 보급·발전에 기여한 개인이나 단체에 해마다 시상을 하는데, 상금이 2만 달러야. 세계 문해의 날인 9월 8일에 시상식이 열리고 있어.

강의노트

학습일 년 월 일

차자 표기의 개념

유튜브 강의

Youtube Player

단어	문장	음운	국어사

◀◀ 이전 강의 ⏸ 다음 강의 ▶▶

-	차자 표기의 종류

1 차자 표기의 개념

우리 조상들은 15세기에 훈민정음이 만들어지기 전까지는 중국의 한자를 가져다 사용하였다. 그런데 한자는 중국어에 특화된 문자여서 그대로 사용하기에는 여러모로 불편한 점이 많았다. 그럼에도 불구하고 우리 선조들은 우리말의 실정에 맞게끔 한자를 독창적으로 운용하여 슬기로운 문자 생활을 영위하였다.

한자를 이용해서 우리말을 표기하던 방식들을 통틀어서 차자 표기라고 한다. 한자의 소리를 가져와 표기하는 것을 음차, 한자의 뜻을 가져와 표기하는 것을 훈차라고 하며, 음차한 한자를 읽는 방식을 음독, 훈차한 한자를 읽는 방식을 훈독이라고 한다.

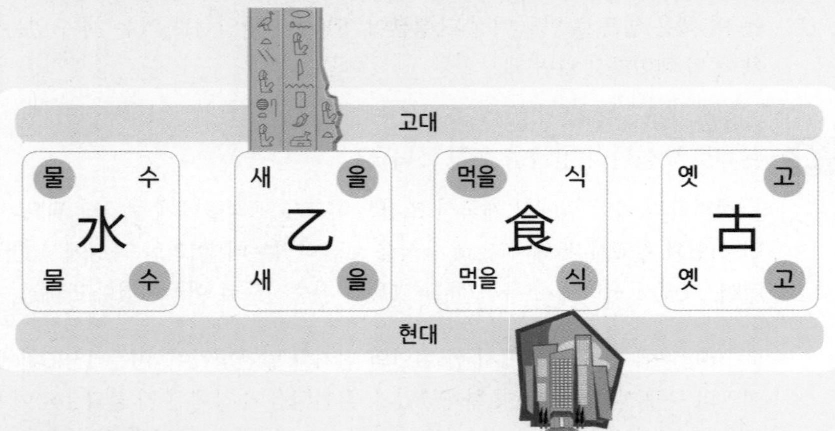

개념 시냅스

국어사의 시대 구분

국어사를 구분할 때는 대개 아래와 같이 '고려 건국' 전후, '임진왜란' 전후를 기점으로 '고대 국어, 중세 국어, 근대 국어'로 나눠. 이때 중세 국어는 '훈민정음 창제(1443년)'를 기점으로 전기 중세 국어와 후기 중세 국어로 세분하고, 근대 국어는 갑오개혁(1894)까지로 설정해. 물론 이것은 대략적인 시대 구분이니까 참고만 하면 돼.

훈민정음 (1443) / 갑오개혁 (1894) / 고려 건국 (918) / 임진왜란 (1592)

고대 국어 / 중세 국어 / 근대 국어

2 차자 표기의 종류

1) 고유 명사 표기

① 인명

소나 혹운금천 백성군사산인야
素那(或云金川) 白城郡蛇山人也

○ '소나'(혹은 금천)는 백성군 사산 사람이다.

방식 \ 한자	素	那	金	川
훈차	흴	어찌	쇠	내
음차	소	나	금	천

'소나'와 '금천'은 동일한 한 사람인데, 현대적 관점에서 음독을 하면 이 둘의 이름은 같은 사람일 수가 없다. 따라서 '소나'는 음독, '금천'은 훈독을 해야 '소나'와 '쇠내'가 대응을 하게 되고, 이 둘의 발음이 비슷해짐을 알 수 있다. 이때 '소나'와 '쇠내'의 발음이 똑같지 않은 이유는 오늘날의 한자 발음이 그 당시와는 달라졌기 때문이다. 즉 둘의 발음이 그 당시에 '소나-소내, 쇠나-쇠내' 중 어느 것인지는 알 수 없으나 '素那' 또는 '金川'으로 표기하였더라도, 이 둘의 발음은 같았을 것이라고 추정한다.

알쓸문법

석독(釋讀) 풀 석 읽을 독

한자의 뜻 부분을 읽는 방법을 보통은 '훈독'이라고 하는데, 때로는 '석독'이라는 말을 사용하기도 해.

혁 거 세 왕 개 향 언 야 혹 작 불 구 내 왕 언 광 명 리 세 야
赫居世王…蓋鄕言也 或作弗矩內王 言光明理世也

혁거세왕은 대개 우리말(국어)이다. (혁거세왕을) 혹은 불구내왕이라고도 하는데 광명이 세상을 다스린다는 말이다.

방식 \ 한자	赫	居	世	弗	矩	內
훈차	붉을(밝을)	있을	누리(세상)	아닐	곱자	안
음차	혁	거	세	불	구	내

여기서도 '혁거세'와 '불구내'는 같은 사람인데, 현대적 관점에서 음독을 하면 이 둘은 결코 같은 사람일 수가 없다. 따라서 '혁'은 훈독, '거'는 음독, '세'는 훈독을 하고, '불구내'는 음독을 해야 '혁거세'와 '불구내'가 대응을 하게 되고, 이 둘의 발음이 '볼거누'와 '불구내'로 비슷해짐을 알 수 있다. 이때 이들의 발음이 똑같지 않은 이유도 앞서 말한 것처럼 한자 발음이 지금과는 달랐기 때문이고 결론적으로 '赫居世'로 표기하든 '弗矩內'로 표기하든 이 둘의 발음은 같았을 것이라고 추정하는 것이다. 따라서 우리가 타임머신을 타고 그 시절로 가서 아무리 '혁거세가 누구요'라고 물어봤자 당시 사람들은 '혁거세'가 누구를 가리키는지 알아차리지 못할 것이다.

② 지명

영 동 군 본 길 동 군 경 덕 왕 개 명
永同郡 本吉同郡 景德王改名

영동군은 본래 길동군이었는데, 경덕왕이 이름을 고쳤다.

방식 \ 한자	永	同	吉	同
훈차	길	같을	길할	같을
음차	영	동	길	동

여기서도 '영동'과 '길동'이 동일한 지명이 되려면 '영'은 훈독, '동'은 음독을 해야 하고, '길'과 '동'도 음독을 해야 했다. 즉 사람들이 길동이라는 고을 이름을 '吉同'으로 표기하며 음독을 하고 있었는데, 경덕왕이 지명의 한자를 '永同'로 바꾸었다. 그래서 사람들은 '永'을 훈독하였으며, 그 결과 비록 한자는 달라졌으나 똑같이 '길동'이라고 부르게 된 것이다. 하지만 시간이 흘러 한자를 음독하는 관습이 정착되었고, 결국 오늘날처럼 음독을 하게 되어 결국 '영동'이라는 지명으로 정착되었다.

IV 국어사·국어 규범·담화

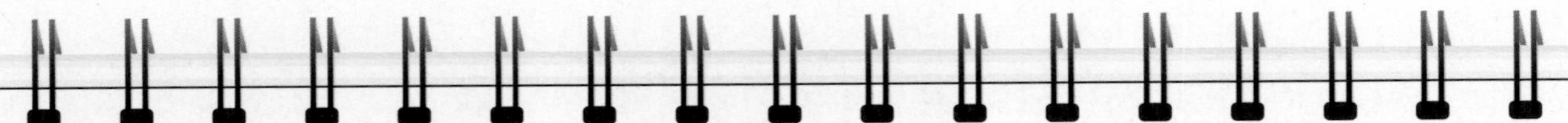

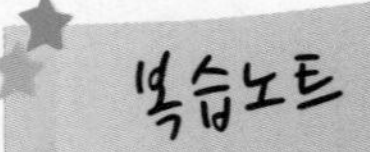

복습노트

1강 • 차자 표기의 개념

정답 58쪽

레인보우 리뷰

① 우리 조상들은 훈민정음 창제 이전까지는 중국의 □□를 가져와 문자 생활을 하였다.

② 한자를 이용해서 우리말을 표기하던 방식들을 통틀어서 □□ 표기라고 한다.

③ 한자의 소리를 가져와서 표기하는 것을 □차라고 한다.

④ 한자의 뜻을 가져와서 표기하는 것을 □차라고 한다.

⑤ 음차한 한자를 읽는 방식을 □□이라고 한다.

⑥ 훈차한 한자를 읽는 방식을 □□이라고 한다.

⑦ 고대 국어와 중세 국어를 나누는 기준이 되는 사건은 □□ 건국이다.

⑧ 중세 국어와 근대 국어를 나누는 기준이 되는 사건은 □□□□이다.

⑨ 근대 국어와 현대 국어를 나누는 기준이 되는 사건은 □□□□이다.

⑩ 전기 중세 국어와 후기 중세 국어를 나누는 기준이 되는 사건은 □□□□의 창제이다.

개념 마스터

1 다음 제시된 사람의 이름 ①과 ②가 같은 소리로 읽혔다고 할 때, 한자의 무엇을 차용한 것인지 해당 부분에 ○로 표시하시오.

소나 혹운금천 백성군사산인야
素那(或云金川) 白城郡蛇山人也
① 素那 ② 金川

◎ '소나'(혹은 금천)는 백성군 사산 사람이다.

방식 \ 한자	素	那	金	川
훈차	흴	어찌	쇠	내
음차	소	나	금	천

2 다음 제시된 지명의 이름 ①과 ②가 같은 소리로 읽혔다고 할 때, 한자의 무엇을 차용한 것인지 해당 부분에 ○로 표시하시오.

영동군 본길동군 경덕왕개명
永同郡 本吉同郡 景德王改名
① 永同 ② 吉同

◎ 영동군은 본래 길동군이었는데, 경덕왕이 이름을 고쳤다.

방식 \ 한자	永	同	吉	同
훈차	길	같을	길할	같을
음차	영	동	길	동

3 다음 제시된 사람의 이름 ①과 ②가 같은 소리로 읽혔다고 할 때, 한자의 무엇을 차용한 것인지 해당 부분에 ○로 표시하시오.

혁거세왕 개향언야 혹작불구내왕
赫居世王…蓋鄕言也 或作弗矩內王
① 赫居世 ② 弗矩內

언광명리세야
言光明理世也

◎ 혁거세왕은 대개 우리말(국어)이다. (혁거세왕을) 혹은 불구내왕이라고도 하는데 광명이 세상을 다스린다는 말이다.

방식 \ 한자	赫	居	世	弗	矩	內
훈차	붉을	있을	누리	아닐	곱자	안
음차	혁	거	세	불	구	내

차자 표기의 종류

1 차자 표기의 개념

한자를 이용해서 우리말을 표기하던 방식들을 통틀어서 차자 표기라고 한다.

2 차자 표기의 종류

1) 고유 명사 표기: 인명, 지명 등

2) 서기체

한자를 중국어 어순이 아닌 우리말 어순에 따라 나열하여 표기한 방식을 말하는데, 신라의 두 젊은이가 임신년에 서약의 글을 기록한 돌인 '임신서기석(壬申誓記石)'이 대표적인 사례이다. 이 돌에 기록된 한자는 놀랍게도 중국어의 어순이 아니라 우리말의 어순이었고, 이는 한자를 우리의 언어 실정에 맞게 응용해서 사용하고 있었음을 보여 주는 중요한 근거가 되었다. 경우에 따라 서기체를 초기 이두로 분류하기도 한다.

임신서기석

중국어 어순	서기체
맹세할 하늘 앞 誓天前(서천전) ◎ 맹세한다 하늘 앞에서	하늘 앞 맹세할 天前誓(천전서) ◎ 하늘 앞에서 맹세한다.

3) 이두(吏讀) (벼슬아치 이, 구절 두)

이두는 서기체보다 정교하게 발전된 차자 표기 방식이다. 한자를 우리말 어순에 따라 나열할 뿐만 아니라 조사나 어미 같은 우리말 고유의 문법적 요소들을 한자를 활용해서 덧붙였으며 주로 행정 문서, 계약서, 묘비문 등을 기록하는 데 사용하였다.

중국어 어순	서기체(초기 이두)	이두
읽을 책 讀書(독서) ◎ 읽다 책	책 읽을 書讀(서독) ◎ 책 읽다	책 새 읽을 書乙讀(서을독) ◎ 책을 읽다

4) 구결(口訣) (입 구, 이별할 결)

띄어쓰기가 안 되어 있는 길고 긴 한문을 읽는다는 건 결코 쉬운 일이 아니었다. 그래서 좀 더 쉽게 읽고 이해하기 위해서 원문 중간중간에 조사나 어미 같은 우리말 고유의 문법적 요소들을 한자를 활용해 표기했는데 이를 구결이라고 한다. 이두와 비교하면 원문을 우리말 어순으로 재배열했느냐 하지 않았느냐 차이 정도이고, 문법 요소들을 제거하면 한문 원문과 일치하게 된다. 주로 유교나 불교의 경전을 읽기 쉽게 하기 위해서 사용했다.

개념 시냅스

이두와 구결

'이두'와 '구결'은 훈민정음이 창제된 후에도 조선 말기까지 계속 사용되었어. 한글로 된 문서는 법적인 효력을 얻지 못했다는 이유도 있지만, 무엇보다도 관리들이 '이두'와 '구결'의 표기 방식을 선호했기 때문이야.

한문 원문	구결
오직 사람 가장 귀할 唯人最貴 (유인최귀) 유 인 최 귀 오직 사람 가장 귀하다	오직 사람 저 가장 귀할 할 여승 唯人伊最貴爲尼 (유인이최귀하니) 유 인 이 최 귀 위 니 오직 사람이 가장 귀하니

시골 뽑을
향 찰

5) 향찰(鄕札)

이두와 구결이 한문을 좀 더 쉽게 읽고 쓰기 위해 고안한 보조적인 방법이었다고 한다면, 향찰은 한자의 음과 뜻을 사용해서 우리말 문장 전체를 전면적으로 표기할 수 있었던 종합적인 차자 표기 방식이었다. 우리말의 실질 형태소(체언, 용언 어간)들은 훈차의 방식으로, 형식 형태소(조사, 어미)들은 음차의 방식으로 표기했던 향찰은 가장 정교하게 발달한 차자 표기 방식이었지만, 읽고 쓰기의 방식이 복잡했을 뿐만 아니라 주로 향가를 기록할 때에만 사용되었기에 이두나 구결보다는 수명이 짧았다. 향찰은 향가가 쇠퇴하면서 자연스럽게 소멸하였다.

알쓸문법

향가

신라 시대에 향유되었던 노래로서 주로 배경 설화와 함께 전해지며, 배경 설화의 중간에 삽입되어 있는 형태를 띠고 있어. 창작 계층과 향유 계층은 주로 승려나 화랑이었을 것이라고 추정하며 『삼국유사』에 14수, 『균여전』에 11수가 실려 있어.

야 입 이 유 행 여 가
夜入伊遊行如可

위 구절은 향가 '처용가'의 한 부분이다. 현대인들은 당연히 '야입이유행여가'라고 읽겠지만, 신라 시대 사람들은 '밤 들이 노니다가(밤이 접어들 때까지 놀며 다니다가)'와 같이 읽었을 것이라고 볼 수 있다. '夜入伊遊行如可'에 쓰인 한자를 단순하게 풀이하면 원활하게 해석하기가 사실상 불가능하다. 왜냐하면 향찰은 오늘날과는 달리 훈독과 음독을 병행했기 때문이다.

방식 \ 한자	夜	入	伊	遊	行	如	可
훈차	밤	들	저	놀	니 '가다'의 고어	다올 '같다'의 고어	옳을
음차	야	입	이	유	행	여	가

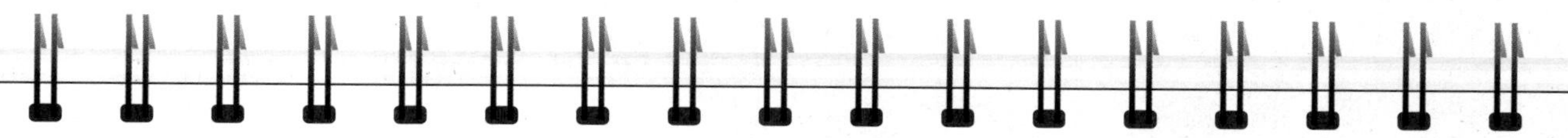

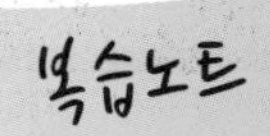

복습노트

2강 • 차자 표기의 종류

정답 58쪽

레인보우 리뷰

① 한자를 이용해서 우리말을 표기하던 방식들을 통틀어서 □□ 표기라고 한다.

② 한자를 중국어 어순이 아닌 우리말 어순에 따라 나열하여 표기한 방식을 □□체라고 한다.

③ □□는 한자를 □□□ 어순에 따라 나열할 뿐만 아니라 조사나 어미 같은 우리말 고유의 문법적 요소들을 한자를 활용해서 덧붙이는 표기 방식이었다.

④ □□은 □□의 어순을 따르되, 원문 중간중간에 조사나 어미 같은 우리말 고유의 문법적 요소들을 한자를 활용해 표기한 방식이었다.

⑤ 이두와 구결은 □□ 시대에도 계속 사용되었다.

⑥ 우리말 고유의 문법 요소들을 제거할 때 한문 원문이 남는 것은 □□이다.

⑦ □□은 한자의 음과 뜻을 사용해서 우리말 문장 전체를 전면적으로 표기할 수 있었던 종합적인 차자 표기 방식이었다.

⑧ 향찰은 체언, 용언 어간 등 실질 형태소들은 □차의 방식으로, 조사, 어미와 같은 형식 형태소들은 □차의 방식으로 표기하였다.

⑨ 향가의 주된 향유 계층은 □□나 □□이었다.

⑩ 향찰은 □□가 쇠퇴하면서 자연스럽게 소멸하였다.

개념 마스터

1 한자 ①~③을 서기체로 표현한다고 할 때 순서대로 번호를 쓰시오.

중국어 어순	서기체
맹세할 하늘 앞 **誓 天 前** (서천전) ① ② ③ 맹세한다 하늘 앞에서	____ → ____ → ____

2 다음과 같이 한자를 이두로 표기할 때 그 과정을 간단하게 두 단계로 나누어 설명하시오.

중국어 어순	이두
읽을 책 **讀 書** (독서) ⟶ 읽다 책	책 새 읽을 **書 乙 讀** (서을독) 책을 읽다

첫 번째 단계: ______________________

두 번째 단계: ______________________

3 다음 구결 표기에서 원문에 덧붙인 한자를 찾아 ○를 표시하시오.

구결
오직 사람 저 가장 귀할 할 여승 **唯 人 伊 最 貴 爲 尼** 유 인 이 최 귀 위 니 오직 사람이 가장 귀하니

4 다음 향찰 표기에서 한자의 무엇을 차용한 것인지 해당 글자마다 ○로 표시하시오.

夜入伊遊行如可 밤들이 노니다가

한자 / 방식	夜	入	伊	遊	行	如	可
훈차	밤	들	저	놀	니	다울	옳을
음차	야	입	이	유	행	여	가

IV 국어사 · 국어 규범 · 담화

5 min
오분만에 마스터하는 국어
3강

강의노트

학습일 　 년 　 월 　 일

'서동요' 분석

Youtube Player
단어 | 문장 | 음운 | 국어사
◂◂ 이전 강의 ⏸ 다음 강의 ▸▸
차자 표기의 종류 | 제자 원리①

개념 시냅스

향가의 해독

향찰은 오늘날 우리가 사용하는 한자와 쓰임이 달라. 맨 처음에 학자들이 향가를 단순한 한문인 줄 알고 해석하려고 했는데, 아무리 봐도 도무지 무슨 말인 줄 알 수가 없었대. 왜냐하면 맥락에 안 맞는 한자들이 중간중간에 끼여 있었기 때문이지. 겨우 해독 방식을 밝혀내고, 해석을 해 보았더니 실질 형태소들은 훈차, 형식 형태소들은 음차의 방식으로 표기되어 있었음을 발견하게 된 거지. 그런데 당시의 어휘들과 지금의 어휘들 사이에는 많은 차이가 있을 뿐만 아니라 한자의 음과 훈도 달랐기 때문에 사실 그 누구도 향찰을 100% 정확하게 해석해 내기는 힘들어.

1 향찰 원문과 해석본

善化公主主隱　　선화 공주니믄
他密只嫁良置古　　ᄂᆞᆷ 그ᅀᅳ지 얼어 두고
薯童房乙　　맛둥바ᄋᆞᆯ
夜矣夘乙抱遣去如　　바ᄆᆡ 몰 안고 가다

- 양주동 해독

2 향찰 분석

	善	化	公	主	主	隱
음	선	화	공	주	주	은
뜻	착할	될	공평할	임금	임금	숨을
해석	선화 공주님은					

	他	密	只	嫁	良	置	古
음	타	밀	지	가	량	치	고
뜻	남	그윽할	다만	얼다 (시집갈)	좋을	둘	옛
해석	남 몰래 결혼해 두고						

	薯	童	房	乙
음	서	동	방	을
뜻	마	아이	방	새
해석	맛둥 서방을			

	夜	矣	夘	乙	抱	遣	去	如
음	야	의	묘	을	포	견	거	여
뜻	밤	어조사	토끼	새	안을	보낼	갈	다울 (같을)
해석	밤에 몰래 안고 가다							

4강

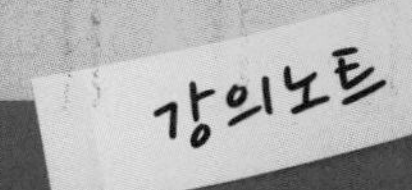

학습일 년 월 일

훈민정음의 제자 원리 ①

유튜브 강의

Youtube Player

단어	문장	음운	국어사

◂◂ 이전 강의 ⏸ 다음 강의 ▸▸

서동요 분석	제자 원리②

1 훈민정음의 제자(制字) 원리

(제자: 만들 제, 글자 자)

1) 초성자

① 기본자 → 상형의 원리

기본자 'ㄱ, ㄴ, ㅁ, ㅅ, ㅇ'은 가장 기본이 되는 자음 자모로서 발음 기관의 모양을 본떠서 만든 글자이다.

자모	훈민정음 제자해	해석
ㄱ	牙音ㄱ 象舌根閉喉之形	아음(어금닛소리) ㄱ은 혀뿌리가 목구멍을 막는 모양을 본떴다.
ㄴ	舌音ㄴ 象舌附上齶之形	설음(혓소리) ㄴ은 혀가 윗잇몸(위턱)에 붙는 모양을 본떴다.
ㅁ	脣音ㅁ 象口形	순음(입술소리) ㅁ은 입 모양을 본떴다.
ㅅ	齒音ㅅ 象齒形	치음(잇소리) ㅅ은 이 모양을 본떴다.
ㅇ	喉音ㅇ 象喉形	후음(목청소리) ㅇ은 목구멍 모양을 본떴다.

② 가획자(加劃字) → 가획의 원리

(가획: 더할 가, 새길 획)

가획자는 기본자에 획을 더해서 만든 자모이며, 이때 획을 더한다는 것에는 소리의 세기가 점점 강해진다는 의미가 담겨 있다.

조음 위치	기본자	1차 가획자	2차 가획자	이체자
어금닛소리/아음(牙音)	ㄱ	ㅋ		ㆁ
혓소리/설음(舌音)	ㄴ	ㄷ	ㅌ	ㄹ
입술소리/순음(脣音)	ㅁ	ㅂ	ㅍ	
잇소리/치음(齒音)	ㅅ	ㅈ	ㅊ	ㅿ
목청소리/후음(喉音)	ㅇ	ㆆ	ㅎ	

소리의 세기가 점점 강해짐 →

③ 이체자(異體字)

(이체: 다를 이, 몸 체)

ㆁ(옛이응), ㄹ, ㅿ(반치음)을 이체자라고 한다. 이들은 각각 'ㅇ, ㄷ, ㅅ'에 획을 더한 모양이기는 하지만 소리가 점점 강해진다는 가획의 원리는 적용되지 않은 별도의 자모들이다. 다르게 만들어졌다 하여 '이체자'라고 한다.

> 唯ㆁ爲異 半舌音ㄹ 半齒音ㅿ 亦象舌齒之形而異其體 無加劃之義焉
>
> ○ 해석: 오직 'ㆁ'이 다르다. 반설음 'ㄹ'과 반치음 'ㅿ' 또한 설음(ㄴ)과 치음(ㅅ)의 형태를 본떴으나 그 체는 다르기에 획을 더한 뜻이 없다.

개념 시냅스

소실된 자음 자모

'ㆆ(여린히읗), ㅿ(반치음), ㆁ(옛이응)'은 훈민정음 창제 당시에는 사용되었지만 오늘날에는 사용되지 않는 자모들이야.

알쓸문법

훈민정음의 구성

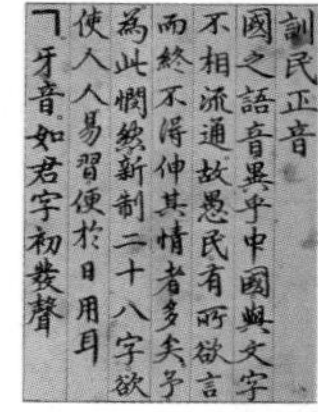
訓民正音
國之語音異乎中國與文字
不相流通故愚民有所欲言
而終不得伸其情者多矣予
爲此憫然新制二十八字欲
使人人易習便於日用耳
ㄱ牙音如君字初發聲

[훈민정음 해례본]

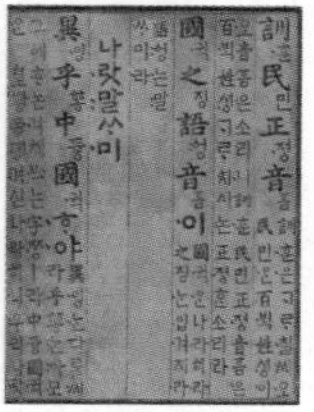

[훈민정음 언해본]

① 훈민정음 해례본(한문)의 구성

- 어제 서: 창제의 동기와 목적
- 예의
  - 자모의 형태와 음가
  - 글자의 운용법
- 훈민정음 해례
  - 제자해, 초성해, 중성해, 종성해, 합자해
- 정인지 서: 창제의 동기와 목적, 정음의 우수성, 정음 창제의 경위

② 훈민정음 언해본

『훈민정음』 해례본과 달리 단행본이 아니라 『월인석보』 첫째 권의 서두에 실린 글인데, 제목이 '세종어제훈민정음'이라고 되어 있어. 한문본인 『훈민정음』 해례본의 일부를 한글로 번역해 놓은 것이고, 우리가 교과서나 교재에서 접하는 '나랏말ᄊᆞ미 듕귁에 달아'는 바로 이 언해본의 일부를 다시 간략하게 편집한 내용이야.

알쓸문법

'훈민정음'의 의미

'훈민정음'이라는 말은 '백성을 가르치는 바른 소리'라는 뜻의 세종이 창제한 문자 이름을 뜻하기도 하고, 동시에 문자 '훈민정음'의 해설서인 『훈민정음』 해례본을 뜻하기도 해.

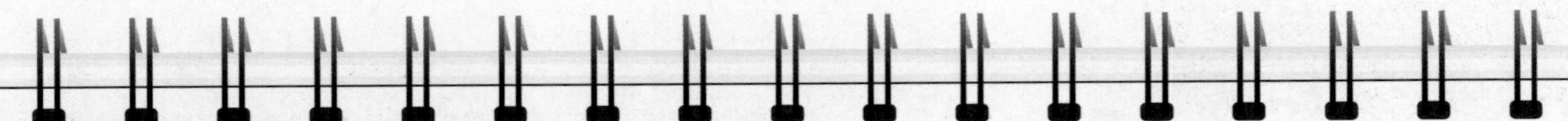

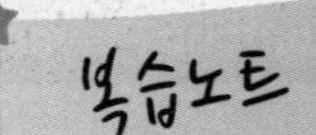
복습노트

4강 • 훈민정음의 제자 원리 ①

정답 58쪽

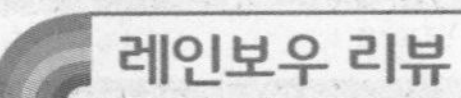
레인보우 리뷰

① 초성의 기본자는 □, □, □, □, □이다.
② 초성의 기본자는 □□ □□의 모양을 본떠서 만들어진 글자이다.
③ □은 혀뿌리가 목구멍을 막는 모양을 본떴다.
④ □은 혀가 윗잇몸에 붙는 모양을 본떴다.
⑤ ㅁ은 □ 모양을 본떴다.
⑥ ㅅ은 □ 모양을 본떴다.
⑦ ㅇ은 □□□ 모양을 본떴다.
⑧ 가획자는 기본자에 □을 더해서 만든 글자이다.
⑨ 획을 더한다는 것은 소리의 □□가 점점 강해진다는 의미를 담고 있다.
⑩ ㄱ의 1차 가획자는 □이다.
⑪ ㄴ의 1차 가획자는 □, 2차 가획자는 □이다.
⑫ ㅁ의 1차 가획자는 □, 2차 가획자는 □이다.
⑬ ㅅ의 1차 가획자는 □, 2차 가획자는 □이다.
⑭ ㅇ의 1차 가획자는 □, 2차 가획자는 □이다.
⑮ □□자는 획을 더한 모양이기는 하지만 소리가 점점 강해진다는 가획의 원리는 적용되지 않은 별도의 자모이다.
⑯ 이체자에는 '□, □, □'이 있다.

개념 마스터

1 다음 빈칸에 들어갈 알맞은 자모를 쓰시오.

조음 위치	기본자	1차 가획자	2차 가획자	이체자
어금닛소리				
혓소리				
입술소리				
잇소리				
목청소리				

2 다음 질문들에 대한 답을 위의 표에서 찾아서 쓰시오.

① 현대 국어에서 사용하지 않는 자모는? → ______
② 혀뿌리가 목구멍을 막는 모양을 본뜬 자모는? → ______
③ 이 모양을 본뜬 자모는? → ______
④ 입 모양을 본뜬 자모는? → ______
⑤ 혀가 윗잇몸에 붙는 모양을 본뜬 자모는? → ______
⑥ 목구멍 모양을 본뜬 자모는? → ______
⑦ 'ㄷ'보다 세기가 더 센 자모는? → ______
⑧ 'ㅇ'보다 세기가 더 센 자모는? → ______
⑨ 가획의 원리에 적용되지 않는 자모는? → ______

오늘은 여기까지.
하산해. 끝!

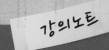

훈민정음의 제자 원리 ②

유튜브 강의

Youtube Player
단어 | 문장 | 음운 | 국어사
◀◀ 이전 강의 | 다음 강의 ▶▶
제자 원리① | 훈민정음의 운용

1 훈민정음의 제자(制字) 원리

(만들 글자: 제 자)

1) 초성자: 상형의 원리, 가획의 원리

2) 중성자

① 기본자 → 상형의 원리

기본자 'ㆍ, ㅡ, ㅣ'는 가장 기본이 되는 모음 자모로서 각각 하늘과 땅과 사람의 모양을 본떠서 만든 글자이다.

자모	훈민정음 제자해	해석
ㆍ	形之圓 象乎天也	모양은 둥글어 하늘을 본떴다.
ㅡ	形之平 象乎地也	모양은 평평하여 땅을 본떴다.
ㅣ	形之立 象乎人也	모양은 서 있어 사람을 본떴다.

② 초출자와 재출자 → 합성의 원리

기본자인 'ㆍ'를 'ㅡ, ㅣ'와 각각 합성하여 초출자를 만들었고, 초출자에 다시 'ㆍ'를 합성하여 재출자를 만들었다.

기본자		초출자	재출자
ㆍ	하늘	ㅣ+ㆍ → ㅏ	ㅏ+ㆍ → ㅑ
ㅡ	땅	ㆍ+ㅡ → ㅗ	ㅗ+ㆍ → ㅛ
ㅣ	사람	ㅡ+ㆍ → ㅜ	ㅜ+ㆍ → ㅠ
		ㆍ+ㅣ → ㅓ	ㅓ+ㆍ → ㅕ

3) 종성자

세종은 자모의 수가 많아질수록 백성들이 한글을 익히고 사용하기가 더 힘들어질 것이라고 생각했다. 그래서 새로운 자모를 추가하여 음성학적으로 정교하게 표기할 수 있는 방안을 버리고, 기존의 자모를 다시 사용하는 방법을 선택하였다.

● 종성부용초성 → 훈민정음 해례본 제자해(제자 원리)

마칠 소리 다시 쓸 처음 소리 글자
終聲復用初聲字
◎ 해석: 종성에는 다시 초성 자모를 사용한다.

참고 8종성법 → 훈민정음 해례본 종성해(표기 원리)

초성 자모들은 모두 종성 자리에 표기될 수 있었다. 그런데 이 당시에는 음운 변동 등으로 인해 실제로 발음되는 종성 소리가 이미 여덟 개 정도로 줄어들어 있었다. 이처럼 실제로 발음되는 8개의 소리를 기준으로 삼아 종성을 표기하는 방법을 8종성법이라고 한다. 또한 이를 통해 당시까지만 해도 'ㄷ'과 'ㅅ'의 종성 발음이 서로 달랐음을 알 수 있다.

然ㄱㆁㄷㄴㅂㅁㅅㄹ八字可足用也
◎ 해석: 그런데 (종성에는) ㄱㆁㄷㄴㅂㅁㅅㄹ 여덟 자로 충분히 쓸 수 있다.

개념 시냅스

자모(字母)가 자음과 모음?

학생들이 훈민정음을 배울 때 일단 제일 먼저 착각하는 게 바로 '자모'라는 말이야. '자모'는 얼핏 보면 자음과 모음을 합친 말 같은데 절대 아니야. '자모'는 한 개의 음절을 자음과 모음으로 갈라서 적을 수 있는 낱낱의 글자 자체를 의미하는 말이야. 그러면 자음과 모음, 즉 음운은 뭘까? 음운은 뜻을 구별해 주는 소리와 관련이 있는 개념이야. 정리하면 '자음 ㅍ'을 언급할 때는 '프'라고 하면 되고, '자모 ㅍ'을 언급할 때는 '피읖'이라고 언급하면 돼.

개념 시냅스

소실된 모음 자모

'ㆍ'는 18세기 중엽 이후로는 소릿값이 완전히 사라져서 표기로만 사용되다가 1933년 한글 맞춤법 통일안에서 문자 사용이 공식적으로 폐지되었어.

레인보우 리뷰

소실된 자모들

"10원(ㆆ)을 챙겨서 산(ㅿ)에 갔다가 사과(ㆁ)를 따서 먹었더니 씨(ㆍ)만 남았네."

'ㆆ(여린히읗), ㅿ(반치음), ㆁ(옛이응), ㆍ(아래아)'는 내신 시험에 종종 출제되니까 이렇게라도 기억해 두자.

양성 모음과 음성 모음

- 양성 모음: 가볍고 밝은 소리
예 ㅏ, ㅗ, ㆍ
- 음성 모음: 무겁고 어두운 소리
예 ㅓ, ㅜ, ㅡ

개념 시냅스

훈민정음 기본 자모의 개수

초성에 놓이는 자음 자모(글자) 17개, 중성에 놓이는 모음 자모(글자) 11개를 합하면 총 28개의 자모야.

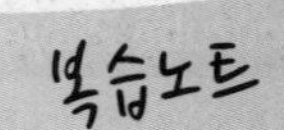
복습노트

5강 • 훈민정음의 제자 원리 ②

정답 59쪽

레인보우 리뷰

① □은 혀뿌리가 목구멍을 막는 모양을 본떴다.
② □은 혀가 윗잇몸에 붙는 모양을 본떴다.
③ □은 입 모양을 본떴다.
④ □은 이 모양을 본떴다.
⑤ □은 목구멍 모양을 본떴다.

⑥ 중성의 기본자는 '□, □, □'이다.
⑦ 중성의 기본자들은 □□의 원리로 만들어졌다.
⑧ 'ㆍ'는 둥근 □□의 모양을 본떴다.
⑨ 'ㅡ'는 평평한 □의 모양을 본떴다.
⑩ 'ㅣ'는 서 있는 □□의 모양을 본떴다.
⑪ 기본자들을 합성하여 □□자와 □□자를 만들었다.
⑫ ㅣ와 ㆍ를 결합하여 초출자 □를 만들었다.
⑬ ㅏ와 ㆍ를 결합하여 재출자 □를 만들었다.
⑭ ㆍ와 ㅡ를 결합하여 초출자 □를 만들었다.
⑮ ㅗ와 ㆍ를 결합하여 재출자 □를 만들었다.
⑯ ㅡ와 ㆍ를 결합하여 초출자 □를 만들었다.
⑰ ㅜ와 ㆍ를 결합하여 재출자 □를 만들었다.
⑱ ㆍ와 ㅣ를 결합하여 초출자 □를 만들었다.
⑲ ㅓ와 ㆍ를 결합하여 재출자를 □를 만들었다.
⑳ 세종은 □□ 자모를 별도로 만들지 않았다.
㉑ '□□□□□□□'이란 종성에 다시 초성 자모를 사용하는 방법이다. 즉 초성 자모는 종성 자리에 놓일 수 있었다.
㉒ 당시 종성에서 실제로 발음이 되는 자모는 '□, □, □, □, □, □, □, □'이었고, 'ㄷ'과 'ㅅ'의 종성 발음은 서로 달랐다.
㉓ 현재 쓰이지 않는 자모는 '□', '□', '□', '□'이다.

㉔ 대표적인 양성 모음에는 '□, □, □'가 있다.
㉕ 대표적인 음성 모음에는 '□, □, □'가 있다.

㉖ 훈민정음의 자모 개수의 합은 □□자이다.

개념 마스터

1 다음 빈칸에 들어갈 알맞은 자모를 쓰시오.

기본자	초출자	재출자
□	ㅣ + ㆍ → □	ㅏ + ㆍ → □
□	ㆍ + ㅡ → □	ㅗ + ㆍ → □
	ㅡ + ㆍ → □	ㅜ + ㆍ → □
□	ㆍ + ㅣ → □	ㅓ + ㆍ → □

2 다음 질문들에 대한 답을 위의 표에서 찾아서 쓰시오.

① 둥근 하늘의 모양을 본뜬 자모는? → ________
② 평평한 땅의 모양을 본뜬 자모는? → ________
③ 서 있는 사람의 모양을 본뜬 자모는? → ________
④ 현대 국어에서 사용하지 않는 자모는? → ________
⑤ 양성 모음에 해당하는 자모는? → ________
⑥ 음성 모음에 해당하는 자모는? → ________
⑦ 중성 모음에 해당하는 자모는? → ________
⑧ 단모음에 해당하는 자모는? → ________
⑨ 이중 모음에 해당하는 자모는? → ________

오늘은 여기까지.
하산해. 끝!

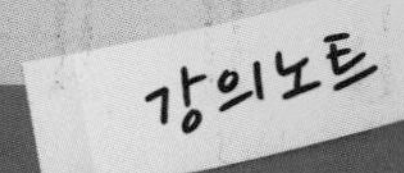

훈민정음의 운용 원리

학습일 년 월 일

Youtube Player

단어	문장	음운	국어사

◂◂ 이전 강의 ⏸ 다음 강의 ▸▸

제자 원리②	중세 음운과 표기①

1 훈민정음의 제자 원리

1) 초성: 상형, 가획

2) 중성: 상형, 합성

3) 종성: 종성부용초성

2 훈민정음의 운용

합할 **합** 쓸 **용**

1) 합용(合用): 제자 원리에 따라 만들어진 서로 다른 자모들을 다시 합쳐서 사용하는 방법을 합용이라고 한다. 합용을 통해 새로운 자모를 만들지 않고도 필요한 자모를 추가로 생성할 수 있었고, 그 결과 자모의 개수를 한정시킴으로써 문자를 익히는 부담까지도 줄일 수 있었다.

예 ㅗ + ㅏ → ㅘ, ㅜ + ㅓ → ㅝ, ㅠ + ㅣ → ㆌ 등 **모음의 합용**

나란할 **병** 쓸 **서**

2) 병서(竝書): 자음을 나란히 합해서 쓰는 방법이다.

- 각자 병서: 같은 자모끼리 합침 예 ㄲ, ㄴㄴ, ㄸ, ㅃ, ㅆ, ㆀ, ㅉ, ㆅ
- 합용 병서: 다른 자모끼리 합침 예 ㅲ, ㅺ, ㅄ, ㅼ, ㅴ, ㅵ **자음의 합용**

잇닿을 **연** 쓸 **서**

3) 연서(連書): 입술소리 'ㅁ, ㅂ, ㅍ, ㅃ' 아래에 'ㅇ'을 이어서 쓰는 방법을 말하며 이렇게 표기하는 글자들에서 나는 소리를 입술 가벼운 소리, 즉 순경음(脣輕音)이라고 하였다. 이 중에서 ㅸ(순경음 비읍)만 고유어를 표기하는 데 사용되었고, 나머지는 한자음을 표기하는 데 사용되었다.

- ㅁ + ㅇ → ㅱ(순경음 미음)
- ㅂ + ㅇ → ㅸ(순경음 비읍) ➜ 고유어를 표기할 때만 사용함
- ㅍ + ㅇ → ㆄ(순경음 피읖)
- ㅃ + ㅇ → ㅹ(순경음 쌍비읍)

붙을 **부** 쓸 **서**

4) 부서(附書): 초성자의 오른쪽이나 아래에 중성자를 붙인 후 다시 그 아래에 종성자를 씀으로써 하나의 음절을 만드는 방법이다. 만약 세종이 표기 방식을 이렇게 고안하지 않았더라면 자모들을 영어 알파벳처럼 표기하였을 것이고, 문자를 사용함에 있어서도 훨씬 불편했을 것이다.

예 학교를 VS ㅎㅏㄱㄱㅛㄹㅡㄹ

개념 시냅스

합용된 글자들의 지위

합용의 원리로 만들어진 글자들은 한글 자모 28자에 포함시키지 않았어. 그 이유는 이들을 새로운 글자로서의 자모가 아니라 기본 자모들을 응용한 일종의 표기 방법으로 보았기 때문이야.

개념 시냅스

여린히읗(ㆆ)

훈민정음 창제 직후 주로 한자음 표기에 사용되다가 점점 소멸하기 시작하여 1527년에 간행된 『훈몽자회』 이후부터는 나타나지 않았어.

- 훈민졍ᅙᅳᆷ > 훈민정음

개념 시냅스

순경음 비읍(ㅸ)

15세기 후반에 소멸된 것으로 보고 있어. 아무 흔적도 없이 사라진 건 아니고 소멸의 과정에서 뒤에 오는 모음이 'ㅏ/ㅓ'인 경우 반모음 'ㅗ̆/ㅜ̆'로 바뀌고, 'ㆍ/ㅡ'일 경우에는 뒤 모음과 합쳐져 모음 'ㅗ/ㅜ'로 바뀌면서 사라진 거야.

- 더ᄫᅥ > 더워
- 치ᄫᅳ니 > 치우니

개념 시냅스

반치음(ㅿ)

15세기 후반부터 16세기에 걸쳐서 소멸했어. 흔적 없이 사라지기도 하고, 'ㅅ'으로 바뀌는 경우들도 있었어.

- 어버ᅀᅵ > 어버이
- 한ᅀᅮᆷ > 한숨

개념 시냅스

옛이응(ㆁ)

초기에는 소릿값이 있는 초성과 종성으로 사용되었으나 얼마 지나지 않아 초성의 소릿값이 사라지게 되면서 'ㅇ'만이 초성 자리에 놓이게 되었어. 소릿값이 있는 종성 자리도 점차 'ㅇ'에게 내주게 되어 결국 옛이응 표기는 대략 17세기경에 사라지게 되었지.

- 부ᅌᅥ > 붕어
- 지ᇰ반 > 징반

Ⅳ 국어사 · 국어 규범 · 담화

복습노트

6강 • 훈민정음의 운용 원리

정답 59쪽

레인보우 리뷰

① 8종성법에서 쓰인 종성 자모는 '□, □, □, □, □, □, □, □'이다.

② 현재에는 쓰이지 않는 자모는 '□', '□', '□', '□'이다.

③ 대표적인 양성 모음에는 '□, □, □'가 있다.

④ 대표적인 음성 모음에는 '□, □, □'가 있다.

⑤ 이체자에는 '□, □, □'이 있다.

⑥ 종성에는 '□□□□□□□'과 '□□□□'이 적용되었다.

⑦ 초성 제자에는 □□의 원리와 □□의 원리가 적용되었다.

⑧ 중성 제자에는 □□의 원리와 □□의 원리가 적용되었다.

⑨ 상형의 원리와 합성의 원리 등을 통해 만들어진 서로 다른 글자들을 다시 합쳐서 사용하는 방법을 □□의 원리라고 한다.

⑩ 합용의 원리를 적용하면 새로운 □□를 만들지 않아도 되는 이점이 있다.

⑪ □□는 자음을 나란히 합해서 표기하는 방법을 말한다.

⑫ 같은 자모끼리 합쳐서 표기하는 것을 □□ 병서라고 한다.

⑬ 다른 자모끼리 합쳐서 표기하는 것을 □□ 병서라고 한다.

⑭ 순음 'ㅁ, ㅂ, ㅍ, ㅃ' 아래에 'ㅇ'을 이어서 사용하는 방법을 □□라고 한다.

⑮ 연서의 방법으로 만들진 글자들에서 나는 소리를 입술 가벼운 소리, 즉 □□음이라고 하였다.

⑯ 고유어를 표기하는 데 사용했던 순경음은 '□'이다.

⑰ 초출자와 재출자는 모음 기본자를 □□하여 만든 글자이다.

⑱ 기본자와 초출자, 기본자와 재출자, 초출자와 재출자는 다시 □□이 가능했다.

⑲ 모음을 자음의 오른쪽이나 아래에 붙여서 표기하는 것을 □□라고 하였다.

개념 마스터

1 〈보기〉에 제시된 글자를 각자 병서와 합용 병서로 분류하시오.

〈보기〉

ㅴ, ㄲ, ㅥ, ㅶ, ㄸ, ㅃ, ㅼ, ㅆ, ㆀ, ㅵ, ㅉ, ㆅ, ㅺ, ㅄ

• 각자 병서:

• 합용 병서:

2 〈보기〉와 같이 단어 속 자모의 변화 양상을 밝히시오.

〈보기〉

더ᄫᅥ → 더워	
변화 전	변화 후
ㅸ	ㅜ

① 한ᅀᅮᆷ → 한숨	
변화 전	변화 후

② 말ᄊᆞᆷ → 말씀	
변화 전	변화 후

③ ᄡᅣᆷ → 뺨	
변화 전	변화 후

④ ᄡᆞᆯ → 쌀	
변화 전	변화 후

⑤ ᄢᅮᆯ → 꿀	
변화 전	변화 후

⑥ 지ᅀᅥ → 지어	
변화 전	변화 후

⑦ 고ᄫᅡ → 고와	
변화 전	변화 후

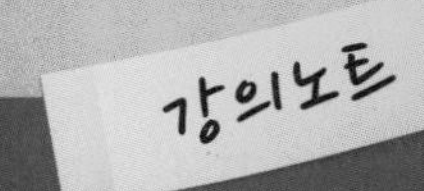

중세 국어의 음운과 표기 ①

1 자음 체계표

조음 위치	기본자	1차 가획자	2차 가획자	이체자
어금닛소리/아음(牙音)	ㄱ	ㅋ		ㆁ
혓소리/설음(舌音)	ㄴ	ㄷ	ㅌ	ㄹ
입술소리/순음(脣音)	ㅁ	ㅂ	ㅍ	
잇소리/치음(齒音)	ㅅ	ㅈ	ㅊ	ㅿ
목청소리/후음(喉音)	ㅇ	ㆆ	ㅎ	

- 당시의 'ㅈ, ㅊ'은 지금처럼 경구개음이 아니라 치조음이었을 것으로 추정한다. 즉, 혀가 지금처럼 입천장(경구개)에 닿는 것이 아니라 윗잇몸에 닿으면서 발음되었다고 보는 것이다. 왜냐하면 이 당시에는 구개음화 현상이 일어나지 않았는데, 치조음 'ㄷ, ㅌ'이 'ㅣ'나 반모음 'ǐ'를 만나 경구개음인 'ㅈ, ㅊ'로 변하는 구개음화가 일어나려면 'ㅈ, ㅊ'이 경구개음이어야 한다는 전제가 필요하기 때문이다. 즉, 이때는 그러한 음운 환경 자체가 성립하지 않았다. 시간이 흘러 'ㅈ, ㅊ'이 경구개음으로 바뀌고 나서부터 본격적으로 구개음화가 일어난 것으로 추정하고 있다.
- 병서나 연서로 된 글자들은 창제된 자모에 포함되지 않았다.

2 모음 체계표

기본자	초출자	재출자
ㆍ, ㅡ, ㅣ	ㅏ, ㅗ, ㅜ, ㅓ	ㅑ, ㅛ, ㅠ, ㅕ

3 표기의 유형(방법)

잇닿을 연 엮을 철
1) 연철(連綴) → 이어적기

한 음절의 종성을 다음 음절의 초성 자리로 넘겨서 표기하는 방식으로 '이어적기'라고도 한다. 형태소의 원형을 밝히기보다는 소리 나는 대로 표기하는 방법으로 주로 중세 국어 때 표기하던 방식이었다. 예 말씀+이 > 말쓰미

나눌 분 엮을 철
2) 분철(分綴) → 끊어적기

현대 국어처럼 형태소의 원래 형태를 밝혀서 표기하는 방식으로 '끊어적기'라고도 한다. 중세 국어 시기에도 종종 흔적이 보이긴 하지만 본격적으로 사용되기 시작한 것은 근대 국어 시기이다. 예 말씀+이 > 말씀이

거듭 중 엮을 철
3) 중철(重綴) → 거듭적기

연철과 분철을 동시에 사용하여 표기하는 방식으로 '거듭적기'라고도 한다. 음절의 종성을 그대로 표기하면서 다음 음절의 초성 자리에도 해당 종성을 거듭하여 표기하는 방법이다. 근대 국어 시기로 접어들면서 분철이 정착하는 과정에서 발생한 표기법이다. 예 말씀+이 > 말씀미

> **알쓸문법**
>
> **띄어쓰기와 가로쓰기**
>
> 당시 한글은 띄어쓰기를 하지 않고 붙여서 썼고, 한문처럼 세로쓰기가 관습이었어. 그러면 띄어쓰기와 가로쓰기는 언제부터 시작되었을까? 최초로 띄어쓰기를 시도한 문헌은 1877년 영국인 목사인 존 로스(John Ross)가 편찬한 『조선어 첫걸음(Corean Primer)』으로 알려져 있어. 그리고 최초의 가로쓰기가 적용된 문헌은 1880년 파리외방선교회 한국선교단의 리델(Felix-Clair Ridel) 주교가 신도 최지혁의 도움을 받아 편찬한 『한불자전』으로 알려져 있어. 주시경도 한글의 가로쓰기를 줄기차게 주장했었는데, 1961년에 들어와서야 비로소 공문서에서 공식적으로 가로쓰기를 적용하기 시작했다고 해.

4 '종성부용초성'과 '8종성법'

● 세종은 종성 자모를 따로 만들지 않고, 초성 자모를 다시 쓰게끔 했다. 실제로 『용비어천가』나 『월인천강지곡』 등 15세기에 간행된 문헌들에서는 이러한 원칙에 따라 종성을 표기하였다. 예 곶, 빛, 닢, 깊다

● 이처럼 종성에 다양한 자음들이 쓰일 수도 있었지만, 실제 발음은 8개(ㄱ, ㄴ, ㄷ, ㄹ, ㅁ, ㅂ, ㅅ, ㆁ)만으로 실현되는 모습을 보였다. 이러한 발음 양상에 기준을 두고 8개의 자음만으로 종성을 표기하는 방식을 8종성법이라고 한다. 예 곳, 빗, 닙, 깁다

종성부용초성(제자 원리)	8종성법(표기 원리)
종성에는 초성 자모를 사용함 ○ 형태소의 형태를 밝히려는 데 초점을 둠	종성을 8개의 자모만으로 표기함 ○ 실제의 발음에 초점을 둠

● 종성 표기법의 변천

창제 당시	발음	ㄱ, ㄴ, ㄷ, ㄹ, ㅁ, ㅂ, ㅅ, ㆁ	종성부용초성 (제자 원리)
	표기	모든 자음	
⬇			
중세 국어	발음	ㄱ, ㄴ, ㄷ, ㄹ, ㅁ, ㅂ, ㅅ, ㆁ	8종성법 (표기 원리)
	표기	ㄱ, ㄴ, ㄷ, ㄹ, ㅁ, ㅂ, ㅅ, ㆁ	
⬇			
근대 국어	발음	ㄱ, ㄴ, ㄷ, ㄹ, ㅁ, ㅂ, ㆁ	7종성법 (표기 원리)
	표기	ㄱ, ㄴ, ㄹ, ㅁ, ㅂ, ㅅ, ㅇ	
⬇			
현대 국어	발음	ㄱ, ㄴ, ㄷ, ㄹ, ㅁ, ㅂ, ㅇ	음절의 끝소리 규칙 (발음에 관한 규정)
	표기	모든 자음	

5 동국정운식 표기

그 당시 한자음은 통일된 규정 없이 제각각 발음을 했기 때문에 상당히 혼란스러웠다. 세종은 우리나라에서 사용되는 한자음을 체계적으로 정리한 음운서인 『동국정운』을 편찬하였고 이를 기준으로 한자음을 한글로 표기하게 하였는데 이를 동국정운식 표기라고 한다.

● 한자음을 최대한 중국 원음에 가깝게 적는다.

한자	현실 발음	중국식 원음 표기
便	편	뼌
安	안	한

● 한자음을 초성, 중성, 종성을 반드시 갖추어서 적는다. 종성이 비어 있을 경우 발음되지 않는 'ㅇ'을 표기한다.

한자	현실 발음	초성, 중성, 종성 표기
世	셰	솅
御	어	엉

● 종성이 'ㄹ'로 끝나는 한자들의 실제 중국식 발음은 'ㄷ'에 가까웠는데, 이를 표시하기 위해 'ㄹ' 옆에 'ㆆ'을 표기함으로써 'ㄹ'을 'ㄷ'과 비슷하게 발음하게끔 유도하였다. 이를 '이영보래(以影補來)'라고 한다.

한자	현실 발음	중국식 발음	이영보래식 표기
月	월	웙	웛
彆	별	볃	볋

개념 시냅스

받침 'ㄷ'과 'ㅅ'의 표기와 발음

- 종성부용초성: 'ㄷ'과 'ㅅ'은 발음이 달랐고, 각각 표기에 사용됨
- 8종성법: 'ㄷ'과 'ㅅ'은 발음이 달랐고, 각각 표기에 사용됨
- 7종성법: 'ㅅ'의 발음이 'ㄷ'으로 바뀌었으나 표기는 'ㅅ'으로 함
- 음절의 끝소리 규칙: 종성 'ㅅ'의 발음이 'ㄷ'으로 바뀌어 나지만, 각각 표기에 사용됨

개념 시냅스

동국정운식 표기의 이해

자, 너희들이 세종의 입장이 되어 보자. 한국인들이 문자가 없어서 여태껏 영어를 사용하고 있었는데, 이제 너희가 한글을 만들어서 국민들로 하여금 사용하게 했어. 그런데 문제가 발생했네. 영어권 사람들은 'school'을 '스꾸울'이라고 발음하는데 한국인들은 '슥울'이라고 발음하고 있었던 거야. 자, 세종의 마음이 이해가 되니? 일상어들을 최대한 원음과 가까이 통일하는 작업이 이루어져야 올바른 표기가 가능하겠지? 그렇게 문자 생활을 해야 영어권 국가들과 교류할 때에 도움이 되겠지? 『동국정운』을 편찬한 이유도 바로 그것이었어. 하지만 동국정운식 표기는 너무나도 엄격한 기준이었고, 현실 한자음과 동떨어져 있었기에 동국정운식 표기는 얼마 사용되지 못하고 사라졌어. 예나 지금이나 말을 바꾸는 힘은 언중들에게 있다는 게 참 신기하지?

개념 시냅스

이영보래(以影補來)의 의미

'동국정운'에서 '영(影)'은 'ㆆ'을 의미하고 '래(來)'는 'ㄹ'을 의미해. 따라서 좀 더 완벽한 발음을 위해 'ㆆ'으로써 'ㄹ'을 보충한다는 의미라고 이해하면 돼.

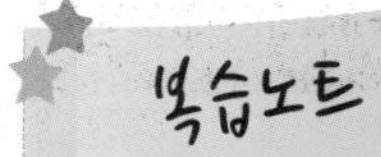

7강 • 중세 국어의 음운과 표기 ①

정답 59쪽

레인보우 리뷰

① '□'는 둥근 하늘의 모양을 본떴다.
② '□'는 평평한 땅의 모양을 본떴다.
③ '□'는 서 있는 사람의 모양을 본떴다.
④ '□□□□□□□'이란 종성에는 다시 초성 자모를 사용하는 방법을 말한다.

⑤ 8종성법에서 쓰인 종성 자모는 '□, □, □, □, □, □, □, □'이다.

⑥ 중세 국어 당시에 'ㅈ, ㅊ'은 오늘날처럼 □□□음이 아니라 치음이었을 것이다. 이는 그 당시에 구개음화가 일어나지 않았다는 것과 관련이 있다.
⑦ 병서로 표기되는 글자들은 창제된 □□에 포함되지 않았다.
⑧ 한 음절의 종성을 다음 음절의 초성으로 넘겨서 표기하는 방식을 □□이라고 한다.
⑨ 연철은 '□□적기'라고도 한다.
⑩ 연철은 형태소의 원형을 밝히기보다는 □□ 나는 대로 표기하는 방법이었다.
⑪ 형태소의 원래 형태를 밝혀서 표기하는 방식을 □□이라고 한다.
⑫ 분철은 □□적기라고도 한다.
⑬ 분철은 중세 국어 시기에도 종종 흔적이 보이긴 하지만 본격적으로 사용되기 시작한 것은 □□ 국어 시기이다.
⑭ 음절의 종성을 그대로 표기하면서 다음 음절의 초성 자리에도 해당 종성을 거듭하여 표기하는 방식을 □□이라고 한다.
⑮ 중철은 □□적기라고도 한다.
⑯ 동국정운식 표기1 – 한자음을 최대한 중국 □음에 가깝게 표기하였다.
⑰ 동국정운식 표기2 – 한자음을 □□, □□, □□을 반드시 갖추어서 표기하였다. 만약 종성이 비어 있을 때에는 발음되지 않는 '□'을 표기하였다.
⑱ 동국정운식 표기3 – 'ㄹ'로 끝나는 한자들의 실제 중국식 발음은 '□'에 가까웠기 때문에 이를 표시하기 위해 'ㄹ' 옆에 '□'을 표기함으로써 'ㄹ'을 '□'과 비슷하게 발음하게끔 유도하였다. 이를 '□□□□'라고 하였다.

개념 마스터

1 〈보기〉는 같은 단어를 다른 방식으로 표기한 사례들이다. '종성부용초성'의 방식과 '8종성법'의 방식으로 구분하여 쓰시오.

〈보기〉
곳/곶, 빗/빛, 닙/닢, 깁다/깊다, ᄉᆞᄆᆺ디/ᄉᆞᄆᆾ디

• 종성부용초성: ______
• 8종성법: ______

2 〈보기〉와 같이 주어진 말을 연철로 표기하시오.

〈보기〉
말ᄊᆞᆷ + 이 → 말ᄊᆞ미

① 사ᄅᆞᆷ + 이 → ______
② 깊 + 은 → ______
③ ᄇᆞᄅᆞᆷ + 애 → ______
④ 놈 + 이 → ______

3 〈보기〉와 같이 주어진 말을 분철로 표기하시오.

〈보기〉
말ᄊᆞᆷ + 이 → 말ᄊᆞᆷ이

① 사ᄅᆞᆷ + 이 → ______
② 깊 + 은 → ______
③ ᄇᆞᄅᆞᆷ + 애 → ______
④ 놈 + 이 → ______
⑤ ᄠᅳᆮ + 을 → ______

4 〈보기〉와 같이 주어진 말을 중철로 표기하시오. (단, 종성은 8종성법을 적용할 것.)

〈보기〉
말ᄊᆞᆷ + 이 → 말ᄊᆞᆷ미

① 님 + 을 → ______
② 사ᄅᆞᆷ + 이 → ______
③ 먹 + 을 → ______
④ 깊 + 이 → ______
⑤ 도ᄌᆞᆨ + 이 → ______

중세 국어의 음운과 표기 ②

유튜브 강의

Youtube Player
단어 | 문장 | 음운 | 국어사
◂◂ 이전 강의 | 다음 강의 ▸▸
중세 음운과 표기① | 중세 문법①

1 어두 자음군(語頭子音群)

(말씀 머리 아들 소리 무리 / 어 두 자 음 군)

초성 자리에 두 개 이상의 자음이 놓일 때 그 무리를 어두 자음군이라고 하는데, 오늘날과는 달리 중세 국어에서는 초성 자리에 어두 자음군이 실현될 수 있었다. 발음과 관련해서는 다양한 주장들이 있는데, 초기에는 어두에 놓인 자음들이 모두 발음되었다가 점차 된소리로 바뀌어 발음되었다고 보는 것이 가장 합리적이다.

> ᄠᅳᆮ ᄣᅡᆯ ᄢᅮᆯ ᄣᅢ ᄭᅮᆷ
>
> 합용 병서로 쓰인 경우만 어두 자음군에 해당된다.

2 합용된 모음의 발음

모음 자모는 기본자, 초출자, 재출자를 모두 합하면 11자였다. 그런데 이렇게 만들어진 자모들을 합용하여 다양한 자모들을 추가로 만들 수가 있었는데, 이 중에서 'ㅔ, ㅐ, ㅚ, ㅟ'와 같은 현대 국어의 단모음들은 당시에는 이중 모음으로 발음되었을 것이라고 추정한다. 또한 'ㅒ, ㅖ'와 같은 이중 모음의 경우에도 지금과는 발음 양상이 달랐을 것이라고 보고 있다. 아울러 당시에는 'ㆉ, ㆌ'와 같이 현대 국어에서는 쓰이지 않는 모음들도 존재하였다.

ㅐ	[ㅏ + 반모음 ĭ] → [아이]	ㅒ	[반모음 ĭ + ㅏ + 반모음 ĭ] → [야이]
ㅔ	[ㅓ + 반모음 ĭ] → [어이]	ㅖ	[반모음 ĭ + ㅓ + 반모음 ĭ] → [여이]
ㅚ	[ㅗ + 반모음 ĭ] → [오이]	ㆉ	[반모음 ĭ + ㅗ + 반모음 ĭ] → [요이]
ㅟ	[ㅜ + 반모음 ĭ] → [우이]	ㆌ	[반모음 ĭ + ㅜ + 반모음 ĭ] → [유이]

3 성조(聲調)

(소리 고를 / 성 조)

베트남어와 중국어에는 소리의 높낮이라 불리는 성조가 있다. 같은 글자라고 하더라도 높낮이를 어떻게 적용하느냐에 따라 의미가 달라진다. 이와 비슷하게 중세 국어에는 성조가 존재하였으며, 글자의 왼쪽에 '방점(傍點)'을 찍어서 성조를 표기하였다. 입성은 성조와 무관하므로 성조가 있을 수도 있고, 없을 수도 있는 소리였다. 특히 받침이 안울림소리인 'ㄱ, ㄷ, ㅂ, ㅅ'으로 끝나는 말들은 대개 입성이었을 것이라고 추정한다.

성조	소리의 특징	방점 유무	용례
평성	낮은 소리	방점 없음	손(客)
상성	낮았다가 높아지는 소리	방점 두 개	:말(言)
거성	높은 소리	방점 한 개	·손(手)
입성	짧고 빨리 끝나는 소리 (성조를 적용하되 속도와 관련)	방점 없음	묻(평성인 입성)
		방점 두 개	:몯(상성인 입성)
		방점 한 개	·랏(거성인 입성)

개념 시냅스

어두 자음군의 분류

- 'ㅅ' 계열: ㅺ, ㅼ, ㅽ, ㅆ
  → 16세기 초에 된소리로 바뀌었을 거라고 추정해.
- 'ㅂ' 계열: ㅳ, ㅄ, ㅶ, ㅷ
  → 17세기 말부터 18세기 중엽에 걸쳐서 된소리로 바뀌었을 거라고 추정해.
- 'ㅄ' 계열: ㅴ, ㅵ
  → 16세기부터 17세기에 걸쳐서 된소리로 바뀌었을 거라고 추정해.

알쓸문법

하멜 표류기와 어두 자음군

네덜란드의 선원인 하멜은 일본으로 가던 중 파선을 당해 1653년에 조선에 들어왔어. 이후 14년 동안 억류되었다가 귀국하였는데, 그가 쓴 『하멜 표류기』를 보면 'stock'과 'spam'이라는 단어가 나와. 이들 단어는 각각 '떡'과 '뺨'을 표기한 것인데, 당시 문헌을 보면 '떡'은 'ᄯᅥᆨ'으로, '뺨'은 'ᄨᅣᆷ'으로 표기되어 있어. 놀랍지?

알쓸문법

한자음의 표기 방법

① 한자만으로 기록
예 용비어천가

② 한자를 앞에 크게 적고, 한자의 음을 한글로 작게 적는 방식
예 훈민정음 서문(세종어제훈민정음)

③ 한자의 음을 한글로 크게 적고 작은 글씨로 한자를 표기하는 방식
예 월인천강지곡

4 모음 조화

두 음절 이상의 단어에서, 뒤의 모음이 앞 모음의 영향으로 그와 가깝거나 같은 소리로 어울리는 음운 현상을 말한다. 주로 양성 모음은 양성 모음끼리, 음성 모음은 음성 모음끼리 어울리게 되는데, 중세 국어에서는 형태소 내부나 경계에서 나름 철저하게 지켜졌던 음운 규칙이다. 근대 국어 시기에 'ㆍ'의 음가가 변화를 겪기 시작하면서 중세 국어 때의 굳건했던 모음 조화 체계가 흔들리기 시작하였다.

분류	종류	형태소 내부	형태소 경계
양성 모음	ㅏ, ㅗ, ㆍ	다ᄉᆞᆺ(다섯)	마가(막아)
음성 모음	ㅓ, ㅜ, ㅡ	서르(서로)	머거(먹어)
중성 모음	ㅣ	양성 모음, 음성 모음 모두와 어울림	

5 구개음화 발생 전

구개음화는 'ㄷ, ㅌ'이 'ㅣ'나 반모음 'ǐ'와 연접하게 되면 'ㅈ, ㅊ'으로 바뀌어 발음되는 현상이다. 그런데 이 당시에는 'ㅈ, ㅊ'이 구개음이 아니라 치조음이었기 때문에 구개음화가 발생할 기본 조건 자체가 성립하지 않는 상황이었다. 따라서 중세 국어에서 구개음화는 일어나지 않았다고 본다. 구개음화는 'ㅈ, ㅊ'의 발음이 경구개음으로 바뀌면서 본격적으로 시작되었다고 보고 있으며, 그 시기를 대략 17세기에서 18세기 사이로 추정하고 있다.

6 두음 법칙 발생 전

현대 국어에서 두음 법칙은 한자어에서만 적용되는 규칙이지만 통시적인 관점에서는 고유어에서도 적용되었던 규칙이다. 다만 중세 국어 시기에서는 아직 두음 법칙이 발생하지 않은 것으로 추정하고 있다.

두음 법칙 적용 전	두음 법칙 적용 후
니르다	이르다
니(齒)	이
녀름	여름

7 원순 모음화 발생 전

원순 모음화는 순음인 'ㅁ, ㅂ, ㅃ, ㅍ'과 이어진 평순 모음 'ㅡ'가 주로 원순 모음인 'ㅜ'로 바뀌는 현상을 말한다. 즉 평순 모음이 원순 모음으로 바뀌는 현상인 것이다. 중세 국어 시기에는 원순 모음화가 일어나지 않았고, 대략 17세기 말엽부터 원순 모음화가 시작되었을 것이라고 추정하고 있다.

원순 모음화 적용 전	원순 모음화 적용 후
믈	물
블	불
플	풀

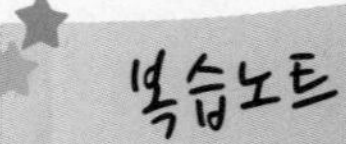

8강 • 중세 국어의 음운과 표기 ②

정답 60쪽

레인보우 리뷰

① 대표적인 양성 모음에는 '□, □, □'가 있다.
② 대표적인 음성 모음에는 '□, □, □'가 있다.

③ 8종성법에서 쓰인 종성 자모는 '□, □, □, □, □, □, □, □'이다.

④ 초성 자리에서 두 개 이상의 자음이 발음될 때 그 무리를 □□ □□□이라고 한다.
⑤ □□ 병서로 쓰인 경우만 어두 자음군에 해당한다.
⑥ 중세 국어 시기에는 'ㅔ, ㅐ, ㅚ, ㅟ'와 같은 현대 국어의 단모음들도 □□ 모음으로 발음되었다.
⑦ □□ 모음인 'ㅒ, ㅖ'의 발음 양상이 현대 국어와는 달랐다.
⑧ □□ 국어에서는 사용하지 않는 'ㅢ, ㅠ'와 같은 모음들도 존재하였다.
⑨ 중세 국어에는 소리의 높낮이라 불리는 □□가 존재했다.
⑩ 같은 형태의 단어라고 하더라도 성조에 따라 □□가 달라졌다.
⑪ 글자의 왼쪽에 □□을 찍어서 성조를 표기하였다.
⑫ 낮은 소리를 □□이라고 한다.
⑬ 낮았다가 높아지는 소리를 □□이라고 한다.
⑭ 높은 소리를 □□이라고 한다.
⑮ 짧고 빨리 끝나는 소리를 □□이라고 하였고, 이는 성조와 직접적인 관련은 없었다.
⑯ □□ □□는 두 음절 이상의 단어에서, 뒤의 모음이 앞 모음의 영향으로 그와 가깝거나 같은 소리로 어울리는 음운 현상을 말한다.
⑰ 중세 국어 시기에는 'ㅈ, ㅊ'가 구개음이 아니었기 때문에 □□□□가 일어나지 않았다.
⑱ 중세 국어 시기에는 □□ 법칙이 일어나지 않았다.
⑲ 중세 국어 시기에는 □□ 모음화가 일어나지 않았다.

개념 마스터

1 **제시된 단어와 어울리는 조사, 어미, 접사를 찾아 〈보기〉와 같이 ○를 표시하시오. (단, 모음 조화 규칙을 철저하게 반영할 것)**

〈보기〉
먹- + (-ᄋᆞ니 / -으니)

① 도ᄌᆞᆨ + (ᄋᆡ / 의)

② 아ᄃᆞᆯ + (ᄋᆞᆫ / 은)

③ ᄇᆡᆨ셩 + (ᄋᆡ / 의)

④ 졎 + (ᄋᆞᆯ / 을)

⑤ 마ᅀᆞᆷ + (애 / 에)

⑥ 나 + (ᄅᆞᆯ / 를)

⑦ 열- + (-옴 / -움)

⑧ 사ᄅᆞᆷ + (ᄋᆡ / 의)

⑨ 천하 + (ᄅᆞᆯ / 를)

⑩ ᄀᆞᄅᆞᆷ + (애 / 에)

⑪ 믈 + (ᄋᆞᆯ / 을)

⑫ 거붑 + (ᄋᆡ / 의)

⑬ 사ᄉᆞᆷ + (ᄋᆡ / 의)

⑭ 사홈 + (ᄋᆞᆯ / 을)

⑮ 너 + (ᄂᆞᆫ / 는)

⑯ 말ᄊᆞᆷ + (ᄋᆞᆯ / 을)

⑰ 더움 + (ᄋᆞ로 / 으로)

⑱ 마ᅀᆞᆷ + (ᄋᆞ로 / 으로)

⑲ 그릇 + (애 / 에)

⑳ 부텨 + (ᄅᆞᆯ / 를)

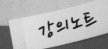

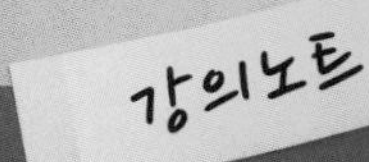

학습일 년 월 일

중세 국어의 문법 ①

Youtube Player
단어 | 문장 | 음운 | 국어사
◂◂ 이전 강의 ⏸ 다음 강의 ▸▸
중세 음운과 표기② | 중세 문법②

1 체언의 형태 변화

현대 국어에서 체언은 불변어에 해당한다. 그런데 중세 국어 시기에는 형태가 변하는 체언들이 일부 존재했다. 이들은 특히 조사와 결합할 때 그 형태가 달라지는 특징을 보였다.

1) 'ㅎ' 종성 체언

'ㅎ'을 종성의 끝소리로 가지고 있는 체언을 말하며 일정한 조건이 갖추어지면 'ㅎ'이 표기로 실현되었다.

형태	조건	용례	
ㅎ 미실현	단독 표기	나라	
	관형격 조사 'ㅅ'과 결합 시	나라 + ㅅ → 나랏	
ㅎ 실현	뒤에 'ㄱ, ㄷ'이나 모음으로 시작하는 조사와 결합 시	축약	나라ㅎ + 과 → 나라콰 나라ㅎ + 도 → 나라토
		연음	나라ㅎ + 이 → 나라히

2) 이형태가 있는 체언

음운 환경에 따른 이형태가 존재하는 체언이 있었다. 이들은 음운 환경에 따라 다른 형태로 실현되었다. 'ㄱ' 종성 체언이라고 하기도 한다.

형태	조건	용례
• 나모 • 구무	자음으로 시작하는 조사가 올 때 ('와' 포함)	• 나모 + 만 → 나모만(나무만) • 구무 + 와 → 구무와(구멍과)
• 낡 • 굵	모음으로 시작하는 조사가 올 때 ('와' 제외)	• 낡 + 이 → 남기(나무가) • 굵 + 이 → 굼기(구멍이)

2 주격 조사의 형태

중세 국어 시기의 주격 조사는 현대 국어와는 많이 달랐다. 당시에는 주격 조사로 '이'가 쓰였으며, '가'는 거의 쓰이지 않았다. 또한 '이'는 이형태들이 있었기에 음운 환경에 따라 실현되는 모습이 서로 달랐다.

형태	조건	용례
이	앞말(체언)이 자음으로 끝날 때	빅셩 + 이 → 빅셩이 (백성이) 말씀 + 이 → 말ᄊᆞ미 (말씀이)
ㅣ	앞말(체언)이 'ㅣ'나 반모음 'ㅣ' 이외의 모음으로 끝날 때	부텨 + ㅣ → 부톄 (부처가) 孔子 + ㅣ → 孔子ㅣ (공자가)
∅ (영형태)	앞말(체언)이 'ㅣ'나 반모음 'ㅣ' 로 끝날 때	불휘 + ∅ 기픈 → 불휘 기픈 (뿌리가 깊은) ᄇᆡ + ∅ 없도다 → ᄇᆡ 없도다 (배가 없도다)

알쓸문법

한글 맞춤법 관련 조항

제31항 두 말이 어울릴 적에 'ㅂ' 소리나 'ㅎ' 소리가 덧나는 것은 소리대로 적는다.
2. 'ㅎ' 소리가 덧나는 것

머리카락(머리ㅎ가락), 살코기(살ㅎ고기), 수캐(수ㅎ개), 수컷(수ㅎ것), 수탉(수ㅎ닭), 안팎(안ㅎ밖), 암캐(암ㅎ개), 암컷(암ㅎ것), 암탉(암ㅎ닭)

IV 국어사 · 국어 규범 · 담화

3 서술격 조사의 형태

중세 국어 시기의 서술격 조사의 형태는 '이다'가 아니라 '이라'였다. '이라'에서 '이'가 실현되는 모습은 주격 조사 '이'와 동일했다.

형태	조건	용례
이라	앞말(체언)이 자음으로 끝날 때	글 + 이라 → 그리라(글이다) 'ㅎ' 종성 체언 묗 + 이라 → 뫼히라(산이다)
ㅣ라	앞말(체언)이 'ㅣ'나 반모음 'ㅣ̆' 이외의 모음으로 끝날 때	혀 + ㅣ라 → 혜라(혀이다)
∅라	앞말(체언)이 'ㅣ'나 반모음 'ㅣ̆'로 끝날 때	소리 + ∅라 → 소리라(소리이다)

4 관형격 조사의 형태

현대 국어에서 관형격 조사는 '의'가 유일하다. 하지만 중세 국어 시기로 거슬러 올라가면 관형격 조사의 형태와 쓰임은 매우 복잡했다. 당시에는 체언의 성질, 모음 조화의 조건까지도 고려하여 사용했다.

형태	체언의 조건			용례
ᄋᆡ	평칭	유정 명사(사람, 동물)	끝음절이 양성 모음	사ᄅᆞᆷ + ᄋᆡ → 사ᄅᆞᄆᆡ (사람의) 도ᄌᆞᆨ + ᄋᆡ → 도ᄌᆞᄀᆡ (도적의)
의	평칭	유정 명사(사람, 동물)	끝음절이 음성 모음	거붑 + 의 → 거부븨 (거북의) 大衆 + 의 → 大衆의 (대중의)
ㅅ	평칭	무정 명사(사물, 식물)	–	나모 + ㅅ → 나못 (나무의)
	존칭	유정 명사(사람)	–	부텨 + ㅅ → 부텻 (부처의)

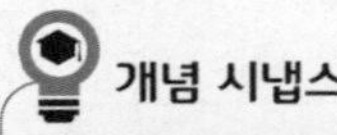

개념 시냅스

관형격 조사 'ㅣ'

모음으로 끝나는 체언 뒤에서 실현되는 관형격 조사 'ㅣ'도 있었어. 그런데 이 관형격 조사는 주격 조사 'ㅣ'와 형태가 같기 때문에 앞뒤 문맥을 잘 살펴서 구분해야 해.

- 長者ㅣ 지븨 ᄃᆞ려가샤(장자의 집에 데려가셔서) → 관형격 조사
- 長者ㅣ 보고 닐오ᄃᆡ(장자가 보고 이르되) → 주격 조사

5 목적격 조사의 형태

현대 국어에서 목적격 조사는 '을/를'이다. 하지만 중세 국어 시기에는 목적격 조사의 형태와 쓰임이 현재와 달랐다. 그 핵심은 모음 조화가 철저하게 지켜졌다는 것이다.

형태	조건		용례
ᄋᆞᆯ	받침이 있는 체언 뒤	앞 음절이 양성 모음	아ᄃᆞᆯ + ᄋᆞᆯ → 아ᄃᆞᄅᆞᆯ
을		앞 음절이 음성 모음	졋 + 을 → 져슬
ᄅᆞᆯ	받침이 없는 체언 뒤	앞 음절이 양성 모음	나 + ᄅᆞᆯ → 나ᄅᆞᆯ
를		앞 음절이 음성 모음	부텨 + 를 → 부텨를

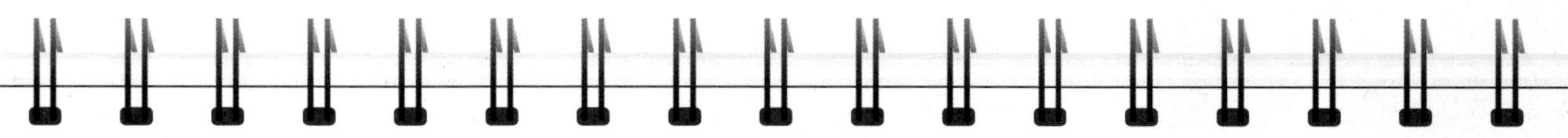

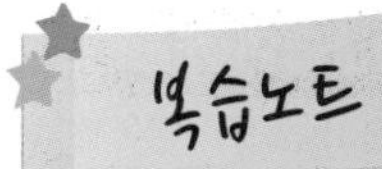

9강 • 중세 국어의 문법 ①

정답 ▶ 60쪽

레인보우 리뷰

① 중세 국어 시기에는 형태가 변하는 □□이 존재했다. 대표적으로 '□'을 종성 끝소리로 가진 체언과 '□'을 종성 끝소리로 가진 체언이 있었다.

② 중세 국어 시기에 주격 조사 '□'는 거의 쓰이지 않았으며, 주격 조사 '이'는 앞말(체언)이 자음으로 끝나면 '□'로 실현되었다.

③ 주격 조사 '이'는 앞말(체언)이 'ㅣ'나 반모음 'ǐ' 이외의 모음으로 끝나는 경우에는 '□'로 실현되었다.

④ 주격 조사 '이'는 앞말(체언)이 '□'나 반모음 'ǐ'로 끝나는 경우에는 표기로 실현되지 않았다.

⑤ 중세 국어 시기의 서술격 조사의 형태는 '이다'가 아니라 '□□'였다.

⑥ 서술격 조사 '이라'는 앞말(체언)이 자음으로 끝나면 '□□'로 실현되었다.

⑦ 서술격 조사 '이라'는 앞말(체언)이 'ㅣ'나 반모음 'ǐ' 이외의 모음으로 끝나면 '□□'로 실현되었다.

⑧ 서술격 조사 '이라'는 앞말(체언)이 'ㅣ'나 반모음 'ǐ'로 끝나면 '□'로 실현되었다.

⑨ 체언이 평칭의 유정 명사이고, 끝음절이 양성 모음일 때 관형격 조사는 '□'가 쓰였다.

⑩ 체언이 평칭의 유정 명사이고, 끝음절이 음성 모음일 때 관형격 조사는 '□'가 쓰였다.

⑪ 체언이 무정 명사일 때는 관형격 조사 '□'이 쓰였다.

⑫ 체언이 존칭의 유정 명사일 때는 관형격 조사 '□'이 쓰였다.

⑬ 체언의 끝음절이 받침이 있으면서 양성 모음일 때는 목적격 조사 '□'이 쓰였다.

⑭ 체언의 끝음절이 받침이 있으면서 음성 모음일 때는 목적격 조사 '□'이 쓰였다.

⑮ 체언의 끝음절이 받침이 없으면서 양성 모음일 때는 목적격 조사 '□'이 쓰였다.

⑯ 체언의 끝음절이 받침이 없으면서 음성 모음일 때는 목적격 조사 '□'이 쓰였다.

개념 마스터

1 제시한 표현들은 전부 주격 조사가 결합된 상태이다. 〈보기〉와 같이 주격 조사가 실현된 형태를 밝히시오.

〈보기〉

말ᄊᆞ미 → 이

① 사ᄅᆞ미 (사람이) → ______ ② 노미 (놈이) → ______
③ 부톄 (부처가) → ______ ④ 불휘 (뿌리가) → ______
⑤ 내 (내가) → ______ ⑥ 네 (네가) → ______
⑦ 사ᄉᆞ미 (사슴이) → ______ ⑧ ᄇᆡ (배가) → ______
⑨ ᄃᆞ리 (다리가) → ______ ⑩ 공ᄌᆡ (공자가) → ______

2 다음 밑줄 친 부분에 결합되어 있는 서술격 조사의 실현 형태를 밝히시오.

① 님금 지ᅀᅳ샨 <u>그리라</u> (임금 지으신 글이다) → ______
② 正ᄒᆞᆫ <u>소리라</u> (바른 소리이다) → ______
③ 舌은 <u>혜라</u> (舌은 혀이다) → ______

3 다음 단어에 결합할 관형격 조사의 적절한 형태를 〈보기〉에서 골라서 쓴 뒤 연철로 표기하시오. (단, 연철은 가능한 경우에만 적용할 것)

〈보기〉

ᄋᆡ, 의, ㅅ

① 빅셩 + ____ → ______ ② 나모 + ____ → ______
③ 부텨 + ____ → ______ ④ 사ᄅᆞᆷ + ____ → ______
⑤ 거붑 + ____ → ______ ⑥ 사ᄉᆞᆷ + ____ → ______
⑦ 나라 + ____ → ______ ⑧ 도ᄌᆞᆨ + ____ → ______

4 다음 단어에 결합할 목적격 조사의 적절한 형태를 〈보기〉에서 골라서 쓴 뒤 연철로 표기하시오. (단, 연철은 가능한 경우에만 적용할 것)

〈보기〉

ᄋᆞᆯ, 을, ᄅᆞᆯ, 를

① 아ᄃᆞᆯ + ____ → ______ ② 졋 + ____ → ______
③ 나 + ____ → ______ ④ 부텨 + ____ → ______
⑤ 너 + ____ → ______ ⑥ ᄆᆞᆯ + ____ → ______
⑦ 마ᅀᆞᆷ + ____ → ______ ⑧ 천하 + ____ → ______

IV 국어사 · 국어 규범 · 담화

학습일 년 월 일

중세 국어의 문법 ②

유튜브 강의

Youtube Player
단어 | 문장 | 음운 | 국어사
◂◂ 이전 강의 | 다음 강의 ▸▸
중세 문법① | 중세 문법③

1 부사격 조사의 형태

현대 국어의 부사격 조사는 매우 다양하다. 중세 국어 시기의 부사격 조사도 그 형태와 쓰임이 다양한데, 눈여겨볼 만한 사례들을 짚어 보자.

1) 애/에/예

형태	조건	용례
애	앞말(체언)의 끝음절 모음이 양성일 때	ᄀᆞᄅᆞᆷ + 애 → ᄀᆞᄅᆞ매
에	앞말(체언)의 끝음절 모음이 음성일 때	그릇 + 에 → 그르세
예	앞말(체언)의 끝음절 모음이 'ㅣ'나 반모음 'ㅣ̆'일 때	머리 + 예 → 머리예

2) ᄋᆞ로/으로

형태	조건	용례
ᄋᆞ로	앞말(체언)의 끝음절 모음이 양성일 때	ᄆᆞᅀᆞᆷ + ᄋᆞ로 → ᄆᆞᅀᆞᄆᆞ로
으로	앞말(체언)의 끝음절 모음이 음성일 때	東녁 + 으로 → 東녀그로

3) ᄋᆡ/의 → 관형격 조사와 형태가 동일함

형태	조건	용례
ᄋᆡ	앞말(체언)의 끝음절 모음이 양성일 때	새벼리 나지(낮 + ᄋᆡ) 도ᄃᆞ니 ⊙ 새별이 낮에 돋으니
의	앞말(체언)의 끝음절 모음이 음성일 때	城의(성 + 의) 나사가 ⊙ 성에 나아가

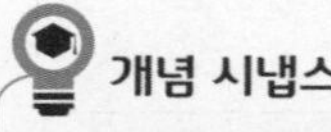

개념 시냅스

관형격 조사 'ᄋᆡ, 의' vs 부사격 조사 'ᄋᆡ/의'

유정 명사에 결합하는 관형격 조사는 'ᄋᆡ/의'이고, 무정 명사에 결합하는 관형격 조사는 'ㅅ'이야. 그렇기 때문에 만약 무정 명사에 'ᄋᆡ/의'가 결합해 있다면 이때는 관형격 조사가 아닌 부사격 조사라고 판단해야 돼.

- 百姓의(백성의) → '의'는 관형격 조사
- 城의(성에) → '의'는 부사격 조사
- 나랏(나라의) → 'ㅅ'은 관형격 조사

4) 그 밖에

형태	조건	용례
ᄃᆞ려	'더러'의 옛 형태 '에게'와 의미가 통함	부텨 目連이ᄃᆞ려 니ᄅᆞ샤ᄃᆡ ⊙ 부처가 목련이에게 이르시되
ᄭᅴ	'께'의 옛 형태 '에게'와 의미가 통함	허믈이 읏듬 장슈ᄭᅴ 인ᄂᆞ니이다. ⊙ 허물이 으뜸 장수에게 있나이다

2 호격 조사의 형태

중세 국어 시기에는 현대 국어에 없는 호격 조사 '하'가 있었다. 상대방이 높임의 대상일 경우에는 '하'를 사용하였기 때문에 대상에 대한 화자의 태도를 보다 쉽게 파악할 수가 있었다.

형태	조건	용례
하	앞말(체언)이 높임의 대상일 때	달하 노피곰 도ᄃᆞ샤 ⊙ 달이시여, 높이높이 돋으셔서 님금하 아ᄅᆞ쇼셔 ⊙ 임금이시여, 아십시오.
아	앞말(체언)이 높임의 대상이 아닐 때	彌勒아 아라라 ⊙ 미륵아, 알아라. 가노라 삼각산아 ⊙ 가노라 삼각산아

3 보조사의 형태

현대 국어에서 대표적인 보조사는 '은/는'이다. 중세 국어 시기에는 모음 조화를 지켜야 했기에 앞말에 따라 쓰임의 형태가 달랐다.

형태	조건		용례
ᄋᆞᆫ	받침이 있는 체언 뒤	앞 음절이 양성 모음	아ᄃᆞᆯ + ᄋᆞᆫ → 아ᄃᆞ론
은		앞 음절이 음성 모음	졋 + 은 → 져즌
ᄂᆞᆫ	받침이 없는 체언 뒤	앞 음절이 양성 모음	나 + ᄂᆞᆫ → 나ᄂᆞᆫ
는		앞 음절이 음성 모음	부텨 + 는 → 부텨는

4 의문 보조사와 의문형 종결 어미의 형태

중세 국어 시기에는 현대 국어에는 없는 의문 보조사가 존재했다. 의문형 종결 어미는 용언의 어간이나 서술격 조사에 결합해서 의문문을 만드는 데 반해 의문 보조사는 체언에 바로 결합하여 의문문을 만든다는 특징이 있다. 또한 판정 의문문과 설명 의문문을 구분하여 사용하였으며, 이인칭 주어의 문장일 경우에는 이를 구분하지 않고 별도의 어미를 사용하였다.

	판정 의문문(의문사 없음)	설명 의문문(의문사 있음)
의문 보조사	가	고
용례	이 ᄯᆞ리 너희 죻가 ➲ 이 딸이 너희 종이냐?	이ᄂᆞᆫ 엇던 사ᄅᆞᆷ고 ➲ 이는 어떤 사람이냐?

	판정 의문문(의문사 없음)	설명 의문문(의문사 있음)
의문형 종결 어미	-가, -ㄴ가, -녀/-려 ➔ 'ㅏ/ㅓ' 계열	-고, -ㄴ고, -뇨/-료 ➔ 'ㅗ' 계열
용례	西京은 편안ᄒᆞᆫ가 몯ᄒᆞᆫ가 ➲ 서경은 편안하냐? 안 편안하냐? 져므며 늘구미 잇ᄂᆞ녀 ➲ 젊으며 늙음이 있느냐?	이제 엇더ᄒᆞᆫ고 ➲ 이제 어떠하냐? 므슴 마ᄅᆞᆯ 니ᄅᆞᄂᆞ뇨 ➲ 무슨 말을 이르겠느냐?

	판정 의문문(의문사 없음)	설명 의문문(의문사 있음)
이인칭 의문형 종결 어미	-ㄴ다	
용례	네 信ᄒᆞᄂᆞᆫ다 아니 ᄒᆞᄂᆞᆫ다 ➲ 네가 믿느냐? 안 믿느냐?	네 엇뎨 안다 ➲ 네가 어찌 아느냐?

5 명사형 전성 어미와 명사 파생 접미사의 형태

현대 국어에서는 명사형 어미와 명사 파생 접미사의 형태가 둘 다 '-(으)ㅁ'이 사용되기 때문에 문맥을 고려하여 판단해야 한다. 이에 반해 중세 국어 시기에는 이 둘의 형태가 달랐기 때문에 직관적인 구별이 가능했다.

명사 파생 접미사	-ᄋᆞᆷ/-음	열- + -음 → 여름(열매) 蓮ㅅ고지 고ᄌᆞ로셔 여름 여루미 ᄀᆞᆮᄒᆞᆯ씨 ➲ 연꽃이 꽃으로서 열매 열림과 같으므로
명사형 전성 어미	-옴/-움	열- + -움 → 여룸(열림) 蓮ㅅ고지 고ᄌᆞ로셔 여름 여루미 ᄀᆞᆮᄒᆞᆯ씨
	-기	오직 절ᄒᆞ기ᄅᆞᆯ ᄒᆞ야 ➲ 오직 절하기를 하여(중세 국어 시기에는 '-기'가 거의 안 쓰임)

IV 국어사 · 국어 규범 · 담화

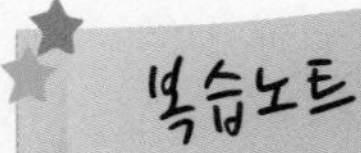

10강 • 중세 국어의 문법 ②

정답 60쪽

레인보우 리뷰

① 현대 국어의 부사격 조사 '에'가 체언의 끝음절 모음이 양성 모음일 때는 '□'로, 음성 모음일 때는 '□'로 쓰였다.
② 현대 국어의 부사격 조사 '에'가 체언의 끝음절 모음이 'ㅣ'나 반모음 'ㅣ̆'일 때 '□'로 쓰였다.
③ 현대 국어의 부사격 조사 '으로'가 체언의 끝음절 모음이 양성 모음일 때는 '□□'로, 음성 모음일 때는 '□□'로 쓰였다.
④ 관형격 조사와 형태가 동일한 부사격 조사의 경우 체언의 끝음절 모음이 양성 모음일 때는 '□'로, 음성 모음일 때는 '□'로 쓰였다.
⑤ 현대의 부사격 조사 '더러'의 옛 형태는 '□□'였다.
⑥ 현대의 부사격 조사 '께'의 옛 형태는 '□'였다.
⑦ 평칭의 경우에는 호격 조사 '아'를 썼지만, 높여야 할 대상에게는 호격 조사 '□'를 사용하였다.
⑧ 체언의 끝음절이 받침이 있으면서 양성 모음일 때는 보조사 '□'이, 음성 모음일 때는 보조사 '□'이 쓰였다.
⑨ 체언의 끝음절이 받침이 없으면서 양성 모음일 때는 보조사 '□'이, 음성 모음일 때는 보조사 '□'이 쓰였다.
⑩ □□ 의문문에서는 'ㅏ/ㅓ' 계열인 의문형 종결 어미 '-ㄴ가, -녀/-려'가 사용되었다.
⑪ □□ 의문문에서는 'ㅗ' 계열인 의문형 종결 어미 '-ㄴ고, -뇨/-료'가 사용되었다.
⑫ 체언에 바로 결합해서 의문문을 만들어 주는 의문 보조사 '□'와 '□'가 있었는데, 판정 의문문에는 'ㅏ' 계열인 '□'가 설명 의문문에서는 '□' 계열인 '고'가 쓰였다.
⑬ 이인칭 의문형 종결 어미 '-□□'는 의문문 종류에 상관없이 하나로 쓰였다.
⑭ 명사 파생 접미사로는 '□, □'이 쓰였다.
⑮ 명사형 전성 어미로는 '□, □'이 쓰였다.

개념 마스터

1 다음 단어에 결합할 부사격 조사의 적절한 형태를 〈보기〉에서 골라서 쓴 뒤 연철로 표기하시오. (단, 연철은 가능한 경우에만 적용할 것)

〈보기〉
애 / 에 / 예

① ᄀᆞᄅᆞᆷ + ____ → ____ ② 그릇 + ____ → ____
③ 귀 + ____ → ____ ④ 머리 + ____ → ____

2 다음 단어에 결합할 부사격 조사의 적절한 형태를 〈보기〉에서 골라서 쓴 뒤 연철로 표기하시오. (단, 연철은 가능한 경우에만 적용할 것)

〈보기〉
ᄋᆞ로 / 으로

① ᄆᆞᅀᆞᆷ + ____ → ____
② 東녁 + ____ → ____

3 다음 밑줄 친 부분에 들어갈 부사격 조사의 적절한 형태를 〈보기〉에서 골라서 쓴 뒤 연철로 표기하시오. (단, 연철은 가능한 경우에만 적용할 것)

〈보기〉
ᄋᆡ / 의

① 새벼리 낮____ 도ᄃᆞ니 → ____
② 처섬____ ᄒᆞᆫ 번 ᄇᆞ리니 → ____

4 다음 단어에 결합할 보조사의 적절한 형태를 〈보기〉에서 골라서 쓴 뒤 연철로 표기하시오. (단, 연철은 가능한 경우에만 적용할 것)

〈보기〉
ᄋᆞᆫ / 은 / ᄂᆞᆫ / 는

① 아ᄃᆞᆯ + ____ → ____ ② 졋 + ____ → ____
③ 나 + ____ → ____ ④ 마ᅀᆞᆷ + ____ → ____
⑤ 너 + ____ → ____ ⑥ 믈 + ____ → ____

5 다음 문장에서 의문 보조사나 의문형 종결 어미를 찾아 ○를 표시하고, 의문문의 종류를 밝히시오. (판정 의문문, 설명 의문문, 이인칭 주어 의문문)

① 이 두 사ᄅᆞ미 眞實로 네 항것가 → ____
② 져므며 늘구미 잇ᄂᆞ녀 → ____
③ 이ᄂᆞᆫ 엇던 사ᄅᆞᆷ고 → ____
④ 부텨 우희 또 다른 부텨가 잇ᄂᆞ니잇가 → ____
⑤ 녜 엇뎨 안다 → ____
⑥ 네 信ᄒᆞᄂᆞᆫ다 아니 ᄒᆞᄂᆞᆫ다 → ____
⑦ 이 ᄯᆞ리 너희 죵가 → ____
⑧ 므슴 마ᄅᆞᆯ 니ᄅᆞᄂᆞ뇨 → ____
⑨ 네 겨집 그려 가던다 → ____

5 min
오분만에 마스터하는 국어
11강

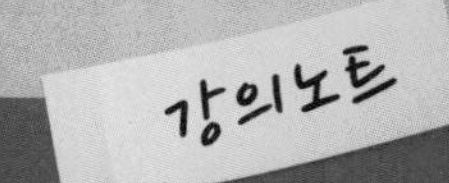

학습일 년 월 일

중세 국어의 문법 ③

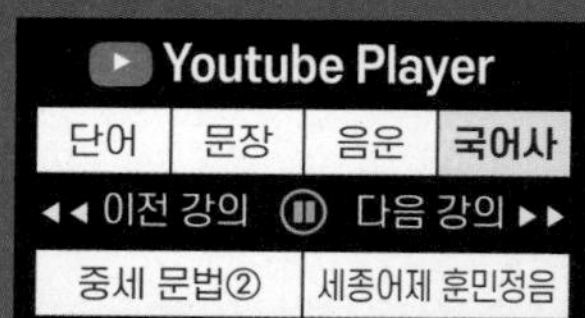

1 높임 표현

1) 주체 높임법: 현대 국어에서 선어말 어미 '-시-'를 사용하여 주체를 높이는 것처럼 중세 국어 시기에는 선어말 어미 '-시-'와 '-샤-'를 사용하여 주체를 높였다. 이때 '-시-'가 모음 어미 앞에 놓이면 '-샤-'로 형태가 바뀌고 결합해 있던 모음 어미는 탈락하는 모습을 보인다.

형태	조건	용례
-(으)시-	자음 어미 앞에 놓일 때	일마다 天福이시니
-샤-	모음 어미 앞에 놓일 때	六龍이 ᄂᆞᄅᆞ샤 ➡ ᄂᆞᆯ- + -ᄋᆞ- + -시- + -아 → ᄂᆞᆯ- + -ᄋᆞ- + -샤-

2) 객체 높임법: 중세 국어 시기에는 선어말 어미를 사용하여 객체를 높였다. 이는 부사격 조사 '께'나 특수 어휘를 사용하는 현대 국어와는 완전히 다른 모습이었다고 할 수 있다. 현대 국어에는 객체를 높이는 선어말 어미가 없기 때문에 중세 국어의 문장을 해석하면 객체 높임의 표지나 의미가 사라져 버린다.

앞 어간의 끝소리	형태	뒤 어미의 첫소리	용례
ㄱ, ㅂ, ㅅ, ㅎ	-ᄉᆞᆸ-	자음	므를 부텻 모매 븟ᄉᆞᆸ고 ➡ 물을 부처의 몸에 붓고
	-ᄉᆞᇦ-	모음	벼슬 노ᄑᆞᆫ 臣下ㅣ 님그믈 돕ᄉᆞᄫᅡ ➡ 벼슬 높은 신하가 임금을 도와
ㄷ, ㅈ, ㅊ	-ᄌᆞᆸ-	자음	善女人이 正法 듣ᄌᆞᆸ고져 發願ᄒᆞᄃᆡ ➡ 선여인이 정법을 듣고자 발원하되
	-ᄌᆞᇦ-	모음	부텻긔 이런 마ᄅᆞᆯ 몯 듣ᄌᆞᄫᆞ며 ➡ 부처께 이런 말을 못 들으며
모음, ㄴ, ㅁ, ㄹ	-ᅀᆞᆸ-	자음	나도 이제 너희 스승을 보ᅀᆞᆸ고져 ➡ 나도 이제 너희 스승을 보고자
	-ᅀᆞᇦ-	모음	하ᄂᆞᆳ긔 비ᅀᆞᄫᆞᄃᆡ ➡ 하늘께 빌되

3) 상대 높임법: 청자를 높이는 상대 높임법 역시 중세 국어 시기에는 현대 국어와 다른 양상으로 나타났다. 현대 국어에서는 종결 어미로 실현되지만 중세 국어에서는 종결 어미뿐만 아니라 선어말 어미로도 상대 높임법이 실현되었다.

형태	조건	용례
-이-	평서형 문장에서	蓮花ㅣ 나ᄂᆞ니이다 ➡ 연꽃이 납니다.
-잇-	의문형 문장에서	大王하 엇뎨 나ᄅᆞᆯ 모ᄅᆞ시ᄂᆞ니잇고 ➡ 대왕이시여, 어찌 나를 모르십니까?

2 시간 표현

중세 국어 시기의 시제 표현 양상은 현대 국어와는 많은 차이가 있었다. 동사에 과거 시제 선어말 어미를 사용하지 않더라도 과거 시제가 드러났으며, 선어말 어미의 형태와 쓰임도 지금과는 많이 달랐다.

시제	품사	어미	용례
과거	동사	∅	네 아비 ᄒᆞ마 주그니라 ◎ 너의 아비가 벌써 죽었다.
		-더-	安樂國이 두 허튀ᄅᆞᆯ 안고 우더니 ◎ 안락국이 두 종아리를 안고 울더니 ᄒᆞ- + -더- + -오- + -라 내 롱담ᄒᆞ다라 ◎ 내가 농담하였다.
	형용사	-더-	많- + -더- + -오- + -라 내 지븨 이싫 저긔 受苦ㅣ 만타라 ◎ 내가 집에 있을 적에 수고가 많았다.
현재	동사	-ᄂᆞ-	네 이제 ᄯᅩ 묻ᄂᆞ다 ◎ 네가 이제 또 묻는다. 여희- + -ᄂᆞ- + -오- + -라 내 이제 大衆과 여희노라 ◎ 내가 이제 대중과 이별한다.
	형용사	∅	너도 ᄯᅩ 이 ᄀᆞᆮᄒᆞ다 ◎ 너도 또 이와 같다.
미래	동사	-(으)리-	내 願을 아니 從ᄒᆞ면 고ᄌᆞᆯ 몯 어드리라 ◎ 내 원을 안 좇으면 꽃을 못 얻으리라.
	형용사		됴ᄒᆞᆫ 이리 하리이다 ◎ 좋은 일이 많으리라.

개념 시냅스

일인칭 선어말 어미 '-오-'

주어가 일인칭임을 드러내는 기능을 담당하는 선어말 어미 '-오-'가 있어. 그런데 문제는 '-오-'가 다른 요소와 결합을 하면서 그 형태가 자꾸 달라진다는 거야.

- 내 그ᄃᆞᆺ 말다히 호리니(내가 그대의 말대로 하리니)
  → ᄒᆞ- + -오-
- 나도 이제 너희 스승을 보ᄉᆞᆸ고져 ᄒᆞ노니(나도 이제 너희 스승을 보고자 하니)
  → -ᄂᆞ- + -오-
- 내 롱담ᄒᆞ다라(내가 농담하였다.)
  → -더- + -오-

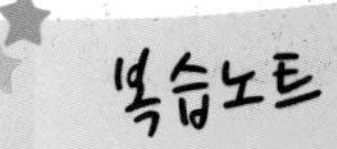

11강 • 중세 국어의 문법 ③

정답 61쪽

레인보우 리뷰

① 중세 국어 시기에는 주체 높임 선어말 어미 '-□-'와 '-□-'를 사용하였다.

② 주체 높임 선어말 어미는 자음 어미 앞에서는 '-□-'로, 모음 어미 앞에서는 '-□-'로 실현되었다.

③ 중세 국어 시기에는 객체를 높이는 □□ 높임 선어말 어미가 존재하였다.

④ 객체 높임 선어말 어미는 앞 어간의 끝소리가 'ㄱ, ㅂ, ㅅ, ㅎ'이고 뒤 어미의 첫소리가 자음이면 '-□-'으로, 뒤 어미의 첫소리가 모음이면 '-□-'으로 실현되었다.

⑤ 객체 높임 선어말 어미는 앞 어간의 끝소리가 'ㄷ, ㅈ, ㅊ'이고 뒤 어미의 첫소리가 자음이면 '-□-'으로, 뒤 어미의 첫소리가 모음이면 '-□-'으로 실현되었다.

⑥ 객체 높임 선어말 어미는 앞 어간의 끝소리가 '모음, ㄴ, ㅁ, ㄹ'이고 뒤 어미의 첫소리가 자음이면 '-□-'으로, 뒤 어미의 첫소리가 모음이면 '-□-'으로 실현되었다.

⑦ 중세 국어 시기에는 상대 높임 선어말 어미 '-□-'와 '-□-'을 사용하였다.

⑧ 평서형 문장에서 상대 높임 선어말 어미 '-□-'가 실현되었다.

⑨ 의문형 문장에서 상대 높임 선어말 어미 '-□-'이 실현되었다.

⑩ 동사를 과거 시제로 표현할 때는 과거 시제 선어말 어미 '-□-'를 사용하였다. 다만 문맥상 '-□-'가 없더라도 과거 시제를 드러내는 경우들이 존재했다.

⑪ 형용사를 과거 시제로 표현할 때는 과거 시제 선어말 어미 '-□-'를 사용하였다.

⑫ 동사를 현재 시제로 표현할 때는 현재 시제 선어말 어미 '-□-'를 사용하였다.

⑬ □□□의 경우는 현재 시제 선어말 어미 없이도 현재의 의미가 드러났다.

⑭ 미래 시제의 경우 동사, 형용사 모두 미래 시제 선어말 어미 '-(□)□-'를 사용하였다.

개념 마스터

1 다음 문장에서 용언에 쓰인 높임의 표지를 찾아서 ○를 표시한 후 높임의 종류를 밝히시오.

① 부텨 니ᄅᆞ샤ᄆᆞᆯ → (　　　　　)

② 普薩이 나라ᄒᆞᆯ 아ᅀᆞ 맛디시고 → (　　　　　)

③ 하ᄂᆞᆯ 셤기ᅀᆞᆸᄃᆞᆺ → (　　　　　)

④ 벼슬 노ᄑᆞᆫ 신하 님그믈 돕ᄉᆞᄫᅡ → (　　　　　)

⑤ 世솅尊존ㅅ 安한否부ᇢ 묻ᄌᆞᆸ고 → (　　　　　)

⑥ 그듸 ᄯᆞᄅᆞᆯ 맛고져 ᄒᆞ더이다 → (　　　　　)

⑦ 六龍이 ᄂᆞᄅᆞ샤 → (　　　　　)

⑧ 부텨를 청ᄒᆞᅀᆞᄫᅡ → (　　　　　)

⑨ 하나빌 미드니잇가 → (　　　　　)

⑩ 부텻긔 절하ᅀᆞᆸ고 → (　　　　　)

⑪ 부텨를 막ᅀᆞᆸ거늘 → (　　　　　)

⑫ 닐굽 거르믈 거르샤 니ᄅᆞ샤ᄃᆡ → (　　　　　)

⑬ 어마님긔 오ᅀᆞᆸ더니 → (　　　　　)

⑭ 世尊ㅅ 말을 듣ᄌᆞᆸ고 → (　　　　　)

⑮ 弟子ㅣ ᄃᆞ외아지이다 → (　　　　　)

2 〈보기〉를 참고하여 제시한 문장의 시제를 밝히고 실현된 시제 표지를 분석하시오.

〈보기〉

내 롱담ᄒᆞ다라	
시제	시제 표지
과거	-더-

① 네 이제 ᄯᅩ 묻ᄂᆞ다.	
시제	시제 표지

② 내 이제 分明히 너ᄃᆞ려 닐오리라.	
시제	시제 표지

③ 그듸 ᄯᆞᄅᆞᆯ 맛고져 ᄒᆞ더이다	
시제	시제 표지

④ 네 아비 ᄒᆞ마 주그니라	
시제	시제 표지

⑤ 너도 ᄯᅩ 이 ᄀᆞᆮᄒᆞ다	
시제	시제 표지

IV 국어사 · 국어 규범 · 담화

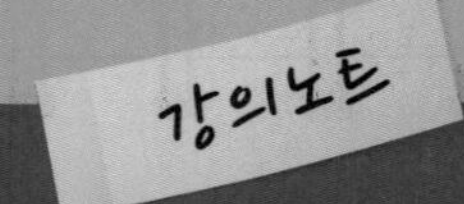

'세종어제훈민정음' 분석

학습일 　　 년 　　 월 　　 일

유튜브 강의

Youtube Player
단어 | 문장 | 음운 | 국어사
◀◀ 이전 강의 ⏸ 다음 강의 ▶▶
중세 문법③ | 근대 음운과 표기

개념 시냅스

단어의 의미 변화

① 의미의 확대
단어가 지시하는 의미의 범위가 원래보다 더 넓어지는 현상을 말해.
- 영감(당상관의 벼슬아치 → 남자 노인)
- 세수(손을 씻음 → 손과 얼굴을 씻음)

② 의미의 축소
단어가 지시하는 의미의 범위가 원래보다 더 좁아지는 현상을 말해.
- 얼굴(몸 전체 → 낯)
- 놈(사람 → 남자의 낮춤말)
- 계집(여성 → 여자의 낮춤말)
- 짐승(중생, 모든 생명체 → 동물)

③ 의미의 이동
단어의 의미가 다른 의미로 바뀌는 현상을 말해.
- 어리다(어리석다 → 나이가 어리다)
- 어엿브다(불쌍하다 → 예쁘다)

世·솅宗종御·ᅌᅥᆼ製·졩訓·훈民민正·졍音ᅙᅳᆷ

나·랏 :말ᄊᆞ·미 中듕國·귁·에 달·아 文문字·ᄍᆞᆼ·와·로 서르 ᄉᆞᄆᆞᆺ·디 아·니ᄒᆞᆯ·ᄊᆡ ·이런 젼·ᄎᆞ·로 어·린 百·ᄇᆡᆨ姓·셩·이 니르·고·져 ·홇 ·배 이·셔·도 ᄆᆞ·ᄎᆞᆷ:내 제 ·ᄠᅳ·들 시·러 펴·디 :몯ᄒᆞᇙ ·노·미 하·니·라 ·내 ·이·ᄅᆞᆯ 爲·윙·ᄒᆞ·야 :어엿·비 너·겨 ·새·로 ·스·믈여·듧 字·ᄍᆞᆼ·ᄅᆞᆯ ᄆᆡᆼ·ᄀᆞ노·니 :사ᄅᆞᆷ:마·다 :ᄒᆡᅇᅧ :수·ᄫᅵ 니·겨 ·날·로 ·ᄡᅮ·메 便뼌安한·킈 ᄒᆞ·고·져 ᄒᆞᇙ ᄯᆞᄅᆞ·미니·라

– 월인석보본 훈민정음(月印釋譜本訓民正音), 세조(世祖) 5년(1459년)

[현대어 풀이]

우리나라의 말이 중국과 달라 한자와는 서로 통하지 아니하여서 이런 까닭으로 어리석은 백성이 말하고자 하는 바가 있어도 마침내 제 뜻을 능히 펴지 못하는 사람이 많다. 내가 이를 위하여 가엾게 생각하여 새로 스물여덟 글자를 만드니, 모든 사람으로 하여금 쉽게 익혀서 날마다 쓰는 데 편하게 하고자 할 따름이다.

※ 다음 제시된 중세 국어 표기를 현대어로 바꾼 뒤 음운, 문법 등을 분석하시오.

① 나·랏 :말ᄊᆞ·미 ______

② 中듕國·귁·에 ______

③ 달·아 ______

④ 文문字·ᄍᆞᆼ·와·로 ______

⑤ 서르 ______

⑥ ᄉᆞᄆᆞᆺ·디 ______

⑦ 아·니ᄒᆞᆯ·ᄊᆡ ______

⑧ ·이런 ______

⑨ 젼·ᄎᆞ·로 ______

⑩ 어·린 ______

⑪ 百·ᄇᆡᆨ姓·셩·이 ______

⑫ 니르·고·져 ______

정답 ▶ 61쪽

⑬ ·ᄒᆞᇙ

⑭ ·배

⑮ 이·셔·도

⑯ ᄆᆞ·ᄎᆞᆷ:내

⑰ 제

⑱ ·ᄠᅳ·들

⑲ 시·러

⑳ 펴·디

㉑ :몯ᄒᆞᇙ

㉒ ·노·미

㉓ 하·니·라

㉔ ·내

㉕ ·이·ᄅᆞᆯ

㉖ 爲·ᅌᅱᆼ·ᄒᆞ·야

㉗ :어엿·비

㉘ 너·겨

㉙ ·새·로

㉚ ·스·믈여·듧

㉛ 字·ᄍᆼ·ᄅᆞᆯ

㉜ ᄆᆡᆼ·ᄀᆞ노·니

㉝ :사ᄅᆞᆷ:마·다

㉞ :ᄒᆡ·ᅇᅧ

㉟ :수·ᄫᅵ

㊱ 니·겨

㊲ ·날·로

㊳ ·ᄡᅮ·메

㊴ 便뼌安한·킈

㊵ ᄒᆞ·고·져

㊶ ᄒᆞᇙ

㊷ ᄯᆞᄅᆞ·미니·라

IV 국어사 · 국어 규범 · 담화

학습일 년 월 일

강의노트

근대 국어의 음운과 표기

유튜브 강의

Youtube Player
단어 | 문장 | 음운 | 국어사
◂◂ 이전 강의 ⏸ 다음 강의 ▸▸
세종어제 훈민정음 | 근대 문법

1 연철 → 분철, 중철

근대 국어 시기는 중세 국어 시기의 이어적기(연철) 방식이 현대 국어의 끊어적기(분철) 방식으로 변화하는 과도기였다. 이어적기의 비중은 점점 줄어드는 반면 끊어적기의 비중이 점차적으로 증가하였다. 이러한 과정 속에서 거듭적기(중철)와 같은 특이한 사례들도 나타났다.

중세 국어	근대 국어	
연철	분철	중철
ᄀᆞ로ᄃᆡ	ᄀᆞᆯ오ᄃᆡ	-
니믈	님을	님믈

2 8종성법 → 7종성법

중세 국어 시기에 실제로 발음이 되었던 종성 자음은 'ㄱ, ㄴ, ㄷ, ㄹ, ㅁ, ㅂ, ㅅ, ㆁ'이었고, 이처럼 발음을 기준으로 종성을 표기한 것이 8종성법이었다. 그런데 근대 국어 시기가 되면서 'ㅅ' 발음이 점차 'ㄷ' 발음으로 바뀌어 가는 현상이 나타났다. 논리적으로는 당연히 발음이 쇠퇴해 가는 'ㅅ'이 표기에서 탈락되어야 하겠지만 오히려 표기에서는 'ㅅ'이 살아남았다. 그래서 결국 'ㄱ, ㄴ, ㄹ, ㅁ, ㅂ, ㅅ, ㅇ'의 7개의 자음으로 종성을 표기하는 방식이 완성된 것이다. 오랜 시간을 걸쳐서 형성된 관습이므로 문헌마다 그 쓰임이 혼재하는 경향을 보인다.

중세 국어	근대 국어 초기	근대 국어 중기	근대 국어 후기	현대 국어
벋	벋(비중 높음) 벗(비중 낮음)	비중이 비슷함	벋(비중 낮음) 벗(비중 높음)	벗

3 음운의 소실

음운	내용	용례
ㅸ (순경음 비읍)	15세기 후반에 소멸된 것으로 본다. 소멸의 과정에서 뒤에 오는 모음이 'ㅏ/ㅓ'인 경우 반모음 'ㅗ̆/ㅜ̆'로 바뀌고, 'ㆍ/ㅡ'일 경우에는 뒤 모음과 합쳐져 모음 'ㅗ/ㅜ'로 바뀌었다.	• 더ᄫᅥ > 더워 • 치ᄫᆞ며 > 치우며
ㅿ (반치음)	15세기 후반부터 16세기에 걸쳐 소멸하였다. 흔적 없이 사라지기도 하고, 'ㅅ'으로 바뀌는 경우들도 있었다.	• 어버ᅀᅵ > 어버이 • 한ᅀᅮᆷ > 한숨
ㆁ (옛이응)	초기에는 소릿값이 있는 초성과 종성으로 사용되었으나 얼마 지나지 않아 초성의 소릿값이 사라지게 되면서 'ㅇ'만이 초성 자리에 놓이게 되었다. 소릿값이 있는 종성 자리도 점차 'ㅇ'에게 내어 주게 되어 결국 옛이응 표기는 대략 17세기경에 사라지게 되었다.	• 부ᅌᅥ > 붕어 • 지ᇰ반 > 징반
ㆆ (여린 히읗)	훈민정음 창제 직후 주로 한자음 표기에 사용되다가 점점 소멸하기 시작하여 1527년에 간행된 『훈몽자회』 이후부터는 나타나지 않았다.	• 훈민져ᇰᅙᅳᆷ > 훈민정음
ㆍ (아래아)	16세기경 둘째 음절에 놓인 'ㆍ'의 소릿값이 'ㅡ'로 변하기 시작했고, 18세기경에는 첫째 음절에서도 'ㅏ'로 변하였다. 'ㆍ' 고유의 소릿값은 사라졌지만 표기는 1933년까지 사용되었다.	• ᄆᆞᅀᆞᆷ > ᄆᆞᅀᅳᆷ > 마음

레인보우 리뷰

'ㅂ' 불규칙

'Ⅰ. 단어' 단원에서 배웠던 용언의 불규칙 활용 중에서 'ㅂ' 불규칙을 떠올려 보자.

- 굽- + -다 → 굽다
- 굽- + -어 → 구워

자, 이제 'ㅂ' 불규칙 활용의 수수께끼가 풀렸네. '불에 익히다.'라는 뜻의 '굽-'의 받침 'ㅂ'은 사실 'ㅸ'이었어. '굷다'의 'ㅸ'이 자음 앞에서는 'ㅂ'으로 바뀌었고, 모음 앞에서는 반모음 'ㅗ̆/ㅜ̆'로 바뀌었는데, 그 특성이 'ㅂ' 불규칙 활용으로 오늘날까지 유지되고 있었던 거야. 놀랍지 않니?

레인보우 리뷰

'ㅅ' 불규칙

이번에는 'ㅅ' 불규칙을 떠올려 보자.

- 짓- + -다 → 짓다
- 지- + -어 → 지어

자, 마찬가지로 이제 'ㅅ' 불규칙의 수수께끼가 풀렸네. '짓-'의 받침 'ㅅ'은 사실 'ㅿ'이었어. '짓다'의 'ㅿ'이 자음 앞에서는 'ㅅ'으로 바뀌었고, 모음 앞에서는 사라졌던 특성이 'ㅅ' 불규칙 활용으로 오늘날까지 유지되고 있었던 거야. 이처럼 국어사를 공부하면 통시적인 관점에서 현대 국어의 문법 현상들을 논리적으로 이해할 수 있어. 시험에서 국어의 옛 모습과 지금의 모습을 통합해서 출제하는 이유도 바로 여기에 있는 거야.

4 모음 조화의 혼란

양성 모음(ㅏ, ㅗ, ㆍ)과 음성 모음(ㅓ, ㅜ, ㅡ)이 대응하는 체계는 모음 조화 규칙이 유지될 수 있는 가장 큰 원동력이었다. 하지만 'ㆍ'의 소릿값이 16세기부터 점차 사라지기 시작하자 모음 조화 규칙의 근간이 흔들리게 되었고, 결국 'ㆍ'의 음가 소실로 인해 모음 조화 규칙은 깨어지게 되었다. 모음 조화는 오늘날 어미나 음성 상징어 등에서 그 흔적을 살펴볼 수 있다.

예 ᄀᆞᄅᆞ치다 > 가르치다, 아ᄃᆞᆯ > 아들

5 이중 모음의 단모음화

이중 모음으로 발음되던 모음들 중 일부가 단모음으로 바뀌어 발음되었다.

모음	중세 국어	근대 국어
ㅐ	[ㅏ + 반모음 ǐ] → [아이]	[애]
ㅔ	[ㅓ + 반모음 ǐ] → [어이]	[에]
ㅚ	[ㅗ + 반모음 ǐ] → [오이]	[외]
ㅟ	[ㅜ + 반모음 ǐ] → [우이]	[위]

6 성조와 방점의 소멸

성조가 사라지자 이를 표시하던 방점도 소멸하였다. 비록 성조는 사라졌지만 상성의 흔적이 장음이라는 운소로 변모하였다. 낮은 소리에서 높은 소리로 옮겨 가며 발음하던 상성은 다른 성조에 비해 비교적 길게 발음하였는데, 그 흔적이 장음으로 남았다고 보는 것이다.

예 상성이었던 어휘들 → 눈(雪)[눈:], 말(言)[말:], 밤(栗)[밤:]

7 구개음화 발생

치조음이었던 'ㅈ, ㅉ, ㅊ'이 경구개음으로 조음 위치가 바뀌면서 구개음화가 일어나는 조건을 갖추게 되었다. 구개음화는 17세기부터 19세기 사이에 활발하게 이루어졌는데, 현대 국어에서 설명하는 구개음화의 조건과는 사뭇 다르다. 'ㄷ, ㄸ, ㅌ'이 'ㅣ'나 반모음 'ǐ'를 만나면 'ㅈ, ㅉ, ㅊ'이 되었는데, 형태소 경계뿐만 아니라 형태소 내부에서도 구개음화가 일어났다. 또한 현대 국어와는 달리 표기에도 반영이 되었다는 특징이 있다.

예 어딜다 > 어질다, 디다 > 지다, 고티다 > 고치다, 티다 > 치다

8 원순 모음화 발생

순음인 'ㅁ, ㅂ, ㅃ, ㅍ' 뒤에 이어진 평순 모음 'ㅡ'가 주로 원순 모음인 'ㅜ'로 바뀌는 현상을 말하는데, 대략 17세기 말엽부터 원순 모음화가 시작된 것으로 보고 있다.

예 믈 > 물, 블 > 불, 플 > 풀, 븕다 > 붉다

9 두음 법칙 발생

모음 'ㅣ'나 반모음 'ǐ' 앞에 오는 어두의 'ㄴ'이 탈락하는 두음 법칙이 발생하기 시작하였다. 고유어와 한자어 모두에 두음 법칙이 적용되었다.

예 님금 > 임금, 니르다 > 이르다

레인보우 리뷰

어두 자음군의 된소리화

- 'ㅅ' 계열: ᄭ, ᄮ, ᄯ, ᄲ
  → 16세기 초에 된소리로 바뀜
- 'ㅂ' 계열: ᄠ, ᄩ, ᄧ, ᄡ
  → 17세기 말부터 18세기 중엽에 걸쳐서 된소리로 바뀜
- 'ㅄ' 계열: ᄢ, ᄣ
  → 16세기부터 17세기에 걸쳐서 된소리로 바뀜

어두 자음군들은 근대 국어 시기로 접어들면서 모두 된소리로 바뀌었다는 것을 알 수 있어.

개념 시냅스

재음소화 표기

음절의 종성이 'ㅊ, ㅋ, ㅌ, ㅍ'인 경우 각각을 'ㅈ + ㅎ', 'ㄱ + ㅎ', 'ㄷ + ㅎ', 'ㅂ + ㅎ'과 같이 두 개의 음소로 분리해서 표기하는 방법을 말해. '븟흐며'는 재음소화 표기의 대표적인 사례야. 재음소화 표기를 분석하려면 해당 단어의 원래 표기를 생각해야 돼. '븟흐며'는 원래 '븥으며'였어. '븥'의 종성 'ㅌ'에 재음소화가 일어나서 '븓흐며'가 되었고, 7종성법이 적용되어 '븟흐며'가 된 거야.

- 븟흐며: 브트며 > (재음소화) 븓흐며 > (7종성법) 븟흐며
- 놉흔: 노픈 > (재음소화) 놉흔
- 겻헤: 겨테 > (재음소화) 겯헤 > (7종성법) 겻헤

IV 국어사・국어 규범・담화

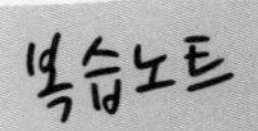

13강 • 근대 국어의 음운과 표기

정답 62쪽

레인보우 리뷰

① 근대 국어 시기에 접어들자 □□적기의 비중이 줄어들고 □□적기의 비중이 증가하였다. 또한 □□적기와 같은 특수한 사례들도 등장하였다.

② 'ㅅ' 발음이 점차 '□' 발음으로 바뀌면서 8종성법이 7종성법으로 변모했다. 표기는 'ㄱ, ㄴ, ㄷ, ㄹ, ㅁ, ㅂ, ㅅ, ㆁ'에서 '□, □, □, □, □, □, □'으로 바뀌었다.

③ '□'은 뒤에 오는 모음이 'ㅏ/ㅓ'인 경우 반모음 'ㅗ/ㅜ'로, 'ㆍ/ㅡ'일 경우에는 뒤 모음과 합쳐져 모음 'ㅗ/ㅜ'로 바뀌었다.

④ '□'은 'ㅅ'으로 바뀌거나 흔적 없이 사라지기도 하였다.

⑤ 소릿값이 있던 '□'은 그 기능을 'ㅇ'에게 넘기고 소실되었다.

⑥ '□'는 16세기경 둘째 음절에서 'ㅡ'로 변하기 시작했고, 18세기경에는 첫째 음절에서도 'ㅏ'로 변하였다.

⑦ 'ㆍ'의 소릿값이 소실되면서 □□ □□ 규칙은 깨어지게 되었다.

⑧ □□ 모음으로 발음되었던 'ㅐ, ㅔ, ㅚ, ㅟ'가 □모음으로 발음되었다.

⑨ 성조가 사라지자 이를 표시하던 □□도 소멸하였다.

⑩ 성조는 사라졌지만 상성의 흔적이 □□이라는 운소로 변모하였다.

⑪ 치조음이었던 'ㅈ, ㅉ, ㅊ'이 경구개음으로 조음 위치가 바뀌면서 □□□□가 본격적으로 일어났다.

⑫ 'ㄷ, ㄸ, ㅌ'이 'ㅣ'나 반모음 'ĭ'를 만나면 'ㅈ, ㅉ, ㅊ'이 되었는데, 형태소 경□뿐만 아니라 형태소 내□에서도 구개음화가 일어났다. 또한 현대 국어와는 달리 □□에도 반영되었다.

⑬ 순음인 'ㅁ, ㅂ, ㅃ, ㅍ' 뒤에 이어진 평순 모음 'ㅡ'가 원순 모음인 'ㅜ'로 바뀌는 □□ 모음화가 일어났다.

⑭ 모음 'ㅣ'나 반모음 'ĭ' 앞에 오는 어두의 'ㄴ'이 탈락하는 □□ 법칙이 발생하기 시작하였다.

개념 마스터

1 다음 제시한 사례들을 통해서 알 수 있는 근대 국어의 특징을 〈보기〉에서 있는 대로 고르시오.

〈보기〉
㉠ 구개음화 현상이 일어났다.
㉡ 원순 모음화 현상이 일어났다.
㉢ 두음 법칙이 적용되었다.
㉣ 모음 조화 규칙이 깨어졌다.
㉤ 음운이 소실되었다.
㉥ 8종성법이 7종성법으로 변모하였다.
㉦ 연철 표기에 변화가 생겼다.
㉧ 어두 자음군 표기가 사라졌다.

① 보ᄂᆞᆫ → 보는 ( )

② 됴흔 → 죠흔 ( )

③ 나믈 → 나물 ( )

④ ᄠᅱ노더니 → 뛰노더니 ( )

⑤ 벋 → 벗 ( )

⑥ 티다 → 치다 ( )

⑦ 어버ᅀᅵ → 어버이 ( )

⑧ ᄒᆞ믈며 → 하믈며 ( )

⑨ 님금이 → 임금이 ( )

⑩ 디나가ᄂᆞᆫ → 지나가는 ( )

⑪ 나ᄅᆞᆯ → 나를 ( )

⑫ 블 → 불 ( )

⑬ 지ᅀᅥ → 지어 ( )

⑭ 붇 → 붓 ( )

⑮ ᄀᆞᄅᆞ치다 → 가르치다 ( )

⑯ 처ᅀᅥᆷ → 처엄 ( )

⑰ 됴다 → 죻다 ( )

⑱ 사ᄅᆞ미 → 사ᄅᆞᆷ이 ( )

⑲ ᄠᅳᆮ → 뜯 ( )

⑳ 갓가ᄫᅡ → 갓가와 ( )

5 min
오분만에 마스터하는 국어
14강

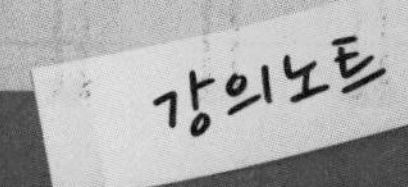

학습일 년 월 일

근대 국어의 문법

1 주격 조사 '가'의 등장

근대 국어 시기에 들어서자 주격 조사 '가'가 본격적으로 사용되기 시작하였다. 즉 체언의 받침 유무에 따라 '이' 또는 '가'가 쓰이는 현재의 주격 조사의 양상이 이때부터 시작된 것이다.

형태	조건	용례
이	앞말(체언)의 끝소리가 자음일 때	쇼경 대왕이
가	앞말(체언)의 끝소리가 모음일 때	이 신문 보기가 비가 올 거시니

2 명사형 전성 어미 '-기'의 등장

중세 국어 시기의 문헌에서는 잘 사용되지 않던 명사형 전성 어미 '-기'가 본격적으로 등장하여 활발하게 사용되었다.

예 븕기 더옥 긔이하며(붉기가 더욱 기이하며), 닙기는 슬ᄉ오이다(입기는 싫습니다)

3 객체 높임 선어말 어미의 소멸

객체를 높이는 기능을 하던 객체 높임 선어말 어미 '-ᄉᆸ-/-ᄌᆸ-/-ᅀᆸ-'이 쇠퇴하거나 소멸하였고, 객체를 높이는 특수 어휘들이 사용되기 시작하였다. 또한 객체 높임 선어말 어미의 일부는 주체의 공손이나 상대 높임의 기능을 담당하는 것으로 바뀌기도 하였다.

상대 높임 선어말 어미

본디 먹디 못ᄒᆞᆫ 것마ᄂᆞᆫ 다 먹ᄉᆞᆸᄂᆞ이다.

○ 본래 먹지 못하는 것이지만 다 먹습니다

개념 시냅스

'-ᄉᆸ-/-ᄌᆸ-/-ᅀᆸ-'의 변화

'-ᄉᆸ-/-ᄌᆸ-/-ᅀᆸ-' 중에서 '-ᅀᆸ-'은 반치음이 소실되면서 '-옵-'으로 형태가 변했어. 이들은 객체 높임 기능을 완전히 상실하고 상대 높임의 기능을 담당하기 시작했는데, 오늘날 쓰이고 있는 공손 선어말 어미 '-오-, -옵-, -사오-, -사옵-'으로 형태와 기능이 변하게 되었다고 보고 있어.

4 과거 시제 선어말 어미 '-앗-/-엇-'의 등장

과거 시제를 드러내는 시제 선어말 어미 '-앗-/-엇-'이 등장하기 시작하였다.

예 널로 壯元의 娘子를 삼앗도다(너로 장원의 낭자를 삼았도다)

5 체언의 단순화

음운 환경에 따라 형태를 달리하던 체언들이 고정되면서 체언은 불변어로서의 지위를 갖추게 되었다.

예 나모/남 > 나모 > 나무, 내ㅎ > 내

6 그 밖에

중세 국어 시기에 활발하게 쓰였던 일인칭 선어말 어미 '-오-', 이인칭 의문형 종결 어미 '-ㄴ다', 호격 조사 '하' 등이 쇠퇴하거나 소멸하였다.

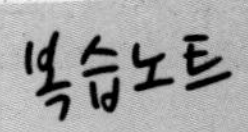

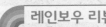

14강 • 근대 국어의 문법

정답 63쪽

레인보우 리뷰

① 주격 조사 '□'가 본격적으로 사용되기 시작하였다.
② 명사형 어미 '-□'가 등장하여 활발하게 사용되었다.
③ 객체 높임 선어말 어미 '-□-/-□/-□-'이 쇠퇴하거나 소멸하였고, 이 중 일부는 □□ 높임의 기능을 담당하는 것으로 바뀌었다.
④ 과거 시제를 드러내는 시제 선어말 어미 '-□-/-□-'이 사용되기 시작하였다.
⑤ 음운 환경에 따라 형태가 복잡하게 변하였던 체언들이 단순화되면서 체언은 □□어로서의 지위를 갖추게 되었다.
⑥ 일인칭 선어말 어미 '-□-'가 소멸하였다.
⑦ 이인칭 의문형 종결 어미 '-□□'가 소멸하였다.
⑧ 높임의 기능을 하던 호격 조사 '□'가 소멸하였다.

개념 마스터

1 다음 밑줄 친 부분을 통해서 알 수 있는 근대 국어의 특징을 〈보기〉에서 있는 대로 고르시오.

〈보기〉
㉠ 주격 조사 '가'가 사용되었다.
㉡ 명사형 전성 어미 '-기'가 사용되었다.
㉢ 객체 높임 선어말 어미가 소멸하거나 기능이 변하였다.
㉣ 과거 시제 선어말 어미 '-앗-/-엇-'이 사용되었다.
㉤ 형태가 변하던 체언이 불변어로 고정되었다.

① 이 신문 보기가 쉽고 (　　　　)

② 나는 소임으로 왓습거니와 (　　　　)

③ 큰 실오리 ᄀᆞᆺ한 줄이 붉기 더욱 긔이ᄒᆞ며 (　　　　)

④ 남기 > 나모가 (　　　　)

⑤ 널로 壯元의 娘子ᄅᆞᆯ 삼앗도다 (　　　　)

⑥ 내ᄒᆞ > 내 (　　　　)

⑦ 본ᄃᆡ 먹디 못ᄒᆞ 것마ᄂᆞᆫ 다 먹ᄉᆞᆸᄂᆞ이다. (　　　　)

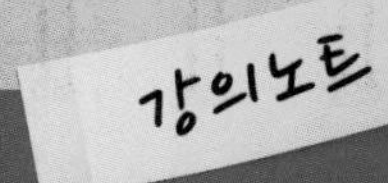

학습일 년 월 일

외래어 표기법

단어 | 문장 | 음운 | 국어사

◂◂ 이전 강의 ⏸ 다음 강의 ▸▸

근대 문법 | 로마자 표기법

1 외래어 표기법의 개념

외래어는 외국에서 들어왔지만 이미 국어의 일부가 된 말이다. 만약 외래어를 표기하는 일관된 원칙이 없다면 외래어가 새로 들어올 때마다 언중들에 의해 각기 다르게 표기되어 언어생활에 혼란이 일어날 수 있다.

우리말에서 쓰이고 있는 외래어의 발음과 표기를 통일한 규정을 말한다.

2 외래어 표기법

제1장 표기의 기본 원칙

제1항 외래어는 국어의 현용 24 자모만으로 적는다.

- 외래어도 국어의 일부이므로 외래어를 적기 위해 별도의 기호나 문자를 만들지 않고 한글 자음과 모음만으로 표기한다는 것을 의미한다.

제2항 외래어의 1 음운은 원칙적으로 1 기호로 적는다.

- 만일 외래어의 한 가지 소리를 두 가지 기호로 적게 하면 결국 표기가 더 늘어날 수 있기 때문에 이를 막기 위함이다. 예를 들어 영어의 'f'는 우리말의 'ㅎ'이나 'ㅍ'과 비슷하게 발음되는데, 이를 'ㅍ' 하나만으로 표기하게 하였다.

예 fighting → 화이팅(×), 파이팅(○) file → 화일(×), 파일(○)

제3항 받침에는 'ㄱ, ㄴ, ㄹ, ㅁ, ㅂ, ㅅ, ㅇ'만을 쓴다.

- 받침 표기에 'ㄷ' 대신 'ㅅ'을 포함시킨 이유는 외래어 뒤에 모음으로 시작하는 조사가 연결되면 'ㄷ'이 발음되지 않기 때문이다. 'racket'의 끝소리는 [라켇]처럼 [ㄷ]으로 소리 나지만 모음으로 시작하는 조사 앞에서는 [라케시], [라케슬], [라케세]와 같이 [ㅅ]으로 소리가 난다.

예 rocket → 로켇(×), 로켓(○) supermarket → 슈퍼마켇(×), 슈퍼마켓(○)

제4항 파열음 표기에는 된소리를 쓰지 않는 것을 원칙으로 한다.

- 외래어의 유성 파열음 [b], [d], [g]는 예사소리로 표기한다. 무성 파열음 [p], [t], [k]는 거센소리로 표기한다.

예 bus → 뻐스(×), 버스(○) Paris → 빠리(×), 파리(○) cafe → 까페(×), 카페(○)

제5항 이미 굳어진 외래어는 관용을 존중하되, 그 범위와 용례는 따로 정한다.

- '라디오'의 경우 외래어 표기 규정에 따라 원음대로 적으면 '레이디오'가 된다. 이는 현실 언어와 동떨어지게 되므로 기존의 표기 방식을 존중한다.

예 camera → 캐머러(×), 카메라(○) banana → 버내너(×), 바나나(○)

개념 시냅스

외래어? 외국어?

외래어는 외국에서 들어온 말로 국어에서 널리 쓰이는 단어를 말해. 언중들이 대중적으로 사용하기에 국어에 준하는 지위를 얻었어. 심지어 고유어라고 착각을 일으킬 정도로 친숙한 단어들도 있어. '빵(포르투갈어), 담배(포르투갈어), 가방(네덜란드어)' 등이 대표적인 사례야. 외국어는 외래어와 마찬가지로 외국에서 들어왔다는 공통점은 있지만 아직 국어로 정착되지 않았다는 차이점이 있어.

Ⅳ 국어사 · 국어 규범 · 담화

복습노트

1강 • 외래어 표기법

정답 63쪽

레인보우 리뷰

① 외래어는 국어의 현용 □□ 자모만으로 적는다.
② 외래어의 1 음운은 원칙적으로 □ 기호로 적는다.
③ 받침에는 '□, □, □, □, □, □, □'만을 쓴다.
④ □□음 표기에는 된소리를 쓰지 않는 것을 원칙으로 한다.
⑤ 이미 굳어진 외래어는 □□을 존중하되, 그 범위와 용례는 따로 정한다.

개념 마스터

1 외래어 표기가 올바른 것에 ○를 표시하시오.

① family → 패밀리 / 훼미리
② frypan → 후라이팬 / 프라이팬
③ fantasia → 판타지아 / 환타지아
④ biscuit → 비스킷 / 비스켓
⑤ rocket → 로켓 / 로케트
⑥ Paris → 빠리 / 파리
⑦ bus → 버스 / 뻐스
⑧ gas → 까스 / 가스
⑨ service → 써비스 / 서비스
⑩ cake → 케이크 / 케잌
⑪ doughnut → 도넛 / 도너츠
⑫ laser → 레이저 / 레이져
⑬ accent → 악센트 / 액센트
⑭ buffet → 부페 / 뷔페
⑮ body → 보디 / 바디
⑯ business → 비지니스 / 비즈니스
⑰ sausage → 소시지 / 소세지
⑱ carol → 캐롤 / 캐럴
⑲ Catholic → 가톨릭 / 카톨릭
⑳ comedy → 코미디 / 코메디
㉑ encore → 앙코르 / 앵콜
㉒ control → 컨트롤 / 콘트롤
㉓ contents → 컨텐츠 / 콘텐츠
㉔ dynamic → 다이내믹 / 다이나믹
㉕ Hollywood → 헐리우드 / 할리우드
㉖ Jurassic → 쥐라기 / 쥬라기
㉗ nonsense → 난센스 / 넌센스
㉘ Oxford → 옥스포드 / 옥스퍼드
㉙ digital → 디지털 / 디지탈
㉚ leadership → 리더십 / 리더쉽
㉛ symbol → 심볼 / 심벌
㉜ symposium → 심포지엄 / 심포지움
㉝ target → 타겟 / 타깃
㉞ window → 윈도우 / 윈도
㉟ message → 메시지 / 메세지
㊱ Mozart → 모짜르트 / 모차르트
㊲ accessory → 액세서리 / 악세사리
㊳ propose → 프로포즈 / 프러포즈
㊴ curtain → 커튼 / 커텐
㊵ juice → 주스 / 쥬스
㊶ chocolate → 초콜릿 / 초콜렛
㊷ television → 텔레비전 / 텔레비젼
㊸ membership → 멤버쉽 / 멤버십
㊹ Singapore → 싱가폴 / 싱가포르

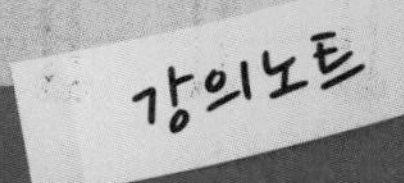

학습일 년 월 일

유튜브 강의

국어의 로마자 표기법

Youtube Player

단어 | 문장 | 음운 | 국어사
◀◀ 이전 강의 | 다음 강의 ▶▶
외래어 표기법 | 담화

1 국어의 로마자 표기법의 개념

외래어 표기법이 한국인을 위한 표기법 규정이라면 국어의 로마자 표기법은 외국인들을 위한 표기법 규정이다. 외국인들이 국어를 읽고 발음할 수 있도록 로마자를 활용해 한글을 표기하는 규정인 것이다.

외국인들이 읽고 발음할 수 있도록 로마자(알파벳)를 활용해 국어를 표기할 때 사용하는 규정을 말한다.

2 국어의 로마자 표기법

제1장 표기의 기본 원칙

제1항 국어의 로마자 표기는 국어의 표준 발음법에 따라 적는 것을 원칙으로 한다.

- 음운 변동이 일어난 표준 발음을 기준으로 표기한다.

제2항 로마자 이외의 부호는 되도록 사용하지 않는다.

- 로마자 이외에 사용하는 부호는 '-(붙임표)'가 유일하다.

제2장 표기 일람

단모음									
ㅏ	ㅓ	ㅗ	ㅜ	ㅡ	ㅣ	ㅐ	ㅔ	ㅚ	ㅟ
a	eo	o	u	eu	i	ae	e	oe	wi

이중 모음										
ㅑ	ㅕ	ㅛ	ㅠ	ㅒ	ㅖ	ㅘ	ㅙ	ㅝ	ㅞ	ㅢ
ya	yeo	yo	yu	yae	ye	wa	wae	wo	we	ui

파열음								
ㄱ	ㄲ	ㅋ	ㄷ	ㄸ	ㅌ	ㅂ	ㅃ	ㅍ
g, k	kk	k	d, t	tt	t	b, p	pp	p

파찰음			마찰음			비음			유음
ㅈ	ㅉ	ㅊ	ㅅ	ㅆ	ㅎ	ㄴ	ㅁ	ㅇ	ㄹ
j	jj	ch	s	ss	h	n	m	ng	r, l

제3장 표기상의 유의점

제1항 음운 변화가 일어날 때에는 변화의 결과에 따라 적는다.
[붙임] 된소리되기는 표기에 반영하지 않는다.

제2항 발음상 혼동의 우려가 있을 때에는 음절 사이에 붙임표(-)를 쓸 수 있다.

제3항 고유 명사는 첫 글자를 대문자로 적는다.

알쓸문법

제2장 제2항

[붙임 1] 'ㄱ, ㄷ, ㅂ'은 모음 앞에서는 'g, d, b'로, 자음 앞이나 어말에서는 'k, t, p'로 적는다.

[붙임 2] 'ㄹ'은 모음 앞에서는 'r'로, 자음 앞이나 어말에서는 'l'로 적는다. 단, 'ㄹㄹ'은 'll'로 적는다.

알쓸문법

제3장 제1항 세부 내용

① 자음동화(비음화, 유음화)
- 종로[종노] → Jongno
- 신라[실라] → Silla

② 'ㄴ, ㄹ'이 덧나는 경우
- 학여울[항녀울] → Hangnyeoul
- 알약[알략] → allyak

③ 구개음화
- 해돋이[해도지] → haedoji

④ 거센소리되기
- 좋고[조코] → joko
- 놓다[노타] → nota

⑤ 체언에서 'ㄱ, ㄷ, ㅂ' 뒤에 'ㅎ'이 따를 때에는 'ㅎ'을 밝혀 적는다.
- 묵호[무코] → Mukho
- 집현전[지편전] → Jiphyeonjeon

⑥ 된소리되기는 반영하지 않는다.
- 낙동강[낙똥강] → Nakdonggang

알쓸문법

제3장 제4항

인명은 성과 이름의 순서로 띄어 쓴다. 이름은 붙여 쓰는 것을 원칙으로 하되 음절 사이에 붙임표(-)를 쓰는 것을 허용한다.

① 이름에서 일어나는 음운 변화는 표기에 반영하지 않는다.
② 성의 표기는 따로 정한다.

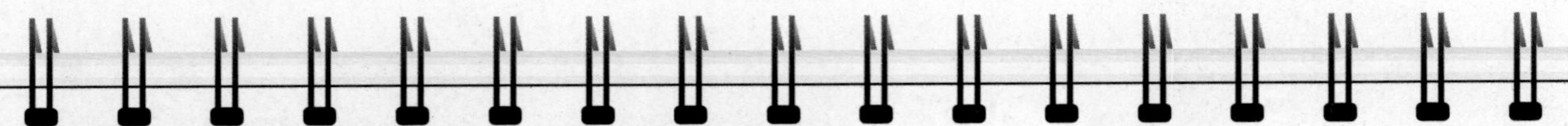

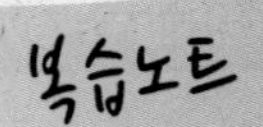
복습노트

2강 • 국어의 로마자 표기법

정답 63쪽

레인보우 리뷰

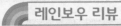

① 국어의 로마자 표기는 국어의 □□ 발음법에 따라 적는 것을 원칙으로 한다.
② 로마자 이외의 부□는 되도록 사용하지 않는다.
③ 음운 변화가 일어날 때에는 변화의 결□에 따라 적는다. 단, □□□되기는 표기에 반영하지 않는다.
④ 발음상 혼동의 우려가 있을 때에는 음절 사이에 □□표(-)를 쓸 수 있다.
⑤ □□ 명사는 첫 글자를 대문자로 적는다.

개념 마스터

1 다음 국어의 단모음에 해당하는 로마자를 쓰시오.

단모음									
ㅏ	ㅓ	ㅗ	ㅜ	ㅡ	ㅣ	ㅐ	ㅔ	ㅚ	ㅟ

2 다음 국어의 이중 모음에 해당하는 로마자를 쓰시오.

이중 모음										
ㅑ	ㅕ	ㅛ	ㅠ	ㅒ	ㅖ	ㅘ	ㅙ	ㅝ	ㅞ	ㅢ

3 다음 국어의 파열음에 해당하는 로마자를 쓰시오.

	음운	모음 앞	자음 앞 또는 어말
파열음	ㄱ		
	ㄲ		
	ㅋ		
	ㄷ		
	ㄸ		
	ㅌ		
	ㅂ		
	ㅃ		
	ㅍ		

4 다음 국어의 발음을 표기하는 로마자를 쓰시오.

파찰음			마찰음			비음		
ㅈ	ㅉ	ㅊ	ㅅ	ㅆ	ㅎ	ㄴ	ㅁ	ㅇ

5 다음 국어의 발음을 표기하는 로마자를 쓰시오.

	음운	모음 앞	자음 앞 또는 어말
유음	ㄹ		
	ㄹㄹ		

6 〈보기〉를 참고하여 제시한 단어의 발음을 밝힌 후 로마자로 표기하시오.

〈보기〉
구미[구미] → Gumi

① 해돋이[ ] →
② 울릉[ ] →
③ 압구정[ ] →
④ 좋고[ ] →
⑤ 낳지[ ] →
⑥ 신라[ ] →
⑦ 울산[ ] →
⑧ 알약[ ] →
⑨ 대관령[ ] →
⑩ 설악[ ] →
⑪ 낙동강[ ] →
⑫ 벚꽃[ ] →
⑬ 부산[ ] →
⑭ 세종[ ] →
⑮ 독립문[ ] →
⑯ 같이[ ] →
⑰ 놓다[ ] →
⑱ 속리산[ ] →
⑲ 무량수전[ ] →
⑳ 잡혀[ ] →

오늘은 여기까지.
하산해. 끝!

강의노트

학습일 년 월 일

담화

유튜브 강의

Youtube Player
단어 | 문장 | 음운 | 국어사
◂◂ 이전 강의 | 다음 강의 ▸▸
로마자 표기법 | 오마국 선생님 인사

1 발화의 개념

화자(필자)의 생각, 의도, 느낌 등이 실제의 의사소통 상황에서 최소한의 언어 표현으로 실현된 것을 말한다.

2 담화의 개념

문장의 형식을 갖춘 개별적인 발화들이 유기적으로 결합되어 있는 하나의 언어적 구성체를 말한다. 담화는 형식적으로는 응집성을 갖추고, 내용적으로는 통일성을 갖추어야 한다.

3 담화의 구성 요소

- 화자(필자): 발화를 생산하고 전달하는 사람
- 청자(독자): 발화를 수용하는 사람
- 언어 표현: 음성과 문자에 담긴 화자의 메시지
- 맥락(장면): 의사소통이 이루어지고 있는 시공간적 배경, 사회·문화적 배경 등

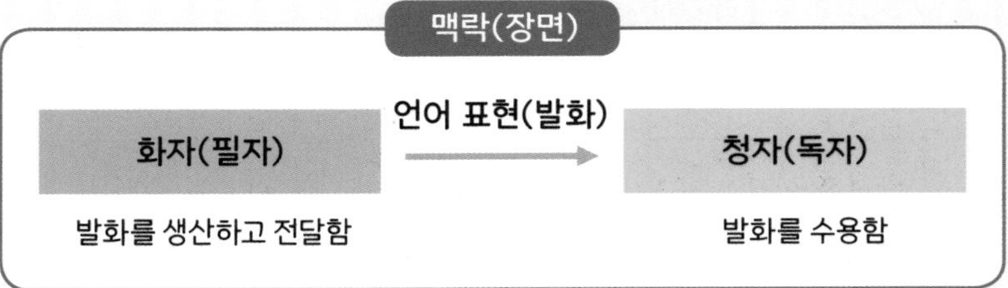

4 담화의 맥락

1) 언어적 맥락(문맥)

담화 내에서 특정한 발화가 그것의 앞뒤에서 실현된 다양한 언어적 표현과 관련되어 형성되는 맥락을 말한다.

2) 비언어적 맥락

① 상황 맥락: 화자와 청자, 시공간적 배경, 담화의 주제나 목적 등 담화를 생산하고 수용하는 활동에 직접적인 영향을 끼치는 맥락이다.

② 사회·문화적 맥락: 담화 참여자들이 속한 공동체의 역사, 사회 문화적 배경, 이념이나 가치 등 담화를 생산하고 수용하는 활동에 간접적인 영향을 끼치는 맥락이다.

개념 시냅스

발화의 기능

발화들이 담당하는 기능에는 정보 전달, 명령, 질문, 답변, 약속, 권유, 선언, 요청, 제안 등이 있어.

개념 시냅스

문장과 발화의 차이

발화의 개념을 공부하다 보면 문장과 무슨 차이가 있는지 궁금하게 될 거야. 간단하게 정리를 하면 문장은 현실 세계에서 실제로 발화되지 않은 상태의 언어 표현이라고 생각하면 돼. 선생님이 다양한 문장을 예시로 드는 것처럼 우리는 실제로 발화되지 않은 문장을 무수히 만들어 낼 수가 있어. 이에 반해 발화는 문장이 사람의 입을 통해 현실에서 실제로 쓰인 것이라고 보면 돼. 즉 결론적으로 문장이 현실 세계의 상황에서 실제로 쓰인 것이 발화라고 이해하면 되겠지?

개념 시냅스

상황 맥락에 따라 의미가 달라지는 사례

(선생님께서 창문을 깬 철수에게)

참 잘했구나!

(선생님께서 대통령상을 받은 철수에게)

개념 시냅스

사회·문화적 맥락 때문에 의사소통이 원활하지 못한 사례

(철수가 데려온 외국인 친구를 위해 많은 음식을 준비한 엄마가 겸손의 의미를 담아)

엄마: 차린 건 없지만 많이 먹어요.
외국인 친구: 네?

개념 시냅스

담화의 기능

발화들이 모인 담화가 담당하는 기능은 여러 가지가 있는데, 대표적으로 아래와 같은 기능들이 있다고 보면 돼.

- 정보 전달
- 친교
- 약속
- 선언
- 호소

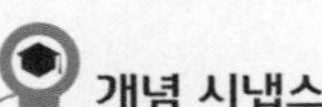
개념 시냅스

직접 발화와 간접 발화

부탁을 해야 하거나 거절해야 할 때, 명령을 해야 하는 상황 등은 화자와 청자 모두에게 심리적인 부담감이 클 수밖에 없어. 이러한 부담감을 낮추거나 회피하기 위해서 화자가 사용하는 발화가 간접 발화야. 그런데 간접 발화는 발화의 의도와 종결 어미가 일치되지 않는 경우가 많아.

직접 발화	간접 발화
아이 추워라. 히터 좀 틀어 줘.	실내가 많이 쌀쌀하지 않니?
빨래 걷어라.	밖에 비가 오네.
돈 좀 빌려줘.	혹시 여유 좀 있니?

5 담화의 구성 요건

1) 통일성 → 내용적 구성 요건

담화를 구성하고 있는 발화들은 담화의 주제와 긴밀한 관련성을 맺고 있어야 한다.

2) 응집성 → 형식적 구성 요건

담화를 구성하고 있는 발화들은 지시, 대용, 접속 표현 등을 통해 서로 긴밀하게 연결되어 있어야 한다.

통일성 & 응집성	나는 문법 실력이 부족해. 그래서(접속 표현) 자연스럽게 문법 공부를 안 하게 돼. 문법 공부를 안 하다 보니 흥미가 점점 더 떨어지게 되고, 그런(지시 표현) 상황에서 시험을 치니 더 낮은 점수를 받게 돼. 이(지시 표현) 악순환의 고리를 어떻게 하면 끊을 수 있을까? ◎ 화자가 자신의 문법 공부 상황을 분석하고 있다.
통일성 & 응집성 결여	나는 문법 실력이 부족해. 그러나(부적절한 접속 표현) 어제 점심 급식은 내가 좋아하는 쌀국수가 나왔어. 어찌나 배부르게 먹었던지 오후 수업 내내 졸았지 뭐야. 그래서(부적절한 접속 표현) 오늘도 학원에 가야 되는데, 빨리 대학생이 되었으면 좋겠다. ◎ 발화들이 향해야 할 중심 주제가 없다.

6 담화의 표현

1) 지시 표현: 발화에서 사람이나 사물, 사건 등을 가리키는 표현을 말한다.

철수: 영희야, 우리 다음 주에 (야구장을 가리키며) 저기(지시 표현)에 가자.
영희: 그래. 오랜만에 목청껏 응원 좀 해 보겠네.

2) 대용 표현: 앞서 발화된 문맥에 표현되어 있는 어휘나 내용을 대신하는 표현을 말한다.

엄마: 내일 철수랑 야구장 같이 간다고 했지?
영희: 아뇨, 저 걔랑 거기 안 가고 싶어졌어요.
◎ '걔'는 '철수'의 대용 표현이고, '거기'는 '야구장'의 대용 표현이다.

3) 접속 표현: 발화들을 서로 연결해 주는 표현을 말한다.

나는 밤새 수행 평가를 준비하느라 늦잠을 자고 말았다. 하지만 부지런히 준비를 했기에 지각을 면할 수 있었다. 그뿐만 아니라 1교시 수행 평가에서 목표로 했던 만점을 받았다. 만약 잠자리에서 눈을 떴을 때 하루를 망쳤다고 생각하고 뭉그적거렸다면 절대 이런 결과를 얻지 못했을 것이다.
◎ 다양한 접속 표현으로 발화들을 긴밀하게 연결해 주고 있다.

4) 생략 표현: 화자와 청자가 공유하고 있는 맥락을 기반으로 하여 일정한 성분이나 요소가 생략되는 표현을 말한다.

철수: 이 집 돈가스 맛있지?
영희: 응, 진짜 맛있네.

엄마: 여보, 내일 무슨 날인지 알지?
아빠: 물론이지. 아침에 출발합시다.

◎ 필요한 문장 성분이나 내용들이 다 언급되지 않아도 발화가 자연스럽게 이어지고 있다.

5) 높임 표현: 상하 관계, 친소 관계, 공적인 상황 여부로 인해 청자를 높이거나 낮추는 표현을 말한다.

- 영희야, 밥 먹었니?
- 교수님, 식사 맛있게 하셨어요?

- 자, 지금부터 얘기를 좀 해 보자.
- 자, 지금부터 회의를 시작하겠습니다.

{수능/내신 완벽 대비}
중학교, 고등학교, 홈스쿨 학생들의
완벽한 국어문법 바이블

전 강좌 무료 제공

오마국

5 min

오분만에 마스터하는 국어

문법편

김환 | 지음

정답

쏠티북스

PART Ⅰ • 단어

본문 | 17쪽

단어 1강 단어의 개념

레인보우 리뷰

① 자립, 분리 ② 띄어쓰
③ 조사 ④ 틈, 휴지
⑤ 뜻, 자립 ⑥ 음절
⑦ 분리 ⑧ 분리, 자립
⑨ 뜻, 자립, 자립, 분리

개념 마스터

1 ① 큰아버지/댁/을/찾아갔다.
② 우리/의/큰아빠/도/후덕하시다.
③ 키/가/가장/큰/작은아버지/께서/오셨다.
④ 아기/가/잔다.
⑤ 바람/이/분다.
⑥ 그해/여름/은/아름다웠다.
⑦ 철수/가/늦게/까지/공부/를/한다.
⑧ 나/의/인생/은/결국/내/가/만드는/것/이다.
⑨ 아빠/에게/까지/만/은/제발/말하지/말아/줘.
⑩ 큰/집/에/사시는/체구/가/큰/작은아버지/께서/큰집/에/가셨다.

2 뜻, 자립, 자립, 분리

3 ① 분리성 ② 자립성
③ 자립성 ④ 자립성
⑤ 분리성

4 ① 분리성 ② 자립성
③ 자립성 ④ 자립성
⑤ 분리성

본문 | 19쪽

단어 2강 품사의 개념과 분류 ①

레인보우 리뷰

① 품사 ② 불변, 가변
③ 체, 용, 수식 ④ 활용, 용
⑤ 관계, 의미, 관계
⑥ 독립언, 수식언, 체언, 관계언, 용언
⑦ 체 ⑧ 관계, 독립
⑨ 형, 기, 의, 질, 분, 체, 갈

개념 마스터

1 ① 관계언 ② 관계언
③ 독립언 ④ 수식언
⑤ 용언 ⑥ 체언
⑦ 관계언 ⑧ 수식언
⑨ 용언 ⑩ 독립언

2 ① 방, 이 ② 아들, 아
③ 선생님, 께서, 우리, 에게, 꿈, 을
④ 나, 는, 방, 이
⑤ 딸, 아, 공부, 좀
⑥ 선생님, 께서, 학교, 를
⑦ 가습기, 가, 참
⑧ 우리, 아들, 이, 이번, 에, 수석, 을
⑨ 선생님, 은, 노래, 경연, 프로그램, 에
⑩ 방, 에서, 고양이, 가, 깜짝, 잠, 에서

본문 | 21쪽

단어 3강 품사의 개념과 분류 ②

레인보우 리뷰

① 가변어, 불변어
② 독립언, 수식언, 체언, 관계언, 용언
③ 형태, 기능, 의미, 성질, 분류 ④ 감탄사
⑤ 관형사 ⑥ 부사
⑦ 명사 ⑧ 대명사
⑨ 수사 ⑩ 조사
⑪ 동사 ⑫ 형용사

개념 마스터

1

① 방이 건조하다.			
단어	방	이	건조하다
품사	명사	조사	형용사

② 아들아, 사랑한다.			
단어	아들	아	사랑한다
품사	명사	조사	동사

③ 선생님께서 우리에게 꿈을 심어 주셨다.								
단어	선생님	께서	우리	에게	꿈	을	심어	주셨다
품사	명사	조사	대명사	조사	명사	조사	동사	동사

④ 나는 건조한 방이 싫어.						
단어	나	는	건조한	방	이	싫어
품사	대명사	조사	형용사	명사	조사	형용사

⑤ 사랑하는 아들아, 공부 좀 하렴.						
단어	사랑하는	아들	아	공부	좀	하렴
품사	동사	명사	조사	명사	부사	동사

⑥ 선생님께서 학교를 그만두셨다.					
단어	선생님	께서	학교	를	그만두셨다
품사	명사	조사	명사	조사	동사

⑦ 가습기가 있으니 호흡이 편하다.						
단어	가습기	가	있으니	호흡	이	편하다
품사	명사	조사	형용사	명사	조사	형용사

⑧ 우리 아들이 이번에 수석을 했어.								
단어	우리	아들	이	이번	에	수석	을	했어
품사	대명사	명사	조사	명사	조사	명사	조사	동사

⑨ 선생님은 노래 경연 프로그램에 출연하셨다.							
단어	선생님	은	노래	경연	프로그램	에	출연하셨다
품사	명사	조사	명사	명사	명사	조사	동사

⑩ 작은 방에서 자던 예쁜 고양이가 깨어났다.								
단어	작은	방	에서	자던	예쁜	고양이	가	깨어났다
품사	형용사	명사	조사	동사	형용사	명사	조사	동사

2 ① × ② ×
③ ○ ④ ×
⑤ × ⑥ ×
⑦ ○ ⑧ ×
⑨ ○ ⑩ ○

본문 | 27쪽

단어 4강 보통 명사와 고유 명사

레인보우 리뷰

① 이름, 품사 ② 고유
③ 범위, 보통, 고유 ④ 두루, 보통
⑤ 고유, 고유 ⑥ 구체, 추상
⑦ 지시 ⑧ 보통
⑨ 비유, 복수 ⑩ 구체, 추상, 이름, 단어, 갈래

개념 마스터

1 ① 부산 ② 철수
③ 이순신 ④ 남대문
⑤ 강원도, 속초 ⑥ 없음
⑦ 몰디브 ⑧ 세종
⑨ 없음 ⑩ 손흥민, 영국

2 ① 없음 ② 달
③ 장군 ④ 관광객
⑤ 수학여행, 장소 ⑥ 바다
⑦ 해변 ⑧ 없음
⑨ 산맥, 세계, 지붕 ⑩ 전역

3 ① 그, 지시 ② 비유, 복수
③ 마다, 수 ④ 비유, 복수
⑤ 이, 지시 ⑥ 다른, 지시

본문 | 29쪽

단어 5강 자립 명사와 의존 명사

레인보우 리뷰

① 보통, 고유 ② 자립, 자립, 의존
③ 실질, 의미, 단독 ④ 자립
⑤ 앞 ⑥ 체, 조
⑦ 자립, 수식, 관형 ⑧ 수식
⑨ 불변 ⑩ 실질, 자립, 꾸며

개념 마스터

1 ① 것 ② 없음
③ 따름 ④ 수
⑤ 채 ⑥ 지, 년
⑦ 리 ⑧ 없음
⑨ 김 ⑩ 만

2 ① 먹을 ② 없음
③ 공부할 ④ 살
⑤ 못한 ⑥ 올라온, 삼
⑦ 마피아일 ⑧ 없음
⑨ 일어난 ⑩ 화낼

3 ① 할 ② 알
③ 거들 ④ 할

⑤ 먹을　⑥ 죽을
⑦ 유명한　⑧ 들
⑨ 할　⑩ 할

4 관형어

본문 | 31쪽

단어 6강 형식성 의존 명사

레인보우 리뷰

① 자립, 자립, 의존　② 자립, 수식, 관형
③ 실질, 의미, 단독　④ 보통, 고유
⑤ 형식, 단위　⑥ 주어
⑦ 서술　⑧ 목적
⑨ 부사　⑩ 보편
⑪ 격 조사, 형식, 자격

개념 마스터

1 ① 수, 주어　② 리, 주어
③ 지, 주어　④ 셈, 서술어
⑤ 마련, 서술어　⑥ 터, 서술어
⑦ 나위, 주어　⑧ 뿐, 서술어
⑨ 만, 서술어　⑩ 따름, 서술어
⑪ 줄, 목적어　⑫ 듯이, 부사어
⑬ 만큼, 부사어　⑭ 척, 부사어
⑮ 채, 부사어　⑯ 김, 부사어
⑰ 때문, 서술어　⑱ 듯, 부사어
⑲ 번, 부사어, 번, 부사어　⑳ 분, 목적어
㉑ 분, 주어　㉒ 것, 주어
㉓ 것, 목적어　㉔ 따위, 목적어
㉕ 따위, 주어　㉖ 바, 목적어
㉗ 바, 부사어　㉘ 이, 주어, 법, 서술어
㉙ 이, 목적어, 적, 주어　㉚ 데, 주어
㉛ 데, 목적어

본문 | 34쪽

단어 7강 단위성 의존 명사

레인보우 리뷰

① 보통, 고유　② 실질, 의미, 단독
③ 자립, 수식, 관형어　④ 형식, 단위
⑤ 수, 양, 단위　⑥ 자립
⑦ 수, 수 관형　⑧ 수식
⑨ 유정　⑩ 무정

개념 마스터

1 ① 척　② 살
③ 명(분)　④ 벌
⑤ 톨(줌)　⑥ 대
⑦ 원　⑧ 근
⑨ 센티　⑩ 권
⑪ 개　⑫ 분
⑬ 문　⑭ 시, 분, 초
⑮ 채　⑯ 켤레
⑰ 마리(손)　⑱ 모금
⑲ 킬로　⑳ 장

2 ① 젓가락　② 그릇
③ 송이　④ 자루
⑤ 사발　⑥ 발자국
⑦ 뿌리　⑧ 숟가락
⑨ 덩어리　⑩ 사람
⑪ 병

본문 | 36쪽

단어 8강 인칭 대명사와 지시 대명사

레인보우 리뷰

① 인칭　② 지시
③ 미지　④ 부정
⑤ 재귀
⑥ 사람, 사람, 일인, 이인, 삼인　⑦ 거리
⑧ 명사, 단어, 갈래

개념 마스터

1 ① 소인, 일인칭, 낮춤　② 여러분, 이인칭, 높임
③ 그자, 삼인칭, 낮춤　④ 그녀, 삼인칭, 평서
⑤ 그분, 삼인칭, 높임　⑥ 너, 이인칭, 낮춤
⑦ 그들, 삼인칭, 평서　⑧ 우리, 일인칭, 평서
⑨ 나, 일인칭, 평서

2 ① 여기, 근칭　② 거기, 중칭
③ 저곳, 원칭

단어 9강 미지칭 · 부정칭 · 재귀칭 대명사

본문 | 38쪽

레인보우 리뷰

① 인칭 ② 지시
③ 미, 미지 ④ 부정
⑤ 피, 재귀 ⑥ 정, 아무
⑦ 의문 ⑧ 모든
⑨ 저희 ⑩ 당신

개념 마스터

1 ① 누구, 미지칭 ② 아무, 부정칭
③ 저희, 재귀칭 ④ 언제, 부정칭
⑤ 누구, 미지칭 ⑥ 어디, 부정칭
⑦ 무엇, 미지칭 ⑧ 자기, 재귀칭
⑨ 무엇, 부정칭 ⑩ 당신, 재귀칭
⑪ 언제, 미지칭 ⑫ 누구, 부정칭
⑬ 어디, 미지칭

단어 10강 대명사 총정리

본문 | 40쪽

레인보우 리뷰

① 인칭 ② 지시
③ 미지, 미지 ④ 부정
⑤ 회피, 재귀

개념 마스터

1 ① 제, 재귀칭 ② 없음('언제나'는 부사이다.)
③ 저희, 재귀칭
④ 당신 → 이인칭, 누구 → 미지칭
⑤ 어디, 부정칭 ⑥ 무엇, 미지칭
⑦ 당신, 재귀칭
⑧ 내 → 일인칭, 언제 → 부정칭
⑨ 어디 → 부정칭, 누구 → 부정칭
⑩ 내 → 일인칭, 어디 → 미지칭
⑪ 저희, 일인칭
⑫ 자네 → 이인칭, 무엇 → 부정칭
⑬ 우리 → 일인칭, 언제 → 미지칭
⑭ 자기, 재귀칭
⑮ 당신, 이인칭

단어 11강 수사

본문 | 42쪽

레인보우 리뷰

① 양수 ② 서수
③ 관형 ④ 접사
⑤ 관형사 ⑥ 들, 없
⑦ 수량, 순서

개념 마스터

1 ① 졸업생 다섯이 찾아와서 편지 다섯 장을 내밀었다.
② 첫째인 철수는 가족들 중에서 키가 셋째로 크다.
③ 엄마는 시장에서 수박 하나와 순대 한 봉지를 사 오셨다.
④ 돈 봉투를 한 개 이상 받은 사람이 모두 다섯이었다.
⑤ 야자 시간에 그 두 명은 몰래 도망쳤다. 그것도 둘이서 손을 꼭 잡고…
⑥ 열에서 다섯을 빼면 다섯이 남는다.
⑦ 귀가 둘인 것은 많이 들으라는 뜻이다.
⑧ 없음
⑨ 없음
⑩ 없음

2 ① 졸업생 다섯이 찾아와서 편지 다섯 장을 내밀었다.
② 없음
③ 엄마는 시장에서 수박 하나와 순대 한 봉지를 사 오셨다.
④ 돈 봉투를 한 개 이상 받은 사람이 모두 다섯이었다.
⑤ 야자 시간에 그 두 명은 몰래 도망쳤다. 그것도 둘이서 손을 꼭 잡고…
⑥ 없음
⑦ 없음
⑧ 사장님, 사과 서너 개 담아 주시고, 딸기도 한 상자 주세요.
⑨ 나의 첫 목표는 첫 시험에서 백 점을 받는 것이다.
⑩ 첫째 조건은 충족시켰고, 과연 두 번째 조건은 어떻게 될까?

3 ① 명사 ② (수) 관형사
③ 명사 ④ 명사
⑤ 수사 ⑥ 명사
⑦ (수) 관형사 ⑧ (수) 관형사
⑨ 수사 ⑩ 수사
⑪ 명사 ⑫ 수사
⑬ 명사 ⑭ 수사

본문 | 44쪽

단어 12강 조사의 개념과 종류

레인보우 리뷰

① 격, 보, 접속
② 자립, 체언
③ 성분, 자격
④ 뜻, 첨
⑤ 단, 단, 연결
⑥ 문, 형
⑦ 자립, 자격, 관계, 의미, 첨가, 단어, 단어

개념 마스터

1 ① 철수가 영희를 불렀다.
② 야호! 크게 외치고 나니 기분이 좋아.
③ 고추가 많이 맵다.
④ 라면에는(에, 는) 매운 고추를 넣어야 해.
⑤ 나는 가수이다.
⑥ 그런데, 음, 문법은 혼자 공부해도 되나요?
⑦ 방이 건조하다.
⑧ 아들아, 사랑한다.
⑨ 여기는 건조한 방이라서 나는 싫어.
⑩ 사랑하는 딸아, 공부 좀 하렴.
⑪ 선생님께서 학교를 그만두셨다.
⑫ 가습기가 있으니 호흡이 편하다.
⑬ 우리 아들이 이번에 수석을 했어.
⑭ 선생님은 노래 경연 프로그램에 출연하셨다.
⑮ 작은 방에서 자던 예쁜 고양이가 깜짝 놀라 잠에서 깨었다.
⑯ 나는 부산에서 왔어.
⑰ 철수야, 저기 밝은 달 좀 봐.
⑱ 이순신 장군은 정말 위대해.
⑲ 남대문이 많은 관광객을 반기고 있어.
⑳ 이번 수학여행 장소는 강원도 속초이다.
㉑ 가자, 저 바다를 향해!
㉒ 몰디브 해변을 함께 거닐고 싶어.
㉓ 세종은 정말 위대해.
㉔ 저 산맥은 말도 없이 오천 년을 살았네.
㉕ 손흥민이 영국 전역을 뒤흔들고 있다.
㉖ 철수는 먹을 것을 찾았다.
㉗ 없음
㉘ 철수는 조용히 공부할 따름이었다.
㉙ 사람이 떡으로만(으로, 만) 살 수가 없느니라.
㉚ 나는 세수도 못한 채로 등교했다.
㉛ 서울에 올라온 지 벌써 삼 년이 지났다.
㉜ 철수가 절대 마피아일 리가 없다.
㉝ 내가 계속 공부를 하고 싶어 하는지 물어봐 줄래?
㉞ 철수는 일찍 일어난 김에 산책을 하러 나갔다.
㉟ 철수가 화낼 만도 하네.
㊱ 졸업생 다섯이 찾아와서 편지 다섯 장을 내밀었다.
㊲ 첫째인 철수는 가족들 중에서 키가 셋째로 크다.
㊳ 엄마는 시장에서 수박 하나와 순대 한 봉지를 사 오셨다.
㊴ 돈 봉투를 한 개 이상 받은 사람이 모두 다섯이었다.
㊵ 열에서 다섯을 빼면 다섯이 남는다.

본문 | 47쪽

단어 13강 격 조사의 개념과 종류

레인보우 리뷰

① 성분, 자격
② 주격
③ 서술격
④ 목적격
⑤ 보격
⑥ 관형격
⑦ 부사격
⑧ 호격
⑨ 이, 가, 께서, 에서, 서
⑩ 이다
⑪ 을, 를
⑫ 이, 가
⑬ 의
⑭ 에게, 에서, 에, 께, 로, 와, 서, 고, 라고, 하고
⑮ 아, 야, (이)여, (이)시여

개념 마스터

1 ① 손흥민이 패배의 원인이 아니다.
② 철수가 결국 교수가 되었다.
③ 선생님께서 학교를 그만두셨다.
④ 정부에서 강원도를 특별재난지역으로 선포하였다.
⑤ 이것은 둘이서 먹어도 남을 양이네.

2 ① 여기는 건조한 방이라서(기본형: 이다) 나는 싫어.
② 돈 봉투를 한 개 이상 받은 사람이 모두 다섯이었다. (기본형: 이다)
③ 이번 수학여행 장소는 강원도 속초이다.

3 ① 너는 고기를 좋아하니? 생선을 좋아하니?
② 나도 널(ㄹ) 사랑해.

4 ① 철수가 결국 교수가 되었다.
② 손흥민이 패배의 원인이 아니다.

5 ① 손흥민이 패배의 원인이 아니다.
② 나의 첫사랑 이야기를 들려줄게.

6 ① 너에게 난, 나에게 넌 저녁놀 같은 존재이기를...
② 철수는 집에서 공부하는 것을 더 좋아한다.
③ 너는 그냥 집에 있어.
④ 나는 이번 방학 때 할머니께 갈 생각이다.
⑤ 시골로 가는 길은 언제나 즐겁다.
⑥ 여동생은 오빠와 앙숙이기 마련이다.
⑦ 나는 길거리서 지갑을 잃어버렸다.
⑧ 아직도 네가 잘했다고 생각하느냐?
⑨ 주인이 "많이 드세요."라고 권한다.
⑩ 철수는 너하고 닮았다.

7 ① 아들아, 사랑한다.
② 철수야, 저기 밝은 달 좀 봐.
③ 사랑했던 날들이여, 이제 안녕!
④ 달님이시여, 높이 돋으셔서 멀리 비추옵소서.

본문 | 49쪽

단어 14강 보조사의 개념

레인보우 리뷰

① 자립, 자격, 관계, 의미, 첨가(보충), 단어, 단어
② 의미, 의미 ③ 이, 가, 께서, 에서, 서
④ 이다 ⑤ 을, 를
⑥ 이, 가 ⑦ 의
⑧ 에게, 에서, 에, 께, 로, 와, 서, 고, 라고, 하고
⑨ 아, 야, (이)여, (이)시여 ⑩ 격
⑪ 보, 격 ⑫ 은, 는, 도, 만, 요
⑬ 관형사

개념 마스터

1 ① 철수가 화낼 만도 하네. → 명사
② 영희는 진짜 착해. → 명사
③ 첫째는 노력이요, 둘째도 노력이다. → 수사, 수사
④ 참 빨리도 먹는구나. → 부사
⑤ 이제 남은 것은 국어 문법뿐이다. → 명사, 명사
⑥ 어떻게 너마저 나에게 이럴 수가 있니? → 대명사
⑦ 철수 걔 별로 착하지도 않더라. → 형용사
⑧ 다 먹지도 못하면서 왜 이렇게 많이 시켰니? → 동사
⑨ 나에게는 이제 다른 방법이 없는 걸까? → 조사
⑩ 진심으로 당신을 사랑해요. → 동사
⑪ 천만에요, 괜찮습니다. → 감탄사
⑫ 너야말로 내가 상대해 주지. → 대명사
⑬ 자네가 드디어 정신을 차렸네그려. → 동사

본문 | 51쪽

단어 15강 성분·종결·통용 보조사

레인보우 리뷰

① 자립, 자격, 관계, 의미, 첨가(보충), 단어, 단어
② 의미, 의미 ③ 이, 가, 께서, 에서, 서
④ 이다 ⑤ 을, 를
⑥ 이, 가 ⑦ 의
⑧ 에게, 에서, 에, 께, 로, 와, 서, 고, 라고, 하고
⑨ 아, 야, (이)여, (이)시여 ⑩ 격
⑪ 보, 격 ⑫ 은, 는, 도, 만, 요
⑬ 관형사 ⑭ 성분, 종결, 통용
⑮ 성분, 문장 성분 ⑯ 종결, 종결, 조, 탄
⑰ 통용, 청, 상대

개념 마스터

1 ① 철수도 결국 그 문제를 못 풀었어. → 역시
② 이 꽃이 더 예뻐요. → 상대 높임
③ 자네가 드디어 정신을 차렸네그려. → 감탄
④ 어떻게 너마저 나에게 이럴 수가 있니? → 마지막
⑤ 가지고 있는 것이 그것뿐이니? → 오직
⑥ 너야말로 진짜 더 나빠. → 강조
⑦ 주말마다 봉사활동을 한다. → 반복
⑧ 서울에서 대전까지 얼마나 걸리지? → 끝
⑨ 수업 끝나면 철수만 남아라. → 오직
⑩ 자, 공부나 하자. → 선택

2 ① 오늘 저녁 메뉴가 꽤 괜찮군그래. → 종결 보조사
② 철수가 주말마다 봉사활동을 한다. → 성분 보조사
③ 영희도 자세히 보면 진짜 예뻐요.
도 → 성분 보조사, 요 → 통용 보조사
④ 서울에서 대전까지 얼마나 걸리지요?
까지 → 성분 보조사, 요 → 통용 보조사
⑤ 자네가 드디어 정신을 차렸네그려. → 종결 보조사
⑥ 어떻게 너마저 나에게 이럴 수가 있니? → 성분 보조사
⑦ 진심으로 당신을 사랑해요. → 통용 보조사

본문 | 53쪽

단어 16강 접속 조사

레인보우 리뷰

① 자립, 자격, 관계, 의미, 첨가(보충), 단어, 단어
② 의미, 의미 ③ 이, 가, 께서, 에서, 서
④ 이다 ⑤ 을, 를
⑥ 이, 가 ⑦ 의
⑧ 에게, 에서, 에, 께, 로, 와, 서, 고, 라고, 하고
⑨ 아, 야, (이)여, (이)시여 ⑩ 격
⑪ 보, 격 ⑫ 은, 는, 도, 만, 요
⑬ 관형사 ⑭ 성분, 종결, 통용
⑮ 성분, 문장 성분 ⑯ 종결, 종결
⑰ 통용, 청자, 상대 ⑱ 연결, 명

개념 마스터

1 ① 나는 철수와 영희를 좋아해.
② 붓하고 먹을 가져오너라.
③ 잔칫상에는 배며 사과며 여러 가지 과일이 차려져 있었다.
④ 백화점에 가서 구두랑 모자랑 원피스랑 샀어요.
⑤ 철수는 예나 지금이나 변함이 없어.
⑥ 잔칫집에서 밥에 떡에 술에 아주 잘 먹었다.
⑦ 나는 요즘 예습이다 복습이다 도무지 시간이 없어.

2 ① 개는 늑대와 비슷하게 생겼다.
② 빠르기가 번개와 같다.
③ 없음
④ 없음
⑤ 친구들과 어울려 늦게까지 놀았다.

본문 | 55쪽

단어 17강 조사 총정리

레인보우 리뷰

① 격 ② 관형사
③ 불변 ④ 서술
⑤ 미 ⑥ 이, 가, 께서, 에서, 서
⑦ 이다 ⑧ 을, 를
⑨ 이, 가 ⑩ 의
⑪ 에게, 에서, 에, 께, 로, 와, 서, 고, 라고, 하고
⑫ 아, 야, (이)여, (이)시여

개념 마스터

1 ① 침묵은 금**이다**.
② 그는 양심적**이긴** 하다.
③ 그가 들어온 것은 밤 열두 시**였다**.
④ 여기는 건조한 방**이라서** 나는 싫어.
⑤ 돈 봉투를 한 개 이상 받은 사람이 모두 다섯**이었다**.

2 ① 너와 내가 아니면 누가 우리 조국을 지키랴.
② 한 시민이 도둑과 싸워 결국 경찰에 도둑을 넘겼다.
③ 어제는 친구와 테니스를 쳤다.
④ 여동생과 오빠의 관계는 언제나 앙숙이다.
⑤ 나는 오빠와 함께 청소를 했다.

3 ① 철수가 결국 교수가 되었다.
② 손흥민이 패배의 원인이 아니다.
③ 기린은 맹수가 아니다.
④ 물이 얼면 얼음으로 된다.
⑤ 그 개가 백만장자가 되었다고 사람이 된 것은 아니다.

4 ① 시청에서 모든 시민들을 자전거 보험에 가입시켰다.
② 아이 혼자서 집을 지키고 있다.
③ 이따가 우리 시청에서 만납시다.
④ 너 지금 어디서 오는 길이야?
⑤ 부모님의 여권을 시청에서 발급해 주었다.

5 ① 우리 오늘은 밥을 먹을 수는 있는 거지?
② 나는 이 나무를 네가 심은 줄로 알았다.
③ 먹는 중에는 개도 안 건드린다는데 너는 왜 그러니?
④ 나이가 드는 것도 이제 몸으로 느껴지는 요즘이다.
⑤ 다른 손님을 밀치는 행위는 절대 금합니다.

6 ① 철수가 어른이 되었네.
② 철수는 사람도 아니다.
③ 얼음이 물로 되었다.
④ 물이 얼음으로 되었다.
⑤ 물도 기체가 된다.

본문 | 57쪽

단어 18강 용언의 특징

레인보우 리뷰

① 형태, 가변 ② 기능, 용
③ 서술 ④ 동, 작
⑤ 성, 상 ⑥ 어미, 활용

⑦ 활용, 서술	⑧ 다
⑨ 어떠	⑩ 어찌

개념 마스터

1 ① 우리 이제 집으로 가자. → 가다
② 아들아, 사랑한다. → 사랑하다
③ 선생님께서 우리의 가슴에 꿈을 심으셨다. → 심다
④ 없음
⑤ 내 딸아, 공부 좀 하렴. → 하다
⑥ 선생님께서 학교를 그만두셨다. → 그만두다
⑦ 없음
⑧ 우리 아들이 이번에 수석을 했어. → 하다
⑨ 선생님은 노래 경연 프로그램에 출연하셨다. → 출연하다
⑩ 고양이가 자다가 깨어났다. → 자다, 깨어나다
⑪ 나는 부산에서 왔어. → 오다
⑫ 철수야, 저기 밝은 달 좀 봐. → 보다
⑬ 없음
⑭ 남대문이 관광객들을 반긴다. → 반기다
⑮ 없음
⑯ 가자, 저 바다를 향해! → 가다, 향하다
⑰ 몰디브 해변을 함께 산책하자. → 산책하다
⑱ 없음
⑲ 저 산맥은 말도 없이 오천 년을 살았네. → 살다
⑳ 손흥민이 영국 전역을 뒤흔들었다. → 뒤흔들다

2 ① 없음
② 맛있게 먹고 있으니까 치우지 마. → 맛있다
③ 없음
④ 사람이 떡으로만 살 수가 없느니라. → 없다
⑤ 나는 찝찝한 마음으로 등교했다. → 찝찝하다
⑥ 독서는 사람을 지혜롭게 만든다. → 지혜롭다
⑦ 철수가 절대 마피아일 리가 없다. → 없다
⑧ 계속 공부만 하니까 힘드네. → 힘들다
⑨ 철수는 창을 열어 찬란한 햇살을 마주했다. → 찬란하다
⑩ 없음
⑪ 고요한 아침의 나라, 대한민국. → 고요하다
⑫ 철수는 가족들 중에서 키가 가장 크다. → 크다
⑬ 없음
⑭ 매운 걸 먹으면 스트레스가 사라진다. → 맵다
⑮ 없음
⑯ 너는 그러한 습관을 버려야 돼. → 그러하다
⑰ 부산에서 운전하기는 많이 어렵다. → 어렵다
⑱ 사장님, 요즘 딸기가 달아요? → 달다
⑲ 성공을 위한 인내는 쓰다. → 쓰다
⑳ 없음

본문 | 59쪽

단어 19강 동사와 형용사의 종류

레인보우 리뷰

① 형태, 가변	② 기능, 용
③ 어미, 활용	④ 활용
⑤ 목적어	⑥ 주, 목적
⑦ 목적어	⑧ 주어
⑨ 실, 직	⑩ 실, 다, 리켜

개념 마스터

1 ① 우리 이제 집으로 가자. → 자동사
② 선생님께서 우리의 가슴에 희망을 심으셨다. → 타동사, 희망을
③ 새는 벌레를 먹는다. → 타동사, 벌레를
④ 선생님께서 학교를 그만두셨다. → 타동사, 학교를
⑤ 선생님은 노래 경연 프로그램에 출연하셨다. → 자동사
⑥ 고양이가 자다가 깨어났다. → 자동사, 자동사
⑦ 우리 아들이 이번에 수석을 했어. → 타동사, 수석을
⑧ 남대문이 관광객들을 반긴다. → 타동사, 관광객들을
⑨ 이순신 장군은 전투 때마다 항상 승리했어. → 자동사, 자동사
⑩ 손흥민이 영국 전역을 뒤흔들었다. → 타동사, 전역을
⑪ 철수야, 저기 밝은 달을 좀 봐. → 타동사, 달을
⑫ 새가 구슬프게 운다. → 자동사
⑬ 차가 갑자기 멈췄다. → 자동사

2 ① 내 사정이 **이러한데도** 자꾸 **그렇게** 할 거야?
② 저녁노을이 참 붉고도 아름답구나.
③ 사장님은 **그러한** 일에도 종종 참견하신다.
④ 며칠 동안 밤새웠더니 몹시 피곤하다.
⑤ 마동식 씨가 외모는 **저렇지만** 마음은 참 따뜻해.

본문 | 62쪽

단어 20강 본용언과 보조 용언

레인보우 리뷰

① 단, 본	② 단, 본, 미, 보조
③ 아서, 어서, 본	④ 본
⑤ 본, 본	⑥ 아, 어
⑦ 조	⑧ 보조
⑨ 서술	⑩ 아, 어, 게, 지, 고

개념 마스터

1

① 철수는 지금 학교에 가고 있다.		
본용언 + 보조 용언	본용언 + 본용언	보조적 연결 어미
○		-고

② 철수는 문법 교재를 사서 읽었다.		
본용언 + 보조 용언	본용언 + 본용언	보조적 연결 어미
	○	

③ 철수는 지금 울고 싶다.		
본용언 + 보조 용언	본용언 + 본용언	보조적 연결 어미
○		-고

④ 철수는 일기장을 찢어서 버렸다.		
본용언 + 보조 용언	본용언 + 본용언	보조적 연결 어미
	○	

⑤ 철수가 사과를 깎아 먹었다.		
본용언 + 보조 용언	본용언 + 본용언	보조적 연결 어미
	○	

⑥ 결국 칼에 손가락을 베이고 말았다.		
본용언 + 보조 용언	본용언 + 본용언	보조적 연결 어미
○		-고

⑦ 선생님께서는 아픈 철수를 집에 가게 하셨다.		
본용언 + 보조 용언	본용언 + 본용언	보조적 연결 어미
○		-게

⑧ 이 소리에 귀를 기울여 봐.		
본용언 + 보조 용언	본용언 + 본용언	보조적 연결 어미
○		-어

⑨ 철수가 저녁을 먹고 갔다.		
본용언 + 보조 용언	본용언 + 본용언	보조적 연결 어미
	○	

⑩ 저기에서 잠시 쉬었다가 가자.		
본용언 + 보조 용언	본용언 + 본용언	보조적 연결 어미
	○	

⑪ 철수는 끝까지 밥을 먹지 않았다.		
본용언 + 보조 용언	본용언 + 본용언	보조적 연결 어미
○		-지

⑫ 오늘 날씨는 춥지 않아.		
본용언 + 보조 용언	본용언 + 본용언	보조적 연결 어미
○		-지

2 ① O ② X
③ X ④ O
⑤ O

본문 | 64쪽

단어 21강 어간과 어미

레인보우 리뷰

① 아서, 어서, 본 ② 아, 어, 게, 지, 고
③ 어간, 어미 ④ 어간
⑤ 어미 ⑥ 서술격 조사
⑦ 어말, 선어말 ⑧ 자립, 어미
⑨ 자립, 어간 ⑩ 불완전

개념 마스터

1

① 내 아들아, 공부 좀 하렴.	
어간	어미
하-	-렴

② 얘들아, 여기를 보아라.	
어간	어미
보-	-아라

③ 나는 두리안이 싫어.	
어간	어미
싫-	-어

④ 너 진짜 학교를 그만두니?	
어간	어미
그만두-	-니

⑤ 가습기 덕분에 호흡이 편하다.	
어간	어미
편하-	-다

⑥ 지금 자니?	
어간	어미
자-	-니

⑦ 지금 오니?	
어간	어미
오-	-니

⑧ 철수야, 저기 달 좀 봐.	
어간	어미
보-	-아

⑨ 밝은 달은 임의 얼굴.	
어간	어미
밝-	-은

⑩ 이순신 장군은 정말 위대하다!	
어간	어미
위대하-	-다

⑪ 코끼리는 코가 길다.	
어간	어미
길-	-다

⑫ 철수야, 너 그거 알아?	
어간	어미
알-	-아

⑬ 약이 정말 쓰다.	
어간	어미
쓰-	-다

⑭ 엄마, 커피가 너무 달아.	
어간	어미
달-	-아

본문 | 66쪽

단어 22강 종결 어미

레인보우 리뷰

① 용언, 서술격 조사 ② 어말, 선어말
③ 단 ④ 어간, 어말
⑤ 종결, 연결, 전성 ⑥ 마치
⑦ 장, 장, 용언, 보조 용언 ⑧ 명, 관형, 부
⑨ 평서 ⑩ 의문
⑪ 명령 ⑫ 청유
⑬ 감탄

개념 마스터

1

① 내 아들아, 공부 좀 하렴.						
어간	어미	평서형	의문형	명령형	청유형	감탄형
하-	-렴			○		

② 오늘 점심에는 뭘 먹지?						
어간	어미	평서형	의문형	명령형	청유형	감탄형
먹-	-지		○			

③ 철수야, 지금 밥을 먹어라.						
어간	어미	평서형	의문형	명령형	청유형	감탄형
먹-	-어라			○		

④ 코스모스가 진짜 빨갛네.						
어간	어미	평서형	의문형	명령형	청유형	감탄형
빨갛-	-네	○				

⑤ 자, 이제 그만하세.						
어간	어미	평서형	의문형	명령형	청유형	감탄형
그만하-	-세				○	

⑥ 당신 정말 대단하구려.						
어간	어미	평서형	의문형	명령형	청유형	감탄형
대단하-	-구려					○

⑦ 이제 곧 출발합니다.						
어간	어미	평서형	의문형	명령형	청유형	감탄형
출발하-	-ㅂ니다	○				

⑧ 이순신 장군은 정말 위대하군!						
어간	어미	평서형	의문형	명령형	청유형	감탄형
위대하-	-군					○

⑨ 철수가 과연 도서관에서 공부를 할까?						
어간	어미	평서형	의문형	명령형	청유형	감탄형
하-	-ㄹ까		○			

⑩ 그녀는 정말 착하다.						
어간	어미	평서형	의문형	명령형	청유형	감탄형
착하-	-다	○				

⑪ 자네도 밥 한술 들게.						
어간	어미	평서형	의문형	명령형	청유형	감탄형
들-	-게			○		

⑫ 저녁은 보통 일곱 시에 먹습니다.						
어간	어미	평서형	의문형	명령형	청유형	감탄형
먹-	-습니다	○				

⑬ 종은 과연 누구를 위해 울리는가?						
어간	어미	평서형	의문형	명령형	청유형	감탄형
울리-	-는가		○			

⑭ 우리 이제 집으로 갑시다.						
어간	어미	평서형	의문형	명령형	청유형	감탄형
가-	-ㅂ시다				○	

⑮ 너희들 굉장히 열심히 집중하는구나.						
어간	어미	평서형	의문형	명령형	청유형	감탄형
집중하-	-는구나					○

본문 | 68쪽

단어 23강 연결 어미

레인보우 리뷰

① 문장, 문장, 본용언, 보조 용언 ② 종결, 연결, 전성
③ 용언, 서술격 조사 ④ 어말, 선어말
⑤ 아, 어, 게, 지, 고 ⑥ 간, 끝, 문, 용, 연결
⑦ 대등, 종속, 보조 ⑧ 열, 조, 택, 대등
⑨ 영, 종속 ⑩ 본용언, 보조 용언

개념 마스터

1 ① 철수가 오면 그들은 출발할 것이다. → 종속적
② 가족들이 저녁을 거의 다 먹어 간다. → 보조적
③ 강물이 불어서 우리는 캠핑을 포기했다. → 종속적
④ 지금부터라도 공부하면 문법을 정복할 수 있다. → 종속적
⑤ 인생은 짧고 예술은 길다. → 대등적
⑥ 문법 교재를 사려고 서점에 갔다. → 종속적
⑦ 봄이 왔으나 마음은 아직 겨울이다. → 대등적
⑧ 시간이 부족하더라도 나는 최선을 다할 것이다. → 종속적
⑨ 이것은 장미꽃이고, 저것은 안개꽃이다. → 대등적
⑩ 혼자 공부를 하는데 맞은편 그녀가 날 쳐다보았다. → 종속적
⑪ 약을 먹든지 병원에 가든지 얼른 결정해. → 대등적
⑫ 밥을 먼저 먹고서 밀린 설거지를 했다. → 종속적
⑬ 당황한 철수는 울어 버렸다. → 보조적
⑭ 그는 마치 100m 경주를 하듯이 내 곁을 떠나갔다. → 종속적

본문 | 70쪽

단어 24강 전성 어미

레인보우 리뷰

① 용언, 서술격 조사 ② 용, 서술, 명, 관형, 부, 질
③ 명사 ④ 관형사
⑤ 부사 ⑥ 품사, 동사, 형용사
⑦ -(으)ㅁ, -기 ⑧ -(으)ㄴ, -는, -(으)ㄹ, -던
⑨ -니, -아서, -어서, -게, -도록, -듯이 ⑩ 수식, 시제

개념 마스터

1

① 타인에게 베풂을 아깝다고 생각해선 안 된다.		
어미	격 조사	문장 성분
-ㅁ	을	목적어

② 볼펜 하나 빌리기가 이렇게 힘들 줄이야.		
어미	격 조사	문장 성분
-기	가	주어

③ 그가 원하는 것은 욕심을 채움이 아니다.		
어미	격 조사	문장 성분
-ㅁ	이	보어

④ 내 소원은 하루 종일 집에서 놀기이다.		
어미	격 조사	문장 성분
-기	이다	서술어

⑤ 철수는 늦잠 자기의 달인이다.		
어미	격 조사	문장 성분
-기	의	관형어

2

① 너 방금 입에 넣은 것이 뭐니?		
어미	품사	문장 성분
-은	동사	관형어

② 그냥 철수 혼자 놀게 둬.		
어미	품사	문장 성분
-게	동사	부사어

③ 나 내일은 많이 바쁠 것 같은데.		
어미	품사	문장 성분
-ㄹ	형용사	관형어

④ 요즘 들어서 한창 바쁘던 예전이 자꾸 생각난다.		
어미	품사	문장 성분
-던	형용사	관형어

⑤ 눈 치우는 것을 좀 도와다오.		
어미	품사	문장 성분
-는	동사	관형어

⑥ 찌개가 시간이 지나서 식었다.		
어미	품사	문장 성분
-아서	동사	부사어

⑦ 나는 밤이 새도록 그녀를 기다렸어.		
어미	품사	문장 성분
-도록	동사	부사어

본문 | 72쪽

단어 25강 선어말 어미

레인보우 리뷰

① 어말, 선어말 ② 아, 어, 게, 지, 고
③ 어간, 어말 ④ 제, 높

⑤ 주어, 주체 ⑥ (으)시
⑦ 과거, 현재, 미래 ⑧ 았, 었
⑨ ㄴ, 는 ⑩ 겠

개념 마스터

1

① 아버지께서 방에 들어가신다.				
주체 높임	시제	공손	서법	강조
-시-	-ㄴ-			

② 나는 다이어트에 반드시 성공하리라.				
주체 높임	시제	공손	서법	강조
	-리-		-리-	

③ 가을이 오면 편지를 쓰겠어요.				
주체 높임	시제	공손	서법	강조
	-겠-		-겠-	

④ 아버지께서 크레파스를 사 가지고 오셨어요.				
주체 높임	시제	공손	서법	강조
-시-	-었-			

⑤ 우리는 그들만 믿는다.				
주체 높임	시제	공손	서법	강조
	-는-			

⑥ 맛있게 드셨어요?				
주체 높임	시제	공손	서법	강조
-시-	-었-			

⑦ 철수가 급식을 먹는다.				
주체 높임	시제	공손	서법	강조
	-는-			

⑧ 어제 청소는 정말 힘들더라.				
주체 높임	시제	공손	서법	강조
	-더-		-더-	

⑨ 오로지 당신께만 복종하겠사오니 기억하소서.				
주체 높임	시제	공손	서법	강조
	-겠-	-사오-	-겠-	

⑩ 철수가 보기와는 다르게 잘 달린다.				
주체 높임	시제	공손	서법	강조
	-ㄴ-			

⑪ 철수가 저녁을 먹었다.				
주체 높임	시제	공손	서법	강조
	-었-			

⑫ 철수가 학교에 갔다.				
주체 높임	시제	공손	서법	강조
	-았-			

⑬ 전하, 소신을 버리지 마시옵소서.				
주체 높임	시제	공손	서법	강조
-시-		-옵-		

2

① -었-, -다, -겠-, -시-				
지금쯤이면 댁에 가-	시	었	겠	다

② -나이다, -사옵-, -였-			
사실 제가 그 일을 하-	였	사옵	나이다

③ -겠-, -지, -었-, -시-				
아버지께서 벌써 하-	시	었	겠	지

본문 | 74쪽

단어 26강 규칙 활용

레인보우 리뷰

① 어간, 어미, 변 ② 어간
③ 어미 ④ 어간, 어미, 규칙
⑤ 어간, 규칙 ⑥ ㅡ, 모음
⑦ ㅡ, 모음, 불규칙 ⑧ ㄹ
⑨ ㅡ, ㄹ, 모, 자 ⑩ 아, 어, 게, 지, 고

개념 마스터

1

어간	어미			
① 먹-	-다	-고	-지	-아/-어
	먹다	먹고	먹지	먹어

어간	어미			
② 막-	-다	-고	-지	-아/-어
	막다	막고	막지	막아

어간	어미			
③ 깎-	-다	-고	-지	-아/-어
	깎다	깎고	깎지	깎아

어간	어미			
④ 섞-	-다	-고	-지	-아/-어
	섞다	섞고	섞지	섞어

어간	어미			
⑤ 잡-	-다	-고	-지	-아/-어
	잡다	잡고	잡지	잡아

어간	어미			
⑥ 밀-	-다	-고	-지	-아/-어
	밀다	밀고	밀지	밀어

어간	어미			
⑦ 벗-	-다	-고	-지	-아/-어
	벗다	벗고	벗지	벗어

어간	어미			
⑧ 웃-	-다	-고	-지	-아/-어
	웃다	웃고	웃지	웃어

어간	어미			
⑨ 읽-	-다	-고	-지	-아/-어
	읽다	읽고	읽지	읽어

어간	어미			
⑩ 싫-	-다	-고	-지	-아/-어
	싫다	싫고	싫지	싫어

2 ① 아니요
② 아니요
③ 규칙 활용

3

어간	어미			
① 쓰-	-다	-고	-지	-아/-어
	쓰다	쓰고	쓰지	써

어간	어미			
② 따르-	-다	-고	-지	-아/-어
	따르다	따르고	따르지	따라

어간	어미			
③ 예쁘-	-다	-고	-지	-아/-어
	예쁘다	예쁘고	예쁘지	예뻐

어간	어미			
④ 뜨-	-다	-고	-지	-아/-어
	뜨다	뜨고	뜨지	떠

어간	어미			
⑤ 치르-	-다	-고	-지	-아/-어
	치르다	치르고	치르지	치러

어간	어미			
⑥ 끄-	-다	-고	-지	-아/-어
	끄다	끄고	끄지	꺼

어간	어미			
⑦ 모으-	-다	-고	-지	-아/-어
	모으다	모으고	모으지	모아

어간	어미			
⑧ 담그-	-다	-고	-지	-아/-어
	담그다	담그고	담그지	담가

어간	어미			
⑨ 잠그-	-다	-고	-지	-아/-어
	잠그다	잠그고	잠그지	잠가

어간	어미			
⑩ 기쁘-	-다	-고	-지	-아/-어
	기쁘다	기쁘고	기쁘지	기뻐

4 ① 예
② 아니요
③ 규칙 활용

5

어간	어미				
① 밀-	-다	-고	-지	-아/-어	-자
	밀다	밀고	밀지	밀어	밀자

어간	어미				
② 밀-	-오	-는-	-니	-ㅂ니다	-세
	미오	미는	미니	밉니다	미세

어간	어미				
③ 날-	-다	-고	-지	-아/-어	-자
	날다	날고	날지	날아	날자

어간	어미				
④ 날-	-오	-는-	-니	-ㅂ니다	-세
	나오	나는	나니	납니다	나세

어간	어미				
⑤ 끌-	-다	-고	-지	-아/-어	-자
	끌다	끌고	끌지	끌어	끌자

어간	어미				
⑥ 끌-	-오	-는-	-니	-ㅂ니다	-세
	끄오	끄는	끄니	끕니다	끄세

어간	어미				
⑦ 갈-	-다	-고	-지	-아/-어	-자
	갈다	갈고	갈지	갈아	갈자

어간	어미				
⑧ 갈-	-오	-는-	-니	-ㅂ니다	-세
	가오	가는	가니	갑니다	가세

어간	어미				
⑨ 벌-	-다	-고	-지	-아/-어	-자
	벌다	벌고	벌지	벌어	벌자

어간	어미				
⑩ 벌-	-오	-는-	-니	-ㅂ니다	-세
	버오	버는	버니	벌니다	버세

어간	어미				
⑪ 알-	-다	-고	-지	-아/-어	-자
	알다	알고	알지	알아	알자

어간	어미				
⑫ 알-	-오	-는-	-니	-ㅂ니다	-세
	아오	아는	아니	압니다	아세

어간	어미				
⑬ 만들-	-다	-고	-지	-아/-어	-자
	만들다	만들고	만들지	만들어	만들자

어간	어미				
⑭ 만들-	-오	-는-	-니	-ㅂ니다	-세
	만드오	만드는	만드니	만듭니다	만드세

어간	어미				
⑮ 살-	-다	-고	-지	-아/-어	-자
	살다	살고	살지	살아	살자

어간	어미				
⑯ 살-	-오	-는-	-니	-ㅂ니다	-세
	사오	사는	사니	삽니다	사세

6 ① 예
② 아니요
③ 규칙 활용

본문 | 77쪽

단어 27강 불규칙 활용 ①

레인보우 리뷰

① ㅡ, 모음, 규칙
② ㅡ, 모음, 불규칙
③ ㄹ
④ 어간, 어미, 불규칙
⑤ 어간, 어미, 간
⑥ 어간, 어미, 미
⑦ 어간, 어미
⑧ ㅅ, 어간, 모음, 탈락
⑨ ㅂ, ㅂ, 모음, ㅗ, ㅜ
⑩ ㄷ, ㄷ, ㄹ
⑪ ㅜ, ㅜ, 탈락
⑫ 르, 르, ㅡ, ㄹㄹ

개념 마스터

1

어간	어미			
① 벗-	-다	-고	-지	-아/-어
	벗다	벗고	벗지	벗어

- 변화 양상 → (어간이 변함) (어미가 변함) (둘 다 변함) **(둘 다 변하지 않음)**
- 활용 종류 → **(규칙 활용)** (불규칙 활용)

어간	어미			
② 빼앗-	-다	-고	-지	-아/-어
	빼앗다	빼앗고	빼앗지	빼앗아

- 변화 양상 → (어간이 변함) (어미가 변함) (둘 다 변함) **(둘 다 변하지 않음)**
- 활용 종류 → **(규칙 활용)** (불규칙 활용)

어간	어미			
③ 젓-	-다	-고	-지	-아/-어
	젓다	젓고	젓지	저어

- 변화 양상 → **(어간이 변함)** (어미가 변함) (둘 다 변함) (둘 다 변하지 않음)
- 활용 종류 → (규칙 활용) **(불규칙 활용)**

어간	어미			
④ 긋-	-다	-고	-지	-아/-어
	긋다	긋고	긋지	그어

- 변화 양상 → **(어간이 변함)** (어미가 변함) (둘 다 변함) (둘 다 변하지 않음)
- 활용 종류 → (규칙 활용) **(불규칙 활용)**

어간	어미			
⑤ 붓-	-다	-고	-지	-아/-어
	붓다	붓고	붓지	부어

- 변화 양상 → **(어간이 변함)** (어미가 변함) (둘 다 변함) (둘 다 변하지 않음)
- 활용 종류 → (규칙 활용) **(불규칙 활용)**

어간	어미			
⑥ 낫-	-다	-고	-지	-아/-어
	낫다	낫고	낫지	나아

- 변화 양상 → **(어간이 변함)** (어미가 변함) (둘 다 변함) (둘 다 변하지 않음)
- 활용 종류 → (규칙 활용) **(불규칙 활용)**

어간	어미			
⑦ 입-	-다	-고	-지	-아/-어
	입다	입고	입지	입어

- 변화 양상 → (어간이 변함) (어미가 변함) (둘 다 변함) **(둘 다 변하지 않음)**
- 활용 종류 → **(규칙 활용)** (불규칙 활용)

어간	어미			
⑧ 줍-	-다	-고	-지	-아/-어
	줍다	줍고	줍지	주워

- 변화 양상 → **(어간이 변함)** (어미가 변함) (둘 다 변함) (둘 다 변하지 않음)
- 활용 종류 → (규칙 활용) **(불규칙 활용)**

어간	어미			
⑨ 굽-(炙)	-다	-고	-지	-아/-어
	굽다	굽고	굽지	구워

- 변화 양상 → **(어간이 변함)** (어미가 변함) (둘 다 변함) (둘 다 변하지 않음)
- 활용 종류 → (규칙 활용) **(불규칙 활용)**

어간	어미			
⑩ 눕-	-다	-고	-지	-아/-어
	눕다	눕고	눕지	누워

- 변화 양상 → **(어간이 변함)** (어미가 변함) (둘 다 변함) (둘 다 변하지 않음)
- 활용 종류 → (규칙 활용) **(불규칙 활용)**

어간	어미			
⑪ 곱-	-다	-고	-지	-아/-어
	곱다	곱고	곱지	고와

- 변화 양상 → (어간이 변함) (어미가 변함) (둘 다 변함) (둘 다 변하지 않음)
- 활용 종류 → (규칙 활용) (불규칙 활용)

어간	어미			
⑫ 좁-	-다	-고	-지	-아/-어
	좁다	좁고	좁지	좁아

- 변화 양상 → (어간이 변함) (어미가 변함) (둘 다 변함) (둘 다 변하지 않음)
- 활용 종류 → (규칙 활용) (불규칙 활용)

어간	어미			
⑬ 괴롭-	-다	-고	-지	-아/-어
	괴롭다	괴롭고	괴롭지	괴로워

- 변화 양상 → (어간이 변함) (어미가 변함) (둘 다 변함) (둘 다 변하지 않음)
- 활용 종류 → (규칙 활용) (불규칙 활용)

어간	어미			
⑭ 돕-	-다	-고	-지	-아/-어
	돕다	돕고	돕지	도와

- 변화 양상 → (어간이 변함) (어미가 변함) (둘 다 변함) (둘 다 변하지 않음)
- 활용 종류 → (규칙 활용) (불규칙 활용)

어간	어미			
⑮ 닫-	-다	-고	-지	-아/-어
	닫다	닫고	닫지	닫아

- 변화 양상 → (어간이 변함) (어미가 변함) (둘 다 변함) (둘 다 변하지 않음)
- 활용 종류 → (규칙 활용) (불규칙 활용)

어간	어미			
⑯ 긷-	-다	-고	-지	-아/-어
	긷다	긷고	긷지	길어

- 변화 양상 → (어간이 변함) (어미가 변함) (둘 다 변함) (둘 다 변하지 않음)
- 활용 종류 → (규칙 활용) (불규칙 활용)

어간	어미			
⑰ 일컫-	-다	-고	-지	-아/-어
	일컫다	일컫고	일컫지	일컬어

- 변화 양상 → (어간이 변함) (어미가 변함) (둘 다 변함) (둘 다 변하지 않음)
- 활용 종류 → (규칙 활용) (불규칙 활용)

어간	어미			
⑱ 묻-	-다	-고	-지	-아/-어
(問)	묻다	묻고	묻지	물어

- 변화 양상 → (어간이 변함) (어미가 변함) (둘 다 변함) (둘 다 변하지 않음)
- 활용 종류 → (규칙 활용) (불규칙 활용)

어간	어미			
⑲ 싣-	-다	-고	-지	-아/-어
	싣다	싣고	싣지	실어

- 변화 양상 → (어간이 변함) (어미가 변함) (둘 다 변함) (둘 다 변하지 않음)
- 활용 종류 → (규칙 활용) (불규칙 활용)

어간	어미			
⑳ 걷-	-다	-고	-지	-아/-어
(步)	걷다	걷고	걷지	걸어

- 변화 양상 → (어간이 변함) (어미가 변함) (둘 다 변함) (둘 다 변하지 않음)
- 활용 종류 → (규칙 활용) (불규칙 활용)

어간	어미			
㉑ 듣-	-다	-고	-지	-아/-어
	듣다	듣고	듣지	들어

- 변화 양상 → (어간이 변함) (어미가 변함) (둘 다 변함) (둘 다 변하지 않음)
- 활용 종류 → (규칙 활용) (불규칙 활용)

어간	어미			
㉒ 깨닫-	-다	-고	-지	-아/-어
	깨닫다	깨닫고	깨닫지	깨달아

- 변화 양상 → (어간이 변함) (어미가 변함) (둘 다 변함) (둘 다 변하지 않음)
- 활용 종류 → (규칙 활용) (불규칙 활용)

어간	어미			
㉓ 배우-	-다	-고	-지	-아/-어
	배우다	배우고	배우지	배우어(배워)

- 변화 양상 → (어간이 변함) (어미가 변함) (둘 다 변함) (둘 다 변하지 않음)
- 활용 종류 → (규칙 활용) (불규칙 활용)

어간	어미			
㉔ 겨누-	-다	-고	-지	-아/-어
	겨누다	겨누고	겨누지	겨누어(겨눠)

- 변화 양상 → (어간이 변함) (어미가 변함) (둘 다 변함) (둘 다 변하지 않음)
- 활용 종류 → (규칙 활용) (불규칙 활용)

어간	어미			
㉕ 싸우-	-다	-고	-지	-아/-어
	싸우다	싸우고	싸우지	싸우어(싸워)

- 변화 양상 → (어간이 변함) (어미가 변함) (둘 다 변함) (둘 다 변하지 않음)
- 활용 종류 → (규칙 활용) (불규칙 활용)

어간	어미			
㉖ 주-	-다	-고	-지	-아/-어
	주다	주고	주지	주어(줘)

- 변화 양상 → (어간이 변함) (어미가 변함) (둘 다 변함) (둘 다 변하지 않음)
- 활용 종류 → (규칙 활용) (불규칙 활용)

어간	어미			
㉗ 추-	-다	-고	-지	-아/-어
	추다	추고	추지	추어(춰)

- 변화 양상 → (어간이 변함) (어미가 변함) (둘 다 변함) (둘 다 변하지 않음)
- 활용 종류 → (규칙 활용) (불규칙 활용)

어간	어미			
㉘ 푸-	-다	-고	-지	-아/-어
	푸다	푸고	푸지	퍼

- 변화 양상 → (어간이 변함) (어미가 변함) (둘 다 변함) (둘 다 변하지 않음)
- 활용 종류 → (규칙 활용) (불규칙 활용)

단어 28강 **불규칙 활용 ②**

본문 | 80쪽

레인보우 리뷰

① ㅅ, 어간, 모음, 탈락
② ㅂ, ㅂ, 모음, ㅗ, ㅜ
③ ㄷ, ㄷ, ㄹ
④ ㅜ, ㅜ, 탈락
⑤ 르, 르, ㅡ, ㄹㄹ
⑥ 여, 아, 여
⑦ 러, 르, 어, 러
⑧ ㅎ, 생략

개념 마스터

1

어간	어미			
① 막-	-다	-고	-지	-아/-어
	막다	막고	막지	막아

- 변화 양상 → (어간이 변함) (어미가 변함) (둘 다 변함) (둘 다 변하지 않음)
- 활용 종류 → (규칙 활용) (불규칙 활용)

어간	어미			
② 삭-	-다	-고	-지	-아/-어
	삭다	삭고	삭지	삭아

- 변화 양상 → (어간이 변함) (어미가 변함) (둘 다 변함) (둘 다 변하지 않음)
- 활용 종류 → (규칙 활용) (불규칙 활용)

어간	어미			
③ 하-	-다	-고	-지	-아/-어
	하다	하고	하지	하여

- 변화 양상 → (어간이 변함) (어미가 변함) (둘 다 변함) (둘 다 변하지 않음)
- 활용 종류 → (규칙 활용) (불규칙 활용)

어간	어미			
④ 이르-	-다	-고	-지	-아/-어
(至)	이르다	이르고	이르지	이르러

- 변화 양상 → (어간이 변함) (어미가 변함) (둘 다 변함) (둘 다 변하지 않음)
- 활용 종류 → (규칙 활용) (불규칙 활용)

어간	어미			
⑤ 푸르-	-다	-고	-지	-아/-어
	푸르다	푸르고	푸르지	푸르러

- 변화 양상 → (어간이 변함) (어미가 변함) (둘 다 변함) (둘 다 변하지 않음)
- 활용 종류 → (규칙 활용) (불규칙 활용)

어간	어미			
⑥ 누르-	-다	-고	-지	-아/-어
(黃)	누르다	누르고	누르지	누르러

- 변화 양상 → (어간이 변함) (어미가 변함) (둘 다 변함) (둘 다 변하지 않음)
- 활용 종류 → (규칙 활용) (불규칙 활용)

어간	어미			
⑦ 따르-	-다	-고	-지	-아/-어
	따르다	따르고	따르지	따라

- 변화 양상 → (어간이 변함) (어미가 변함) (둘 다 변함) (둘 다 변하지 않음)
- 활용 종류 → (규칙 활용) (불규칙 활용)

어간	어미			
⑧ 노랗-	-다	-고	-지	-아/-어
	노랗다	노랗고	노랗지	노래

- 변화 양상 → (어간이 변함) (어미가 변함) (둘 다 변함) (둘 다 변하지 않음)
- 활용 종류 → (규칙 활용) (불규칙 활용)

어간	어미			
⑨ 파랗-	-다	-고	-지	-아/-어
	파랗다	파랗고	파랗지	파래

- 변화 양상 → (어간이 변함) (어미가 변함) (둘 다 변함) (둘 다 변하지 않음)
- 활용 종류 → (규칙 활용) (불규칙 활용)

어간	어미			
⑩ 그렇-	-다	-고	-지	-아/-어
	그렇다	그렇고	그렇지	그래

- 변화 양상 → (어간이 변함) (어미가 변함) (둘 다 변함) (둘 다 변하지 않음)
- 활용 종류 → (규칙 활용) (불규칙 활용)

어간	어미			
⑪ 저렇-	-다	-고	-지	-아/-어
	저렇다	저렇고	저렇지	저래

- 변화 양상 → (어간이 변함) (어미가 변함) (둘 다 변함) (둘 다 변하지 않음)
- 활용 종류 → (규칙 활용) (불규칙 활용)

단어 29강 **동사와 형용사의 구별**

본문 | 83쪽

레인보우 리뷰

① ㅅ, 어간, 모음, 탈락
② ㅂ, ㅂ, 모음, ㅗ, ㅜ
③ ㄷ, ㄷ, ㄹ
④ ㅜ, ㅜ, 탈락
⑤ 르, 르, ㅡ, ㄹㄹ
⑥ 여, 아, 여
⑦ 러, 르, 어, 러
⑧ ㅎ, 생략
⑨ ㄴ, 는
⑩ 는
⑪ 아라, 어라, 자
⑫ 러, 려
⑬ 있다
⑭ 는구나

개념 마스터

1

어간	어미			
① 막-	-ㄴ/-는	-아라/-어라	-자	품사
	막는	막아라	막자	동사

어간	어미			
② 젊-	-ㄴ/-는	-아라/-어라	-자	품사
	X	X	X	형용사

어간	어미			
③	-ㄴ/-는	-아라/-어라	-자	품사
예뻐지-	예뻐지는	예뻐져라	예뻐지자	동사

어간	어미			
④ 자-	-ㄴ/-는	-아라/-어라	-자	품사
	자는	자라	자자	동사

어간	어미			
⑤ 귀엽-	-ㄴ/-는	-아라/-어라	-자	품사
	X	X	X	형용사

어간	어미			
⑥ 없-	-ㄴ/-는	-아라/-어라	-자	품사
	없는	X	X	형용사

어간	어미			
⑦ 곱-	-ㄴ/-는	-아라/-어라	-자	품사
	X	X	X	형용사

어간	어미			
⑧ 달리-	-ㄴ/-는	-아라/-어라	-자	품사
	달리는	달려라	달리자	동사

어간	어미			
⑨ 기쁘-	-러/-려	-고 있다	-는구나	품사
	X	X	X	형용사

어간	어미			
⑩ 때리-	-러/-려	-고 있다	-는구나	품사
	때리러(려)	때리고 있다	때리는구나	동사

어간	어미			
⑪ 되-	-러/-려	-고 있다	-는구나	품사
	되러(려)	되고 있다	되는구나	동사

어간	어미			
⑫ 배우-	-러/-려	-고 있다	-는구나	품사
	배우러(려)	배우고 있다	배우는구나	동사

어간	어미			
⑬ 차갑-	-러/-려	-고 있다	-는구나	품사
	X	X	X	형용사

본문 | 85쪽

단어 30강 관형사의 개념과 종류

레인보우 리뷰

① 관형　② 체언
③ 성상, 지시, 수　④ 질, 태
⑤ 가리키　⑥ 수, 순
⑦ 관형어　⑧ 불변
⑨ 관형사, 수식　⑩ 한정

개념 마스터

1 ① 넌 맨 처음부터 지금까지 맨날 맨손으로 날 찾아오니?
➜ 성상 관형사
② 오른손은 괜찮은데, 오른 다리와 왼 무릎이 불편해.
➜ 지시 관형사
③ 저는 올해로 열아홉 살입니다. ➜ 수 관형사
④ 어느 것이 정답인가요? ➜ 지시 관형사
⑤ 딴 일에는 관심 끄고 업무에 집중해.
➜ 지시 관형사
⑥ 온갖 양념과 갖은 채소를 여러 그릇에 나눠 담으세요.
➜ 수 관형사

2 ① 수사　② 관형사
③ 관형사　④ 명사
⑤ 수사　⑥ 관형사

3 ① 저 모든 새
② 이 모든 헌

4 지시, 수, 성상

본문 | 87쪽

단어 31강 관형사 총정리

레인보우 리뷰

① 조사　② 체언
③ 성상, 지시, 수　④ 성질, 상태
⑤ 가리키　⑥ 수량, 순서
⑦ 관형어　⑧ 불변
⑨ 관형사, 수식　⑩ 한정

개념 마스터

1

① 그리고 그곳에는 아무도 없었다.			
관형사	대명사	수식 여부	조사 결합 가능
	○	×	○

② 저 인간은 아직도 가게 앞에서 저러고 있네.			
관형사	대명사	수식 여부	조사 결합 가능
○		○	×

③ 이는 전부 제 잘못입니다.			
관형사	대명사	수식 여부	조사 결합 가능
	○	×	○

④ 그냥 아무 옷이나 입고 빨리 나가면 안 될까?

관형사	대명사	수식 여부	조사 결합 가능
○		○	×

⑤ 셋째, 항상 마스크를 착용해야 합니다.				
관형사	명사	수사	수식 여부	조사 결합 가능
		○	×	○

⑥ 우리 집 셋째는 장난꾸러기야.				
관형사	명사	수사	수식 여부	조사 결합 가능
	○		×	○

⑦ 우리 셋째 딸은 얼마나 애교가 많은지 몰라.				
관형사	명사	수사	수식 여부	조사 결합 가능
○			○	×

⑧ 서점에 벌써 셋째 권이 나왔다고?				
관형사	명사	수사	수식 여부	조사 결합 가능
○			○	×

⑨ 사랑하는 그녀의 고운 몸짓이 떠오른다.				
관형사	용언	수식 여부	활용 가능	문장 성분
	○	○	○	관형어

⑩ 헛된 생각은 하지 않는 게 좋을 거야.				
관형사	용언	수식 여부	활용 가능	문장 성분
	○	○	○	관형어

⑪ 허튼 생각은 하지 않는 게 좋을 거야.				
관형사	용언	수식 여부	활용 가능	문장 성분
○		○	×	관형어

2 ① 관형사　② 동사
③ 관형사　④ 형용사

본문 | 90쪽

단어 32강 부사의 개념과 종류

레인보우 리뷰

① 용언　② 부사, 수식
③ 성분, 문장　④ 성분
⑤ 성상, 지시, 부정　⑥ 질, 태, 관형, 부
⑦ 가리키거, 가리키　⑧ 긍정, 부정
⑨ 문장, 문장, 단어, 연　⑩ 태, 판
⑪ 문장, 문장, 단어, 단어　⑫ 용언, 한정

개념 마스터

1 ① 영원히, 성상 부사　② 이리, 지시 부사
③ 겨우, 성상 부사　④ 과연, 양태 부사
⑤ 그리, 지시 부사　⑥ 제발, 양태 부사
⑦ 높이, 성상 부사　⑧ 하지만, 접속 부사
⑨ 지금, 지시 부사　⑩ 또는, 접속 부사

2 ① 내일, 다시　② 및
③ 없음　④ 없음
⑤ 좀, 그래도　⑥ 오늘
⑦ 혹은　⑧ 어제
⑨ 하지만　⑩ 바로

본문 | 92쪽

단어 33강 감탄사의 개념과 종류

레인보우 리뷰

① 정, 지, 낌, 람, 름, 답　② 감, 의, 버릇
③ 능, 정, 지, 식　④ 식, 르거, 대답
⑤ 의, 입, 문　⑥ 사전
⑦ 독립, 독립어　⑧ 처음, 중간, 마지막
⑨ 조사, 조사

개념 마스터

1 ① 에, 말버릇 감탄사
② 아니요 → 의지 감탄사, 글쎄 → 의지 감탄사
③ 정말, 의지 감탄사　④ 없음
⑤ 이크, 감정 감탄사　⑥ 에헴, 말버릇 감탄사
⑦ 옳소, 의지 감탄사　⑧ 여보, 의지 감탄사
⑨ 없음　⑩ 거시기, 말버릇 감탄사
⑪ 음, 말버릇 감탄사　⑫ 후유, 감정 감탄사
⑬ 천만에, 의지 감탄사　⑭ 흥, 감정 감탄사

본문 | 94쪽

단어 34강 접두사와 접미사

레인보우 리뷰

① 뿌리　② 심, 실, 핵심
③ 립, 립　④ 어간

⑤ 붙 ⑥ 단어
⑦ 자립, 어근 ⑧ 접두사
⑨ 접미사 ⑩ 어근, 의미, 파생

개념 마스터

1

① 하늘				
어간	어미	어근	접사	품사
		하늘		명사

② 먹다				
어간	어미	어근	접사	품사
먹-	-다	먹-		동사

③ 풋사랑				
어간	어미	어근	접사	품사
		사랑	풋-	명사

④ 첫사랑				
어간	어미	어근	접사	품사
		첫, 사랑		명사

⑤ 먹히다				
어간	어미	어근	접사	품사
먹히-	-다	먹-	-히-	동사

⑥ 풋내기				
어간	어미	어근	접사	품사
			풋-, -내기	명사

⑦ 먹이다				
어간	어미	어근	접사	품사
먹이-	-다	먹-	-이-	동사

⑧ 샛노랗다				
어간	어미	어근	접사	품사
샛노랗-	-다	노랗-	샛-	형용사

⑨ 오가다				
어간	어미	어근	접사	품사
오가-	-다	오-, 가-		동사

⑩ 맏이				
어간	어미	어근	접사	품사
			맏-, -이	명사

⑪ 먹었다				
어간	어미	어근	접사	품사
먹-	-었-, -다	먹-		동사

⑫ 자랑스럽다				
어간	어미	어근	접사	품사
자랑스럽-	-다	자랑	-스럽-	형용사

⑬ 아름답다				
어간	어미	어근	접사	품사
아름답-	-다	아름	-답-	형용사

⑭ 먹이었다				
어간	어미	어근	접사	품사
먹이-	-었-, -다	먹-	-이-	동사

⑮ 밤낮				
어간	어미	어근	접사	품사
		밤, 낮		명사, 부사

본문 | 96쪽

단어 35강 한정적 접사와 지배적 접사

레인보우 리뷰

① 중심, 실질, 핵심 ② 어근, 의미, 파생
③ 붙 ④ 단어
⑤ 자립, 어근 ⑥ 만
⑦ 품사, 조 ⑧ 접두, 접미
⑨ 품사, 구조 ⑩ 접두, 접미

개념 마스터

1

① 헛기침			
어근	접사	파생 전 품사	파생 후 품사
기침	헛-	명사	명사

② 먹이			
어근	접사	파생 전 품사	파생 후 품사
먹-	-이	동사	명사

③ 얼음			
어근	접사	파생 전 품사	파생 후 품사
얼-	-음	동사	명사

④ 정답다			
어근	접사	파생 전 품사	파생 후 품사
정	-답-	명사	형용사

⑤ 공부하다			
어근	접사	파생 전 품사	파생 후 품사
공부	-하-	명사	동사

⑥ 밀리다			
어근	접사	파생 전 품사	파생 후 품사
밀-	-리-	동사	동사

⑦ 메마르다			
어근	접사	파생 전 품사	파생 후 품사
마르-	메-	동사	형용사

⑧ 기쁨			
어근	접사	파생 전 품사	파생 후 품사
기쁘-	-ㅁ	형용사	명사

⑨ 달리기			
어근	접사	파생 전 품사	파생 후 품사
달리-	-기	동사	명사

⑩ 강마르다			
어근	접사	파생 전 품사	파생 후 품사
마르-	강-	동사	형용사

⑪ 탐스럽다			
어근	접사	파생 전 품사	파생 후 품사
탐	-스럽-	명사	형용사

⑫ 철렁거리다			
어근	접사	파생 전 품사	파생 후 품사
철렁	-거리-	부사	동사

⑬ 놀이			
어근	접사	파생 전 품사	파생 후 품사
놀-	-이	동사	명사

본문 | 98쪽

단어 36강 접두 파생어

레인보우 리뷰

① 중심, 실질, 핵심
② 어근, 의미, 파생
③ 단어
④ 품사, 구조
⑤ 접두, 접미
⑥ 어미
⑦ 접사, 어근
⑧ 어근, 어근, 접사
⑨ 2, 어근
⑩ 어근, 접사
⑪ 접두사, 어근
⑫ 접미사, 어근

개념 마스터

1

① 군것, 군소리, 군말, 군살, 군침			
접사	접사의 의미	파생 전 품사	파생 후 품사
군-	쓸데없는	명사	명사

② 군밤			
접사	접사의 의미	파생 전 품사	파생 후 품사

③ 맨손, 맨발, 맨주먹, 맨다리, 맨땅			
접사	접사의 의미	파생 전 품사	파생 후 품사
맨-	다른 것이 없는	명사	명사

④ 날고기			
접사	접사의 의미	파생 전 품사	파생 후 품사
날-	익히지 않은	명사	명사

⑤ 날강도, 날건달			
접사	접사의 의미	파생 전 품사	파생 후 품사
날-	지독한	명사	명사

⑥ 불고기			
접사	접사의 의미	파생 전 품사	파생 후 품사

⑦ 한겨울, 한밤중, 한낮			
접사	접사의 의미	파생 전 품사	파생 후 품사
한-	한창인	명사	명사

⑧ 맏이			
접사	접사의 의미	파생 전 품사	파생 후 품사
맏-, -이	맏이, 사람	-	명사

⑨ 맏며느리			
접사	접사의 의미	파생 전 품사	파생 후 품사
맏-	맏이	명사	명사

⑩ 숫양, 숫염소, 숫쥐			
접사	접사의 의미	파생 전 품사	파생 후 품사
숫-	새끼를 배지 않는	명사	명사

⑪ 수컷, 수캐, 수평아리			
접사	접사의 의미	파생 전 품사	파생 후 품사
수-	새끼를 배지 않는	명사	명사

⑫ 첫사랑			
접사	접사의 의미	파생 전 품사	파생 후 품사

⑬ 암사자, 암탉			
접사	접사의 의미	파생 전 품사	파생 후 품사
암-	새끼를 배는	명사	명사

⑭ 홀아비, 홀어미, 홀몸			
접사	접사의 의미	파생 전 품사	파생 후 품사
홀-	짝이 없는	명사	명사

⑮ 개떡, 개살구			
접사	접사의 의미	파생 전 품사	파생 후 품사
개-	야생, 질 낮은	명사	명사

⑯ 개꿈, 개수작, 개죽음			
접사	접사의 의미	파생 전 품사	파생 후 품사
개-	헛된	명사	명사

⑰ 들개, 들쥐			
접사	접사의 의미	파생 전 품사	파생 후 품사
들-	야생에서 자라는	명사	명사

⑱ 참사랑, 참뜻			
접사	접사의 의미	파생 전 품사	파생 후 품사
참-	진짜의	명사	명사

⑲ 민무늬, 민소매			
접사	접사의 의미	파생 전 품사	파생 후 품사
민-	그것이 없는	명사	명사

⑳ 선무당			
접사	접사의 의미	파생 전 품사	파생 후 품사
선-	서툰	명사	명사

㉑ 선잠			
접사	접사의 의미	파생 전 품사	파생 후 품사
선-	충분치 않은	명사	명사

㉒ 풋고추, 풋나물			
접사	접사의 의미	파생 전 품사	파생 후 품사
풋-	덜 익은	명사	명사

㉓ 강마르다			
접사	접사의 의미	파생 전 품사	파생 후 품사
강-	심하게	동사	형용사

㉔ 메마르다			
접사	접사의 의미	파생 전 품사	파생 후 품사
메-	물기가 없는	동사	형용사

㉕ 새색시			
접사	접사의 의미	파생 전 품사	파생 후 품사

㉖ 올벼			
접사	접사의 의미	파생 전 품사	파생 후 품사
올-	일찍 익은	명사	명사

㉗ 짓누르다			
접사	접사의 의미	파생 전 품사	파생 후 품사
짓-	마구	동사	동사

㉘ 치뜨다, 치솟다			
접사	접사의 의미	파생 전 품사	파생 후 품사
치-	위로 향하게	동사	동사

㉙ 엿보다, 엿듣다			
접사	접사의 의미	파생 전 품사	파생 후 품사
엿-	몰래	동사	동사

㉚ 엇나가다, 엇갈리다			
접사	접사의 의미	파생 전 품사	파생 후 품사
엇-	어긋나게	동사	동사

㉛ 되찾다, 되팔다			
접사	접사의 의미	파생 전 품사	파생 후 품사
되-	도로	동사	동사

㉜ 뒤덮다, 뒤섞다, 뒤엉키다			
접사	접사의 의미	파생 전 품사	파생 후 품사
뒤-	몹시, 마구	동사	동사

㉝ 뒤엎다, 뒤바꾸다			
접사	접사의 의미	파생 전 품사	파생 후 품사
뒤-	반대로	동사	동사

㉞ 들끓다, 들쑤시다			
접사	접사의 의미	파생 전 품사	파생 후 품사
들-	몹시, 마구	동사	동사

㉟ 설익다			
접사	접사의 의미	파생 전 품사	파생 후 품사
설-	충분하지 못하게	동사	동사

㊱ 새까맣다, 새파랗다			
접사	접사의 의미	파생 전 품사	파생 후 품사
새-	짙고 선명하게	형용사	형용사

㊲ 시꺼멓다, 시퍼렇다			
접사	접사의 의미	파생 전 품사	파생 후 품사
시-	짙고 선명하게	형용사	형용사

㊳ 물고기			
접사	접사의 의미	파생 전 품사	파생 후 품사

㊴ 드넓다, 드높다, 드세다			
접사	접사의 의미	파생 전 품사	파생 후 품사
드-	심하게	형용사	형용사

㊵ 휘둥그렇다			
접사	접사의 의미	파생 전 품사	파생 후 품사
휘-	매우	형용사	형용사

본문 | 101쪽

단어 37강 접미 파생어

레인보우 리뷰

① 중심, 실질, 핵심
② 어근, 의미, 파생
③ 단어
④ 어미
⑤ 접사, 어근
⑥ 어근, 어근, 접사
⑦ 2, 어근
⑧ 어근, 접사
⑨ 접두사, 어근
⑩ 접미사, 어근
⑪ 품사, 구조
⑫ 접두, 접미
⑬ 품사, 구조
⑭ 접두, 접미

1

① 오줌싸개, 코흘리개			
접사	접사의 의미	파생 전 품사	파생 후 품사
-개	사람	명사, 동사	명사

② 꾀보, 털보, 먹보, 울보			
접사	접사의 의미	파생 전 품사	파생 후 품사
-보	사람	명사, 동사	명사

③ 장난꾸러기, 욕심꾸러기, 잠꾸러기			
접사	접사의 의미	파생 전 품사	파생 후 품사
-꾸러기	그것이 심한 사람	명사	명사

④ 곧바로			
접사	접사의 의미	파생 전 품사	파생 후 품사

⑤ 옹기장이, 땜장이, 간판장이			
접사	접사의 의미	파생 전 품사	파생 후 품사
-장이	기술을 가진 사람	명사	명사

⑥ 겁쟁이, 멋쟁이, 고집쟁이			
접사	접사의 의미	파생 전 품사	파생 후 품사
-쟁이	속성을 가진 사람	명사	명사

⑦ 녹음기, 주사기			
접사	접사의 의미	파생 전 품사	파생 후 품사
-기	도구	명사	명사

⑧ 여행기, 일대기, 탐방기			
접사	접사의 의미	파생 전 품사	파생 후 품사
-기	기록	명사	명사

⑨ 호흡기, 소화기, 생식기			
접사	접사의 의미	파생 전 품사	파생 후 품사
-기	기관	명사	명사

⑩ 시장기, 소금기, 화장기, 바람기			
접사	접사의 의미	파생 전 품사	파생 후 품사
-기	느낌, 성분	명사	명사

⑪ 길이, 높이, 먹이, 목걸이, 젖먹이, 옷걸이			
접사	접사의 의미	파생 전 품사	파생 후 품사
-이	명사 파생	명사, 동사, 형용사	명사

⑫ 큰형			
접사	접사의 의미	파생 전 품사	파생 후 품사

⑬ 믿음, 죽음, 웃음, 젊음			
접사	접사의 의미	파생 전 품사	파생 후 품사
-음	명사 파생	동사, 형용사	명사

⑭ 동포애, 인류애, 모성애			
접사	접사의 의미	파생 전 품사	파생 후 품사
-애	사랑	명사	명사

⑮ 가위질, 망치질, 톱질			
접사	접사의 의미	파생 전 품사	파생 후 품사
-질	도구로 하는 일	명사	명사

⑯ 곁눈질, 주먹질, 손가락질			
접사	접사의 의미	파생 전 품사	파생 후 품사
-질	신체를 이용	명사	명사

⑰ 선생질, 회장질, 싸움질, 노름질, 서방질			
접사	접사의 의미	파생 전 품사	파생 후 품사
-질	직업, 행위 비하	명사	명사

⑱ 살림꾼, 소리꾼, 심부름꾼			
접사	접사의 의미	파생 전 품사	파생 후 품사
-꾼	전문적인 사람	명사	명사

⑲ 놀이터			
접사	접사의 의미	파생 전 품사	파생 후 품사

⑳ 낚시꾼, 난봉꾼, 노름꾼, 싸움꾼			
접사	접사의 의미	파생 전 품사	파생 후 품사
-꾼	습관, 즐김	명사	명사

㉑ 일꾼, 구경꾼			
접사	접사의 의미	파생 전 품사	파생 후 품사
-꾼	모인 사람	명사	명사

㉒ 서울내기			
접사	접사의 의미	파생 전 품사	파생 후 품사
-내기	출신	명사	명사

㉓ 풋내기			
접사	접사의 의미	파생 전 품사	파생 후 품사
풋-	미숙한	-	명사
-내기	특성을 지님	-	

㉔ 가난뱅이, 주정뱅이, 게으름뱅이			
접사	접사의 의미	파생 전 품사	파생 후 품사
-뱅이	특성을 지님	명사	명사

㉕ 귀염둥이, 막내둥이, 바람둥이			
접사	접사의 의미	파생 전 품사	파생 후 품사
-둥이	성질을 지님	명사	명사

㉖ 뛰놀다			
접사	접사의 의미	파생 전 품사	파생 후 품사

㉗ 문지기, 등대지기, 청지기			
접사	접사의 의미	파생 전 품사	파생 후 품사
-지기	지키는 사람	명사	명사

㉘ 힘차다			
접사	접사의 의미	파생 전 품사	파생 후 품사

㉙ 예수님, 부처님, 공자님			
접사	접사의 의미	파생 전 품사	파생 후 품사
-님	높임과 존경	명사	명사

㉚ 사람들, 너희들, 손님들			
접사	접사의 의미	파생 전 품사	파생 후 품사
-들	복수	명사, 대명사	명사, 대명사

㉛ 공부하다, 생각하다, 사랑하다			
접사	접사의 의미	파생 전 품사	파생 후 품사
-하-	동사 파생	명사	동사

㉜ 반짝거리다, 출렁거리다			
접사	접사의 의미	파생 전 품사	파생 후 품사
-거리-	상태가 계속됨	부사	동사

㉝ 반짝대다, 출렁대다			
접사	접사의 의미	파생 전 품사	파생 후 품사
-대-	상태가 계속됨	부사	동사

㉞ 잘못, 잘잘못			
접사	접사의 의미	파생 전 품사	파생 후 품사

㉟ 반짝이다, 출렁이다,			
접사	접사의 의미	파생 전 품사	파생 후 품사
-이-	동사 파생	부사	동사

㊱ 건강하다, 행복하다, 순수하다			
접사	접사의 의미	파생 전 품사	파생 후 품사
-하-	형용사 파생	명사	형용사

㊲ 자유롭다, 향기롭다, 명예롭다			
접사	접사의 의미	파생 전 품사	파생 후 품사
-롭-	그러함	명사	형용사

㊳ 높다랗다, 커다랗다, 기다랗다			
접사	접사의 의미	파생 전 품사	파생 후 품사
-다랗-	정도가 뚜렷	형용사	형용사

본문 | 104쪽

단어 38강 대등 · 종속 · 융합 합성어

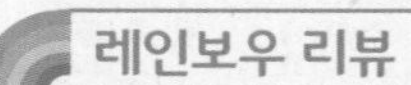

① 중심, 실질, 핵심　② 어근, 의미, 파생
③ 어미　④ 어근, 어근, 접사
⑤ 2, 어근　⑥ 대등, 종속, 융합
⑦ 독자, 대등, 자　⑧ 한정, 수식, 수식
⑨ 융합　⑩ 통사, 비통사

개념 마스터

1 ① 남, 여, 대등　② 돌, 다리, 종속
③ 밤, 낮, 융합　④ 밤, 낮, 대등
⑤ 쌀, 밥, 종속　⑥ 춘, 추, 융합
⑦ 손, 발, 대등　⑧ 손, 발, 융합
⑨ 유리, 병, 종속　⑩ 돌-, 보-, 종속
⑪ 까마귀, 까치, 대등　⑫ 차-, 바람, 종속
⑬ 산, 수, 융합　⑭ 팔, 다리, 대등
⑮ 불, 삽, 종속　⑯ 고무, 신, 종속
⑰ 오-, 가-, 대등　⑱ 눈, 물, 종속
⑲ 종이, 호랑이, 융합　⑳ 열-, 닫-, 대등
㉑ 벽돌(벽+돌), 집, 종속　㉒ 본, 받-, 종속
㉓ 손, 수레, 종속　㉔ 콩, 나물, 종속
㉕ 빌-, 먹-, 종속　㉖ 바늘, 방석, 융합
㉗ 피, 땀, 융합　㉘ 사이, 사이, 대등
㉙ 위, 아래, 대등　㉚ 갈, 등, 융합
㉛ 풍, 월, 융합　㉜ 돌-, 가-, 융합
㉝ 논, 밭, 대등　㉞ 쑥대(쑥+대), 밭, 융합
㉟ 오리, 발, 융합　㊱ 쥐, 뿔, 융합
㊲ 손, 가락, 종속　㊳ 물, 밑, 융합
㊴ 내, 외, 융합　㊵ 얕-, 보-, 종속

본문 | 107쪽

단어 39강 통사적 합성어

레인보우 리뷰

① 중심, 실질, 핵심　② 어근, 의미, 파생
③ 어미　④ 어근, 어근, 접사
⑤ 2, 어근　⑥ 대등, 종속, 융합
⑦ 통사, 비통사　⑧ 어근, 성분, 동
⑨ 어근, 성분, 다

개념 마스터

1 ① 첫 + 사랑　② 새 + 신랑
③ 온 + 종일　④ 오른 + 손
⑤ 왼 + 손

2 ① 건너- + -ㄹ + 목　② 뜨- + -ㄴ + 소문
③ 먹- + -을 + 거리　④ 비- + -ㄴ + 주먹
⑤ 차- + -ㄴ + 바람

3 ① 집 + 안　② 논 + 밭
③ 봄 + 바람　④ 말 + 다툼
⑤ 콩 + 나물

4 ① 뛰- + -어 + 오르다　② 들- + -어 + 가다
③ 벗- + -어 + 나다　④ 달리- + -어 + 가다

5 ① 못 + 되다　② 그만 + 두다
③ 가로 + 지르다　④ 바로 + 잡다

6 ① 곧 + 잘　② 잘 + 못
③ 이리 + 저리

7 ① 빛 + (이) + 나다　② 겁 + (이) + 나다

본문 | 110쪽

단어 40강 비통사적 합성어

레인보우 리뷰

① 어미　② 어근, 어근, 접사
③ 2, 어근　④ 대등, 종속, 융합
⑤ 통사, 비통사　⑥ 어근, 성분, 동일
⑦ 어근, 성분, 다른

개념 마스터

1 ① 높- + (-고) + 푸르다　② 오르- + (-고) + 내리다
③ 굳- + (-고) + 세다　④ 열- + (-고) + 닫다

2 ① 꺾- + (-은) + 쇠　② 검- + (-은) + 버섯
③ 먹- + (-을) + 거리(※ 먹을거리, 먹거리 둘 다 표준어)

3 ① 싸- + -구려 + 판　② 살- + -아 + 생전

4 ① 볼록 + 거울　② 뾰족 + 구두

5 ① 비통사　② 통사
③ 통사　④ 비통사
⑤ 비통사　⑥ 통사
⑦ 비통사　⑧ 비통사
⑨ 비통사　⑩ 통사

본문 | 112쪽

단어 41강 합성어의 품사

레인보우 리뷰

① 어미　② 어근, 어근, 접사
③ 2, 어근　④ 대등, 종속, 융합
⑤ 통사, 비통사　⑥ 어근, 성분, 동일
⑦ 어근, 성분, 다른　⑧ 합, 명, 동, 형용, 부, 관형

개념 마스터

1 ① 돌(명사) + 다리(명사) → 명사
② 집(명사) + 안(명사) → 명사
③ 말(명사) + 소(명사) → 명사
④ 고추(명사) + 잠자리(명사) → 명사
⑤ 비빔(명사) + 밥(명사) → 명사
⑥ 갈림(용언의 활용형) + 길(명사) → 명사
⑦ 디딤(용언의 활용형) + 돌(명사) → 명사
⑧ 군(용언의 활용형) + 밤(명사) → 명사
⑨ 굳은(용언의 활용형) + 살(명사) → 명사
⑩ 큰(용언의 활용형) + 형(명사) → 명사
⑪ 길(용언의 활용형) + 짐승(명사) → 명사
⑫ 불(명사) + 고기(명사) → 명사
⑬ 새(관형사) + 해(명사) → 명사
⑭ 새(관형사) + 집(명사) → 명사
⑮ 첫(관형사) + 사랑(명사) → 명사
⑯ 한(관형사) + 번(명사) → 명사, 부사
⑰ 한(관형사) + 잔(명사) → 명사
⑱ 잘(부사) + 못(부사) → 명사, 부사
⑲ 철(명사) + 들다(동사) → 동사
⑳ 빛(명사) + 나다(동사) → 동사
㉑ 꽃(명사) + 피다(동사) → 동사
㉒ 본(명사) + 받다(동사) → 동사
㉓ 힘(명사) + 쓰다(동사) → 동사
㉔ 앞(명사) + 서다(동사) → 동사
㉕ 거울(명사) + 삼다(동사) → 동사
㉖ 뛰어(용언의 활용형) + 놀다(동사) → 동사
㉗ 뛰어(용언의 활용형) + 가다(동사) → 동사
㉘ 갈아(용언의 활용형) + 입다(동사) → 동사
㉙ 알아(용언의 활용형) + 듣다(동사) → 동사
㉚ 내려다(용언의 활용형) + 보다(동사) → 동사
㉛ 돌아(용언의 활용형) + 보다(동사) → 동사
㉜ 타고(용언의 활용형) + 나다(동사) → 동사

㉝ 파고(용언의 활용형) + 들다(동사) → 동사
㉞ 잘(부사) + 되다(동사) → 동사
㉟ 못(부사) + 쓰다(동사) → 동사
㊱ 바로(부사) + 잡다(동사) → 동사
㊲ 가로(부사) + 막다(동사) → 동사
㊳ 남(명사) + 다르다(형용사) → 형용사
㊴ 배(명사) + 부르다(형용사) → 형용사
㊵ 꿈(명사) + 같다(형용사) → 형용사
㊶ 낯(명사) + 설다(형용사) → 형용사
㊷ 남(명사) + 부끄럽다(형용사) → 형용사
㊸ 쓰디(용언의 활용형) + 쓰다(형용사) → 형용사
㊹ 크디(용언의 활용형) + 크다(형용사) → 형용사
㊺ 머나(용언의 활용형) + 멀다(형용사) → 형용사
㊻ 김치(명사) + 찌개(명사) → 명사
㊼ 다시(부사) + 없다(형용사) → 형용사
㊽ 서(관형사) + 너(관형사) → 관형사
㊾ 산들(부사) + 바람(명사) → 명사
㊿ 기(명사) + 막히다(동사) → 형용사
(51) 이리(부사) + 저리(부사) → 부사
(52) 게을러(용언의 활용형) + 빠지다(동사) → 동사
(53) 게을러(용언의 활용형) + 터지다(동사) → 동사
(54) 뛰어(용언의 활용형) + 나다(동사) → 형용사
(55) 깎아(용언의 활용형) + 지르다(동사) → 형용사
(56) 곧(부사) + 잘(부사) → 부사
(57) 곧(부사) + 바로(부사) → 부사
(58) 또(부사) + 다시(부사) → 부사
(59) 밤(명사) + 낮(명사) → 명사, 부사
(60) 어제(명사) + 오늘(명사) → 명사, 부사
(61) 어느(관형사) + 새(명사) → 부사
(62) 한(관형사) + 층(명사) → 부사
(63) 한(관형사) + 바탕(명사) → 명사, 부사
(64) 본(명사) + 받다(동사) → 동사

본문 | 116쪽

직접 구성 성분 분석[IC 분석]

레인보우 리뷰

① 단어, 문장, 두, 성분 ② 요소
③ 실제, 존재 ④ 의미

개념 마스터

1

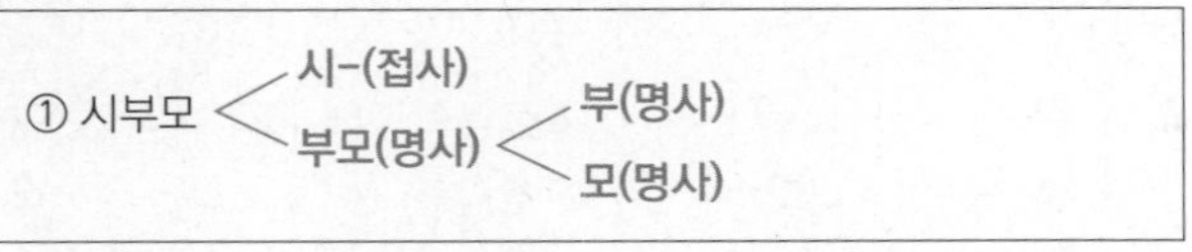

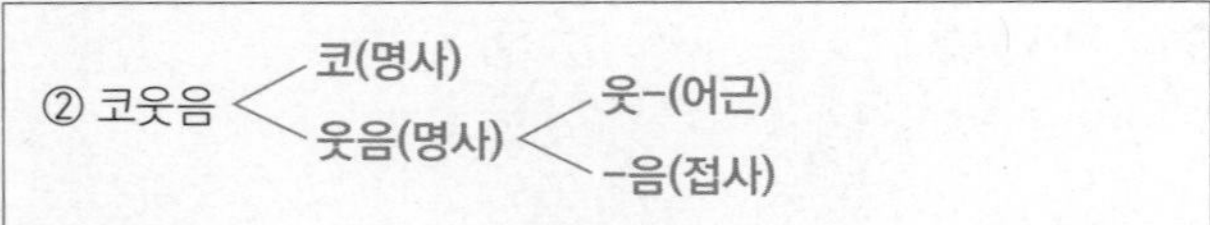

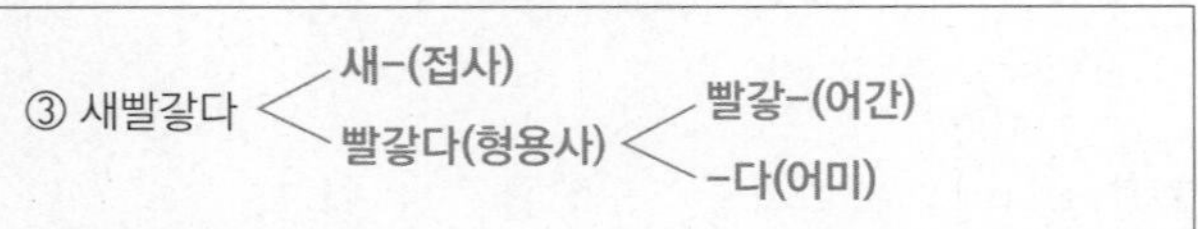

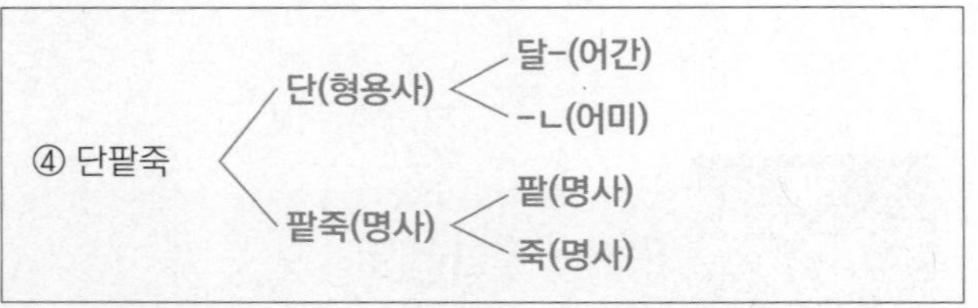

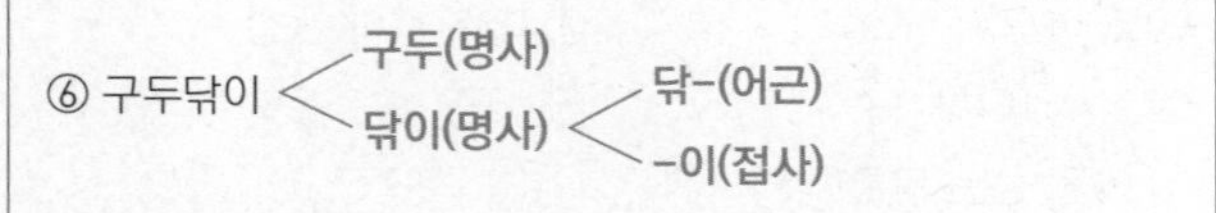

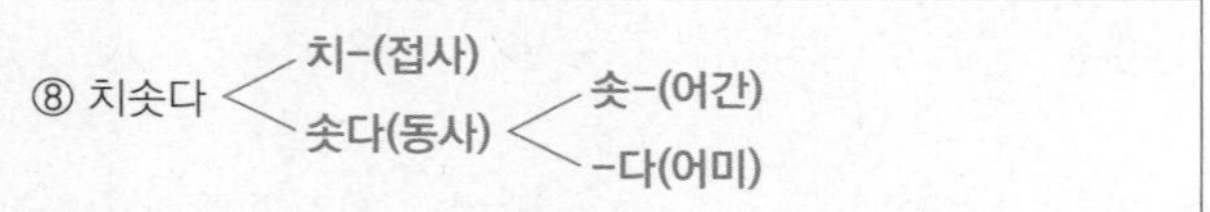

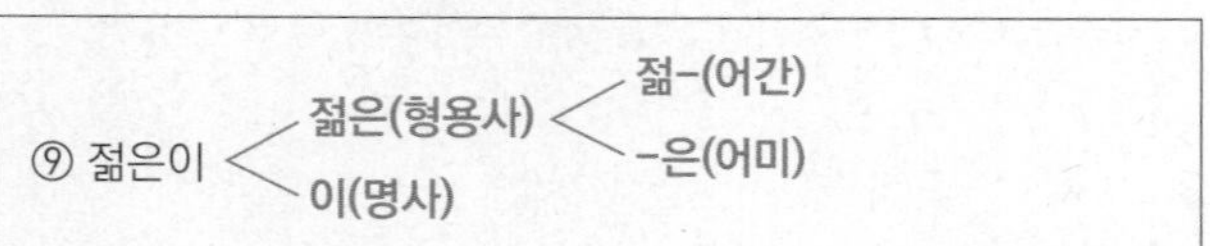

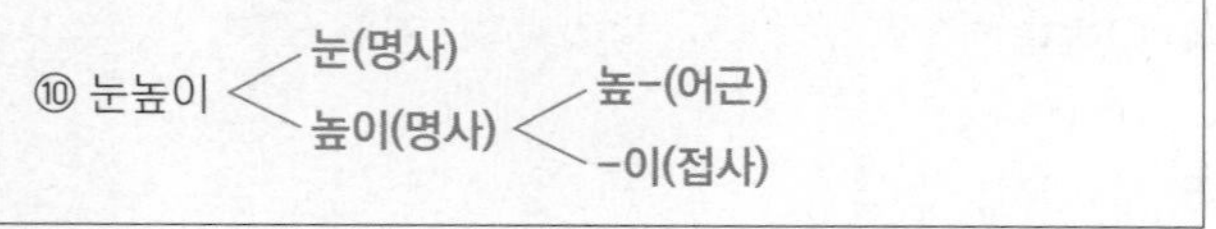

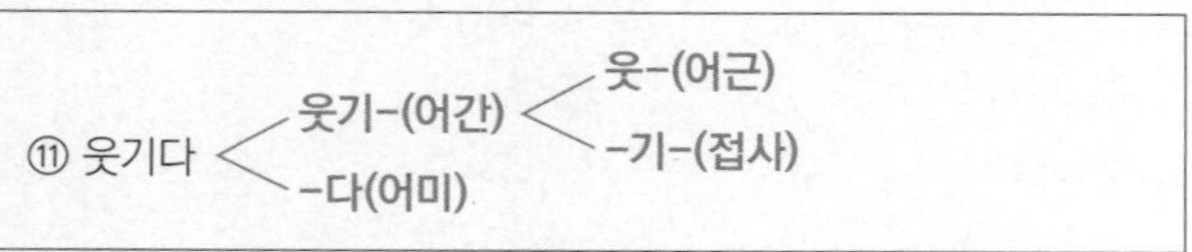

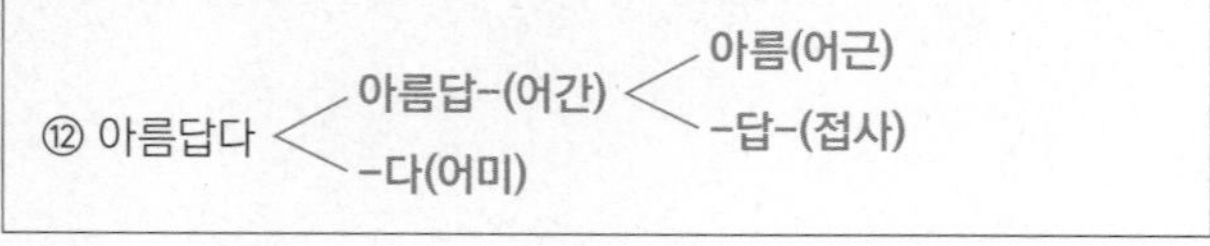

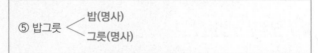

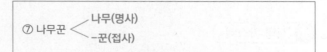

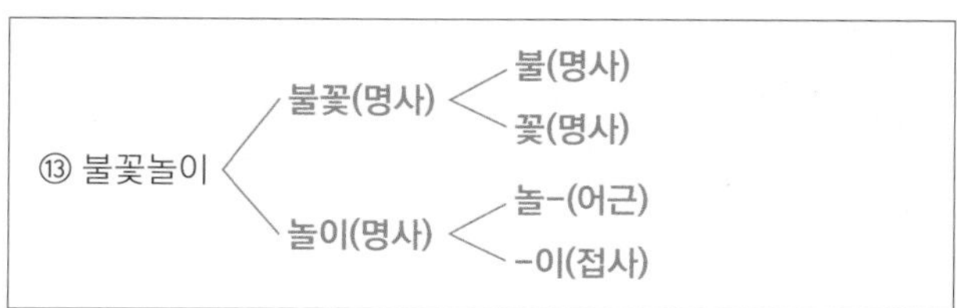

본문 | 118쪽

단어 43강 어미와 파생 접미사의 구별

레인보우 리뷰

① 명사
② 품사, 동사, 형용사
③ -(으)ㅁ, -기
④ 종결, 연결, 전성
⑤ 용, 서술, 명, 관형, 부, 성질
⑥ 품사, 구조
⑦ 접두, 접미
⑧ 명사, 전성, 파생 접미
⑨ 명사, 용, 가변, 활용
⑩ 어근
⑪ 지배, 있
⑫ 명, 불변
⑬ 어미, 접사
⑭ 어미, 접사

개념 마스터

1

① ㉠기쁨이 찾아와서 나는 지금 매우 ㉡기쁨.					
유형	어근	접사	어간	어미	품사
㉠	기쁘-	-ㅁ			명사
㉡			기쁘-	-ㅁ	형용사

② 철수야, 문제 풀 때 ㉠보기 꼭 ㉡보기! 잊지 마!					
유형	어근	접사	어간	어미	품사
㉠	보-	-기			명사
㉡			보-	-기	동사

③ ㉠뽑기를 할 때는 집중해서 ㉡뽑기.					
유형	어근	접사	어간	어미	품사
㉠	뽑-	-기			명사
㉡			뽑-	-기	동사

④ ㉠걸음을 ㉡걸음은 건강하다는 증표이다.					
유형	어근	접사	어간	어미	품사
㉠	걷-	-음			명사
㉡			걷-	-음	동사

⑤ ㉠춤을 ㉡춤에 있어 가장 필요한 것은 열정이다.					
유형	어근	접사	어간	어미	품사
㉠	추-	-ㅁ			명사
㉡			추-	-ㅁ	동사

⑥ ㉠얼음이 ㉡얼음을 보니 이제야 겨울이라는 확신이 든다.					
유형	어근	접사	어간	어미	품사
㉠	얼-	-음			명사
㉡			얼-	-음	동사

⑦ ㉠달리기는 건강에 좋아. 오늘부터 나랑 같이 매일 ㉡달리기야.					
유형	어근	접사	어간	어미	품사
㉠	달리-	-기			명사
㉡			달리-	-기	동사

⑧ ㉠믿음이란 먼저 그를 ㉡믿음으로 시작하는 거야.					
유형	어근	접사	어간	어미	품사
㉠	믿-	-음			명사
㉡			믿-	-음	동사

⑨ ㉠앎을 얻기 위해서는 먼저 자신의 무지를 ㉡앎이 중요하다.					
유형	어근	접사	어간	어미	품사
㉠	알-	-ㅁ			명사
㉡			알-	-ㅁ	동사

본문 | 120쪽

단어 44강 화석으로 남은 접사들

레인보우 리뷰

① 시간
② 현, 과거, 화, 상
③ 시간
④ 시대, 현

개념 마스터

1

① 모가지		
어근	접사	품사
목	-아지	명사

② 마중		
어근	접사	품사
맞-	-웅	명사

③ 도로		
어근	접사	품사
돌-	-오	부사

④ 배웅		
어근	접사	품사
배(바래)-	-웅	명사

⑤ 무덤		
어근	접사	품사
묻-	-엄	명사

⑥ 차마		
어근	접사	품사
참-	-아	부사

⑦ 주검		
어근	접사	품사
죽-	-엄	명사

⑧ 마개		
어근	접사	품사
막-	-애	명사

⑨ 너무		
어근	접사	품사
넘-	-우	부사

⑩ 빨래		
어근	접사	품사
빨-	-애	명사

⑪ 마감		
어근	접사	품사
막-	-암	명사

⑫ 얼개		
어근	접사	품사
얽-	-애	명사

⑬ 마주		
어근	접사	품사
맞-	-우	부사

⑭ 이파리		
어근	접사	품사
잎	-아리	명사

⑮ 무르팍		
어근	접사	품사
무릎	-악	명사

⑯ 꼬락서니		
어근	접사	품사
꼴	-악서니	명사

⑰ 자주		
어근	접사	품사
잦-	-우	부사

⑱ 바투		
어근	접사	품사
밭-	-우	부사

단어 45강 접사 총정리

레인보우 리뷰

① 자립, 어근　② 체언
③ 불변

개념 마스터

1

① 그녀는 언제나 강의실 맨 구석에 앉았다.		
의미	관형사 어근	접사
더 할 수 없는 정도	○	

② 이 날씨에 맨다리면 안 춥니?		
의미	관형사 어근	접사
다른 것이 없는		○

③ 그녀는 강의가 끝나면 맨 먼저 강의실을 빠져나갔다.		
의미	관형사 어근	접사
더 할 수 없는 정도	○	

④ 맨땅에 헤딩한 셈이로구나.		
의미	관형사 어근	접사
다른 것이 없는		○

⑤ 새해 복 많이 받으세요.		
의미	관형사 어근	접사
처음	○	

⑥ 하늘이 참 새파랗네.		
의미	관형사 어근	접사
짙고 선명하게		○

⑦ 새집으로 이사를 오니 여러모로 참 좋네요.		
의미	관형사 어근	접사
처음	○	

⑧ 딸기가 진짜 새빨갛구나.		
의미	관형사 어근	접사
짙고 선명하게		○

⑨ 겨울이 되니 군고구마가 생각난다.		
의미	용언의 활용형	접사
구운	○	

⑩ 철수는 군말이 너무 많아.		
의미	용언의 활용형	접사
쓸데없는		○

⑪ 엄마가 군것질 그만하라고 했지?		
의미	용언의 활용형	접사
쓸데없는		○

⑫ 우리 아내는 군밤을 정말 좋아한다.		
의미	용언의 활용형	접사
구운	○	

⑬ 이보게, 젊은이. 부디 청춘을 낭비하지 말게.		
의미	명사 어근	접사
사람	○	

⑭ 저 예쁜 젖먹이를 어떻게 떼어 놓을 수 있지?		
의미	명사 어근	접사
사람		○

2 ㉠: 접미사　　㉡: 의존 명사
㉢: 보조사

3 ① 장이　　② 장이
③ 쟁이　　④ 쟁이
⑤ 쟁이　　⑥ 장이
⑦ 쟁이　　⑧ 쟁이
⑨ 장이　　⑩ 쟁이

본문 | 124쪽

단어 46강 형태소의 개념

레인보우 리뷰

① 자립, 분리　　② 의미, 크기
③ 의미, 작은　　④ 의미
⑤ 한자어　　⑥ 어, 미, 접, 사

개념 마스터

1

분석 단위	① 철수가 갑자기 화를 냈다.
형태소	철수/가/갑자기/화/를/내/었/다
어간, 어미	내-, -었-, -다
어근, 접사	내-

분석 단위	② 자네도 밥 한술 들게.
형태소	자네/도/밥/한/술/들/게
어간, 어미	들-, -게
어근, 접사	들-

분석 단위	③ 엄마 말씀에 가슴이 뭉클했다.
형태소	엄마/말씀/에/가슴/이/뭉클/하/았/다
어간, 어미	뭉클하-, -았-, -다
어근, 접사	뭉클, -하-

분석 단위	④ 아침에 나를 꼭 깨워라.
형태소	아침/에/나/를/꼭/깨/우/어라
어간, 어미	깨우-, -어라
어근, 접사	깨-, -우-

분석 단위	⑤ 두 손 가득 초콜릿을 챙겼어.
형태소	두/손/가득/초콜릿/을/챙기/었/어
어간, 어미	챙기-, -었-, -어
어근, 접사	챙기-

분석 단위	⑥ 아버지께서 방에 들어가신다.
형태소	아버지/께서/방/에/들/어/가/시/ㄴ/다
어간, 어미	들어가-, -시-, -ㄴ-, -다
어근, 접사	들-, 가-

분석 단위	⑦ 철수가 그때보다 훨씬 잘 달린다.
형태소	철수/가/그/때/보다/훨씬/잘/달리/ㄴ/다
어간, 어미	달리-, -ㄴ-, -다
어근, 접사	달리-

분석 단위	⑧ 우리 집 셋째는 목소리가 좋아.
형태소	우리/집/셋/째/는/목/소리/가/좋/아
어간, 어미	좋-, -아
어근, 접사	좋-

분석 단위	⑨ 저는 여기서 늘 마스크를 씁니다.
형태소	저/는/여기/서/늘/마스크/를/쓰/ㅂ니다
어간, 어미	쓰-, -ㅂ니다
어근, 접사	쓰-

분석 단위	⑩ 나비가 거미에게 잡아먹혔어.
형태소	나비/가/거미/에게/잡/아/먹/히/었/어
어간, 어미	잡아먹히-, -었-, -어
어근, 접사	잡-, 먹-, -히-

분석 단위	⑪ 싸우는 철수를 겨우 말렸다.
형태소	싸우/는/철수/를/겨우/말리/었/다
어간, 어미	말리-, -었-, -다
어근, 접사	말리-

본문 | 126쪽

단어 47강 형태소의 종류

레인보우 리뷰

① 의미, 작은 ② 자립, 의존
③ 자립, 단일 ④ 의존, 결합
⑤ 실질, 형식 ⑥ 실질, 어휘
⑦ 형식, 형식, 문법

개념 마스터

1

자립성 유무	자립 형태소	감탄사, 관형사, 부사, 명사, 대명사, 수사
	의존 형태소	조사, 어간, 어미, 접사
실질적 의미 유무	실질 형태소	감탄사, 관형사, 부사, 명사, 대명사, 수사, 어간
	형식 형태소	조사, 어미, 접사

	자립 형태소	의존 형태소
실질 형태소	감탄사, 관형사, 부사 명사, 대명사, 수사	어간
형식 형태소		조사, 어미, 접사

2

항목	① 우리나라의 가을은 참 아름답다.
형태소	우리, 나라, 의, 가을, 은, 참, 아름, 답, 다
조사	의, 은
어간, 어미	아름답, 다
어근, 접사	우리, 나라, 가을, 참, 아름, 답

자립	우리, 나라, 가을, 참	의존	의, 은, 아름, 답, 다
실질	우리, 나라, 가을, 참, 아름	형식	의, 은, 답, 다

항목	② 오는 가을에 봐.
형태소	오, 는, 가을, 에, 보, 아
조사	에
어간, 어미	오, 는, 보, 아
어근, 접사	오, 가을, 보

자립	가을	의존	오, 는, 에, 보, 아
실질	오, 가을, 보	형식	는, 에, 아

항목	③ 오늘 저녁에 갈치 두 마리만 굽거라.
형태소	오늘, 저녁, 에, 갈치, 두, 마리, 만, 굽, 거라
조사	에, 만
어간, 어미	굽, 거라
어근, 접사	오늘, 저녁, 갈치, 두, 마리, 굽

자립	오늘, 저녁, 갈치, 두, 마리	의존	에, 만, 굽, 거라
실질	오늘, 저녁, 갈치, 두, 마리, 굽	형식	에, 만, 거라

항목	④ 팥빵을 세 개나 먹었어요.
형태소	팥, 빵, 을, 세, 개, 나, 먹, 었, 어, 요
조사	을, 나, 요
어간, 어미	먹, 었, 어
어근, 접사	팥, 빵, 세, 개, 먹

자립	팥, 빵, 세, 개	의존	을, 나, 먹, 었, 어, 요
실질	팥, 빵, 세, 개, 먹	형식	을, 나, 었, 어, 요

항목	⑤ 개는 늑대와 비슷하게 생겼다.
형태소	개, 는, 늑대, 와, 비슷, 하, 게, 생기, 었, 다
조사	는, 와
어간, 어미	비슷하, 게, 생기, 었, 다
어근, 접사	개, 늑대, 비슷, 하, 생기

자립	개, 늑대	의존	는, 와, 비슷, 하, 게, 생기, 었, 다
실질	개, 늑대, 비슷, 생기	형식	는, 와, 하, 게, 었, 다

항목	⑥ 나는 우리 반이 자랑스러워.
형태소	나, 는, 우리, 반, 이, 자랑, 스럽, 어
조사	는, 이
어간, 어미	자랑스럽, 어
어근, 접사	나, 우리, 반, 자랑, 스럽

자립	나, 우리, 반, 자랑	의존	는, 이, 스럽, 어
실질	나, 우리, 반, 자랑	형식	는, 이, 스럽, 어

항목	⑦ 철수는 창을 열었다.
형태소	철수, 는, 창, 을, 열, 었, 다
조사	는, 을
어간, 어미	열, 었, 다
어근, 접사	철수, 창, 열

자립	철수, 창	의존	는, 을, 열, 었, 다
실질	철수, 창, 열	형식	는, 을, 었, 다

항목	⑧ 철수는 책을 읽었다.
형태소	철수, 는, 책, 을, 읽, 었, 다
조사	는, 을
어간, 어미	읽, 었, 다
어근, 접사	철수, 책, 읽

자립	철수, 책	의존	는, 을, 읽, 었, 다
실질	철수, 책, 읽	형식	는, 을, 었, 다

항목	⑨ 그는 못 이기는 척 자리에 앉았다.
형태소	그, 는, 못, 이기, 는, 척, 자리, 에, 앉, 았, 다
조사	는, 에
어간, 어미	이기, 는, 앉, 았, 다
어근, 접사	그, 못, 이기, 척, 자리, 앉

자립	그, 못, 척, 자리	의존	는, 이기, 는, 에, 앉, 았, 다
실질	그, 못, 이기, 척, 자리, 앉	형식	는, 는, 에, 았, 다

항목	⑩ 난 바다가 보이는 자리가 좋아.
형태소	나, 는, 바다, 가, 보, 이, 는, 자리, 가, 좋, 아
조사	는, 가, 가
어간, 어미	보이, 는, 좋, 아
어근, 접사	나, 바다, 보, 이, 자리, 좋

자립	나, 바다, 자리	의존	는, 가, 보, 이, 는, 가, 좋, 아
실질	나, 바다, 보, 자리, 좋	형식	는, 가, 이, 는, 가, 아

항목	⑪ 우리 가게에 놀러 와.
형태소	우리, 가게, 에, 놀, 러, 오, 아
조사	에
어간, 어미	놀, 러, 오, 아
어근, 접사	우리, 가게, 놀, 오

자립	우리, 가게	의존	에, 놀, 러, 오, 아
실질	우리, 가게, 놀, 오	형식	에, 러, 아

항목	⑫ 고래에게 먹혔다.
형태소	고래, 에게, 먹, 히, 었, 다
조사	에게
어간, 어미	먹히, 었, 다
어근, 접사	고래, 먹, 히

자립	고래	의존	에게, 먹, 히, 었, 다
실질	고래, 먹	형식	에게, 히, 었, 다

항목	⑬ 아이 혼자서 집을 지키고 있다.
형태소	아이, 혼자, 서, 집, 을, 지키, 고, 있, 다
조사	서, 을
어간, 어미	지키, 고, 있, 다
어근, 접사	아이, 혼자, 집, 지키, 있

자립	아이, 혼자, 집	의존	서, 을, 지키, 고, 있, 다
실질	아이, 혼자, 집, 지키, 있	형식	서, 을, 고, 다

항목	⑭ 너 같은 풋내기는 우습지.
형태소	너, 같, 은, 풋, 내기, 는, 우습, 지
조사	는
어간, 어미	같, 은, 우습, 지
어근, 접사	너, 같, 풋, 내기, 우습

자립	너	의존	같, 은, 풋, 내기, 는, 우습, 지
실질	너, 같, 우습	형식	은, 풋, 내기, 는, 지

항목	⑮ 남에게 베풂을 아끼지 말라.
형태소	남, 에게, 베풀, ㅁ, 을, 아끼, 지, 말, 라
조사	에게, 을
어간, 어미	베풀, ㅁ, 아끼, 지, 말, 라
어근, 접사	남, 베풀, 아끼, 말

자립	남	의존	에게, 베풀, ㅁ, 을, 아끼, 지, 말, 라
실질	남, 베풀, 아끼, 말	형식	에게, ㅁ, 을, 지, 라

본문 | 130쪽

단어 48강 유일 형태소와 이형태

레인보우 리뷰

① 의미, 작은
② 자립, 의존
③ 실질, 형식
④ 유일
⑤ 미, 능, 양, 짝
⑥ 음운, 모양
⑦ 형태소, 모양

개념 마스터

1

어근	단어
부슬	부슬비
아름-	아름답다
착-	착하다
오솔-	오솔길, 오솔하다
을씨년-	을씨년스럽다
감쪽-	감쪽같다(형용사), 감쪽같이(부사)
느닷-	느닷없다(형용사), 느닷없이(부사)
득달-	득달같다(형용사), 득달같이(부사)

2

① 보조사: 은, 는	
기린(은) 풀을 뜯는다.	하마(는) 헤엄을 친다.
모자(는) 멋지다.	신발(은) 멋지다.
앞 음절의 받침 유무에 따라	

② 목적격 조사: 을, 를	
기린이 나뭇가지(를) 뜯는다.	하마가 헤엄(을) 친다.
철수가 모자(를) 잃어버렸다.	철수가 신발(을) 잃어버렸다.
앞 음절의 받침 유무에 따라	

③ 과거 시제 선어말 어미: -았-, -었-	
갈매기가 창공을 날(았)다.	엄마가 빨래를 널(었)다.
철수가 교복을 벗(었)다.	철수가 용돈을 받(았)다.
앞 음절의 모음이 양성, 음성인지에 따라	

④ 명령형 종결 어미: -아라, -어라	
창공을 훨훨 날(아라).	빨래를 널(어라).
철수야, 교복을 벗(어라).	옜다, 용돈 받(아라).
앞 음절의 모음이 양성, 음성인지에 따라	

⑤ 연결 어미: -아, -어	
하늘을 높이 날(아) 보았다.	방문을 살짝 열(어) 보았다.
훨훨 하늘 높이 날(아)올라라.	조심스럽게 뛰(어)내렸다.
앞 음절의 모음이 양성, 음성인지에 따라	

⑥ 어간: 굽-, 구-, 덥-, 더-	
고구마는 (구)워서 먹자.	감자는 바싹하게 (굽)자.
어휴, (더)워라.	오늘 왜 이렇게 (덥)지?
뒤 음절의 시작이 자음, 모음인지에 따라	

⑦ 어간: 듣-, 들-, 싣-, 실-	
잠자코 (들)어 봐.	잠자코 (듣)자.
가방은 여기에 (싣)자.	가방은 여기에 (실)어.
뒤 음절의 시작이 자음, 모음인지에 따라	

⑧ 대명사: 나, 내	
(나)는 지금 졸리다.	(내)가 바로 전화할게.
(내)가 안 먹었는데?	(나)도 그건 모르겠어.
주격 조사 '가'의 결합 유무에 따라	

⑨ 부사격 조사: 에, 에게	
철수(에게) 이것 좀 전해 줘.	시청(에) 이것 좀 제출해 줘.
철수(에게) 이 노래를 띄웁니다.	우체국(에) 들렀다가 갈게.
결합하는 대상이 유정물, 무정물인지에 따라	

본문 | 133쪽

단어 49강 단어의 의미 관계

레인보우 리뷰

① 개념　② 연상, 연상
③ 사전　④ 유, 반, 하, 음이의, 의
⑤ 유의　⑥ 의미
⑦ 반의　⑧ 자질
⑨ 상하, 상위, 하위　⑩ 상대
⑪ 반, 괄, 별, 체　⑫ 동음이의
⑬ 다의

개념 마스터

1 ① 유의 관계　② 상하 관계　③ 반의 관계
④ 상하 관계　⑤ 상하 관계　⑥ 유의 관계
⑦ 유의 관계　⑧ 반의 관계　⑨ 유의 관계
⑩ 유의 관계　⑪ 상하 관계　⑫ 유의 관계
⑬ 상하 관계　⑭ 유의 관계　⑮ 상하 관계
⑯ 반의 관계　⑰ 반의 관계　⑱ 유의 관계
⑲ 반의 관계　⑳ 유의 관계　㉑ 반의 관계
㉒ 유의 관계　㉓ 상하 관계　㉔ 유의 관계
㉕ 반의 관계　㉖ 반의 관계　㉗ 반의 관계

2

①	중심 의미
장마가 오기 전에 **홍수**에 대비해야 한다.	○
우리는 정보의 **홍수** 시대를 살고 있다.	

②	중심 의미
그는 **발**이 진짜 크다.	○
그는 **발**이 진짜 넓다.	

③	중심 의미
문학계의 큰 **별**이 지고 말았다.	
오늘따라 밤하늘의 **별**이 유난히 밝다.	○

④	중심 의미
그는 한민족의 **뿌리**를 찾고자 연구했다.	
잡초는 **뿌리**까지 완전히 제거해야 한다.	○

⑤	중심 의미
철수는 겁을 잔뜩 **먹었다.**	
철수는 저녁을 맛있게 **먹었다.**	○

⑥	중심 의미
그녀가 **눈**을 살짝 감았다.	○
그녀는 보는 **눈**이 정확하다.	

⑦	중심 의미
너는 **다리**가 길어서 좋겠다.	○
책상 **다리**가 생각보다 짧다.	

⑧	중심 의미
긴 밤 지새우고 풀잎마다 맺힌 아침 **이슬**처럼.	○
그녀의 눈가에 **이슬**이 촉촉이 맺혔다.	

3 ① 요리　② 바느질
③ 발효　④ 전통(민속)

본문 | 137쪽

단어 51강 품사의 통용

레인보우 리뷰

① 복수, 품사　② 의미, 의미

개념 마스터

1 ① 명사　② 부사　③ 명사
④ 부사　⑤ 부사　⑥ 명사
⑦ 부사　⑧ 명사　⑨ 명사
⑩ 부사　⑪ 명사　⑫ 조사
⑬ 조사　⑭ 명사　⑮ 명사
⑯ 조사　⑰ 수사　⑱ 관형사
⑲ 명사　⑳ 명사　㉑ 품사 없음(또는 어미)
㉒ 형용사　㉓ 부사　㉔ 조사
㉕ 조사　㉖ 명사+조사　㉗ 대명사
㉘ 관형사　㉙ 부사　㉚ 조사

PART Ⅱ • 문장

본문 | 141쪽

문장 1강 문장의 개념 · 요건 · 골격

레인보우 리뷰

① 사소통, 소　② 의, 구, 형
③ 의미　④ 구성
⑤ 형식　⑥ 소형
⑦ 동사, 형용사, 체언, 서술격 조사

개념 마스터

1 ① 의미상 요건, 구성상 요건, 형식상 요건
② 형식상 요건
③ 의미상 요건, 구성상 요건
④ 구성상 요건

2 ① ㄴ　② ㄱ
③ ㄱ　④ ㄴ
⑤ ㄷ　⑥ ㄴ
⑦ ㄱ　⑧ ㄱ
⑨ ㄴ　⑩ ㄱ
⑪ ㄱ　⑫ ㄴ
⑬ ㄱ　⑭ ㄱ
⑮ ㄱ　⑯ ㄷ
⑰ ㄱ　⑱ ㄱ
⑲ ㄱ　⑳ ㄷ

본문 | 143쪽

문장 2강 문장의 구성 단위

레인보우 리뷰

① 어절　② 문장 성분
③ 띄어쓰기　④ 사, 간, 미, 사
⑤ 두　⑥ 문장 성분
⑦ 주어, 서술어　⑧ 명, 동, 형용, 관형, 부
⑨ 두　⑩ 주어, 서술어
⑪ 종결　⑫ 문장 성분
⑬ 어절

개념 마스터

1 ① 한라산이/가장/높다.
② 철수가/늦게까지/공부를/하였다.
③ 교육부가/사상/최초로/온라인/개학을/실시하였다.
④ 철수는/인성이/참/좋다.
⑤ 철수는/성실한/학생이다.
⑥ 철수는/일찍/일어난/김에/산책을/하러/나갔다.
⑦ 서울에/올라온/지/벌써/3년이/지났다.
⑧ 선생님께서/우리들에게/칭찬을/해/주셨다.
⑨ 나는/건조한/방이/싫어.
⑩ 나는/세수도/못/한/채로/등교했다.
⑪ 선생님께서/학교를/그만두셨다.
⑫ 가습기가/있으니/호흡이/편하다.
⑬ 우리/아들이/이번에/수석을/했어.
⑭ 철수는/조용히/공부할/따름이었다.
⑮ 철수는/먹을/것을/찾았다.

2 ① 구　② 절
③ 구　④ 구
⑤ 절　⑥ 구
⑦ 구　⑧ 절
⑨ 구

본문 | 145쪽

문장 3강 문장 성분의 개념과 종류

레인보우 리뷰

① 문장 성분　② 주, 필수
③ 주, 서술, 목적, 보　④ 부속, 수의, 수식
⑤ 생략　⑥ 관형어, 부사어
⑦ 독립, 직접　⑧ 독립어
⑨ 주술목보관부독

개념 마스터

1 ① 철수는 잃어버린 핸드폰을 찾았다.
② 철수는 조용히 공부를 하였다.
③ 철수는 조용히 공부하였다.
④ 철수는 천재가 아니다.
⑤ 철수는 항상 부지런한 노력파이다.
⑥ 독서는 사람을 지혜롭게 만든다.
⑦ 철수는 절대 마피아가 아니다.
⑧ 물이 얼음으로 되었다.

⑨ 얼음이 물로 변하였다.
⑩ 철수가 나에게 갑자기 화를 냈다.
⑪ 대한민국은 고요한 아침의 나라이다.
⑫ 철수는 가족들 중에서 가장 크다.
⑬ 엄마는 나를 정말로 사랑하신다.
⑭ 나는 저녁마다 반드시 운동을 한다.
⑮ 야자 시간에 철수는 괜히 들떴다.
⑯ 결국 철수는 대학생이 되었다.
⑰ 그리고 철수는 바로 입대를 했다.
⑱ 나는 한동안 집에서 지냈다.
⑲ 나는 어젯밤에 개꿈을 꾸었다.
⑳ 요즘에 허리가 찌뿌둥하다.

2 ① 철수는 잃어버린 핸드폰을 찾았다.
② 철수는 조용히 공부를 하였다.
③ 철수는 조용히 공부하였다.
④ 없음
⑤ 철수는 항상 부지런한 노력파이다.
⑥ 독서는 사람을 지혜롭게 만든다.
⑦ 철수는 절대 마피아가 아니다.
⑧ 물이 얼음으로 되었다.
⑨ 얼음이 물로 변하였다.
⑩ 철수가 나에게 갑자기 화를 냈다.
⑪ 대한민국은 고요한 아침의 나라이다.
⑫ 철수는 가족들 중에서 가장 크다.
⑬ 엄마는 나를 정말로 사랑하신다.
⑭ 나는 저녁마다 반드시 운동을 한다.
⑮ 야자 시간에 철수는 괜히 들떴다.
⑯ 결국 철수는 대학생이 되었다.
⑰ 그리고 철수는 바로 입대를 했다.
⑱ 나는 한동안 집에서 지냈다.
⑲ 나는 어젯밤에 개꿈을 꾸었다.
⑳ 요즘에 허리가 찌뿌둥하다.

3 ① 후유, 다행이야.
② 음, 난 잘 모르겠는데?
③ 사랑, 나도 잘 모르겠다.
④ 철수야, 엄마 말 안 들리니?
⑤ 아니요, 글쎄 아니라니까요.
⑥ 하하, 말 같지도 않은 소리하고 있네.

본문 | 147쪽

레인보우 리뷰

① 이, 가, 께서, 에서, 서
② 서술어, 주체
③ 체언, 주격 조사
④ 께서, 께서, 주체
⑤ 에서
⑥ 주, 부사
⑦ 체언, 조사, 보조사, 체언, 주격, 보조사
⑧ 체언, 주격, 생략, 보조사, 체언, 보조사
⑨ 체언, 주격, 주격
⑩ 무엇이
⑪ 동사, 형용사, 체언, 서술격 조사

개념 마스터

1 ① 철수가 잃어버린 핸드폰을 찾았다. (㉠)
② 철수도 조용히 공부를 하였다. (㉡)
③ 할아버지께서 시골에서 올라오셨다. (㉠)
④ 철수가 공모전에서 우승했다. (㉠)
⑤ 어제 철수 학교에 안 왔어. (㉣)
⑥ 독서는 사람을 지혜롭게 만든다. (㉡)
⑦ 정부에서 각종 복지 정책을 발표하였다. (㉠)
⑧ 물이 얼음이 되었다. (㉠)
⑨ 영국에서도 백신을 접종하기 시작했다. (㉢)
⑩ 철수가 나에게 갑자기 화를 냈다. (㉠)
⑪ 대한민국에서 최초로 백신을 개발하였다. (㉠)
⑫ 철수 도서관에 있던데? (㉣)
⑬ 엄마가 너를 한번 데리고 오라고 하셨어. (㉠)
⑭ 할머니께서는 많이 편찮으시다. (㉢)
⑮ 야자 시간에 철수는 혼자 떠들었다. (㉡)
⑯ 결국 혼자서 집을 나섰다. (㉠)
⑰ 학교에서 가정통신문을 발송하였다. (㉠)
⑱ 철수는 한동안 집에서 지냈다. (㉡)
⑲ 오랜만에 철수가 내게 연락을 해 왔다. (㉠)
⑳ 요즘에 허리가 찌뿌둥하다. (㉠)

2 ① ㉠ ② ㉡
③ ㉢ ④ ㉣
⑤ ㉠

문장 5강 서술어

본문 | 149쪽

레인보우 리뷰

① 주체, 이, 설 ② 어간, 결
③ 어간, 결 ④ 체언, 서술
⑤ 이다 ⑥ 본, 보조
⑦ 서술절 ⑧ 주술목보관부독

개념 마스터

1 ① 영희가 환하게 웃는다. (㉠)
② 철수는 밥을 먹고(㉡) 다시 독서실에 갔다. (㉠)
③ 형은 대학생이다. (㉢)
④ 그 책은 내가 치워 버렸어. (㉣)
⑤ 아기가 너무 예쁘구나. (㉠)
⑥ 여기가 우리 학교야. (㉢)
⑦ 철수는 지금 뭘 하니? (㉠)
⑧ 지금 철수는 공부를 하고 있다. (㉣)
⑨ 철수는 지금 매우 진지하다. (㉠)
⑩ 산이 높고(㉡) 물도 맑구나. (㉠)
⑪ 철수는 책을 보며(㉡) 영희를 기다렸다. (㉠)
⑫ 빨리 학교에 가고 싶다. (㉣)
⑬ 뒷동산이 꽤 높구나. (㉠)
⑭ 이 방이 저만의 서재입니다. (㉢)
⑮ 철수야, 이제 그만 책을 펼쳐라. (㉠)
⑯ 공원이 참 한적하고(㉡) 좋다. (㉠)
⑰ 철수는 머리가 좋아. (㉤)
⑱ 철수가 범인이지? (㉢)
⑲ 커피는 내가 마시지 않았어요. (㉣)
⑳ 저 강아지는 꼬리가 기네. (㉤)

2 ① 관형사형 전성 어미 ② 현재 시제 선어말 어미
③ 해당 없음(보조사) ④ 관형사형 전성 어미
⑤ 관형사형 전성 어미 ⑥ 현재 시제 선어말 어미
⑦ 해당 없음(보조사)

문장 6강 서술어의 자릿수

본문 | 151쪽

레인보우 리뷰

① 목적어 ② 주어, 목적어
③ 목적어 ④ 종류, 개수
⑤ 자릿수 ⑥ 주어
⑦ 목적어, 보어, 필수적 부사어 ⑧ 되다, 아니다
⑨ 관형어, 부사어, 수의 ⑩ 필수적 부사어
⑪ 목적어, 필수적 부사어 ⑫ 자릿

개념 마스터

1

① 이모가 조카에게 옷을 아주 예쁘게 입혔다.			
성분1	성분2	성분3	자릿수
이모가	조카에게	옷을	세 자리
주어	필수적 부사어	목적어	

② 철수는 안 보던 책을 중고 장터에 팔았다.			
성분1	성분2	성분3	자릿수
철수는	책을	장터에	세 자리
주어	목적어	필수적 부사어	

③ 인생은 아침 이슬과 같다.			
성분1	성분2	성분3	자릿수
인생은	이슬과		두 자리
주어	필수적 부사어		

④ 왕은 그를 자신의 친구로 삼았다.			
성분1	성분2	성분3	자릿수
왕은	그를	친구로	세 자리
주어	목적어	필수적 부사어	

⑤ 철수는 선생님께 편지를 부쳤다.			
성분1	성분2	성분3	자릿수
철수는	선생님께	편지를	세 자리
주어	필수적 부사어	목적어	

⑥ 주방에서 진짜 맛있는 냄새가 난다.			
성분1	성분2	성분3	자릿수
냄새가			한 자리
주어			

⑦ 철수는 앨범을 책꽂이에 두었다.			
성분1	성분2	성분3	자릿수
철수는	앨범을	책꽂이에	세 자리
주어	목적어	필수적 부사어	

⑧ 어제 철수는 국어 문제집을 영희에게 빌렸다.

성분1	성분2	성분3	자릿수
철수는	문제집을	영희에게	세 자리
주어	목적어	필수적 부사어	

⑨ 나는 오늘 주번이 아니야.

성분1	성분2	성분3	자릿수
나는	주번이		두 자리
주어	보어		

⑩ 저는 이 노래를 아내에게 바치겠습니다.

성분1	성분2	성분3	자릿수
저는	노래를	아내에게	세 자리
주어	목적어	필수적 부사어	

⑪ 사람들이 개울에 다리를 놓았다.

성분1	성분2	성분3	자릿수
사람들이	개울에	다리를	세 자리
주어	필수적 부사어	목적어	

⑫ 꽃이 참 예쁘게도 피었네.

성분1	성분2	성분3	자릿수
꽃이			한 자리
주어			

⑬ 그는 있는 힘껏 강속구를 포수에게 던졌다.

성분1	성분2	성분3	자릿수
그는	강속구를	포수에게	세 자리
주어	목적어	필수적 부사어	

⑭ 철수는 풍랑을 만났다.

성분1	성분2	성분3	자릿수
철수는	풍랑을		두 자리
주어	목적어		

⑮ 그 강사가 고장난 마이크를 스태프에게 건넸다.

성분1	성분2	성분3	자릿수
강사가	마이크를	스태프에게	세 자리
주어	목적어	필수적 부사어	

⑯ 올해도 철수는 영희에게 생일 축하 선물을 받았다.

성분1	성분2	성분3	자릿수
철수는	영희에게	선물을	세 자리
주어	필수적 부사어	목적어	

⑰ 철수는 결국 학급 반장이 되었다.

성분1	성분2	성분3	자릿수
철수는	반장이		두 자리
주어	보어		

⑱ 철수는 휴대폰을 선생님께 맡겼다.

성분1	성분2	성분3	자릿수
철수는	휴대폰을	선생님께	세 자리
주어	목적어	필수적 부사어	

⑲ 결국 영희는 철수와 결혼했다.

성분1	성분2	성분3	자릿수
영희는	철수와		두 자리
주어	필수적 부사어		

⑳ 삼촌께서는 예전부터 철수를 양아들로 여기셨다.

성분1	성분2	성분3	자릿수
삼촌께서는	철수를	양아들로	세 자리
주어	목적어	필수적 부사어	

㉑ 철수는 마지막으로 우표를 봉투에 붙였다.

성분1	성분2	성분3	자릿수
철수는	우표를	봉투에	세 자리
주어	목적어	필수적 부사어	

㉒ 방이 매우 밝다.

성분1	성분2	성분3	자릿수
방이			한 자리
주어			

㉓ 내 동생이 돈 계산에 밝다.

성분1	성분2	성분3	자릿수
동생이	계산에		두 자리
주어	필수적 부사어		

㉔ 시계가 방금 멈췄다.

성분1	성분2	성분3	자릿수
시계가			한 자리
주어			

㉕ 철수가 버스를 멈췄다.

성분1	성분2	성분3	자릿수
철수가	버스를		두 자리
주어	목적어		

㉖ 드디어 기차가 움직였다.

성분1	성분2	성분3	자릿수
기차가			한 자리
주어			

㉗ 철수가 내 마음을 움직였다.

성분1	성분2	성분3	자릿수
철수가	마음을		두 자리
주어	목적어		

㉘ 드디어 눈이 그쳤다.

성분1	성분2	성분3	자릿수
눈이			한 자리
주어			

㉙ 철수가 눈물을 그쳤다.

성분1	성분2	성분3	자릿수
철수가	눈물을		두 자리
주어	목적어		

㉚ 철수가 심하게 다쳤다.			
성분1	성분2	성분3	자릿수
철수가			한 자리
주어			

본문 | 154쪽

문장 7강 목적어

레인보우 리뷰

① 타, 서술어, 타　② 을, 를
③ 체언, 목적격 조사, 목적격 조사, 보
④ 보조사, 체언, 목적격 조사　⑤ 목적격 조사

개념 마스터

1 ① 철수는 아직도 그녈 잊지 못하고 있다. (㉠)
② 철수는 라면도 끓였다. (㉡)
③ 철수가 드디어 문법을 끝냈다. (㉠)
④ 선생님은 방학만을 기다리셨다. (㉢)
⑤ 영희야, 비빔밥 먹을래? (㉣)
⑥ 나는 오직 영희만 좋아해. (㉡)
⑦ 어머니는 월급날만을 손꼽아 기다리셨다. (㉢)
⑧ 철수는 언제나 급식을 애타게 기다린다. (㉠)
⑨ 나도 그 영화 봤어. (㉣)
⑩ 대통령은 그를 장관으로 임명했다. (㉠)
⑪ 나는 영수 잘 모르는데? (㉣)
⑫ 나는 어제 그를 만났다. (㉠)
⑬ 철수가 빌려 갔던 책을 돌려주었다. (㉠)
⑭ 철수는 너무 아파서 죽마저 삼키지 못했다. (㉡)
⑮ 민수는 종일 수학만을 붙잡고 있었다. (㉢)
⑯ 철수는 열정이 넘치는 교사를 꿈꾼다. (㉠)
⑰ 너는 여태까지 무엇을 하다 왔니? (㉠)
⑱ 그녀는 무슨 일이 있어도 고기는 안 먹는다. (㉡)
⑲ 엄마가 우유를 냉장고에서 꺼내 주셨다. (㉠)
⑳ 아빠는 엄마만을 사랑하신다. (㉢)

본문 | 156쪽

문장 8강 보어

레인보우 리뷰

① 되다, 아니다　② 주어, 서술어, 보충
③ 이, 가　④ 주격
⑤ 체언, 보격 조사, 보격 조사　⑥ 보조사, 체언, 보격 조사
⑦ 앞, 앞

개념 마스터

1 ① 철수는 재학생이 아니다. (㉠)
② 영희는 아직 장교는 아니다. (㉡)
③ 철수는 대학생이 되었다. (㉠)
④ 지금 문제가 그것만이 아니야. (㉢)
⑤ 대한민국은 이제 개발도상국이 아니다. (㉠)
⑥ 철수도 이제 아빠가 되었구나. (㉠)
⑦ 나도 이제 어린애 아니야. (㉣)
⑧ 쟤는 범인이 아니겠지? (㉠)
⑨ 없음
⑩ 우리나라는 그토록 바라던 선진국이 되었다. (㉠)
⑪ 복수를 꿈꾸던 그는 결국 괴물이 되고 말았다. (㉠)
⑫ 없음
⑬ 바이러스에 감염된 게 철수만이 아니야. (㉢)
⑭ 빳빳한 가죽도 가방이 될 수 있다. (㉠)
⑮ 철수는 취업을 하여 직장인이 되었다. (㉠)
⑯ 철수는 결국 장학생이 되었다. (㉠)
⑰ 민심이 떠난 게 오늘 일만이 아니잖아? (㉢)
⑱ 얼음은 액체가 아니다. (㉠)
⑲ 그 강도는 인간도 아니야. (㉡)
⑳ 철수가 교사가 됐다고? (㉠)

본문 | 158쪽

문장 9강 관형어

레인보우 리뷰

① 뒤, 체언, 수식　② 관형사
③ 관형어　④ 사
⑤ 체언, 관형격 조사, 관형격 조사
⑥ 의　⑦ 어간, 전성
⑧ 서술, 전성

개념 마스터

1 ① 나의(㉡) 인생은 결국 나의 것이다. (㉡)
② 몰디브 해변을 함께 거닐고 싶어. (㉢)
③ 철수는 새 옷을 걸쳐만 보았다. (㉠)
④ 장학사가 학교 현장을 방문하였다. (㉢)
⑤ 철수가 절대 마피아일 리가 없다. (㉤)
⑥ 손흥민이 패배의 원인이 아니다. (㉡)
⑦ 바로 이것이 도시 생활이다. (㉢)
⑧ 요리 비결을 알려 줄게. (㉢)
⑨ 주모, 여기 시원한(㉣) 막걸리 한 사발 갖다 줘요. (㉠)
⑩ 첫눈이 내리니 우리(㉢) 첫 만남이 생각나네. (㉠)
⑪ 지금 눈 치우는 것을 좀 도와 다오. (㉣)
⑫ 손흥민이 영국 전역을 뒤흔들고 있다. (㉢)
⑬ 지금부터 나의 이야기를 들려줄게. (㉡)
⑭ 방금 내뱉은(㉣) 말도 결국 너의(㉡) 자랑인 거야. (㉤)
⑮ 어느 것이 정답인가요? (㉠)
⑯ 지금 이(㉠) 상태는 고장인 걸로 보입니다. (㉤)
⑰ 고요한(㉣) 아침의 나라, 대한민국. (㉡)
⑱ 다른(㉠) 사람들은 네 생각과 다르다. (㉡)
⑲ 나는 세수도 못한 채로 등교했다. (㉣)
⑳ 다섯의 사람이 서성이고 있다. (㉡)

본문 | 160쪽

문장 10강 부사어

레인보우 리뷰

① 뒤, 용언, 수식 ② 관형, 부, 전체
③ 단어, 단어, 문장, 문장 ④ 품사
⑤ 부사어 ⑥ 부사
⑦ 부사, 보조사 ⑧ 체언, 부사격 조사, 보조사
⑨ 어간, 전성
⑩ 에게, 에서, 에, 께, 로, 와, 서, 고, 라고, 하고

개념 마스터

1 ① 내일(㉠) 다시 시작합시다. (㉠)
② 우리도 좀(㉠) 더(㉠) 빠르게 진행하자. (㉤)
③ 엄청(㉠) 빨리도 먹네. (㉡)
④ 철수는 할머니께도 편지를 보냈다. (㉣)
⑤ 이제(㉠) 우리는 어디로 가나? (㉢)
⑥ 수업이 끝나면 공책 및 볼펜을 챙겨 주세요. (㉠)
⑦ 삶은 그냥 흘러가는 거야. (㉠)
⑧ 안에서(㉢) 새는 바가지 밖에서도 샌다. (㉣)
⑨ 철수가 무척이나 야위었네. (㉡)
⑩ 이 봉투는 아버지께 드려라. (㉢)
⑪ 난 문학은 힘들어. 하지만 문법은 자신 있어. (㉠)
⑫ 우리는 철수가 너무(㉠) 빨라서(㉤) 못 따라잡았어. (㉠)
⑬ 해가 중천인데 일찍도 일어났네. (㉡)
⑭ 과연 철수는 내 말을 들을까? (㉠)
⑮ 너는 아빠와도 싸우니? (㉣)
⑯ 그의 이름은 영원히(㉠) 국민들의 마음속에 남을 거야. (㉢)
⑰ 나는 겨울보다(㉢) 여름을 더 좋아한다. (㉠)
⑱ 너에게 내 마음을 띄운다. (㉢)
⑲ 야, 너하고도 끝이야. (㉣)
⑳ 아기가 잘도 잔다. (㉡)

본문 | 162쪽

문장 11강 독립어

레인보우 리뷰

① 로 ② 독립, 독립
③ 독립 ④ 체언, 호격 조사, 호격 조사
⑤ 아, 야, 이여, 이시여 ⑥ 체언

개념 마스터

1 ① 어머나, 이를 어째? (㉠)
② 철수, 너 숙제는 다 했니? (㉢)
③ 주여, 제게 왜 이런 시련을 주십니까? (㉡)
④ 청춘, 이보다 찬란한 단어가 또 있을까? (㉣)
⑤ 여보세요, 혹시 김 선생님 폰인가요? (㉠)
⑥ 그건 아, 내가 미처 몰랐네. (㉠)
⑦ 철수, 앞으로 나와서 이 문제 풀어 봐. (㉢)
⑧ 글쎄, 나도 잘 모르겠다. (㉠)
⑨ 철수야, 밥은 먹고 다니니? (㉡)
⑩ 문법, 내가 가장 좋아하는 영역이지. (㉣)
⑪ 예, 제가 김철수입니다. (㉠)
⑫ 아니요, 전 김철수가 아닙니다. (㉠)
⑬ 대학, 난 과연 합격할 수 있을까? (㉣)
⑭ 라온아, 너는 꿈이 뭐니? (㉡)
⑮ 신이여, 저에게 힘을 주소서. (㉡)
⑯ 음, 제가 안 그랬는데요? (㉠)
⑰ 대한민국, 나의 영원한 조국이여! (㉣)
⑱ 영희, 너 철수 좋아하지? (㉢)
⑲ 사랑, 영원히 변하지 않는 약속이 되길. (㉣)
⑳ 달님이시여, 높이 떠올라 멀리 비춰 주소서. (㉡)

문장 12강 홑문장과 겹문장

본문 | 164쪽

레인보우 리뷰

① 주어, 서술어, 한 ② 주어, 서술어, 두
③ 안은, 이어진
④ 서술, 동사, 형용사, 체언, 이다 ⑤ 절, 문장 성분
⑥ 안긴문장, 전 ⑦ 두, 연결 어미

개념 마스터

1 ① 홑문장 ② 겹문장
③ 홑문장 ④ 겹문장
⑤ 홑문장

2 ① 나는 기다린다, 봄이 온다
② 나는 사과를 좋아한다, 나는 딸기를 좋아한다
③ 바나나는 노랗다, 바나나는 길다
④ 나는 축구를 즐긴다, 나는 야구를 즐긴다
⑤ 나는 치킨을 먹었다, 치킨이 바삭하다

문장 13강 명사절을 가진 안은문장

본문 | 166쪽

레인보우 리뷰

① 명사, 안긴 ② (으)ㅁ, 기
③ 어간, 전성, (으)ㅁ, 기 ④ 가진
⑤ 격 조사, 성분

개념 마스터

1

① 나는 너희들이 성공하기를 바란다.	문장 성분
너희들이 성공한다.(성공하다)	목적어

② 철수는 그녀가 옆에 있음에 감사했다.	문장 성분
그녀가 옆에 있다.	부사어

③ 우리는 철수가 노력하고 있음을 깨달았다.	문장 성분
철수가 노력하고 있다.	목적어

④ 철수가 문법 문제를 풀기는 불가능하다.	문장 성분
철수가 문법 문제를 푼다.(풀다)	주어

⑤ 아이들은 눈이 내리기를 기다리고 있었다.	문장 성분
눈이 내린다.(내리다)	목적어

2

① 아직은 ( )에 이른 시간이다.	문장 성분
집에 돌아간다. → 집에 돌아가기	부사어

② ( )이 밝혀졌다.	문장 성분
철수가 범인이다. → 철수가 범인임	주어

③ ( )가 쉽지 않다.	문장 성분
내가 그 일을 한다. → 내가 그 일을 하기	주어

④ ( )가 눈과 같다.	문장 성분
색깔이 희다. → 색깔이 희기	주어

⑤ 농부들은 ( )를 기다린다.	문장 성분
비가 온다. → 비가 오기	목적어

⑥ 부모는 언제나 ( )를 바란다.	문장 성분
자식들이 행복하다. → 자식들이 행복하기	목적어

⑦ 제비는 ( ) 전에 남쪽으로 떠났다.	문장 성분
겨울이 온다. → 겨울이 오기	관형어

문장 14강 관형절을 가진 안은문장

본문 | 169쪽

레인보우 리뷰

① 격 조사, 성분 ② 관형어, 안긴
③ (으)ㄴ, 는, (으)ㄹ, 던
④ 어간, 전성, (으)ㄴ, 는, (으)ㄹ, 던
⑤ 가진 ⑥ 속, 의
⑦ 관형, 생략, 관계 ⑧ 생략, 동격
⑨ 일
⑩ (으)ㄴ, 는, (으)ㄹ, 던, 다, 다

개념 마스터

1

① 나는 선생님이 내신 숙제를 다 끝냈다.	관형절
선생님이 숙제를 내셨다.	관계

② 이것은 요즘 내가 읽는 책이다.	관형절
요즘 내가 책을 읽는다.	관계

③ 나는 철수가 다이어트를 시작한 사실을 몰랐다.	관형절
철수가 다이어트를 시작했다.	동격

④ 하얀 토끼가 나에게 다가왔다.	관형절
토끼가 하얗다.	관계

⑤ 선생님은 철수의 인성이 참 좋다는 소문을 들었다.	관형절
철수의 인성이 참 좋다.	동격

2

① ( ) 음식은 기분을 좋게 만든다.	관형절
음식이 맛있다. → 맛있는	관계

② 나는 ( ) 기억이 없다.	관형절
나는 철수에게 태블릿을 빌렸다. → 나는 철수에게 태블릿을 빌린	동격

③ 이것이 ( ) 일들이다.	관형절
네가 오늘 일들을 해야 한다. → 네가 오늘 해야 할	관계

④ ( ) 남자가 내 남동생이야.	관형절
남자가 반바지를 입었다. → 반바지를 입은	관계

⑤ 철수는 ( ) 뉴스를 접했다.	관형절
백신이 개발되었다. → 백신이 개발되었다는	동격

본문 | 171쪽

문장 15강 부사절을 가진 안은문장

레인보우 리뷰

① 부사어, 안긴　② 게, 도록
③ 니, 아서, 어서, (으)면　④ 이
⑤ 부사형 전성　⑥ 가진
⑦ 이, 이, 리　⑧ 속, 수의

개념 마스터

1

① 우리는 밤이 새도록 얘기를 나눴다.	표지
밤이 새었다.	어미 '-도록'

② 철수는 민수와 달리 인성이 좋아.	표지
철수는 민수와 다르다.	접사 '-이'

③ 철수는 책만 펴면 졸리다.	표지
철수가 책만 편다.	어미 '-면'

④ 길이 눈이 와서 미끄럽다.	표지
눈이 온다.(왔다)	어미 '-아서'

⑤ 아빠가 옷을 멋이 나게 입으셨다.	표지
멋이 난다.(났다)	어미 '-게'

⑥ 위험은 경고도 없이 다가온다.	표지
경고도 없다.	접사 '-이'

2

① 사람은 결국 성공한다. + 인성이 좋다.	표지
→ 사람은 (인성이 좋으면) 결국 성공한다.	어미 '-으면'

② 시장은 청렴했다. + 시장은 소문과 다르다.	표지
→ 시장은 (소문과 달리) 청렴했다.	접사 '-이'

③ 할머니는 무엇이든 만드신다. + 맛이 있다.	표지
→ 할머니는 무엇이든 (맛이 있게) 만드신다.	어미 '-게'

④ 엄마는 우셨다. + 엄마는 화가 났다.	표지
→ 엄마는 (화가 나서) 우셨다.	어미 '-아서'

⑤ 시간은 흐른다. + 시간은 쏜살과 같다.	표지
→ 시간은 (쏜살과 같이) 흐른다.	접사 '-이'

⑥ 철수는 운동장을 뛰었다. + 철수는 땀이 났다.	표지
→ 철수는 운동장을 (땀이 나도록) 뛰었다.	어미 '-도록'

본문 | 173쪽

문장 16강 서술절을 가진 안은문장

레인보우 리뷰

① 서술어, 안긴　② 표지
③ 가진　④ 두

개념 마스터

1 ① 철수는 잠이 많다.
② 아빠는 재능이 많으시다.
③ 그녀는 손이 무척 컸다.
④ 해당 없음
⑤ 해당 없음
⑥ 내가 만난 친구는 마음이 정말 착하다.
⑦ 철수는 용기가 좀 부족하다.
⑧ 해당 없음
⑨ 우리 집 강아지는 머리가 좋다.
⑩ 서울은 인구가 매우 많다.
⑪ 내가 살고 있는 도시는 모두가 바쁘다.
⑫ 영희는 눈이 참 예쁘다.
⑬ 그가 돈이 많음이 분명하다.
⑭ 기린은 목이 정말 길다.
⑮ 할머니는 귀가 밝으시다.
⑯ 철수는 키가 매우 크다.
⑰ 철수가 머리가 좋았음이 확실하게 밝혀진 것 같다.
⑱ 해당 없음
⑲ 해당 없음
⑳ 해당 없음

문장 17강 본문 | 175쪽

인용절을 가진 안은문장

레인보우 리뷰

① 말, 글, 각, 직, 간, 절 ② 가진
③ 그대 ④ 큰따옴표, 라고
⑤ 자신 ⑥ 종결, 고
⑦ (으)라, 고 ⑧ 자, 고
⑨ 다, 고 ⑩ 라, 고

개념 마스터

1

① 철수는 나에게 숙제를 끝냈다고 말했다.			
직접 인용	간접 인용	인용절 종류	표지
	○	평서문	-다 + 고

② 철수는 나에게 "개학일이 언제지?"라고 물었다.			
직접 인용	간접 인용	인용절 종류	표지
○		의문문	라고

③ 형은 동생에게 날씨가 춥다고 불평을 했다.			
직접 인용	간접 인용	인용절 종류	표지
	○	평서문(감탄문)	-다 + 고

④ 선생님께서 철수에게 정말 장하다고 하셨다.			
직접 인용	간접 인용	인용절 종류	표지
	○	감탄문(평서문)	-다 + 고

⑤ 철수는 축구가 취미가 아니라고 했다.			
직접 인용	간접 인용	인용절 종류	표지
	○	평서문	-라 + 고

⑥ 영수는 영희에게 빨리 나가라고 외쳤다.			
직접 인용	간접 인용	인용절 종류	표지
	○	명령문	-라 + 고

⑦ 철수는 민수에게 밥은 먹고 다니냐고 물었다.			
직접 인용	간접 인용	인용절 종류	표지
	○	의문문	-냐 + 고

⑧ 영희가 자기랑 같이 박경리 작가의 토지를 읽자고 했다.			
직접 인용	간접 인용	인용절 종류	표지
	○	청유문	-자 + 고

문장 18강 본문 | 177쪽

대등하게 연결된 이어진문장

레인보우 리뷰

① 안은문장, 이어진문장 ② 두, 연결 어미
③ 대등, 종속 ④ 앞, 뒤, 립, 향
⑤ 연결, 순서, 교호

개념 마스터

1

① 인생은 짧고, 예술은 길다.	
예술은 길고 인생은 짧다.	
동일하다	동일하지 않다.

② 철수는 빵은 좋아하지만, 떡은 싫어한다.	
철수는 떡은 싫어하지만, 빵은 좋아한다.	
동일하다	동일하지 않다.

③ 영희야, 꽃등심을 먹든지 삼겹살을 먹든지 얼른 골라라.	
영희야, 삼겹살을 먹든지 꽃등심을 먹든지 얼른 골라라.	
동일하다	동일하지 않다.

④ 서울에는 비가 오고, 속초에는 눈이 온다.	
속초에는 눈이 오고, 서울에는 비가 온다.	
동일하다	동일하지 않다.

⑤ 첫째는 육식을 좋아하지만, 둘째는 채식을 좋아한다.	
둘째는 채식을 좋아하지만, 첫째는 육식을 좋아한다.	
동일하다	동일하지 않다.

⑥ 철수는 현금을 가져오거나, 신용 카드를 가져올 것이다.	
철수는 신용 카드를 가져오거나, 현금을 가져올 것이다.	
동일하다	동일하지 않다.

2

① 아들은 밖에서 놀고, 딸은 안에서 논다.	
딸은 안에서 놀고, 아들은 밖에서 논다.	
동일하다	동일하지 않다.

② 바다는 푸르나, 하늘은 흐리다.	
하늘은 흐리나 바다는 푸르다.	
동일하다	동일하지 않다.

③ 어른 앞에서 팔짱을 끼거나, 다리를 꼬아서는 안 된다.	
어른 앞에서 다리를 꼬거나 팔짱을 끼어서는 안 된다.	
동일하다	동일하지 않다.

본문 | 179쪽

문장 19강 종속적으로 연결된 이어진문장

레인보우 리뷰

① 안은문장, 이어진문장 ② 두, 연결 어미
③ 대등, 종속 ④ 앞, 립, 향
⑤ 체, 락, 독립, 앞, 뒤 ⑥ 앞, 뒤, 부사절
⑦ 연결, 연결, 순서, 교호

개념 마스터

1

① 철수는 책을 사려고, 서점에 갔다.	
철수는 서점에 가려고 책을 샀다.	
동일하다	동일하지 않다.

② 잠을 못 잘지라도, 그 일은 꼭 끝내야 한다.	
그 일은 꼭 끝내야 할지라도 잠은 못 잔다.	
동일하다	동일하지 않다.

③ 나는 국어 공부를 하고서, 수학책을 펼쳤다.	
나는 수학책을 펼치고서, 국어 공부를 했다.	
동일하다	동일하지 않다.

④ 그렇게 과식을 하니까, 배탈이 나지.	
배탈이 나니까 그렇게 과식을 하지.	
동일하다	동일하지 않다.

2 ① 종속적으로 연결된 이어진문장
② 종속적으로 연결된 이어진문장
③ 대등하게 연결된 이어진문장
④ 종속적으로 연결된 이어진문장
⑤ 종속적으로 연결된 이어진문장

본문 | 182쪽

문장 20강 주체 높임법

레인보우 리뷰

① 어, 선어, 생, 접사, 문법 ② 이, 위, 높임, 높임, 높임
③ 주체, 주체, 주체 ④ 주, 께서
⑤ 선어말, (으)시 ⑥ 특수
⑦ 접미, 님 ⑧ 직접
⑨ 간접

개념 마스터

1

① 사장님의 격려 말씀이 있으시겠습니다.			
주체 높임의 표지			
-님	말씀	-으시-	

② 우리 할머니께서는 연세가 많으시지만 무척 정정하시다.			
주체 높임의 표지			
께서	연세	-으시-	-시-

③ 아버지께서는 책을 읽으시다가 일찍 주무셨다.			
주체 높임의 표지			
께서	-으시-	주무시다	

④ 할아버지께서는 편찮으셔서 진지도 제대로 못 드신다.				
주체 높임의 표지				
께서	-으시-	진지	들다	-시-

⑤ 어머니는 방에 계시고, 아버지는 서재에서 작업을 하신다.			
주체 높임의 표지			
계시다	-시-		

⑥ 선생님께서는 따님이 있으셨다.			
주체 높임의 표지			
-님	께서	따님	-으시-

2 ① 연세, 간접 ② 아버지, 직접
③ 따님, 간접 ④ 교육감, 직접
⑤ 큰아버지, 직접

본문 | 184쪽

문장 21강 객체 높임법

레인보우 리뷰

① 주, 께서 ② 선어말, (으)시
③ 접미, 님
④ 목적, 부사, 객체, 화, 체, 객체 ⑤ 부사, 께
⑥ 특수, 체, 특수 ⑦ 접미사, 님

개념 마스터

1

① 김 대리, 이건 팀장님께 직접 여쭈어봐.		
객체 높임의 표지		
-님	께	여쭈어보다

② 여보, 오늘 어머니 모시고 병원에 꼭 가 봐.		
객체 높임의 표지		
모시다		

③ 오늘 우리는 퇴임하신 담임 선생님을 뵈러 갔다.		
객체 높임의 표지		
-님	뵈다	

④ 작은아버지께 이 상자를 드리거라.		
객체 높임의 표지		
께	드리다	

⑤ 철수는 삼촌을 뵙고 안부를 여쭈었다.		
객체 높임의 표지		
뵙다	여쭈다	

⑥ 아버지는 할머니께 진지를 차려 드렸다.		
객체 높임의 표지		
께	진지	드리다

⑦ 기자는 할머니께 연세와 성함을 조심스럽게 여쭈었다.			
객체 높임의 표지			
께	연세	성함	여쭈다

2 ① 아버지, 주체 높임　② 어머니, 객체 높임
③ 할머니, 주체 높임　④ 삼촌, 객체 높임

본문 | 186쪽

문장 22강 상대 높임법

레인보우 리뷰

① 주, 께서　② 선어말, (으)시
③ 접미, 님
④ 목적, 부사, 객체, 화, 체, 객체　⑤ 부사, 께
⑥ 특수, 체, 특수　⑦ 접미사, 님
⑧ 청, 상, 높, 낮, 용, 어간, 종결　⑨ 격식, 격식
⑩ 비격식, 격식　⑪ 십시오, 오, 게, 해라
⑫ 해요, 해

개념 마스터

1 ① 하십시오　② 하게
③ 하오　④ 해라
⑤ 해

2

① 어머니께서는 할아버지를 댁까지 모셔 드렸습니다.		
주체 높임	객체 높임	상대 높임
께서	댁, 모시다, 드리다	-습니다

② 철수는 선생님께 꽃다발을 안겨 드렸습니다.		
주체 높임	객체 높임	상대 높임
	-님, 께, 드리다	-습니다

③ 아버지께서는 할머니를 모시고 병원에 가셨어요.		
주체 높임	객체 높임	상대 높임
께서, -시-	모시다	-어요

④ 어머니께서 삼촌께 안부를 전해 드리라고 하셨어요.		
주체 높임	객체 높임	상대 높임
께서, -시-	께, 드리다	-어요

본문 | 188쪽

문장 23강 평서문 · 의문문

레인보우 리뷰

① 하십시오, 하오, 하게, 해라　② 해요, 해
③ 어말, 선어말　④ 용언, 서술격 조사
⑤ 종결, 연결, 전성　⑥ 종결
⑦ 문장　⑧ 용언, 서술격, 종결, 문장
⑨ 평서　⑩ 요구, 실, 황, 각, 순
⑪ 의문　⑫ 질문, 대답, 요
⑬ 설명　⑭ 판정
⑮ 수사

개념 마스터

1 ① 평서문, -습니다　② 의문문, -ㄹ까
③ 의문문, -습니까　④ 의문문, -지요
⑤ 의문문, -냐　⑥ 평서문, -소
⑦ 의문문, -소　⑧ 평서문, -마
⑨ 평서문, -지　⑩ 의문문, -지
⑪ 의문문, -나

2 ① 판정　② 설명
③ 수사　④ 설명
⑤ 판정

본문 | 191쪽

문장 24강 명령문 · 청유문 · 감탄문

레인보우 리뷰

① 하십시오, 하오, 하게, 해라 ② 해요, 해
③ 종결, 연결, 전성 ④ 명령
⑤ 키, 도, 구, 동 ⑥ 청유
⑦ 께, 요, 동 ⑧ 감탄
⑨ 식, 백, 낌

개념 마스터

1 ① 명령문, -게 ② 감탄문, -구먼
③ 명령문, -으세요 ④ 청유문, -지요
⑤ 명령문, -오 ⑥ 명령문, -어라
⑦ 청유문, -ㅂ시다 ⑧ 청유문, -자
⑨ 청유문, -세 ⑩ 감탄문, -군
⑪ 감탄문, -네

본문 | 193쪽

문장 25강 과거 시제

레인보우 리뷰

① 어간, 어말 ② 시제, 높임
③ 과거, 현재, 미래 ④ 언어
⑤ 법, 제 ⑥ 작, 동작상
⑦ 말, 현재 ⑧ 건, 황
⑨ 과거, 현재, 미래 ⑩ 사건, 발화
⑪ 았, 었, 았었, 었었, 더, 동사, 형용사
⑫ (으)ㄴ, 동사, 던, 동사, 형용사

개념 마스터

1

① 철수는 새벽까지 공부를 하였다.	
과거 시제 선어말 어미	(과거) 관형사형 전성 어미
-였- 또는 -았-	

② 어제 철수는 영수와 함께 해외 축구 경기를 보았다.	
과거 시제 선어말 어미	(과거) 관형사형 전성 어미
-았-	

③ 나는 예전에 이 집에 살았었다.	
과거 시제 선어말 어미	(과거) 관형사형 전성 어미
-았었-	

④ 어제 경기에서 손흥민 선수는 정말 잘 뛰더라.	
과거 시제 선어말 어미	(과거) 관형사형 전성 어미
-더-	

⑤ 어제 내가 만든 음식의 맛이 전체적으로 괜찮았니?	
과거 시제 선어말 어미	(과거) 관형사형 전성 어미
-았-	-ㄴ

⑥ 그것은 이미 예전에 읽은 책이었다.	
과거 시제 선어말 어미	(과거) 관형사형 전성 어미
-었-	-은

⑦ 나는 밥을 먹은 뒤에 공부를 시작했다.	
과거 시제 선어말 어미	(과거) 관형사형 전성 어미
-였- 또는 -았-	-은

⑧ 내가 봤던 물건은 이게 아닌데.	
과거 시제 선어말 어미	(과거) 관형사형 전성 어미
-았-	-던

⑨ 학생이던 철수가 벌써 가장이 되었구나.	
과거 시제 선어말 어미	(과거) 관형사형 전성 어미
-었-	-던

⑩ 그 선생님도 한때는 열정이 넘치던 교사였다.	
과거 시제 선어말 어미	(과거) 관형사형 전성 어미
-었-	-던

본문 | 195쪽

문장 26강 현재 시제

레인보우 리뷰

① 말, 현재 ② 건, 황
③ 과거, 현재, 미래 ④ 사건, 발화
⑤ 사건, 발화 ⑥ ㄴ, 는, 동사
⑦ ㄴ, 는, 형용사 ⑧ 형용
⑨ 는, 동사, (으)ㄴ, 형용사 ⑩ 습니다
⑪ 있, 없, 는 ⑫ 사실, 현재
⑬ 미래, 현재

개념 마스터

1

① 철수가 찬란한 태양을 바라본다.	
현재 시제 선어말 어미	(현재) 관형사형 전성 어미
-ㄴ-	-ㄴ

② 철수는 교사인 아버지를 존경한다.	
현재 시제 선어말 어미	(현재) 관형사형 전성 어미
-ㄴ-	-ㄴ

③ 철수는 밥을 먹는 동생을 기다린다.	
현재 시제 선어말 어미	(현재) 관형사형 전성 어미
-ㄴ-	-는

④ 관광지를 둘러본 철수는 마지막 목적지를 향한다.	
현재 시제 선어말 어미	(현재) 관형사형 전성 어미
-ㄴ-	

⑤ 예쁜 아기들은 자꾸 봐도 예쁘다.	
현재 시제 선어말 어미	(현재) 관형사형 전성 어미
	-ㄴ

⑥ 철수는 현재 군인이다.	
현재 시제 선어말 어미	(현재) 관형사형 전성 어미

⑦ 사람들을 태운 KTX가 지금 출발한다.	
현재 시제 선어말 어미	(현재) 관형사형 전성 어미
-ㄴ-	

⑧ 장미는 참으로 향기롭다.	
현재 시제 선어말 어미	(현재) 관형사형 전성 어미

⑨ 저기 서 있는 사람이 내 애인이었다.	
현재 시제 선어말 어미	(현재) 관형사형 전성 어미
	-는

⑩ 철수는 친한 친구가 아무도 없는 상태이다.	
현재 시제 선어말 어미	(현재) 관형사형 전성 어미
	-ㄴ, -는

본문 | 197쪽

문장 27강 미래 시제

레인보우 리뷰

① 말, 현재
② 사건, 상황
③ 과거, 현재, 미래
④ 사건시, 발화시
⑤ 일치
⑥ 나중
⑦ 겠, (으)리, 동사, 형용사
⑧ (으)ㄹ, 동사, 형용사
⑨ 겠, 일, 지
⑩ (으)ㄹ, 일, 의
⑪ 겠, 측, 추측
⑫ (으)ㄹ, 측, 추측

개념 마스터

1

① 주말에 입을 옷을 다리고 있어.	
미래 시제 선어말 어미	관형사형 어미
	-을

② 내년이면 나도 대학생일 거야.	
미래 시제 선어말 어미	관형사형 어미
	-ㄹ

③ 국어 숙제는 내일 끝내겠다.	
미래 시제 선어말 어미	관형사형 어미
-겠-	

④ 내일 서울은 비가 오리라고 예상됩니다.	
미래 시제 선어말 어미	관형사형 어미
-리-	

⑤ 머지않아 태풍이 밀려올 거야.	
미래 시제 선어말 어미	관형사형 어미
	-ㄹ

⑥ 조금만 있으면 곧 도착할 거야.	
미래 시제 선어말 어미	관형사형 어미
	-ㄹ

⑦ 철수는 다음 주에 출발할 거야.	
미래 시제 선어말 어미	관형사형 어미
	-ㄹ

⑧ 내일은 비가 많이 내리겠지?	
미래 시제 선어말 어미	관형사형 어미
-겠-	

⑨ 내일이면 고국 땅을 밟을 수 있으리라.	
미래 시제 선어말 어미	관형사형 어미
-으리-	-을

본문 | 199쪽

문장 28강 절대 시제와 상대 시제

레인보우 리뷰

① 았, 었, 았었, 었었, 더, 동사, 형용사
② (으)ㄴ, 동사, 던, 동사, 형용사
③ ㄴ, 는, 동사
④ ㄴ, 는, 형용사
⑤ 는, 동사, (으)ㄴ, 형용사
⑥ 겠, (으)리, 동사, 형용사
⑦ (으)ㄹ, 동사, 형용사
⑧ 발화
⑨ 겹, 안은, 사건, 안긴

개념 마스터

1

품사	시제	어미	용례
동사 '보다'	과거	-ㄴ	본
	과거	-던	보던
	현재	-는	보는
	미래	-ㄹ	볼

2

품사	시제	어미	용례
형용사 '따뜻하다'	과거	-던	따뜻하던
	현재	-ㄴ	따뜻한
	미래	-ㄹ	따뜻할

3

① 철수는 아까 자는 동생을 깨웠다.		
어미	-는	-었-
절대 시제	과거	과거
상대 시제	현재	과거

② 그날 철수는 출산할 영희를 격려했었다.		
어미	-ㄹ	-았었-
절대 시제	과거	과거
상대 시제	미래	과거

③ 나는 아까 뛰어가는 철수를 보았다.		
어미	-는	-았-
절대 시제	과거	과거
상대 시제	현재	과거

④ 작년에 우리는 입대할 철수를 위해 환송회를 준비했었다.		
어미	-ㄹ	-았었-
절대 시제	과거	과거
상대 시제	미래	과거

본문 | 201쪽

문장 29강 동작상

레인보우 리뷰

① 동, 시간
② 진행, 완료
③ 작, 시간, 진행
④ 있, 가, 오
⑤ 면, 느
⑥ 동작, 완료
⑦ 동사, 있, 버, 내
⑧ 동사, 서
⑨ 있

개념 마스터

1 ① -아 가다, 진행상
② -으면서, 진행상
③ -고서, 완료상
④ -느라고, 진행상
⑤ -어 버리다, 완료상
⑥ -어 있다, 완료상
⑦ -어 오다, 진행상
⑧ -으면서, 진행상
⑨ -고 있다, 진행상
⑩ -어 내다, 완료상

2 ① 벗는 중이다
② 쓰는 중이다
③ 끼는 중이다
④ 입는 중이다
⑤ 쓰는 중이다

본문 | 203쪽

문장 30강 피동과 사동의 개념

레인보우 리뷰

① 주, 되, 당
② 능동
③ 주, 행
④ 주동
⑤ 능동, 주동

개념 마스터

1

① 철수가 호랑이를 보았다.		
철수가	호랑이를	보았다.
호랑이가	철수에게	보였다.

② 엄마가 아이를 안았다.		
엄마가	아이를	안았다.
아이가	엄마에게	안겼다.

③ 사냥꾼이 꿩을 잡았다.		
사냥꾼이	꿩을	잡았다.
꿩이	사냥꾼에게	잡혔다.

④ 철수가 보물을 묻었다.		
철수가	보물을	묻었다.
보물이	철수에게	묻혔다.

⑤ 철수가 종소리를 들었다.		
철수가	종소리를	들었다.
종소리가	철수에게	들렸다.

⑥ 영희가 사다리를 사용했다.		
영희가	사다리를	사용했다.
사다리가	영희에게	사용됐다.

⑦ 철수는 감자를 심었다.		
철수는	감자를	심었다.
감자가	철수에게	심겼다.

2

① 동생이 옷을 입는다.			
동생이	옷을	입는다.	
누나가	동생에게	옷을	입힌다.

② 얼음이 녹는다.		
얼음이	녹는다.	
철수가	얼음을	녹인다.

③ 철수가 웃는다.		
철수가	웃는다.	
영희가	철수를	웃긴다.

④ 동생이 울었다.		
동생이	울었다.	
형이	동생을	울렸다.

⑤ 그릇이 비었다.		
그릇이	비었다.	
손님이	그릇을	비웠다.

⑥ 쇠가 벌겋게 달았다.			
쇠가	벌겋게	달았다.	
대장장이가	쇠를	벌겋게	달구었다 / 달궜다.

⑦ 담장이 낮다.		
담장이	낮다.	
일꾼들이	담장을	낮춘다.

본문 | 206쪽

문장

31강 파생적 사동

레인보우 리뷰

① 주, 수행 ② 파생, 통사
③ 파생, 근, 파생 접미사 ④ 단형, 짧은
⑤ 이, 히, 리, 기, 우, 구, 추, 시키 ⑥ 주, 부사, 목적
⑦ 애 ⑧ 간, 게, 하

개념 마스터

1 ① 엄마가 **아이를 바닥에 앉혔다.**
② 경찰이 **운전하던 철수를 정지시켰다.**
③ 엄마가 **컵에 물을 가득 채웠다.**
④ 선생님이 **철수에게 책을 읽혔다.**
⑤ 아빠가 **아이를 울렸다.**
⑥ 성주는 **성벽을 높였다.**
⑦ 선생님께서 **영희에게 회계를 맡겼다.**

2 ① 철수가 대학까지 공부했다. ② 해당 없음
③ 강아지가 사료를 먹었다. ④ 영희가 감동했다.
⑤ 개학이 늦었다. ⑥ 해당 없음
⑦ 호기심이 돋았다. ⑧ 해당 없음
⑨ 아이들이 키즈카페에서 놀았다.
⑩ 아이가 신발을 신었다.
⑪ 해당 없음
⑫ 사람들이 모임 장소를 알았다.

본문 | 209쪽

문장

32강 통사적 사동

레인보우 리뷰

① 파생, 통사 ② 파생, 근, 파생 접미사
③ 이, 히, 리, 기, 우, 구, 추, 시키 ④ 간, 게, 하
⑤ 이, 우 ⑥ 파생, 통사
⑦ 간접 ⑧ 직접, 간접

개념 마스터

1 ① 어머니께서는 철수를 대학까지 공부하게 했다.
② 아빠가 아이에게 신발을 신게 했다.
③ 철수가 영희를 감동하게 했다.

④ 괴물이 호기심을 돋게 했다.
⑤ 회장이 사람들에게 모임 장소를 알게 했다.
⑥ 대장장이가 쇠를 벌겋게 달게 했다.

2

① 엄마가 아기를 재웠다.	
어근	접사
자-	-이-, -우-

② 공무원들이 쓰레기를 태웠다.	
어근	접사
타-	-이-, -우-

③ 철수는 욕조에 물을 채웠다.	
어근	접사
차-	-이-, -우-

④ 그는 동생에게 누명을 씌웠다.	
어근	접사
쓰-	-이-, -우-

⑤ 철수는 조심스럽게 드론을 띄웠다.	
어근	접사
뜨-	-이-, -우-

3

① 엄마가 아빠에게 아기를 재우게 했다.	
재우는 행위	재우게 한 행위
아빠 → 아기	엄마 → 아빠

② 성주는 군사들에게 성벽을 높이게 했다.	
높이는 행위	높이게 한 행위
군사들 → 성벽	성주 → 군사들

본문 | 211쪽

문장 33강 파생적 피동

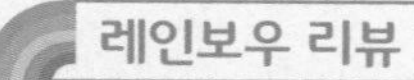

레인보우 리뷰

① 주, 되, 당
② 파생, 통사
③ 파생, 근, 파생 접미사
④ 단형, 짧은
⑤ 이, 히, 리, 기, 되
⑥ 주, 부사, 피동
⑦ 받, 당하

개념 마스터

1 ① 성적표가 철수에게 찢겼다.
② 엄마가 아빠에게 번쩍 들렸다.
③ 할아버지의 머리카락이 할머니에게 뽑혔다.
④ 막힌 욕조가 철수에게 뚫렸다.
⑤ 잔가지가 정원사에게 잘렸다.
⑥ 올해의 신제품이 철수에 의해 발표됐다.

2 ① 경찰이 범인을 꽁꽁 묶었다.
② 한국이 일본을 예선에서 꺾었다.
③ 해당 없음
④ 형사들이 강도를 쫓았다.
⑤ 할머니가 실뭉치를 풀었다.
⑥ 해당 없음
⑦ 과학자들이 코로나 바이러스를 연구하였다.
⑧ 해당 없음

본문 | 214쪽

문장 34강 통사적 피동

레인보우 리뷰

① 파생, 통사
② 파생, 근, 파생 접미사
③ 이, 히, 리, 기, 되
④ 간, 어지다, 게 되다
⑤ 파생, 통사
⑥ 피동
⑦ 어지다, 게 되다
⑧ 목적

개념 마스터

1

① 그 가게는 문을 닫게 되었다.	
파생적 피동	통사적 피동
	○

② 철수는 어쩔 수 없이 집을 팔게 되었다.	
파생적 피동	통사적 피동
	○

③ 피자가 열 조각으로 나뉘었다.	
파생적 피동	통사적 피동
○	

④ 토끼가 호랑이에게 먹혔다.	
파생적 피동	통사적 피동
○	

⑤ 영희는 사람들에게 세게 밀렸다.	
파생적 피동	통사적 피동
○	

⑥ 그는 결국 울음을 터뜨리게 되었다.	
파생적 피동	통사적 피동
	○

⑦ 하늘이 구름에 덮였다.	
파생적 피동	통사적 피동
○	

⑧ 성적표가 철수에 의해 찢어졌다.	
파생적 피동	통사적 피동
	○

⑨ 반 아이들의 이름이 하나하나 불렸다.	
파생적 피동	통사적 피동
○	

2 ① 그 물건은 지금까지도 사람들에게 쓰이고 있다.
② 그 사건에 관한 기록은 서서히 잊히고(잊어지고) 있다.
③ 그건 정말 잘 짜인 계획이다.

본문 | 217쪽

문장 35강 부정 표현

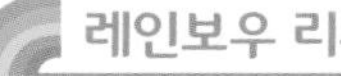

레인보우 리뷰

① 법, 소, 부정	② 법, 부정
③ 짧은, 긴	④ 안, 아니, 못, 앞
⑤ 지 않, 아니하, 지 못하, 뒤	⑥ 의미, 안, 못, 말다
⑦ 안, 지, 태, 순	⑧ 못, 력, 황
⑨ 말다, 명령, 청유	⑩ 말다, 명령문
⑪ 말다, 청유문	⑫ 중의, 보조

개념 마스터

1 ① 하루 종일 밥도 먹지 못했다.
② 나는 철수를 좋아하지 않아.
③ 영희는 밀가루 음식을 먹지 못한다.
④ 철수는 책을 읽지 않았다.
⑤ 이 사업은 절대 망하지 않는다.

2 ① 철수가 자전거를 탄다.
- 짧은 '못' 부정문 → 철수가 자전거를 못 탄다.
- 긴 '못' 부정문 → 철수가 자전거를 타지 못한다.

② 학교 끝나고 피시방에 가라.
- '명령'을 부정 → 학교 끝나고 피시방에 가지 마라.

③ 철수는 청춘고등학교 학생이다.
- '이다'를 부정 → 철수는 청춘고등학교 학생이 아니다.

④ 제주도는 아직도 춥다.
- 짧은 '안' 부정문 → 제주도는 아직도 안 춥다.
- 긴 '안' 부정문 → 제주도는 아직도 춥지 않다.

⑤ 학교 끝나고 도서관에 가자.
- '청유'를 부정 → 학교 끝나고 도서관에 가지 말자.

본문 | 219쪽

문장 36강 인용 표현

레인보우 리뷰

① 다른	② 직접, 간접
③ 인용	④ 직접, 그대로
⑤ 큰따옴, 라고, 하고	⑥ 간접, 바꾸어
⑦ 종결, 고	⑧ 라고, 라, 고

개념 마스터

1 ① 그녀가 나에게 자기 좀 도와 달라고 말했다.
② 철수가 정신 좀 차리고 공부하라고 말했다.
③ 엄마가 아침 챙겨서 먹고 학교에 가라고 하셨다.
④ 영희가 오늘 메뉴 진짜 맛있다고 말했다.
⑤ 철수가 커피 한 잔 마시자고 말했다.
⑥ 손주가 나에게 많이 먹으라고 옹알거렸다.
⑦ 철수는 어제 선생님께 오늘 집합 장소가 어디냐고 물었다.
⑧ 삼촌께서 어제 메신저로 오늘 연락하라고 말씀하셨다.
⑨ 철수는 자기도 이제 어른이라고 말했다.

2 ① 철수가 "오늘 오후에 축구를 하자."라고 말했다.
② 영희가 "나는 국어 문법이 힘들어."라고 말했다.
③ 엄마가 "요즘 공부 잘되니?"라고 물으셨다.
④ 선생님은 "너희들 당분간 게임은 하지 마라."라고 하셨다.
⑤ 교수님은 "자네 인성이 참 좋군!" 하고 칭찬하셨다.

PART III • 음운

본문 | 223쪽

음운 1강 음향·음성·음운

레인보우 리뷰

① 음향 ② 음향
③ 발음, 음, 의사소통, 음성 ④ 음성
⑤ 음운, 구별, 작, 중, 식, 추상 ⑥ 물리(구체), 관념(추상)
⑦ 뜻 ⑧ 계
⑨ 리, 체 ⑩ 음성
⑪ 념, 상 ⑫ 음운

본문 | 225쪽

음운 2강 음소와 운소

레인보우 리뷰

① 음, 소 ② 소, 소
③ 소, 소, 뜻 ④ 분절
⑤ 19
⑥ ㄱ, ㄴ, ㄷ, ㄹ, ㅁ, ㅂ, ㅅ, ㅇ, ㅈ, ㅊ, ㅋ, ㅌ, ㅍ, ㅎ, ㄲ, ㄸ, ㅃ, ㅆ, ㅉ
⑦ 21
⑧ ㅏ, ㅑ, ㅓ, ㅕ, ㅗ, ㅛ, ㅜ, ㅠ, ㅡ, ㅣ, ㅔ, ㅒ, ㅖ, ㅐ, ㅢ, ㅚ, ㅘ, ㅟ, ㅝ, ㅙ, ㅞ
⑨ 비분절 ⑩ 길이, 장

개념 마스터

1 ① ㅇ, ㄲ ② ㄹ, ㅁ
③ ㅏ, ㅗ ④ ㅅ, ㅈ
⑤ ㅗ, ㅏ ⑥ ㅂ, ㅁ
⑦ ㅋ, ㅁ ⑧ ㅁ, ㄹ
⑨ ㅌ, ㅁ ⑩ ㅜ, ㅏ
⑪ ㅌ, ㄴ ⑫ ㄱ, ㅁ
⑬ ㅠ, ㅛ ⑭ ㅣ, ㅜ
⑮ ㅐ, ㅜ

본문 | 227쪽

음운 3강 자음의 체계

레인보우 리뷰

① 폐, 공기, 기관, 방해 ② 모음
③ 안울림소리, 무성음 ④ ㅁ, ㄴ, ㅇ, ㄹ, 유성음
⑤ 름, 해, 조음, 파열, 마찰, 파찰, 비, 유
⑥ 기, 예사, 된, 거센
⑦ 위치, 조음, 입술, 잇몸, 센입천장, 여린입천장, 목청
⑧ 순, 치조, 경구개, 연구개, 후

개념 마스터

1

안울림소리	ㄱ, ㄷ, ㅂ, ㅅ, ㅈ, ㅊ, ㅋ, ㅌ, ㅍ, ㅎ, ㄲ, ㄸ, ㅃ, ㅆ, ㅉ
울림소리	ㅁ, ㄴ, ㅇ, ㄹ

	예사소리	된소리	거센소리
파열음	ㅂ, ㄷ, ㄱ	ㅃ, ㄸ, ㄲ	ㅍ, ㅌ, ㅋ
마찰음	ㅅ	ㅆ	
	ㅎ		
파찰음	ㅈ	ㅉ	ㅊ
비음	ㅁ, ㄴ, ㅇ		
유음	ㄹ		

입술소리(순음)	ㅂ, ㅃ, ㅍ, ㅁ
잇몸소리(치조음)	ㄷ, ㄸ, ㅌ, ㅅ, ㅆ, ㄴ, ㄹ
센입천장소리(경구개음)	ㅈ, ㅉ, ㅊ
여린입천장소리(연구개음)	ㄱ, ㄲ, ㅋ, ㅇ
목청소리(후음)	ㅎ

2

① 단어				
입술	잇몸	센입천장	여린입천장	목청
	ㄷ, ㄴ			

② 문법				
입술	잇몸	센입천장	여린입천장	목청
ㅁ, ㅂ	ㄴ			

③ 학교				
입술	잇몸	센입천장	여린입천장	목청
			ㄱ	ㅎ

④ 자전거				
입술	잇몸	센입천장	여린입천장	목청
	ㄴ	ㅈ	ㄱ	

⑤ 아이				
입술	잇몸	센입천장	여린입천장	목청

⑥ 흐트러지다				
입술	잇몸	센입천장	여린입천장	목청
	ㅌ, ㄹ, ㄷ	ㅈ		ㅎ

⑦ 서울특별시				
입술	잇몸	센입천장	여린입천장	목청
ㅂ	ㅅ, ㄹ, ㅌ		ㄱ	

⑧ 부산광역시				
입술	잇몸	센입천장	여린입천장	목청
ㅂ	ㅅ, ㄴ		ㄱ, ㅇ	

⑨ 바닷가				
입술	잇몸	센입천장	여린입천장	목청
ㅂ	ㄷ, ㅅ		ㄱ	

⑩ 지하철				
입술	잇몸	센입천장	여린입천장	목청
	ㄹ	ㅈ, ㅊ		ㅎ

음운 4강

단모음의 체계

본문 | 229쪽

레인보우 리뷰

① 폐, 공기, 기관, 방해
② 단, 양, 치
③ 반, 음절, 짧
④ 이중, 반, 모양, 위치
⑤ 최고, 전설, 후설
⑥ 전설, 앞
⑦ 후설, 뒤
⑧ 낮이, 고, 중, 저
⑨ 작게, 높은
⑩ 중간, 중간
⑪ 크게, 낮은
⑫ 모양, 원, 평
⑬ 원순, 둥글
⑭ 평순, 평평

개념 마스터

1

전설 모음	후설 모음
ㅣ, ㅔ, ㅐ, ㅟ, ㅚ	ㅡ, ㅓ, ㅏ, ㅜ, ㅗ

고모음	ㅣ, ㅟ, ㅡ, ㅜ
중모음	ㅔ, ㅚ, ㅓ, ㅗ
저모음	ㅐ, ㅏ

원순 모음	평순 모음
ㅟ, ㅚ, ㅜ, ㅗ	ㅣ, ㅔ, ㅐ, ㅡ, ㅓ, ㅏ

혀의 최고점 위치 / 입술 모양 / 혀의 높이	전설 모음		후설 모음	
	평순 모음	원순 모음	평순 모음	원순 모음
고모음	ㅣ	ㅟ	ㅡ	ㅜ
중모음	ㅔ	ㅚ	ㅓ	ㅗ
저모음	ㅐ		ㅏ	

2

① 가오리						
원순	평순	전설	후설	고	중	저
ㅗ	ㅏ, ㅣ	ㅣ	ㅏ, ㅗ	ㅣ	ㅗ	ㅏ

② 오징어						
원순	평순	전설	후설	고	중	저
ㅗ	ㅣ, ㅓ	ㅣ	ㅗ, ㅓ	ㅣ	ㅗ, ㅓ	

③ 나뭇가지						
원순	평순	전설	후설	고	중	저
ㅜ	ㅏ, ㅣ	ㅣ	ㅏ, ㅜ	ㅣ, ㅜ		ㅏ

④ 외삼촌						
원순	평순	전설	후설	고	중	저
ㅚ, ㅗ	ㅏ	ㅚ	ㅏ, ㅗ		ㅚ, ㅗ	ㅏ

⑤ 휘파람						
원순	평순	전설	후설	고	중	저
ㅟ	ㅏ	ㅟ	ㅏ	ㅟ		ㅏ

⑥ 매실						
원순	평순	전설	후설	고	중	저
	ㅐ, ㅣ	ㅐ, ㅣ		ㅣ		ㅐ

음운 5강

반모음과 이중 모음의 체계

본문 | 231쪽

레인보우 리뷰

① 음절, 모음, 짧
② 단모음, 이중
③ 음절
④ 자음
⑤ 모음
⑥ 모음, 방해
⑦ ㅣ̆, ㅗ̆, ㅜ̆
⑧ 모양, 위치
⑨ 반, 단
⑩ 단, 앞, ㅣ̆, 상
⑪ 단, 앞, ㅗ̆, ㅜ̆, 상
⑫ 단, 뒤, ㅣ̆, 하

개념 마스터

1

① 여보		
이중 모음	반모음	단모음
ㅕ	ㅣ̆	ㅓ

② 의자		
이중 모음	반모음	단모음
ㅢ	ㅣ̆	ㅡ

③ 요리사		
이중 모음	반모음	단모음
ㅛ	ㅣ̆	ㅗ

④ 남양주시		
이중 모음	반모음	단모음
ㅑ	ㅣ̆	ㅏ

⑤ 왕자		
이중 모음	반모음	단모음
ㅘ	ㅗ̆	ㅏ

⑥ 얘깃거리		
이중 모음	반모음	단모음
ㅒ	ㅣ̆	ㅐ

⑦ 웬일		
이중 모음	반모음	단모음
ㅞ	ㅜ̆	ㅔ

⑧ 원룸		
이중 모음	반모음	단모음
ㅝ	ㅜ̆	ㅓ

⑨ 우유		
이중 모음	반모음	단모음
ㅠ	ㅣ̆	ㅜ

⑩ 야호		
이중 모음	반모음	단모음
ㅑ	ㅣ̆	ㅏ

⑪ 왜구		
이중 모음	반모음	단모음
ㅙ	ㅗ̆	ㅐ

⑫ 예절		
이중 모음	반모음	단모음
ㅖ	ㅣ̆	ㅔ

본문 | 233쪽

음운 6강 음절

레인보우 리뷰

① 음, 한　② 최
③ 자, 모, 리, 초성, 중성, 종성　④ 중성
⑤ 초성, 종성　⑥ 모음
⑦ 의미, 말, 음　⑧ 한, 자
⑨ ㅇ　⑩ 단모음, 이중 모음
⑪ 자　⑫ 경구개
⑬ 한　⑭ ㄱ, ㄴ, ㄷ, ㄹ, ㅁ, ㅂ, ㅇ

개념 마스터

1 ① [경기도], 7개　② [말라리아], 8개
③ [소비에트연방], 12개　④ [우름쏘리], 8개
⑤ [쇠고기장조림], 14개

2 ① 나는학꾜에갇따　② 나는바블멍는다
③ 나는눈짜믈잗따　④ 구거수어비참재미읻따
⑤ 급씨그로제육뽀끄미나완는데마디썯따(마시썯따)
⑥ 점심씨가네가정통신무늘바닫따
⑦ 지브로도라오니까차므로편하고조타
⑧ 나는라며늘끄려머걷따
⑨ 바메하는공부는즐겁끼까지하다
⑩ 나는따뜨타고폭씬한이부리너무조타

본문 | 235쪽

음운 7강 음운의 변동

레인보우 리뷰

① 음　② 경, 접, 발음, 표기
③ 교체　④ 탈락
⑤ 첨가　⑥ 축약
⑦ 반영, 반영　⑧ 연
⑨ 교탈첨축

개념 마스터

1 ① 맨닙, 첨가　② 박, 교체
③ 흑, 탈락　④ 두통냑, 첨가
⑤ 낟, 교체　⑥ 마텽, 축약

⑦ 여덜, 탈락 ⑧ 궁물, 교체
⑨ 발피다, 축약 ⑩ 안는, 탈락

음운 8강 음절의 끝소리 규칙

본문 | 238쪽

레인보우 리뷰

① 종, 7 ② 표기, 교체
③ 체, 래 ④ ㄱ, 아니
⑤ ㄲ, ㅋ, ㄱ ⑥ ㄴ, 아니
⑦ ㄷ, 아니 ⑧ ㄷ
⑨ ㄹ, 아니 ⑩ ㅁ, 아니
⑪ ㅂ, 아니 ⑫ ㅂ
⑬ ㅇ, 아니 ⑭ 자
⑮ 모, 실질 ⑯ 모, 형식, 음

개념 마스터

1 ① 낟, 적용 ② 아프로, 미적용
③ 꼳, 적용 ④ 끋, 적용
⑤ 옫또, 적용 ⑥ 오단, 적용
⑦ 오시, 미적용 ⑧ 발, 미적용
⑨ 숩, 적용 ⑩ 다서시, 미적용
⑪ 닥, 미적용 ⑫ 낙씨, 적용
⑬ 윧또, 적용 ⑭ 유츤, 미적용
⑮ 밷찌, 적용 ⑯ 닥따, 적용
⑰ 말근, 미적용 ⑱ 조치, 미적용
⑲ 조아, 미적용 ⑳ 쏘든, 미적용

음운 9강 유음화

본문 | 241쪽

레인보우 리뷰

① 동화 ② 자, 모
③ 법, 치 ④ 순, 역
⑤ ㄴ, ㄹ ⑥ 앞, 뒤, 표기, 소리, 교체
⑦ 순행, 역행 ⑧ 초, 앞, ㄹ
⑨ 종, 뒤, ㄹ ⑩ 순행, 역행
⑪ 접, ㄴㄴ, ㄴ, 대관령, 광한루

개념 마스터

1 ① 달른, 순행 ② 할른지, 순행
③ 줄럼끼, 순행 ④ 달라라, 순행
⑤ 궐력, 역행 ⑥ 광할루, 역행
⑦ 이뷘뇨, 해당 없음 ⑧ 할라산, 역행
⑨ 설릉, 역행 ⑩ 실라, 역행
⑪ 물랄리, 순행+역행 ⑫ 이원논, 해당 없음
⑬ 날로, 역행 ⑭ 칼랄, 순행
⑮ 공권녁, 해당 없음 ⑯ 찰라, 순행
⑰ 절라도, 역행 ⑱ 생산냥, 해당 없음
⑲ 철리, 역행 ⑳ 대괄령, 역행
㉑ 할레, 순행 ㉒ 설랄, 순행
㉓ 결딴녁, 해당 없음 ㉔ 상견녜, 해당 없음

음운 10강 비음화

본문 | 244쪽

레인보우 리뷰

① 종, ㅂ, ㄷ, ㄱ, ㄴ, ㅁ, ㅁ, ㄴ, ㅇ
② 기, 소리, 교체
③ 법, 역
④ 단어, 간, 미, 근, 접
⑤ ㅂ, ㄷ, ㄱ, 음, 음절의 끝소리 규칙
⑥ 동화
⑦ ㅂ, ㄷ, ㄱ, 종, 평, ㅂ, ㄷ, ㄱ

개념 마스터

1 ① 언는, ㄷ → ㄴ ② 망내, ㄱ → ㅇ
③ 잠느냐, ㅂ → ㅁ ④ 밤맏, ㅂ → ㅁ
⑤ 장문, ㄱ → ㅇ ⑥ 궁물, ㄱ → ㅇ
⑦ 꼰망울, ㅊ → ㄷ → ㄴ ⑧ 암날, ㅍ → ㅂ → ㅁ
⑨ 낭는, ㄲ → ㄱ → ㅇ ⑩ 던나는, ㅅ → ㄷ → ㄴ
⑪ 간네, ㅌ → ㄷ → ㄴ ⑫ 온맵씨, ㅅ → ㄷ → ㄴ
⑬ 건는, ㄷ → ㄴ ⑭ 흥냄새, ㄺ → ㄱ → ㅇ
⑮ 만며느리, ㄷ → ㄴ ⑯ 반는다, ㄷ → ㄴ
⑰ 음는, ㄿ → ㅂ → ㅁ ⑱ 밤는데, ㄼ → ㅂ → ㅁ
⑲ 감만, ㅄ → ㅂ → ㅁ ⑳ 궁민, ㄱ → ㅇ

2 ① 섭니 → 섬니 ② 석뉴 → 성뉴
③ 멷리 → 멷니 → 면니 ④ 백노 → 뱅노
⑤ 입녁 → 임녁 ⑥ 국닙 → 궁닙
⑦ 압녁 → 암녁 ⑧ 협녁 → 혐녁

음운 11강

구개음화

본문 | 247쪽

레인보우 리뷰

① 종, ㄷ, ㅌ, 경, ㅈ, ㅊ ② 기, 리, 교체
③ 위치, 역 ④ ㅈ
⑤ ㅊ, ㄷ, ㅎ ⑥ 형식
⑦ 한, 계

개념 마스터

1 ① 혼니불 ② 고지듣따, ㄷ → ㅈ
③ 할치다, ㅌ → ㅊ ④ 해도지, ㄷ → ㅈ
⑤ 벼훑치, ㅌ → ㅊ ⑥ 미다지, ㄷ → ㅈ
⑦ 저치다 ⑧ 땀바지, ㄷ → ㅈ
⑨ 거치다, ㄷ → ㅌ → ㅊ ⑩ 부시
⑪ 마지, ㄷ → ㅈ ⑫ 바테
⑬ 부치다, ㅌ → ㅊ ⑭ 바치, ㅌ → ㅊ
⑮ 끄치다, ㅌ → ㅊ ⑯ 반닐
⑰ 버티다 ⑱ 가을거지, ㄷ → ㅈ
⑲ 마치다 ⑳ 다처, ㄷ → ㅌ → ㅊ
㉑ 끄틀 ㉒ 물바지, ㄷ → ㅈ
㉓ 견디다 ㉔ 피부치, ㅌ → ㅊ
㉕ 무치다, ㄷ → ㅌ → ㅊ ㉖ 오시
㉗ 소치다, ㅌ → ㅊ ㉘ 샅싸치, ㅌ → ㅊ
㉙ 등바지, ㄷ → ㅈ ㉚ 꼬치다

음운 12강

전설 모음화

본문 | 249쪽

레인보우 리뷰

① 후설, 전설, ㅣ, ㅔ, ㅐ, ㅟ, ㅚ ② 소리, 표기
③ 수의, 보편, 준, 음 ④ 내기, 쟁이, 표기
⑤ 위치, 모음, 역행 ⑥ ㅣ, 역

개념 마스터

1 ① 웅뎅이, 비표준어 ② 시골내기, 표준어
③ 지팽이, 비표준어 ④ 신출내기, 표준어
⑤ 가랭이, 비표준어 ⑥ 골목쟁이, 표준어
⑦ 뵈이다, 비표준어 ⑧ 멋쟁이, 표준어
⑨ 괴기, 비표준어 ⑩ 동댕이치다, 표준어
⑪ 잽히다, 비표준어 ⑫ 담쟁이, 표준어
⑬ 냄비, 표준어 ⑭ 멕이다, 비표준어
⑮ 풋내기, 표준어

음운 13강

된소리되기

본문 | 252쪽

레인보우 리뷰

① 예사 ② 경음
③ 표기, 소리 ④ 종, 초
⑤ 관형사, 으, ㄹ ⑥ 간, ㄴ, ㅁ
⑦ ㄹ ⑧ 음절의 끝소리 규칙
⑨ 사동, 피동 ⑩ 사잇소리

개념 마스터

1 ① 곱똘 ② 약꾹
③ 닫찌 ④ 입뻐른
⑤ 작꼭 ⑥ 만날싸람
⑦ 할또리 ⑧ 할빠를
⑨ 볼쭈를 ⑩ 머글껀
⑪ 갈꼬슬 ⑫ 할떼가
⑬ 놀쩌게 ⑭ 남따
⑮ 안꼬 ⑯ 해당 없음
⑰ 신꼬 ⑱ 껴안따
⑲ 더듬찌 ⑳ 해당 없음
㉑ 삼꼬 ㉒ 감따
㉓ 해당 없음 ㉔ 발똥
㉕ 발싸 ㉖ 굴쩔

2 ① 옫감 → 옫깜 ② 읻던 → 읻떤
③ 맏기다 → 맏끼다 ④ 옫고름 → 옫꼬름
⑤ 떫찌 → 떨찌 ⑥ 낟설다 → 낟썰다
⑦ 찜기다 → 찜끼다 ⑧ 돋대 → 돋때

음운 14강

두음 법칙

본문 | 254쪽

레인보우 리뷰

① ㄴ, ㄹ, 첫, 피 ② 표기
③ 초, ㄴ ④ 교체
⑤ 초, 탈락, 탈락, ㅇ ⑥ 탈락
⑦ ㄹ, ㄴ ⑧ ㄹ, ㄴ

개념 마스터

1 ① 낙원, 교체 ② 노동, 교체
③ 낙뢰, 교체 ④ 능묘, 교체
⑤ 내일, 교체 ⑥ 연세, 탈락
⑦ 요도, 탈락 ⑧ 익명, 탈락
⑨ 유대, 탈락 ⑩ 양심, 교체 + 탈락
⑪ 역사, 교체 + 탈락 ⑫ 예의, 교체 + 탈락
⑬ 신여성, 탈락 ⑭ 실낙원, 교체

본문 | 256쪽

음운 15강 반모음화와 모음 축약

레인보우 리뷰

① 두, 단, 앞, 반, 바뀌 ② 두, 단, 이중 모음
③ 표기 ④ 두, 단
⑤ 단, 반, 교체 ⑥ 한, 반, 1, 단, 1, 교체, 반
⑦ 수의 ⑧ 두, 단, 한, 단, 축약
⑨ 표기 ⑩ 두, 단
⑪ 두, 한, 단 ⑫ 단, 단, 축약
⑬ 한, 한, 축약 ⑭ 수의

개념 마스터

1 ① 반모음화, 표준어 ② 모음 축약, 표준어
③ 반모음화, 표준어 ④ 반모음화, 표준어
⑤ 모음 축약, 표준어 ⑥ 반모음화, 표준어
⑦ 반모음화, 표준어

본문 | 259쪽

음운 16강 자음군 단순화

레인보우 리뷰

① 종, 겹, 한, 탈락, 한 ② 종성
③ 뒤, 앞, ㄼ, 앞, 뒤, 밟, 밥, 넓, 넙, 넓, 넙, 넓, 넙
④ 앞, 뒤, ㄺ, 뒤, 앞, ㄱ, 앞 ⑤ 실질
⑥ 모음, 형식

개념 마스터

1 ① 안따, ㅈ ② 여덜, ㅂ ③ 물거
④ 널따, ㅂ ⑤ 익따, ㄹ ⑥ 담따, ㄹ
⑦ 글깨, ㄱ ⑧ 갑, ㅅ ⑨ 흑까지, ㄹ
⑩ 읍끼도, ㄹ ⑪ 업따, ㅅ ⑫ 읊퍼도
⑬ 외골, ㅅ ⑭ 삼, ㄹ ⑮ 막따, ㄹ
⑯ 목, ㅅ ⑰ 안타 ⑱ 설따, ㅂ
⑲ 할따, ㅌ ⑳ 할타 ㉑ 달타
㉒ 닥, ㄹ ㉓ 밥따, ㄹ ㉔ 넙뚱글다, ㄹ
㉕ 훌따, ㅌ ㉖ 발바 ㉗ 끌른, ㅎ
㉘ 암, ㄹ ㉙ 넙쩌카다, ㄹ ㉚ 얼꺼나, ㄱ
㉛ 너겁따, ㅅ, ㅅ

본문 | 261쪽

음운 17강 자음 탈락

레인보우 리뷰

① 용, ㄹ, ㅎ, 탈락 ② ㄹ
③ 오, ㄴ, ㅂ, ㅅ, 규칙, ㄹ ④ ㄹ
⑤ ㅎ ⑥ ㅎ, 모음, 미, 접
⑦ 두, ㄹ, ㄴ, 교체, ㄴ, 탈락, 탈락

개념 마스터

1 ① 싸전[싸전] ② 좋은[조은]
③ 노오[노오] ④ 노는[노는]
⑤ 놉니다[놉니다] ⑥ 노시오[노시오]
⑦ 낳아[나아] ⑧ 가니[가니]
⑨ 둥그오[둥그오] ⑩ 바느질[바느질]
⑪ 화살[화살] ⑫ 놓으니[노으니]
⑬ 마니[마니] ⑭ 아니[아니]
⑮ 우짖다[우짇따]

2 ① 끊는[끈는], 자음군 단순화 ② 끊어[끄너], ‘ㅎ’ 탈락
③ 싫으면[시르면], ‘ㅎ’ 탈락 ④ 뚫는[뚤른], 자음군 단순화
⑤ 많아[마나], ‘ㅎ’ 탈락

본문 | 263쪽

음운 18강 모음 탈락

레인보우 리뷰

① 간, 미, 간, 음, 음 ② 표기
③ ㅡ, 아, 어, 미 ④ ㅡ
⑤ 아, 어, 아, 어, 간, 미, 동음

개념 마스터

1 ① 뜨-, -어서, ㅡ ② 가-, -아서, ㅏ
③ 건너-, -어서, ㅓ ④ 서-, -어서, ㅓ
⑤ 잠그-, -아, ㅡ ⑥ 따르-, -아, ㅡ
⑦ 기쁘-, -어서, ㅡ ⑧ 차-, -아서, ㅏ
⑨ 끄-, -어서, ㅡ ⑩ 예쁘-, -어서, ㅡ
⑪ 크-, -어, ㅡ ⑫ 담그-, -아서, ㅡ
⑬ 자-, -아서, ㅏ ⑭ 슬프-, -어, ㅡ
⑮ 바쁘-, -아, ㅡ

본문 | 265쪽

음운 19강 'ㄴ' 첨가

레인보우 리뷰

① 두, 첨가, 발음 ② 합성, 파생, 자, ㄴ
③ 표기 ④ 성어, 생어
⑤ 앞, 자 ⑥ 뒷, ㅣ, ㅣ̆
⑦ ㄴ, 합성

개념 마스터

1

① 콩 + 엿 → 콩엿(합성어)		
[콩엳]	[콩녇]	
음절의 끝소리 규칙	'ㄴ' 첨가	

② 서울 + 역 → 서울역(합성어)		
[서울녁]	[서울력]	
'ㄴ' 첨가	유음화	

③ 막 + 일 → 막일(파생어)		
[막닐]	[망닐]	
'ㄴ' 첨가	비음화	

④ 솜 + 이불 → 솜이불(합성어)		
[솜니불]		
'ㄴ' 첨가		

⑤ 물 + 엿 → 물엿(합성어)		
[물엳]	[물녇]	[물렫]
음절의 끝소리 규칙	'ㄴ' 첨가	유음화

⑥ 맨 + 입 → 맨입(파생어)		
[맨닙]		
'ㄴ' 첨가		

⑦ 직행 + 열차 → 직행열차(합성어)		
[지캥열차]	[지캥녈차]	
거센소리되기	'ㄴ' 첨가	

⑧ 한 + 여름 → 한여름(파생어)		
[한녀름]		
'ㄴ' 첨가		

⑨ 휘발 + 유 → 휘발유(파생어)		
[휘발뉴]	[휘발류]	
'ㄴ' 첨가	유음화	

⑩ 내복 + 약 → 내복약(합성어)		
[내복냑]	[내봉냑]	
'ㄴ' 첨가	비음화	

⑪ 영업 + 용 → 영업용(파생어)		
[영업뇽]	[영엄뇽]	
'ㄴ' 첨가	비음화	

⑫ 들 + 일 → 들일(합성어)		
[들닐]	[들릴]	
'ㄴ' 첨가	유음화	

⑬ 담 + 요 → 담요(합성어)		
[담뇨]		
'ㄴ' 첨가		

⑭ 꽃 + 잎 → 꽃잎(합성어)		
[꼳입]	[꼳닙]	[꼰닙]
음절의 끝소리 규칙	'ㄴ' 첨가	비음화

⑮ 설 + 익다 → 설익다(파생어)		
[설익따]	[설닉따]	[설릭따]
된소리되기	'ㄴ' 첨가	유음화

⑯ 물 + 약 → 물약(합성어)		
[물냑]	[물략]	
'ㄴ' 첨가	유음화	

⑰ 늑막 + 염 → 늑막염(합성어)		
[능막염]	[능막념]	[능망념]
비음화	'ㄴ' 첨가	비음화

본문 | 267쪽

음운 20강 반모음 첨가

레인보우 리뷰

① 모, 단, ㅣ̆, ㅗ̆, ㅜ̆ ② 표기, 예외
③ ㅗ̆, ㅜ̆

개념 마스터

1 ① 되어, 되여 ② 조아라 ③ 보아라
④ 피어, 피여 ⑤ 내어 ⑥ 매어
⑦ 이오, 이요 ⑧ 아니오, 아니요

본문 | 270쪽

음운 21강 자음 축약과 모음 축약

레인보우 리뷰

① 두, 형태, 운
② 자음, ㅂ, ㄷ, ㅈ, ㄱ, ㅎ, ㅍ, ㅌ, ㅊ, ㅋ
③ 거센소리 ④ 표기
⑤ 두, 단, 한, 단, 축약 ⑥ 표기
⑦ 두, 단 ⑧ 두, 한, 단
⑨ 단, 단, 축약 ⑩ 한, 한, 축약
⑪ 수의

개념 마스터

1 ① 가카 ② 마치다 ③ 노타
④ 만치 ⑤ 발키다 ⑥ 알타
⑦ 따카다 ⑧ 조턴 ⑨ 마텽
⑩ 이피다 ⑪ 어피다 ⑫ 발피다
⑬ 꼬치다 ⑭ 올치 ⑮ 이팍
⑯ 그러치 ⑰ 나코 ⑱ 오탄벌
⑲ 버팍 ⑳ 이치다 ㉑ 추카
㉒ 자피다 ㉓ 노치 ㉔ 나카산
㉕ 너코 ㉖ 안치다 ㉗ 올코
㉘ 자파

2 ① 뵈어 ② 뉘어 ③ 쐬어

본문 | 274쪽

음운 22강 사잇소리 현상과 사이시옷

레인보우 리뷰

① 두, 근, 합성어, 예사, 된, ㄴ, ㄴㄴ
② 사이시옷 ③ 합성, 두, 한, 고유
④ ㉠ 모음, 사이시옷 ㉡ ㅁ, ㄴ, ㅇ, ㄹ
㉢ ㄴ, ㅁ, 사이시옷 ㉣ ㅣ, ㅣ̆
㉤ ㅣ, ㅣ̆, 사이시옷
⑤ ㅅ ⑥ 수의

개념 마스터

1 ① 약국[약꾹], 된소리되기
② 문고리[문꼬리], 사잇소리 현상
③ 눈동자[눈똥자], 사잇소리 현상
④ 옷고름[옫꼬름], 된소리되기
⑤ 신바람[신빠람], 사잇소리 현상
⑥ 손재주[손째주], 사잇소리 현상
⑦ 입버릇[입뻐릇], 된소리되기
⑧ 길가[길까], 사잇소리 현상
⑨ 발사[발싸], 된소리되기
⑩ 굴속[굴쏙], 사잇소리 현상
⑪ 굴절[굴쩔], 된소리되기
⑫ 술잔[술짠], 사잇소리 현상
⑬ 바람결[바람껼], 사잇소리 현상
⑭ 돛대[돋때], 된소리되기
⑮ 그믐달[그믐딸], 사잇소리 현상
⑯ 발동[발똥], 된소리되기
⑰ 강가[강까], 사잇소리 현상

2 ① 냇가[내까/낻까], ㉠ ② 콧날[콘날], ㉢
③ 솜이불[솜니불], ㉣ ④ 샛길[새낄/샏낄], ㉠
⑤ 강줄기[강쭐기], ㉡ ⑥ 빨랫돌[빨래똘/빨랟똘], ㉠
⑦ 베갯잇[베갠닏], ㉤ ⑧ 훗날[훈날], ㉢
⑨ 창살[창쌀], ㉡ ⑩ 콧등[코뜽/콛뜽], ㉠
⑪ 삯일[상닐], ㉣ ⑫ 툇마루[퇸마루], ㉢
⑬ 등불[등뿔], ㉡ ⑭ 깃발[기빨/긷빨], ㉠
⑮ 깻잎[깬닙], ㉤ ⑯ 초승달[초승딸], ㉡
⑰ 꽃잎[꼰닙], ㉣ ⑱ 대팻밥[대패빱/대팯빱], ㉠
⑲ 아침밥[아침빱], ㉡ ⑳ 색연필[생년필], ㉣
㉑ 콩엿[콩녇], ㉣ ㉒ 햇살[해쌀/햳쌀], ㉠
㉓ 뱃머리[밴머리], ㉢ ㉔ 발바닥[발빠닥], ㉡
㉕ 뱃속[배쏙/밷쏙], ㉠ ㉖ 담요[담뇨], ㉣
㉗ 뒷윷[뒨뉻], ㉤ ㉘ 물동이[물똥이], ㉡
㉙ 뱃전[배쩐/밷쩐], ㉠ ㉚ 산새[산쌔], ㉡
㉛ 눈요기[눈뇨기], ㉣ ㉜ 고갯짓[고개찓/고갣찓], ㉠
㉝ 밤윷[밤뉻], ㉣ ㉞ 물엿[물렫], ㉣
㉟ 들일[들릴], ㉣ ㊱ 예삿일[예산닐], ㉤
㊲ 풀잎[풀립], ㉣

본문 | 282쪽

국어사 1강 차자 표기의 개념

레인보우 리뷰

① 한자　② 차자
③ 음　④ 훈
⑤ 음독　⑥ 훈독
⑦ 고려　⑧ 임진왜란
⑨ 갑오개혁　⑩ 훈민정음

개념 마스터

1

방식＼한자	素	那	金	川
훈차	흴	어찌	쇠	내
음차	소	나	금	천

2

방식＼한자	永	同	吉	同
훈차	길	같을	길할	같을
음차	영	동	길	동

3

방식＼한자	赫	居	世	弗	矩	內
훈차	붉을	있을	누리	아닐	곱자	안
음차	혁	거	세	불	구	내

본문 | 285쪽

국어사 2강 차자 표기의 종류

레인보우 리뷰

① 차자　② 서기
③ 이두, 우리말　④ 구결, 한문
⑤ 조선　⑥ 구결
⑦ 향찰　⑧ 훈, 음
⑨ 승려, 화랑　⑩ 향가

개념 마스터

1 ② → ③ → ①

2 첫 번째: 한자를 우리말 어순으로 배열한다.
두 번째: 우리말 고유의 문법적 요소들을 한자를 활용해 덧붙인다.

3 伊, 爲, 尼

4

방식＼한자	夜	入	伊	遊	行	如	可
훈차	밤	들	저	놀	니	다울	옳을
음차	야	입	이	유	행	여	가

본문 | 288쪽

국어사 4강 훈민정음의 제자 원리 ①

레인보우 리뷰

① ㄱ, ㄴ, ㅁ, ㅅ, ㅇ　② 발음 기관
③ ㄱ　④ ㄴ
⑤ 입　⑥ 이
⑦ 목구멍　⑧ 획
⑨ 세기　⑩ ㅋ
⑪ ㄷ, ㅌ　⑫ ㅂ, ㅍ
⑬ ㅈ, ㅊ　⑭ ㆆ, ㅎ
⑮ 이체　⑯ ㆁ, ㄹ, ㅿ

개념 마스터

1

조음 위치	기본자	1차 가획자	2차 가획자	이체자
어금닛소리	ㄱ	ㅋ		ㆁ
혓소리	ㄴ	ㄷ	ㅌ	ㄹ
입술소리	ㅁ	ㅂ	ㅍ	
잇소리	ㅅ	ㅈ	ㅊ	ㅿ
목청소리	ㅇ	ㆆ	ㅎ	

2 ① ㆁ, ㆆ, ㅿ　② ㄱ
③ ㅅ　④ ㅁ
⑤ ㄴ　⑥ ㅇ
⑦ ㅌ　⑧ ㆆ, ㅎ
⑨ ㆁ, ㄹ, ㅿ

국어사 5강 훈민정음의 제자 원리 ②

본문 | 290쪽

레인보우 리뷰

① ㄱ ② ㄴ
③ ㅁ ④ ㅅ
⑤ ㅇ ⑥ ㆍ, ㅡ, ㅣ
⑦ 상형 ⑧ 하늘
⑨ 땅 ⑩ 사람
⑪ 초출, 재출 ⑫ ㅏ
⑬ ㅑ ⑭ ㅗ
⑮ ㅛ ⑯ ㅜ
⑰ ㅠ ⑱ ㅓ
⑲ ㅕ ⑳ 종성
㉑ 종성부용초성 ㉒ ㄱ, ㄴ, ㄷ, ㄹ, ㅁ, ㅂ, ㅅ, ㆁ
㉓ ㆆ, ㅿ, ㆁ, ㆍ ㉔ ㅏ, ㅗ, ㆍ
㉕ ㅓ, ㅜ, ㅡ ㉖ 28

개념 마스터

1

기본자	초출자	재출자
ㆍ	ㅣ + ㆍ → ㅏ	ㆍ + ㅏ → ㅑ
ㅡ	ㆍ + ㅡ → ㅗ	ㆍ + ㅗ → ㅛ
	ㅡ + ㆍ → ㅜ	ㆍ + ㅜ → ㅠ
ㅣ	ㆍ + ㅣ → ㅓ	ㆍ + ㅓ → ㅕ

2 ① ㆍ ② ㅡ
③ ㅣ ④ ㆍ
⑤ ㅏ, ㅗ, ㆍ ⑥ ㅓ, ㅜ, ㅡ
⑦ ㅣ ⑧ ㆍ, ㅡ, ㅣ, ㅏ, ㅗ, ㅜ, ㅓ
⑨ ㅑ, ㅛ, ㅠ, ㅕ

국어사 6강 훈민정음의 운용 원리

본문 | 292쪽

레인보우 리뷰

① ㄱ, ㄴ, ㄷ, ㄹ, ㅁ, ㅂ, ㅅ, ㆁ ② ㆆ, ㅿ, ㆁ, ㆍ
③ ㅏ, ㅗ, ㆍ ④ ㅓ, ㅜ, ㅡ
⑤ ㆁ, ㄹ, ㅿ ⑥ 종성부용초성, 8종성법
⑦ 상형, 가획 ⑧ 상형, 합성
⑨ 합용 ⑩ 자모 ⑪ 병서
⑫ 각자 ⑬ 합용 ⑭ 연서
⑮ 순경 ⑯ ㅸ ⑰ 합성
⑱ 합용 ⑲ 부서

개념 마스터

1 • 각자 병서: ㄲ, ㄴㄴ, ㄸ, ㅃ, ㅆ, ㆀ, ㅉ, ㆅ
• 합용 병서: ㅴ, ㅶ, ㅼ, ㅵ, ㅺ, ㅄ

2 ① ㅿ → ㅅ ② ㆍ → ㅡ
③ ㅽ → ㅃ ④ ㅄ, ㆍ → ㅆ, ㅏ
⑤ ㅴ → ㄲ ⑥ ㅿ → 소실
⑦ ㅸ → 반모음 ㅗ̆

국어사 7강 중세 국어의 음운과 표기 ①

본문 | 295쪽

레인보우 리뷰

① ㆍ ② ㅡ
③ ㅣ ④ 종성부용초성
⑤ ㄱ, ㄴ, ㄷ, ㄹ, ㅁ, ㅂ, ㅅ, ㆁ ⑥ 경구개
⑦ 자모 ⑧ 연철
⑨ 이어 ⑩ 소리
⑪ 분철 ⑫ 끊어
⑬ 근대 ⑭ 중철
⑮ 거듭 ⑯ 원
⑰ 초성, 중성, 종성, ㅇ ⑱ ㄷ, ㆆ, ㄷ, 이영보래

개념 마스터

1 • 종성부용초성: 곶, 빛, 닢, 깊다, ᄉᆞᄆᆞᆾ디
• 8종성법: 곳, 빗, 닙, 깁다, ᄉᆞᄆᆞᆺ디

2 ① 사ᄅᆞ미 ② 기픈
③ ᄇᆞᄅᆞ매 ④ 노미

3 ① 사ᄅᆞᆷ이 ② 깊은
③ ᄇᆞᄅᆞᆷ애 ④ 놈이
⑤ 뜯을

4 ① 님믈 ② 사ᄅᆞᆷ미
③ 먹글 ④ 깁피
⑤ 도ᄌᆨ기

본문 | 298쪽

국어사 8강 중세 국어의 음운과 표기 ②

레인보우 리뷰

① ㅏ, ㅗ, ㆍ ② ㅓ, ㅜ, ㅡ
③ ㄱ, ㄴ, ㄷ, ㄹ, ㅁ, ㅂ, ㅅ, ㆁ ④ 어두 자음군
⑤ 합용 ⑥ 이중
⑦ 이중 ⑧ 현대
⑨ 성조 ⑩ 의미
⑪ 방점 ⑫ 평성
⑬ 상성 ⑭ 거성
⑮ 입성 ⑯ 모음 조화
⑰ 구개음화 ⑱ 두음
⑲ 원순

개념 마스터

1 ① ᄋᆡ ② ᄋᆞᆫ ③ 의
④ 을 ⑤ 애 ⑥ ᄅᆞᆯ
⑦ ᄋᆞᆷ ⑧ ᄋᆡ ⑨ ᄅᆞᆯ
⑩ 애 ⑪ 을 ⑫ 의
⑬ ᄋᆡ ⑭ ᄋᆞᆯ ⑮ 는
⑯ ᄋᆞᆯ ⑰ 으로 ⑱ ᄋᆞ로
⑲ 에 ⑳ 를

본문 | 301쪽

국어사 9강 중세 국어의 문법 ①

레인보우 리뷰

① 체언, ㅎ, ㄱ ② 가, 이 ③ ㅣ
④ ㅣ ⑤ 이라 ⑥ 이라
⑦ ㅣ라 ⑧ 라 ⑨ ᄋᆡ
⑩ 의 ⑪ ㅅ ⑫ ㅅ
⑬ ᄋᆞᆯ ⑭ 을 ⑮ ᄅᆞᆯ
⑯ 를

개념 마스터

1 ① 이 ② 이
③ ㅣ ④ ∅
⑤ ㅣ ⑥ ㅣ
⑦ 이 ⑧ ∅
⑨ ∅ ⑩ ㅣ

2 ① 이라 ② 라
③ ㅣ라

3 ① 의, ᄇᆡᆨ셩의 ② ㅅ, 나못
③ ㅅ, 부텻 ④ ᄋᆡ, 사ᄅᆞᄆᆡ
⑤ 의, 거부븨 ⑥ ᄋᆡ, 사ᄉᆞᄆᆡ
⑦ ㅅ, 나랏 ⑧ ᄋᆡ, 도ᄌᆞᄀᆡ

4 ① ᄋᆞᆯ, 아ᄃᆞᄅᆞᆯ ② 을, 져즐
③ ᄅᆞᆯ, 나ᄅᆞᆯ ④ 를, 부텨를
⑤ 를, 너를 ⑥ 을, 므를
⑦ ᄋᆞᆯ, 마ᅀᆞᄆᆞᆯ ⑧ ᄅᆞᆯ, 천하ᄅᆞᆯ

본문 | 304쪽

국어사 10강 중세 국어의 문법 ②

레인보우 리뷰

① 애, 에 ② 예
③ ᄋᆞ로, 으로 ④ ᄋᆡ, 의
⑤ ᄃᆞ려 ⑥ 씌
⑦ 하 ⑧ ᄋᆞᆫ, 은
⑨ ᄂᆞᆫ, 는 ⑩ 판정
⑪ 설명 ⑫ 가, 고, 가, ㅗ
⑬ ㄴ다 ⑭ ᄋᆞᆷ, 음
⑮ 옴, 움

개념 마스터

1 ① 애, ᄀᆞᄅᆞ매 ② 에, 그르세
③ 예, 귀예 ④ 예, 머리예

2 ① ᄋᆞ로, ᄆᆞᅀᆞᄆᆞ로
② 으로, 東녀그로

3 ① ᄋᆡ, 나ᄌᆡ
② 의, 처ᅀᅥᄆᆡ

4 ① ᄋᆞᆫ, 아ᄃᆞᄅᆞᆫ ② 은, 져즌
③ ᄂᆞᆫ, 나ᄂᆞᆫ ④ ᄋᆞᆫ, 마ᅀᆞᄆᆞᆫ
⑤ 는, 너는 ⑥ 은, 므른

5 ① 이 두 사ᄅᆞ미 眞實로 네 항것가 → 판정 의문문
② 져므며 늘구미 잇ᄂᆞ녀 → 판정 의문문
③ 이ᄂᆞᆫ 엇던 사ᄅᆞᆷ고 → 설명 의문문
④ 부텨 우희 또 다른 부텨가 잇ᄂᆞ니잇가 → 판정 의문문
⑤ 네 엇뎨 안다 → 설명 의문문, 이인칭 주어 의문문
⑥ 네 信ᄒᆞᄂᆞᆫ다 아니 ᄒᆞᄂᆞᆫ다 → 판정 의문문, 이인칭 주어 의문문
⑦ 이 ᄯᆞ리 너희 ᄌᆞᆼ가 → 판정 의문문

⑧ 므슴 마ᄅᆞᆯ 니ᄅᆞᄂᆞ뇨 → 설명 의문문

⑨ 네 겨집 그려 가던다 → 판정 의문문, 이인칭 주어 의문문

본문 | 307쪽

국어사 11강 중세 국어의 문법 ③

레인보우 리뷰

① 시, 샤	② 시, 샤	③ 객체
④ ᄉᆞᆸ, ᄉᆞᄫ	⑤ ᄌᆞᆸ, ᄌᆞᄫ	⑥ ᅀᆞᆸ, ᅀᆞᄫ
⑦ ᅌᅵ, ᅌᅵᆺ	⑧ ᅌᅵ	⑨ ᅌᅵᆺ
⑩ 더, 더	⑪ 더	⑫ ᄂᆞ
⑬ 형용사	⑭ (으)리	

개념 마스터

1 ① 샤 → 주체 높임법　② 시 → 주체 높임법
③ ᄉᆞᆸ → 객체 높임법　④ ᄉᆞᄫ → 객체 높임법
⑤ ᄌᆞᆸ → 객체 높임법　⑥ ᅌᅵ → 상대 높임법
⑦ 샤 → 주체 높임법　⑧ ᅀᆞᄫ→ 객체 높임법
⑨ ᅌᅵᆺ → 상대 높임법　⑩ ᅀᆞᆸ → 객체 높임법
⑪ ᄉᆞᆸ → 객체 높임법　⑫ 샤, 샤 → 주체 높임법
⑬ ᅀᆞᆸ → 객체 높임법　⑭ ᄌᆞᆸ → 객체 높임법
⑮ ᅌᅵ → 상대 높임법

2 ① 현재, -ᄂᆞ-　② 미래, -리-
③ 과거, -더-　④ 과거, ∅
⑤ 현재, ∅

본문 | 308쪽

국어사 12강 '세종어제훈민정음' 분석

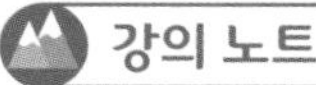

강의 노트

① 우리나라의 말이
- 무정 명사 '나라'에 관형격 조사 'ㅅ' 사용
- '말ᄊᆞ미' → 이어적기(연철)
- 성조가 있었고 방점 표기
- '말ᄊᆞᆷ' → 오늘날에는 높임말 또는 낮춤말로만 쓰이므로 의미의 축소에 해당
- '말ᄊᆞᆷ' → 모음 조화 적용
- 'ᄊᆞᆷ' → 각자 병서

② 중국과
- 한자의 발음을 최대한 중국식 원음에 가깝게 표기(동국정운식 한자음 표기)
- '에' → 현대 국어 '와/과'에 해당하는 비교 부사격 조사

③ 달라
- 'ㄹㄹ' 형태가 아닌 'ㄹㅇ' 형태로 활용

④ 문자와 함께, 문자와 더불어
- 'ᄍᆞᆼ' → 소릿값이 없는 'ㅇ'을 표기(동국정운식 한자음 표기)
- 'ᄍᆞᆼ' → 각자 병서

⑤ 서로
- 모음 조화 적용

⑥ 통하지
- 원래 형태인 '사ᄆᆞᆾ디'를 'ᄉᆞᄆᆞᆺ디'로 표기하였으므로 8종성법 적용
- '디' → 구개음화 미적용

⑦ 아니하여서, 아니하므로
- 어미 '-ㄹ씨'는 이유를 나타내는 종속적 연결 어미로, 오늘날 '-므로'의 의미

⑧ 이런

⑨ 까닭으로
- 젼ᄎᆞ → '이유, 까닭'의 옛말

⑩ 어리석은
- '어리다' → 당시에는 '어리석다'라는 뜻이었으나, 오늘날에는 '나이가 적다'라는 의미로 쓰이므로 의미의 이동에 해당

⑪ 백성이
- '셔ᇰ' → 종성에 소릿값이 있는 옛이응 표기
- 앞말이 자음으로 끝났으므로 주격 조사로 초성이 있는 '이' 실현

⑫ 이르고자
- '니' → 두음 법칙 미적용

⑬ 할
- 형태소 분석 → 'ᄒᆞ- + -오- + ㄹㆆ'
- 'ᄒᆞ-' → 동사 'ᄒᆞ다'의 어간
- '-오-' → 주어가 일인칭임을 나타내는 1인칭 주체 의도 선어말 어미
- 'ᄒᆞ-'와 '-오-'가 결합하면서 '호'가 되는데 이 과정에서 앞 음절 'ᄒᆞ-'의 아래아가 탈락
- '-ㄹ' → 관형사형 어미
- 'ㆆ' → 발음을 짧게 끊으라는 표지(된소리 부호)로 사용되어서 다음 음절이 '홀 빠이'로 발음. 여기서는 이영보래가 아님

⑭ 바가
- 주격 조사로 초성이 없는 'ㅣ'가 실현되었고, 'ㅏ'와 합쳐져서 'ㅐ'로 표기

⑮ 있어도

⑯ 마침내
- 'ᄆᆞᆾ다'의 어간 'ᄆᆞᆾ-'에 명사 파생 접미사 '-ᄋᆞᆷ'이 실현되었으므로 모음 조화 적용
- 'ᄆᆞᄎᆞᆷ' → 이어적기(연철)
- '-내' → 부사 파생 접미사

⑰ 저의
- 'ㅣ' → 주로 모음으로 끝나는 체언 뒤에 사용된 관형격 조사. 주격 조사가 실현된 모습과 동일

Ⅳ 국어사 · 국어 규범 · 담화

⑱ 뜻을
- 이어적기(연철)
- 'ㅷ' → 표기상으로는 합용 병서, 발음상으로는 어두 자음군
- 목적격 조사로 '을' 실현 → 모음 조화 적용

⑲ 능히

⑳ 펴지
- '디' → 구개음화 미적용

㉑ 못할
- 'ᄒᆞᇙ'의 종성 'ㄹ' → 관형사형 어미
- 'ㆆ' → 짧게 끊어서 발음하는 절음 부호

㉒ 사람이
- 주격 조사로 초성이 있는 '이' 실현
- 이어적기(연철)
- 당시의 '놈'은 일반인을 가리키는 말이었으나, 오늘날에는 남자를 속되게 표현하는 비속어로 쓰이므로 의미의 축소에 해당

㉓ 많으니라
- '하다'는 '크다, 많다'라는 뜻의 형용사

㉔ 내가
- 주격 조사로 초성 없는 'ㅣ' 실현

㉕ 이를

㉖ 위하여
- '윙' → 소릿값이 없는 'ㅇ'을 종성 자리에 표기(동국정운식 한자음 표기)

㉗ 불쌍히
- 당시의 '어엿브다'는 '불쌍하다'라는 뜻이었으나, 오늘날에는 '예쁘다'라는 의미로 쓰이므로 의미의 이동에 해당

㉘ 여겨
- '너' → 두음 법칙 미적용

㉙ 새로

㉚ 스물여덟
- 순음 'ㅁ, ㅂ, ㅃ, ㅍ' 뒤에 평순 모음 'ㅡ'가 이어지면 'ㅡ'가 원순 모음인 'ㅜ'로 바뀌는 현상을 원순 모음화라고 하는데, 이 시기에는 원순 모음화 미적용

㉛ 자를
- 'ᄍᆞᆼ' → 소릿값이 없는 'ㅇ'을 종성 자리에 표기(동국정운식 한자음 표기). 각자 병서
- 'ᄅᆞᆯ' → 모음 조화 적용

㉜ 만드니
- 형태소 분석 → '밍ᄀᆞᆯ- + -ᄂᆞ- + -오- + -니'
- '밍ᄀᆞᆯ-' → '만들다'의 옛말인 '밍ᄀᆞᆯ다'의 어간
- '-ᄂᆞ-' → 동사에 결합하는 현재 시제 선어말 어미
- '-오-' → 주어가 일인칭임을 나타내는 1인칭 주체 의도 선어말 어미
- '-니-' → 연결 어미
- '-ᄂᆞ-'와 '-오-'가 서로 이어지면 둘을 합쳐서 '-노-'로 표기

㉝ 사람마다

㉞ 하여, 하여금
- 'ᄒᆡ' → 'ᄒᆞ다'의 어간 'ᄒᆞ-'에 사동 접미사 '-이-' 결합
- 사동이나 피동 접사 '-이-'가 앞에 나오면 뒤따르던 어미 '여'가 쌍이응이 표기된 'ᅇᅧ'로 바뀜
- 'ᅇᅧ' → 각자 병서

㉟ 쉽게
- 부사 '쉬이'의 옛 형태
- 'ᄫᅵ' → 당시에 순경음 비읍이 사용

㊱ 익혀
- 형태소 분석 → '닉- + -이- + -어'
- '닉-' → 어근
- '-이-' → 사동 파생 접미사
- '-어' → 연결 어미
- 이어적기(연철)
- '니' → 두음 법칙 미적용

㊲ 날마다

㊳ 씀에
- 형태소 분석 → 'ᄡᅳ- + -움 + 에'
- 'ᄡᅳ-' → '쓰다'의 옛 형태인 'ᄡᅳ다'의 어간. 어두 자음군 사용
- '-움' → 명사형 어미. 모음 조화 적용
- '에' → 모음 조화 적용

㊴ 편안케
- 한자의 발음을 최대한 중국식 원음에 가깝게 표기(동국정운식 한자음 표기)

㊵ 하고자

㊶ 할
- 동사 'ᄒᆞ다'의 어간 'ᄒᆞ-'에 관형사형 어미 '-ㄹ' 결합
- ㆆ → 짧게 끊어서 발음하는 절음 부호

㊷ 따름이다
- 'ᄯᆞᄅᆞᆷ' → 어근 'ᄯᆞᄅᆞ-'에 명사 파생 접미사 '-ㅁ'이 결합해서 만들어진 의존 명사
- '-ㅁ' → 모음 조화 적용
- 'ᄯᆞᄅᆞᆷ' → 종성 자음 'ㅁ'으로 끝이 났기 때문에 서술격 조사로 초성이 있는 '이라' 실현
- 이어적기(연철)
- 'ᄯᆞ' → 표기상 합용 병서, 발음상 어두 자음군

본문 | 312쪽

국어사 13강 근대 국어의 음운과 표기

레인보우 리뷰

① 이어, 끊어, 거듭	② ㄷ, ㄱ, ㄴ, ㄹ, ㅁ, ㅂ, ㅅ, ㅇ
③ ㅸ	④ ㅿ
⑤ ㆁ	⑥ ㆍ

⑦ 모음 조화 ⑧ 이중, 단
⑨ 방점 ⑩ 장음
⑪ 구개음화 ⑫ 계, 부, 표기
⑬ 원순 ⑭ 두음

개념 마스터

1 ① ㉣, ㉤ ② ㉠ ③ ㉡
④ ㉧ ⑤ ㉥ ⑥ ㉠
⑦ ㉤ ⑧ ㉣, ㉤ ⑨ ㉢
⑩ ㉠, ㉣, ㉤ ⑪ ㉣, ㉤ ⑫ ㉡
⑬ ㉤ ⑭ ㉥ ⑮ ㉣, ㉤
⑯ ㉤ ⑰ ㉠ ⑱ ㉦
⑲ ㉧ ⑳ ㉤

본문 | 314쪽

국어사 14강 근대 국어의 문법

레인보우 리뷰

① 가 ② 기
③ 습/즙/습, 상대 ④ 앗, 엇
⑤ 불변 ⑥ 오
⑦ ㄴ다 ⑧ 하

개념 마스터

1 ① ㉠, ㉡ ② ㉢
③ ㉡ ④ ㉠, ㉤
⑤ ㉣ ⑥ ㉤
⑦ ㉢

본문 | 316쪽

국어 규범 1강 외래어 표기법

레인보우 리뷰

① 24 ② 1
③ ㄱ, ㄴ, ㄹ, ㅁ, ㅂ, ㅅ, ㅇ ④ 파열
⑤ 관용

개념 마스터

1 ① 패밀리 ② 프라이팬 ③ 판타지아
④ 비스킷 ⑤ 로켓 ⑥ 파리
⑦ 버스 ⑧ 가스 ⑨ 서비스
⑩ 케이크 ⑪ 도넛 ⑫ 레이저
⑬ 악센트 ⑭ 뷔페 ⑮ 보디
⑯ 비즈니스 ⑰ 소시지 ⑱ 캐럴
⑲ 가톨릭 ⑳ 코미디 ㉑ 앙코르
㉒ 컨트롤 ㉓ 콘텐츠 ㉔ 다이내믹
㉕ 할리우드 ㉖ 쥐라기 ㉗ 난센스
㉘ 옥스퍼드 ㉙ 디지털 ㉚ 리더십
㉛ 심벌 ㉜ 심포지엄 ㉝ 타깃
㉞ 윈도 ㉟ 메시지 ㊱ 모차르트
㊲ 액세서리 ㊳ 프러포즈 ㊴ 커튼
㊵ 주스 ㊶ 초콜릿 ㊷ 텔레비전
㊸ 멤버십 ㊹ 싱가포르

본문 | 318쪽

국어 규범 2강 국어의 로마자 표기법

레인보우 리뷰

① 표준 ② 호
③ 과, 된소리 ④ 붙임
⑤ 고유

개념 마스터

1

단모음									
ㅏ	ㅓ	ㅗ	ㅜ	ㅡ	ㅣ	ㅐ	ㅔ	ㅚ	ㅟ
a	eo	o	u	eu	i	ae	e	oe	wi

2

이중 모음										
ㅑ	ㅕ	ㅛ	ㅠ	ㅒ	ㅖ	ㅘ	ㅙ	ㅝ	ㅞ	ㅢ
ya	yeo	yo	yu	yae	ye	wa	wae	wo	we	ui

3

	음운	모음 앞	자음 앞 또는 어말
파열음	ㄱ	g	k
	ㄲ	kk	
	ㅋ	k	
	ㄷ	d	t
	ㄸ	tt	
	ㅌ	t	
	ㅂ	b	p
	ㅃ	pp	
	ㅍ	p	

IV 국어사·국어 규범·담화

4

파찰음			마찰음			비음		
ㅈ	ㅉ	ㅊ	ㅅ	ㅆ	ㅎ	ㄴ	ㅁ	ㅇ
j	jj	ch	s	ss	h	n	m	ng

5

유음	음운	모음 앞	자음 앞 또는 어말
	ㄹ	r	l
	ㄹㄹ	ll	

6 ① 해돋이[해도지] → haedoji
② 울릉[울릉] → Ulleung
③ 압구정[압꾸정] → Apgujeong
④ 좋고[조코] → joko
⑤ 낳지[나치] → nachi
⑥ 신라[실라] → Silla
⑦ 울산[울싼] → Ulsan
⑧ 알약[알략] → allyak
⑨ 대관령[대괄령] → Daegwallyeong
⑩ 설악[서락] → Seorak
⑪ 낙동강[낙똥강] → Nakdonggang
⑫ 벚꽃[벋꼳] → beotkkot
⑬ 부산[부산] → Busan
⑭ 세종[세종] → Sejong
⑮ 독립문[동님문] → Dongnimmun
⑯ 같이[가치] → gachi
⑰ 놓다[노타] → nota
⑱ 속리산[송니산] → Songnisan
⑲ 무량수전[무량수전] → Muryangsujeon
⑳ 잡혀[자펴] → japyeo

오마국

오분만에 마스터하는 국어